鞣年輯校注釋

宋鎮豪 署

蔡運章 撰

图书在版编目(CIP)数据

苏子辑校注释 / 蔡运章撰. —上海：上海古籍出版社，2019.5
ISBN 978-7-5325-9189-3

Ⅰ.①苏… Ⅱ.①蔡… Ⅲ.①纵横家②《苏子》-注释 Ⅳ.①B228.12

中国版本图书馆 CIP 数据核字(2019)第 060273 号

苏子辑校注释

蔡运章　撰
上海古籍出版社出版发行
(上海瑞金二路 272 号　邮政编码 200020)
　(1)网址：www.guji.com.cn
　(2)E-mail：guji1@guji.com.cn
　(3)易文网网址：www.ewen.co
上海商务联西印刷有限公司印刷
开本 710×1000　1/16　印张 32　插页 5　字数 505,000
2019 年 5 月第 1 版　2019 年 5 月第 1 次印刷
印数：1—3,100
ISBN 978-7-5325-9189-3
K·2640　定价：128.00 元
如有质量问题，请与承印公司联系

图版一 《战国纵横家书》照片

图版二　陈璋圆壶

图版三　燕王职壶

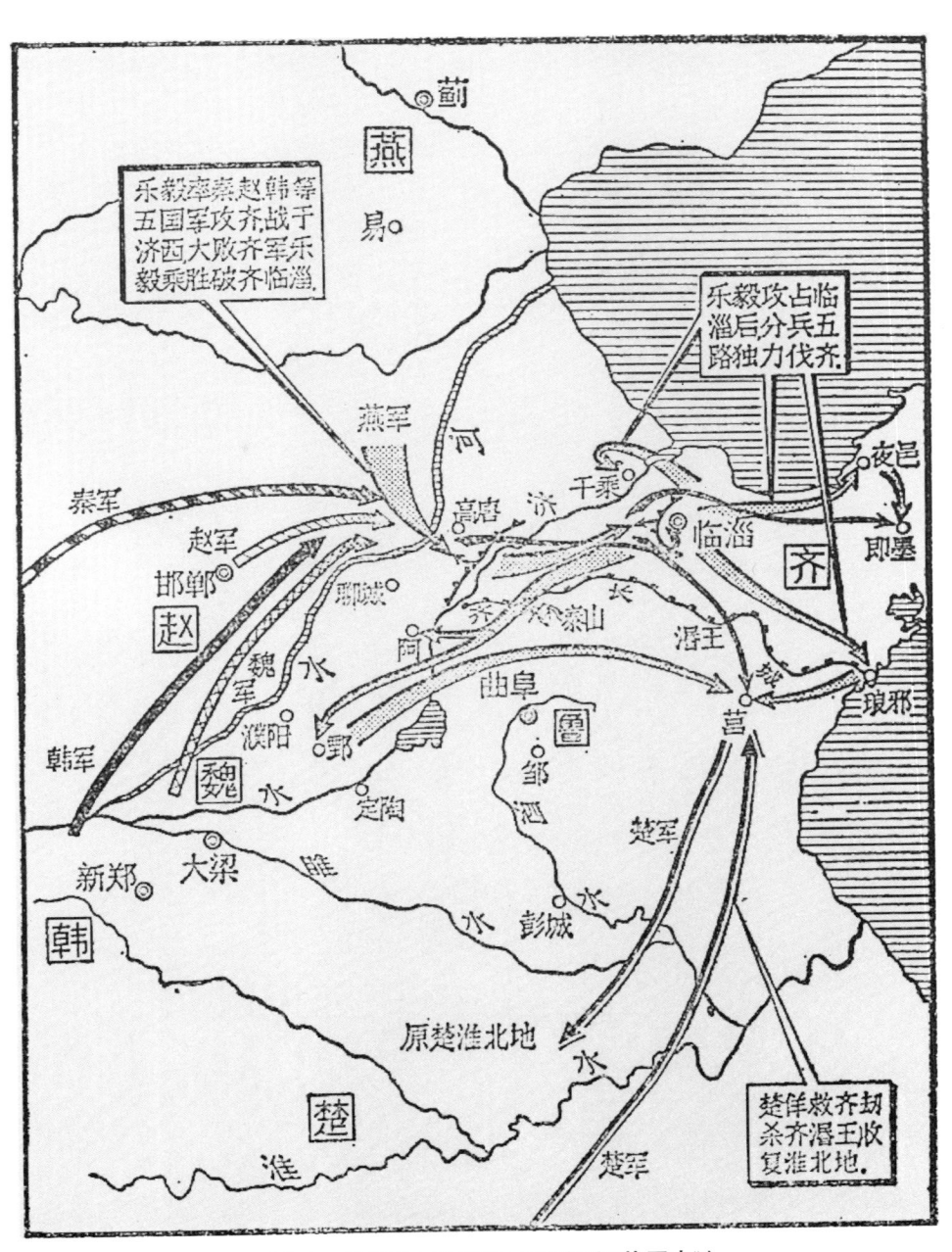

图版四　乐毅破齐示意图（采自杨宽《战国史》）

目　　录

凡　例 / 1
前　言 / 1

内　篇

一、苏秦谓陈轸章　　　　　　《战国纵横家书》二二 / 3
　　　　　　　　　　　　　　附录《史记·田敬仲完世家》/ 9
二、燕文公时章　　　　　　　《燕策一》/ 10
　　　　　　　　　　　　　　附录《史记·苏秦列传》/ 16
三、人有恶苏秦于燕王章　　　《燕策一》/ 16
　　　　　　　　　　　　　　附录《战国纵横家书》五、《史记·苏秦列传》/ 23
四、苏秦谓燕昭王章　　　　　《燕策一》/ 24
五、秦攻宜阳章　　　　　　　《史记·周本纪》/ 31
六、韩公仲使苏代谓向寿章　　《韩策一》/ 33
　　　　　　　　　　　　　　附录《史记·甘茂列传》/ 38
七、孟尝君将入秦章　　　　　《齐策三》/ 39
　　　　　　　　　　　　　　附录《史记·孟尝君列传》、《说苑·正谏》/ 43
八、雍氏之役章　　　　　　　《西周策》/ 43
　　　　　　　　　　　　　　附录《史记·周本纪》/ 47
九、昭翦在阳翟章　　　　　　《东周策》/ 47
一〇、薛公以齐为韩魏攻楚章　《西周策》/ 49

	附录《史记·孟尝君列传》/ 52
一一、秦亡将吕礼相齐章	《史记·孟尝君列传》/ 52
	附录《东周策》/ 55
一二、齐听祝弗章	《东周策》/ 55
一三、苏秦谓齐王章（一）	《战国纵横家书》九 / 57
一四、苏秦自燕之齐章	《齐策四》/ 60
	附录《史记·田敬仲完世家》/ 63
一五、齐将攻宋章	《赵策四》/ 64
	附录《秦策三》/ 68
一六、齐欲攻宋章	《赵策四》/ 68
一七、五国伐秦无功章	《赵策四》/ 74
一八、苏秦谓齐王章（二）	《战国纵横家书》八 / 82
一九、苏秦谓齐王章（三）	《战国纵横家书》一四 / 86
二〇、苏秦自梁献书于燕王章（一）	
	《战国纵横家书》六 / 93
二一、苏秦谓齐王章（四）	《战国纵横家书》一〇 / 96
二二、苏秦北见燕王章	《燕策一》/ 97
	附录《史记·苏秦列传》/ 102
二三、苏秦自赵献书于齐王章（一）	
	《战国纵横家书》一一 / 103
二四、苏秦自赵献书于齐王章（二）	
	《战国纵横家书》一二 / 106
二五、苏秦自梁献书于燕王章（二）	
	《战国纵横家书》七 / 113
二六、客谓燕王章	《燕策二》/ 115
二七、宋与楚为兄弟章	《宋卫策》/ 118
二八、韩珉攻宋章	《韩策三》/ 119
	附录《史记·田敬仲完世家》/ 121
二九、五国伐秦无功而还章	《魏策二》/ 122

三〇、苏秦自赵献书燕王章　　《战国纵横家书》一 / 129

三一、苏秦使韩山献书燕王章　《战国纵横家书》二 / 133

三二、苏秦使盛庆献书于燕王章　《战国纵横家书》三 / 136

三三、奉阳君李兑甚不取于苏秦章

　　　　　　　　　　　　　　《燕策一》 / 140

三四、苏秦拘于魏章　　　　　《魏策一》 / 143

　　　　　　　　　　附录《燕策一》、《史记·苏秦列传》 / 145

三五、苏厉为周最谓苏秦章　　《东周策》 / 145

三六、苏秦自齐献书于燕王章　《战国纵横家书》四 / 147

　　　　　　　　　　　　　　附录《燕策二》 / 158

三七、苏秦为奉阳君说燕于赵以伐齐章

　　　　　　　　　　　　　　《燕策二》 / 158

三八、陉山之事章　　　　　　《秦策二》 / 166

　　　　　　　　　　　附录《史记·穰侯列传》 / 171

三九、苏秦献书赵王章　　　　《战国纵横家书》二一 / 172

　　　　　　　　　　附录《赵策一》、《史记·赵世家》 / 183

四〇、苏秦自齐使人谓燕昭王章　《燕策二》 / 185

四一、谓起贾章　　　　　　　《战国纵横家书》一七 / 187

四二、华阳之战章　　　　　　《魏策三》 / 194

　　　　　　　　　　　附录《史记·魏世家》 / 196

四三、苏代谓应侯章　　　　　《秦策三》 / 197

　　　　　　　　　　　附录《史记·白起列传》 / 200

外　篇

四四、东周欲为稻章　　　　　《东周策》 / 203

四五、苏厉谓周君章　　　　　《西周策》 / 204

　　　　　　　　　　　附录《史记·周本纪》 / 207

四六、楚请道于二周之间章　　《西周策》 / 207

四七、苏秦始将连横说秦惠王章　《秦策一》 / 209

	附录《史记·苏秦列传》/ 224
四八、甘茂亡秦且之齐章	《秦策二》/ 224
	附录《史记·甘茂列传》/ 227
四九、苏秦为赵合从说齐宣王章	《齐策一》/ 227
	附录《史记·苏秦列传》/ 233
五〇、秦攻赵长平齐楚救之章	《齐策二》/ 233
	附录《史记·田敬仲完世家》/ 236
五一、楚王死太子在齐质章	《齐策三》/ 236
	附录《史记·楚世家》/ 243
五二、苏秦说齐闵王章	《齐策五》/ 243
五三、苏秦为赵合从说楚威王章	《楚策一》/ 264
	附录《史记·苏秦列传》/ 269
五四、术视伐楚章	《楚策二》/ 270
五五、女阿谓苏子章	《楚策二》/ 272
五六、苏子谓楚王章	《楚策三》/ 274
五七、苏秦之楚三月章	《楚策三》/ 276
五八、苏秦说李兑章	《赵策一》/ 277
五九、苏秦为赵王使于秦章	《赵策一》/ 281
六〇、苏秦从燕之赵始合从章	《赵策二》/ 283
	附录《史记·苏秦列传》/ 293
六一、秦攻赵苏子为谓秦王章	《赵策二》/ 295
六二、苏子为赵合从说魏王章	《魏策一》/ 302
	附录《史记·苏秦列传》/ 308
六三、苏代为田需说魏王章	《魏策二》/ 309
六四、田需死章	《魏策二》/ 312
	附录《史记·魏世家》/ 314
六五、秦召魏相信安君章	《魏策二》/ 315
六六、苏秦为公子增谓秦王章	《史记·魏世家》/ 319
六七、苏秦为楚合从说韩王章	《韩策一》/ 321

　　　　　　　　　　　　　　　附录《史记·苏秦列传》/ 326
六八、公仲数不信于诸侯章　　《韩策一》/ 327
六九、苏代谓新城君章　　　　《韩策二》/ 328
　　　　　　　　　　　　　　　附录《史记·韩世家》/ 329
七〇、苏代谓韩咎章　　　　　《韩策二》/ 330
　　　　　　　　　　　　　　　附录《史记·韩世家》/ 332
七一、苏秦将为从北说燕文侯章　《燕策一》/ 332
　　　　　　　　　　　　　　　附录《史记·苏秦列传》/ 336
七二、燕王哙既立章　　　　　《燕策一》/ 337
　　　　　　　　　　　　　　　附录《燕策一》、《韩非子·外储说右下》/ 342
七三、燕王谓苏代章　　　　　《燕策一》/ 344
七四、苏代谓燕王章　　　　　《战国纵横家书》二〇 / 345
　　　　　　　　　　　　　　　附录《燕策一》、《史记·苏秦列传》/ 354
七五、秦召燕王章　　　　　　《燕策二》/ 355
　　　　　　　　　　　　　　　附录《史记·苏秦列传》/ 365
七六、苏代为燕说齐章　　　　《燕策二》/ 367
七七、赵且伐燕章　　　　　　《燕策二》/ 369
七八、齐魏争燕章　　　　　　《燕策二》/ 370

附　录

附录一　《史记·苏秦列传》/ 375
附录二　苏秦传略 / 403
附录三　陈璋壶和燕王职壶的重要价值 / 431
附录四　《苏子》新诂四则 / 445
附录五　苏秦资料汇编 / 457

主要参考文献 / 477
后　记 / 479

凡　　例

一、本书主要辑自帛书《战国纵横家书》、《战国策》和《史记》中收录苏秦(含代、厉)的书信、游说辞及其学派的拟作资料。帛书《战国纵横家书》以裘锡圭主编《长沙马王堆简帛集成》(中华书局,2014年)中《战国纵横家书》的胶片为底本,该书释文以马王堆汉墓帛书整理小组编的《战国纵横家书》为底本(文物出版社,1976年)。《战国策》以清嘉庆八年(公元1803年)黄丕烈刊刻的姚宏本(即士礼居丛书本)为底本(上海古籍出版社,1978年)。《史记》以中华书局标点的金陵书局《史记集解索隐正义合刊本》为底本(1959年)。

二、帛书《战国纵横家书》中苏秦的书信和游说辞,多未署作者姓名。《战国策》中收录苏秦书信和游说辞的作者多有涂改,有的改为苏代,有的改为别人。《史记》中收录苏秦(含代、厉)的书信和游说辞的作者,不少都是涂改后的姓名,均参照帛书《战国纵横家书》和《战国策》予以校正。其中,凡署明苏秦(含代、厉)的书信和游说辞,悉予收录。

三、各章均依在原著中的篇名,个别篇名略加修订。同篇佚文凡重复见于多处者,选定保存较好的版本进行校勘、注释,其余的均列入附录。

四、帛书《战国纵横家书》收录的苏子佚文多有残缺,凡依据《战国策》和《史记》相关篇章相互校补的文字,外加【 】标志,多不逐一注明。各章的异体字、假借字,在释文中随文注明,外加( )标志;凡错字随文注出正字,用〔 〕表示;凡不可辨识(或无法补入的残缺)的文字,用□代替;原文有夺字、衍字当删除者,外加〈 〉标志。

五、诸家之说,均择善而从,为避免重复,或略有删节。凡两说俱通,且有相互补充者,并录其文。全书均先列前贤注说,后陈个人见解。

前　　言

苏秦(约前340—前284年)是纵横家的代表人物,也是我国古代伟大的谋略家和外交家。《汉书·艺文志》载有"《苏子》三十一篇"。然而,这部著作早已亡佚。因苏秦的书信和游说辞,或不署名,或姓名多被后人涂改;再加上司马迁《史记·苏秦列传》依据纵横家后学拟作的长篇游说辞,认为苏秦是与张仪同时进行合纵连横的敌对人物。致使苏秦的真实事迹和《苏子》的具体内容,都扑朔迷离,模糊不清。《苏子》的具体内容是什么?是长期困惑学术界的重要问题。

值得注意的是,1973年湖南长沙马王堆汉墓出土的帛书《战国纵横家书》里,发现有十六章苏秦的书信和游说辞。其中,有十四章是连司马迁也没有见过的珍贵史料。[①] 这为我们搜集、整理和审视苏秦及其学派的著作,创造了有利条件(图版一)。我们以这些真实史料为标尺,在甄别传世苏秦资料的基础上,谨就《苏子》的内容及其相关问题,略作考述。

一、苏秦与纵横家生活的时代

战国之世,诸侯称霸,列国纷争,兵革不休,民不聊生。纵横家就是在这种形势下,应运而生的军事思想学派。《韩非子·五蠹》说,"合纵"就是"合众弱以攻一强","连横"就是"事一强以攻众弱"。刘向《战国策书录》说:

> 上无天子,下无方伯。力功争强,胜者为右。兵革不休,诈伪并起。当此之时,虽有道德,不得施谋。有设之强,负阻而持固。连与交质,重约结誓,以守其国。故孟子、孙卿儒术之士,弃捐于世。而游说权谋之徒,见贵于

[①] 马王堆汉墓帛书整理小组编:《战国纵横家书》,文物出版社,1976年。

俗。是以苏秦、张仪、公孙衍、陈珍、代、厉之属,生从横短长之说,左右倾侧。苏秦为从,张仪为横。横则秦帝,从则楚王。所在国重,所去国轻。

战国时期的纵横家们就是通过合纵连横活动,以求达到匡济乱世、救倾扶危、择交安民的政治目的。因此,当时的"从横长短之说",乃是一门深受诸侯各国普遍欢迎的显赫学问。

苏秦是东周洛阳人,年轻时曾师从鬼谷子,学习纵横之术。《史记·苏秦列传》载:"苏秦者,东周雒阳人也。东事师于齐,而习之于鬼谷先生。"《张仪列传》说:"张仪者,魏人也。始尝与苏秦俱事鬼谷先生学术。"扬雄《法言·渊骞》也说:"仪、秦学乎鬼谷术,而习乎纵横言,安中国者各十余年。"鬼谷子是战国时期的著名隐士,也是中国古代纵横家的鼻祖。苏秦、张仪都是他的学生。据《史记·苏秦列传》"苏秦为纵约长,并相六国",以抑强秦。然而,司马迁《苏秦列传》依据纵横家后学的长篇游说辞,认为苏秦与张仪是同时进行合纵连横的敌对人物,致使后世学者对苏秦的真实事迹,存在许多错误认识。

据《汉书·艺文志》,"纵横家"有"《苏子》三十一篇"。班固自注:"名秦,有列传。"这里所说的"列传",就是《史记》里的《苏秦列传》。可见"《苏子》三十一篇",应是战国纵横家苏秦的著作。因其早已散佚,至今仅存书名、篇数,人们对它的具体内容,始终认识不清。

帛书《战国纵横家书》,共有二十七章,一万二千多字。书中保存有苏秦的书信和游说辞,多达十六章。这些新的考古发现,"为我们提供了一个鉴别苏秦资料真伪的标准尺度,使我们能够去伪存真",[①]从而还原苏秦的真实情况。

从帛书《战国纵横家书》"苏秦谓陈轸章"得知,公元前 312 年苏秦在楚国到陈轸门下游说时,尚是个初出茅庐的年轻人。这时的张仪早已名冠诸侯,进入老年。据《史记·秦本纪》,秦惠文王十年(前 328 年),"张仪相秦"。秦武王二年(前 309 年),"张仪死于魏"。《史记·魏世家》也说:魏襄王十年(前 309 年),"张仪死"。因此,苏秦大体应比张仪晚一代人,他们并非同时师从鬼谷子,更不是同时进行合纵连横的对手人物。很有可能的是,张仪是鬼谷子早期的学生,苏

---

① 杨宽:《马王堆帛书〈战国纵横家书〉的史料价值》,见《战国纵横家书》附录,第 154—172 页。

秦则是鬼谷子晚年的高徒。

公元前314年,齐宣王乘燕国内乱,命田章率领"五都之兵"伐燕,"杀其父兄,系累其子弟,毁其宗庙,迁其重器",激起燕国民众的反抗。这时,因诸侯各国谋划欲出兵"救燕"(《孟子·梁惠王下》),齐宣王才被迫撤军。公元前311年,燕公子职在赵国的护送下回国即位,是为燕昭王(前311—前279年在位)。他把齐国"伐燕"看作奇耻大辱,立志要报仇雪恨。

据《战国策·燕策一》,燕昭王听从谋士郭隗的建议,"为隗筑宫而师之",招揽四方贤士。公元前308年,"苏子闻之,从周归燕。邹衍闻之,从齐归燕。乐毅闻之,从赵归燕。屈景闻之,从楚归燕。四子毕至,果以弱燕并强齐。夫燕、齐非均权敌战之国也,所以然者,四子之力也"(《说苑·君道篇》)。这个"苏子"就是苏秦。燕昭王非常重视苏秦的到来,亲自到郊外去迎接,设盛宴款待。

苏秦一生的主要事迹是作为燕昭王的亲信出使齐国,执行"以弱燕并强齐"的特殊使命。他奔走于齐、赵、韩、魏、秦诸国之间,合纵五国攻秦,并"恶齐、赵之交",以便实现振兴燕国的"大事"。公元前284年,在苏秦的谋划下,燕将乐毅率赵、燕、韩、魏、秦五国联军攻破齐国。致使齐闵王出逃被杀,最终"果以弱燕并强齐",实现为燕昭王报仇雪恨的战略目标。苏秦也因"阴与燕谋齐"的"反间"罪名,被齐闵王车裂处死。[1] 这些问题的澄清,为我们探索《苏子》的内容及其相关问题,提供了基本依据。

二、《苏秦书》、《鬼谷子》与《苏子》的关系

关于帛书《战国纵横家书》里,苏秦书信和游说辞的来源,学者们有不同的看法。唐兰先生说:帛书中"苏秦的书信和谈话",应是"真正的《苏秦书》"。还说:"刘向编的《战国策》里所保存的,有一些也应是《苏秦书》的残篇。"[2] 杨宽先生则认为:"这部帛书所根据的,应该是一部比较原始的《苏子》,所以收录的苏秦资料都比较原始。"[3] 那么,《苏秦书》是部什么样的书?《苏秦书》、《鬼谷子》与《苏子》有什么关系?这是我们讨论《苏子》时,首先要弄清的问题。

---

[1] 蔡运章:《苏秦事迹考辨》,《鬼谷子文化研究文集》,陕西旅游出版社,2004年。
[2] 唐兰:《司马迁所没有见过的珍贵史料》,《战国纵横家书》附录,第128页。
[3] 杨宽:《马王堆帛书〈战国纵横家书〉的史料价值》,《战国纵横家书》附录,第168页。

（一）《苏秦书》与《鬼谷子》的关系

《苏秦书》的名字，最早见于东汉大儒服虔的注文里。顾名思义，《苏秦书》自然就是苏秦撰写的著作。《汉书·杜周传赞》说杜业"因势而抵陒"，《集注》引服虔曰："抵音纸，陒音戏。谓罪败而复抨弹之，《苏秦书》有此法。"颜师古注："《鬼谷》有《抵戏篇》也。"在颜师古的注文里，已暗示出《苏秦书》与《鬼谷子》的微妙关系。

唐儒司马贞《史记·苏秦列传·索隐》说："乐壹注《鬼谷子》书云：'苏秦欲神秘其道，故假名鬼谷'。"张守节《史记正义》说："《七录》有《苏秦书》。乐壹注云：'秦欲神秘其道，故假名鬼谷也。'"（王应麟《玉海》卷五十三《鬼谷子》引）王应麟也说："乐壹有苏秦假名鬼谷之语，而《鬼谷子》有《阴符七术》及《揣》、《摩》二篇，合之《秦策》所记，则《鬼谷子》乃《苏秦书》明矣"。① 由此可见，所谓"《苏秦书》"，其实就是指《鬼谷子》。这样看来，《旧唐书·经籍志》和《新唐书·艺文志》将所载的"《鬼谷子》二卷"，都直书为"苏秦撰"，也就不足为奇了。

有学者认为，帛书《战国纵横家书》实为"《战国策》的一种"。唐兰先生在马王堆汉墓帛书座谈会上发言时说：②

帛书中所谓《战国策》的一种，我很怀疑它是《艺文志》纵横家里的"苏子三十一篇"，不是《战国策》。

这说明前引唐兰先生所说的"《苏秦书》"，应是指"《艺文志》纵横家里的《苏子》三十一篇"而言。须知商鞅的《商君书》，可称之为《商子》。刘向在《管子叙录》里，称《管子》为《管子书》。这说明"《苏子》三十一篇"，也是可以称为《苏秦书》的。因此，唐兰先生所指的"《苏秦书》"，就是《汉书·艺文志》里的《苏子》。它与以往学者所说的《苏秦书》，是有本质区别的。

（二）苏秦与《鬼谷子》的关系

《鬼谷子》是否就是"苏秦假名鬼谷"的著作？学者尚有不同的看法。陈骙《中兴书目》卷三云：③

---

① 王应麟：《汉书艺文志考证》，江苏广陵古籍刻印社，1985年。
② 《座谈长沙马王堆汉墓帛书》，《文物》1974年第9期，第50页。
③ 王应麟：《玉海》卷五十三《鬼谷子》引。

周时高士，无乡里、族姓、名字，以其所隐，自号鬼谷先生。苏秦、张仪事之，受以《捭阖》下至《符言》等十有二篇及《转圜》、《本经》、《持枢》、《中经》等篇，亦以告仪、秦者也。

尹知章序《鬼谷子》说：①

苏秦、张仪往事之，受《捭阖》之术十有二章，复受《转丸》、《胠箧》三章。然秦、仪用之，裁得温言、酒食、货财之赐。

宋濂《诸子辨》说：②

《鬼谷子》三卷，鬼谷子撰。鬼谷子长于养性治身，苏秦、张仪师之，受《捭阖》之术十三章，又受《转圜》、《胠箧》及《本经》、《持枢》、《中经》三篇。

可见《鬼谷子》是纵横家的理论著作，也是鬼谷先生教授苏秦、张仪的主要课程。因此，那种认为《鬼谷子》乃"苏秦假名鬼谷"的著作，甚至直书"苏秦撰"的说法，显然都是不恰切的。

苏秦是鬼谷子晚年的学生，很可能就是鬼谷子的关门弟子。唐儒马总《意林》录有《鬼谷子》五卷，卷首按语说："此苏秦作书记之也。"③俞棪《鬼谷子真伪考》说：④

余尝疑此书，大体为苏秦纂述师说之作。在西汉之末世，已误乱为《苏子》书。计《鬼谷子》，凡二十三篇，合《苏子》说秦连横，说燕、赵、魏、楚、韩、齐合纵共七篇，又说齐、秦各一篇，凡九篇，合为三十二篇。适与《汉志·苏子》篇数相符。疑班《志》不录《鬼谷》，必在刘歆手时已误合为《苏子》书矣。刘向博览天下群书，明明录引《鬼谷子》之言，何缘而中绝，谓非歆误合之而

---

① 王应麟：《困学纪闻》卷十《诸子》引。
② 宋谦：《古书辨伪四种·诸子辨》，商务印书馆，1935年。
③ 马总：《意林·鬼谷子》，明正统十年道本（藏中国国家图书馆）。
④ 俞棪：《鬼谷子新注》，上海商务印书馆，1933年。

何？总之,《鬼谷子》为苏秦纂述师说之书,间有窜入已作之处,如《揣》、《摩》两篇及《阴符》说解等是。至其游说之辞,则《苏子》之成文蒿草也。一述一作,人同事异,故易混淆。

这里所说的"《鬼谷子》为苏秦纂述师说之书",是说《鬼谷子》乃苏秦依据鬼谷子讲课时的记录整理而成的书,颇合情理。但是,《鬼谷子》并不包括《苏子》"连横"、"合纵"的内容,这是必须澄清的问题。

(三)《鬼谷子》与《苏子》的关系

以往学者多以为《鬼谷子》与《苏子》本为一书。清《四库全书》著录有《鬼谷子》一卷。《四库全书简目》云:"《鬼谷子》一卷,旧本题鬼谷子撰。《唐志》则以为苏秦撰,莫能详也。其书为纵横家之祖,原本十四篇,近佚其二。旧有乐壹等四家注,今并不传。然今本已佚其《转丸》、《胠箧》二篇,惟存《捭阖》至《符言》十二篇。"马国翰《玉函山房辑佚书》有《苏子》一卷。其篇次为:

《捭阖》第一,《反应》第二,《内揵》第三,《抵巇》第四,《飞拑》第五,《忤合》第六,《揣篇》第七,《摩篇》第八,《权篇》第九,《谋篇》第十,《决篇》第十一,《符言》第十二。

这里所辑《苏子》的内容,与《四库全书简目》所说《鬼谷子》的篇目相同。可见马国翰就是把《鬼谷子》视为《苏子》来辑录的。

《鬼谷子》与《苏子》的具体关系,学术界盛行三种不同的说法:

一、认为《鬼谷子》本是由《苏子》"改成"的书。朱星元《战国纵横家学研究》说:[1]

《汉书·艺文志》纵横家有《苏子》三十一篇,《张子》十篇,而独无《鬼谷子》。……班固《汉志》所以没有《鬼谷子》书,实在因为没有这部书。到东汉,本《苏子》书,改成了《鬼谷子》书。所以晋有皇甫谧、乐壹注,梁有陶弘景注、刘勰之评,于是《隋志》才有《鬼谷子》,而《苏子》书也同时亡了。

---

[1] 朱星元:《战国纵横家学研究》,东方学术社,1935年。

这是说《鬼谷子》是由《苏子》改编而成的书。随着《鬼谷子》的流行，《苏子》便逐渐消失了。

二、认为《鬼谷子》应包括在《苏子》三十一篇里。余嘉锡《古书通例》说：①

> 盖《鬼谷子》为苏秦手著，其《战国策》中合纵说六国之词，不在此书之中。向合而编之，为《苏子》三十二篇（或是秦、汉间为纵横说者所编），故《鬼谷子》不别著录也。

顾实也认为：②

> 诸家皆以《鬼谷子》为即《苏秦书》，而服虔为汉经师大儒，其言尤可信也。惟《鬼谷子》曰："周有豪士居鬼谷，号为鬼谷先生，苏秦、张仪往见之，择日而学。"故《史记》苏秦、张仪传皆本此说，则宜《鬼谷子》自《鬼谷子》，《苏秦书》自《苏秦书》，不相同也。然《说苑》引《鬼谷子》曰："人之不善，而能矫之者难矣。"或本苏秦述其师说，故刘向《别录》原题《鬼谷子》，班志本《七略》，从其核实，末可知也。

并以为"《鬼谷子》十四篇本当在《汉志》之《苏子》三十一篇中。盖《苏子》为总名，而《鬼谷子》其别目也。……故后世《苏子》书亡，而《鬼谷子》犹以别行而存也"。③

当前，仍有学者认为，《苏子》作为纵横学派的经典"绝非只是苏秦一人的作品，包括鬼谷子、苏代、苏厉等人的作品。……在秦汉时期，《鬼谷子》的内容依附于《苏子》，当时没有《鬼谷子》这样的称谓；魏晋以后才脱离《苏子》而流传，《鬼谷子》才以其本真面目出现在世人面前。伴随这种状况，《苏子》一书则逐渐淡出人们的视野"。④ 这些看法，都认为《鬼谷子》应包括在"《苏子》三十一篇"里。

---

① 余嘉锡：《古书通例》，上海古籍出版社，1985年。
② 顾实：《汉书艺文志讲疏》，上海古籍出版社，1987年，第147页。
③ 顾实：《重考古今伪书考》，商务印书馆，1939年。
④ 夏德靠：《苏子考辨》，《中华文化论坛》2014年第1期。

三、认为《鬼谷子》是由《苏子》、《张子》编成的书。胡应麟《少室山房笔丛》卷三十说：

》《汉志》有《苏秦》三十一篇、《张仪》十篇，东汉人荟萃二书之言为此，而托于《鬼谷》。

蒋伯潜《诸子通考》也说：

按《汉书·杜周传》注引服虔曰："《苏秦书》有抵戏之法。"颜师古曰："《鬼谷子》有《抵戏》篇。"苏张一生奔走游说，忙于弋取富贵，必无暇著书，无意著书。《苏子》、《张子》亦后人所捃摭荟萃而成，好事者又托之《鬼谷》耳①。

这是说《鬼谷子》是由《苏子》、《张子》改编而成的著作。

从《战国策》、《史记》中所保存苏秦和张仪的书信及游说辞来看，都是针对当时列国形势而陈述的对策及书信，与《鬼谷子》书中的纵横理性论述判然有别。如清儒秦复恩《鬼谷子序》所说："然《汉志》纵横家别有《苏子》三十二篇，其文与《鬼谷》不类。"②两者的内容，清晰可辨，不容混淆。

我们认为，《苏子》是苏秦及其学派书信和游说辞的总集，《鬼谷子》则是纵横家的理论经典著作。虽然《鬼谷子》是"苏秦纂述师说之书"，但它的内容与《苏子》很容易区分开来。今查传本《鬼谷子》里没有一篇苏秦和张仪的书信和游说辞，帛书《战国纵横家书》里也没有传本《鬼谷子》的痕迹。而《战国策》和《史记》里保存着大量苏秦及张仪的游说资料，却未见收录《鬼谷子》的篇章。这些实例都足以说明，《苏子》是《苏子》，《张子》是《张子》，《鬼谷子》是《鬼谷子》，根本找不到它们相互改编或掺和的有力证据。因此，《鬼谷子》既不是《苏子》"改成"的，也不应包括在"《苏子》三十一篇"里，更不会是荟萃《苏子》、《张子》"二书之言"编成

---

① 蒋伯潜：《诸子通考》，中华书局，2016年，第255页。
② 秦复恩：《鬼谷子》，清嘉庆十年江都秦氏石研斋刻本。

的著作。

三、《苏子》的编撰及其基本内容

杨宽先生认为,帛书《战国纵横家书》第十四章以前的苏秦资料编排得很有条理,可知"这部分应该是从一部有系统的著作中辑录出来的。很可能是从《苏子》一类的书中辑录出来的"。他还指出:①

> 《汉书·艺文志》著录《苏子》三十一篇,当是秦汉间人辑录苏秦资料的总集,所以篇幅如此之多。从司马迁所说"世言苏秦多异"看来,当秦汉间人汇编成《苏子》三十一篇以前,一定有各种不同的有关苏秦资料的册子。这部帛书所依据的,应是一部比较原始的《苏子》,所以收录的苏秦资料都比较原始,没有象《战国策》那样的真伪参半,也没有象《苏秦列传》那样的全是后人虚构的游说辞。

这说明《苏子》的编辑成书,有一个不断完善的过程。因此,《苏子》的编辑背景、具体内容及其相关问题,必须认真予以梳理。

(一)《苏子》编辑成书的社会背景

纵横家是通过游说诸侯各国君王和权贵人物,来实施合纵连横战略思想的学派。刘向《战国策书录》说:

> 战国之时,君德浅薄,为之谋策者,不得不因势而为资,据时而为。故其谋,扶急持倾,为一切之权,虽不可以临国教化,兵革救急之势也。皆高才秀士,度时君之所能行,出奇策异智,转危为安,运亡为存,亦可喜,皆可观。

因此,如何说服君王权贵人物,则是一门难度很高的学问,即人们常说的"谈何容易"。这就要求"游士"们不但要具备洞察列国形势变化和人文风情的丰富知识,而且还要及时施展随机应变、克敌制胜、"转危为安、运亡为存"的奇策异智。同

---

① 杨宽:《马王堆帛书〈战国纵横家书〉的史料价值》,《战国纵横家书》附录,第168页。

时,他们还得不断"揣摩"君王权贵的人品、性格和心态变化,运用高超的游说技巧和方法将其说服。《韩非子》里有《说难》数篇,就是专门研究游说艺术的论著。

司马迁《史记·六国年表序》说:"谋诈用而从衡短长之说起。""谋诈"指谋略和诡计,"从衡"即合纵连横活动,"短长"就是权变的意思。叶适曰:"《战国策》国别必列苏、张从横,具载代、厉始末,意其宗苏氏学者所次辑也。"(《习学记言》卷十八)杨宽先生说:战国末年的纵横家,为了游说的方便,"就有人按照当时政治斗争的需要,把前人游说君王的书信和游说辞搜集汇编起来,编成各种册子以供学习模仿"。① 所以到西汉末年刘向编辑《战国策》时,在皇家书库保存记录战国游说辞的各种册子里,就有《国策》、《国事》、《短长》、《事语》、《长书》、《修书》六种不同的名称。所谓《国策》、《国事》是以国别分类编辑的,《事语》则是按故事内容分类编排的,《短长》、《长书》、《修书》就是记载纵横家书信和游说辞的"权变"故事。在这些"权变"故事里,有不少本来就是《汉书·艺文志》所载"《苏子》三十一篇"、"《张子》十篇"中苏秦张仪的书信和游说辞。

苏秦和张仪都是战国后期纵横家推崇的重要人物。他们的游说辞常被作为学习模仿的榜样。特别是到战国末年,由秦国来统一全国的趋势已经形成,东方六国常常图谋合纵活动来抵抗秦国,以挽救自己的灭亡。这时人们自然就会想起,苏秦曾组织五国合纵抗秦的显著成效。因此,当时合纵连横的活动就盛极一时。正如司马迁所说:六国希望"约诸侯从亲如苏秦时,或从或不,而天下由此宗苏氏之从约"(《史记·苏秦列传》)。于是苏秦当年的书信和游说辞,也就广泛流行起来。因此,帛书《战国纵横家书》用近三分之二的篇幅,来记录苏秦的书信和游说辞,也就不足为奇了。《汉书·艺文志》的纵横诸家书目,把《苏子》列在首位,篇幅也是最多的。《战国策》收录二百多位纵横家的游说资料,仅苏氏兄弟就占有约六分之一的篇幅。由此可见,苏秦在纵横家中所处的崇高地位。

正因为苏秦和张仪是纵横家学习模仿的榜样,他们的书信和游说辞就成为后来练习游说者经常使用的范本。其中,有许多就是拟托他们的名字编撰出来的。这就是"世言苏秦多异,异时事有类之者,皆附之苏秦"的缘由(《史记·苏秦列传》)。这类拟托苏秦名义编撰出来的书信和游说辞,应是苏秦门人、弟子或后

---

① 杨宽:《马王堆帛书〈战国纵横家书〉的史料价值》,《战国纵横家书》附录,第 156 页。

学的作品。换句话说,这类作品应是苏秦学派的集体著作。

战国末年,为了当时政治斗争的需要,苏秦后学就把以往苏秦及其学派,游说君王权贵的书信和游说辞,搜集汇编成各种册子以供学习模仿。故秦汉之际学者编成的"《苏子》三十一篇",就是在这些"比较原始的《苏子》"的基础上,编纂而成的著作。

(二)《苏子》全书的具体内容

先秦诸子大多都是同一学派的集体著作。如《管子》、《墨子》、《庄子》、《商君书》等书,就是管仲、墨翟、庄周和商鞅及其学派的集体作品。《史记·苏秦列传》说:"苏秦兄弟三人,皆游说诸侯以显名,其术长于权变。"清儒沈钦韩指出:①

> 今见于《史记》、《国策》,灼然为苏秦者八篇,其短章不与。秦死后,苏代、苏厉等并有论说,《国策》通谓之苏子,又误为苏秦。此三十一篇,容有代、厉并入。

钱穆《先秦诸子系年》说:②

> 余疑《汉志·苏子》三十一篇,当如沈氏所说,即今传《史记》、《国策》所载苏氏兄第之辞。

齐思和《战国策著作时代考》也说:③

> 以为《战国策》中所载苏氏之说,即取自《苏子》,其说甚卓。是故,《策》中秦、仪多称子,此其一证矣。战国诸子之书,多出于其后学所为,而非自著,《苏子》亦犹是矣。

可见《苏子》一书的内容,应包括苏秦、苏代、苏厉及其助手、门人、弟子和后学的

---

① 沈钦韩:《汉书疏证》卷三,上海古籍出版社,2006年。
② 钱穆:《先秦诸子系年》,中华书局,1985年,第310页。
③ 《燕京学报》第三十四期。

著作。也就是说,《苏子》是苏秦及其学派集体著作的总集,已是学者的共识。

必须指出的是,以往学者多把这些苏秦后学的作品视为"伪作",那是不合适的。从今天的著作权观念看,作者亲著者为"真",别人托名的则为"伪"。然而,余嘉锡《古书通例》指出:①

> 古人著书,本无专集,往往随作数篇,即以行世。……迨及暮年或其身后,乃聚而编次之。其编次也,或出于手定,或出于门弟子及其子孙,甚或迟至数十百年,乃由后人收拾丛残为之定著。

中华先民向来质朴无华,春秋战国时期的著作,多不书篇名和作者,随作随行,没有定规。当时,尚不存在今日盛行的"著作版权"观念,学者多没有要"成一家之言"的宏伟理想。故后来编纂成书时,凡其门人、弟子或同一学派的著作,大都悉数编入。这就使著名学者胡适认为:"《墨子》、《荀子》两部书里,很多后人杂凑伪造的文字。《庄子》一书,大概十之八九是假造的。《韩非子》也只有十分之一二可靠。此外如《管子》、《列子》、《晏子春秋》诸书,是后人杂凑成的。《关尹子》、《鹖冠子》、《商君书》,是后人伪造的。"②针对这些看法,郑良树先生指出:③

> 尽管晚近一部分学者已经考订出《商君书》不尽是商鞅的著作,甚至有一部分学者已经分辨出某些篇章是"伪作",某些篇章是"真著"。但是,当我们讨论起商鞅的思想或者秦孝公的政治改革时,几乎没有例外地就将《商君书》全部都囊括进去,不管这一言一语是来自"真著"的,还是来自"伪作"的。
>
> 《商君书》当然不尽是商鞅的"真著",但也不必是他人的"伪作"。根据个人的浅见,应该是商鞅及其学派的集体著作,小部分是商鞅的"真著",大部分是学派里的学生的作品。这些作品,对商鞅而言固然是"伪作";对商学派而言,无疑的却是"真著"了。有了这个认识以后,《商君书》的意义就非常重大了。

---

① 余嘉锡:《古书通例》,上海古籍出版社。
② 胡适:《中国哲学史大纲》(卷上)第一篇《导言》,东方出版社,2004年。
③ 郑良树:《商鞅及其学派·自序》,上海古籍出版社,1989年。

正如余嘉锡在《古书通例》中所说,若将"其中杂入后人之词者,辄指为伪作,而秦、汉以上无完书矣"。鉴于这样的考虑,我们就把以往视为"伪作"的苏秦后学的作品,也都列为苏秦学派"真著"的范畴,从而极大地恢复和提高了这些文献的史料价值。这样,不论是全面研究纵横家,还是正确解读战国时期的历史,都具有重要意义。

(三)《苏子》资料作者混乱不清

《战国策》和《史记》所收录苏氏兄弟的游说辞里,苏秦、苏代和苏厉的故事,经常相互混淆。甚至在《战国策》里,有些记载的本是同一件事,但有时作"苏秦",有时作"苏代",前后混乱。还有不少《战国策》作"苏秦",而《史记》则作"苏代"或"苏厉"的。例如:帛书《战国纵横家书》"苏秦献书赵王"章,《战国策·赵策一》鲍本、《史记·赵世家》均作"苏厉为齐"上(遗)赵王书。《赵策四》"苏秦自燕至齐"章,《史记·苏秦列传》改作"苏代"。《赵策四》"齐将攻宋而秦楚禁之"章"李兑谓齐王"句,当是"苏秦谓齐王"。《韩策三》"韩人〔珉〕攻宋"章"苏秦为齐说秦王"句,《史记·田敬仲完世家》作"苏代为齐说秦王"等。诸如此类问题,在《战国策》和《史记》等书里,可谓屡见不鲜。

出现这些问题的原因,如《史记·苏秦列传》所说:"苏秦被反间以死,天下共笑之,讳学其术。"苏秦因随从燕国质子来到齐国,"遂委质为齐臣"(《史记·苏秦列传》),并被齐闵王任为相国,倍受信任。《国语·晋语四》说:"事君不贰是谓臣。"战国之世,凡质臣反叛主君的,均被视为大逆不道,是件很耻辱的事。因此,"苏秦既死,其事大泄",时人很快就把原来"苏秦"的书信和游说辞,或改为"苏代",或改为"苏厉",或改为其他人的名字。这些人为的改动,给事件的真相造成了极大的混乱。致使后人对苏秦事迹的真相,如坠五里云雾而不知所从。杨宽先生指出:《战国策》里收录的苏秦资料,既有比较原始的,也有后人拟托虚构的,可谓"真伪参半"。而《史记·苏秦列传》依据的"几乎全是后人杜撰的长篇游说辞"。[①] 这也是盛行辑佚学风的明清时代,甚至时至今日,学者都未敢轻易辑录、梳理《苏子》一书的根本原因。

如何澄清这些纷繁混乱的资料,成为困扰学术界的重要课题。帛书《战国纵横家书》中有十六章原始的苏秦资料,内容联系极为密切。而其中第一、三、四、

---

① 杨宽:《马王堆帛书〈战国纵横家书〉的史料价值》,《战国纵横家书》附录,第164页。

八、二十一章的文字里,均有作者自称"秦"、"臣秦"或"苏秦"的证据,第十七章还提到苏秦的封号"武安君"。我们从这些资料中可以清楚地看出,苏秦的主要活动在燕昭王、齐闵王时期。他和孟尝君田文、奉阳君李兑、穰侯魏冉、韩珉、周最等人,同时参加列国间的合纵连横活动。

这些原始苏秦资料的发现,为我们提供了一个鉴别苏秦资料真"伪"的标准尺度。使我们能够相互参照,考订出各篇的作者和年代。特别是能够考订出哪些是苏秦的,哪些是苏代、苏厉的,哪些是苏氏后学的作品。从而使那些散见在战国秦汉各书里,真实而零星的苏秦及其学派的大量史料,都可以串联起来了。这样,我们不但可以澄清苏秦的真实面目,而且还可以把《苏子》的佚篇汇辑起来。

四、《苏子》篇章的类别及其特征

苏氏兄弟及其学派的书信和游说辞,大都保存在帛书《战国纵横家书》、《战国策》和《史记》等战国秦汉的典籍里。张舜徽先生指出:"《史记·苏秦列传》明云:'世言苏秦多异。异时事有类之者,皆附之苏秦。'可知后人增益之辞不少,初不止于代、厉论说已也。《汉志》著录其书三十一篇,……今犹可从《战国策》秦、燕、赵、韩、魏、齐、楚诸《策》及《史记》列传中考见其大要。"[①]这些篇章的文字风格,有的比较原始,有的经后人加工整理,有的则是苏秦后学以苏秦的名义拟作而成的。我们经过"以篇为单位,甚至以段为单位,逐段逐篇考订及观察",[②]得知《苏子》全篇的内容,依其真实程度,大体分为三种类型:

(一)苏氏兄弟的原始资料

"苏氏兄弟"是指苏秦、苏代和苏厉兄弟三人,当以苏秦为代表。他们都是"名显诸侯"的纵横家,活动年代也大体相同。所谓"原始资料",就是未经后人加工整理的苏氏兄弟的书信和游说辞。例如:

(1)帛书《战国纵横家书》一"自赵献书燕王"章

(2)帛书《战国纵横家书》二"使韩山献书燕王"章

---

① 张舜徽:《汉书艺文志通释》,华东师范大学出版社,2004年,第321页。
② 郑良树:《诸子著作年代考》,北京图书馆出版社,2001年,第276页。

(3) 帛书《战国纵横家书》三"使盛庆献书于燕王"章

(4) 帛书《战国纵横家书》四"自齐献书于燕王"章

(5) 帛书《战国纵横家书》五"谓燕王"章

(6) 帛书《战国纵横家书》六"自梁献书于燕王（一）"章

(7) 帛书《战国纵横家书》七"自梁献书于燕王（二）"章

(8) 帛书《战国纵横家书》八"谓齐王（一）"章

(9) 帛书《战国纵横家书》九"谓齐王（二）"章

(10) 帛书《战国纵横家书》二〇"谓燕王"章

(11)《东周策》"谓薛公"章

(12)《韩策二》"谓新城君"章

帛书《战国纵横家书》"收录的苏秦资料都比较原始"，前十四章中属于苏秦的十三章，都没有游说者的署名，可能就如杨宽所言，是辑于"原始的《苏子》"。这些篇章的共同特征，就是章首均直书"谓某某曰"，没有记载故事发生的时代背景和游说者的名字。若再仔细阅读全文，就会有质朴、简练、委婉而有条理的真实感觉。也就是说，这类苏氏兄弟的作品，从行文款式到文章内容，都保持了作品的原始面貌。

（二）后人加工整理的苏氏资料

这类资料是指在传抄或编集成册时，经过后人加工整理和修饰的苏氏兄弟本人的书信和游说辞。例如：

(1) 帛书《战国纵横家书》二二"谓陈轸"章

(2)《东周策》"昭献在阳翟"章

(3)《西周策》"薛公以齐为韩魏攻楚"章

(4)《燕策三》"孟尝君将入秦"章

(5)《西周策》"雍氏之役"章

(6)《秦策二》"径山之事"章

(7)《齐策四》"苏秦之燕至齐"章

(8)《赵策四》"齐欲攻宋"章

(9)《魏策二》"五国伐秦无功而还"章

这类书信和游说辞的共同特征，是篇首增加了故事发生的具体背景，大都写清游说者的姓名，文章的内容显得"繁复，文字也要长得多，当是出于后人的修改加工和扩大"的缘故。① 例如：帛书《战国纵横家书》五"谓燕王"章，篇首即"谓燕王"云云。而同章《战国策·燕策一》开篇则作"人有恶苏秦于燕王者，曰：'武安君，天下不信人也。王以万乘下之，尊之于庭，示天下与小人群也。'武安君从齐来，而燕王不馆也。谓燕王曰"云云。《史记·苏秦列传》在章首亦作"人有毁苏秦者曰：'左右卖国反覆之臣也，将作乱。'苏秦恐得罪，归而燕王复不馆也。苏秦见燕王曰"云云。而且《燕策一》和《苏秦列传》的内容要比帛书丰富完备，文字也有不少出入。帛书《战国纵横家书》二○"谓燕王"章，同章《战国策·燕策一》、《史记·苏秦列传》开篇均作"齐伐宋，宋急。苏代乃遗燕昭王书"云云。《东周策》"谓薛公"章，《史记·孟尝君列传》作"秦亡将吕礼相齐，欲困苏代。代乃谓孟尝君曰"。帛书《战国纵横家书》二二"谓陈轸"章，开篇为"齐宋攻魏，楚回（围）翁（雍）氏，秦败屈匄。胃（谓）陈珍曰"云云。《史记·田敬仲完世家》作"十二年，攻魏。楚围雍氏，秦败屈匄。苏代谓田轸曰"。"田轸"即陈轸，是与张仪同时的著名纵横家。然按帛书说"今者秦立于门"，是游说者苏秦自称，可见《史记》改作"苏代"是错误的。这篇游说辞的两种传本，虽然在章首都载有故事的时代背景，均属后人加工改写过的本子。但帛书本未署游说者姓名，而《史记》本则署明游说者为"苏代"，且后者使用的通假字也明显较少。可见这两种传本相比，帛书本仍然显得较为原始。《韩策二》"谓新城君"章，《史记·韩世家》作"苏代又谓秦太后弟芈戎曰"。"新城君"是秦宣太后弟芈戎的封号。

从这些可资比较的篇章来看，后者均经过加工整理，不仅增添了故事发生的时代背景和游说者的姓名，而且通篇行文多增置"夫"、"而"、"则"等虚词，文章词句常有增减、改动和修饰，使全文显得语言酣畅、朗朗可读，甚至具有铺张扬厉的犀利风格。这些显然都是经过后人"穿靴带帽"加工整理的结果。

（三）苏秦后学拟作的苏氏资料

这类资料是指战国末年纵横家中的苏秦后学，为了适应当时六国合纵形势的发展以及给初学者提供练习游说的脚本，便以苏秦名义拟作的书信和游说辞。例如：

（1）《秦策一》"苏秦始将连横说秦惠王"章

---

① 杨宽：《马王堆帛书〈战国纵横家书〉的史料价值》，《战国纵横家书》附录，第171页。

(2)《燕策一》"苏秦将为从北说燕文侯"章

(3)《赵策二》"苏秦从燕至赵始合从"章

(4)《楚策一》"苏秦为赵合从说楚威王"章

(5)《魏策一》"苏秦为赵合从说魏王"章

(6)《韩策一》"苏秦为楚合从说韩王"章

(7)《齐策一》"苏秦为赵合从说齐宣王"章

(8)《齐策五》"苏秦说齐闵王"章

(9)《燕策二》"秦召燕王"章

这些书信和游说辞,包括有名的"苏秦合纵八篇",都是战国末年苏秦后学的作品。这就是司马迁所说"世言苏秦多异,异时事有类之者,皆附之苏秦"(《史记·苏秦列传》)的篇章。这类拟作"气势都很盛,跟真正的苏秦文笔,宛转而有条理,风格截然不同"。[1] 杨宽先生指出:"因为这些'权变'的故事,原来都是游说之士的学习资料,或者是练习游说用的脚本,对于有关历史事件的具体经过往往交代不清,有的只约略叙述到游说经过和游说的结果。其中有些编者着重于吸取历史的经验教训的,就比较能够注意历史的真实情况。如果编辑起来只是用作练习游说的脚本的,就不免夸张扩大,甚至假托虚构。涉及到历史事实方面,有的出于传闻不同,记载有出入;有的就随意虚构,根本不顾历史的真实性。譬如苏秦、张仪游说各国合纵连横的长篇游说辞,就属于这种性质。"[2]

必须指出的是,这些战国末年合纵家的拟作,尽管其中有年代错乱、夸张扩大,甚至假托虚构的成分,但就文中所涉诸侯各国的山川地理、政治形势、人物事件以及生活习俗等内容看,基本上都是可信的。例如,《魏策二》"秦召魏相信安君"章,是古代文献里唯一记载"魏相信安君"的珍贵史料。如若不是近年有信安君铜鼎诸器的考古发现,史家仍难以确定"魏相信安君"其人的真实存在。再如,据《齐策一》"苏秦为赵合从说齐宣王"章,"临淄之中七万户","甚富而实,其民无不吹竽、鼓瑟、击筑、弹琴、斗鸡、走犬、六博、蹹踘者。临淄之途,车毂击,人肩摩,连衽成帷,举袂成幕,挥汗成雨,家敦而富,志高而扬"。虽然这些描述具有浓厚的文学夸张色彩,

---

[1] 唐兰:《司马迁所没有见过的珍贵史料》,《战国纵横家书》附录,第123—153页。
[2] 杨宽:《马王堆帛书〈战国纵横家书〉的史料价值》,《战国纵横家书》附录,第157—158页。

但是它所记载的丰富信息,不仅是我们研究战国时期齐都临淄经济状况、人口数量和生活习俗的重要史料,而且也是研究我国古代音乐和体育史的珍贵文献。同时,《齐策五》"苏秦说齐闵王"章和《燕策二》"秦召燕王"章,都是战国末年在秦国统一六国的强大军事形势下,合纵家针对时局变化制定的重要战略理论文献。

据《赵策二》"苏秦从燕之赵始合从"章,苏秦对赵肃侯说:"故窃为大王计,莫如一韩、魏、齐、楚、燕、赵,六国从亲,以傧(摈)〈畔〉秦。令天下之将相,相与会于洹水之上,通质刑白马以盟之。约曰:'秦攻楚,齐、魏各出锐师以佐之,韩绝食道,赵涉河、漳,燕守常山之北。秦攻韩、魏,则楚绝其后,齐出锐师以佐之,赵涉河、漳,燕守云中。秦攻齐,则楚绝其后,韩守成皋,魏塞午道,赵涉河、漳、博关,燕出锐师以佐之。秦攻燕,则赵守常山,楚军武关,齐涉渤海,韩、魏出锐师以佐之。秦攻赵,则韩军宜阳,楚军武关,魏军河外,齐涉渤海〔清河〕,燕出锐师以佐之。诸侯有先背约者,五国共伐之。'六国从亲以摈秦,秦必不敢出兵于函谷关以害山东矣!如是则伯业成矣!"这是一则颇为理想的六国合纵抗秦的盟约,若真能实施,则秦国"必不敢出兵于函谷关以害山东矣"。因此,这些合纵家的拟作,依然具有独特而重要的史料价值。

当然,我们面对这类资料,首先得弄明白它们是否属于《苏子》的基本内容,还得指出它们是出自苏秦后学的基本证据,从而将它们与苏秦的原始著作区别开来。这样,既能恢复和提高这些文献的史料价值,又可避免重蹈司马迁撰写《苏秦列传》时出现的那些错误。

目前,《苏子》全篇的佚文,已辑得七十八章。其中,属第一、二类的有四十三章,属第三类的有三十五章。每章文字长短不一,体例各异,没有一定的行文款式。就如同《商君书》那样,"当初它并不是有计划撰述的书,而是由一批长短不一的文章及资料汇聚而成的集子"①。这就是我们今天看到的《苏子辑校注释》的基本史料。

五、《苏子》的亡佚、篇数和编排顺序

《苏子》原书的亡佚年代、篇章数量及其编排次序,也是尚需澄清的重要问题。

---

① 郑良树:《商鞅及其学派》,第3页。

(一)《苏子》的亡佚年代

西汉王朝建立后,经过文、景时代的休养生息,全国出现社会安定、经济繁荣的政治局面。汉武帝刘彻即位后,依据宰相卫绾的奏议,实行"罢黜百家,独尊儒术"的政策。据《汉书·武帝纪》,建元元年(前140年):"丞相绾奏:'所举贤良,或治申、商、韩非、苏秦、张仪之言,乱国政,请皆罢。'奏可。"这就使苏秦、张仪代表的纵横家"之言",失去了生存的社会环境和政治基础。因此,《苏子》、《张子》等纵横家的著作,便日益淡出人们的视野。

西汉晚期,刘向、刘歆父子奉诏整理中秘藏书,撰成《七略》存世。班固依据《七略》编撰的《汉书·艺文志》里,载有"《苏子》三十一篇"。这说明《苏子》一定是刘向亲眼看过的书。到东汉早期班固作《汉书》时,这部书可能仍然存世。然而,经过汉末和魏晋南北朝时期的战乱,唐代初年成书的《隋书·艺文志》里,已经不见《苏子》的踪影。由此推测,《苏子》亡佚的时间,很可能发生在汉魏之际的动荡年代。

(二)《苏子》的篇章数量

《苏子》的篇数是多少,史书有不同的说法。《汉书·艺文志》载:"《苏子》三十一篇。"然而,王应麟《玉海》卷五十三《艺文·诸子》载:"《汉志》纵横家《苏子》三十二篇。"秦恩复《鬼谷子序》说:"《汉书》纵横家有《苏子》三十二篇。"余嘉锡《古书通例》也说:"盖《鬼谷子》为苏秦手著,……向合而编之,为《苏子》三十二篇。"这里所谓"《苏子》三十二篇",有可能是把原来的"《苏子》三十一篇",再加上《鬼谷子》的缘故。因《苏子》与《鬼谷子》本属两书,故当以《汉书·艺文志》记载的"《苏子》三十一篇"为是。

西汉末年,刘向编辑的《战国策》共三十三篇,全书收录战国游士的"权变"故事,多达四百六十余章。刘向《晏子叙录》言:"定著八篇,二百一十五章。"孙星衍说:"《晏子》八篇见《艺文志》,后人以篇为卷。"①《汉书·艺文志》纵横家录有"《蒯子》五篇",论战国之权变,"为八十一首"(《史记·田儋列传》)。这说明"《蒯子》五篇"含有"八十一章"。由此推测,"《苏子》三十一篇",犹言"三十一卷",每篇应包括若干章苏氏兄弟及其学派的书信和游说辞。我们今天辑录的《苏子》佚文共计七十八章,应当大体接近《苏子》原书的基本面貌。

---

① 吴则虞:《晏子春秋集释》,中华书局,1982年,第49、639页。

（三）《苏子》的编排次序

《苏子》三十一篇原书的编排次序，今已不可确知。因此，今天辑录的《苏子》佚文，已很难按原来"三十一篇"的次序编排。我们遵循《庄子》、《晏子春秋》分内、外篇的体例，将所辑《苏子》佚文的第一、二类，共四十三章编为内篇；将第三类共三十五章编为外篇。内篇各章以故事发生的先后年代为序，外篇则以其在《战国策》里所属国别的先后为序。这种编排主要是便于把苏氏兄弟真实的书信和游说辞与苏秦后学的拟作区分开来，使读者更好地掌握苏氏兄弟的真实事迹，从而提升这些佚文的史料价值。

六、《苏子》与纵横家的重要价值

帛书《战国纵横家书》的发现，为《苏子》佚文的搜集、校注、考辨、编年及其编辑成书，创造了有利条件。我们经过多年的努力，将目前所能搜集到的《苏子》佚文编为《苏子辑校注释》一书。这对研究苏秦及其学派的真实事迹以及研究战国纵横家和战国中晚期历史等问题，都具有极为重要的意义。

（一）《苏子》是研究苏秦学派的珍贵资料

以往因传世的苏氏兄弟资料中作者名称常混淆不清，特别是没法把苏氏兄弟的真实作品与苏秦后学的大量拟作区别开来，致使司马迁《史记》里的《苏秦列传》成为"小说"家言。这就造成后世学者对苏秦的真实面目认识不清，有人甚至怀疑是否真有苏秦其人。我们以帛书《战国纵横家书》中大量可靠的苏秦资料为标尺，将散存于《战国策》、《史记》等文献里的苏秦及其学派的书信和游说辞搜集起来，进行全面系统地校勘、注释、考辨和编年，使《苏子》原书的面貌大体上得以恢复。

苏秦及其学派的书信和游说辞，是《苏子》原书的主要内容，也是苏秦学派的智慧结晶。我们面对这些杂乱无章的苏氏资料，开展了四项基本工作：一是要甄别、审定哪些书信和游说辞是苏秦及其学派的著作，初步建立起苏秦学派的资料体系。二是要把苏氏兄弟的书信和游说辞与苏秦后学的拟作区分开来，同时肯定这些拟作的史料价值。三是要辨明各篇的真正作者，把苏秦、苏代、苏厉兄弟各自的书信和游说辞区分开来。四是要逐章进行考订、梳理和编年，进而澄清苏秦的家世、师传和苏氏兄弟的生平事迹。通过这些细致的整理和研究，正确评价苏氏兄弟在纵横家里的重要地位及其历史贡献，以图还原苏秦的本来面目。

这样,便极大地提高了《苏子》佚文的史料价值,使其成为研究苏秦学派和战国历史的珍贵史料。

(二)《苏子》是纵横家的经典著作

苏秦是纵横家的代表人物。据《汉书·主父偃传》,主父偃"学长短从横术",《集注》引服虔曰:"苏秦法百家书说也。"所谓"长短从横术",是指纵横家的思想学说。《汉书·艺文志》列"纵横十二家",《苏子》排在首位。其所载"《苏子》三十一篇"、"《张子》十篇",说明两书的篇数悬殊极大。可见《苏子》的篇章众多,丰富内容,成为研究纵横家思想学说最具代表的经典著作。

(三)《苏子》是研究战国历史的珍贵文献

纵横家是中国古代"九流十家"的重要学派,在战国秦汉历史的发展演变过程中,占有举足轻重的地位。据《战国策·秦策一》"苏秦始将连横"章:

当此之时,天下之大,万民之众,王侯之威,谋臣之权,皆欲决苏秦之策。不费斗粮,未烦一兵,未战一士,未绝一弦,未折一矢,诸侯相亲,贤于兄弟。夫贤人在而天下服,一人用而天下从。

《盐铁论·褒贤》载:

苏秦、张仪,智足以强国,勇足以威敌,一怒而天下惧,安居而天下息。万乘之主莫不屈礼卑辞,重币请交,此所谓天下名士也。

因此,苏秦、张仪所代表的纵横家,大都是战国时期叱咤风云的重要人物。他们那些鲜活、生动的人生画卷,正是研究战国历史的真实资料。以往研究战国时期的历史,主要依据《战国策》和《史记》的史料。然而,这两本书里有关苏秦、张仪等人的资料,年代错乱,人物混淆,致使许多故事的真相模糊不清。这就给古史研究带来极大的困难。《苏子》佚文的搜集、整理和研究,必将为战国历史研究提供一部真实可信的史料汇编。

(四)正确评价苏秦与纵横家的历史地位

战国秦汉以来,对纵横家的评价,始终存在着截然不同的看法。我们理应从历史唯物主义的视角,正确评价苏秦及纵横家人物的历史贡献。

（1）儒、法诸家对纵横家的偏见。《孟子·离娄》载:"善战者服上刑,连诸侯者次之。"朱熹注:"结连诸侯,如苏秦、张仪之类。"《韩非子·五蠹》则贬斥纵横家为"从横之党"。据《三国志·蜀书·秦宓传》,秦宓说:"今战国反覆仪、秦之术,杀人自生,亡人自存,经之所疾。……何战国之谲权乎哉!"明儒宋濂《诸子辨》说纵横家:"是皆小夫蛇鼠之智。家用之则家亡,国用之则国偾,天下用之则失天下。"(宋濂《宋学士全集》)由此可见,儒、法诸家对纵横家的贬斥态度。

（2）苏秦行其说而"六国以安"。纵横家的游说活动,使许多迫在眉睫的战争顷刻化解,为广大百姓创造了和平安定的生活环境。《说苑·善说》:"苏秦行其说,而六国以安。"《文心雕龙·论说》说苏秦"三寸之舌,强于百万之师",讲的就是这个意思。《论衡·答佞篇》说:

> 太史公叙言众贤,仪、秦有篇,无嫉恶之文,功钧名敌,不异于贤。……仪、秦,排难之人也,处扰攘之世,行揣摩之术。当此之时,稷、契不能与之争计,禹、皋陶不能与之比效。

这是说太史公在《史记》里"叙言众贤"时,专门为苏秦、张仪撰写长篇《列传》,丝毫没有"嫉恶"的意思。苏秦、张仪的功绩和声名显赫,与众贤一样受到称赞。他们是在"扰攘之世"里,行施"揣摩之术",来为百姓排忧解难的。处在那个纷乱年代,就是连后稷、商契也不能与他们争献计谋,连大禹、皋陶也不能与他们比试功效。因此,在《战国策·秦策一》、《盐铁论·褒贤篇》等著作中,都把苏秦、张仪誉为说服天下的"贤人"和"名士"。这是站在战国历史的最高层面上,来客观看待苏秦、张仪历史功绩的正确评价。

（3）齐、燕两国对苏秦的看法。据《荀子·臣道》"齐之苏秦、楚之州侯,秦之张仪,可谓态臣者也",并说"用态臣者亡"。这是把"苏秦"列为善于媚上取宠的"态臣"。《吕氏春秋·知度篇》载:"齐用苏秦而天下知其亡。"《说苑·尊贤篇》说:"宋用唐鞅,齐用苏秦,秦用赵高,而天下知其亡。"《淮南子·诠言篇》也说:"苏秦善说而亡国。"这里所说的"亡国",是指齐闵王任用苏秦致使国破身死的故事。这些都是站在齐国的立场上,来审视苏秦事迹的结果。

但是,若要站在燕国的立场,对苏秦的看法就会截然不同。《淮南子·说林》载:"苏秦以百诞而成一诚。"《史记·邹阳列传》则说:"苏秦不信于天下,而为燕之尾生。"苏秦对诸侯各国虽没有讲真话,但他却成为燕国最守信用的"尾生"。

据《战国纵横家书》第四章,苏秦在给燕昭王的信里说:"臣以死之围,治齐燕之交。"这是说苏秦冒着死亡的危险,来治理齐、燕两国的邦交。苏秦知道,要实现"以弱燕并强齐"的战略目标,关键就是要"恶齐、赵之交"。公元前285年,苏秦在完成"令齐绝于赵"的使命后,便写信向燕昭王报告说(《战国策·燕策二》):

> 故齐、赵之合苟可循也,死不足以为臣患,逃不足以为臣耻,为诸侯不足以为臣荣,被发自漆为厉不足以为臣辱。然而臣有患也,臣死而齐、赵不循,恶交分于臣也,而后相效,是臣之患也。若臣死而必相攻也,臣必勉之而求死焉。尧、舜之贤而死,禹、汤之知而死,孟贲之勇而死,乌获之力而死,生之物固有不死者乎? 在必然之物以成所欲,王何疑焉!

这里苏秦向燕昭王表明,如果齐、赵的结合能够顺应燕国,即使死也不足以成为臣的遗憾。如果臣死而齐、赵就能相互攻伐,那臣必然努力要求去求死。有生命的东西哪有不死的,用必死的生命来完成自己的志向,难道大王还会怀疑我的忠诚吗? 在这封信里他特别强调:"臣死而齐大恶于赵,臣犹生也。"(《战国策·燕策二》)由此可见苏秦"以死任事"的忠贞情怀!

(4) 正确看待纵横家的"谋诈"权术。西汉成帝诏"任宏校兵书",在《兵书略·兵权谋》中列有"《苏子》、《蒯通》"两书(《汉书·艺文志》)。可见纵横家具有浓厚的兵家色彩。中国古代兵家,大都讲究谋略。《孙子兵法·计篇》说"兵者,诡道也","故兵以诈立"。足以说明"兵不厌诈",乃中国古代兵法之精髓。《汉书·艺文志》说:"权谋者,以正守国,以奇用兵,先计而后战,兼形势,包阴阳,用技巧者也。"这说明"兵权谋"是以外交谋略和军事手段相结合的政治斗争。只有采用奇谋异策和强大的军事实力,方能实现《孙子兵法》"不战而屈人之兵"的战略。

纵横家既是列国兼并战争的产物,也是为列国兼并战争服务的。这就决定合纵连横活动的本身,必然具有浓厚的兵家色彩。《史记·六国年表》载六国:

"务在强兵并敌,谋诈用而从衡短长之说起。"《史记·孝文帝本纪》说:"汉大臣皆故高帝时大将,习兵,多谋诈。"这说明"谋诈"权术,既是兵家的灵魂,也是纵横家的法宝。因此,苏秦、张仪在合纵连横活动时,屡屡施展"谋诈"权术,那是不足为怪的。这种在列国兼并战争中使用的"谋诈"权术,与那些日常不讲信义的"欺诈"小人,是有本质区别的。

(五)苏秦的伟大功绩彪炳史册

以往史学界对苏秦及纵横家的历史地位,多持否定态度。那是因为长期以来纵横家饱受到儒、法诸家的排挤和贬斥,令其"独蒙恶声焉"。

战国中期前后,秦、齐两国势均力敌,都有统一全国的欲望和资格。秦昭王使魏冉致齐闵王,使"齐、秦立"为东西"两帝"(《战国策·齐策四》)。苏秦对燕昭王说:"齐南破楚,西屈秦,用韩、魏之兵,燕、赵之众,犹鞭策也。"(《战国策·燕策二》)这些都足以显示当时齐国的雄厚实力。

苏秦合纵的最大功绩,就是"果以弱燕并强齐",导致齐闵王被杀和齐国的急剧衰落,故被后人尊为"谋圣"(唐武德八年宰相萧瑀刻立"武安君六国丞相苏公墓"碑文)。这个历史剧变,客观上为秦国统一六国创造了有利条件。正是战国晚期合纵连横运动的剧烈碰撞,才催生了大秦王朝,为中华民族的统一、稳定和发展奠定了坚实的基础。因此,我们应该正确评价和充分肯定苏秦与纵横家的历史贡献。

内 篇

　　本篇属苏秦(含代、厉)及其助手的书信和游说辞,共四十三章。每章分别进行校勘、注释、考辨和系年,均以事件发生时间的早晚排序。

一、苏秦谓陈轸章

齐宋攻魏[1]，楚回（围）翁（雍）是（氏）[2]，秦败屈匄[3]。

胃（谓）陈轸[4]曰："愿有谒于公[5]，其为事甚完，便楚、利公[6]。成则为福，不成则为福[7]。今者秦立于门[8]，客有言曰[9]：'魏王胃（谓）韩俑、张义（仪）[10]：煮棘（枣）将榆（输）[11]，齐兵有（又）进，子来救【寡】人可也，不救寡人，寡人弗能枝（支）[12]。'槫（转）辞也[13]。秦、韩之兵毋东，旬余[14]，魏是（氏）槫（转），韩是（氏）从[15]，秦逐张义（仪）[16]，交臂而事楚，此公事成也。"

陈轸曰："若何史（使）毋东[17]？"合（答）曰："韩俑之救魏之辞，必不胃（谓）郑王[18]曰：'俑以为魏。'必将曰[19]：'【俑将以秦、韩之兵东卻齐、宋】[20]，俑将槫（搏）三国之兵[21]，乘屈匄之敝[22]，南割于楚，故地必尽【得之矣】[23]。'张义（仪）之救魏之辞，必【不】胃（谓）秦王曰：'义（仪）以为魏。'必将曰：'义（仪）且以韩、秦之兵东巨（拒）齐、宋[24]，义（仪）【将】槫（搏）三国之兵，乘屈匄之尚（敝），【南割于】楚，名存亡【国，实伐三川】而归[25]，此王业也。'公令楚【王与韩氏地，使】秦制和[26]。胃（谓）秦【王】曰[27]：'【请与韩地，而王以】施三【川'[28]，韩】是（氏）之兵不用而得地【于楚】[29]，【韩俑之东兵之辞且谓秦】何[30]？【曰】秦兵【不用而得三川，伐楚、韩以窘】魏[31]，魏是（氏）不敢不听[32]。韩欲地而兵案[33]，声荣【威】发于魏[34]，魏是（氏）【之欲不失齐、楚者有资矣】[35]。

魏是（氏）【转】，秦、韩争事齐楚[36]，【楚】王欲毋予地[37]。公令秦、韩之兵不【用而得地，有一大】德【也】[38]。秦、韩之王劫于韩俑、张义（仪）而东兵以【徇】服魏[39]，公常操【左】卷而责于【秦、韩[40]，此其善于】公而【恶张】义（仪）多资矣[41]。"

本章辑自《战国纵横家书》第二二章

【校注】

〔1〕整理小组曰:"《田敬仲完世家》说:齐湣王十二年(应是齐宣王八年)攻魏,楚围雍氏,秦败屈匄。没有说宋国也攻魏。但后文说'东却齐宋','东距齐宋',可见宋国确是参加了。""齐",齐国,战国七雄之一,疆域有今山东北部和河北的东南部,国都临淄(在今山东淄博市西)。"宋",战国诸侯,疆域有今河南东部和今山东、江苏、安徽省的一部分,国都原在睢阳(今河南商丘市西南),战国初年迁都彭城(今江苏徐州市南)。"魏",魏国,战国七雄之一,疆域有今陕西东南部、山西南部、河南北部、河北东南部和山东西南部,国都原在安邑(今山西夏县西北),公元前361年迁都大梁(今河南开封市)。齐宣王八年(前312年),齐、宋联军进攻魏国的煮枣(在今山东省东明县南)、曲沃(在今河南三门峡市西南)等地(《战国策·秦策二》、《史记·越世家》)。

〔2〕"楚",战国七雄之一,疆域有今重庆市东部、湖北全省及湖南的东北、江西北部、安徽北部、陕西东南、河南南部和江苏北部。国都郢(今湖北江陵县西北)。"回",通作围。"翁是",读如雍氏,地名。《史记集解》引徐广曰:"在阳翟,属韩。"整理小组曰:"在今河南省禹县东北。"楚怀王十七年(前312年),楚国派上柱国景翠围攻韩国的雍氏,秦国使庶长樗里疾"助韩而东攻齐",史称"雍氏之役"。

〔3〕"秦",战国七雄之一,疆域有今甘肃东南部、陕西中南部、河南西部。战国中晚期都咸阳(今陕西咸阳市东北)。"屈匄",整理小组曰:"人名,楚将。""屈匄"即屈盖,也作"屈丐"。据《史记·楚世家》:"(楚怀王)十七年(前312年)春,与秦战丹阳,秦大败我军,斩甲士八万,虏我大将军屈匄、裨将军逢侯丑等七十余人,遂取汉中之郡。"《史记·六国年表》载楚怀王十七年(前312年):"秦败我将屈丐。"《索隐》:"丐,音盖,楚大夫。"《战国策·秦策二》作"屈盖"。公元前312年春天,因受秦国张仪的欺骗,楚怀王兴兵伐秦。屈丐奉命率军与秦军在丹阳(在今河南南阳市丹水北岸)展开大战,结果战败被俘。

〔4〕整理小组曰:"人名,《史记》有传。此时为楚国谋士。"《田敬仲完世家》作"苏代谓田轸曰"。"胃",通作谓。帛书"胃"字前未署说者姓名,据下文"今者秦立于门",足见这位游说者当是"苏秦"。"陈轸","陈"、"田"古通用。陈轸是战国纵横家,常在楚、秦两国活动,应是苏秦的前辈。楚怀王十六年(前313年)秦

相张仪使楚，以"商于之地方六百里"诱骗楚怀王，破坏齐、楚联盟。楚怀王没有听从陈轸的劝谏，而上当受骗（《史记·楚世家》）。

〔5〕"谒"，拜谒，告诉。《尔雅·释诂上》："谒，告也。"

〔6〕"便"，郑良树曰："《史记·田敬仲完世家》'便'作'使'，疑是。""便、使"形近易混。《战国策·东周策》："居中不便于相国。"姚宏注："便，刘作使。"《汉书·赵尹韩张两王传》："便从归府。"王念孙《读书杂志》卷十二案："便，当为使。"可以为证。细审文意，当以帛书作"便"为是。

〔7〕郑良树曰："《史记》本章章首云：'则'作'亦'；则，犹亦也。"

〔8〕"秦"，苏秦。郑良树曰："《史记》本章章首云：'苏代谓田轸曰。'以为此章乃苏代之说辞。今据帛书本句'秦'字，知本章乃苏秦之说辞也。"

〔9〕"客"，宾客，此处是对传说者的尊称。

〔10〕"魏王"，魏襄王。"韩佣"，《田敬仲完世家》作"韩冯"。《史记集解》引徐广曰："韩之公仲侈也。"整理小组曰："人名，韩相。又名公仲佣（佣也写作朋，或误作明）。《田敬仲完世家》作韩冯（音凭），佣、冯音近。佣或作侈，是字形之误。张仪此时是秦相。""张仪"（？—前309年），魏国人，相传与苏秦同是鬼谷子的门生，秦惠王任为相国，从事连横兼并六国的活动。《汉书·艺文志》有《张子》十卷，已佚。事见《史记·张仪列传》。传世和考古发现有相邦张仪铜鼎1件（《中国文物报》2017年1月10日第7版）、相邦仪铜戈3件（《集成》11394、《西汉南越王墓》图版二二：1）、《文物》2012年第8期第63页）。

〔11〕整理小组曰："煮枣，地名，在今山东省菏泽县西南。榆，疑当读为渝，《尔雅·释言》：'渝，变也。'此指煮枣战事将起变化。《田敬仲完世家》作'拔'。""榆"，当读为输。"榆"、"输"音近义通。《春秋·襄公二十三年》："次于雍榆。"《公羊传》、《穀梁传》并作"雍渝"。《广雅·释诂三》："输，更也。"王念孙疏证："输、渝古通用。"是其证。《穀梁传·隐公六年》："输者，堕也。"《战国策·秦策一》："夫攻城堕邑。"鲍彪注："败城邑曰堕。""输"有毁坏、坠落之义。"煮枣将输"是说煮枣将要堕陷。《战国策·秦策二》："宜阳拔。"高诱注："拔，得也。"《汉书·高帝纪上》载："三日拔之。"颜师古注："拔者，破城邑而取之，言若拔树木，并得其根本也。""拔"有取得、攻取之义。"煮枣将拔"是说煮枣将要取得。当时"煮枣"属魏地，将要被齐军攻陷，魏襄王说"煮枣将输"，比"煮枣将渝"或"煮枣将拔"都

更为恰切。

[12] 整理小组曰:"枝,通支,支持。《田敬仲完世家》作拔,形近而误。""能枝",《史记索隐》:"能,犹胜也。"

[13] "槫",通作转。整理小组曰:"转,改变策略。下文'魏氏转'同。"

[14] "旬余",十多日。《仪礼·少牢馈食礼》:"筮旬有一日。"郑玄注:"旬,十日也。"《左传·宣公十一年》:"事王旬而成。"杜预注:"十日为旬。"

[15] 整理小组曰:"此处指韩氏随魏而转。《田敬仲完世家》作'韩从秦',误。"

[16] "逐",《史记索隐》谓:"随也。"

[17] 《田敬仲完世家》作"奈何使无东"。"若"、"奈"义通。《周礼·考工记·梓人》郑玄注:"若,如也。"《经传释词》卷七:"若,犹奈也。""史",通作使。

[18] 整理小组曰:"郑王,即韩宣惠王。"公元前375年,韩哀侯灭掉郑国,迁都新郑(在今河南新郑市区),故韩宣惠王亦称"郑王"。

[19] "必将曰",《田敬仲完世家》作"必曰"。

[20] 依《田敬仲完世家》,"佣将搏三国之兵"前缺"冯将以秦韩之兵东却齐宋"句,今据补。

[21] "将",《田敬仲完世家》作"因"。"槫",通作搏。整理小组:"搏,聚结。三国指秦与韩、魏。"

[22] 《史记正义》:"屈丐,楚将,为秦所败,今更欲乘之。"郭永秉曰:"'敝'字,当据图版改释为'㡀',读为'敝'。"

[23] 据《田敬仲完世家》,"故地必尽"下缺"得之矣",今据补。整理小组曰:"这是说:乘楚将屈丐之败,向南攻楚,要求割地,韩国原有的土地一定全能要回。"

[24] 郑良树曰:"'韩、秦'当作'秦、韩',此传抄者倒误也。上文云:'秦、韩之兵毋东。'下文云'秦、韩争事齐','公令秦、韩之兵','秦、韩之王','以实于秦、韩',皆作'秦、韩',即其明证。当据正。"

[25] 郑良树曰:"据《史记》,'而归'上缺文当为'实伐山川'。""伐",《老子》第二十二章:"不自伐,故有功。"河上公注:"伐,取也。"《急就篇》卷四:"斩伐材木。"颜师古注:"伐,攻取也。"是"伐"有攻取之义。"三川",《田敬仲完世家》索

隐:"韩也。"《战国策·秦策二》:"寡人欲车通三川,以窥周室。"高诱注:"三川,宜阳也。""三川"指韩国的宜阳地区,在今河南宜阳县西。

[26]《文选·陆机〈汉高祖功臣颂〉》:"往制劲越。"李周翰注:"制,约也。"这句是说迫使秦国制定和约。

[27] 依《田敬仲完世家》,"秦"下缺"王"字,今据补。

[28] "施",《史记正义》:"施,张设也。言秦王于天子都张设迫胁也。"整理小组:"施,易。交换的意思。"依《田敬仲完世家》,"施"前缺"请与韩地,而王以"七字,"三"下缺"川"字,今据补。

[29] 依《田敬仲完世家》,"是"前缺"韩"字,"地"后缺"于楚"二字,今据补。"是"、"氏"古通用。

[30] 依《田敬仲完世家》,"何"前缺"韩冯之东兵之辞,且谓秦"十字,今据补。

[31] 郑良树曰:"据《史记》'魏'上缺文当为'窘'字,所缺二十余字,当是'韩倗之东兵之辞,且谓奈何?曰:秦兵不用而得三川,伐楚、韩以'。"

[32] "听",《田敬仲完世家》作"敢东"。

[33] 整理小组曰:"案,通'按'。兵案,当是按兵不动的意思。"依《田敬仲完世家》,"韩"字前缺"是孤齐也。张仪之东兵之辞且谓何?曰秦"十六字。

[34] 依《田敬仲完世家》,"声"下缺"威"字,今据补。

[35] 郑良树曰:"据《史记》,'魏氏'下所缺八、九字,当是'之欲不失齐、楚者有资矣'。"郑说当是,今据补。

[36] 依《田敬仲完世家》,"秦"字前缺"转"字,今据补。

[37]《史记集解》引徐广曰:"楚王欲得魏来事己,而不欲与韩地也。"依《田敬仲完世家》,"王"上缺"楚"字,今据补。

[38]《史记正义》:"苏(代)〔秦〕谓陈轸,今秦韩之兵不战伐而得地,陈轸于秦韩岂不有大恩德。"据《田敬仲完世家》,"德"下缺"也"字,今据补。

[39]《田敬仲完世家》"以"下有"徇"字,今据补。"徇",顺也。《左传·文公十一年》:"国人佛徇。"杜预注:"徇,顺也。"

[40] 整理小组曰:"□契,《田敬仲完世家》作'左券'。券、契义同。"《史记索隐》:"券,要也。左,不正也。言我以右执其左而责之。"依《田敬仲完世家》"操"

下缺"左"字。"于"下缺"秦韩"二字。细审"左"下字形,当以"券"字为是。今据补正。

[41]《史记正义》:"左券下,而右券上也。苏代〔秦〕说陈轸以上券令秦韩下用兵得地,而以券责秦韩却韩冯、张仪以徇服魏,故秦韩善陈轸而恶张仪也。"依《田敬仲完世家》,"公"字前缺"此其善于"四字。"义"作"子",其前缺"恶张"二字。今据补。

【考辨】

本《策》有帛书和《史记》两种版本,帛书本在"胃(谓)陈轸曰"前,未署说者姓名,内容也较为简约,显得比较原始。整理小组曰:"此篇见《史记·田敬仲完世家》,作'苏代谓田轸'。今按帛书说'今者秦立于门',是苏秦自称。那末,作'苏代'是错的。田轸即陈轸。陈姓在《史记》中,由于当时方言,常写作田。此是宋齐攻魏时事,在公元前三一二年。"故将此篇命为"苏秦谓陈轸章"。帛书本《策》残缺较多,与《田敬仲完世家》相校订补,全文得以通读。

本《策》开篇说:"齐宋攻魏,楚围雍氏,秦败屈丐。"这是叙述苏秦谒见陈轸的历史背景,也是苏秦向陈轸呈献计策的缘由。《田敬仲完世家》将其列于齐闵王十二年(前289年)。钱穆《先秦诸子系年》卷三说:"按此事在赧王三年,陈轸仕楚,而史公系此于《田世家》。"因此,本篇的年代当为周赧王三年,即在公元前312年。

公元前314年,秦国攻取魏国的焦(在今河南三门峡市西)和曲沃(在今三门峡市西南),并在岸门(在今山西河津市南)打败韩军,迫使魏、韩两国屈服(《史记·秦本纪》)。次年魏襄王和秦惠文王在临晋(在今陕西大荔县境)相会,并按照秦国的意图立公子政为太子(《史记·魏世家》)。这样,秦、魏、韩三国和齐、楚两国便形成了两大对立的军事集团。因此,就爆发了"齐宋攻魏,楚围雍氏"的大战。

这场战争声势浩大,在《战国策》和《史记》里记载颇多。齐、宋攻魏,楚围雍氏,齐、楚集团向魏、韩两国发起进攻。韩国向秦国求救,秦出兵击楚,战于丹阳,虏楚将屈丐以下七十余人。这场战争发生的具体时间,《史记·楚世家》载于楚怀王十七年、《秦本纪》载于秦惠文王后元十三年、《韩世家》载于韩宣惠王二十一年,三处记载相合,即公元前312年的春季。这年正是齐宣王八年(前312年),

可见《田敬仲完世家》将其记在齐湣王十二年（前289年），显然是错误的。

在秦国战败楚将屈丐后，秦、韩准备联合救魏。陈轸本是楚国的谋臣，力图维护齐、楚联盟来对抗秦国的兼并战争。这就是"陈轸与张仪相恶"（唐兰语）的主要原因。当时，苏秦是个刚出道的年轻人，在诸侯间尚未知名。他拜谒在陈轸门下，尊称陈轸为"公"，企图呈献迎合其心意的计策，来取得赏识。

苏秦设计游说陈轸阻挠秦、韩救援魏国的方略。如果秦、韩救援魏国，三国之兵必然乘屈丐之败，要求楚国割让土地，韩国原来丧失的土地也能全部要回。因此，他劝陈轸说服楚怀王归还韩国故地，并让韩国割让三川郡给秦国来作为交换。秦、韩两国不出兵而得地，就不急于出兵救魏。魏国得不到救援，就可能向齐国屈服。若齐、魏实现联合，则秦国必然来争取楚国。按照苏秦的这种推论，结果既能使楚国免于秦国的进攻，也能巩固陈轸在楚国的影响，还能动摇张仪在秦国的地位。

苏秦的这个谋略，是以"请与韩氏地而王以施三川"为前提的，若真实施起来，确有很大难度。这次游说虽然没有取得成功，但却初步显示了他作为一个纵横家，具有洞察战争局势的未来变化、驾御列国王侯的超凡才华和游说艺术。

【附录】《史记·田敬仲完世家》"苏代谓田轸"节

攻魏，楚围雍氏，秦败屈丐。苏代谓田轸曰："臣愿有谒于公，其为事甚完，使楚利公，成为福，不成亦为福。今者臣立于门，客有言曰：'魏王谓韩冯、张仪曰：煮枣将拔，齐兵又进，子来救寡人则可矣；不救寡人，寡人弗能拔。'此特转辞也。秦、韩之兵毋东，旬余，则魏氏转韩从秦，秦逐张仪，交臂而事齐楚，此公之事成也。"田轸曰："奈何使无东？"对曰："韩冯之救魏之辞，必不谓韩王曰'冯以为魏'，必曰：'冯将以秦韩之兵东却齐宋，冯因搏三国之兵，乘屈丐之獘，南割于楚，故地必尽得之矣。'张仪救魏之辞，必不谓秦王曰'仪以为魏'，必曰：'仪且以秦韩之兵东距齐宋，仪将搏三国之兵，乘屈丐之獘，南割于楚，名存亡国，实伐三川而归，此王业也。'公令楚王与韩氏地，使秦制和。谓秦王曰：'请与韩地，而王以施三川，韩氏之兵不用而得地于楚。'韩冯之东兵之辞且谓秦何？曰：'秦兵不用而得三川，伐楚、韩以窘魏，魏氏不敢东，是孤齐也。'张仪之东兵之辞且谓何？曰：'秦、韩欲地而兵有案，声威发于魏，魏氏之欲不失齐楚者有资矣。'魏氏转秦韩争事齐楚，楚王欲而无与地,公令秦韩之兵不用而得地,有一大德也。秦韩之王劫于韩冯、张仪而东兵以徇服魏,公常执左券以责于秦、韩,此其善于公而恶张子多资矣。"

二、燕文公时章

燕文公时,秦惠王以其女为燕太子妇。文公卒,易王立[1]。齐宣王因燕丧攻之,取十城[2]。

武安君苏秦为燕说齐王[3],再拜而贺,因仰而吊[4]。齐王按戈而却曰[5]:"此一何庆吊相随之速也[6]?"对曰:"人之饥所以不食乌喙者[7],以为虽偷充腹[8],而与死同患也。今燕虽弱小,强秦之少婿也[9]。王利其十城,而深与强秦为仇[10]。今使弱燕为雁行[11],而强秦制其后[12],以招天下之精兵[13],此食乌喙之类也。"

齐王曰:"然则奈何[14]?"对曰:"圣人之制事也[15],转祸而为福,因败而为功[16]。故桓公负妇人而名益尊[17],韩献开罪而交愈固[18],此皆转祸而为福,因败而为功者也[19]。王能听臣,莫如归燕之十城,卑辞以谢秦。秦知王以己之故归燕城也,秦必德王。燕无故而得十城,燕亦德王。是弃强仇而立厚交也[20]。且夫燕、秦之俱事齐[21],则大王号令天下皆从[22]。是王以虚辞附秦,而以十城取天下也。此霸王之业矣[23]!所谓转祸为福,因败成功者也[24]。"

齐王大说,乃归燕城。以金千斤谢其后[25],顿首涂中[26],愿为兄弟而请罪于秦。

本篇辑自《战国策·燕策一》

【校注】

[1]鲍彪曰:"文公二十年。"吴师道曰:"《史》,二十八年。""燕"本是西周初年召公奭的封国,属战国时期七雄之一。初都于蓟(在今北京市西南),燕昭王时迁都武阳(在今河北易县西南)。其疆域有今河北北部、辽宁西南部及山西的东

北隅。全境东北与东胡接壤,西与中山、赵国相接,南边临海,并和齐国接界。本章"燕文公时,秦惠王以其女为燕太子妇。文公卒,易王立。齐宣王因燕丧攻之,取十城"句,是《战国策》的编者在整理本章时为说明其时代背景而特意增写的。司马迁《苏秦列传》采用其说,并予改编。但是,他把"齐宣王因燕丧攻之,取十城"的时间搞错了,应是燕王哙和燕相子之在位时(前314年)发生的事情。

[2] "齐宣王",名辟疆(前319—前301年在位)。"齐宣王因燕丧攻之",齐宣王五年(前314年)乘燕国内乱,派大将田章"将五都之兵"攻占燕国首都,杀死燕王哙(《战国策·燕策一》),"毁其宗庙,迁其重器"(《孟子·梁惠王下》),激起燕国民众反抗的事。齐宣王在掠夺燕国"十城"后,被迫撤兵。据传世和考古发现的陈璋壶铭文,齐宣王"五年"(前314年)"陈璋内(入)伐匽(燕)亳邦之获"(图版二)。这是说陈璋(即田章)率军攻入燕国京城和国土时,获得这件战利品。这应是齐宣王五年,田章"伐燕"的有力佐证(见本书附录三)。

[3] "武安君",赵国封苏秦为武安君。武安,赵国地名,在今河北武安县。苏秦封为武安君,事见《秦策一》"苏秦始将连横说秦惠王章"、《赵策二》"苏秦从燕之赵始合从章"和《史记·苏秦列传》。公元前311年,燕国公子职回国即位,是为燕昭王(前311—前279年在位)。公元前208年苏秦来到燕国,辅佐燕昭王实现报仇雪恨的宿愿。"齐王",齐宣王。

[4] 《史记索隐》引刘氏云:"当时庆吊应有其词,但史家不录耳。"《说文·贝部》:"贺,以礼相奉庆也。"《史记·宋微子世家》:"鲁使臧文仲往吊。"《集解》引贾逵曰:"问凶曰吊。"苏秦先"贺"而后"吊",礼仪反常。

[5] 鲍彪曰:"却秦使退。"金正炜曰:"按《广雅·释诂》:'却,让也。'谓责让也。下云'此一何庆吊之相随之速也',正即诘责之辞。《公羊》庄十二年《传》:'手剑而叱之。'注:'叱,骂也。'文意相近,鲍注未安。"诸祖耿曰:"'卻',鲍本作'却'。《史记》无'按戈而卻'四字。"缪文远曰:"卻,退也。国君执戈而见使者,于礼无闻也。""戈"是商周时期常见的用青铜制作的兵器。《尚书·顾命》:"执戈上刃。"《楚辞·九歌·国殇》:"操吴戈兮被犀甲。""按戈",犹如"执戈"、"操戈"之义。"按戈而卻",即执戈责问之义。

[6] "此一",《苏秦列传》作"是"。

［7］《史记集解》:"《本草经》曰:'乌头,一名乌喙。'"《索隐》:"乌啄,音卓,又音许秽反。今之毒药乌头是。"鲍彪曰:"《本草》'乌头',一名'天雄'。""乌喙",亦名"乌头",中草药名,有毒。

［8］"偷",《苏秦列传》作"愈"。《索隐》:"刘氏以为愈犹暂,非也。谓食乌头为其暂愈饥而充腹,少时毒发而死,亦与饥死同患也。""偷"、"愈"音近义通。愈同愉。《尔雅·释言》:"佻,偷也。"郝懿行义疏:"偷者,《说文》作'愉'。"《集韵·侯韵》:"偷,或从心。"是其证。"偷",苟且,姑且。《礼记·表记》:"安肆曰偷。"郑玄注:"偷,苟且也。"

［9］"强秦",《苏秦列传》作"秦王"。"燕"是七国中较弱小的国家。"强秦",秦国在秦孝公任用商鞅实行变法后,逐渐强盛起来,开始实施对外扩张的兼并战争,故被称为"强秦"。唐兰认为"秦惠王的少婿"应是"燕公子职,即燕昭王"。

［10］"深",《苏秦列传》作"长"。深、长义通。《文选·张衡〈西京赋〉》:"赴长莽。"薛综注:"长,谓深且远也。"是其证。

［11］金正炜曰:"今,犹若也。"郭人民曰:"雁行,谓前锋。"《诗·大叔于田》载:"两骖雁行。"郑玄笺:"雁行者,言与中服相次序。"《韩非子·存韩》:"先时五诸侯共伐秦,韩反与诸侯先为雁行,以向秦军于关下矣。"陈奇猷注:"此言韩为诸侯之先锋。"是"雁行"即先锋的意思。

［12］"制",《苏秦列传》作"敝"。"制"、"敝"义通。《说文·刀部》:"制,一曰止也。""敝",通弊。《论语·子罕》:"衣弊缊袍。"《经典释文》:"弊,今本作敝。"《周礼·夏官·司弓矢》:"句者谓之弊弓。"孙诒让正义:"弊即敝之借字。"《素问·汤液醪醴论》:"形弊血尽。"张志聪集注:"弊,止也。"是其证。《淮南子·氾论》:"行无专制。"高诱注:"制,断也。""制其后",犹言断其后。

［13］鲍彪曰:"此言秦兵为天下精。"《吕氏春秋·不苟》:"天下有不胜千乘者。"高诱注:"天下,海内也。""天下",指诸侯各国。

［14］《苏秦列传》作"齐王愀然变色曰"。"奈何",怎么办?

［15］《苏秦列传》作"臣闻古之善制事者"。"圣人",指品格最高尚、智慧最高超的人物。《孟子·梁惠王下》:"可使制梃。"赵岐注:"制,作也。""制事",作事。

[16] 金正炜按:"《尔雅·释诂》:'功,胜也。'《周礼·大司马》:'若师有功。'注:'功,胜也。'祸福胜败,并相对为文。《后汉·冯衍传》:'圣人转祸而为福,因败以成胜。'即本此文。"

[17] 鲍彪曰:"齐桓公也,好内而霸。"吴师道曰:"《齐伐宋章》,苏代曰:'智者之举事也,转祸而为福,因败而成功。齐人紫败素也,而贾十倍。'盖紫者妇人之服。紫败素,得厚利,所谓'名益尊'也。"诸祖耿案:"负妇人,当是指归蔡姬事。"据《左传·僖公三年》"齐侯与蔡姬乘舟于囿,荡公。公惧,变色,禁之不可。公怒,归之","四年春,齐侯以诸侯之师侵蔡,蔡溃,遂伐楚"。齐国遂与楚国"盟于召陵"而称霸诸侯,故曰"名益尊"。

[18] 鲍彪曰:"宣十二年,楚伐郑,许之平,晋救之。荀桓子欲还,彘子不可。韩献子谓桓子,'彘子以偏师陷,子罪大矣,不如进也'。战于邲,晋败绩。成十三年,献子将下军,孟献子曰:'晋师成和,必有大功。'十六年,战于鄢陵,楚败绩。"张宗泰曰:"按《国语》卷十一,赵宣子言韩献子于灵公,以为司马。河曲之役,赵孟使人以其乘车干行,献子执而戮之。宣子召而礼之,曰:'吾闻事君者,比而不为党。苟从是行也。临长晋国者,非汝其谁?''执而戮之',所谓'开罪'也。赵孟不以为忤,而反礼貌之,所谓'交愈固'也。"(《鲁岩所学集》)

[19] 诸祖耿曰:"以上自'故桓公'至'者也',凡三十二字,《史记》无。"

[20] 诸祖耿曰:"《类聚》二十五、《御览》四百六十引,'是'下并有'王'字。又案:《史记》自'因败为功'之下,文与《策》异,云:'大王诚能听臣计,即归燕之十城,燕无故而得十城,必喜。秦王知以己之故而归燕之十城,亦必喜。此所谓弃仇雠而得石交者也。'"

[21] 金正炜曰:"之,犹若也,详《释词》。"诸祖耿曰:"《史记》'夫'上无'且'字,'俱'上无'之'字,'皆从'作'莫敢不听'。""且夫",况且,再说。

[22] 《苏秦列传》作"则大王号令天下,莫敢不听"。"大王",对齐宣王的尊称。

[23] "矣",《苏秦列传》作"也"。"霸王",指春秋战国时期势力最大,并取得霸主地位的诸侯首领。

[24] 诸祖耿曰:"《史记》无'所谓'至'者也'句十二字,下接'王曰:善。于是乃归燕之十城'。下又无'以金千斤'至'请罪于秦'等语。"

[25]"金",黄金,中国古代的金属货币。"斤",重量单位,战国时期一斤合今250克。"谢其后",感谢燕王哙的后继者,当指燕昭王。

[26]鲍彪曰:"塗,泥也,自卑之甚。""顿首",磕头。"塗",道路。"顿首塗中"指苏秦离开时,在大道上磕头相送。这显然是《策》文整理者增添的夸饰之辞。

【考辨】

本章开篇云"燕文公时,秦惠王以其女为燕太子妇。文公卒,易王立"句,是《战国策》的编者在整理本《策》时特意补写的。《史记·苏秦列传》采用其说。《燕召公世家》也说:"(燕)易王初立,齐宣王因燕丧伐我,取十城。苏秦说齐,使复归燕十城。"足见《史记》实将此事列在燕易王元年,即周显王三十七年(前332年)。吕祖谦《大事记》、林春溥《战国纪年》、黄式三《周季编略》、顾观光《国策编年》并从之。钱穆也说:"今考伐燕取十城者,乃威王,非宣王,《史》自误。"这样,学者多把本《策》定为公元前332年。于鬯《战国策年表》则将其事列于周显王三十六年,即公元前333年。上述诸说,均未确当。

缪文远说:"燕易王、燕宣王时,苏秦尚未与燕、齐发生关系。且此《策》庆吊相随,无非故作波澜;按戈而却,殊非人君礼制。腾口说而得十城,事所必无;顿泥塗而请罪,言尤夸诞。学者每取其文而不察其实,何也?若以齐王为闵王,则齐闵方与秦争强为帝,与此所言顿首请罪与秦,亦无合处。"可见缪氏质疑苏秦劝说齐宣王"归燕十城"的真实性。

这篇《策》文虽有"夸诞"之辞,但从帛书《战国纵横家书》第五章和《燕策一》"有人恶苏秦于燕王"章的内容看,苏秦劝说齐宣王"归燕十城",应该是真实存在的事件。唐兰先生指出:帛书《战国纵横家书》"每章资料往往既不指出游说者是谁,又不说明所说的燕王、齐王等是那一个王。到了《史记》和《战国策》中却常常具体地指明了。由于司马迁把时代搞错了,造成了许多混乱。齐宣王伐燕,事实上并不是燕易王时的公元前332年,而是前314年的燕王哙和燕相子之时。秦惠王的少婿,也决不是燕文侯的太子燕易王而应是燕公子职,即燕昭王。齐宣王伐燕,杀子之,曾占领一些城邑,由于燕国民众持久抵抗,所以苏秦去游说,就归还了。帛书第十五章'齐人攻燕,拔故国,杀子之,燕人不割而故国复返',就指此事",因而将苏秦"说齐宣王归燕十城"事,列在周赧王八年(燕昭王五年),即公元307年。① 其实,这种"把时代搞错"的现象,早在司马迁以前的战国秦汉之际,就已经出了。唐兰先生的解说,甚有见地。

燕王哙(前320—前314在位)效法尧、舜的禅让制度,将王位禅让给相国之子。这种"百姓不戴,诸侯弗与"的举措,引起太子平和将军市被的不满,"要党聚众,将军市被围公宫,攻子之"。因此,之子被迫率众反攻,杀死市被和太子平。这次"构难数月,死者数万,众人恫恐"的事件,给齐国伐燕创造可乘之机。公元前314年,齐宣王听从孟轲的建议,派大将田章"将五都之兵"攻占燕国的首都,"毁其宗庙,迁其重器","杀其父兄,系累其子弟"(《孟子·梁惠王下》)。燕王哙和子之都被齐军杀死,激起燕国民众的反抗(《孟子·公子丑下》)。这时,诸侯各国也陆续出兵救燕,齐宣王在夺取燕国的"十城"后被迫撤兵。传世和考古发现的陈璋壶,可作为齐宣王五年(前314年)"伐燕"的有力佐证。

公元前311年,赵武灵王派兵护送燕公子职回国即位,是为燕昭王(前311—前279年在位)。燕昭王即位后,把齐国"破燕"看作奇耻大辱,立志要"报怨雪耻"。他向谋士郭隗求教,"卑身厚币以招贤者"。据《说苑·君道》,燕昭王师事郭隗,"居三年,苏子闻之,从周归燕;邹衍闻之,从齐归燕;乐毅闻之,从赵归燕;屈景闻之,从楚归燕。四子毕至,果以弱燕并强齐。夫燕、齐非均权敌战之国也,所以然者,四子之功也"。这里的"苏子"就是苏秦。燕昭王对苏秦的到来格外重视,亲自到郊外迎接,并在朝廷设盛宴款待(《战国策·燕策一》),给予他很高的礼遇,时间当在公元前308年。

这样,苏秦在燕昭王的支持下,在赴燕的第二年(即前307年),便以讨还齐宣王"破燕"时夺取的燕国"十城"为名,出使齐国,了解虚实。苏秦来到齐国,以"燕虽弱小,强秦之少婿也。王利其十城,而深与强秦为仇"的利害关系,劝说齐宣王不要与强秦为敌而"归燕城"。齐宣王考虑到齐国"破燕"的军事活动,已激起诸侯各国的不满,立即答应苏秦"归燕之十城"的要求。这是齐国"破燕"后,燕、齐关系的转折点,也是苏秦实行"以弱燕并强齐"的战略的初步成果,具有重要意义。

---

① 唐兰:《司马迁所没有见过珍贵史料》,《战国纵横家书》附录,第131页。

【附录】《史记·苏秦列传》"苏秦见齐王"节

秦惠王以其女为燕太子妇。是岁,文侯卒,太子立,是为燕易王。易王初立,齐宣王在因燕丧伐燕,取十城。易王谓苏秦曰:"往日先生至燕,而先王资先生见赵,遂约六国从。今齐先伐赵,次至燕,以先生之故为天下笑,先生能为燕得侵地乎?"苏秦大惭,曰:"请为王取之。"

苏秦见齐王,再拜,俯而庆,仰而吊。齐王曰:"是何庆吊相随之速也?"苏秦曰:"臣闻饥人所以饥而不食乌喙者,为其愈充腹而与饿死同患也。今燕虽弱小,即秦王之少婿也。大王利其十城而长与彊秦为仇。今使弱燕为雁行而彊秦敝其后,以招天下之精兵,是食乌喙之类也。"

齐王愀然变色曰:"然则奈何?"苏秦曰:"臣闻古之善制事者,转祸为福,因败为功。大王诚能听臣计,即归燕之十城。燕无故而得十城,必喜;秦王知以己之故而归燕之十城,亦必喜。此所谓弃仇雠而得石交者也。夫燕、秦俱事齐,则大王号令天下,莫敢不听。是王以虚辞附秦,以十城取天下。此霸王之业也。"王曰:"善。"于是乃归燕之十城。

三、人有恶苏秦于燕王章

人有恶苏秦于燕王者[1],曰:"武安君,天下不信人也[2]!王以万乘下之[3],尊之于廷,示天下与小人群也[4]。"

武安君从齐来[5],而燕王不馆也[6]。谓燕王曰[7]:"臣东周之鄙人也[8]!见足下身无咫尺之功[9],而足下迎臣于郊,显臣于廷[10]。今臣为足下使,利得十城,功存危燕[11]。足下不听臣者[12],人必有言臣不信,伤臣于王者。臣之不信,是足下之福也[13]!使臣信如尾生[14],廉如伯夷[15],孝如曾参[16],三者天下之高行[17],而以事足下,不可乎[18]?"燕王曰:"可。"曰:"有此,臣亦不事足下矣!"

苏秦曰:"且夫孝如曾参,义不离亲一夕宿于外,足下安得使之之齐?廉如伯夷,不取素飡[19],汙武王之义而不臣焉[20],辞孤竹之君[21],饿而死于首阳之山[22]。廉如此者,何肯步行数千里,而事弱燕之危主乎[23]？信如尾生，期而不来，抱梁柱而死。信至如此，何肯杨燕、秦之威于齐[24]，而取大功乎哉？且夫信行者，所以自为也[25]，非所以为人也。皆自覆之术[26]，非进取之道也。且夫三王代兴[27]，五霸迭盛[28]，皆不自覆也。君以自覆为可乎？则齐不益于营丘[29]，足下不踰楚（荆）境[30]，不窥于边城之外。且臣有老母于周[31]，离老母而事足下，去自覆之术，而谋进取之道，臣之趣固不与足下合者。足下皆〔者〕自覆之君也[32]，仆者进取之臣也[33]，所谓以忠信得罪于君者也。"

燕王曰："夫忠信，又何罪之有也？"对曰："足下不知也。臣邻家有远为吏者，其妻私人[34]。其夫且归，其私之者忧之。其妻曰：'公勿忧也，吾已为药酒以待之矣[35]。'后二日，夫至。妻使妾奉卮酒进之[36]。妾知其药酒也，进之则杀主父，言之则逐主母[37]，乃阳僵弃酒[38]。主父大怒而笞之[39]。故妾一僵而弃酒，上以活主父，下以存主母也。忠至如此，然不免于笞，此以忠信得罪者也！臣之事，适不幸而有类妾之弃酒也。且臣之事足下，亢义益国[40]，今乃得罪，臣恐天下后事足下者，莫敢自必也[41]。且臣之说齐，曾不欺之也[42]。使之说齐者[43]，莫如臣之言也[44]，虽尧、舜之智，不敢取也[45]。"

本篇辑自《战国策·燕策一》

【校注】

［1］本章开首"人有恶苏秦"至"示天下与小人群也"一段，《苏秦列传》作"人有毁苏秦者曰：'左右卖国反覆之臣也，将作乱。'"。本《策》亦见帛书《战国纵横家书》第五章、《燕策一》"苏代谓燕昭王章"。"燕王"，燕昭王，名职（前311—前279年在位），传世和考古发现有燕王职壶、燕王职戈、燕王职矛、燕王职剑诸器（《集成》11140、11517、11643），都是燕昭王的遗物。

［2］"武安君"，顾观光曰："苏秦封武安君，盖其食邑也，《汉志》属魏郡，在今武安县西南。"参见本书第二章注［3］。何建章曰："不信人，不可信赖之人。"

［3］"万乘"，指有兵车万乘的大国。古代四马为乘，一乘有甲士三人，兵卒

七十二人,一万乘合计兵力七十五万人。战国时期,只有秦、齐、楚、赵、韩、魏、燕七国,被称为"万乘"大国;宋、卫、鲁、吴、越、中山、东周、西周,只是"千乘"小国。"小人",指苏秦。"下",谦恭。《荀子·尧问》:"赐为人下而未知也。"杨倞注:"下,谦下也。"

〔4〕"群",朋友。《礼记·檀弓上》:"吾离群而索居。"《经典释文》:"群,朋友也。"

〔5〕指苏秦出使齐国,说齐宣王使"归燕十城"归来。

〔6〕"而燕王不馆也",《苏秦列传》作"苏秦恐得罪,归,而燕王不复官也"。金正炜曰:"'馆'、'官'古通用。《易·随》:'官有渝。'《释文》:'官,蜀才本作馆。'可证。《礼记·儒行》:'孔子至舍,哀公馆之。'注:'哀公就而礼馆之。'""馆",招待宾客的馆舍。

〔7〕《苏秦列传》作"苏秦见燕王曰"。

〔8〕"东周",战国时期周王畿内的小公国,初都巩邑(在今河南巩义市西),后居洛阳(在今洛阳市白马寺东)。苏秦是东周洛阳人。"鄙人",地位低下的人。

〔9〕《苏秦列传》作"无有分寸之功"。鲍彪曰:"初见时。""足下"是卑者对尊长或同辈的尊称。《史记·秦始皇本纪》:"足下其自为计。"《集解》引蔡邕曰:"群臣、士庶相与言,曰殿下、阁下、足下,侍者、执事皆谦类。""咫",长度单位。《说文·尺部》:"长八寸谓之咫。"战国时期一尺十寸,长度合今 23.1 厘米。"尺咫",形容功劳很小。

〔10〕《苏秦列传》作"而王亲拜之于庙而礼之于廷"。"郊",郊外。"廷",朝廷。

〔11〕《苏秦列传》作"今臣为王却齐之兵而攻(功)得十城,宜以益亲"。燕国遭遇内乱和齐国的侵伐,国家几近灭亡,百废待兴。燕王即位后与齐国的邦交关系,尚未恢复正常。苏秦首次出使齐国,不但"利得十城",而且基本上解除了齐国的威胁,给燕国创造了休养生息的机会。故曰"功存危燕"。

〔12〕金正炜曰:"按'听'当为'德'字之讹也。"范祥雍按:"'听'字自通。"

〔13〕"足下",《苏秦列传》作"王"。

〔14〕"尾生",尾生高,中国古代坚守诚信的典范。《论语·公冶长》载:"子曰:'孰谓微生高直?或乞醯焉,乞诸其邻而与之。'"《庄子·盗跖》说:"尾生与女

子期于梁下。女子不来,水至不去,抱柱而死。"

[15] "伯夷",孤竹国君的儿子。商朝快要灭亡时,为了反对周武王率领军队攻伐商纣王,曾"扣马而谏",而不食周粟,遂饿死在首阳山上。事见《史记·伯夷列传》。

[16]《庄子·外物》载:"人亲莫不欲其子之孝,而孝未必爱,故孝己忧而曾参悲。"成玄英疏:"曾参至孝,父母憎之,常遭父母打。""曾参"(前505—前436年),姓曾,名参(亦称"曾子"),春秋时期鲁国人。孔丘的弟子,积极弘扬儒家学说,提出"吾日三省吾身"的修养方法,是思孟学派的创始人。以孝名世,传为《孝经》的作者。《汉书·艺文志》有"《曾子》十八篇"。

[17] "高行",高尚的行为。

[18] 黄丕烈曰:"'不',鲍本无。"金正炜曰:"'不'即'下'字衍误。"缪文远曰:"'不'字鲍本无。按:帛书作'足乎',则此当依鲍本删'不'字。""不",语助词。《诗·小雅·文王》:"有周不显,帝命不时。"毛传:"不显,显也。不时,时也。""不"用作语助词时,无实际意义,常可省略。见《经传释词》卷十。

[19] 鲍彪曰:"《诗》注:'素,空也。'"黄丕烈曰:"'飡',鲍本作'殯'。"缪文远曰:"《孟子·尽心上》:'《诗》:不素餐兮。君子之不耕而食,何也?'赵岐注:'《诗》,魏国《伐檀》之篇也。无功而食则谓之素餐'。""飡"、"殯"同"食"。"素食",无功劳的饭食。

[20] 鲍彪本:"无'焉'字。"郭希汾曰:"'污武王之义',犹言以武王为不义也。""汙",污秽,玷污。《汉书·昌邑哀王刘髆传》:"行汙于庶人。"颜师古注:"汙,浊秽。""武王",周武王。据《史记·伯夷列传》"武王载木主,号为文王,东伐纣。伯夷、叔齐叩马而谏"云云。公元前1046年,周武王率兵东渡孟津,伐纣灭商。"汙"为动词,此属宾语先置句。"汙武王之义",意为玷污武王不讲仁义。

[21] "辞孤竹之君",《苏秦列传》作"义不为孤竹之君之嗣"。《史记正义》:"《括地志》云:'孤竹古城在卢龙县南十二里,殷时诸侯孤竹国也。'"鲍彪曰:"《尔雅》,孤竹,四荒中北国。汉属辽西令支。"程恩泽案:"《汉志》,辽西郡令支县有孤竹城。""孤竹",商周古国名,在今河北卢龙县南。

[22]《史记集解》:"马融曰:'首阳山在河东蒲阪华山之北,河曲之中。'"《正义》:"曹大家注《幽通赋》云:'夷齐饿于首阳山,在陇西首。'又戴延之《西征记》

云：'洛阳东北首阳山有夷齐祠。'今在偃师县西北。又《孟子》云：'夷齐避纣，居北海之滨。'首阳山，《说文》云：'首阳山在辽西。'史传及诸书，夷齐饿于首阳凡五所，各有案据，先后不详。"据《史记·周本纪》，武王伐纣"东观兵，至于孟津"，"孟津"古渡在今河南孟津县东北。在今河南偃师市西北的"首阳山"，地近"孟津"古渡，当是伯夷、叔齐的隐居处。

［23］"危主"，燕昭王在国家遭遇丧乱、外敌入侵后即位，面临内忧外患，地位未稳，故曰"危主"。

［24］"杨"，鲍本作"扬"。张琦曰："扬燕秦之威，正指返十城事。"缪文远曰："上章有'今燕虽小，强秦之少婿也'之语，故此云然。"

［25］"自为"，为自己，与下文"为人"相对。

［26］"自覆"，帛书《战国纵横家书》第五章作"自复。"《燕策一》"苏代谓燕昭王"章作"自完"。缪文远按："覆、完义近，其义为满足现状、保守，与'进取'为对文。"范祥雍曰："'复'与'覆'同声，古相通。'自复'有保守之意。"《左传·昭公十七年》："季氏之复。"杜预注："复，安也。""自覆之术"，自保、自安的策略手法。

［27］"三王代兴"，帛书《战国纵横家书》第五章作"三王代立"。"三王"指夏禹、商汤和周武王，均属夏、商、周三代的开国君王。

［28］"五霸迭盛"，帛书《战国纵横家书》第五章作"五伯蛇政"。整理小组曰："蛇，读为弛。古代从它声的字与从也声的字多相混。《尔雅·释诂》'弛，易也'，是改易的意思。'蛇政'《燕策》苏秦章作'迭盛'，苏代章作'改政'。一说，蛇是改字之误。""五霸"，指春秋时期称霸诸侯的齐桓公、晋文公、宋襄公、秦穆公、楚庄王（一说为齐桓公、晋文公、楚庄王、吴王阖闾、越王勾践）。"迭"，交换，轮流。

［29］"益"，帛书《战国纵横家书》第五章、《燕策一》"苏代谓燕昭王章"作"出"。鲍彪曰："即北海营陵，太公所封。"据《史记·齐太公世家》，周武王"封师尚父于齐营丘"。"营丘"，在今山东临淄市临淄区。

［30］鲍彪曰："衍'楚'字。"吴师道曰："此正以燕、楚相达言之。"安井衡曰："燕未尝踰楚境，下句'不窥边城之外'，亦无所顶。当作'足下不逾境，楚不窥边城之外。''境'、'楚'误倒耳。"鲍、安两说，均感未安。楚、荆义通。《穀梁传·庄公十四年》："荆者，楚也。"《韩非子·内储说下》："魏王遗荆王美人。"《艺文类聚》

卷十八引作"楚王"。是其证。《广雅·释诂三》："荆,治也。""不逾荆境",不出治辖的国境。

[31] "周",东周国。

[32] 王念孙曰："'皆'字义不可通,'皆'当为'者'。'足下'与'仆者'相对文,今作'皆'者,因上文'皆自覆之术'而误。"何建章曰："'皆'盖'者'字形误。"王、何说当是,今据改。

[33] "仆者",苏秦的谦称。据《三国志·魏书·武帝纪》,建安十九年(214年),曹操下求贤《令》曰："夫有行之士未必能进取,进取之士未必能有行也。陈平岂笃行,苏秦岂守信邪? 而陈平定汉业,苏秦济弱燕。"正与苏秦自称为"进取之臣"相合。

[34] "私",《燕策一》"苏代谓燕昭王"章作"爱"。"私人",爱人,与人私通。《左传·襄公二十三年》："献子私焉。"杜预注："私,相亲爱。"《尔雅·释亲》："女子谓姊妹之夫为私。"

[35] "为",制作。《周礼·春官·典同》："以为乐器。"郑玄注："为,作也。""药酒",毒酒。《公羊传·庄公三十二年》："季子和药而饮之。"何休注："药者,酖毒也。""妾",女仆。

[36] "卮",古代盛酒的器皿。《战国策·齐策二》："赐其舍人卮酒。"鲍彪注："卮,器也。"

[37] "主父"、"主母",对男、女主人的尊称。

[38] 《苏秦列传》作"于是乎详僵而弃酒"。《史记索隐》："详,诈也。僵,仆也。"吴师道曰："阳僵覆酒事,亦见《烈女传》,云周室大夫妻。"缪文远曰："阳,佯也。"段玉裁《说文·人部》注："僵,谓仰倒。""阳僵弃酒",假装摔倒把酒洒弃。

[39] 鲍彪曰："笞,击也。""笞",用鞭、杖击打。

[40] 鲍彪曰："亢,高极也,言高其义。"

[41] "必",信也。《汉书·韩信传》："且汉王不可必。"颜师古曰："必,谓必信之。"这两句是说,我担心后来服事大王的人,惧怕遭受诬陷而不敢自信。

[42] 何建章曰："曾,犹'何曾',见裴学海《古书虚字集释》卷八。""且",况且。"不",语助词。"曾不欺之也",何尝欺骗他呢?

[43] 鲍彪曰："衍'之'字。"何建章按:"王引之《经传释词》卷九:'之,犹若

也.'则此'使之'即'使若',本书屡见,亦即'假若'。"

[44] "莫",无也。《周易·夬》:"莫夜有戎。"焦循章句:"莫,无也。"这句是说,没有谁能像我说的那样有道理了。

[45] 鲍彪曰:"言无成功者,虽圣智不足取也。"于鬯曰:"疑'敢'字因'取'误衍。'不取'犹'无取'。"缪文远曰:"言无益于国,不足取也。"何建章曰:"裴学海《古书虚字集释》卷五'敢犹能也'。则'敢'字不衍,鲍注不误。'取',言取回齐侵燕之十城。"

【考辨】

本章尚有《燕策一》"苏代谓燕昭王章"、《战国纵横家书》第五章和《史记·苏秦列传》"人有毁苏秦者章"三种传本。《燕策一》的两种传本故事梗概大体相同。前者开首说"武安君从齐来,而燕王不馆",故事背景清晰。但似为苏秦与燕易王对话,且章末语意未完,结尾颇显唐突。后者开首说"苏代谓燕昭王"对话,中间和结尾内容较全。但故事背景不详,难辨来龙去脉。足见两篇的内容,差异较大,各有优劣,这就是《战国策》将两篇同时保存的原因。而帛书《战国纵横家书》第五章和《苏秦列传》的相关内容,则属于《燕策一》"人有恶苏秦于燕王"章故事的节录和改编。全篇突出苏秦为"进取之臣也,不事无为之主"的内容。这与曹操称赞苏秦为"进取之士"的记载相合。各篇内容的差异,全因传闻不同和改编增饰的结果。

本《策》的年代,林春溥《战国纪年》、顾观光《国策编年》隶于周显王三十七年(前332年)。于鬯《战国策年表》系于周显王三十六年(前331年)。郭人民《战国策校注系年》则系于燕王哙七年,当周赧王元年(前314年)。上述三说,均未确。

若将这四种传本相互参照校订,可以看出全篇内容都是围绕苏秦说齐"归燕十城",返回燕国后"燕王不馆"的事件展开的。《燕策一》前篇与苏秦对话的"燕王"应是"燕昭王"而非"燕易王",后篇与"燕昭王"对话的应是"苏秦"而非"苏代"。诚如马雍所说:"苏代不曾为燕昭王出谋划策来破坏齐国。"但马雍认为,这次谈话后苏秦即"奉燕昭王之命第一次去到齐国从事反间活动,其年代为公元前300年(燕昭王十二年)"。此说完全忽视了这篇谈话产生的历史背景,同时也否定了苏秦说齐"归燕十城"的重大事件和历史功绩,因而不足为据。

唐兰指出:"(苏秦)劝齐宣王不要与强秦为雠而归燕十城,齐宣王同意了。苏秦回燕而燕王不馆,他知道有人说他坏话,所以有'假臣孝如曾参'等话。这些事实应该是有的。……假定苏秦归燕是昭王四年,随后去说齐宣王,回燕后向昭王说这些话,就可能是昭王五年(前307年)前后了。"缪文远也说:本章"以帛书第五章校之,应为苏秦与燕昭王策画破齐之谈论,事在周赧王八年(燕昭王五年,前307)。"这种判断无疑是正确的。因此,本章的年代当为周赧王八年(燕昭王五年),即公元前307年。

马雍认为,从《燕策一》"苏代谓燕昭王"章"可以看出,燕昭王攻齐的打算未肯轻易向人吐露,苏秦揣摩到昭王的心事,挑起话头,然后再进一步向他建策。苏秦的策略就是使齐国'西劳于宋,南罢(疲)于楚',他认为能办到这一点'则齐军可败而河间可取'。此后苏秦几次到齐国去行反间,始终是遵循这个方针的"。这次谈话应是苏秦首次向燕昭王建言"破齐"的策略,奠定了燕国"以弱燕并强齐"的基本战略。因此,苏秦很快得到燕昭王的信任,被拜"为上卿"。

【附录】

1. 帛书《战国纵横家书》第五章

● 谓燕王曰:"今日愿藉于王前。叚(假)臣孝如增(曾)参,信如尾星(生),廉如相〈伯〉夷,節(即)有恶臣者,可毋擎(慙)乎?"王曰:"可矣。""臣有三资者以事王,足乎?"王曰:"足矣。""王足之,臣不事王矣。孝如增(曾)参,乃不离亲,不足而益国。信如尾星(生),乃不延(诞),不足而益国。廉如相〈伯〉夷,乃不窃,不足以益国。臣以信不与仁俱彻,义不与王皆立。"王曰:"然则仁义不可为与?"对曰:"胡为不可,人无信则不彻,国无义则不王。仁义所以自为也,非所以为人也。自复之术,非进取之道也。三王代立,五相〈伯〉蛇政,皆以不复其掌(常)。若以复其掌(常)为可,王,治官之主,自复之术也,非进取之路也。臣进取之臣也,不事无为之主。臣愿辞而之周,负笼操臿,毋辱大王之廷。"王曰:"自复不足乎?"对曰:"自复而足,楚将不出雎(沮)、章(漳),秦将不出商阉(于),齐【将】不出吕遂(隧),燕将不出屋、注,晋将不菕(逾)泰(太)行,此皆以不复其常为进者。"

2.《史记·苏秦列传》"人有毁苏秦者"节

人有毁苏秦者曰:"左右卖国反覆之臣也,将作乱。"苏秦恐得罪,归而燕王不复官也。

苏秦见燕王曰:"臣,东周之鄙人也,无有分寸之功,而王亲拜之于庙而礼之于廷。今臣为王却齐之兵而攻(功)得十城,宜以益亲。今来而王不官臣者,人必有以不信伤臣于王者。臣之不信,王之福也。臣闻忠信者,所以自为也;进取者,所以为人也。且臣之说齐王,曾非欺之也。臣弃老母于东周,固去自为而行进取也。今有孝如曾参,廉如伯夷,信如尾生。得此三人者以事大王,何若?"王曰:"足矣。"苏秦曰:"孝如曾参,义不离其亲一宿于外,王又安能使之步行千里而事弱燕之危王哉?廉如伯夷,义不为孤竹君之嗣,不肯为武王臣,不受封侯而饿死首阳山下。有廉如此,王又安能使之步行千里而行进取于齐哉?信如尾生,与女子期于梁下,女子不来,水至不去,抱柱而死。有信如此,王又安能使之步行千里却齐之彊兵哉?臣所谓以忠信得罪于上者也。"燕王曰:"若不忠信耳,岂有以忠信而得罪者乎?"苏秦曰:"不然。臣闻客有远为吏而其妻私于人者,其夫将来,其私者忧之。妻曰:'勿忧,吾已作药酒待之矣。'居三日,其夫果至,妻使妾举药酒进之。妾欲言酒之有药,则恐其逐主母也;欲勿言乎,则恐其杀主父也。于是乎详僵而弃酒。主父大怒,笞之五十。故妾一僵而覆酒,上存主父,下存主母,然而不免于笞,恶在乎忠信之无罪也?夫臣之过,不幸而类是乎!"燕王曰:"先生复就故官。"益厚遇之。

四、苏秦谓燕昭王章

苏代〔秦〕谓燕昭王曰[1]:"今有人于此,孝如曾参、孝己[2],信如尾生高,廉如鲍焦、史䲡[3],兼此三行以事王,奚如[4]?"王曰:"如是足矣。"对曰:"足下以为足,则臣不事足下矣。臣且处无为之事,归耕乎周之上地,耕而食之,织而衣之[5]。"王曰:"何故也?"对曰:"孝如曾参、孝己,则不过养其亲其〔耳〕[6]!信如尾生高,则不过不欺人耳!廉如鲍焦、史䲡,则不过不窃人之财耳!今臣为进取者也。臣以为廉不与身俱达[7],

义不与生俱立。仁义者,自完之道也,非进取之术也[8]。"

王曰:"自忧不足乎[9]?"对曰:"以自忧为足,则秦不出殽塞[10],齐不出营丘,楚不出疏章[11]。三王代位,五伯改政,皆以不自忧故也。若自忧而足,则臣亦之周负笼耳[12],何为烦大王之廷耶[13]?昔者楚取章武[14],诸侯北面而朝[15]。秦取西山,诸侯西面而朝[16]。曩者使燕毋去周室之上[17],则诸侯不为别马而朝矣[18]。臣闻之,善为事者,先量其国之大小,而揆其兵之强弱[19],故功可成,而名可立也。不能为事者[20],不先量其国之大小,不揆其兵之强弱,故功不可成而名不可立也。今王有东向伐齐之心[21],而愚臣知之。"

王曰:"子何以知之?"对曰:"矜戟砥剑[22],登丘东向而叹,是以愚臣知之。今夫乌获举千钧之重[23],行年八十,而求扶持。故齐虽强国也,西劳于宋[24],南罢于楚[25],则齐军可败,而河间可取[26]。"

燕王曰:"善。吾请拜子为上卿[27],奉子车百乘[28],子以此为寡人东游于齐[29],何如?"对曰:"足下以爱之故与[30],则何不与爱子与诸舅、叔父、负床之孙[31]?不得[32],而乃以与无能之臣,何也?王之论臣,何如人哉?今臣之所以事足下者,忠信也。恐以忠信之故,见罪于左右[33]。"

王曰:"安有为人臣尽其力,竭其能,而得罪者乎?"对曰:"臣请为王譬。昔周之上地尝有之[34]。其丈夫官三年不归[35],其妻爱人。其所爱者曰:'子之丈夫来,则且奈何乎?'其妻曰:'勿忧也,吾已为药酒而待其来矣。'已而其丈夫果来,于是因令其妾酌药酒而进之。其妾知之,半道而立。虑曰:'吾以此饮吾主父,则杀吾主父;以此事告吾主父,则逐吾主母。与杀吾【主】父、逐吾主母者[36],宁佯踬而覆之[37]。'于是因佯僵而仆之。其妻曰:'为子之远行来之,故为美酒,今妾奉而仆之。'其丈夫不知,缚其妾而笞之。故妾所以笞者,忠信也。今臣为足下使于齐,恐忠信不谕于左右也。臣闻之曰:'万乘之主[38],不制于人臣。十乘之家[39],不制于众人。疋夫徒步之士[40],不制于妻妾。而又况于当世之贤主乎[41]?臣请行矣,愿足下之无制于群臣也[42]。"

本篇辑自《战国策·燕策一》

【校注】

[1]"苏代",本篇与前"人有恶苏秦于燕王"章和帛书《战国纵横家书》第五章以及《史记·苏秦列传》"人有毁苏秦者"节的内容基本相同,当为一事四传。唐兰说:本篇错把"苏秦改作苏代"。缪文远曰:"'苏代',当是苏秦之讹。"诸祖耿曰:"一以为苏秦,一以为苏代,盖传习苏氏学者,生此纷歧也。"必须指出的是,苏秦、苏代和苏厉兄弟三人,都是战国纵横家人物。在《战国策》和《史记》收录苏氏兄弟的游说辞里,苏秦和苏代、苏厉的故事,常相混淆不清。甚至在《战国策》里有些本是记述同一件事,但有时作"苏秦",有时作"苏代",有时作"苏厉",前后混乱。这是因为"苏秦被反间以死",形成"天下共笑之,讳学其术"的局面后,时人就把原来苏秦的书信和游说辞,改为苏代、苏厉或其他人名字的缘故。

[2]"曾参",见本书第三章注[16]。"孝己",《庄子·外物》载:"人亲莫不欲其子之孝,而孝未必爱,故孝己忧而曾参悲。"成玄英疏:"孝己,殷高宗之子也,遭后母之难,忧苦而死。"《史记·陈丞相世家》说:"今有尾生、孝己之行,而无益处于胜负之数。"《集解》引如淳曰:"孝己,高宗之子,有孝行。"孝己是商王武丁的儿子,因有孝行而名闻后世。

[3]"尾生高",见本书第三章注[14]。"鲍焦",《庄子·盗跖》载:"鲍焦饰行非世,抱木而死。"鲍焦是春秋时期的隐士,因愤世嫉俗,荷担采樵,拾橡充食,抱木而死于洛水之滨。事亦见《韩诗外传》卷一、《新序·节士》、《风俗通义·愆礼篇》。"史鳅",鲍彪曰:"卫卿子鱼。"《论语·卫灵公》载:"子曰:'直哉子鱼。'"史鳅,字子鱼,春秋时卫国大夫,曾用尸谏的办法,劝告卫灵公要任用蘧伯玉。

[4]"奚如",怎么样?

[5]"处无为之事",见《老子》第二章"圣人处无为之事"。这是道家顺应自然的重要哲学观念。"周之上地",《周礼·夏官·大司马》载:"上地食者参人之二。"郑玄注引郑司农云:"上地,谓肥美田也。"高诱《淮南子·精神》注:"上地,美

地也。"东周国地处伊洛平原,且可引伊、洛二水灌溉。所谓"周之上地",乃指东周国的肥美土地。"耕",农田耕作。"织",织布制衣。"男耕女织"是中国农耕文明的基本生态。这里的"无为"观念,堪称后世道家"田园归隐"思想的滥觞。

〔6〕下"其"字,鲍本作"耳"。黄丕烈曰:"'耳'字是也。"今从鲍本改为"耳"。

〔7〕鲍彪曰:"不苟取,故多穷。"何建章曰:"不达,即穷困。"

〔8〕"自完",《燕策一》"人有恶苏秦于燕王"章作"自覆",帛书《战国纵横家书》第五章作"自复"。"仁义"是儒家思想的核心观念。《孟子·尽心上》:"亲亲,仁也。敬长,义也。"《荀子·议兵》:"仁者,爱人。"《周易·说卦传》说:圣人"立人之道曰仁与义"。《汉书·高帝纪》:"即室家完。"颜师古注:"完,全也。"全有安义。《左传·昭公十五年》:"邑以贾怠,不如完旧。"杜预注:"完,犹保守。""自完"有自安、保守之义。"自完之道",同"自覆之术",乃自保、自安的策略手法。见本书第三章注〔26〕。"仁义"、"忠信"、"廉洁"都是儒家"自完"的基本思想,但国家要振兴富强、开疆拓土,必须要有包括政治、经济、军事、外交的内在的"进取"战略。

〔9〕"忧",帛书《战国纵横家书》第五章作"复",《苏秦列传》作"覆"。鲍彪曰:"忧,亦完也。不完则忧,故曰完,又曰忧。"金正炜曰:"按'忧(憂)'即'优(優)'之省也。自优犹自足也。"

〔10〕"殽塞",《战国纵横家书》第五章作"商于"。"殽"同崤、肴,"殽塞"即函谷关。《战国策·秦策一》苏秦说秦"东有肴(崤)函之固"。"殽塞"在今河南灵宝市西南。"商于"在今陕西商洛市东南。

〔11〕"疏章",《战国纵横家书》第五章作"雎章"。整理小组曰:"雎章即沮漳,两个水名。《左传·哀公六年》:'江、汉、沮、漳楚之望也。'今湖北省汉水西有漳水和沮水,合为沮漳河,在江陵西入长江。《燕策》苏代章作疏章,沮疏音近。"

〔12〕"负笼",鲍彪曰:"笼,竹器。"金正炜按:"《淮南·精神篇》:'今夫繇者揭钁臿,负笼土。'注:'繇,役。笼,受土笼也。'"缪文远曰:"之周负笼,犹言回家种地。"《说文·竹部》:"笼,举土器也。""笼",盛土的圆形竹筐。

〔13〕"烦",《战国策·秦策一》:"政教不顺者不可以烦大臣。"高诱注:"烦,劳也。"

[14]"楚取章武",据《楚策一》:"王尝用召滑于越而纳句章。"张琦曰:"宁波府慈谿县西南三十五里有句章故城。""句章"本名"句无",《国语·越语上》:"勾践之地,南至于句无。"韦昭注:"今诸暨有句无亭是也。"阚骃《十三州志》载:"勾践之地,南至句无,后并吴,因大城之,章霸功以示子孙,故曰句章,秦置句章县。"张琦曰:"按《十三州志》:勾践并吴,大城句无,以章武功,故名句章。此云'章武',疑即其地。""章武"本是彰显句无之义,因"句"为发声辞,故名"章无",亦名"句章"。武、无音近可通,故"章武"当指句章,在今浙江诸暨(或宁波慈溪)市境。"楚取章武"当指楚怀王(一说楚威王)任用召滑灭掉越国时发生的事情。

[15]越国在楚国东南,故称"诸侯北面而朝"。

[16]胡三省曰:"自宜阳熊耳,东连嵩山,南至鲁阳,皆韩之西山。"郭人民曰:"《韩世家》昭侯元年,秦败我西山。"秦取韩"西山",事在公元前361年。

[17]鲍彪曰:"去,犹失也。"金正炜曰:"曩者,谓召公分陕而治之时。""曩",通作早。《周礼·天官·司书》:"凡上之用。"郑玄注:"上,谓王与冢宰。"《史记·燕召公世家》载:"召公为三公,自陕以西,召公主之;自陕以东,周公主之。"《索隐》:"(召公奭)以元子就封,次子留周室代为召公。至宣王时,召穆公虎其后也。"西周春秋时期,召公世代为周室卿士。降及战国,周王室衰微,召公奭的后裔也失去了辅相王室的地位。

[18]"别马",鲍本作"别驾"。鲍彪曰:"言同轨,而朝燕与朝秦、楚同。"范祥雍曰:"依文义'马'作'驾'为长。""马"、"驾"义通。《孟子·梁惠王下》:"今乘舆已驾矣。"朱熹集注:"驾,驾马也。"《小学蒐佚·三仓》:"马曰驾。"是其证。这句是说诸侯就不会另外乘车去朝贡秦、楚大国了。

[19]鲍彪曰:"揆,度也。"

[20]姚宽曰:"'为'曾作'其'。"

[21]诸祖耿曰:"'今王',鲍本作'今主'。"

[22]鲍彪曰:"砥,柔石,所以砺也。""矜",握持。《汉书·刑法志》:"未有安制矜节之理也。"颜师古注:"矜,持也。""砥",磨砺。"戟",《说文·戈部》谓"有枝兵也"。《广雅·释器》:"戈,戟也。"《文选·张衡〈东京赋〉》:"立戈迤戛。"薛综注:"戈,谓木勾矛戟也。""剑",《说文·刀部》谓"人所带兵也"。

[23]"乌获",秦武王时力士。见《史记·秦本纪》。"钧",重量单位,一钧为

30斤,合今7.5公斤。

[24]"宋",周代国名,子姓,周成王时封商纣王庶兄微子启于商丘(今河南商丘市东),以续商祀。战国初年,迁都彭城(今江苏徐州市境)。公元前286年,齐闵王灭掉宋国。

[25]"罢",疲劳。

[26]郭希汾曰:"此当是齐之河间。"何建章曰:"河间故城在今河北省河间县东南,呼沱河与漳河之间。"范祥雍按:"河间,谓河、漳之间,为燕、齐、赵之境,此谓齐之河间地。""河间"故城战国属赵,当时的河间地区应指黄河与呼沱河之间的广大地区。"齐之河间地"当在黄河北岸。

[27]"上卿",春秋战国时期爵禄最尊贵的职官。《吕氏春秋·下贤》说:"欲官则相位,欲禄则上卿。"战国策士游走诸侯各国,大都处于卿客幕僚的尊贵地位,享受较高的经济待遇。

[28]"子",对苏秦的尊称。"车百乘"一百辆乘坐随从和装载财物的马车。

[29]鲍彪曰:"为燕间齐。""东游于齐",到齐国从事反间活动。

[30]"与",赐与。《荀子·富国》:"其于货财取与计数也。"杨倞注:"与,赐与。"这句大意是大王因为偏爱我的缘故,才赏赐我尊贵的职官。

[31]鲍彪曰:"负,言背。倚床立,未能行也。"本句泛指燕昭王的亲属子弟。

[32]鲍彪曰:"此属皆不得,不得与车。"郭人民曰:"语毕反词,谓反不与之车乘。"

[33]金正炜曰:"按'见'当为'得'。下文'安有为人臣尽其力,竭其能,而得罪者乎',正与此语相应。古书'得'作'䙷',因误为'见'。"《说文·见部》:"得,取也。"

[34]"譬",比喻。"地",原作"坒",古地字。

[35]"官",《燕策一》"人有恶苏秦于燕王者章"作"吏"。

[36]姚宽本"父"上无"主"字。鲍彪曰:"'父'上补'主'字。"吴师道曰:"此宜有'主'字。"鲍补当是,今据补。

[37]"佯踬",郭人民曰:"佯,诈。踬,跌倒。"

[38]"乘",《孟子·梁惠王上》:"万乘之国弑其君者。"朱熹集注:"乘,车数也。"《战国策·东周策》:"载以乘车驷马而遣之。"鲍彪注:"乘,四马也。""万乘之

主"指有兵车万乘的大国君王。

[39]《周礼·春官·序官》："家宗人。"郑玄注："家,谓大夫所食采邑。"能向国家出十辆兵车的封邑。

[40] 诸祖耿曰："'疋',鲍本作'匹'。"《广韵·质韵》："匹,俗作疋。"

[41] "贤主",指燕昭王。

[42] 上文云"奉子车百乘,子以此为寡人东游于齐",此讲"臣请行矣",当指这次谈话后苏秦很快就到齐国去开展反间活动了。但在《燕策一》"人有恶苏秦于燕王者章"、帛书《战国纵横家书》第五章和《苏秦列传》"人有毁苏秦者"节里,都没有谈及苏秦立即就到齐国的事,其他史料也没有相关佐证。因此,"臣请行矣"云云,当是后来整理者增添的内容。

【考辨】

本《策》与《燕策一》"人有恶苏秦于燕王者章"、帛书《战国纵横家书》第五章和《史记·苏秦列传》"人有毁苏秦者章"节的内容大体相同,属于一事四传。《燕策一》保存的两篇较为原始和完整,但内容差异较大,各有优劣。两篇都重点突出苏秦为"进取之臣也,不事无为之主"的观念。故事发生的时间,当在周赧王八年(燕昭王五年),即公元前307年。

本篇和帛书《战国纵横家书》第五章,都没有"人有恶苏秦于燕王者章"自开篇至"是足下之福也"的那段文辞。也就是都缺少"武安君从齐来,而燕王不馆"以及苏秦初见燕昭王时"迎臣于郊,显臣于廷"的重要内容,致使其年代背景模糊不清。而"人有恶苏秦于燕王者章"和帛书《战国纵横家书》第五章两章也都没有本篇"臣闻之,善为事者"至"臣请为王譬"的大段内容。这段文字讲述苏秦赴燕后,观察到燕昭王"有东向伐齐之心"的重要情节。马雍指出,从本《策》"可以看出,燕昭王攻齐的打算未肯轻易向人吐露,苏秦揣摩到昭王的心事,挑起话头,然后再进一步向他建策。苏秦的策略就是使齐国'西劳于宋,南罢(疲)于楚',他认为能办到这一点'则齐军可败而河间可取'。此后苏秦几次到齐国去行反间,始终是遵循这个方针的"。这次谈话应是苏秦首次向燕昭王建言"破齐"的策略,已勾画出燕国"以弱燕并强齐"的基本战略,在燕、齐关系乃至战国历史上都具有极为重要的意义。因此,苏秦很快得到燕昭王的信任,被拜为"上卿"。

帛书《战国纵横家书》第五章在西汉初年被埋入地下,司马迁和刘向都没有看到。西汉中期的司马迁在写《史记》时,将"人有恶苏秦于燕王者章"的内容改编后融入《苏秦列传》里。大概因本篇署名"苏代谓燕昭王"而未引起他的关注。西汉晚期的刘向在编辑《战国策》时,看到本篇与"人有恶苏秦于燕王者章"虽然内容大致相同,但各自都保存有独特的重要内容,不能相互取代。因此,就把这两篇都收录在《燕策一》里,使我们得以了解苏秦为燕昭王制定破齐战略的背景、内容和具体过程。帛书《战国纵横家书》第五章的发现,使本篇和"人有恶苏秦于燕王者章"都获得新的史料价值,应是值得庆幸的事。这也是本书将这两篇都同时辑录的重要原因。

五、秦攻宜阳章

八年,秦攻宜阳[1],楚救之。而楚以周为秦故,将伐之[2]。

苏代为周说楚王曰[3]:"何以周为秦之祸也[4]?言周之为秦甚于楚者,欲令周入秦也,故谓'周秦'也[5]。周知其不可解[6],必入于秦,此为秦取周之精者也[7]。为王计者,周于(与)秦因善之[8],不于(与)秦亦言善之,以疏之于秦[9]。周绝于秦,必入于郢矣[10]。"

本篇辑自《史记·周本纪》

【校注】

[1]《史记正义》:"《括地志》云:'故韩城一名宜阳城,在洛州福昌县东十四里,即韩宜阳县城也。'"周赧王八年即公元前307年。"宜阳"是韩国的属县,今河南洛阳市宜阳县西韩城镇有宜阳故城。①

[2]《史记索隐》:"宜阳,韩地,秦攻而楚救之。周为韩出兵,而楚疑周为秦,因加兵伐周。"

[3]"苏代",苏秦之弟,东周洛阳人,战国纵横家,事见《苏秦列传》。"楚王",当为楚怀王(前328—前299年在位)。

---

① 蔡运章:《韩都宜阳故城及其相关问题》,《甲骨金文与古史研究》,中州古籍出版社,1993年。

［4］《史记索隐》："苏代为周说楚王,王何以道周为秦,周实不为秦也。今王责周道为秦,周惧楚,必入秦,是为祸也。"泷川资言曰:"何以,犹言何故。"

［5］《史记索隐》："周秦相近,秦欲并周而外睦于周,故当时诸侯咸谓'周秦'。""周秦",认为周、秦相近,秦将并吞周王室,乃是当时诸侯间流行的说法。

［6］"解",解除灾难。

［7］《史记正义》："代言周若知楚疑亲秦,其计定不可解免,周必亲于秦也。是为秦取周精妙之计。"

［8］"于"、"与"音近义通,见《经传释词》卷二。《管子·王霸》："诸侯之所与也。"尹知章注："与,亲也。""因",仍旧,见《集韵·谆韵》。

［9］《史记正义》："代言为王计者,周亲秦,因而善之;周不亲,亦言善之。楚若善周,周必疏于秦也。"泷川资言曰："'言'当作'因',或云'衍'字。""言",语辞也。见俞樾《群经评议·论语一》。故此"言"自可通,不必改"因"或"云'衍'字"。

［10］《史记正义》："郢,楚都也。"泷川资言曰："入于郢,言归楚。愚按:《国策》无此条。""郢"是楚国的都城,在今湖北江陵西北纪南城。

【考辨】

本篇是苏代从事纵横活动的最早记录,不见于《战国策》和其他先秦文献,当是司马公依其所见资料撰写而成的。苏代是东周人,秦攻宜阳时,他为周王室到楚国游说,也符合情理。

"宜阳"是韩国的大县。据《东周策》记载："宜阳城方八里,材士十万,粟支数年。"该城地势险要,城池坚固,交通便利,是韩国西部的军事要塞,也是秦国通向周王室的必经要道,在今河南洛阳市宜阳县西韩城镇。

据《秦策二》,秦武王三年(前308年):"武王谓甘茂曰:'寡人欲车通三川,以窥周室,死不恨矣。'其秋,使甘茂、庶长封伐宜阳。四年(前307年),拔宜阳,斩首六万。"《史记·韩世家》说韩襄王四年:"其秋,秦使甘茂攻我宜阳。五年,秦拔我宜阳。"据《秦本纪》,秦武王四年(前307年),"武王有力好戏",秦军攻取宜阳后,便带着力士任鄙、乌获、孟说来到周室太庙。"王与孟说举鼎,绝膑。八月,武王死"。这是说秦武王到周室举大鼎被砸断胫骨,当年八月便死去。由此可见,秦国始攻宜阳在周赧王七年秋天,而"拔宜阳"当在赧王八年的夏季。足见苏代到楚国游说的具体时间,当在赧王八年的春季。

周赧王明白,秦武王派甘茂进攻宜阳,意在并吞周室。因此,当秦国发兵进攻宜阳时,周室"为韩出兵",自是情理中事。然而,秦国"欲并周而外睦于周"的策略,致使楚国怀疑周室暗中依附秦国,遂产生将讨伐周室的想法。因此,苏代前往楚国游说楚怀王,使楚国打消疑虑,从而为周王室解除了忧患。

苏代为周室游说楚怀王的成功,使其在诸侯列国间初露才华。这为他后来从事纵横活动,奠定了良好的基础。

六、韩公仲使苏代谓向寿章

韩公仲【使苏代】谓向寿曰[1]:"禽困覆车[2]。公破韩,辱公仲[3],公仲收国复事秦[4],自以为必可以封[5]。今公与楚解[6],中封小令尹以桂阳[7]。秦、楚合,复攻韩,韩必亡。公仲躬率其私徒以斗于秦[8],愿公之熟计之也。"

向寿曰:"吾合秦、楚,非以当韩也,子为我谒之。[9]"公仲曰:"秦、韩之交可合也[10]。"对曰:"愿有复于公[11]。谚曰:'贵其所以贵者贵[12]。'今王之爱习公也[13],不如公孙郝[14];其知能公也,不如甘茂[15]。今二人者,皆不得亲于事矣,而公独与王主断于国者,彼有以失之也[16]。公孙郝党于韩,而甘戊(茂)党于魏[17],故王不信也。今秦、楚争强,而公党于楚,是与公孙郝、甘茂同道也。公何以异之[18]?人皆言楚之多变也[19],而公必之,是自为贵也[20]。公不如与王谋其变也,善韩以备之[21]。若此,则无祸矣[22]。韩氏先以国从公孙郝,而后委国于甘茂,是韩,公之雠也[23]。今公言善韩以备楚,是外举不辟雠也[24]。"

向寿曰:"吾甚欲韩合。"对曰:"甘茂许公仲以武遂[25],反宜阳之民[26],今公徒(独)令收之,甚难[27]。"向子曰:"然则奈何?武遂终不可得已[28]。"对曰:"公何不以秦为韩求(颖)〔颍〕川于楚[29],此乃韩之寄地也[30]。公求而得之,是令行于楚而以其地德韩也。公求而弗得[31],是韩、楚之怨不解[32],而交走秦也[33]。秦、楚争强,而公过楚以攻韩[34],此利于秦。"

向子曰:"奈何?"对曰:"此善事也。甘茂欲以魏取齐,公孙郝欲以韩取齐。今公取宜阳以为功[35],收楚、韩以安之[36],而诛齐、魏之罪[37],是以公孙郝、甘茂之无事也[38]。"

本章辑自《战国策·韩策一》

【校注】

[1]《甘茂列传》作"韩公仲使苏代谓向寿曰"。吴师道曰:"本章首'韩公仲'。据《史》,'韩公仲使苏代谓向寿'。此章首及'仲'字下或有缺文。当云'苏代为',或云'使苏代'。"吴说当是,今据补"使苏代"三字。"韩公仲"(亦作公仲朋),名朋,韩宣惠王、襄王时相国。"向寿",秦将,宣太后母家的亲戚。传世的上郡守寿铜戈(《集成》11404、11405),当是秦将向寿的遗物。

[2]《史记集解》:"譬禽兽得困急,犹能抵触倾覆人车。"鲍彪曰:"禽,所获兽也。能覆猎者之车,不可忽。"

[3]中井积德曰:"辱公仲,亦述前事也。"何建章曰:"《甘茂列传》'秦使向寿平宜阳','向寿为秦守宜阳将以伐韩',下文亦言'今公取宜阳以为功'。'破韩'即指此。"

[4]金正炜按:"《广雅·释言》:'收,振也。'《左氏》成十二年《传》'请收合余烬',此即其义。"

[5]《史记集解》:"公仲自以为必可得秦封。"

[6]《甘茂列传》作"今公与楚解口地"。《史记索隐》:"解口,秦地名,近韩,今将与楚也。"《正义》:"公,向寿也。解口犹开口得言。向寿于秦开口,则楚人必得封地也。"鲍彪曰:"解,言复好。"

[7]"桂阳",《甘茂列传》作"杜阳"。《史记索隐》:"又封楚之小令尹以杜阳。杜阳亦秦地,今以封楚令尹,是秦、楚合也。"鲍彪曰:"中,言使楚自封之国中。桂阳,荆州郡。"金正炜曰:"桂阳当从《史》作'杜阳'。《汉志》:杜阳属右扶

风。"于鬯、缪文远从金氏说。范祥雍曰:"中封,谓秦以国中地封之,桂阳(或杜阳),秦地,秦以国中地封小令尹,疑犹后之汤沐邑,不必实有其地。……'小令尹'之名不见他文,《索隐》迳谓'楚令尹',亦未安。"金、范二说均误。《战国策·齐策二》:"是秦之计中。"高诱注:"中,得也。"《尚书·立政》:"趣马小尹。"蔡沈集传:"小尹,小官之长。"《周礼·春官·叙官》:"小史中士八人。"孙诒让正义:"小史,太史之副贰。"是"小令尹"当为副令尹也。"杜阳"属秦,在今陕西麟游县西北。"桂阳"属楚,在今湖南彬州市桂阳县。因"向寿如楚,楚闻秦之贵向寿,而厚事向寿",乃封向寿为"小令尹",并将楚之"国中"地桂阳赏给向寿。故当以《策》文"桂阳"为是。

[8]"斗",《甘茂列传》作"阏"。《史记正义》:"公仲恐韩亡,欲将私徒往宜阳阏向寿也。""躬",亲也。

[9]"我",《甘茂列传》作"寿"。《史记正义》:"子,苏代。向寿恐,令苏代谒报公仲,云'秦韩交可合'。"《尔雅·释诂上》:"谒,告也。"

[10]"交",邦交。"合",和好,联合。

[11]《甘茂列传》作"苏代对曰"。《史记正义》:"公,向寿也。言向寿亦党于楚,与公孙奭、甘茂党韩、魏同也。"

[12]"谚",《甘茂列传》作"人"。鲍彪曰:"所以贵,人所同贵。"吴师道曰:"所以得贵也。"安井衡曰:"言自贵己所以贵者,长不失其贵。""谚",传言。

[13]何建章曰:"爱习,宠爱亲近。""今",犹若也,见《经传释词》。《甘茂列传》"王"上无"今"字。

[14]"郝",《甘茂列传》作"奭"、鲍本作赫。郝、奭、赫音近义通。《楚策三》"冯郝",《汉书·古今人表》作"冯赫"。《说文·皕部》:"奭,盛也。此燕召公名,读若郝。"段玉裁注:"《释诂》:'赫赫跃跃。'舍人本作'奭奭'。《常武》毛传云:'赫赫然,盛也。按:'奭'是正字,'赫'是假借字。"是其证。"公孙郝",秦昭王的亲信大臣。《楚策一》说:"夫公孙郝之于秦王,亲也。少与之同衣,长与之同车,被王衣以听事,真大王之相已!"

[15]"知",《甘茂列传》作"智"。缪文远曰:"知,通智,句言秦王重公之智能。"甘茂,秦武王时任左丞相,见《史记·甘茂列传》。"知",了解,信任。

[16]《史记索隐》:"彼,公孙奭及甘茂也。有以失之,谓不见委任,情有所

失。"《正义》:"言秦王虽爱习公孙奭、甘茂,秦事不亲委者,为党韩、魏也。今国事独与向寿主断,不知寿党于楚以事秦王者,以失之也。"

[17]"戊",《甘茂列传》作"茂"。戊、茂音义相通。《释名·释天》:"戊者,茂也,物皆茂盛也。"《尔雅·释诂上》:"茂,丰也。"郝懿行疏:"茂,通作戊。"是其证。

[18]《史记正义》:"苏氏云:'向寿与公孙奭、甘茂皆有党,言无异也。'"

[19]"多",《甘茂列传》作"善"。多、善义通。《新序·杂事一》说:"以计多为善。"

[20]"贵",《甘茂列传》作"责"。《史记正义》:"楚善改变,不可信。若变改,向寿必亡败,是自为责。"鲍彪曰:"非贵所同贵。"金正炜曰:"贵,当作责。"何建章按:"《韩非子·法定》'循名而责实',陈奇猷集解:'吴鼒本责误作贵。'又《八经》:'参伍贵帑,固也。'王先慎集释'贵帑当作责帑',形近而误。陈奇猷集释:'王说是。'此'贵'或为'责'字之形误。然各以本文解亦通。"

[21]"之",《甘茂列传》作"楚"。《史记正义》:"令秦亲韩而备楚之变改,则向寿无患矣。"

[22]"若",《甘茂列传》作"如"。"祸",《甘茂列传》作"患"。

[23]《史记正义》:"韩氏必先委二人,故韩为向寿之雠。"鲍彪曰:"言以韩为雠。"

[24]何建章曰:"《左襄二十一年传》:'叔向曰:祁大夫外举不弃雠,内举不失亲。'《吕氏春秋·孟春季·去私》:'孔子闻之曰:善哉,祁黄羊之论也,外举不避雠,内举不避子。'此言向寿不结党营私。"

[25]《史记集解》:"徐广曰:'秦昭王元年予韩武遂'。"据《史记·韩世家》,韩襄王"五年,秦拔我宜阳","六年,秦复予我武遂"。"武遂",在今山西临汾市西南。

[26]《史记正义》:"武遂、宜阳本韩邑也,秦伐取之。今欲返韩,令其民得反归居之。"吴师道曰:"取其地而还其民也。"这是把武遂返还给韩国,让被侵占的宜阳居民迁居到那里。

[27]《甘茂列传》无"令"字。《史记正义》:"苏代言甘茂许公仲以武遂,又归宜阳之民,今向寿徒拟收之,甚难事也。""徒",通作独。《韩非子·外储说左下》:"则徒翟黄也。"王先谦集解引旧注:"徒,独。"《文选·李密〈陈情表〉》:"非独蜀之

人士。"旧校:"五臣作'徙'。"是其证。"《庄子·人间世》:"其行独。"《经典释文》:"崔云:独,自专也。""独",独自。

[28] "已",《甘茂列传》作"也"。鲍彪曰:"与韩地,宜与其所得于韩,若武遂者可也。茂已许之已,无以易之也。"

[29] "何",《甘茂列传》作"奚"。"颖",《甘茂列传》、鲍本并作"颍"。《史记正义》:"颍川,许州也。楚侵韩颍川,苏代令向寿以秦威重为韩就楚求索颍川,是亲向寿。""何"、奚义通,见《古书虚字集释》卷四。"颖"、颍形音相近而混用,今据改。"颍川",今河南许昌、漯河地区。

[30] 鲍彪曰:"此本韩地,楚取之,故云。"张琦按:"许本韩、魏、楚三国之边邑,今为楚所取也。"《说文·宀部》:"寄,托也。""寄地",暂时被夺去的边境城邑。

[31] "弗",《甘茂列传》作"不"。

[32] "解",解除。

[33] 《史记索隐》:"韩、楚怨不解,二国交走向秦也。"《吕氏春秋·权勋》:"齐王走莒。"高诱注:"走,奔也。"《史记·伍子胥列传》:"王走郧。"《索隐》:"走,向也。""交走秦",相互奔向秦国。

[34] 《甘茂列传》作"公徐过楚以收韩"。《史记集解》:"徐广曰:'过,一作适。'"鲍彪曰:"过,谓以攻韩为楚罪。"吴师道曰:"姚本'收韩',《史》同。"黄丕烈曰:"此当是鲍本作'收'而误互。""攻"、收形近义通。《左传·襄公二十七年》:"我其收之。"杜预曰:"收,取也。"《逸周书·官人》:"人多隐其情饰其伪以攻其名。"朱佑曾集训校释:"攻,取。"是其证。

[35] 鲍彪曰:"宜阳,盖寿议攻,而甘茂攻之。"《秦策二》说:秦令甘茂攻宜阳,"甘茂对曰:'请之魏,约伐韩。'王令向寿副行"。

[36] 鲍彪曰:"使楚归颍川,则楚、韩讲,故曰安。"

[37] 《史记正义》:"言公孙奭、甘茂皆欲以秦挟韩魏而取齐,今向寿取宜阳为功,收韩楚安以事秦,而责齐魏之罪,是公孙奭、甘茂不得同合韩魏于秦以伐齐也。"鲍彪曰:"诛,犹求也。求其过失,以为郝、茂之罪。"

[38] 鲍彪曰:"言其失权。"吴师道按:"《史·甘茂传》,秦拔宜阳,韩与秦平,向寿为秦守宜阳,将伐韩,公仲使苏伐谓向寿云云,甘茂竟言昭王以武遂归韩,由是寿、奭怨谗茂。"

【考辨】

　　据《史记·甘茂列传》，本《策》韩相公仲使苏代游说向寿，与秦"伐魏皮氏"为同年事。因《史记·六国年表》将"秦击皮氏"系于周赧王九年（前306年），故林春溥《战国纪年》、黄式三《周季编略》、于鬯《战国策年表》、缪文远《战国策考辨》诸家，均将本《策》系于周赧王九年（前306年）。顾观光《国策编年》则系于周赧王八年（前307年）。

　　据《史记·秦本纪》，秦武王三年（前308年）："秋，使甘茂、庶长封伐宜阳。四年，拔宜阳，斩首六万。涉河，城武遂。"《韩世家》载韩襄王："五年（前307年），秦拔我宜阳。""六年（前306年），秦复予我武遂。"公元前307年，秦国"拔宜阳"，同时北渡黄河占领韩邑武遂。

　　古本《竹书纪年》载：魏襄王十二年（前306年）秦"伐我，围皮氏"。秦复予韩"武遂"也在这年。此正当周赧王九年（前306年）。因此，诸家多将韩相公仲使苏代游说秦将向寿事，系于周赧王九年即公元前306年，是正确的。

　　苏代直言"秦、楚合，复攻韩，韩必亡。公仲躬率其私徒以斗于秦"，摆出韩相公仲要与向寿鱼死网破的决斗架势，迫使向寿退让。并以"公孙郝党于韩，而甘茂党于魏，故王不信也。今秦、楚争强，而公党于楚，是与公孙郝、甘茂同道也"，直逼向寿的致命弱点。同时以"甘茂许公仲以武遂，反宜阳之民，今公独令收之，甚难"，来挑拨向寿与甘茂的关系。向寿因此谗甘茂，最终迫使甘茂逃离秦国。

【附录】《史记·甘茂列传》"韩公仲使苏代谓向寿"节

　　秦使向寿平宜阳，而使樗里子、甘茂伐魏皮氏。向寿者，宣太后外族也，而与昭王少相长，故任用。向寿如楚，楚闻秦之贵向寿，而厚事向寿。向寿为秦守宜阳，将以伐韩。

　　韩公仲使苏代谓向寿曰："禽困覆车。公破韩，辱公仲，公仲收国复事秦，自以为必可以封。今公与楚解口地，封小令尹以杜阳。秦、楚合，复攻韩，韩必亡。韩亡，公仲且躬率其私徒以阏于秦，愿公孰虑之也。"

　　向寿曰："吾合秦、楚非以当韩也，子为寿谒之公仲，曰：'秦、韩之交可合也。'"苏代对曰："愿有谒于公。人曰：'贵其所以贵者贵。'王之爱习公也，不如公孙奭；其智能公也，不如甘茂。今二人者皆不得亲于秦事，而公独与王主断于国者何？彼有以失之也。公孙奭党于韩,而甘茂党于魏,故王不信也。今秦、楚争彊。而公党于楚,是与公孙奭、甘茂同道也。公何以异之?人皆言楚之善变也,而公必亡之,是自为责也。公不如与王谋其变也,善韩以备楚。如此则无患矣。韩氏先以国从公孙奭,而后委国于甘茂。韩,公之雠也。今公言善韩以备楚,是外举不僻雠也。"

向寿曰:"然,吾其欲韩合。"对曰:"甘茂许公仲以武遂,反宜阳之民,今公徒收之,甚难。"向寿曰:"然则奈何? 武遂终不可得也。"对曰:"公奚不以秦为韩求颍川于楚? 此韩之寄地也。公求而得之,是令行于楚而以其地德韩也。公求而不得,是韩、楚之怨不解,而交走秦也。秦、楚争彊,而公徐过楚以收韩,此利于秦。"向寿曰:"奈何?"对曰:"此善事也。甘茂欲以魏取齐,公孙奭欲以韩取齐。今公取宜阳以为功,收楚、韩以安之,而诛齐、魏之罪,是以公孙奭、甘茂无事也。"

甘茂竟言秦昭王,以武遂复归之韩。向寿、公孙奭争之,不能得。向寿、公孙奭由此怨,谗甘茂。茂惧,辍伐魏蒲阪,亡去。

七、孟尝君将入秦章

孟尝君将入秦[1],止者千数而弗听[2]。苏秦欲止之[3],孟尝【君】曰[4]:"人事者[5],吾已尽知之矣。吾所未闻者,独鬼事耳[6]。"苏秦曰:"臣之来也,固不敢言人事也,固且以鬼事见君[7]。"

孟尝君见之。谓孟尝君曰:"今者臣来[8],过于淄上[9],有土偶人与桃梗相与语[10]。桃梗谓土偶人曰[11]:'子,西岸之土也,挺(埏)子以为人[12],至岁八月,降雨下[13],淄水至,则汝残矣。'土偶曰:'不然。吾西岸之土也,土〈吾残〉则复西岸耳[15]。今子,东国之桃梗也[16],刻削子以为人[17],降雨下,淄水至,流子而去,则子漂漂者将何如耳[18]。'今秦四塞之国[19],譬若虎口,而君入之,则臣不知君所出矣[20]。"孟尝君乃止[21]。

本篇辑自《战国策·齐策三》

【校注】

[1]《史记·孟尝君列传》:"秦昭王闻其贤,乃先使泾阳君为质于齐,以求

见孟尝君。孟尝君将入秦。"姚本："孟尝君，一作'孟尝'。"高诱曰："孟尝君，薛公田婴号靖郭君，子文号孟尝君也。"鲍彪曰："《传》言，秦昭王闻其贤，求见之，故将入。""孟尝君"是战国时期齐国的贵族，本名田文，时任齐相，曾组织五国诸侯伐秦，喜养天下宾客，是战国著名的"四公子"之一。

［2］郭人民曰："止，劝止，不欲孟尝君入秦。千数，孟尝君门下客数千人，莫欲其行。"

［3］"苏秦"，《孟尝君列传》、《春秋后语》并作"苏代"，《说苑·正谏》未署说者姓名。诸祖耿曰："《文选·东都赋》李注引作：'苏秦说孟尝君曰：秦，四塞之国也。'《后汉书·班固传》注引同。《类聚》八六引此句作'苏秦往见之'。"缪文远曰："时苏秦方侍燕质子于齐，因委质为齐臣，故得以向孟尝君进说。"

［4］黄丕烈曰："曰上，鲍本有'君'字。"当以鲍本有"君"字为优，今据补。

［5］"人事"，人间事务。《列女传·契母简狄传》："简狄性好人事之治。"王照圆补注："人事，谓五教之属。"

［6］高诱曰："闻，知。""鬼事"，鬼神故事。

［7］"固且"，姑且。诸祖耿曰："《类聚》八六引，['君'下]有'矣'字。"

［8］黄丕烈曰："'者'，鲍本无。丕烈案：《风俗通》引作'臣之来也'，《说苑》同。"诸祖耿曰："《类聚》八六引作'臣来过淄上'，《御览》三九六引作'今臣经淄上'。"

［9］"淄"，水名，源于山东莱芜市原山北麓，向东北流经临淄故城东南，至广饶县东北汇入小清河入海。

［10］《孟尝君列传》作"见木禺人与土禺人相与语"。《史记索隐》曰："谓以土木为之偶，类于人也。苏代以土偶比泾阳君，木偶比孟尝君也。"鲍本作"有木偶人与土偶人相与语"。《方言》卷三说："凡草木刺人，自关而东或为之梗。""桃梗"是指用桃木刻制的偶人。

［11］《孟尝君列传》作"木偶人曰"，鲍本作"谓土偶人曰"。"木偶人"即桃梗。

［12］高诱曰："挺，治。"鲍彪曰："挺，拔也，拔于土中。"黄丕烈曰："《风俗通》作'埏'。此字当作'挻'。'挻'、'埏'同字，形近而讹作'挺'耳。"缪文远曰："挻，造作土器之型也。""挻"，通作"埏"。《文选·马融〈长笛赋〉》："丸挻彫琢。"李善

注:"挻,一作埏。"是其证。《老子》第十一章:"埏埴以为器。"河上公注:"埏,和也。"《鹖冠子·泰鸿》:"陶埏无形。"陆佃注:"埏,和土也。""埏",和揉陶土制作器物。

[13] 鲍彪曰:"大雨自上下也,异于飘洒。"《管子·度地篇》:"当秋三月,山川百泉踊,降雨下,山水出。"

[14] "汝",鲍本作"子"。高诱曰:"残,坏。"鲍彪曰:"残,败坏也。"

[15] "土",姚宏曰:"一作'吾残则'。"王念孙曰:"'土则复西岸',义不可通。此承上'则汝残矣'而言,则作'吾残'者是也。《御览·人事部》引作'吾残则复西岸'。"王说当是,今据改。

[16] 高诱曰:"东海中有山,名曰度朔,上有大桃,屈槃三千里,其卑枝间东北曰鬼门,万鬼所由往来也。上有二神人:一曰荼与,一曰郁雷,主治害鬼。故使世人刊此桃梗,画荼与与郁雷首,正岁以置门户,辟号之门。荼与、郁雷皆在东海中,故曰'东国之桃梗也'。"

[17] 诸祖耿曰:"《御览》三九六引作'刻削为人'。"

[18] "何如",鲍本作"如何"。鲍彪曰:"如,往也。不知其所在。"金正炜曰:"《风俗通》引此文作'将何如矣'。'矣'犹耳也。""何如",怎么样?

[19] 高诱曰:"四面有山关之固,故曰'四塞之国'也。"程恩泽曰:"徐广曰:'东函谷、南武关、西散关、北萧关,故曰四塞,亦曰关中。'"诸祖耿曰:"《文选·东都赋》注引、《后汉书·班固传》注引,均有'也'字。"

[20] 《孟尝君列传》作:"今秦,虎狼之国也。而君欲往,如有不得还,君得无为土禺人所笑乎?"

[21] 吴师道曰:"此时不行,其入秦盖在后。"缪文远曰:"孟尝君此虽听苏秦之言而暂止,至次年仍复入秦。"孟尝君入秦,果如苏秦所料,仓慌逃归。事见《孟尝列传》。

【考辨】

本篇与《说苑·正谏》"孟尝君将西入秦"章的内容基本相同,只是文词略有差异。刘向在编辑《战国策》和《说苑》时,把这两种传本分别辑录起来,为我们提供了可资比较的文献资料。《史记·孟尝君列传》"孟尝君将入秦"章,则是司马迁依据《战国策》本的缩写本。按照《史记·苏秦列传》的说法，苏秦早在燕王哙时（前320—前314年）就已死去，于是司马迁便将这位游说孟尝君的"苏秦"改为"苏代"了。因为在《战国策》和《史记》里，所记苏秦、苏代的故事往往混淆不清，所以司马迁的这种改写，在当时实属不足为奇的事。

据《史记·楚世家》和《秦本纪》，楚怀王二十八年（前301年），齐将匡章率楚、韩、魏联军在"垂沙之役"中战胜楚军，"杀楚将唐眛"，齐国声威大振。当时，诸侯各国为了表示亲善，常派子弟到对方作"质子"。秦昭王为了拉拢齐国，推行其"远交近攻"的连横战略，派其弟"泾阳君（公子市）质于齐国"，事在公元前301年。

《史记·孟尝君列传》说："秦昭王闻其贤，乃先使泾阳君为质于齐，以求见孟尝君。"即邀请孟尝君到秦国担任相国。因此，林春溥《战国纪年》、黄式三《周季编略》、于鬯《战国策年表》均将本《策》系于周赧王十五年（公元前300年），唐兰、马雍、缪文远从其说。顾观光《战国策编年》、杨宽《战国史》并以为周赧王十六年（公元前299年）。

如前章所述，苏秦和燕昭王制定破齐的战略后，并没有马上到齐国去。因为齐宣王是位颇知进退的贤明君王。在他的治理下，齐国局势稳定，燕国无机可乘。所以苏秦只得隐忍观察，等待时机。公元前301年，齐宣王死，齐湣王即位，重用孟尝君为相。这时，齐国的政治形势发生了很大变化。苏秦认为，这是赴齐反间的良好时机。燕昭王就派其弟襄安君到齐国作质子，让苏秦陪同前往，"就委质为齐臣"。《苏秦列传》说："使苏代侍质子于齐。"又说："苏厉因燕质子而求见齐王……已遂委质为齐臣。"这里的"苏代"、"苏厉"都是"苏秦"的误传。这是苏秦第二次赴齐，时在公元前300年。

苏秦赴齐的任务是："争取在齐国得到重用，大者可以使齐国不再图谋燕国，次者可以离间齐、赵的关系，以利君王的大业。"苏秦来到齐国后，向齐闵王表明愿意为他奔走效劳，于是做了齐臣。他冒着死亡的威胁，来处理齐、燕间的邦交，尽力与孟尝君搞好关系（《战国纵横家书》四）。

面对秦国的盛情，孟尝君准备前往秦国，有成千的人来劝阻，他都听不进去。苏秦用泥偶与桃梗对话的寓言故事，委婉地提醒孟尝君若落入秦国的"虎口"，则不知从何处逃生。因此，孟尝君暂时打消了去秦国的想法。次年，他抱着侥幸心理入秦，果然如苏秦所料，险些丢掉性命，只得仓皇逃归，事见《孟尝君列传》。

内 篇　43

【附录】

1.《史记·孟尝君列传》"孟尝君将入秦"节

秦昭王闻其贤,乃先使泾阳君为质于齐,以求见孟尝君。孟尝君将入秦,宾客莫欲其行,谏,不听。苏代曰:"今旦代从外来,见木禺人与土禺人相与语。木禺人曰:'天雨,子将败矣。'土禺人曰:'我生于土,败则归土。今天雨,流子而行,未知所止息也。'今秦,虎狼之国也,而君欲往,如有不得还,君得无为土禺人所笑乎?"孟尝君乃止。

2.《说苑·正谏》"孟尝君将西入秦"节

孟尝君将西入秦,宾客谏之百通则不听也。曰:"以人事谏我,我尽知之。若以鬼道谏我,我则杀之。"谒者入曰:"有客以鬼道闻。"曰:"请客入。"客曰:"臣之来也,过于淄水上,见一土耦人,方与木梗人语。木梗谓土耦人曰:'子先土也,持子以为耦人,遇天大雨,水潦并至,子必沮坏。'应曰:'我沮乃反吾真耳。今子东园之桃也,刻子以为梗,遇天大雨,水潦并至,必浮子,泛泛乎不知所止。'今秦,四塞之国也,有虎狼人之心,恐其有木梗之患。"于是孟尝君逡巡而退,而无以应,卒不敢西向秦。

八、雍氏之役章

雍氏之役[1],韩征甲与粟于周[2]。【韩兵入西周,西周令成君辩说秦求救。东】周君患之[3],告苏代[4]。苏代曰:"何患焉[5]?代能为君令韩不征甲与粟于周[6],又能为君得高都[7]。"周君大悦曰:"子苟能[8],寡人请以国听[9]。"

苏代遂往见韩相国公中曰[10]:"公不闻楚计乎[11]?昭应谓楚王曰[12]:'韩氏罢于兵[13],仓廪空[14],无以守城,吾收之以饥[15],不过一月必拔之[16]。'今围雍氏五月不能拔,是楚病也[17]。楚王始不信昭应之计矣[18],今公乃征甲及粟于周,此告楚病也[19]。昭应闻此,必劝楚王益兵守雍氏[20],雍氏必拔。"

公中曰:"善。然吾使者已行矣。"代曰:"公何不以高都与周。"公中怒曰："吾无征甲与粟于周[21]，亦已多矣[22]。何为与高都[23]？"代曰："与之高都，则周必折而入于韩[24]，秦闻之必大怒，而焚周之节[25]，不通其使。是公以弊高都得完周也[26]，何不与也？"

公中曰："善！"不征甲与粟于周而与高都，楚卒不拔雍氏而去[27]。

本篇辑自《战国策·西周策》

【校注】

[1] 高诱曰："雍，韩别邑也。楚攻韩，围雍氏，故曰役。役，事也。"鲍彪曰："《韩纪》注，赧王三年、十五年，楚再围雍氏。此十五年也。"周赧王十五年，即公元前300年。"雍氏"，故城在今河南禹州市东北。

[2] 高诱曰："韩召兵及粮于周也。"鲍彪曰："征，犹索。"

[3]《史记·周本纪》作："王赧谓成君。楚围雍氏，韩征甲与粟于东周。东周君恐。"《集解》引徐广曰："《战国策》曰：'韩兵入西周，西周令成君辩说秦求救。'当是说此事而脱误也。"鲍彪曰："周君为东周。"《周本纪》谓"王赧谓成君"，语意显然未完，当有脱误。今据徐引《战国策》佚文，补为"雍氏之役，韩征甲与粟于周。【韩兵入西周，西周令成君辩说秦求救。东】周君患之"。

[4] 高诱曰："苏代，苏秦兄也。"唐兰从高氏说。《苏秦列传》说："苏秦之弟曰代，代弟苏厉，见兄遂，亦皆学。"鲍彪曰："苏秦之弟，洛阳人。"姑从《苏秦列传》说。

[5] 高诱曰："患，忧。"

[6] "周"，东周国。

[7] 高诱曰："高都，韩邑，今属上党。"《史记集解》引徐广曰："今河南新城县高都城也。"程恩泽曰："《竹书纪年》梁惠王十七年（前353年），'东周与郑高都'，是高都本东周地也。""高都"在今洛阳市西南。

[8] "子"，东周君对苏代的尊称。"苟"，如果。

[9] 高诱曰："听，从。"鲍彪曰："以国事从之。"

[10] 高诱曰："公中，韩公侈，为相国也。"鲍彪曰："公仲，韩公族。""公中"即韩相公仲朋，见本书第六章注[1]。

[11]"闻",听说。"计",谋略。

[12]高诱曰:"昭应,楚将。"鲍彪曰:"昭、屈、景皆楚之族姓。王,怀王。""昭应",楚国将领。

[13]"韩氏",韩国。鲍彪曰:"'罢'、'疲'同,劳也。"

[14]"仓廪",粮仓。何建章曰:"仓、廪都是储存粮食的仓库。仓,藏谷,廪,藏米。"

[15]鲍彪曰:"因其饥攻之。"黄丕烈曰:"'收',鲍本作'攻'。""收"、"攻"构形相近,常混用。

[16]《周本纪》作"三月"。梁玉绳曰:"一月为是。"鲍彪曰:"得城曰拔,如拔物然。"

[17]高诱曰:"病,困也。"《史记正义》曰:"谓楚兵弊弱也。""是",通作示。《逸周书·周祝》:"是彼万物必有常。"朱佑曾集训校释:"是,读为视。"俞樾《诸子评议·管子三》"是其事"按:"是,犹视也。"《诗·周颂·敬之》:"示我显德行。"陈奂传疏:"示,古视字。"是其证。"示",表示。

[18]金正炜曰:"始,当为殆,二形相似而讹也。""始"、"殆"形近义通,常相混用。《诗·豳风·七月》:"殆及公子同归。"毛传:"殆,始也。"孙诒让《札迻》卷五:"病始于少瘳。"此"始"当作"殆",金说当是。

[19]鲍彪曰:"犹以饥疲告之。"

[20]何建章曰:"守,通狩,围取。"

[21]金正炜曰:"无,犹不也。《策》文无、不通用。"

[22]《史记正义》曰:"言幸甚也。"

[23]"何为",为什么。

[24]高诱曰:"折,屈也。"鲍彪曰:"入,犹归。""折",转折。

[25]高诱曰:"节,符信也。"鲍彪曰:"节,符节也,行者所执。焚之者,不通周也。《周官》,通达于天下必有节,无节则不达。""节",诸侯各国间通行的凭证。

[26]高诱曰:"弊,破也。"

[27]古本《竹书记年》:魏襄王"十九年(前300年),楚入雍氏,楚人败"(《史记集解》引)。"卒",终。

【考辨】

本《策》在《周本纪》里被列于周赧王八年,即公元前 307 年。林春溥《战国纪年》、顾观光《国策编年》、于鬯《战国策年表》均从之。鲍彪曰:"《韩纪》注,赧王三年、十五年,楚再围雍氏。此十五年也。"吕祖谦《大事纪》、黄式三《周纪编略》、缪文远《战国策考辨》并从鲍说,即公元前 300 年。

据古本《竹书纪年》,魏襄王"十九年(前 300 年),楚入雍氏,楚人败"。《史记·韩世家》载:韩襄王十二年(前 300 年)"太子婴死,公子咎、公子几瑟争为太子。时几瑟质于楚"。这次"楚入雍氏"目的是为纳几瑟为太子。《战国策·韩策二》载:"几瑟之能为乱也,内得父兄,而外得秦、楚也。"《楚策一》也说:"韩公叔有齐、魏,而太子有楚、秦,以争国。"这说明"楚再围雍氏"是得到秦国支持的。当时因秦、韩不合,"韩兵入西周"强行征取兵甲和粮食,"西周令成君辩说秦求救",企图得到秦国的援救。故《史记集解》说:"楚后围雍氏,赧王之十五年(前 300 年)事也。"也就是说,东周君召苏代游说韩相公仲的时间,当在周赧王十五年,即公元前 300 年。①

须知"周"、"周君"、"西周"和"东周君"是有严格区别的。据《史记·周本纪》,周考王(前 440—前 426 年)"封其弟(揭)于河南,是为桓公,以续周公之职官。桓公卒,子威公代立。威公卒,其子惠公代立,乃封其少子于巩以奉王,是为东周惠公"。其实,这里的"东周惠公"并非西周惠公"少子",而应是其弟"公子根"。《韩非子·说难三》说,西周惠公"弟公子根甚有宠于君,君死,遂以东周叛,分为两国"。周显王二年(前 367 年),公子根(字班)在韩、赵两国的支持下自立为"东周惠公"。因此,东周王畿内分裂为东西两个小公国。最初,周王居洛阳(在今河南洛阳市白马寺东北),西周惠公居河南(在今河南洛阳市王城公园一带),东周惠公居巩(在今河南巩义市西南)。到周赧王(前 314—前 256 年)初年,因受到韩国的威胁,赧王迁居河南,东周君迁都洛阳。因此,当时的"周"应指周王室,"周君"应指周赧王;"西周"应指西周国,"东周君"应指东周国君。

苏代本是东周洛阳人,他在出道初期,接连为东周国出使游说,是很正常的事。

---

① 参见蔡运章:《战国成君鼎铭及其相关问题》,《中国历史文物》2007 年第 3 期。

【附录】《史记·周本纪》"楚围雍氏"节

　　王赧谓成君。楚围雍氏,韩征甲与粟于东周。东周君恐,召苏代而告之。代曰:"君何患于是?臣能使韩毋征甲与粟于周,又能为君得高都。"周君曰:"子苟能,请以国听子。"

　　代见韩相国曰:"楚围雍氏,期三月也,今五月不能拔,是楚病也。今相国乃征甲与粟于周,此告楚病也。"相国曰:"善。使者已行矣。"代曰:"何不与周高都?"韩相国大怒曰:"吾毋征甲与粟于周,亦已多矣。何故与周高都也?"代曰:"与周高都,是周折而入于韩也,秦闻之必大怒忿周,即不通周使,是以弊高都得完周也。曷为不与?"相国曰:"善!"果与周高都。

九、昭 在阳翟章

　　昭(献)〔 〕在阳翟[1],周君将令相国往[2],相国将不欲。

　　苏厉为之谓周君曰[3]:"楚王与魏王遇也[4],主君令陈封之楚[5],令向公之魏。楚、韩之遇也,主君令许公之楚[6],令向公之韩。今昭献〔 〕非人主也[7],而主君令相国往;若其王在阳翟[8],主君将令谁往[9]?"

　　周君曰:"善。"乃止其行。

本篇辑自《战国策·东周策》

【注释】

　　[1]"昭献",楚国贵族,曾先后任楚、韩两国的相国。"昭献"或为"昭 "之讹。《史记·韩世家》载:"襄王十二年,甘茂与昭鱼遇于商于。"《集解》引徐广说:"昭鱼,楚相国。"《索隐》:"《战国策》谓之'昭 '。"陈直《史记新证》说:"昭鱼,《战国策》原本应作' ',正如《周礼》'鱼人'作' 人',其类于'献'字,因而致误。"何建章按:"《东周策》、《韩策一》第九章、第十二章、《韩策二》第二章作'昭献',《楚策四》第三章、《魏策二》第十四章作'昭鱼',' '与'献'形近易误。"陈、何说当是,今据改。"阳翟",韩地,属韩国旧都,韩景侯自宜阳迁都于此,在今河南禹州

市境。

〔2〕鲍彪曰:"往与献会。"吴师道曰:"《韩策》:楚昭献相韩。"金正炜曰:"按《韩策》'楚王奉幾瑟以车百乘,居阳翟,令昭献转而与之处'。此《策》当即其时,吴氏以为昭献相韩时事,恐非。"钟凤年曰:"此与彼章似在同时,周即因昭献挟楚以相韩,故令相国往也。""周君",东周国君。"相国",官名,即丞相,是国家最高执政长官。诸祖耿曰:"春秋之际,正卿当国,皆谓之相,后亦谓之相国。七国时,秦、楚、赵、韩、燕,并有相国。"

〔3〕"苏厉",东周洛阳人,苏秦之弟,战国纵横家,常作为苏秦的助手。事见《苏秦列传》。"为之",为相国游说。

〔4〕"遇",相会。

〔5〕鲍彪曰:"此言畴昔之事,陈、向、许,皆仕周,而位在相下。""主君",东周国君。

〔6〕鲍本"许"作"叶"。黄丕烈曰:"今本'许'作'叶'。"于鬯曰:"旧刻本鲍注残本作'许',与此本合,惟俗本皆作'叶'。"何建章曰:"闵本'许'作'叶'。"

〔7〕"人主",国君。

〔8〕"其王",楚怀王。

〔9〕姚宏曰:"曾作'谁往周',集、刘、钱无'周'字。"鲍彪曰:"言必君自往。"

【考辨】

本《策》金正炜《战国策补释》系于周赧王十五年,即公元前 300 年。林春溥《战国纪年》、顾观光《国策编年》、于鬯《战国策年表》、缪文远《战国策考辨》均从之。

《韩策一》"郑彊载八百金入秦"章说:"今已令楚王奉幾瑟以车百乘居阳翟,令昭献转而与之处,旬有余,彼已觉。"本《策》"昭献在阳翟"当即此时事。据《史记·韩世家》,韩公子幾瑟与诸公子争立事,在韩襄王十二年,正当周赧王十五年。

本篇是苏厉从事纵横活动的最早记录。苏厉是东周洛阳人,与其兄苏代一样,游说诸侯的活动都是从家门口开始的。

一〇、薛公以齐为韩魏攻楚章

薛公以齐为韩、魏攻楚[1]，又与韩、魏攻秦[2]，而藉兵乞食于西周[3]。

韩庆〔苏代〕为西周谓薛公曰[4]："君以齐为韩、魏攻楚九年[5]，而取宛、叶以北以强韩、魏[6]，今又攻秦以益之[7]。韩、魏南无楚忧，西无秦患，则地广而益重[8]，齐必轻矣[9]。夫本末更盛[10]，虚实有时[11]，窃为君危之[12]。君不如令弊邑阴合于秦，而君无攻[13]，又无藉兵乞食[14]。君临函谷而无攻[15]，令弊邑以君之情谓秦王曰[16]：'薛公必【不】破秦以张韩、魏[17]。所以进兵者，欲王令楚割东国以与齐也[18]。'秦王出楚王以为和[19]，君令弊邑以此忠秦[20]，秦得无破[21]，而以楚之东国自免也[22]，必欲之。楚王出，必德齐[23]，齐得东国而益强[24]，而薛世世无患[25]。秦不大弱[26]，而处之三晋之西[27]，三晋必重齐[28]。"

薛公曰："善。"因令韩庆〔苏代〕入秦[29]，而使三国无攻秦[30]，而使不藉兵乞食于西周[31]。

本篇辑自《战国策·西周策》

【注释】

[1] 高诱曰："薛，齐邑也。齐公子田婴也，孟尝君田文之父也。封于薛，号靖郭毛君，今属鲁国也。"鲍彪曰："楚怀二十六年，齐、韩、魏攻楚，此（赧王）十二年也。"据《楚世家》："楚怀二十六年（前303年），齐、韩、魏为楚负其从亲而合于秦，三国共伐楚。""薛公"，即孟尝君田文，时任齐相。齐与韩、魏联军伐楚，事在公元前303年。

[2] 《史记集解》引徐广曰："《年表》曰：'韩、魏、齐共击秦军于函谷。'"杨宽曰："公元前298年，齐、韩、魏三国便大规模地进攻楚国，一直攻到了函谷关。"

[3] 高诱曰："食，粮也。"鲍彪曰："藉，犹借。""西周"是三国进攻秦国的必经要道，故向其借兵征粮。

〔4〕高诱曰:"韩庆,西周臣也。"姚宏曰:"《史记》'苏代为西周'。""韩庆",《孟尝君列传》作"苏代",今据改。

〔5〕"攻楚九年",《战国纵横家书》第八章作"伐楚九岁"。鲍彪曰:"'九'字误,当云'六'或'五'。"范祥雍曰:"《孟尝君列传》亦作'九年',史料残佚,不能强判是非。'九'或是虚数,言其久长也,亦属夸饰之词。"《汉书·武帝纪》:"九变复贯。"颜师古注引臣瓒曰:"九,数之多也。""九年",当为多年之义。

〔6〕《史记正义》曰:"宛在邓州,叶在许州。二县以北旧属楚,二国共没以入韩魏。"张琦曰:"宛、叶以北,今襄城、鲁山等地。韩有南阳、宛、穰,盖始于此。""宛"在今河南南阳市,"叶"在今河南叶县南。

〔7〕高诱曰:"益韩、魏之强也。"鲍彪曰:"益其强。"

〔8〕高诱曰:"重,尊也。"

〔9〕高诱曰:"益韩、魏,韩、魏重而齐轻也。"

〔10〕鲍彪曰:"更,犹迭。"

〔11〕高诱曰:"有时,言不可常。""虚实"指国力强弱的变化。

〔12〕高诱曰:"[君]谓薛公。危,不安也。""窃",私下,暗中。

〔13〕"阴合",《孟尝君列传》作"深合"。高诱曰:"阴,私也,无攻秦也。"鲍彪曰:"敝邑,周也。阴,犹私。无攻,但出兵临秦,不用攻也。"何建章曰:"弊邑,称本国的谦辞。阴合,暗暗交好。"

〔14〕本句《孟尝君列传》作"又无借兵食"。

〔15〕高诱曰:"临,犹守也。函谷,关名也,在弘农城北,今在新安东。无攻秦。"鲍彪曰:"临,言以兵至其地。""函谷"关在今河南灵宝市东北。

〔16〕鲍彪曰:"情,心所欲也。""秦王",秦昭王。

〔17〕《孟尝君列传》、鲍本"必"下有"不"字。高诱曰:"张,强也。"吴师道曰:"《史》此下有'不'字,是。"依文意当有,今据补。

〔18〕《史记正义》:"东国,齐、徐夷。"鲍彪曰:"东国,楚之东地,即《楚策》'下东国'云。"范祥雍按:"《齐策三》'楚王死太不在齐质章'谓薛公曰:'君何不留楚太子以市下东国。'高注:'下东国,楚东邑。'所言与此正相应,则'东国'即'下东国'。""王",秦昭王。

〔19〕本句《孟尝君列传》作"而秦出楚怀王以为和"。高诱曰:"出,归也。是

时张仪诱楚怀王令召秦,秦使质之,故曰归楚王以为和。"鲍彪曰:"楚怀三十年,张仪诱楚王会秦,秦留之,此(赧王)十六年也。""出楚王",放出楚怀王,以此与楚国讲和。楚怀王因受秦昭王诓骗而被秦国拘留,事在前299年。是时张仪已死去十年,故此事与张仪无关。

[20]"忠",《孟尝君列传》作"惠",鲍本作"患"。金正炜曰:"'忠',当为'悳'之讹,古德字也。由'悳'误惠,复误为忠。"泷川资言曰:"枫山、三条本'惠'作'忠',与《策》合。"诸祖耿据金说改"忠"作"德"。"忠"、"惠"形近义通。《吕氏春秋·权勋》:"其心以忠也。"高诱注:"忠,爱也。"《诗·邶风·北风》:"惠而好我。"毛传:"惠,爱也。"是其证。《策》文"忠"字自通,不必改为"德"字。

[21]鲍彪曰:"秦得无攻,周之力也。"黄丕烈曰:"鲍改'破'为'攻'。"范祥雍按:"'破'字自通,不必改。"

[22]《孟尝君列传》作"而以东国自免也"。高诱曰:"楚东国,近齐南境者也。"

[23]鲍彪曰:"齐出之,齐之恩也。"

[24]高诱曰:"恩德齐,使得归,楚王必以东国与齐也。"

[25]"薛",孟尝君的封邑,在今山东滕州市东南。

[26]鲍彪曰:"无三国之兵故。"

[27]高诱曰:"三晋,晋三卿韩氏、魏氏、赵氏分晋而君之,故曰三晋。"

[28]鲍彪曰:"秦居晋西,不弱而善齐,三晋畏秦,故齐重。"

[29]"韩庆",《史记》作"苏代",今据改。

[30]三国,齐、韩、魏。

[31]鲍彪曰:"今按《楚记》,三国攻楚,秦救之,引去。与此言取宛、叶小驳。"

【考辨】

据《史记·六国年表》周赧王十七年载:"齐与魏、韩共击秦,孟尝君归齐相。"又说:"魏与韩、齐共击秦于函谷。"鲍彪据此将本《策》系于周赧王十七年,即齐闵王三年(前298年)。林春溥《战国纪年》、黄式三《周季编略》、顾观光《国策编年》、于鬯《战国策年表》、缪文远《战国策考辨》均从之。事在公元前298年。

公元前 299 年，秦昭王用诓骗的手段将楚怀王拘留在秦国，"要以割巫、黔中之郡"（见《楚世家》）。孟尝君看透秦国意在吞并六国的野心，次年便借机组织齐、韩、魏三国"共击秦于函谷"。俗话说："兵马未到，粮草先行。"因西周国地近函谷关，位于三国进军函谷关的前沿地区，所以孟尝君"藉兵乞食于西周"是很正常的事。

苏代站在西周国的立场上，为避免向三国出兵纳粮，劝说孟尝君停止伐秦的军事活动。吴师道说："秦昭王欺楚怀王，要之割地。诸侯孰视，无敢一言问秦者。惟田文怨秦，借楚为名与韩、魏伐秦，自山东难秦，未有若此其壮者也。惜其听苏代之计，临函谷而无攻，以求楚东国，而名义索然已尽。由此观之，秦惟不遇恒、文之君，故横行而莫之制。世岂有以大义而屈于不义者哉！"黄式三说："秦之强，未有能抑之者。孟尝君有此豪举，非他人所能及也。旧史或讥其至函谷而遽反，岂知秦之强，函谷未易入哉。孟尝君不贪冒，是也。"吴说略显偏颇，黄说则较客观公允。由此可见，三国联军要想攻入函谷关，并非易事。这就是孟尝君接受苏代意见，"三国"停止攻秦，不再向西周国借兵征粮的根本原因。

【附录】《史记·孟尝君列传》"苏代为西周谓薛公"节

孟尝君怨秦，将以齐为韩、魏攻楚，因与韩、魏攻秦，而借兵食于西周。

苏代为西周谓【薛公】曰："君以齐为韩、魏攻楚九年，取宛、叶以北以彊韩、魏，今复攻秦以益之。韩、魏南无楚忧，西无秦患，则齐危矣。韩、魏必轻齐畏秦，臣为君危之。君不如令敝邑深合于秦，而君无攻，又无借兵食。君临函谷而无攻，令敝邑以君之情谓秦昭王曰：'薛公必不破秦以彊韩、魏。其攻秦也，欲王之令楚王割东国以与齐，而秦出楚怀王以为和'。君令敝邑以此惠秦，秦得无破而以东国自免也，秦必欲之。楚王得出，必德齐。齐得东国益彊，而薛世世无患矣。秦不大弱，而处三晋之西，三晋必重齐。"

薛公曰："善。"因令韩、魏贺秦，使三国无攻，而不借兵食于西周矣。

一一、秦亡将吕礼相齐章

秦亡将吕礼相齐[1]，欲困苏代〔秦〕[2]。

代〔秦〕乃谓孟尝君曰[3]:"周最于齐,至厚也[4],而齐王逐之[5],而听亲〔祝〕弗相吕礼者[6],欲取秦也[7]。齐、秦合[8],则亲〔祝〕弗与吕礼重矣。有用[9],齐、秦必轻君。君不如急北兵,趋赵以和秦、魏[10],收周最以厚行[11],且反齐王之信[12],又禁天下之变[13]。齐无秦,则天下集齐[14],亲〔祝〕弗必走,则齐王孰与为其国也[15]!"

　　于是孟尝君从其计,而吕礼嫉害于孟尝君。

　　本篇辑自《史记·孟尝君列传》

【校注】

　　[1]本篇与《东周策》"谓薛公"章文意相同。鲍彪曰:"凡吕皆齐人。礼以秦昭十三年奔魏,十九年复归秦。"据《秦本纪》,秦昭王十三年(前294年)"五大夫礼出亡奔魏"。吕礼主张秦、齐连横,次年任齐相。秦昭王十九年(前288年),又回到秦国。

　　[2]"欲困苏代",想给苏秦的活动带来困难。"苏代",从本篇的文意看,当是苏秦,今据改。

　　[3]《东周策》作"谓薛公"。徐中舒曰:"'谓薛公曰'上'苏秦'被涂去。"①"孟尝君",薛公田文。

　　[4]《史记正义》说:"周最,周之公子。"周最是西周国的公子,战国纵横家,曾任周、齐、魏相国,力主齐、魏联合,共同抵抗秦国,企图以外交谋略来巩固周王室天下共主的地位。

　　[5]"齐王",齐闵王。

　　[6]《史记索隐》:"亲,姓;弗,名也。《战国策》作'祝弗'。盖'祝'为得之。"当以《东周策》"祝弗"为是,今据改。"祝弗",齐臣。

　　[7]《东周策》"秦"下无"也"字。何建章曰:"取,争取,犹'合'。"

　　[8]"合",联合。

　　[9]"用",《东周策》作"周"。用、周形近易误,当以"用"为是。

---

①　徐中舒:《论〈战国策〉的编写及有关苏秦诸问题》,《历史研究》1964年第1期。

[10]鲍彪曰:"趋赵,亦与赵攻秦。"吴师道曰:"'急北兵'(读),'秦、魏'(句)。是时秦怒齐,齐、赵交恶,秦欲合魏。前章魏贵合秦以攻齐,赵难与齐战。下章齐合则赵恐伐,可见皆一时事也。秦、赵、魏合,为攻齐也。故云'急北兵趋赵以和秦、魏'也。趋,即趣,促也。谓不如急北方之兵,促赵之应秦、魏,而相与以攻齐也。"何建章曰:"北兵趋赵,出兵北向迫赵。"

[11]《东周策》"以"下有"为"字,"厚"作"后"。鲍彪曰:"齐初逐最,欲取秦合也。今攻秦,收最用之,可图后举。行,犹举。"吴师道曰:"当从《史》,无'为'字,'后'作'厚'。……最本厚于齐,今齐逐之,故收最以厚其行。"何建章曰:"收,合,联络。""厚"、"后"音近义通。《释名·释言语》:"厚,后也,有终后也。"是其证。

[12]鲍彪曰:"齐前与秦合,今与赵攻之,信反也。"吴师道曰:"齐用礼以合秦取信,今反之,使不合也。"

[13]"变",《东周策》作"率",当以'变'为是。《史记索隐》云:"'变'谓齐、秦合,则亲〈祝〉弗、吕礼用,用则秦、齐轻孟尝也。"

[14]"天下集齐",《东周策》作"天下果"。吴师道曰:"此'果'字,当从《史》作'集'。谓齐无秦合,而秦、赵、魏合,则天下之兵集于齐,祝弗必走。""集",合也。

[15]鲍彪曰:"言必重文。《孟尝传》有。"

【考辨】

本篇与《东周策》"谓薛公"章的内容基本相同,都是记载苏秦说服孟尝君阻止吕礼担任齐相的事。然而仔细读来,《史记》本故事完整,文字通顺,远较《东周策》本为优,故本书采用《史记》版本。

吕祖谦《大事记》将本章系于周赧王二十九年(前286年),顾观光《国策编年》依之。林春溥《战国纪年》隶此章于周赧王二十一年(前294年)。黄少荃说:"此策在吕礼初相齐时,较周最说吕礼时稍后。《秦本纪》昭王十三年'五大夫礼出亡奔魏'。《孟尝君传》言'秦亡将吕礼相齐',接叙于田甲劫齐闵王后。田甲劫齐闵王在周赧王二十一年,吕礼盖即于是年奔魏又奔齐。次年,因祝弗之说,遂为齐相。祝弗、吕礼皆主合齐、秦者,吕礼既相,因逐周最。"缪文远从黄说,将此章定为周赧王二十二年,即公元前293年。黄说当是,今从之。

本章《东周策》没有署说者名,《史记》署说者为"苏代"。在《战国纵横家书》里,苏秦的游说辞和书信多不署名。而在《战国策》和《史记》里,苏秦常被改为"苏代"。苏代与苏秦虽是兄弟,但他始终没有参与苏秦的活动。在《战国纵横家书》里,没有一字涉及苏代,就是很好的证明。本篇内容与苏秦始终阻止齐、秦联合,以削弱齐国实力的战略相符合。此前,苏秦曾长期在齐国活动,他与孟尝君的私交较好。因此,本篇游说者当是"苏秦"无疑。

齐闵王让吕礼来担任齐国的丞相,给苏秦的活动带来麻烦。据《史记·六国年表》和《孟尝君列传》,周赧王二十一年(前294年)"田甲劫王,相薛文走"。孟尝君"乃如魏,魏昭王以为相"。薛公出走魏国后,齐闵王改变外交策略,想与秦国结好。吕礼本是齐国人,初仕秦国,被封为"五大夫"。据《史记·秦本纪》、《穰侯列传》,秦昭王十三年(294年),"魏冉相秦。欲诛吕礼,礼出奔齐"。齐闵王采取祝弗的计谋,驱逐亲魏大臣周最,改用吕礼为相。如若秦、齐实现联合,将极大地破坏苏秦削弱齐国的计划。这就是苏秦说服孟尝君来阻止吕礼担任齐相的缘由。因为这时孟尝君已到魏国为相,所以苏秦拜见孟尝君的地点,有可能是在魏国。

孟尝君接受苏秦的建议,反对任用吕礼,破坏齐、秦结交。据《秦策三》"薛公为魏谓魏冉章",薛公给秦相魏冉书信说:"文闻秦王欲以吕礼收齐,以济天下,君必轻矣。齐、秦相聚以临三晋,礼必并相之,是君收齐以重吕礼也。"孟尝君与魏冉合谋,使秦国出兵伐齐,破坏秦、齐结交。因此,吕礼被迫逃离齐国。

【附录】《战国策·东周策》"谓薛公"章

谓薛公曰:"周最于齐王也而逐之,听祝弗,相吕礼者,欲取秦。秦、齐合,弗与礼重矣。有周齐,秦必轻君。君弗如急北兵趋赵以秦、魏,收周最以为后行,且反齐王之信,又禁天下之率。齐无秦,天下果,弗必走,齐王谁与为其国?"

一二、齐听祝弗章

齐听祝弗,外周最[1]。【苏秦】谓齐王曰[2]:"逐周最,听祝弗、相吕礼者[3]，欲深取秦也[4]。秦得天下，则伐齐深矣[5]。夫【秦】齐合[6]，则赵恐伐[7]，故急兵以示秦[8]。秦以赵攻【齐】[9]，与之齐伐赵[10]，其实同理[11]，必不处矣[12]。故用祝弗，即〔却〕天下之理也[13]。”

本篇辑自《战国策·东周策》

【校注】

[1]"弗祝"、"周最"，见本书第十一章注[4][6]。"外"，何建章曰："外，《汉书·霍光传》注'谓疏斥之'。"

[2]鲍彪曰："齐王，齐闵王。"依据《史记·孟尝君列传》，劝说齐闵王的说客实为苏秦，今据补。

[3]"吕礼"，见本书第十一章注[1]。

[4]吴师道曰："深取之深，恐因下文衍。"金正炜曰："深取，《策》文屡见，吴说非也。""深"，深切，深刻。"取"，获得。《吕氏春秋·长攻》："遂取息。"高诱注："不劳师徒而得之曰取。"

[5]鲍彪曰："秦得齐则益强，故能得天下；得天下则益不能存齐。""深"，甚。《孟子·滕文公上》："面深墨。"赵岐注："深，甚也。"

[6]黄丕烈曰："鲍本'夫'下补'秦'字。"金正炜曰："'夫'字疑是'秦'之坏文。"依文意，今从鲍本补"秦"字。

[7]鲍彪曰："秦伐之。"

[8]鲍彪曰："赵兵攻齐。""示秦"，向秦国示好。

[9]鲍彪曰："攻，攻齐。"金正炜曰："'攻'下疑遗'齐'字。"

[10]何建章曰："之，语气词，无实意。"

[11]何建章曰："'秦以'下四句：秦国认为赵国进攻齐国，和齐国进攻赵国，其结果对秦国都有利，这样将不堪设想。"

[12]何建章曰："处，《左·文十八年传》'德以处事'注：'制也。'"

[13]金正炜曰："'即'字疑当作'郤'，俗书'郤'作'却'，因误作'即'。《吕览·任地》'使其民而郤之'注：'郤，逆也。'"郤同卻，俗作却。"即"、卻，形近易混。故据金说，改"即"为却。

【考辨】

诸祖耿案:"此篇姚本与上章连篇,鲍本另列一篇。据文义,另为一篇。"这两篇的内容紧相关联,都是劝说齐闵王不要"逐周最,听祝弗,相吕礼"的事。钟凤年《国策勘研》曰:"此与上章乃俱或为周最游说者。《史》与上章称为苏代之辞,疑此亦彼说。"缪文远曰:"此与上章为同时事,乃或为周最说齐王毋用祝弗也。"依据《史记·孟尝君列传》,劝说齐闵王的说客实为"苏秦"。因此,本章的说客也应当是苏秦。其时亦当在周赧王二十二年,即公元前293年。

一三、苏秦谓齐王章(一)

谓齐王曰[1]:"始也,燕累臣以求挚(质)[2]。臣为是未欲来[3],亦未【欲】为王为也[4]。今南方之事齐者多故矣[5],是王有忧也,臣何可以不亟来[6]。南方之事齐者,欲得燕与天下之师[7],而入之秦与宋以谋齐[8]。臣诤之于燕王[9],燕王必弗(不)听矣[10]。臣有(又)来[11],则大夫之谋齐者大解矣[12]。臣为是,虽无燕[13],必将来。绾(管)子之请贵,循也,非以自为也。【故桓】公听之[14]。臣贤王于桓【公】,臣不敢忘(妄)请[15]。□□王诚重迎臣[16],则天下必曰:燕不应天下以师[17],有(又)使苏【秦】□□□大贵[18],☑齐【韩】曩之□□□□之车也[19]。王□□□□□□请以百五十乘,王以诸侯迎臣[20]。若不欲□□□请以五【十】乘来[21]。请贵重之□□敢☑高贤足下[22],故敢以闻也[23]。"

本篇辑自《战国纵横家书》第九章

【校注】

[1] 整理小组曰:"这是使人谓齐闵王,与上章(《战国纵横家书》第八章)中追溯的与韩曩订密约一事同时。"马雍曰:"第九章就是苏秦此次(第三次)赴齐前夕给齐湣王的信。"

[2] 郑良树曰:"《战国策·齐策三》:'皆以国事累君,诚说君子义,慕君子之廉也。'高注云:'累,属。'此文'累'字,与彼同义。"《汉书·高帝纪上》:"乃以属

吏。"颜师古注:"属,委也。"《汉书·翟方进传》:"天其累我以民。"颜师古注:"累,托也。""累",委托。"挚",通作质。《玉篇·贝部》:"质,信也。"这里追述公元前300年苏秦跟随燕昭王弟襄安君到齐国作质子,"遂委质为齐臣"的往事。

[3]"未欲来",没打算来齐国。因当时地位低微的缘故。

[4]整理小组曰:"为王为,指替齐王办事。"依前句"未"下缺字,当是"欲"字,今据补。

[5]整理小组曰:"南方,主要指赵国。故,变故。"据《史记·赵世家》,赵惠文王"十一年,董叔与魏氏伐宋",事在公元前288年。"事",奉也。

[6]"何",为什么。"亟",速也。

[7]"天下之师",指诸侯各国的军队。

[8]《战国策·赵策四》载赵主父"结秦连宋之交,令仇郝相宋,楼缓相秦",可见赵国与秦、宋曾是盟国。

[9]"诤",《广雅·释诂四》谓:"谏也。""燕王",燕昭王。

[10]"弗",通作不。《周礼·夏官·诸子》:"司马弗正。"郑玄注:"弗,不也。"《左传·襄公二十一年》:"弗应。"《经典释文》:"一本作不应。"是其证。"不",发声辞。"必不听",必听之也。

[11]"有",《礼记·大学》:"知止而后有定,定而后能静。"《古书虚字集释》卷二说:"'有'与'能'互为文,'有'犹'能'也。"

[12]整理小组曰:"大夫,指燕国的大夫。""谋",图也。

[13]整理小组曰:"虽无燕,是说即使不为燕国所使。"

[14]整理小组曰:"绾当是绾字的异体,此处借作管。管子似指管仲。《说苑·尊贤》:'齐桓公使管仲治国,管仲对曰:"贱不能临贵。"桓公以为上卿。'苏秦借用管仲故事是要齐闵王重用他。"裘锡圭曰:"其上有一缺文,据文义似可补为'故'。但上引释文的标点是有问题的。依注七之说,此句标点应改为:管子之请贵,循也,非以自为也。'请贵',犹言'求贵'。"裘说当是。"循",顺也。"管子"即管仲,名夷吾,春秋时期政治家,曾辅佐齐桓公建立霸业,所谓"齐桓公以霸,九合诸侯,一匡天下,管仲之谋也"。事见《史记·管晏列传》。

[15]"忘",通作妄。《说文·女部》:"妄,乱也。"这句是说,我把大王看作齐桓公那样的贤明君主,但我还是不敢妄自提出请求。

[16] 整理小组曰:"御,迎接。"郭永秉曰:"'王诚重御臣'、'王以诸侯御臣'的'御'字,皆当据图版改释'迎'。"郭说当是,据改。"诚",果也。

[17] "燕不应天下以师"与上文"欲得燕与天下之师"相应,指燕国不会与诸侯的军队合作来攻打齐国。

[18] "有",能也,见《古书虚字集释》卷二。"大贵",得到重用。

[19] 整理小组曰:"眠,韩眠。"韩眠,战国时期韩国将领。或称作"韩珉"、"韩聂",齐闵王时曾任齐相。事见《史记·田敬仲完世家》。

[20] 整理小组释"御",今从郭永秉说改为"迎"。

[21] 整理小组曰:"此段大意是:齐闵王如果用诸侯之礼迎接,苏秦就带一百五十乘去齐,否则只是一般的使臣,就只带五十乘车去。"

[22] 整理小组曰:"足下,指齐闵王。"

[23] "敢",《仪礼·士虞礼》:"敢用洁牲。"郑玄注:"敢,昧冒之辞。""闻",听。"敢以闻"冒昧地讲给您听。

【考辨】

本篇是苏秦第三次"赴齐前夕"派人送给齐闵王的信,时在周赧王二十七年,即公元前288年。

苏秦自前300年第二次来到齐国,到前296年"权之难,齐、燕战"时被召回国(《齐策二》),在齐国活动大约五年。公元前290年前后,韩、魏两国在秦国的攻击下失去大片土地,被迫投入赵国的怀抱。据《战国纵横家书》第八章,薛公相魏曾"身率梁王与成阳君,北面而朝奉阳君于邯郸"。公元前288年,赵国派董叔联合魏军攻宋(《史记·赵世家》)。这就是苏秦所说"今南方之事齐者多故矣"。苏秦利用列国形势的变化,准备再次到齐国去从事反间活动。

苏秦在本《策》开篇就说,我上次受燕国委托随质子来齐国,因地位低微,本不想来,也没有想为大王办事。这次因南方赵、魏等国"欲得燕与天下之师,而入之秦与宋以谋齐"。面对齐国产生的忧患,我怎么能不赶快来呢?但是,苏秦提出这次齐闵王若能以"诸侯"的礼节迎接,他将率领"百五十乘"的庞大车队到齐国。目的是在诸侯各国间抬高他的政治地位,为其开展更大的政治、军事活动作准备。从《战国纵横家书》第八章看,齐闵王答应了苏秦的要求,以"百五十乘入齐",齐相韩聂"逆于高间",亲自为他驾车进入齐国都城。

苏秦第三次赴齐前的精心策划,为他后来取得反间活动的成功,奠定了基础。当然,他率领"百五十乘"的庞大车队,是要载满物资财货的,如果没有燕昭王的鼎力支持,是不可能办到的。

一四、苏秦自燕之齐章

苏秦自燕之齐[1],见于华章南门[2]。齐王曰[3]:"嘻!子之来也[4]。秦使魏冉致帝[5],子以为何如?"对曰:"王之问臣也卒[6],而患之所从生者微[7]。今不听,是恨秦也[8];听之,是恨天下也[9]。不如听之以卒秦[10],勿庸称也以为天下[11]。秦称之,天下听之,王亦称之,先后之事,帝名为无伤也[12]。秦称之,而天下不听,王因勿称,(其于)以收天下[13],此大资也[14]。"

苏秦谓齐王曰[15]:"齐、秦立为两帝[16],王以天下为尊秦乎?且尊齐乎?"王曰:"尊秦。""释帝则天下爱齐乎[17]?且爱秦乎?"王曰:"爱齐而憎秦。""两帝立,约伐赵[18],孰与伐宋之利也[19]?"对曰:"夫约,然与秦为帝[20],而天下独尊秦而轻齐;齐释帝,则天下爱齐而憎秦;伐赵不如伐宋之利。故臣愿王明释帝,以就天下[21];倍约傧(摈)秦[22],勿使争重;而王以其间举宋[23]。夫有宋则卫之阳城危[24];有淮北则楚之东国危[25];有济西则赵之河东危[26];有阴〔陶〕、平陆则梁门不启[27]。故释帝而贰之以伐宋之事[28],则国重而名尊,燕、楚以形服[29],天下不敢不听,此汤、武之举也[30]。敬秦以为名[31],而后使天下憎之,此所谓以卑易尊者也!愿王之熟虑之也[32]!"

本篇辑自《战国策·齐策四》

【校注】

[1]《史记·田敬仲完世家》作"苏代自燕来,入齐"。鲍本"苏秦"作"苏

子"。本章前有"三十六年,王为东帝,秦昭王为西帝"语。缪文远曰:"此'苏秦',《史记》改作'苏代',鲍本改作'苏子',均非。"

[2]《田敬仲完世家》作"华章东门"。《史记正义》:"《括地志》云:齐城章华之东有闾门、武鹿门也。"顾祖禹曰:"华章,齐宫门名,盖宫门之南门也。以'见'字审,良信。"

[3]"齐王",齐闵王。

[4]吴师道曰:"嘻,叹声。""嘻",《庄子·应帝王》:"嘻!子之先生后死矣。"成玄英疏:"嘻,叹声也。""子",齐闵王对苏秦的尊称。

[5]鲍彪曰:"致帝号于齐。"据《史记·秦本纪》,秦昭王"十九年,王为西帝,齐为东帝,皆复去之",事在公元前288年。"魏冉",秦昭王的舅父,封为穰侯,时任秦相,执掌秦国朝政。传世和考古发现的十四年冉戈(《双右》二四八)、二十年冉戈(《集成》11359)、二十一年相邦冉戈(《集成》11342、《珍秦斋藏金·秦铜器篇》)、卅二年相邦冉戈(《珍秦斋藏金·秦铜器篇》),都是穰侯魏冉的遗物。

[6]鲍彪曰:"卒,与'猝'同。""猝",仓促。

[7]"生",《孟尝君列传》作"来"。鲍彪曰:"今未著,故曰微。"缪文远按:"从,由来。微,未著也。""微",细小。

[8]鲍彪曰:"违秦,秦恨之。"

[9]"恨天下",使诸侯各国产生怨恨。

[10]"卒秦",郭人民曰:"卒,终,终成秦称帝之事。"

[11]鲍彪曰:"庸,用也。"

[12]鲍彪曰:"虽称有先后,无害于帝。"

[13]缪文远曰:"《史记》无'其于'二字,当据删。""以收天下",用来收取各国民心。

[14]"资",资本。

[15]鲍彪曰:"苏子问。"

[16]"两帝",齐称东帝,秦称西帝。

[17]"释帝",放弃帝号。

[18]缪文远曰:"据此,可知称帝非徒立空名,当有共伐赵而分其地之约。"《赵策一》"赵收天下且以伐齐章":"昔者五国之王,尝合横而谋伐赵,参(三)分赵

国壤地,著之盘盂。'""约伐赵",指秦、齐相约称帝,共同讨伐赵国。

[19] "伐宋",《孟尝君列传》作"伐桀宋"。《史记集解》:"《宋世家》云:宋王偃,诸侯皆曰桀宋也。"

[20] 姚宏曰:"一本无'然'字。"鲍彪曰:"然其伐宋之约。"缪文远曰:"'然',当移于下句'而'字上。""然",转语辞,见《经传释词》卷七。"然"字在此自可通,不必"移于下句"。这是说如果按照魏冉的约定,然后与秦国并称"两帝"。

[21] 何建章曰:"明,公开。释帝,放弃帝号。就,《仪礼·既夕礼》注:'犹善也。'"

[22] 鲍彪曰:"倍、背同。傧、摈同,《集韵》'弃也'。""摈",排斥也。

[23] 《荀子·王霸》:"中足以举宋。"杨倞注:"举,谓举其国而灭之。""举宋",灭掉宋国。

[24] "卫",周代诸侯国。姬姓,始封君为武王弟康叔,周公东征后受封于卫(在今河南淇县),春秋时先迁至楚丘(在今河南滑县东),再迁至帝丘(在今河南濮阳西南)。战国晚期,从属于魏,独有濮阳一地。"阳城",《史记》作"阳地",《集解》:"阳地,濮阳之地。"

[25] "淮北",鲍彪曰:"淮水之北。"淮水,源于今河南桐柏县桐柏山,古时东流会泗水、沂水入海。"楚之东国",楚国的东部地区。

[26] 鲍彪曰:"《庄》十八年注,济水之西。"缪文远曰:"济水以西地,今山东菏泽、郓城、寿张等县,当时为赵之边邑。""河东",赵国在黄河以东的地区,指今山东临清以西地,当时为赵国的边邑。

[27] "阴",《孟尝君列传》作"陶"。《史记正义》:"陶,定陶,今曹州也。平陆,兖州县也,县在大梁东界。"吴师道曰:"阴即陶,说见《赵策》。"缪文远曰:"阴,即陶,在今山东菏泽。平陆,故鲁中部,今山东汶上县北。""梁门",魏都大梁的门户,在今河南开封市。

[28] 鲍彪曰:"贰,不与秦合也。秦约伐赵,而此伐宋。"

[29] 缪文远曰:"形,优势也。畏势而服,即国重名尊之势也。"

[30] "汤",商汤,商王朝的开创者。"武",周武王姬发,周王朝的开创者。"汤、武之举"指商汤、周武王取得的丰功伟业。

[31] 鲍彪曰:"非实敬之。""敬秦"只能徒得虚名。

[32]《田敬仲完世家》本节末有"于是齐去帝复为王,秦亦去帝位"语。

【考辨】

本章的两大段,姚本和《史记·田敬仲完世家》均连为一篇,鲍本则分为两篇。因这两段的内容连贯,今从姚本连为一篇。据《史记·秦本纪》和《六国年表》,秦国使魏冉约齐闵王称帝,事在周赧王二十七年,即公元前288年。

苏秦自前300年第二次来到齐国,到前296年"权之难,齐、燕战"时被召回国(《齐策二》),在齐时间大约五年。当时,各大诸侯国的国君均已称王,"王"号已不再显得尊贵了。公元前288年,秦国为了拉拢齐国共"约伐赵",灭掉赵国,三分其地。秦相魏冉便和齐闵王约定,两国并称为"帝",用原来"上帝"的名号作为两国君主的尊称。据《史记·穰侯列传》,秦昭王"十九年(前288年),秦称西帝,齐称东帝",月余"而齐、秦各复归帝为王"。正当这时,宋国发生内乱,宋太子失败出走,宋王偃重新恢复王位。据《战国策·赵策四》"而善太子者皆有死心",宋国内部很不稳定。秦、赵两国都有乘机伐宋的企图。

面对"秦使魏冉致帝",齐闵王拿不定主意。苏秦为了阻止齐、秦两国的联合,便第三次出使齐国。据《战国纵横家书》第八章,苏秦这次来齐国,带着"车百五十乘"的浩大车队,受到齐国的高度重视。因苏秦已有两次赴齐的经历,深得齐闵王的敬重,便迫不及待征求他对魏冉"致帝"的看法。

当时,若秦、齐结盟"三分赵国",使齐国变得更加强大,这是燕国不愿看到的局面。苏秦便乘机劝齐闵王取消帝号"以收天下",认为"伐赵不如伐宋之利",要"天下爱齐而憎秦",以便乘机"举宋"。这样,齐国就会"国重而名尊,燕、楚以形服,天下不敢不听,此汤、武之举也"。因齐闵王好大喜功,听从苏秦的建议,遂任苏秦为齐相。

这样,苏秦就把第二次赴齐时制定的使齐国"西劳于宋,南罢(疲)于楚,则齐军可败"的初步战略,逐渐调整为"摈秦"释帝,以"其间举宋"的更高目标,以便形成"以弱燕并强齐"的有利形势。

【附录】《史记·田敬仲完世家》"苏代自燕来"节

三十六年,王为东帝,秦昭王为西帝。苏代自燕来,入齐,见于章华东门。齐王曰：“嘻，善，子来！秦使魏冉致帝，子以为何如？”对曰：“王之问臣也卒，而患之所从来微，愿王受之而勿备称也。秦称之，天下安之，王乃称之，无后也。且让争帝名，无伤也。秦称之，天下恶之，王因勿称，以收天下，此大资也。且天下立两帝，王以天下为尊齐乎？尊秦乎？”王曰：“尊秦。”曰：“释帝，天下爱齐乎？爱秦乎？”王曰：“爱齐而憎秦。”曰：“两帝立约伐赵，孰与伐桀宋之利？”王曰：“伐桀宋利。”对曰：“夫约钧，然与秦为帝而天下独尊秦而轻齐，齐释帝则天下爱齐而憎秦，伐赵不如伐宋之利。故愿王明释帝以就天下，倍约宾秦，无争重，而王以其间举宋。夫有宋，卫之阳地危；有济西，则赵之阿东国危；有淮北，楚之东国危；有陶、平陆，梁门不开。释帝而贷之以伐桀宋之事，国重而名尊，燕、楚所以形服，天下莫敢不听，此汤、武之举也。敬秦以为名，而后使天下憎之，此所谓以卑为尊者也。愿王孰虑之！”于是齐去帝复为王，秦亦去帝位。

一五、齐将攻宋章

齐将攻宋，而秦楚〔阴〕禁之[1]。齐因欲与赵[2]，赵不听。齐乃令公孙衍〔苏秦〕说李兑以攻宋而定封焉[3]。

李兑〔苏秦〕乃谓齐王曰[4]：“臣之所以坚三晋以攻秦者[5]，非以为齐得利秦之毁也，欲以使〔便〕攻宋也[6]。而宋置太子以为王[7]，下亲其上而守坚，臣是以欲足下之速归休士民也[8]。今太子走[9]，诸善太子者，皆有死心[10]。若复攻之，其国必有乱[11]，而太子在外，此亦举宋之时也。

"臣为足下〈使公孙衍〉说奉阳君曰[12]：'君之身老矣，封不可不早定也。为君虑封，莫若于宋，他国莫可。夫秦人贪，韩、魏危[13]，燕、楚辟[14]，中山之地薄[15]，莫如于阴〔陶〕[16]。失今之时，不可复得已！宋之罪重，齐之怒深[17]，残乱宋，得（德）大齐[18]，定身封，此百代之一时也[19]。'以奉阳君甚食〔贪〕之[20]，唯得大封，齐无大异[21]。臣愿足下之大发攻宋之举，而无庸致兵[22]，姑待已耕[23]，以观奉阳君之应足下也。

县阴〔陶〕以甘之[24]，循有燕以临之[25]，而臣待忠之封[26]，事必大成。臣又愿足下有地效于襄安君，以资臣也[27]。足下果残宋，此两地之时也[28]，足下何爱焉？若足下不得志于宋，与国何敢望也[29]。足下以此资臣也，臣循燕观赵[30]，则足下击溃而决天下矣[31]。"

本篇辑自《战国策·赵策四》

【校注】

[1] 姚宏曰："楚，一作'阴'。"范祥雍曰："疑作'阴'为是。《魏策二》'魏惠王死章'有'其后齐欲伐宋，而秦禁之'，亦无'楚'字。"缪文远、郭人民、何建章均改为"阴"，今据改。"阴"，暗中。

[2] 《管子·霸言》："诸侯之所与也。"尹知章注："与，亲也。"齐国攻宋，想得到赵国的支持。

[3] 缪文远曰："据徐中舒师所考，此公孙衍当作苏秦。"何建章从其说，徐说甚是，今据改。"李兑"，赵相国，封号奉阳君。据《史记·赵世家》，赵武灵王二十七年（前299年），传国于公子何，是为赵惠文王。后四年（前295年）公子章（武灵王长子）不服，与其相田不礼"作乱"。奉阳君与公子成起兵平定叛乱，升任司寇，继任相国，专擅国政。"定封"，确定封邑。

[4] 鲍彪曰："齐王，闵王。"吴师道曰："下'李兑'二字必误。"唐兰曰："《赵策四》'齐将攻宋而秦楚禁之'章，篇中谓齐王的李兑是苏秦之误。"杨宽亦主此说，缪文远从之，今据改。

[5] "坚"，坚定，团结。

[6] 鲍彪曰："不以毁秦为齐之利。"金正炜曰："按'使'当作'便'，字形相似而讹也。秦为三晋所毁，则齐得便以攻宋。"金说当是，今据改。

[7] 鲍彪曰："太子为王及走，《史》不书。太子为王矣，而走，必王之党逐之，故太子之人，以死报之。"据《史记·宋微子世家》："剔成四十一年，剔成弟偃攻袭剔成，剔成败奔齐，偃自立为宋君。君偃十一年，自立为王。"《索隐》："《战国策》、《吕氏春秋》皆以偃谥曰康王也。""宋置太子以为王"当是宋君剔成被其弟偃攻袭，战败逃奔齐国后，国人立其太子为王。

[8]"休",《吕氏春秋·贵因》"日夜不休"高诱注:"休,犹还也。""速归休士民",指立即送回跟随宋君剔成逃奔齐国的大批"士民",以便支持"太子为王"的斗争。

[9]"今太子走",指太子被宋王偃赶走。

[10]郭人民曰:"太子心腹人,将以死报之。"

[11]若这时出兵伐宋,因有"善太子者"的支持,宋国必定大乱。

[12]缪文远曰:"'使公孙衍'四字衍文。由于上文误'苏秦'为'李兑',今又衍此四字,遂使李兑、奉阳君俨若二人。又,足下乃苏秦所以称齐闵王者,与上章同。"缪说甚是,今据删"使公孙衍"四字。

[13]鲍彪曰:"近秦故。"

[14]"辟",鲍本作"僻"。黄丕烈曰:"辟、僻同字。"缪文远曰:"此谓燕、楚地处僻远。"

[15]吴师道曰:"时中山已灭,此言其故地尔。"中山国在今河北平山、灵寿、定州地区,地处太行山东麓,土地多脊薄。公元前296年为赵国所灭。

[16]张琦曰:"此'阴'当为陶,宋定陶也,近赵,故可为奉阳之封。"缪文远曰:"阴即陶,亦即定陶,帛书作'陶'。""阴"、"陶"形近易混。故"阴"当为陶邑,在今山东定陶。

[17]齐攻伐宋国,出师有名,决心坚定。

[18]黄丕烈曰:"鲍改'得'为德。"金正炜曰:"按'残'读如'翦','得'与'德'通。""得"、"德"音近义通。《管子·心术上》:"德者,得也。得也者,其谓所得以然也。"《鹖冠子·环流》:"所谓德者,能得人者也。"是其证。

[19]"代",通作世,《说文》谓:"三十年为一世。""百代",年代长久。

[20]鲍本"食"作"贪"。金正炜曰:"鲍本改'食'为'贪',于文当是。"金其源曰:"《汉书·谷永传》:'不食肤受之愬。'注:'食,犹受纳也。'并非贪讹。"(《读书管见》)

[21]"唯",姚宏曰:"曾作'虽'。"金正炜曰:"'唯'读如'虽',曾作'虽',此作'唯',其实一也。"《公羊传·定公元年》:"异,大乎灾也。"《汉书·刘向传》:"往者众臣见异。"颜师古注:"异,灾异。""异",灾难。

[22]先不出兵。

［23］黄丕烈曰："'姑待已耕'四字,鲍本无。""姑",暂且。"已耕",农耕结束。

［24］鲍彪曰："许之而未与,故曰'县'。"缪文远曰："按:县,同悬。帛书第十四章载苏秦谓齐闵王之语曰'欲王之县陶、平陵于薛公、奉阳君之上以勉之,终身然后予之',与此'县阴以甘之'可以互参。此可证陶即阴,亦可证此段辞为苏秦说齐闵王之语。""甘",甜美。这是说把陶邑悬挂在那里,作为吸引奉阳君的诱饵。

［25］鲍彪曰："循,言与燕顺。临,犹制也。不徒甘之,必或制之。"《经传释词》卷三:"有,语助也。""有燕",如古史称"有夏"、"有殷"、"有周"是也。

［26］鲍彪曰："待犹将,忠犹实也。"吴师道曰："劝之定封,故曰:臣且将忠之以封。"

［27］"襄安君",见《战国纵横家书》第四章,传世有襄安君铜扁壶(《三代》18·15·3)、襄安文公铜鼎(《文化收藏》2013 年第 2 期)。"襄安君"与"襄安文公"本是一人。他可能是燕昭王之弟,曾被派到齐国做质子。"襄安君"应是其生前的封号,而"襄安文公"则是其死后的谥称。苏秦建议齐闵王以地封之,以便加强与燕国的关系。

［28］"两地之时",郭人民曰:"言齐与赵并可得宋地。"

［29］鲍彪曰："与国,赵也。言奉阳、襄安不敢望封。"缪文远曰："与国当指燕、赵。"

［30］鲍彪曰："观,言其无所事。"缪文远曰："使燕循事齐,使赵旁观,不反对伐宋。"

［31］吴师道曰："溃,坏也,此喻宋。击溃坏之宋,而决制天下矣。"

【考辨】

本章"齐将攻宋,而秦阴禁之",说明这时秦国只是暗中干涉齐国伐宋,尚未公开反对。齐国想与赵国联合伐宋,但赵国却不听从。齐闵王就让苏秦去游说赵相李兑,许诺把宋国陶邑赠给他作为封邑,来换取他对攻打宋国的支持。苏秦游说的时间,林春溥《战国纪年》、缪文远《战国策考辨》隶于周赧王二十七年(前288 年),顾观光《国策编年》、于鬯《战国策年表》系于周赧王二十九年(286 年)。

当以林、缪说为是,当在公元前288年。

面对秦国暗中干涉齐国伐宋的时局,苏秦果断地提出联合三晋共同伐秦的主张。他对齐闵王说,坚持联合"三晋以攻秦",并不是想让齐国从秦国本身谋取利益,而是要乘机以"攻宋也"。这为后来的"约五国伐秦"奠定了基础。

宋国的陶邑是当时中原地区最繁荣的商业都市,素来为各大国所垂涎。据《史记·越王句践世家》,范蠡"止于陶,以为此天下之中,交易有无之路通,为生可以致富矣。……居无何,则致赀累巨万,天下称陶朱公"。齐闵王想灭掉宋国,赵国的奉阳君和秦国的魏冉都想夺取陶邑作为自己的封地。苏秦向奉阳君李兑说"君之身老矣,封不可不早定也",而封邑的地点"莫如于陶"。现在宋王偃罪孽深重,齐国决心要灭宋,您且莫错过"定身封"的好时机。其实,从苏秦"悬陶以甘之"的话来看,这个所谓的"封"邑,只不过是个甜美的诱饵罢了!

据《战国纵横家书》第四章,齐国在取得奉阳君的支持后,齐闵王便与赵惠文王"遇于阿"(在今山东阳谷县东北),实施苏秦"约攻秦去帝"的战略。这时,苏秦已将使齐国"西劳于宋,南罢于楚,则齐军可败"(《燕策一》)的战略,上升为"约攻秦去帝"以"其间举宋"的更高目标。这就是要为齐国制造更大、更强的战略对手,以便形成"以弱燕并强齐"的有利形势。

【附录】《秦策三》"谓穰侯"章

谓穰侯曰:"为君虑封,【莫】若于除〔陶〕。宋罪重,齐怒须〔深〕,残伐乱宋,德强齐,定身封。此亦百世之时也已。"

一六、齐欲攻宋章

齐欲攻宋[1],秦令起贾禁之[2]。齐乃捄赵以伐宋[3]。秦王怒[4],属怨于赵[5]。李兑约五国以伐秦[6],无功,留天下之兵于成皋[7],而阴构于秦[8]。又欲与秦攻魏,以解其怨而取封焉[9]。魏王不说[10]。

【苏秦】之齐,谓齐王曰[11]:"臣为足下谓魏王曰:'三晋皆有秦患[12]。今之攻秦也,为赵也[13]。五国伐赵[14],赵必亡矣。秦逐李兑,李兑必死[15]。今之伐秦也,以救李子之死也。今赵留天下之甲于成皋[16],而阴鬻之于秦[17],已讲,则令秦攻魏以成其私封[18],王之事赵也何得矣[19]？且王尝济于漳,而身朝于邯郸[20],抱阴〔陶〕成(城)[21],负〈蒿〉葛薜[22],以为赵蔽,而赵无为王行也。今又以何(河)阳、姑密封其子[23],而乃令秦攻王,以便取阴〔陶〕[24]。人比然而后如〔知〕贤不如[25],王若用所以事赵之半收齐,天下有敢谋王者乎？王之事齐也,无入朝之辱,无割地之费。齐为王之故,虚国于燕、赵之前[26],用兵于二千里之外,故攻城野战,未尝不为王先被矢石也。得二都,割河东,尽效之于王[27]。自是之后,秦攻魏,齐甲未尝不岁至于王之境也。请问王之所以报齐者可乎？韩珉处于赵[28],去齐三千里,王以此疑齐,曰'有秦阴'[29]。今王又挟故薛公以为相[30],善韩徐以为上交[31],尊虞商以为大客[32],王固可以反疑于齐乎[33]？'魏王听此言也甚诎[34],其欲事王也甚循[35]。其〔甚〕怨于赵[36]。

"臣愿王之曰〔日〕闻魏而无庸见恶也[37],臣请为王推其怨于赵[38]。愿王之阴重赵[39],而无使秦之见王之重赵也。秦见之且亦重赵[40]。齐、秦交重赵,臣必见燕与韩、魏亦且重赵也,皆且无敢与赵治[41]。五国事赵[42],赵从亲以合于秦,必为王高矣[43]。臣故欲王之偏劫天下[44],而皆私甘之也[45]。王使臣以韩、魏与燕劫赵,使丹也甘之[46];以赵劫韩、魏,使臣也甘之;以三晋劫秦,使顺也甘之[47];以天下劫楚,使珉也甘之[48]。则天下皆偪(煏)秦以事王[49],而不敢相私也。交定,然后王择焉[50]。"

本篇辑自《战国策·赵策四》

【校注】

［1］缪文远曰:"齐闵王听苏秦之说,举兵攻宋。攻宋之役凡三次,其第一次在周赧王二十七年。"

［2］缪文远曰:"起贾,秦国御史,见帛书第十七章。"《战国纵横家书》十七

章曰:"愿御史之孰虑之。"是知起贾为秦国御史(参见本书第四一章注[1])。

[3] 姚宏曰:"捄,一作收。"鲍彪曰:"'捄',作'援'。""捄",通作求。《汉书·董仲舒传》:"捄溢扶衰。"颜师古注:"捄,古救字。"《周礼·地官·大司徒》:"正日影以求地中。"郑玄注:"故书求为救。"是其证。《榖梁传·定公元年》:"求者,请也。"

[4] "秦王",秦昭王。

[5] "属",结也。《国语·晋语四》:"必属怨焉。"高诱注:"属,结也。"

[6] 鲍彪曰:"五国,韩、赵、魏、燕、齐也。《史》不书,独《赵策》见之。"郭人民曰:"李兑,赵相,用苏秦之计,约齐、燕、韩、魏以伐秦,以禁秦称帝。""五国以伐秦"虽然名誉上由奉阳君任统帅,实际是由苏秦策划和组织的军事活动。

[7] "天下之兵",指诸侯各国的军队。"成皋",地名,亦名虎牢关,是东都洛阳东边的重要关隘,在今河南荥阳市西北。

[8] 姚宏曰:"构,曾作'讲'字。"黄丕烈曰:"鲍改'构'为'讲'。""构",通作讲。《战国策·西周策》:"而秦未与魏讲也。"鲍彪注:"讲,和解也"。"阴构于秦",暗中与秦国讲和。

[9] 鲍彪曰:"解秦怨。""取封",吴师道曰:"下文言取阴〈陶〉定封。"

[10] 鲍彪曰:"昭"。"魏王",魏昭王(前295—前277年在位)。

[11] 吴师道曰:"愚谓'之齐'上有缺文,当是人姓名。"杨宽曰:"'之齐谓齐王曰'上没有说者的署名,也该和帛书一样是属于苏秦的。"缪文远从其说。从本章文意看,苏秦是从魏国回到齐国后,去晋见齐闵王的。据此,"之齐"前当补"苏秦"二字。"齐王",齐闵王。

[12] "三晋",韩、赵、魏三国。

[13] 鲍彪曰:"本以秦属怨于赵故。""今之攻秦",指李兑约五国伐秦的活动。

[14] 鲍彪曰:"此设辞也。言赵初约伐秦,今乃与秦讲,若同伐赵,赵可亡也。""五国伐赵"指《赵策一》所说"昔者五国之王,尝合横而谋伐赵"之事。

[15] 鲍彪曰:"讲秦、背齐、不伐宋者,兑也。"

[16] "留",停滞。"甲",军队。

[17] 缪文远曰:"言赵阴出卖与国于秦。""鬻",卖也。

［18］"成其私封"，《战国策·魏策三》："奉阳君约魏，魏王将封其子。谓魏王曰：'王尝身济漳，朝邯郸，抱葛孽、阴成以为赵养邑，而赵不为王有也。'"《史记·赵世家》赵惠文王十一年（前288年）："董叔与魏氏伐宋，得河阳于魏。"本章与这些记载相符合，都是指魏昭王以河阳、姑密封奉阳君之子的事。

［19］"何得"，得到什么。

［20］郭人民曰："王，魏昭王。济，涉。漳，漳河。身朝于邯郸，魏昭王亲自朝见奉阳君于邯郸。《战国纵横家书》第八章有薛公'欲以取赵，身率梁王与成阳君北面而朝奉阳君于邯郸'。""尝"，曾经。"于漳"即漳水，"于"，语助辞，见《经传释词》卷一。"邯郸"，赵国都城，在今河北邯郸市。

［21］吴师道曰："阴、成未详。""阴"、陶形近易混。《战国策·齐策四》："有阴、平陆则梁门不启。"《史记·田完世家》"阴"作"陶"。《魏策三》："阴必亡。"《穰侯列传》"阴"作"陶邑"。《史记·穰侯列传》载："乃封魏冉于穰，复益封陶。"《索隐》："陶即定陶也。徐广云'作阴'，陶、阴字本易惑也。"故"阴"当为"陶"。"成"，通作城。《左传·文公十一年》："齐王子成父。"《管子·小匡》、《吕氏春秋·勿躬》并作"城父"。是其证。"陶城"即陶邑，在今山东定陶。

［22］吴师道曰："按《魏策》……谓魏王曰：'王尝身济漳，朝邯郸，抱葛薛、阴成以为赵养邑。'据此文，则'蒿'当因'葛'而误衍。四邑皆魏地。"缪文远曰："吴说是。'蒿'子衍文。'葛薛'当如鲍本作'葛孽'，地在今山西翼城县东南。"

［23］鲍本"何"作"河"。鲍彪曰："其子，兑子。"缪文远曰："河阳，故城在今河南孟县西南。姑密，即姑蔑，在今山东泗水县。"

［24］缪文远曰："阴，即陶，今山东定陶。言李兑将乘便攻宋而取陶，以为己之封邑。"

［25］"如"，鲍本作"知"。金正炜曰："按作'知'者是也。"张文彪曰："'比'字当读为比较之比，'然'字衍，'如'字绝句。'贤不如'，犹言贤不肖，以喻事当比较而后知利弊也（《舒艺室随笔》卷六）。""然"字自可通，不必衍。

［26］鲍彪曰："虚国，谓悉出兵。"

［27］郭人民曰："'得二都'，指五国伐秦，秦反温、轵于魏之事。'割河东'，指秦反王公、符逾于赵之事。"

［28］姚宏曰："刘'赵'作'楚'。"郭人民曰："'韩呡'，一本作'韩珉'，《史记》

作'韩聂',《战国纵横家书》作'韩冣',其实是一人。韩呡,韩国公族,亲秦,为秦昭王所信任,代孟尝君为齐相。"

[29] 鲍彪曰:"呡处赵,意别有谓。以其相赵,疑齐亲赵。因私于秦,以赵尝讲秦也。"何建章曰:"韩呡与秦有私交,疑其与秦有阴谋。阴,私。"

[30] 缪文远曰:"周赧王二十一年(前 294 年),《史记·六国年表》齐国栏载:'田甲劫王,相薛文走。'薛公利用田甲劫齐闵王,失败,遂出走之魏,为魏相。"魏昭王任用薛公为相国,始于公元前 294 年。

[31] 金正炜曰:"按《史记·赵世家》:惠文王十三年,韩徐为将攻齐,是徐故赵将,而有怨于齐者,魏乃善之,亦所以亲赵而恶齐也。""韩徐",《战国纵横家书》作"徐为"或"韩徐为",赵国将领。

[32] 缪文远曰:"虞商,盖亦不善齐者。""大客",贵客。

[33] 鲍本"固"作"顾"。《经传释词》卷五:"固,犹'乃'也,又作顾。"

[34] 吴师道曰:"《韵书》:'诎,辞塞也。'"

[35] 鲍彪曰:"王,齐王。""循",顺从。

[36] 黄丕烈曰:"此'其'字乃'甚'字之误。"黄说是,今据改。

[37] 鲍彪曰:"'臣愿王'之'王',谓齐王,下并同。'闻魏',与魏相闻。"金正炜曰:"'曰'盖'日'字之误。齐不善魏,则恶言魏,今魏甚欲事齐,故愿王日闻魏,而无庸见恶也。唐人书'日'、'曰'无别,此当是其时传写之讹。"金说是,今据改。"日",别日,来日。《列子·汤问》:"穆王曰:'日以俱来。'"张湛注:"日,谓别日。"

[38] 鲍彪曰:"推,犹移。怨,魏怨。"

[39] 鲍本"重"作"日"。吴师道曰:"上例,字当是'重'。"

[40] 鲍彪曰:"天下得赵则强。使秦知齐重赵,恐齐强,亦必重之。"

[41] 鲍彪曰:"治,犹校。"金正炜曰:"《汉书·韩安国传》注:'治谓当,敌也。'"何建章曰:"'治'有'对抗'、'为敌'的意思。""治",校量。

[42] 鲍本"五"作"三"。吴师道曰:"姚本作'五国'。"

[43] 鲍彪曰:"言赵居齐上。"

[44] 鲍本"偏"作"徧"。吴师道曰:"徧劫者,众胁之以威。"何建章曰:"劫,以武力威胁。""偏"同徧,通作遍,普遍。

[45] 鲍彪曰:"私则所谓无使见也,甘言说之。"缪文远曰:"甘,美也。私甘

之，言阴以美言说之也。"

［46］鲍彪曰："丹、顺皆人名。"缪文远曰："丹，齐臣公玉丹，帛书亦多省书为'丹'。句言使公玉丹以甘言说赵。"

［47］缪文远曰："顺，亦当为齐臣。"

［48］"岷"，韩岷。

［49］鲍彪曰："自以见偪于秦也，秦于天下有偪而已，不如齐之有劫、有甘也。"吴师道曰："相与偪秦也。偪者，侵迫也。"金正炜曰："偪当为'楅'，《说文》：判也。谓与秦分离。"

［50］黄丕烈曰："'然'，鲍本作'而'。"

【考辨】

本章吕祖谦《大事记》系于周赧王二十九年（前286年），林春溥《战国纪年》、顾观光《国策编年》、黄式三《周季编略》均从之。

黄少荃《五国伐秦考》说"李兑约五国伐秦无功，留天下之兵于成皋而阴讲于秦，又欲与秦攻魏以解其怨而取封"，当为"赵惠文王十一年、周赧王二十七、秦昭王十九年事。"于鬯《战国策年表》、缪文远《战国策考辨》、郭人民《战国策校注系年》并从之，事在公元前288年。

唐兰《苏秦事迹简表》说公元前287年"五国攻秦，燕出兵二万。五国之兵留于成皋"。杨宽《战国大事年表》说公元前287年，苏秦、李兑约"五国攻秦，罢于成皋。秦归还部分赵、魏地求和"。何建章从之。苏秦、李兑约"五国攻秦"开始的年代，当以唐、杨说为是。

齐国攻打宋国，秦国派起贾来制止。齐国请求赵相李兑率五国联军攻打秦国。李兑约五国伐秦的声势浩大，秦国被迫去掉帝号，并把前所夺取的温（今河南温县西南）、轵（今河南济源市南）、高平（今济源市西南）归还魏国，把前所夺取的王公、符逾归还赵国（见帛书《战国纵横家书》第二十一章）。这是秦国东进战略的重大挫折。

这时五国伐秦的联军滞留于成皋，李兑就私下与秦国讲和，还想跟秦国联合来攻打魏国，以便消解秦对魏国的怨恨，并取得自己的封地。因此，魏昭王很不高兴。这说明李兑和齐国的心事，都在于尽快灭掉宋国。苏秦到魏国游说魏昭王坚定支持齐国攻打宋国,并借机离间魏、赵两国的关系。苏秦从魏国返回齐国,向齐闵王陈述使魏国投靠齐国并离间赵、魏两国关系的谈话内容。同时,他进谏齐闵王要暗中尊重赵国,使诸侯各国间互相制约,以便攻伐宋国。

所谓"李兑约五国以伐秦",实际上是由苏秦策划组织的军事活动。苏秦奔走于齐、赵、魏之间发动五国联军攻秦,以便齐国讨伐宋国,并借机离间齐、赵关系,防止齐国进攻燕国。至此,苏秦到齐国进行反间活动,实施的"举宋"、"攻秦"、"离间齐赵"的战略已经基本成熟,为其实现"以弱燕并强齐"的战略目标奠定了基础。

一七、五国伐秦无功章

五国伐秦,无功[1],罢于成皋。赵欲搆(讲)于秦[2],〈楚与〉魏、韩将应之,秦〔齐〕弗欲[3]。

苏代〔秦〕谓齐王曰[4]:"臣以(已)为足下见奉阳君矣[5]。臣谓奉阳君曰:'天下散而事秦[6],秦必据宋。魏冉必妒君之有阴〔陶〕也[7]。秦王贪,魏冉妒,则阴〔陶〕不可得已矣。君无搆(讲)[8],齐必攻宋。齐攻宋,则楚必攻宋,魏必攻宋,燕、赵助之。五国据宋[9],不至一二月,阴〔陶〕必得矣。得阴〔陶〕而搆(讲),秦虽有变,则君无患矣[10]。若不得已而必搆(讲)[11],则愿五国复坚约[12]。愿得赵[13],足下雄飞[14],与韩氏大吏东免[15],齐王必无召呡也[16]。使臣守约[17],若与有倍约者[18],以四国攻之。无倍约者,而秦侵约,五国复坚而宾(摈)之[19]。今韩、魏与齐相疑也,若复不坚约而讲,臣恐与国之大乱也。齐、秦非复合也,必有踦重者矣[20]。(后)〔复〕合与踦重者[21],皆非赵之利也。且天下散而事秦,是秦制天下也。秦制天下,将何以天下为[22]?臣愿君之蚤计也[23]!

"天下争秦,【秦】有六举[24],皆不利赵矣。天下争秦,秦王受负海〈内〉之国[25],合负亲之交[26],以据中国[27],而求利于三晋,是秦之一举也。秦行是计,不利于赵,而君终不得阴〔陶〕,一矣。天下争秦,秦王内韩珉于齐[28],内成阳君于韩[29],相魏怀于魏[30],复合衍〔衡〕[31],交两王[32],王贲、韩他(佗)之曹[33],皆起而行事,是秦之一举也。秦行是计也,不利于赵,而君又不得(阴)〔陶〕[34],二矣。天下争秦,秦王受齐受赵,三疆(强)三〔已〕亲[35],以据魏而求安邑[36],是秦之一举也。秦行是计,齐、赵应之,魏不待伐,抱安邑而信秦[37],秦得安邑之饶,魏为上交,韩必入朝,秦过赵已安邑矣[38],是秦之一举也。秦行是计,不利于赵,而君必不得阴〔陶〕,三矣。天下争秦,秦坚燕、赵之交以伐齐,收楚与韩珉而攻魏[39],是秦之一举也。秦行是计,而燕、赵应之。燕、赵伐齐,兵始用[40],秦因收楚而攻魏[41],不至一二月,魏必破矣。秦举安邑而塞女戟[42],韩之太原〔行〕绝[43],下轵道、南阳高伐魏[44],绝韩包二周[45],即赵自消烁(销铄)矣[46]。国燥(铄)于秦[47],兵分于齐[48],非赵之利也。而君终身不得阴〔陶〕,四矣。天下争秦,秦坚三晋之交攻齐,国破曹屈[49],而兵东分于齐[50],秦桉兵攻魏[51],取安邑,是秦之一举也。秦行是计也,君桉(案)救魏[52],是以攻齐之已弊,救与秦争战也[53];君不救也,韩、魏焉免西合[54]?国在谋之中[55],而君有终身不得阴〔陶〕[56],五矣。天下争秦[57],秦按为义[58],存亡继绝,固危扶弱,定无罪之君,必起中山与胜焉[59]。秦起中山与胜(滕),而赵、宋同命[60],何暇言阴〔陶〕?六矣。故曰君必无讲,则阴〔陶〕必得矣。

"奉阳君曰:'善。'乃绝和于秦,而收齐、魏以成取阴〔陶〕。"

本篇辑自《战国策·赵策四》

【校注】

[1] 郭人民曰:"赵、燕、韩、魏、齐五国攻秦。因各国彼此观望,互相猜疑,所以无功。"

[2] "構",鲍本作"讲"。"構"、讲义通。《韩非子·说林下》:"因请为魏王構之。"王先慎集解:"構,讲也。"《说文·言部》:"讲,和解也。"这次"五国伐秦",

楚国并未参与。故"楚与"二字当属误衍,今据删。

[3]"秦",鲍本作"齐"。依文意当以鲍本作"齐"为是,缪文远、何建章、范祥雍均据改,今从之。

[4]缪文远曰:"'苏代'当作'苏秦'。"郭人民曰:"此'苏代'当是'苏秦'。据《战国纵横家书》五国攻秦是苏秦出来组成,并主张齐闵王攻宋。"今据改。"齐王",齐闵王。

[5]"以",鲍本作"已"。"以"同"已",见《经传释词》卷一。"已",已经。"为",替。这是说我已经替大王去拜见奉阳君李兑。

[6]"事",鲍本作"争"。鲍彪曰:"争先事之。"缪文远按:"原文恐作'天下散而争事秦',姚本缺'争'字,鲍本缺'事'字。""事"、"争"义近互换。《礼记·王制》:"天子无事。"郑玄注:"事,谓征伐。"《大戴礼记·四代》:"虑则节事于近。"王聘珍解诂:"事,讼狱之事。"《老子》第八十一章:"为而不争。"《经典释文》:"争,争斗"。《国语·越语下》:"争者,事之末也。"是其证。本句"事"、"争"均可自通,不必并有"争事"二字。"天下散",指五国伐秦的联军解散。"事",服侍。

[7]缪文远曰:"秦魏冉亦欲得陶以为封邑。""阴",当作"陶"。下文"阴",亦皆当为"陶"。

[8]"搆",鲍本作"讲"。

[9]缪文远曰:"'据宋',犹临宋。""据",占有。

[10]鲍彪曰:"赵非不可以与秦讲,而不可独讲。独讲则示秦弱,秦必轻之。今助四国攻秦而得阴[陶],是五国为一也,不惧秦矣。"

[11]吴师道曰:"不得已而必搆,非可以无搆也。"

[12]鲍彪曰:"同伐秦也,先伐后讲,则不示弱。"横田惟孝曰:"言愿五国复坚约亲而讲于秦也。""坚约",坚固盟约,同时进退。

[13]鲍彪曰:"时赵强攻。"何建章曰:"得,通'德',惠,善行。此犹言亲善。"

[14]鲍彪曰:"雄者,众雌所从。"何建章曰:"雄飞,喻奋发有为。"

[15]"韩氏",韩国。"大吏",高官。郭人民曰:"免,勉力。勉力齐王共同合从。"

[16]吴师道曰:"今代〔秦〕劝奉阳君合诸侯,与韩氏大吏勉齐王共合从,则齐必不召珉也。"郭人民曰:"韩珉原为齐相,主张秦齐联合,因秦反对齐闵王攻

宋,闵王联赵攻秦,而韩珉罢相去赵。现因五国攻秦无功,赵、魏、韩皆欲与秦讲和。齐闵王怕三晋与秦讲和对齐不利,故欲召回亲秦之韩珉,通过韩珉先与秦讲和。""珉",韩珉。这是告诉奉阳君,只要"五国坚约"合纵攻秦,齐闵王就不会召回韩珉先与秦国讲和。

[17] 缪文远曰:"守约,犹言作盟约监护人。""臣",苏秦自称。"守约",守护盟约。

[18] "与",语助辞。《国语·周语上》:"其与能几何?"韦昭:"与,辞也。"《论语·公冶长》:"于予与改是。"邢昺疏:"与,亦语辞。"是其例证。"倍",通作背,背叛。

[19] 鲍本"宾"作"摈"。"宾",通作"摈",排斥,对抗。

[20] "跨重",偏重也。《说文解字·足部》:"跨,一足也。"段玉裁注:"《战国策》:'必有跨重者矣。'跨重,偏重也。"

[21] 吴师道曰:"'后合',即上'复合'。"黄丕烈曰:"'后'乃'复'形近之讹耳。"吴、黄说是,今据改。

[22] "何以天下为",与《论语·季氏》"何以伐为"句例相同。"何",什么。"为",疑问词,可译为"呢"。

[23] "蚤",通作早。

[24] 吴师道曰:"'争秦',一本此下皆作'事秦'。"钟凤年曰:"'有'字上盖脱一'秦'字。因此所谓'六举'者,乃言'秦有六举'而以秦为主体也。今试观下文六'天下争秦'句,每句下必须曰秦将如何如何应付天下,而有一'是秦之一举也'。可见原语必宜作'秦有六举',始上下相应。……此殆因上文之'秦'旧为叠文,其字适毁,遂为未审文意者误为一句。"缪文远从钟说补"秦"字,当是,今据补。

[25] 鲍彪曰:"衍'内'字。山东皆负海。"金正炜曰:"鲍衍'内'字是也。负海之国为齐,见《中山策》。"鲍、金说是,当据删。"秦王",秦昭王。《广雅·释诂》:"受,亲也。"

[26] 鲍彪曰:"天下尝横而亲秦矣。已而负之,今复合之。"这是说齐国曾与秦国连横相亲,今欲复合之。

[27] 金正炜曰:"《书·禹贡》传'东南据济'疏:'据谓跨之。'秦、齐合而临三

晋,故曰'据'也。"何建章曰:"据,犹言控制。""中国",中原地区的诸侯国。

[28]"内",《说文·入部》谓"入也"。黄丕烈曰:"'珉',鲍本作'岷'。""珉",通作"岷",即韩岷。

[29]缪文远曰:"成阳君,韩厘王时封君,主张联合秦、魏。《史记·秦本纪》载,昭襄王十九年(前290年),成阳君入朝于秦。五国合纵攻秦时,由韩奔齐,旋又奔周。《秦策三》'五国罢成皋'章:'秦王欲为成阳君求相韩、魏,韩、魏弗听。'""成阳君",战国韩厘王时封君,封邑城阳(今河南信阳市北)。

[30]缪文远曰:"魏怀,事迹不详,当为魏人之亲秦者。""魏怀"即魏信。"怀"、"信"义通。《魏策二》"秦召魏相信安君"章:"魏信以韩、魏事秦,秦甚善之。"鲍彪注:"魏信即信安。"《国语·周语下》:"思身能信。"韦昭曰:"思诚其身,乃为信也。""信",通作伎。《左传·定公十三年》"韩不信",《史记·赵世家》作"韩不伎",可以为证。《说文·心部》:"怀,念思也。"《淮南子·主术》:"不智而辩慧怀给。"高诱注:"怀,伎也。"是其证。这说明"魏怀"和魏信,不但政治地位、思想倾向相同,而且信、怀的名义紧相关连,"信"是其名,"怀"当是其字。因此,"魏怀"当是魏相信安君。见本书第六五"秦召魏相信安君"章注[1]。

[31]姚宏曰:"'衍',刘作'术'。"金正炜曰:"'复合衍交',义不可晓。作'术'亦非是。疑当作'衡'。衡与横同,言复合衡亲之交也。……'衡'与'衍'形似而误。"缪文远据以改"衍"为'衡',当是。

[32]"两王",鲍彪曰:"秦、魏。"吴师道曰:"上言齐、韩、魏,此'两王'谓燕、赵也。"范祥雍曰:"'两王'当从吴注。"

[33]吴师道曰:"曹,辈也。韩他,恐韩人,余无考。"缪文远曰:"王贲,秦将王翦子。韩他,事迹不详。王贲、韩他,盖秦臣之善于魏、韩者。""韩他",韩佗,"他"、"佗"音近义通。柳宗元《种术》:"孰能知其他。"蒋之翘辑注:"他,一本作多。"《尔雅·释言》:"庶,侈也。"舍人注:"侈,多也。"是其证。"韩佗",见《秦策二》"宜阳未得"章,《韩策一》"张仪谓齐王"章作"韩朋",《韩策一》"韩公仲使苏代谓向寿"章作"韩公仲",《秦策二》"秦武王谓甘茂"章作"公仲佗",《汉书·古今人表》作"公仲朋"。韩佗,韩宣惠王、襄王时相国。见本书第六"韩公仲使苏代谓向寿"章注[1]。

[34]黄丕烈曰:"'又',鲍本无。"

[35]鲍彪曰:"此三皆强国,自相亲。"黄丕烈曰:"今本'疆'作'彊',鲍本作

'强'。"金正炜曰："'三亲'之'三'，疑当作'己'。《吕览·察传篇》'夫己与三相近'。此由'己'误'巳'，复讹为'三'也。"今据改。

[36] 鲍彪曰："'据'，犹临之。'求'，秦求之也。"金正炜曰："言三强已相亲，以据魏而求安邑也。""安邑"，战国初期魏国都城，在今山西夏县西北。

[37]《论语·泰伯》："正颜色，斯近信矣。"朱熹集注："信，实也。""信秦"，谓充实秦国。

[38] 鲍彪曰："过，犹胜也。言秦行此策，不论其他，止得安邑，已胜过赵矣。"何建章曰："过，《广雅·释诂一》：'责也。'责，《说文》：'求也。'已，同'以'。"这是说秦国必然要求赵国像魏国奉献安邑那样奉献给他土地。

[39] 鲍彪曰："伐齐得之，则岷为用。"吴师道曰："前言内韩岷于齐者，谋如此也。岷自善于秦者，前时魏疑有秦私，必不合于魏，故使之攻魏。"

[40] 鲍彪曰："交锋之初。"

[41] 鲍彪曰："三国交锋，势不得解，故得以此时收攻二国。"缪文远曰："三国，指燕、赵、齐。"

[42] 吴师道曰："女戟，地名，在太行西。"顾观光曰："……女戟乃魏地之近韩者也。"

[43] 吴师道曰："太原，《正义》以为太行，当是。说见《燕策》。""绝"，阻断。见本书第七五章注[19]。

[44] "轵道"，古本《竹书纪年》："梁惠成王十一年，郑釐侯使许息来致地。……我取轵道，与郑鹿。"郭缘生《述征记》："太行八陉，第一曰轵陉关。"顾祖禹《读史方舆纪要》卷四十九《济源县》说："轵关在县西北十五里，关当轵道之险，因曰轵关。""轵"，战国魏邑，在今河南济源市东南，今名轵城镇。"轵道"当是从安邑越轵关、过积城的交通要道。"南阳"，据《史记·秦本纪》秦昭王三十三年（前274年）"魏入南阳以和"，《集解》："徐广曰：河内修武，古曰南阳，秦始皇更名河内，属魏地。"在今河南济源至获嘉一带。因位于太行南麓，故名南阳。"高"，大也。"高伐魏"，大举伐魏。

[45] "二周"，东周、西周国。战国中晚期，周王室全境已被韩国包围，故韩国有"包二周"之称。

[46] "消烁"，通作"销铄"。"消"同销。《潜夫论·爱日》："然则盗贼何曾

消。"汪继培笺:"消与销同。"是其证。"烁"同铄。《周礼·考工记序》:"烁金以为刀。"《经典释文》:"烁,义当作铄。"李善《文选·马融〈长笛赋〉》注:"烁与铄同。"是其证。《说文·金部》:"销,铄金也。"又说:"铄,销金也。"《释名·释用器》:"销,削也,能有所穿削也。""销铄",销熔金属,有削弱、损伤之义。

[47] 姚宏曰:"'燥',一作'烁'。"鲍彪曰:"燥,犹烁。""燥",通作烁。"烁"同铄,削弱。《战国策·秦策五》"谓秦王"章:"秦先得齐宋则韩氏铄。"高诱注:"铄,消铄也,言其弱。"

[48] 缪文远曰:"上言'燕、赵伐齐',故此谓'兵分于齐'。"

[49] "曹",鲍本作"财"。金正炜曰:"鲍本改'曹'为'财',声之误也。《汉书·贾谊传》:'然而天下不屈者,殆未有也。'注:'屈谓财力尽也。'《郑当时传》:'财力益屈。'注:'屈,尽也。'"缪文远、何建章、范祥雍均据以改"曹"为"财",实不可从。《汉书·刘向传》:"分曹与党。"颜师古注:"曹,辈也。"《王篇·曰部》:"曹,辈也。"《素问·调经论》:"大气乃屈。"张志聪集注:"屈,降也。""曹屈",辈分降低。

[50] 鲍彪曰:"兵分谓魏。"吴师道曰:"谓三晋。"

[51] "桉",鲍本作"按"。桉、按同案。《荀子·不苟》:"非案乱而治之之谓也。"杨倞注:"案,据也。"

[52] "君",奉阳君。

[53] "救",救魏。

[54] "焉",怎么。鲍彪曰:"合,合秦。""西合",西与秦国联合。

[55] 鲍彪曰:"在秦谋中。"

[56] 姚宏曰:"'有',刘作'又'。"鲍彪曰:"'有'犹'又'。"

[57] 姚宏曰:"'争',一作'事'。""争秦",争先投靠秦国。

[58] "按"同案。金正炜曰:"'案',犹于是也,乃也。说详《释词》。"何建章曰:"为,通'伪',伪装。"

[59] 《诗·大雅·六月》:"以安王国。"郑玄笺:"定,安也。"

[60] 鲍彪曰:"胜,中山之后。"金正炜曰:"《广雅·释诂》:'起,立也。''胜',当为'滕'。《宋策》:'于是灭滕、伐薛、取淮北之地。'中山灭于赵,滕灭于宋,秦起复二国,故曰'赵、宋同命'也。'而',犹则也。"林春溥、于鬯均辨"胜"当为"滕",甚是,今据改。

【考辨】

本《策》是苏秦向齐闵王汇报赴赵国劝说奉阳君要坚持攻秦,不与秦国媾和的谈话内容。目的在于断绝秦、赵结交,阻止秦国干涉齐国攻宋的举动,形成攻灭宋国的有利形势。

林春溥《战国纪年》系此事于周赧王二十七年,顾观光《国策编年》、黄式三《周季编略》、于鬯《战国策年表》、缪文远《战国策考辨》均从之,即事在公元前 288 年。郭人民《战国策校注系年》说本策:"事在齐闵王十四年,赵惠文王十二年,当周赧二十八年。"何建章曰:"此《策》当系于周赧王二十八年(前 287 年)。"因本《策》当是继《赵策四》"齐将攻宋而秦阴禁之"章以后发生的事,故当以郭、何说为是,事在公元前 287 年。

苏秦对奉阳君说:如果攻秦的五国联军"散而事秦,秦必据宋,魏冉必妒君之有陶也。秦王贪,魏冉妒,则陶不可得已矣"。如果不与秦国讲和,"齐必攻宋"则"陶必得矣"。等到得陶后再与秦国讲和,"秦虽有变,则君无患矣"。由此可见,苏秦许诺攻取宋国后,把陶邑送给李兑作封邑,是对其最大的吸引力。

从苏秦的谈话可知,当时秦相魏冉也想得到陶邑来作封邑。据《史记·秦本纪》,秦昭王十六年(前 291 年)封"魏冉陶"。也就是说,公元前 291 年,秦昭王已把陶邑分封给魏冉了。但从苏秦的谈话看,公元前 288 年五国联军攻秦时,魏冉尚未得到陶邑。如果那时魏冉已经占有陶邑,它对奉阳君就没有吸引力了。

那么,魏冉是在何时封到陶邑的?陶邑(在今山东定陶)本属宋国的商业都市。陶邑距离秦国道里遥远,中间隔着周、韩、魏三国。公元前 284 年乐毅率燕、秦、韩、赵、魏五国联军伐齐之前,未见秦国攻占宋国土地的记录。就在五国伐齐的"战役中,秦国攻取了以前齐所得的宋地陶邑,后来陶邑成为魏冉的封地"(杨宽《战国史》第 349 页)。据《史记·穰侯列传》,秦昭王三十二年(前 275 年)魏冉将兵围攻大梁时,须贾对魏冉说:"割晋国,秦兵不攻,而魏必效绛、安邑。又为陶开两道,几尽故宋。"秦昭王三十六年(前 279 年)魏冉"欲伐齐取刚、寿,以广其陶邑"。同年,魏冉被罢免相国,"就封邑。魏冉出关,辎车千乘有余"。因此,秦相魏冉受封陶邑,当是公元前 284 年秦国占领陶邑后的事。魏冉死后,秦国设立陶郡,公元前 254 年,陶郡被魏攻取。

一八、苏秦谓齐王章(二)

• 谓齐王曰[1]:"薛公相脊(齐)也[2],伐楚九岁[3],功(攻)秦三年[4]。欲以残宋,取进〔淮〕北[5],宋不残,进〔淮〕北不得。以齐封奉阳君[6],使粱(梁)、乾(韩)皆效地[7],欲以取勺(赵)[8],勺(赵)是(氏)不得[9]。身率粱(梁)王与成阳君北面而朝奉阳君于邯郸[10],而勺(赵)氏不得。

"王弃薛公,身断事[11],立帝,帝立[12];伐秦,秦伐[13]。谋取勺(赵),得。功(攻)宋,宋残[14],是则王之明也。虽然,愿王之察之也。是无它故[15],臣之以燕事王循也[16]。

"蠚谓臣曰[17]:'伤齐者,必勺(赵)也。秦虽强,终不敢出塞流河[18],绝中国而功(攻)齐[19]。楚、越远[20],宋、鲁弱[21],燕人承[22],乾(韩)、粱(梁)有秦患,伤齐者必勺(赵)。勺(赵)氏终不可得已,为之若何?[23],'臣谓蠚曰:'请劫之[24]。子以齐大重秦[25],秦将以燕事齐[26]。齐、燕为一,乾(韩)、粱(梁)必从。勺(赵)悍则伐之[27],愿则挚而功(攻)宋[28]。'蠚以为善。

"臣以车百五十乘入齐[29],蠚逆于高间[30],身御臣以入[31]。事曲当臣之言[32],是则王之教也。然臣亦见其必可也。犹蠚不知变事以功(攻)宋也[33],不然,蠚之所与臣前约者善矣[34]。今三晋之敢据薛公与不敢据[35],臣未之识[36]。虽使据之,臣保燕而事王,三晋必不敢变。齐、燕为一,三晋有变,事乃时为也[37]。是故当今之时,臣之为王守燕,百它日之节[38]。虽然,成臣之事者,在王之循甘燕也[39]。王虽疑燕,亦甘之;不疑,亦甘之。王明视(示)天下以有燕[40],而臣不能使王得志于三晋,臣亦不足事也。"

本篇辑自《战国纵横家书》第八章

【校注】

　　[1] 整理小组曰："这是在齐国去了帝号联合赵国、组织五国攻秦、而伐宋之后，三晋已有可能要反齐时，苏秦向齐闵王说的话。""齐王"，齐闵王。

　　[2] "薛公"，即田文，曾任齐相。"脊"、齐音近义通。《尔雅·释诂下》："瘠，病也。"郝懿行义疏："瘠，通作瘠。"《公羊传·庄公二十八年》："大瘠也。"《经典释文》："瘠，本或作瘠。"是其证。

　　[3] 整理小组曰："九岁疑是五岁之误。《燕策》苏秦死章说：'今夫齐王长主也而自用也。南攻楚五年，稸积散；西困秦三年，民憔悴，士罢弊；北与燕战，覆三军，获二将；而又以其余兵南面而举五千乘之劲宋而包十二诸侯。'所说攻楚只有五年。据《史记·楚世家》，楚国本与齐为从亲，由于楚怀王与秦昭王定约，怀王二十六年即齐宣王十七年（公元前303年），'齐、韩、魏为楚负其从亲而合于秦，三国共伐楚'，是伐楚的开始。两年以后，'秦乃与齐、韩、魏共攻楚，杀楚将唐昧'。再过两年，孟尝君（即薛公）入秦为相，在秦一年后逃回，就转为攻秦了。总计从前三〇三年开始伐楚到前二九九年薛公相秦，首尾只有五年。""九岁"，时间长久之义。

　　[4] 整理小组曰："公元前二九九年薛公入秦为相，第二年，赵国派楼缓相秦，孟尝君免相，逃回齐国作相，就联合魏、韩击秦。到前二九六年，齐、韩、魏三国击秦，入函谷关。秦国给魏国河外及封陵，给韩国河外及武遂，与两国讲和，前后共三年。"

　　[5] 整理小组已标明"进"是"淮"的错字，因形近混用的缘故。"淮北"，指宋国位于淮河以北的地区。

　　[6] "奉阳君"，即李兑，时任赵相。

　　[7] 整理小组曰："效，献。奉阳君李兑为赵相，专权，薛公为了讨好李兑，除了由齐国给他封邑外，还让梁、韩两国都献地，并亲自率领梁王和韩国的相成阳君到邯郸去。《魏策三》：'谓魏王曰：王尝身济漳，朝邯郸，抱葛薛阴成以为赵养邑。'《赵策四》作'抱阴成负蒿葛薛以为赵蔽'）即此献地之事。""梁"，通作梁，指魏国。"乾"，通作韩，指韩国。

　　[8] "取"，求也。《周易·蒙》："勿用取女。"焦循章句："取，求也。"

　　[9] 整理小组曰："本书常用勺字代赵，勺、赵音相近。""勺氏"，赵国。

　　[10] 此与《赵策四》"齐欲攻宋"章魏昭"王尝济于漳，而身朝于邯郸"，当属

同一回事。公元前 290 年前后,魏国在秦国的攻击下失去大片土地,被迫投入赵国的怀抱。见本书第十六"齐欲攻宋"章注[20]。

[11] 整理小组曰:"《史记·六国年表》齐湣王三十年:'田甲劫二九四王,相薛文走。'按《史记》记齐国年代有错误,此年实是齐闵王七年,即公元前二九四年。薛文就是薛公田文,他的出走,是回到薛邑。身断事,指齐闵王自已执政。"

[12] 整理小组曰:"立帝,指齐闵王称帝。"见本书第十四"苏秦自燕之齐"章注[12]。

[13] "伐秦",指苏秦、李兑组织五国伐秦的活动。

[14] 整理小组曰:"残,残破。"

[15] "是无它故",这里没有别的原因。

[16] "以燕事王",用燕国来服事齐闵王。"循",顺也。

[17] 整理小组曰:"聂即韩聂。苏秦和韩聂的密约是回溯往事。"韩聂时任齐相,主张秦齐连横。见本书第十六"齐欲攻宋"章注[27]。

[18] 整理小组曰:"塞,殽塞,即函谷关。"整理小组将"河"上一字释为"涑",并读"涑"为"溯"。郑良树曰:"涑,借为疎。疎,正字作'疏'。《说文》:'疏,通也。'《国语·晋语》二:'道远难通。'韦昭曰:'通,至也。'河,指黄河而言,时秦疆在黄河以西。'终不敢出塞涑河,绝中国而攻齐',谓秦势虽强,必不敢出其关塞,至黄河,越中原诸国以攻齐也。"裘锡圭按:"'河'上一字当释'流'。汉代人往往把'㐬'旁写得像'束'。'疏'的异体'疎',大概就是由于'㐬'旁被误认为'束'而产生的。……秦人出塞,必从河顺流而下,似不应说'溯河'。"裘说当是。"流",顺也。《诗·周南·关雎》:"左右流之。"朱熹集注:"顺水之流而取之。"《太玄经·玄棿》:"知阳者流。"范望注:"流,顺也。"

[19] 整理小组曰:"绝,横越。国字古代与域通用,中国指中部地域。""功",通作攻。

[20] "越"是夏帝少康庶子的封国,都会稽(在今浙江绍兴市)。经二十余世传至句践。越王句践曾与吴王夫差争霸诸侯。公元前 306 年,楚国已乘越国内乱,灭掉越国。这里的"楚、越",当泛指楚国而言。事见《史记·越王句践世家》。

[21] "鲁",鲁国,都城在今山东曲阜市。鲁国本是西周初年周公长子伯禽的封国,到战国时期已日渐衰落,公元前 256 年被楚国灭亡。事见《史记·鲁周

公世家》。

　　[22] 整理小组曰:"承,奉。"

　　[23] "为之若何",这该怎么办?

　　[24] "劫",用武力来胁迫。《管子·大匡》:"于是劫鲁。"尹知章注:"劫,谓兴兵胁之。"

　　[25] "子",苏秦对韩昌的尊称。

　　[26] 整理小组曰:"秦,苏秦自称。苏秦要韩昌利用齐国的大国地位来抬高他自己的身份,他将使燕国服从齐国。""秦将以燕事齐"是苏秦取得齐闵王信任的关键法码。

　　[27] "悍",凶暴,不听话。

　　[28] 整理小组曰:"愿,老实。挚,通执,拘执;一说,通质,要求它送质子。"郑良树曰:"《广雅·释诂一》:'愿,善也。'苏秦谓'赵悍则伐之','愿则执而攻宋','悍'与'愿'相反为义,谓赵不听命则攻伐之,听命则与之伐宋也。"裘锡圭曰:"'願',帛书原本是写作'愿'的。50年代进行汉字简化,把'愿'用作'願'的简化字。但是在古书里,'愿'只当谨愨讲,用法与'願'不同。注一三把上面所说的那个字解释为'老实',可见整理者对'願'和'愿'是分辨得很清楚的。"

　　[29] 指苏秦第三次赴齐时,率领一百五十辆车的庞大队伍。

　　[30] 整理小组曰:"高间应是齐都临淄的城门。"

　　[31] 整理小组曰:"韩昌亲自为苏秦驾车入临淄。"

　　[32] 整理小组曰:"曲,细微曲折。当,符合。"郑良树曰:"'事曲',事情之委曲也。《诗·秦风·小戎》:'乱我心曲。'传曰:'心曲,心之委曲也。'彼文'心曲',此文'事曲',事情的委曲也。事曲,盖云事情委曲、终始,或前后经过也。"

　　[33] 整理小组曰:"变事,变更策略。韩昌亲秦,秦国反对齐国攻宋,所以他不会迎合齐闵王的想法变事以攻宋。""犹",困也。《文选·司马相如〈封禅文〉》:"犹兼正列其义。"李善注引孟康曰:"犹,因也。"

　　[34] "前约善",指攻宋的约定进展顺利。

　　[35] 整理小组曰:"据,支持。第十二章:'虽知不利,必据之。'一说,据,依靠。"

　　[36] "识",知道。

［37］整理小组曰："苏秦作了两手估计：一方面保燕事齐,三晋必不敢变；但如齐燕为一,三晋也可能有变,这样的事乃时势造成的。"

［38］整理小组曰："百倍于其他时刻。"裘锡圭曰："（整理小组）注文似把'节'理解为时节。从文义看,似应理解为苏秦为齐'守燕'的节操。""它"同他。《孟子·滕文公下》："他日归。"赵岐注："他日,异日也。"《礼记·曲礼下》："他日君问之。"孔颖达疏："他日,谓别日也。"这句是说将百倍于其他的节操。

［39］整理小组曰："甘,美。也可以当满足讲。"郑良树曰："《说文》：'甘,美也。'美,与善同意。循甘,犹循善。下文云：'王虽疑燕,亦甘之；不疑,亦甘之。'第十四章：'愿王之甘之也。'诸'甘'字,皆当作'善'义解。《赵策四》'齐欲攻宋章'曰：'臣故欲王之偏劫天下,而皆私甘之也。……以天下劫楚,使呡也甘之。'诸'甘'字,亦皆当作'善'义解。盖《国策》习语也。"

［40］"视",通作示,显示,展示。《诗·小雅·鹿鸣》："视民不恌。"郑玄笺："视,古'示'字也。"

【考辨】

本《策》是苏秦在齐国"联合赵国、组织五国攻秦、而伐宋之后,三晋已有可能要反齐时",与齐闵王的谈话。唐兰《苏秦事迹简表》将"谓齐王（帛书八）"章定在周赧王二十八年,即公元前287年,当是。

苏秦在开篇直指薛公相齐时的许多活动,均未收到效果。接着指出齐闵王亲政后"立帝,帝立；伐秦,秦伐；谋取赵,得；攻宋,宋残",所取得的巨大成功。并以苏秦第三次赴齐时"以车百五十乘入齐"的气派场面和他曾向韩翠表示"将以燕事王",来说明燕国对齐闵王的坚强支持。

最后,他希望齐闵王明示天下有燕国的支持和表示一定会使齐闵"王得志于三晋"承诺。这次谈话的目的,是要坚定齐闵王"举宋"、"攻秦"的信心。

一九、苏秦谓齐王章（三）

• 谓齐王曰[1]："臣恐楚王之勤竖之死也[2]。王不可以不（无）故

（辛）解之[3]。臣使苏厉告楚王曰[4]：'竖之死也，非齐之令（命）也[5]，涅（慎）子之私也[6]。杀人之母而不为其子礼，竖之罪固当死。宋以淮北与齐讲，王功（攻）之，毅（击）勺（赵）信[7]。齐不以为怨，反为王诛勺（赵）信，以其无礼于王之边吏也[8]。王必毋以竖之私怨败齐之德。'

"前事愿王之尽加之于竖也，毋与它人矣，以安无（抚）薛公之心[9]。王尚（尝）与臣言[10]，甘薛公以就事，臣甚善之。今爽也，强得也[11]，皆言王之不信薛公，薛公甚惧，此不便于事[12]。非薛公之信，莫能合三晋以功（攻）秦，愿王之甘之也[13]。臣负齐、燕以司（伺）薛公[14]，薛公必不敢反王。薛公有变，臣必绝之[15]。臣请终事而与[16]，王勿计[17]，愿王之固为终事也[18]。

"功（攻）秦之事成，三晋之交完于齐[19]，齐事从（纵）横尽利[20]：讲而归，亦利[21]；围而勿舍，亦利[22]；归息士民而复之[23]，使如中山，亦利[24]。功（攻）秦之事败，三晋之约散，而静（争）秦[25]，事卬曲尽害[26]。是故臣以王令（命）甘薛公，骄（矫）敬（擎）三晋[27]，劝之为一，以疾功（攻）秦，必破之。不然则宾（摈）之，不则与齐共讲，欲而复之[28]。

"三晋以王为爱已、忠已。今功（攻）秦之兵方始合，王有（又）欲得兵以功（攻）平陵，是害功（攻）秦也[29]。天下之兵皆去秦而与齐诤（争）宋地，此其为祸不难矣。愿王之毋以此畏三晋也。独以甘楚[30]。楚虽毋伐宋，宋必听。王以（已）和三晋伐秦[31]，秦必不敢言救宋。【秦】弱宋服[32]，则王事逮（速）夬（决）矣[33]。夏后〔侯〕坚欲为先薛公得平陵[34]，愿王之勿听也。臣欲王以平陵予薛公，然而不欲王之先事与之也[35]。欲王之县（悬）陶、平陵于薛公、奉阳君之上以勉之，终事然后予之[36]，则王多资矣。

"御〈御〉事者必曰[37]：'三晋相竖（孺）也而伤秦[38]，必以其余骄王。'愿王之勿听也。三晋伐秦，秦未至晋而王已尽宋息民矣[39]。臣保燕而循事王，三晋必无变。三晋若愿乎，王遂（遂）伇（役）之[40]。三晋若不愿乎,王收秦而齐(挤)其后[41],三晋岂敢为王骄[42]。若三晋相竖(孺)也以功(攻)秦,案以负王而取秦[43],则臣必先智(知)之。王收燕、循楚而啗秦以晋国[44],三晋必破。是故臣在事中[45],三晋必不敢反。臣之所以备患者百余[46]。王句(苟)为臣安燕王之心[47],而毋听伤事者之言[48],请毋至三月而王不见王天下之业,臣请死[49]。

"臣之出死以要事也[50],非独以为王也,亦自为也。王以不谋燕为臣赐[51],臣有以德燕王矣。王举霸王之业而以臣为三公[52],臣有以矜于世矣[53]。是故事句(苟)成,臣虽死不丑[54]。"

本篇辑自《战国纵横家书》第一四章

【校注】

[1] 整理小组曰:"这是苏秦在梁国使人谓齐闵王。"

[2] 整理小组曰:"楚王,楚襄王。勤是忧的意思,《吕氏春秋·不广》高诱注:'勤,忧也。'竖,应是楚人,被杀事未详。《韩策三》韩珉相齐章说'令吏逐公畴竖',又说'公畴竖,楚王善之',不知与此被杀之竖是否一人。"郑良树曰:"'竖',人名,亦战国策士,下文屡言之,惜已不可明考其事迹。""竖",即公畴竖,楚襄王的亲信臣僚。据《韩策三》"韩珉相齐"章,韩珉相齐时"令吏逐公畴竖"。可能因此导致公畴竖被杀害,使楚襄王对齐国产生怨恨。

[3] 整理小组曰:"不故,疑当读作'不辜',是无罪被杀的意思。一说,故的意思是有意。""不故",当读如"无辜",无罪之义。

[4] 整理小组曰:"苏厉,是苏秦的兄或弟。"据《史记·苏秦列传》,"苏厉"当是苏秦之弟,也是苏秦的得力助手。

[5] "令",通作命,命令。

[6] 整理小组曰:"湿字未详。湿子,人名。"细审帛书图版,"洇"字左旁从水,右旁从"血",当是"洫"字。"洫",通作慎。朱骏声《说文通训定声·职部》说:"洫,假借为恤。《诗·鲁颂·閟宫》:"閟宫有洫。"《文选·江淹〈别赋〉注》作"閟宫有恤"。《左传·襄公二十七年》:"何以恤我。"洪亮吉引惠栋云:"恤,慎也。"《尔雅·释诂上》:"恤,忧也。"郝懿行义疏:"恤与慎同。"是其证。足见"洫子"即

慎子。据《战国策·楚策二》,楚襄王告其傅:"慎子曰:'齐使来求东地,为之奈何?'慎子曰:'王发上柱国子良车五十乘,而北献地五百里于齐。'"慎子曾任楚怀王太子傅,在楚国地位显赫。"慎子"即慎到,赵国人,学黄老道德之术,著有《慎子》十卷(已佚),见《孟子荀卿列传》。

[7] 整理小组曰:"赵信,人名,可能是齐将。"帛书《战国纵横家书》第八章说:薛公相齐时"欲以残宋,取淮北,宋不残,淮北不得",而齐闵王"攻宋,宋残"。所谓"宋残",当指"宋以淮北与齐讲"和的事。楚国因此出兵攻击齐国的边将赵信。

[8] 郭永秉曰:"'吏'字从字形看应释为'事',在句中用作'吏'。帛书第(四章)34行'臣请属事辞为臣于齐',原注指出'属事,疑即属吏',与此同例。""边",边境。

[9] 整理小组曰:"杀竖事似与薛公有关。""无",通作抚。《说文·手部》:"抚,安也。"

[10] "尚",通作尝,曾经。

[11] 整理小组曰:"爽与强得当是两人名。"

[12] "事",指五国合纵伐秦的军事活动。《礼记·王制》:"天子无事。"郑玄注:"事,谓征伐。"

[13] 《释名·释言语》:"甘,含也,人所含也。""甘",包容。

[14] 整理小组曰:"负,担负。""司",通作伺。伺,伺侯。

[15] "绝",阻止。《吕氏春秋·权勋》:"嗜酒甘而不能绝于口。"高诱注:"绝,止也。"

[16] 整理小组曰:"与,参与。"

[17] "计",计较。

[18] 整理小组曰:"固,坚定。"

[19] "完",治理。《孟子·万章上》:"父母使舜完廪。"赵岐注:"完,治也。"

[20] 郑良树曰:"据本章此节以观之,说者盖欲联合三晋为一大集团也。三晋合于齐,齐挟四国之威力以围攻秦,此纵者之术也。三晋合于齐,齐亦可挟其为盟主,与秦和合,此横者之术也。一纵一横,齐尽得其利也。""从",通作纵。"纵横"指合纵连横的策略。

[21] 指齐国与宋国讲和后,撤回攻打宋国的军队。

[22] 指齐军长期围攻宋国。

[23] 指齐军撤回后休息一下再去攻打宋国。

[24] 整理小组曰:"三个'亦利',都指攻宋。……使如中山,是仿效赵国攻中山的方法。""中山",中山国。据《战国策·赵策二》:"以赵二十万攻中山,五年乃归。"从公元前300年起,赵国大举进攻中山,经过五年的努力,把中山国灭亡了(杨宽《战国史》第337页)。

[25] 整理小组曰:"这是说如果攻秦的纵约散了,各国就都要争着拉拢秦国。""静",通作争。

[26] 本句与帛书《战国纵横家书》第一一章"事卬曲尽从王"、第一三章"秦卬曲尽听王"的句法相同。"卬"同仰。《荀子·议兵》:"上足卬则下可用也。"杨倞注:"卬,古仰字。"《诗·小雅·车舝》:"高山仰之。"《说文·匕部》引作"高山卬之"。是其证。"仰曲"指大小事情。《文选·司马迁〈报任少卿书〉》"与时俯仰",吕延济注:"仰,高也。"《广韵·唐韵》:"卬,高也。""高"有大义。《说文·匕部》:"卬,望欲有所庶及也。""仰"可引申为期望中的大事。《礼记·礼器》:"曲礼三千。"郑玄注:"曲,犹事也。"《礼记·中庸》:"其次致曲。"郑玄注:"曲,犹小小之事也。"《汉书·礼乐志》:"事为之制,曲为之防。"王念孙《读书杂志》按:"大事曰事,小事曰曲。"是"仰曲"有大小事之义。这是说如若攻秦活动失败,不论事情的大小都有害处。

[27] 整理小组曰:"骄敬,当读为矫檠,与榜檠的意义略同。《韩非子·外储说右》:'榜檠矫直。'又:'榜檠者所以矫不直也。'榜和檠都是矫正弓弩的工具。矫檠三晋是约束三晋的意思。"

[28] 整理小组曰:"这里是说:如果不攻,就要和齐国一起与秦国讲和,如果要攻,就再攻。"

[29] 整理小组曰:"平陵,地名,应即是宋地的平陆,在今山东省汶上县西北。""陵"、"陆"古通。《左传·定公六年》:"又以陵师败于繁阳。"杜预注:"陵师,陆军。"孔颖达疏:"南人谓陆为陵。"是其证。

[30] "独",特也。"甘",好,友善。《文选·颜延之〈五君子咏向常侍〉》:"向秀甘淡薄。"李周翰注:"甘,好也。"

［31］"以",同已。

［32］郑良树曰:"'弱'上缺文,当是'秦'字。上文云'王已和三晋伐秦,秦不敢言救宋'。三晋伐秦,秦不敢救宋,是秦之弱可知矣。上文又云'楚虽毋伐宋,宋必听',谓楚虽不助齐伐宋,宋必服齐。故此文承之云'秦弱宋服'矣。"裘锡圭按:"'弱'上一残字,据左侧所存残画与上下文义,似可释为'秦'字。"

［33］郑良树曰:"'王事',齐王攻秦之事也。""遫",通作速。"夬",通作决。

［34］整理小组曰:"夏后,人名。《吕氏春秋·知分》有白圭和邹公子夏后启的谈话,高诱注:'夏后启,邹公子之名。'白圭与齐闵王同时,邹国与齐国相近,疑此夏后当夏后启。为先二字疑作先为,此误写倒。这里是说夏后启一定要先为薛公得平陵。"《吕氏春秋·知分》载:"白圭问于邹公子夏后启。"文廷式曰:"'夏后启',疑当作'夏侯启'。"陈奇猷按:"文说是,但文氏并未说明夏侯启为何人。此邹公子夏侯启疑即《战国策·齐策》所载齐威王之相成侯邹忌。《汉书·古今人表》正列邹忌与白圭、齐威王同时。据《史记·田齐世家》,齐威王时,封邹忌以下邳,号曰'成侯'。然则《策》、《史》称其号曰'成侯',而此则因其封地称为'下侯',又以下、夏同音而写作'夏侯'。不称'邳侯'者,盖邳有上邳、下邳,若称邳则上、下相混也。'忌'、'启'音本相通。《诗·小雅·四牡》:'不遑启处。'毛传:'启,跪。'《释文》'跪,郭巨几反。'则跪音近启,而《诗》盖假启为跪也。跪与跽同,是启、忌音通之明证。"陈氏以"夏后"即齐威时相国邹忌,甚是。"坚",坚持。

［35］裘锡圭按:"'事'上一字,从帛书原文字形看,既可释'无'也可释'先',因为帛书中'无'、'先'二字往往混而无别。整理者释为'无',帛书误改为'無'。从文义看,此字似当释'先'。上引帛书文的上一句是:'夏后坚欲为先薛公得平陵,愿王之勿听也。'其'先'字写法与此字无别。"

［36］"县",通作悬。"陶",陶邑,在今山东定陶。

［37］整理小组曰:"御事者,即用事者。"

［38］整理小组以为本段两"相竖"之"竖"都是"坚"的错字,未安。"竖"、孺,音近义通。《说文·𦣹部》:"竖,竖立也。"段玉裁注:"竖之言孺也。"《说文·门部》段玉裁"阇"字注:"竖,犹孺也。"是其证。《尔雅·释言》:"孺,属也。"郭璞注:"属,谓亲属。""相孺",相亲。

［39］整理小组曰:"✦字未详。"细审帛书图版,此字上似从"至",下从"日",

当是"晋"字异体。《说文·日部》："晋，进也，日出万物进。从日、从臸。《易》曰：'明出地上曆。'"在战国文字里，"晋"字"日"上从"至"与从"臸"，并无区别（见汤余惠《战国文字编》卷七）。"晋"，抑制，压制。《周礼·夏官·田仆》："诸侯晋。"郑玄注："晋，犹抑也。"

［40］"愿"，愿意。"伇"，同役。《广雅·释诂一》："伇，使也。"王念孙疏证："伇，古文役字。"

［41］整理小组曰："剂，断。"裘锡圭曰："二'願'字体皆作'愿'，当老实讲。帛书误改为'願'，参见本文第12条。'齐其后'之'齐'疑当读为'挤'。《史记·项羽本纪》：'汉卒皆南走山，楚又追击至灵壁东睢水上。汉军却，为楚所挤，多杀。汉卒十余万人皆入睢水。'帛书'齐'字用法似与此文'挤'字相同。整理者读'齐'为'剂'，训为'断'，恐不可信。"裘说当是。"收"，联合。《战国策·燕策二》："常独欲有复收之。"鲍彪注："收，犹合。"

［42］"骄"，骄横。

［43］整理小组曰："案，乃。负，背叛。"

［44］"啗"，吞食。《说文·口部》："啗，食也。""啗秦以晋国"，让魏国被秦国吞食。

［45］"是故"，所以。

［46］"备患者百余"，没想到众多可能发生的祸患。

［47］"句"，通作苟，暂且。

［48］"伤"，伤害。

［49］这是说在三个月内，五国伐秦的行动就会取得成效。

［50］整理小组曰："出死是不惜生命的意思。要，要求。"

［51］这是说大王答应不图谋燕国，就是对我最大的赏赐。

［52］"三公"，三种最高级行政长官的合称。《韩诗外传》卷八："三公者何？曰司空、司马、司徒也。司马主天，司空主士，司徒主人。"

［53］"矜"，夸耀。《诗·秦风·小戎序》："国人则矜其车甲。"郑玄笺："矜，夸大也。"

［54］"句"，通作苟，如果，只要。"丑"，惭愧。《庄子·德充符》："寡人丑乎？"《经典释文》："崔云：'丑，愧也。'"

【考辨】

　　本章是五国伐秦联军滞留在成皋前线,赵、魏、韩三国对联合伐秦的决心产生动摇时,苏秦在魏国写给齐闵王的信。唐兰《苏秦事迹简表》将"谓齐王(帛书十四)"章定在周赧王二十八年,即公元前287年,当是。

　　本章开篇是苏秦使向齐闵王报告,他已派苏厉向楚襄王解释公畴"竖之死"和楚国攻"击赵信"的事件。苏厉向楚襄王解释说,公畴"竖之死"是其"罪固当死",完全是"慎子"造成的,并非齐国的责任。因"宋以淮北与齐讲"和,而楚国攻"击赵信"的事,"齐不以为怨",并已诛杀赵信。因此平息了楚国产生的怨恨。而造成公畴"竖"被杀的慎子,即战国著名法家人物慎到,曾任楚怀王太子傅,生卒年代不详。据《孟子·告子下》,他曾在鲁国与孟子相遇。本章"慎子"史料的发现,说明当时他尚在楚国。

　　苏秦在信中重点劝说齐闵王要尽快改善与孟尝君的信任关系。因为薛公曾组织齐、韩、魏三国攻秦,在诸侯各国颇有威望。当时薛公正任魏相,也是五国攻秦的重要支持人物。因齐国使臣"爽"和"强得"皆散布齐闵王"不信薛公,薛公甚惧",严重影响到薛公攻秦的决心。苏秦在信中说:"非薛公之信,莫能合三晋以攻秦,愿王之甘也。"他劝齐闵王将宋国的平陵许给薛公作封邑,使薛公努力攻秦,以便成就"霸王之业"。然而,并不是"先事与之",而是"悬陶、平陵于薛公、奉阳君之上以勉之",待事成"然后予之"。这对齐闵王来说,就是将陶邑、平陵两个画饼,悬挂在薛公、奉阳君的头上"以勉之",当然也乐于接受。

　　苏秦在信中特别强调,"臣保燕而循事王,三晋必无变",希望齐闵王"毋听伤事者之言",并说我"出死以要事也,非独以为王也,亦自为也。王以不谋燕为臣赐,臣有以德燕王矣。王举霸王之业而以臣为三公,臣有以矜于世矣。是故事苟成,臣虽死不丑"。苏秦以这种恳切有力的言词,在劝说齐闵王改善与薛公的信任关系,坚定其"举宋"、"攻秦"信心的同时,进一步解除他对自己的猜忌,可见其用心之良苦!

二〇、苏秦自梁献书于燕王章(一)

● 自粱(梁)献书于燕王曰[1]:"齐使宋窾、侯瀗(灌)谓臣曰[2]:'寡人与子谋功(攻)宋[3],寡人恃燕、勺(赵)也。今燕王与群臣谋破齐于宋而攻齐[4],甚急。兵率有子循[5],而不知寡人得地于宋,亦以八月归兵[6],不得地,亦以八月归兵。'

"今有(又)告薛公之使者田林[7],薛公以告臣,而不欲其从已闻也[8]。愿王之阴知之而毋有告也[9]。王告人,天下之欲伤燕者与群臣之欲害臣者将成之[10]。臣请疾之齐观之而以报。王毋忧,齐虽欲功(攻)燕,未能,未敢。燕南方之交完[11],臣将令陈臣、许翦以韩、梁(梁)问之齐[12]。足下虽怒于齐,请养之以便事[13]。不然,臣之苦齐王也[14],不乐生矣。"

本篇辑《战国纵横家书》第六章

【校注】

[1] 整理小组曰:"大梁(今河南开封市)是魏国国都,因此魏也被称为梁。攻秦需要经过魏国,所以苏秦经常在大梁,这封信就是在那里写的。""燕王",燕昭王。

[2] 整理小组曰:"濔当是漼(音催)字别体。侯濔,人名,齐国使臣。""齐",齐闵王。宋窽、侯濔两人都是齐国的使臣。

[3] 裘锡圭曰:这里与下面的"三个'与'字,原本都不从舁,释文及单行本释为'与',这是不妥的。此字从字形上看实当释作'牙'。'与'字盖本从'牙'声,'与'是'牙'的变形。'牙'、'与'二字上古音都属鱼部"。这些"'与'字,应该改为'牙',读为'与'"。细审图版,裘说甚是。这种"牙"当读为"与"字,在帛书《战国纵横家书》里还有多处,不再一一改正。"子",齐闵王对苏秦的尊称。"功",通作攻。"宋",宋国。

[4] 整理小组曰:"谋破齐于宋而攻齐,是等待齐兵在攻宋前线被破后,进而攻齐。"

[5] "兵",指齐国进攻宋国的军队。"率",《左传·宣公十二年》:"今郑不率。"杜预注:"率,遵也。""有",语助词。《诗·大雅·民劳》:"以近有德。"陈奂传疏:"有,语助之词。""循",行动。

［6］整理小组曰："归兵：撤兵。"

［7］整理小组曰："田林，人名，魏相薛公派到齐国去的使者。""薛公"，魏相畋，见本书第一〇章注[1]。

［8］裘锡圭按："'巳'当作'己'，《释文》不误，单行本已误。"

［9］"阴"，暗中。

［10］"成"，成功。

［11］整理小组曰："南方之交完，指燕国和赵国的关系好。"

［12］整理小组曰："陈臣、许翦都是人名，应是苏秦派在韩、梁两国的使者。"郑良树按："陈臣、许翦，皆为人名。《东周策》'秦兴师临周而求九鼎'章云：'使陈臣思将以救周。'鲍彪注：'即后田臣思。'《齐策一》'南梁之难'章、《齐策二》'韩齐为与国'章皆有'田臣思'其人，帛书此文'陈臣'疑与本文'田臣思'有关。许翦，失考。"

［13］《大戴礼记·曾子事父母》："若不中道则养之。"卢辩注："养，隐也。"《广雅·释诂二》："養，饰也。""养"，有掩饰之义。

［14］"苦"，忧也。

【考辨】

本章是苏秦在魏国五国联军攻秦前线给燕昭王的信。唐兰《苏秦事迹简表》将"自梁献书齐王（帛书六）"章定在周赧王二十八年，即公元前287年，当是。

齐闵王在五国联军攻秦开始时，便发动第二次攻宋的战役。马雍曰："齐王虽然收买了奉阳君，却未能收买薛公。齐王第二次攻宋，事实上破坏了攻秦，使三晋和燕国感到受齐摆布和玩弄，因而大为不快。于是，薛公、韩徐为便同燕昭王通谋，准备乘齐国攻宋之机，联合攻齐。燕王谋齐的事机不密，消息传到了齐王耳中。这时，齐王正在攻宋，为防备燕，不得不拟定于这年（公元前287）八月收兵。齐王既不知苏秦为燕之间谍，亦不知薛公参预了攻齐的阴谋，所以将上述情况分别通知这两人。苏秦又立刻将此情报转告燕昭王。"①苏秦在信中谆谆奉告燕昭王行事要保守机密，并认为攻齐的时机尚未成熟，劝燕昭王暂缓攻齐，并抑制内心的愤怒，等待事态的发展。

---

① 马雍：《帛书〈战国纵横家书〉各篇的年代和历史背景》，《战国纵横家书》附录，第183页。

二一、苏秦谓齐王章(四)

• 谓齐王[1]:"燕王难於王之不信已也则有之[2],若虑大恶则无之[3]。燕大恶,臣必以死诤之[4],不能,必令王先知之。必毋听天下之恶燕交者。

"以臣所□□【宋】、鲁甚焉[5]。□臣大□【归】息士民[6],毋庸发怒于宋、鲁也[7]。为王不能[8],则完天下之交,复与粱(梁)王遇,【复】功(攻)宋之事[9]。士民句(苟)可复用[10],臣必王之无外患也[11]。

"若燕,臣必以死必之[12]。臣以燕重事齐[13],天下必无敢东视【功(攻)齐】[14],兄(况)臣能以天下功(攻)秦[15],疾与秦相萃也而不解[16],王欲复功(攻)宋而复之,不而舍之,王为制矣[17]。"

本篇辑自《战国纵横家书》第一〇章

【校注】

[1] 整理小组曰:"这是苏秦在燕国使人谓齐王。""齐王",齐闵王。

[2] "燕王",燕昭王。"难",《大戴礼记·曾子制言中》:"畏之见逐,智之见杀,固不难。"王聘珍解诂:"难,患也。""于",语助也,见《古书虚字集释》卷一。

[3] "大恶",大举伤害。

[4] "诤",《说文·言部》谓"止也"。

[5] 郑良树曰:"下文云'毋庸发怒于宋鲁也','宋''鲁'连举。此文'鲁'上缺字,若从彼文句法,当为'宋'字。"郑说当是,今据补。

[6] 郑良树曰:"'息'上缺文当作'归';'归息市民',此战国时之习语也。帛书第十四章云:'归息士民而复之。'《赵策》四'齐将攻宋'章云:'宋置太子以为王,下亲其上而守坚,臣是以欲足下之速归休士民也。''休',犹息也;皆其明证。"郑说当是,今据补。"甚",贪淫声色也。《老子》第二十九章:"是以圣人去甚。"河上公注:"甚,谓贪淫声色。"

[7] 整理小组曰:"齐闵王第二次攻宋,楚魏都来争地,燕国也打算攻齐,鲁国

虽是小国，大概也有行动，所以苏秦劝齐王不要为宋鲁而发怒，应先休息士民。"

［8］整理小组曰："为，当如果讲。"

［9］"攻"上残缺一字，当是"复"字。本章下文有"王欲复攻宋而复之"句，《战国纵横家书》第一二章有"寡人之仍攻宋也"句，"复"、"仍"均有"再"义。是其证。

［10］"句"，通作苟，疾速。"复用"，再次用来征战。《国语·晋语四》："欲用其民。"韦昭注："用，用征伐。"

［11］整理小组曰："必，保证。下句'以死必之'的必字义同。"

［12］这句是说我一定会用性命来做担保，不会危害齐国。

［13］"重"，厚重。

［14］整理小组曰："东视，指东向攻齐。""东视"下残缺的当是"攻齐"二字，当与下句"况臣能以天下功（攻）秦"相呼应。

［15］"兄"，通作况，况且。

［16］整理小组曰："相莘，相遇。一说，莘通捽，揪打。"

［17］整理小组曰："制，决断。"

【考辨】

苏秦因齐闵王告知"燕王与群臣谋破齐于宋而攻齐"的事，便去信劝说燕昭王"请养之以便事"。大概是齐闵王还不放心，又让苏秦回燕国打探情况。本篇便是苏秦回到燕国后，派人给齐闵王呈送的书信。唐兰《苏秦事迹简表》将"谓齐王（帛书十）"章定在周赧王二十八年，即公元前287年，当是。

苏秦告诉齐闵王，燕国不会危害齐国，一定不要听信那些破坏结交燕国的人。希望齐闵王使百姓休养生息，搞好与诸侯各国的关系。他将使燕国忠诚地服事齐国，诸侯各国必定不敢东向攻齐。等待齐国百姓休养生息后，再由大王来做出决断。

二二、苏秦北见燕王章

苏秦〈死其弟苏代欲继之乃〉北见燕王〈哙〉曰[1]："臣东周之鄙人

也,窃闻王义甚高甚顺[2],鄙人不敏,窃释锄耨而干大王[3]。至于邯郸,所闻于邯郸者又高于所闻东周。臣窃负其志,乃至燕廷,观王之群臣下吏[4],大王天下之明主也[5]。"

王曰:"子之所谓天下之明主者,何如者也?"对曰:"臣闻之,明主者务闻其过,不欲闻其善。臣请谒王之过。夫齐、赵者[6],王之仇雠也;楚、魏者,王之援国也。今王奉仇雠以伐援国,非所以利燕也。王自虑此,则计过。无以谏者,非忠臣也。"王曰:"寡人之于齐、赵也,非所敢欲伐也。"曰:"夫无谋人之心,而令人疑之,殆;有谋人之心,而令人知之,拙;谋未发而闻于外,则危。今臣闻王居处不安,食饮不甘,思念报齐,身自削甲扎[7],曰'有大数矣'[8];妻自组甲绊[9],曰'有大数矣',有之乎?"王曰:"子闻之,寡人不敢隐也。我有深怨积怒于齐,而欲报之二〔三〕年矣[10]。齐者,我雠国也,故寡人之所欲伐也。直患国弊[11]力不足矣。子能以燕敌齐,则寡人奉国而委之于子矣。"

对曰:"凡天下之战国七[12],而燕处弱焉。独战则不能,有所附则无不重。南附楚则楚重,西附秦则秦重,中附韩、魏则韩、魏重。且苟所附之国重,此必使王重矣。今夫齐王,长主也[13],而自用也[14]。南攻楚五年[15],畜积散。西困秦三年[16],民憔悴,士罢弊。北与燕战,覆三军,获二将[17]。而又以其余兵南面而举五千乘之劲宋[18],而包十二诸侯[19]。此其君之欲得也,其民力竭也,安犹取哉[20]?且臣闻之,数战则民劳,久师则兵弊。"

王曰:"吾闻齐有清济、浊河[21],可以为固;有长城、钜防[22],足以为塞。诚有之乎?"对曰:"天时不与,虽有清济、浊河,何足以为固?民力穷弊,虽有长城、钜防,何足以为塞?且异日也,济西不役[23],所以备赵也;河北不师[24],所以备燕也。今济西、河北,尽以役矣,封内弊矣。夫骄主必不好计,而亡国之臣贪于财。王诚能毋爱宠子、母弟以为质,宝珠玉帛以事其左右,彼且德燕而轻亡宋[25],则齐可亡已。"王曰:"吾终以子受命于天矣[26]！"曰："内寇不与，外敌不可距[27]。王自治其外，臣自报其内[28]，此乃亡之之势也[29]。"

本篇辑自《战国策·燕策一》

【校注】

［1］吴师道曰："《大事记》云：皆说昭王之辞也。"钱大昕曰："燕王哙之时，燕与齐未有深仇也，苏代〔秦〕此说必在昭王时，故称齐王为'长主'，且有'南面举宋'之语。"（《廿二史考异》卷五）缪文远曰："'苏秦死'至'北见燕王哙'，当为'苏秦北见燕昭王'之讹。"据《战国纵横家书》，苏秦死于齐闵王十七年、燕昭王二十八年，即公元前284年。谬说当是，今据删改。

［2］缪文远曰："'甚顺'二字，《史记·苏秦列传》无。"

［3］"窃"，私自。"钜"同"锄"。"耨"同"镈"。"锄、镈"都是松土除草的农具。"干"，冒犯。

［4］鲍彪曰："观其臣，知其主。"

［5］"明主"，《苏秦列传》作"明王"，贤明的君主。

［6］缪文远曰："'赵'字当衍，下同。"

［7］鲍彪曰："札，牒也，甲之革缘如之。"吴师道曰："札，木简，牒之薄者。甲，用革如之。"

［8］金正炜曰："按《礼记·月令》，凡举大事，毋逆大数。《吕氏春秋·八月纪》作'天数'。高注：'天数，天道。'以弱仇强，故委之天数，即后文'吾终以子受命于天'之意。"此"大数"，并非"天道"之义。"有"，《玉篇·有部》："得也。"《诗·大雅·板》："大宗维翰。"孔颖达疏："大者，多众之辞。""有大数矣"是已做了很多的意思。

［9］鲍彪曰："绗，绵也，制之为组以穿札。"

［10］缪文远曰："'二'当作'三'。苏秦于燕昭王即位三年后至燕。"缪说当是，今据改。

［11］"直"，正也。

［12］"战国"，争战的国家。《战国策·赵策三》"赵惠文王三十年"章赵奢

说:"今取古之为万国者,分以为战国七。"《尉缭子·兵教下》说:"今战国相攻,大伐有德。""凡天下之战国七"是说当时诸侯间有相互争战的秦、齐、楚、燕、韩、赵、魏七个大国,本句是"战国"一词最早出现的文献。

[13] 金正炜曰:"《吕览·正名篇》:'齐湣王,周室之孟侯也。'注:'孟,长也。'长主亦犹孟侯。"

[14] 吴师道曰:"自恃其强也。"

[15] 缪文远曰:"指齐、韩、魏三国为楚负其从亲而伐楚事,见《史记·楚世家》,在周赧王十二年(前303)。两年后,秦又与齐、韩、魏共攻楚,杀楚将唐眛,又两年,孟尝君去齐相秦。攻楚之役,首尾五年。"

[16] 唐兰曰:此语"正与帛书第八章苏秦所说'薛公相齐也,伐楚九(五之误)岁,攻秦三年'相符合"。缪文远曰:"此指周赧王十七年至十九年(前298—前296),齐、韩、魏三国攻秦入函谷事,见《史记·六国年表》。"

[17] 唐兰曰:"齐闵王五年(前296),齐国曾派陈璋伐燕,'复三军,获二将'。"缪文远曰:"'覆三军,杀二将'指燕军之损失,事即周赧王十九年(前296年)齐、燕权之战。"事见《战国策·齐策二》"权之难齐燕战章"、《齐策五》"苏秦说齐闵王章"、《燕策三》"权之难燕再战不胜章"。传世的陈璋壶铭文说:"唯王五年陈璋入燕亳邦之获。""唯王五年"即齐闵王五年(前296年)"陈璋"即章子[《殷周金文集成》(修订增补本)09703、09975号],是"齐人伐燕"的直接佐证。

[18] 金正炜曰:"按《广雅·释诂》:'余,久也。'余兵,谓久役之兵。即后文所云'久师'也。"中井积德曰:"下文言'轻亡宋',则此时宋未灭也。此言举者,盖谓大败之。"缪文远曰:"此指齐闵王二十九年(前268)第三次攻宋事。""乘",本是车马的通名,这里指战车而言。当时,秦国"以万乘之国自辅"("齐人攻宋"章苏秦语)。而宋为中等强国,有战车"五千乘",符合情理。

[19] "包",《文选·李斯〈上书秦始皇〉》:"包九夷。"张铣注:"包,兼也。"据《史记·田敬仲完世家》,齐威王二十四年(前322年)"泗上十二诸侯皆来朝",《索隐》:"邾、莒、宋、鲁之比。"缪文远曰:"十二诸侯指淮泗间的小国。"

[20] "安犹取哉",《史记》作"恶足取乎"。鲍彪曰:"安取,言齐不可复攻取。"

[21] "济",济水,从今河南济源市向东流经山东省与黄河并行注入大海。

"河",黄河。郭人民曰:"济水清,河水浊,二水皆在齐西北境。"

[22] "长城、钜防",是指春秋战国时期齐国构筑的长城。《史记集解》:"徐广曰:'济北卢县有防门,又有长城东至海。'"《正义》:"长城西头在济州平阴县界。《竹书纪年》云:'梁惠王二十年,齐闵王竹防以为长城。'《太山记》云:'太山西有长城,缘河经太山,余一千里,至琅邪台入海。'"因其是由堤防连结扩建而成的,所以也被称为"长城、钜防"。亦见《战国策·秦策一》策士拟托张仪语。

[23] 鲍彪曰:"不役者,养兵以备敌。"张琦曰:"济西,今东昌、高唐之地。""济西"指齐国济水以西的地区,在今山东省聊城、高唐县一带。

[24] 张琦曰:"河北,今天津、沧、景。"在今天津、河北沧县、景县一带。

[25] 鲍彪曰:"轻者,易为之。然则前言举,未亡也。""彼",指齐闵王。"且",将。"德燕",苏秦多次向齐闵王保证"将以燕事齐"(《战国纵横书》第八、一〇章),使其颇为感激。这句是说,齐闵王就会感激燕国,且认为灭亡宋国是件很容易的事。

[26] "终",《左传·僖公二十四年》:"归怨无终。"杜预注:"终,犹已也。"《经传释词》卷一:"以,与也。"

[27] 鲍彪曰:"寇,犹乱。与,犹和。言不能制内,则不可以拒外。""距",通作拒,阻止,抗拒。

[28] 鲍彪曰:"外,谓谋敌齐。内,谓乱于内。"吴师道曰:"为燕间齐,敝其内也。"缪文远曰:"'报',疑'敝'字之讹。"《广雅·释诂一》:"报,婬也。"婬同淫。《孟子·滕文公下》:"富贵不能淫。"赵岐注:"淫,乱其心也。""报"有迷惑,使昏乱之义。

[29] 这句是说:这就形成灭亡齐国的趋势。

【考辨】

本篇由两段苏秦的游说辞连缀而成,《史记·苏秦列传》有节录。顾观光《国策编年》、于鬯《战国策年表》均系于周慎靓王二年(前313年)。吕祖谦《大事记》系于周赧王二十九年(前286年),吴师道《战国策校注》、钟凤年《国策探研》从之。缪文远曰:"前段自章首至'委之于子矣',当为苏秦自周归燕,始见燕昭王与之谈论报齐之语,事在周赧王七年,即公元前308年。后段为齐灭宋前夕,苏秦为燕策划破齐之语。"缪说当是。后段当为周赧王二十八年,即公元前 287 年苏秦由齐返燕时,为燕昭王策划的破齐方略。

苏秦向燕昭王指出:"凡天下之战国七,而燕处弱焉。独战则不能,有所附则无不重。南附楚则楚重,西附秦则秦重,中附韩、魏则韩、魏重。且苟所附之国重,此必使王重矣。"从单个国力看,燕国在七国间国力最弱,不能"独战"。但从列国合纵的形势看,燕国"有所附则无不重"。苏秦把燕国"有所附则无不重",视为燕国的政治资本,充分体现他如何把燕国的不利局面,转变为有利形势的政治谋略。

苏秦还向燕昭王指出:"夫骄主必不好计,而亡国之臣贪于财。王诚能毋爱宠子、母弟以为质,宝珠玉帛以事其左右,彼且德燕而轻亡宋,则齐可亡已。"齐闵王是个刚愎自用、好大喜功的"骄主",他的周围也不乏贪图钱财的"亡国之臣"。苏秦多次向齐闵王保证"将以燕事齐",加上燕昭王使母弟襄安君到齐国作"质子",使齐闵王颇为放心和感激。苏秦第三次赴齐时随从"百五十乘"的财物,就是为这些"亡国之臣"准备的(《战国纵横书》第四、八、一〇章)。这样,由燕昭王"治其外",苏秦"报其内",里应外合,形成灭亡齐国的形势。

本篇中苏秦把当时七个争战大国称为"战国"。据《战国策·赵策三》赵奢说:"今取古之为万国者,分以为战国七。"其时在公元前 269 年。《尉缭子·兵教下》说:"今战国相攻,大伐有德。"尉缭是战国末年的军事理论家,秦王政十年(前 237 年)入游秦国,被任为国尉,因称尉缭(《史记·秦始皇本纪》)。据《楚策二》"楚襄王为太子之时"章,昭常对楚襄王说:"今去东地五百里,是去战国之半也。"此"战"当读如瘅,"瘅国"为病国之义。《史记·平准书》说:"自是之后,天大争于战国。"苏秦最早提出"战国"一词,来形容当时列国间的政治局面,体现他对时局的正确认识。直到"到西汉末年刘向编辑《战国策》时,才开始把'战国'作为特定的历史时代的名称"(杨宽《战国史》第 4 页)。

【附录】《史记·苏秦列传》"苏秦死代乃求见燕王"节

及苏秦死,代乃求见燕王,欲袭故事。曰:"臣,东周之鄙人也。窃闻大王义甚高,鄙人不敏,释鉏耨而干大王。至于邯郸,所见者绌于所闻于东周,臣窃负其志。及至燕廷,观王之群臣下吏,王,天下之明王也。"燕王曰:"子之所谓明王者,何如也?"对曰:"臣闻明王务闻其过,不欲闻其善。臣请谒王之过。夫齐、赵者,燕之仇雠也;楚、魏者,燕之援国也。今王奉仇雠以伐援国,非所以利燕也。王自虑之,此则计过。无以闻者,非忠臣也。"王曰:"夫齐者固寡人之雠,所欲伐也,直患国敝力不足也。子能以燕伐齐,则寡人举国委子。"对曰:"凡天下战国七,燕处弱焉。独战则不能,有所附则无不重。南附楚,楚重;西附秦,秦重;中附韩、魏,韩、魏重。且苟所附之国重,此必使王重矣。今夫齐,长主而自用也。南攻楚五年,畜聚竭。西困秦三年,士卒罢敝。北与燕人战,覆三军,得二将。然而以其余兵南面举五千乘之大宋,而包十二诸侯。此其君欲得,其民力竭,恶足取乎!且臣闻之,数战则民劳,久师则兵敝矣。"燕王曰:"吾闻齐有清济、浊河可以为固,长城、钜防足以为塞,诚有之乎?"对曰:"天时不与,虽有清济、浊河,恶足以为固!民力罢敝,虽有长城、钜防,恶足以为塞!且异日济西不师,所以备赵也;河北不师,所以备燕也。今济西、河北尽已役矣,封内敝矣。夫骄君必好利,而亡国之臣必贪于财。王诚能无羞从子母弟以为质,宝珠玉帛以事左右,彼将有德燕而轻亡宋,则齐可亡已。"燕王曰:"吾终以子受命于天矣!"燕乃使一子质于齐。

二三、苏秦自赵献书于齐王章(一)

• 自勺(赵)献书于齐王曰[1]:"臣暨(既)从燕之粱(梁)矣[2]。臣之(勺)赵,所闻于乾(韩)、粱(梁)之功(攻)秦,无变志矣[3]。以雨,未得速也[4]。

"臣之所得于奉阳君者,乾(韩)、粱(梁)合[5],勺(赵)氏将悉上党以功(攻)秦[6]。奉阳君谓臣:'楚无秦事[7],不敢与齐遇[8]。齐楚果遇,是王收秦已[9]。'其不欲甚。欲王之赦粱(梁)王而复见之[10]。勺(赵)氏之虑,以为齐秦复合,必为两甯(帝)以攻勺(赵)[11],若出一口。若楚遇不必,虽必,不为功,愿王之以毋遇喜奉阳君也[12]。

"臣以足下之所与臣约者告燕王[13]:'臣以(已)好处于齐[14],齐王终臣之身不谋燕〈燕〉[15];臣得用于燕[16],终臣之身不谋齐。'燕王甚兑(悦)[17],其于齐循善,事印曲尽从王[18]。王坚[19],三晋亦从王。王取秦、楚亦从王。然而燕王亦有苦[19]。天下恶燕而王信之。以燕之事齐也为尽矣。先为王绝秦，挚（质）子[20]，宦（擐）二万甲自食以功（攻）宋[21]，二万甲自食以攻秦，乾（韩）、梁（梁）岂能得此于燕找（哉）！尽以为齐，王犹听恶燕者，燕王甚苦之。愿王之为臣，甚安燕王之心也[22]。燕齐循善，为王何患无天下！"

本篇辑自《战国纵横家书》第一一章

【校注】

[1] 整理小组曰："这封信是苏秦从燕国去梁国时，在赵国写给齐闵王的。"

[2] "暨"，通作既。《广雅·释诂四》："既，已也。""之"，《尔雅·释诂上》："往也。"

[3] "无变志"，这句是说韩、魏两国攻秦的决心没有变化的意思。

[4] "以"，因也。《汉书·高帝纪》："乡者夫人儿子皆以君。"《助字辨略》卷三："此以字，犹因也。"

[5] 整理小组曰："韩、梁合，指两国军队会合。"

[6] 整理小组曰："上党，地名，在今山西省东南部。战国时，赵和韩、魏都有上党，赵国的上党，大概在今潞城、长治、长子一带。悉上党，即尽发上党之兵。"

[7] "事"，役使。《史记·傅靳蒯成列传》："坐事国人过律。"《索隐》引刘氏云："事，役使也。"

[8] "遇"，会合。这两句意为楚国如果没有秦国的指使，是不敢和齐国会晤的。

[9] 整理小组曰："奉阳君认为楚国如果不是帮齐国拉拢秦国，是不敢和齐国会晤的。如果齐楚相遇，那一定是齐王跟秦国有了勾结。"

[10] 整理小组曰："赦，宽恕。""梁王"，魏昭王。

[11] 整理小组释"啻"为"敌"曰："两敌，指齐、秦。《赵策二》苏秦以燕之赵章说：'请言外患，齐秦为两敌而民不得安。'"裘锡圭按："'两啻'当读为'两帝'。'为两啻'指齐、秦并称帝。《齐策四·苏秦谓齐王章》：'苏秦谓齐王曰：齐、秦立

为两帝,王以天下为尊秦乎,且尊齐呼?……两帝立,约伐赵,孰与伐宋之利?'此文的'两帝立,约伐赵'跟上引帛书文的'必为两菅以攻赵',说的显然是一回事。"裘说当是。

［12］整理小组曰:"这是说:如果和楚国会晤一事未确定,即使定了,也没有好处,希望齐王不和楚国相遇,用以取悦于奉阳君。"

［13］"燕王",燕昭王。这句是说:我把您与我约定的话告诉燕昭王。

［14］"以",同已。

［15］整理小组曰:"此处误多一燕字。"今据删。

［16］"得",能也。见《助字辨略》卷五。

［17］"兑",通作悦。《尔雅·释诂上》:"悦,乐也。"

［18］整理小组曰:"卬,音昂。卬曲等于俯仰。这里是说:不论高低都听从齐王。"本句与本书第一三章"秦卬曲尽听王"、第一四章"事卬曲尽害"的句法相同。"卬"同仰。《荀子·议兵》:"上足卬则下可用也。"杨倞注:"卬,古仰字,下托上曰仰。"《诗·小雅·车舝》:"高山仰止。"《说文·匕部》引作"高山卬",是其证。"仰曲"指大小事情。《广韵·唐韵》:"卬,高也。"《文选·司马迁〈报任少卿书〉》:"与时俯仰。"吕延济注:"仰,高也。""高"有大义。《说文·匕部》:"卬,望欲有所庶及也。""仰"可引申为期望中的大事。《礼记·礼器》:"曲礼三千。"郑玄注:"曲,犹事也。"《礼记·中庸》:"其次致曲。"郑玄注:"曲,犹小小之事也。"《汉书·礼乐志》:"事为之制,曲为之防。"王念孙《读书杂志》:"大事曰事,小事曰曲。"是"仰曲"有大小事之义。这句是说燕国不论大小事情都听从齐王。

［19］"坚",坚定。

［20］"苦",苦恼。

［21］"挚",通作质。整理小组曰:"质子,派子为质于齐。"

［22］整理小组曰:"宦疑读为擐,擐二万甲,即擐甲二万。第二十二章说:'关甲于燕。'宦、擐、关并音近通用。这是说武装二万士兵并自备粮食。一说,宦是宧字之误,养也。"

［23］"甚",真诚。《战国策·秦策四》:"左右皆曰甚然。"高诱注:"甚,谓诚也。"

【考辨】

　　本篇是苏秦从燕国去魏经过赵国时,写给齐闵王的书信。唐兰《苏秦事迹简表》将"自赵献书齐王(帛书十一)"章定在周赧王二十八年,即公元前287年,当是。

　　苏秦在这封信中向齐闵王汇报,他从赵国得知,韩、魏两国攻秦的决心没有变,只是因为遇到雨天,进军速度缓慢。奉阳君李兑说,等到韩、魏两军会合后,赵国将会尽发上党的兵力去进攻秦国。可见这时五国伐秦的联军,尚未完全会合。

　　当时,楚国屈从于秦国,奉阳君担心齐闵王与楚襄王会晤,更担心齐、秦两国重新联合。若齐、秦两国重新联合,必定会成为攻打赵国的两个敌人。苏秦告诉齐闵王不要与楚襄王会晤,以便取悦于奉阳君。

　　苏秦告诉燕昭王,他与齐闵王的约定:"齐王答应在我有生之年不谋燕国。我若能在燕国任事,在我有生之年也不谋取齐国。"这是苏秦取信齐、燕两国的根本因素。

　　这封信中还显示,燕国竭尽心力服事齐国。先是为齐国而与秦国断交,派人到齐国做人质,武装二万士兵自备粮食进攻宋国,二万士兵自备粮食进攻秦国。这是研究当时齐、燕关系的珍贵史料。

二四、苏秦自赵献书于齐王章(二)

　　• 自勺(赵)献书于齐王曰[1]:"臣以令告奉阳君曰[2]:'寡人之所以有讲虑者有【四】[3]:寡人之所为功(攻)秦者,为梁(梁)为多[4]。梁(梁)氏留齐兵于观[5],数月不逆[6],寡人失望,一。择(释)齐兵于荥阳、成睪(皋)[7],数月不从,而功(攻)【宋】[8],再。寡人之叨(仍)功(攻)宋也[9],请于梁(梁)闭关于宋而不许[10]。寡人已举(与)宋讲矣[11],乃来诤(争)得[12],三。今燕勺(赵)之兵皆至矣,俞(愈)疾攻菑[13],四。寡人有(又)闻梁(梁)】入两使阴成于秦[14]。'且君尝曰:'吾县免(勉)于梁(梁)氏,不能辞已[15]。'虽乾(韩)亦然。寡人恐梁(梁)氏之弃与国而独取秦也,是以有溝(讲)虑[16]。今日不】女(如)【攻】之[17],疾之,请从[18]。功(攻)秦,寡人之上计[19]。讲,最寡人之大(太)下也[20]。梁(梁)氏不恃寡人[21],树寡人曰[22]:'齐道楚取秦[23],苏修在齐矣[24]。'使天下汹汹然[25],曰:寡人将反(返)賲也[26]。寡人无之。乃賲固于齐[27],使人于齐大夫之所而俞(偷)语则有之[28]。寡人不见使□,□大对(怼)也[29]。寡人有反(返)賲之虑,必先与君谋之。寡人与韦非约曰[30]:'若与楚遇,将与乾(韩)、梁(梁)四(肆)遇[31],以约功(攻)秦。若楚不遇,将与梁(梁)王复遇于围(圉)地[32],收秦等[33],遂(遂)明(盟)功(攻)秦[34]。大(太)上破之,其【次】宾(摈)之,其下完交而【详】讲,与国毋相离也[35]。'此寡人之约也。韦非以梁王之令(命),欲以平陵蛇(貤)薛[36],以陶封君[37]。平陵虽(唯)成(城)而已,其鄙尽入梁(梁)氏矣[38]。寡人许之已(矣)[39]。'

"臣以【令】告奉阳君[40],奉阳君甚兑(悦)[41],曰:'王有(又)使周湿、长驷重令(命)挩(兑)[42],挩(兑)也敬受命。'奉阳君合(答)臣曰[43]:'筴(兑)有私义(议)[44],与国不先反而天下有功(攻)之者[45],虽知不利,必据之[46]。与国有先反者,虽知不利,必怨之[47]。'今齐、匀(赵)、燕循相善也。王不弃与国而先取秦[48],不弃筴(兑)而反(返)賲也[49],王何患于不得所欲。梁(梁)氏先反,齐、匀(赵)功(攻)梁(梁),齐必取大梁(梁)以东,匀(赵)必取河内[50],秦案不约而应[51],王何患于梁(梁)。梁(梁)、乾(韩)无变,三晋与燕为王功(攻)秦,以便王之功(攻)宋也,王何不利焉。今王弃三晋而收秦[52]、反(返)賲也[53],是王破三晋而复臣天下也[54]。【天】下将入地与重挚(质)于秦[55],而独为秦臣以怨王[56]。臣以为不利于足不下[57],愿王之完三晋之交,与燕也,讲亦以是,疾以是[58]。"

本篇辑自《战国纵横家书》第一二章

【校注】

[1]整理小组曰:"苏秦这封信也是在赵国写的,但比前信晚。""齐王",齐

湣王。

　　[2]"令",教令。

　　[3]整理小组曰:"讲虑是考虑与秦国媾和。第二个有字下疑当补'四'字,有四即下面所说四点。"郑良树曰:"讲,犹和也。《西周策》云:'而秦未与魏讲也。'高诱注:'讲,和也。'即其证。讲虑,犹今语考虑和谈之谓也。"

　　[4]整理小组曰:"为梁为多,是说主要为的是梁国。"郑良树曰:"上'为'字作'以'解,说详《古书虚字集释》卷二。"

　　[5]整理小组曰:"观,魏地。《史记·魏世家》正义:'观音馆,魏州观城县,古之观国。'今山东省范县西北有观城镇。"古"观国"在今河南范县西北观城镇。

　　[6]整理小组曰:"逆,迎接。"

　　[7]整理小组曰:"释是放在那里的意思。熒阳即荥阳,荥字本与熒同音,读如刑。战国时的荥阳,在今河南省郑州市所属旧荥泽县。成皋在其西,今汜水县地。两地都属韩国。"郭永秉曰:"'成皋'的'皋'字,当据图版改释为'睪',读为'皋'。"郭说当是,今据改。"择",通作释。"熒",通作荥。

　　[8]这是说魏国在五国联合攻秦时,却发动攻击宋国的战役。

　　[9]整理小组曰:"仍,再。""奶","奶"字别体,通作仍。

　　[10]"关"是古代在交通要塞或边境设立的防卫处所。"闭关"是指关闭边境的关隘,禁止人员通行往来。

　　[11]"举",通作与。

　　[12]整理小组曰:"得,所得土地。""诤",通作争。

　　[13]整理小组曰:"菑,地名,在魏都大梁之东,是宋魏交界处,在今河南省兰考县境,原考城县之南。""俞",通作愈。"菑",通作戴,古国名,战国属宋。《春秋·隐公十年》:'宋人、蔡人、卫人伐戴。郑伯伐取之。'杜预注:'戴国,今陈留外黄县东南有戴城。'在今河南民权县东北。这句是说魏国加快进攻宋国的戴地。

　　[14]整理小组曰:"由'宋再'起至此(闻梁),原错简在(《战国纵横家书》)第十一章,今移正。阴成,暗中讲和。"

　　[15]整理小组曰:"县免,疑读为勉勉。此处指奉阳君说他勉强梁国攻秦,已经不能说话了。一说:读为悬勉,是悬赏以勉励,第十四章说:'欲王之悬陶、平陵于薛公、奉阳君之上以勉之。'"

[16]"溝",通作讲。

[17]整理小组曰:"由'人两使'至此(今曰不),原错简在下文'寡人''与韦非约曰'句间,今移正。""曰",《周易·困》:"曰动悔有悔。"孔颖达疏:"曰者,思谋之辞也。""女",通作如。"如"下残缺一字,疑当为"攻"字。"今曰不如攻之",是说如今考虑不如攻击秦国。

[18]"请从",听从其命。《国语·晋语四》:"今将婚媾以从秦。"韦昭曰:"从,从其命。"

[19]"计",计策。

[20]整理小组曰:"最字疑因与寡字形近而衍。"这里的"最"并非"衍"字。《汉书·周勃传》:"最从高帝得相国一人。"颜师古注:"最,凡也。""大",同太。"太下",最下策。这句是说:讲和大凡是寡人的最下策。

[21]"恃",相信。

[22]整理小组曰:"树,立。制造名誉叫做'树誉',这里是相反的意思,是制造坏名声。"

[23]整理小组曰:"道,通过。"

[24]苏修,楚国使者,见《战国纵横家书》第三章、《战国策·魏策二》"五国伐秦"章。

[25]"汹汹然",《楚辞·九章·悲回风》:"听波声之汹汹。"朱熹集注:"汹汹,风水声。"王安石《答司马谏议书》:"则众何为而不汹汹然。"这句是说:这使诸侯各国议论纷纷的意思。

[26]整理小组曰:"(返貴)指召回韩貴。"

[27]"固",读如故。《荀子·性恶》:"非故生于人之性也。"杨倞注:"故,犹本也。"这句是说:因为韩貴本来就是齐国人。

[28]"俞",通作偷。"偷语",私下议论。

[29]"对",通作怼。"大怼",大怒。《汉书·窦婴传》:"祗加怼自明。"颜师古注:"怼,怨怒也。"

[30]整理小组曰:"韦非,人名,楚国使者。"郑良树曰:"'韦非'当是人名,战国策士也。下文云'韦非以梁王之令,欲以平陵貤薛'亦云'韦非'耳。惜乎其人已不可明考矣!"

［31］整理小组曰："将与韩、梁四遇,是与韩、梁、燕、赵四国相遇。"因这里并未提及燕、赵两国,故不应解为"与韩、梁、燕、赵四国相遇"。"四",通作肆。《韩非子·难势》:"桀纣得乘四行者。"王先慎集解:"四,当作肆。"是以为证。《诗·大雅·大明》:"肆伐大商。"毛传:"肆,疾也。"《小尔雅·广诂》:"肆,疾也。""将与韩、梁四遇"是说,就要与韩、魏两国迅速会晤。

［32］"围地","围"通作圉,《荀子·强国》:"乃据圉津。"杨倞注:"圉,当为围。"《申论·德象》:"子围以大明昭乱。"孙诒让《札迻》按:"围,当作圉。"是其佐证。亦见《战国纵横家书》第四章。齐闵王"将与梁(梁)王复遇于围(圉)地",是"围地"当在齐、魏之间。《后汉书·郡国志·陈留郡》有"圉"县。《太平寰宇记》卷一《开封府·雍丘县》:"圉城在县南五十里。《左传》昭公五年:'晋韩起如楚送女,还过郑,郑伯劳诸圉。'《风俗传》云:'旧陈地,苦楚之难,修干戈于境,以虞其志,故曰圉。'"故城在今河南杞县西南五十里的圉镇(参见本书第三六章注［27］)。

［33］整理小组曰:"'收秦等'未详。一说,收读为纠,纠正。即二十一苏秦献书赵王章'齐乃西师以禁强秦,使秦废令素服而听'之意。一说,收,纠合。秦是苏秦自称其名。""收秦等","收",取也。《战国策·秦策三》:"文闻秦王欲以吕礼收齐。"鲍彪注:"收,犹取也。""秦",秦国。"等",等级。《大戴礼记·千乘》:"咸知有大功之必进等也。"王聘珍解诂:"等,谓等级。""收秦等"应是指收取秦国的帝位。

［34］"明",通作盟。《庄子·齐物论》:"其留如诅盟。"成玄英疏:"盟,誓也。"《释名·释语言》:"盟,明也,告其事于神明也。"这句是说,于是就举行盟誓去进攻秦国。

［35］整理小组曰:"《魏策二》五国伐秦章谓魏王曰:'故为王计,太上伐秦,其次宾秦,其次坚约而详讲,与国无相离也。'据此,讲上所缺字可能是详字。"《左传·僖公二十四年》:"臣闻之:'大上以德抚民,其次亲亲,以相及也。'"《左传·襄公二十四年》:"豹闻之:'大上有立德,其次有立功,其次有立言。'"《吕氏春秋·禁塞》:"凡救守者,大上以说,其次以兵。"《韩非子·说疑》:"是故禁奸之法,太上禁其心,其次禁其言,其次禁其事。"《淮南子·泰族》:"治身太上养神,其次养形。"足见"大(太)上"、"其次"、"其次",是春秋战国时期人们对事态发展做出三种常见的评估方法。郑良树曰:"'讲'上缺文当是的'共'字。"依文意,"讲"上

缺文当是"详"字,今据补。

　　[36] 整理小组曰:"蛇字通阤,《广雅·释诂一》:'阤,益也。'薛公本封在薛,在今山东省滕县地,再封以平陆,是益封(再加上一个封邑),所以说阤。宋地平陆与薛相近。陵字与陆字,古书多乱。齐国另有平陵,在汉代属济南郡,今在山东省济南市,与薛公所封无关。"

　　[37] 整理小组曰:"陶,地名,即定陶,在今山东省定陶县境。"

　　[38] 整理小组曰:"鄙,郊区。""平陆"属宋国北部边境的城邑,与魏、齐两国接壤。

　　[39] 整理小组曰:"苏秦转述齐王令,止于此。""已",通作矣。

　　[40] 郑良树曰:"'告'上缺文当是'令'字。本章章首云:'臣以令告奉阳君。'即其证。下文奉阳君曰:'王又使周湿、长驷重令兑。'此文云'令',下文云'重令',两'令'字相叠为义,亦其证。"

　　[41] "兑",通作悦,欢喜。

　　[42] 整理小组曰:"周湿、长驷均人名,齐王使者。兑是奉阳君自称其名。""挩",通作兑。

　　[43] "合",通作答。

　　[44] 整理小组曰:"篗即彗字,人名。彗字与兑字音近,可能是李兑自称其名。一说,可能是另一个人。"郑良树曰:"下文云:'不弃彗而反贛也。'亦云'彗',与此同。窃疑'彗'为奉阳君李兑之字,《集韵》云:'彗,日中暴明也。'兑与锐通,《说文》:'锐,芒也,从金兑声。'芒,鋩也,光芒也。《后汉书·张衡传》:'扬芒熛而绛天合。'注云:'芒,光芒也。''兑'与'彗',义相比附。奉阳君盖名兑字彗也。""有私议",有点个人的看法。

　　[45] "反",背叛。

　　[46] 整理小组曰:"据,支持。"

　　[47] 据文意,此"不"当为虚辞,"不利",利也。见《经传释词》卷十。

　　[48] 整理小组曰:"从'齐、勺(赵)、燕循相善也'句起,应是苏秦的话,所以先说齐。"

　　[49] 整理小组曰:"这两句的意思,是要齐闵王不背离友好的国家,也不单独先联合秦国;不离弃彗这个人,也不召回韩贛。"

[50]整理小组曰:"河内,地名。在当时的黄河以北,赵、魏均有河内,魏河内当在今河南省汲县西至济源县一带。"

[51]整理小组曰:"案字与则字义略同,齐赵攻梁,秦也不用约而响应。""案",通作安。《经传释词》卷二说:"安,犹'于是'也,乃也,则也,字或作'案',或作'焉',其义一也。"

[52]整理小组曰:"收读为纠,结合,联合。"

[53]整理小组曰:"返晏也上疑脱'弃筴而'三字。"

[54]整理小组曰:"破三晋,指破坏三晋的关系。复,倾覆。臣,苏秦自称。一说,复,重新,是说齐王又重新要天下向他称臣。"

[55]"入",贡纳。《战国策·秦策四》:"入其社稷之臣于秦。"高诱注:"入,纳也。""挚",通作质。这句是说诸侯各国将会向秦国贡纳土地并重新奉送质子。

[56]"独",将也,见《经传释词》卷六。

[57]整理小组曰:"此处足字下误多一不字。"郑良树曰:"'足'下'不'字,涉上'不'字而衍。""足"下"不"字,当为虚辞。《逸周书·大匡》:"二三子不尚助不谷。"《经传释词》卷十说:"下'不'字训为'弗',上'不'字则语词。孔晁注云:'不尚,尚也。'"是其例证。

[58]整理小组曰:"这里说的是希望齐王搞好三晋和燕国的关系,要和秦国讲和是这样,要赶快攻秦也是这样。"

【考辨】

本篇是苏秦在赵国给齐闵王上书,汇报他向奉阳君李兑转达齐闵王解释齐国考虑与秦国和谈的原因以及奉阳君的态度,并劝齐闵王不要离弃盟国,也不先与秦国结交。唐兰《苏秦事迹简表》将"自赵献书齐王(帛书十二)"章定在周赧王二十八年,时在公元前287年夏季。

齐闵王向奉阳君解释,齐国考虑与秦国和谈的原因,主要是魏国不积极攻秦,反而派兵攻打宋国,并与齐国争夺宋国土地,还在诸侯间制造齐国的坏名声。齐国担心魏国离弃盟国而独自勾结秦国,因此有与秦国和谈的考虑。如今认为进攻秦国是齐国的上策,不再考虑与秦国和谈。奉阳君听到苏秦的转达后,非常高兴。

苏秦在信中劝说齐闵王不要担心魏国。如果魏国首先反叛，齐、赵、秦三国都会攻击魏国。希望齐闵王搞好三晋和燕国的关系，不论是与秦国讲和，还是赶快攻秦都要这样。

二五、苏秦自梁献书于燕王章(二)

自梁(梁)献书于燕王曰[1]："薛公未得所欲于晋国[2]，欲齐之先变以谋晋国也[3]。臣故令遂恐齐王曰[4]：'天下不能功(攻)秦[5]，【必】道齐以取秦[6]。'

"【齐王】甚惧，而欲先天下[7]，虑从楚取秦[8]，虑反(返)乾(韩)贾[9]，有(又)虑从勺(赵)取秦。今梁(梁)、勺(赵)、韩、□□□□□□。薛公、徐为有辞[10]，言劝晋国变矣。齐先鬻勺(赵)以取秦[11]，后卖秦以取勺(赵)而功(攻)宋，今有(又)鬻天下以取秦，如是而薛公、徐为不能以天下为其所欲[12]，则天下固(故)不能谋齐矣[13]。

"愿王之使勺(赵)弘急守徐为，令田贤急【守】薛公[14]，非是毋有使于薛公、徐之所[15]，它人将非之以败臣。毋与奉阳君言事，非于齐，一言毋舍也[16]。事必□□南方强[17]，燕毋首[18]。有(又)慎，毋非令群臣众义(议)功(攻)齐[19]。齐王以燕为必侍(待)其敝(弊)而(功)攻齐[20]，未可解也[21]。言者以臣□贱而避[逐]于王矣[22]。"

本篇辑自《战国纵横家书》第七章

【校注】

[1] 整理小组曰："这封信大概是在'五国攻秦，无功而还'以后写的。""梁"，魏都大梁，在今河南开封市。"燕王"，燕昭王。

[2] 整理小组曰："晋国，此处指魏国。"

[3] "谋"，寻求。

〔4〕整理小组曰:"遂,似是人名。""遂"当是齐国派到魏国跟随苏秦的使者。"恐",吓唬。"齐王",齐闵王。

〔5〕"天下",诸侯各国。"功",通作攻。

〔6〕郭永秉曰:"'道'上一字从残笔看似是'必'字。"郭说当是,今据补。"取秦",争取与秦国讲和。

〔7〕"惧",恐惧。"欲先天下",想在诸侯各国前与秦国讲和。

〔8〕整理小组曰:"虑,考虑。"

〔9〕"反",通作返,召回。"韩翠",曾任齐相,主张秦、齐连横。

〔10〕整理小组曰:"有辞,在先秦古书里是有关争讼的专用词语,是有充分理由的意思。""徐为",韩徐为,赵国大臣。

〔11〕"鬻",出卖。《国语·齐语》:"市贱鬻贵。"韦昭注:"鬻,卖也。"

〔12〕"如是",这样。

〔13〕"故",就。

〔14〕整理小组曰:"赵弘、田贤,均人名,当是燕王派在魏国的使者。"

〔15〕整理小组曰:"徐,即徐为。"这是说如果不派人去薛公、徐为那里。

〔16〕"舍",弃,这里引申为泄漏。

〔17〕"南方",指赵、魏等国。

〔18〕整理小组曰:"毋首,不要首先发动。"

〔19〕整理小组曰:"这是要燕昭王注意,不要让群臣在没有命令时聚众议论攻齐之事。"

〔20〕"弊",弊病。

〔21〕整理小组曰:"解,疑通懈。"

〔22〕整理小组曰:"邈,疏远。"郭永秉曰:"'邈'字,从字形看不可信。此字写得较怪,据图版似当改释为'遯'('豚'的'肉'旁写在'豕'的右边,且写得与'目'字混同)。'遯'字似当是'逐'的误字,意思是为王所弃逐。"今从郭说。

【考辨】

本篇是苏秦在魏都大梁继《战国纵横家书》第六章之后,向燕昭王汇报薛公田文、赵将韩徐为准备发动各国共同攻齐具体情况的书信。唐兰《苏秦事迹简表》将"自梁献书燕王（帛书七）"章系在周赧王二十八年，即公元前 287 年。

信件开头说："薛公未得所欲于晋国，欲齐之先变以谋晋国也。"从全篇内容看，薛公"未得所欲于晋国"的原因，当是魏昭王反对攻齐的事。因此，薛公田文希望齐国先背叛魏国，促使魏昭王改变主意。苏秦为了配合薛公，就让遂去恐吓齐闵王说："各国不能联合进攻秦国，势必要背叛齐国而与秦国讲和。"齐王很害怕，打算抢在别国前面采用各种手段与秦国讲和，以便攻取宋国。

现在薛公、徐为有充分理由，劝说魏昭王转变态度。如果齐国出卖各国与秦国讲和，就不能使各国支持薛公、徐为达到反齐的目的。希望大王赶快派人到韩徐为和薛公身边，防止别人说坏话来攻击我。因为奉阳君反对攻齐，请不要与他议论攻齐的事。齐王已知道燕国正等待时机进攻齐国。燕国不要首先发动攻齐，要慎重从事，也不要让群臣随便议论攻齐的事。

由此可见，苏秦与薛公田文、韩徐为已在五国联军攻秦前先筹划讨伐齐国的重大举措。只是这时齐闵王还被蒙在鼓里。

二六、客谓燕王章

【苏秦】〈客〉谓燕王曰[1]："齐南破楚，西屈秦[2]，用韩、魏之兵，燕、赵之众，犹鞭策也[3]。使齐北面伐燕，即虽五燕不能当[4]。王何不阴出使[5]，散游士[6]，顿齐兵[7]，弊其众，使世世无患。"燕王曰："假寡人五年[8]，寡人得其志矣。"苏子曰[9]："请假王十年"[10]。燕王说，奉苏子车五十乘，南使于齐。

【苏秦】谓齐王曰[11]："齐南破楚，西屈秦，用韩、魏之兵，燕、赵之众，犹鞭策也。臣闻当世之举〔兴〕王[12]，必诛暴正（征）乱[13]，举无道[14]，攻不义。今宋王射天笞地[15]，铸诸侯之象[16]，使侍屏匽[17]，展其臂，弹其鼻，此天下之无道不义，而王不伐，王名终不成。且夫宋[18]，中国膏腴之地[19]，邻民之所处也[20]。与其得百里于燕，不如得十里于宋。伐之，名则义，实则利，王何为弗为？"齐王曰："善。"遂与〔兴〕兵伐宋[21]，三覆宋，宋遂举[22]。

燕王闻之,绝交于齐,率天下之兵以伐齐[23],大战一[24],小战再,顿齐国[25],成其名。故曰:"因其强而强之,乃可折也[26];因其广而广之,乃可缺也[27]。"

本篇辑自《战国策·燕策二》

【校注】

[1]缪文远曰:"此客应即苏秦。燕王,燕昭王。"缪说当是,今据补。因此,"客"字当删。

[2]"齐南破楚"指周赧王十二年(前303年)"齐、韩、魏为楚负其从亲"而伐楚、周赧王十四年(前301年)"秦乃与齐、韩、魏共攻楚,杀楚将唐眛",事见《史记·楚世家》。齐"西屈秦"指周赧王十七年至十九年(前298—前296年),齐、韩、魏三国攻秦入函谷事,事见《史记·六国年表》。

[3]鲍彪曰:"御诸国如马。""鞭策",古代赶马用的工具。

[4]"当",敌也。《战国策·秦策二》:"所当未尝不破也。"高诱注:"当,敌也。"

[5]鲍彪曰:"阴出使,密遣使者。"

[6]"游士",指古代从事游说活动的人。

[7]鲍彪曰:"顿,劳敝之也。"

[8]"假",《广雅·释诂二》谓"借也"。

[9]"苏子"是对苏秦的尊称。

[10]据《战国策·齐策二》,周赧王十九年(前296年)"权之难,齐、燕战",燕国大败。从这年苏秦被召回燕国算起,到周赧王二十九年"齐灭宋",其间正好是"十年"。

[11]鲍彪曰:"齐王,闵王。"

[12]鲍彪曰:"兴起之王。"金王炜曰:"按'举王'当为'兴王',故鲍氏释以为兴起。'兴'误为'与',复误为'举'也。"

[13]金正炜曰:"正,当读为征。"

[14]缪文远曰:"举,战胜。"

［15］鲍彪曰："宋王,君偃。"郭人民曰:"笞,击也。"《史记·宋世家》："君偃十一年,自立为王,东败齐,取五城;南败楚,取地王百里;西败魏军,乃与齐、魏为敌国。盛血以韦囊,悬而射之,命曰射天。淫于酒妇人,群臣谏者辄射之。于是诸侯皆曰:'桀宋。''宋其复为纣所为,不可不诛'。"

［16］郭人民曰:"秦昭王云:宋王无道,为木人以象寡人,射其面。"

［17］郭人民曰:"屏匽,路厕,设屏以遮人,故谓之屏匽。"

［18］"且夫",况且。

［19］"中国",中原。"膏腴",肥美。

［20］鲍彪曰:"齐民临宋者处之。"

［21］缪文远曰:"'与',鲍本作'兴'是,今据改。"

［22］郭人民曰:"此总述齐闵王前后三次伐宋,最后举宋而灭之。"

［23］据《史记·燕召公世家》,燕昭王二十八年(前284年)燕"以乐毅为上将军,与秦、楚、三晋合谋以伐齐"。最初楚国并未参与伐齐活动,只是看到齐国行将破灭,遂参与抢夺齐国的土地。

［24］郭人民曰:"谓济西之战,乐毅五国师攻齐,齐闵王悉起国内兵而拒于济上,一战而齐军大溃。"

［25］"顿",败也。《国语·周语上》:"而王几顿乎。"韦昭注:"顿,败也。"

［26］本句与《老子》第三十六章"将欲弱之,必固强之",第七十六章"兵强则灭,木强则折"、"故坚强者死之徒"的寓义相同。齐国强盛,齐闵王好大喜功,"南破楚,西屈秦",再"举五千乘之劲宋",因而招致众怒,遂引来国破杀身之大祸。

［27］本句与《老子》第四十五章"大成若缺"喻义相近。

【考辨】

本篇是苏秦劝燕昭王"顿其兵"和齐闵王"兴兵伐宋"两次重要谈话的内容,以及苏秦遵循道家思想辅佐燕昭王"以弱燕并强齐"(《说苑·君道》)的基本道理。

第一段是苏秦劝燕昭王"阴出使,散游士,顿齐兵"重要谈话的原始记录。据《战国策·齐策二》,周赧王十九年(前296年)齐国乘与韩、魏"共击秦于函谷"的威势,发动"权之难",燕国大败。同年,苏秦被召回燕国。若这年从算起,到周赧王二十九年"齐灭宋",其间正好是"十年"。因此,这番谈话当是苏秦此次奉召回国后,与燕王商谈的破齐方略。

第二段是苏秦劝齐闵王"兴兵伐宋"的重要谈话的真实记录。苏秦对齐闵王说:"当世之兴王,必诛暴正乱。"今宋王偃"射天笞地",暴虐诸侯,"王不伐",则名"不成";况且宋乃"中国膏腴之地。与其得百里于燕,不如得十里于宋"。齐闵王在功名利益的诱惑下,决定兴兵伐宋,灭掉宋国。据《史记·六国表》,"齐灭宋"在周赧王二十九年(前286年)。因此,这番谈话当发生在公元前288年初。

第三段是苏秦后学在编辑整理前两段说辞时增置的内容。意在简述燕昭王听说齐闵王"灭宋"后,便与齐国断交,遂派乐毅率领五国联军"顿齐国,成其名"的过程。末尾"因其强而强之,乃可折也;因其广而广之,乃可缺也"两句,则是总结苏秦遵循道家以"柔弱胜刚强"(《老子》第六章)的哲学思想,最终实现辅佐燕昭王"以弱燕并强齐"的宏伟宿愿,因而具有重要的教育意义。

二七、宋与楚为兄弟章

宋与楚为兄弟[1]。齐攻宋[2],楚王言救宋[3]。宋因卖楚重[4],以求讲于齐,齐不听。苏秦为宋谓齐相曰[5]:"不如与之[6],以明宋之卖楚重于齐也。楚怒[7],必绝于宋而事齐。齐、楚合[8],则攻宋易矣。"

本篇辑自《战国策·宋卫策》

【校注】

[1] "兄弟",相亲之辞。《诗·小雅·伐木》:"兄弟无远。"孔颖达疏:"兄弟,是相亲之辞。"

[2] 指周赧王二十九年(前286年)齐国第三次攻击宋国。

[3] 缪文远曰:"楚王,顷襄王,此在其十三年。""言",宣称。

[4] 高诱曰:"齐伐宋,楚将救宋。宋恃楚之重,求和于齐者。""卖",卖弄,炫耀。"重",声威。《汉书·汲黯传》:"吾徒得君重。"颜师古曰:"重,威重。"

[5] "为",因也。见《助字辨略》卷四。"为宋",因攻打宋国的事。缪文远

曰:"齐相,韩珉。"

　　[6] 高诱曰:"不如与之和也。"鲍彪曰:"听其讲。"

　　[7] 鲍彪曰:"怒其卖己而与齐讲。"

　　[8] "合",联合。

【考辨】

　　本篇是齐国第三次攻宋前,宋国借楚国的声威想跟齐国讲和。苏秦建议齐相韩珉,"不如表面跟宋国讲和",借以促使楚、宋两国绝交,以利攻打宋国。

　　本篇的年代,鲍彪注云:"苏秦与剔成、齐宣同时,知非闵时。"顾观光《编年》附于周慎靓王元年(前 320 年),并说:"《策》言苏秦,而苏秦以是年死,故附此。"缪文远曰:"顾氏沿旧说而误。苏秦之死在齐闵末年,当代各家论之已详。赧王二十九年,齐灭宋,时苏秦正在齐,故今系于此年。"当以缪说为是,时在周赧王二十九年,即公元前 286 年。

二八、韩珉攻宋章

　　韩人〔珉〕攻宋[1],秦王大怒曰[2]:"吾爱宋,与新城、阳晋同也[3]。韩珉与我交,而攻我甚所爱,何也[4]?"

　　苏秦为韩〔齐〕说秦王曰[5]:"韩珉之攻宋,所以为王也。以韩〔齐〕之强[6],辅之以宋,楚、魏必恐。恐,必西面事秦。王不折一兵,不杀一人,无事而割安邑[7],此韩珉之所以祷于秦也[8]。"

　　秦王曰:"吾固患韩〔齐〕之难知[9],一从一横[10],此其说何也?"对曰:"天下固令韩〔齐〕可知也[11],韩〔齐〕故已攻宋矣[12],其西面事秦[13],以万乘自辅[14];不西事秦,则宋地不安矣[15]。中国白头游敖之士[16],皆积智欲离秦、韩〔齐〕之交。伏轼结轙西驰者[17],未有一人言善韩〔齐〕者也;伏轼结轙东驰者,未有一人言善秦者也。皆不欲韩〔齐〕、秦之合者何也?则晋、楚智而韩〔齐〕、秦愚也。晋、楚合,必伺韩〔齐〕、秦[18];韩〔齐〕、秦合,必图晋、楚。请以决事。"

秦王曰:"善。"

本篇辑自《战国策·韩策三》

【校注】

［1］吴师道曰:"《韩策》云'韩珉相齐',盖韩为齐伐宋也。首句不云'韩攻宋',而云'韩人',疑'人'即'珉'之讹。"金正炜曰:"此为韩珉相齐事,吴说是也。《田世家》作'韩聂',聂即珉。说详王氏《杂志》。珉损为民,而民、人古通用,因转为'人'。"是"韩人"当为"韩珉",今据改。

［2］"秦王",《田敬仲完世家》作"秦昭王"。

［3］缪文远曰:"新城,原为韩邑,在今河南伊川西南。阳晋,卫地,在今山东郓城县西。"

［4］"何",为什么。

［5］"苏秦",《田敬仲完世家》作"苏代"。缪文远曰:"'韩'当为齐。苏秦惧秦败攻宋之事,故说之。"

［6］此句以下,国名"韩"者皆当作"齐"。

［7］据《史记·秦本纪》秦昭王二十一年（前286年):"魏献安邑,秦出其人。"《六国表》作"魏纳安邑于秦"。

［8］"祷",《说文·示部》谓"告事求福也"。吴曾祺曰:"祷于秦,言为秦祈福也。"

［9］"固",本来。

［10］指齐国合纵连横的活动,变化不定。

［11］鲍彪曰:"言非独代〔秦〕知之。"黄丕烈曰:"'也',鲍本作'矣'。"

［12］黄丕烈曰:"'故',鲍本作'固'。"

［13］黄丕烈曰:"'面',鲍本无。"

［14］鲍彪曰:"万乘,秦。"秦为强国,有兵车万乘。据《战国策·魏策四》,"且夫魏一万乘之国"。

［15］《田敬仲完世家》作"宋治不安"。鲍彪曰:"虽得宋地,不能自安。"

［16］鲍彪曰:"敖,出游也。"范祥雍按:"敖同遨,谓年老足智之游士。"

[17]"轼",车厢前用来扶手的横木。"靷",系在牛马胸前,引车前行的皮带。

[18]鲍彪曰:"伺,亦图也,小言之。"吴师道曰:"伺,窥也。"

【考辨】

苏秦劝齐伐宋,引起秦昭王的不满。苏秦害怕秦国扰乱其攻宋敝齐的战略,便赴秦游说秦昭王。吴祖谦《大事记》、林春溥《战国纪年》均系此章为周赧王二十九年(前286年)。杨宽说:"公元前286年齐闵王起用韩珉为相,发动攻宋,秦昭王因此发怒,经苏秦入秦游说,秦昭王被说服了。"(《战国史》第344页)

苏秦对秦昭王说:韩珉要攻打宋国,正是为大王着想的。因为凭着齐国的强盛,再加上宋国的辅助,楚、魏两国必定恐慌,而西面事秦。这样,秦国不损一兵,不杀一人,就会平白地割取魏国的安邑。这正是韩珉为秦国所祈祷的事情。现在中原各国年老资深的说客,都在绞尽脑汁要离间秦、齐两国的邦交。因此,秦昭王听从苏秦游说。这为苏秦实施攻宋敝齐的战略,创造了有利条件。

【附录】《史记·田敬仲完世家》"苏代为齐谓秦王"节

三十八年,伐宋。秦昭王怒曰:"吾爱宋,与爱新城、阳晋同。韩聂与吾友也,而攻吾所爱,何也?"

苏代为齐谓秦王曰:"韩聂之攻宋,所以为王也。齐彊,辅之以宋,楚、魏必恐。恐必西事秦,是王不烦一兵,不伤一士,无事而割安邑也,此韩聂之所祷于王也。"

秦王曰:"吾患齐之难知。一从一横,其说何也?"对曰:"天下国令齐可知乎?齐以攻宋,其知事秦以万乘之国自辅,不西事秦则宋治不安。中国白头游敖之士,皆积智欲离齐、秦之交。伏式结轶西驰者,未有一人言善齐者也;伏轼结轶东驰者,未有一人言善秦者也。何则?皆不欲齐、秦之合也。何晋、楚之智而齐、秦之愚也!晋、楚合必议齐、秦,齐、秦合必图晋、楚。请以此决事。"

秦王曰:"诺。"

于是齐遂伐宋,宋王出亡,死于温。齐南割楚之淮北,西侵三晋,欲以并周室,为天子。泗上诸侯邹鲁之君皆称臣,诸侯恐惧。

二九、五国伐秦无功而还章

五国伐秦,无功而还[1]。其后,齐欲伐宋,而秦禁之[2]。齐令宋郭(窍)之秦[3],请合而以伐宋[4]。秦王许之[5]。魏王畏齐、秦之合也,欲讲于秦[6]。

【苏秦】谓魏王曰[7]:"秦王谓宋郭(窍)曰:'分宋之城[8],服宋之强者[9],六〔大〕国也[10]。乘宋之敝,而与王争得者,楚、魏也[11]。请为王毋禁楚之伐魏也[12],而王独举宋。王之伐宋也,请刚柔而皆用之[13]。如宋者,欺之不为逆者,杀之不为雠(仇)者也[14]。王无与之讲以取地[15],既已得地矣[16],又以力攻之,期于啗宋而已矣[17]。'臣闻此言[18],而窃为王悲[19],秦必且用此于王矣[20]。又必且曰王以求地[21],既已得地,又且以力攻王[22]。又必谓王曰使王轻齐[23]。齐、魏之交已丑[24],又且收齐以更(便)索于王[25]。秦尝用此于楚矣[26],又尝用此于韩矣,愿王之深计之也。秦善魏不可知也已[27]。故为王计,太上伐秦,其次宾秦,其次坚约详讲[28],与国无相离也[29]。秦、齐合,国不可为也已。王其听臣也,必无与讲[30]。

"秦权重魏,魏再〔冉〕明孰[31],是故又为足下伤秦者[32]不敢显也[33]。天下可令伐秦,则阴劝而弗敢图也[34]。见天下之伤秦也,则先鬻与国而以自解也[35]。天下可令宾(摈)秦[36],则为劫于与国而不得已者[37]。天下不可[38],则先去[39]而以秦为上交以自重也[40]。如是人者[41],鬻王以为资者也[42],而焉能免国于患[43]。免国于患者,必穷三节[44]而行其上。上不可,则行其中;中不可;则行其下;下不可[45],则明不与秦[46]。而生以残秦[47],使秦皆无百怨百利[48],唯己之曾安[49]。令足下鬻之以合于秦[50],是免国于患者之计也[51]。臣何足以当之[52]!虽然,愿足下之论臣之计也[53]。

"燕,齐雠国也[54];秦,兄弟之交也[55]。合雠国以伐婚姻[56],臣为之苦矣[57]。黄帝战于涿鹿之野[58],而西戎之兵不至[59];禹攻三苗[60],而东夷之民不起[61]。以燕伐秦[62],黄帝之所难也,而臣以致燕甲而起齐兵矣[63]。

"臣又偏(遍)事三晋之吏[64],奉阳君、孟尝君、韩珉、周㝻、周、韩余为徒,从而下之[65],恐其伐秦之疑也。又身自丑于秦[66],扮(忿)之请焚天下之秦符者[67],臣也;次传焚符之约者[68],臣也;欲使五国约闭秦关者[69],臣也。奉阳君、韩余为既和矣[70],苏修、朱婴既皆阴在邯郸[71],臣又说齐王而往败之[72]。天下共讲[73],因使苏修游天下之语[74],而以齐为上交[75]。兵请伐魏[76],臣又争之以死[77],而果西因苏修重报[78]。臣非不知秦劝之重也[79],然而所以为之者,为足下也!"

本篇辑自《战国策·魏策二》

【校注】

[1] 鲍彪曰:"成皋之役。此(魏昭王)十年。"缪文远曰:"上年(前287),李兑主持三晋与燕、齐五国伐秦,屯兵于荥阳、成皋间,徘徊不进,未获重大战果。《赵策四》'五国伐无功,罢于成皋'。"

[2] 秦国阻禁齐国伐宋,事见《赵策四》"齐欲攻宋,秦令起贾禁之"章及《韩策三》"韩珉攻宋"章。

[3] 郭人民曰:"宋郭,宋人,仕齐。"范祥雍曰:"帛书《战国纵横家书》第三章及第六章有'宋窃',一则曰'今齐王使宋窃谓臣曰',一则曰'齐使宋窃、侯灈谓臣曰'('臣'并为苏秦自称),则窃是齐臣。二章所言皆与李兑伐秦及劝齐伐宋事有关,疑与此宋郭为一人。'郭'与'窃'声近相通。"《说文·穴部》:"窃,空也。从穴,敫声。"郭,同廓。《广雅·释诂三》:"廓,空也。"廓、窃音近义通,范氏说当是。

[4] "合",联合。

[5] 鲍彪曰:"秦王,昭王。"

[6] "魏王",魏昭王。

[7] 鲍彪曰:"此非苏代不能也。"吴师道曰:"按《赵策五》'五国伐秦'章,苏代说奉阳君云云,中有与此章出入者,知此必代之辞也。"缪文远曰:"客说魏王之

语,鲍彪、吴师道皆以是苏代为之,据帛书《战国纵横家书》,实为苏秦说辞。"缪说甚是,今据补。

[8]"城",城池。

[9]"服",屈服。"强",强悍。据《史记·宋微子世家》:"(宋王偃)东败齐,取五城;南败楚,取地三百里;西败魏军,乃与齐、魏为敌国。盛血以韦囊,县而射之,命曰'射天'。淫于妇人。群臣谏者皆射之。于是诸侯皆曰'桀宋'。'宋其复为纣所为,不可不诛'。"

[10]范祥雍曰:"横田本'六'作'大',《考异》云:'从一本。'《解》云:'大国,指齐也。'按:横田本作'大国',似长,但所从一本,不知何本。""六"、"大"篆文形近易混,今据改。

[11]鲍彪曰:"王,齐闵。"范祥雍曰:"楚、魏并与宋邻,故欲齐争得。《史记·宋世家》:'齐闵王与楚、魏伐宋,杀王偃,遂灭宋,而三分其地。'此乃后事。"

[12]"为",犹谓也,见《经传释词》卷二。何建章曰:"毋,勿也。鲍本作'无',义同楚、魏相斗,则无暇顾宋,故秦王建议齐王'毋禁楚之伐魏'。"

[13]鲍彪曰:"宋强、宋弱,皆必伐之。"金正炜曰:"按刚柔皆用者,教齐啗宋之术,即下文所云'欺之'、'杀之'之类,鲍注非也。"

[14]"逆",无礼。《礼记·仲尼燕居》:"勇而不中礼谓之逆。""雠",同仇。《广雅·释诂三》:"仇,恶也。"这是说像宋王偃的行为,欺凌他不算无礼,杀掉他不算作恶。

[15]"讲",和解。"取",获得。

[16]"既",既然。

[17]何建章曰:"期于,犹言'想要'。"金正炜曰:"啗,犹吞也。《楚辞·天问》注:'吞,灭也。'""而已",罢了。

[18]"臣",苏秦自称。

[19]"悲",黄丕烈曰:"鲍改悲为患。"金正炜曰:"悲字自通,不必改患。""窃",私自,暗中。

[20]鲍彪曰:"用楚伐魏。""且",将要。

[21]《广雅·释诂四》:"曰,言也。"

[22]"已",同以,犹为也,见《经传释词》卷一。《汉书·灌婴传》:"战疾力。"

颜师古注:"力,强力。""力",强力,武力。

[23]"谓",告诉。"曰",说。这是说又必定告诉大王说要轻视齐国。

[24]"丑",恶也。

[25]"收",联合。"更",通作便,方便。"索",索取。

[26]"尝",曾经。

[27]鲍彪曰:"言不可信。"缪文远曰:"不可知,言其用心不可测。""已"、"矣"义同,为语终之词,见《经传释词》卷一。

[28]吴师道曰:"详、佯通,《史》多有。'媾'字句。佯讲与秦,此即《赵策》所谓不得已而必媾,则愿五国复坚约者。此'宾'即'摈'。""详讲",读如佯媾,表面和好。苏秦遇事常预估上、中、下三策来应对。例如,《战国纵横家书》第十二章同样说:"遂盟攻秦。太上伐之,其次摈之,其下完交而详讲。"

[29]黄丕烈曰:"今本'离'作'雠'。鲍本作'雠'。"本句《战国纵横家书》第十二章作"与国毋相离也",当以"离"字为是。

[30]鲍彪曰:"与秦讲。"

[31]黄丕烈曰:"再,鲍本作冉。鲍改孰为熟。……此当读'秦权重'为一句,'魏冉明'为一句。魏字误复,孰字亦有误。"金正炜曰:"按此文当以'秦权重魏'为句,言秦权重于魏也。'魏再明孰'为句,《径山之事章》'秦王明而熟于计,穰侯智而习于事',与此文略同。孰、熟通用,不烦改作。"何建章曰:"'明孰',明于事而熟于计。""权",谋略。《淮南子·主术》:"任轻者易权。"高诱注:"权,谋也。""再"、"冉"形近易混,今据改。"魏冉",即穰侯,时任秦相。

[32]缪文远曰:"足下,指魏王。""又",同有。"为",犹使也,见《经传释词》卷二。"伤",伤害。这句意为所以有使大王伤害秦国的活动。

[33]鲍彪曰:"恐秦觉之。"

[34]"劝",通作权。《管子·小筐》:"所以示劝于中国也。"范望校正:"《齐语》'劝'作'权'。"可以为证。权,权衡。"图",谋取。

[35]鲍彪曰:"言与国为之,非我也。"何建章曰:"鬻,出卖。解,解脱。""见",同现,出现。

[36]金正炜曰:"宾,读如摈。""摈",排斥。

[37]何建章曰:"为,读'伪',假装。劫,胁迫。"

[38] 李希汾曰:"天下指与国。天下不可,言与国以摈秦为不可。"

[39] 鲍彪曰:"先去,背诸国也。"

[40] 何建章曰:"上交,极为友好的关系。重,保重。"

[41] "如是",这样。

[42] "资",资本。

[43] "焉能",怎么能。"免",免除。"患",灭难。

[44] 吴师道曰:"三节,即上文太上、其次之说。"

[45] 何建章曰:"上,指'太上',即'伐秦'。中,指'摈秦'。下,指'坚约详讲,与国无相离'。"

[46] 何建章曰:"不与秦,犹言不与妥协。"

[47] 姚宏曰:"而,一作'两'。"鲍彪曰:"生,犹进,言伐之不已。"吴师道曰:"不能伐,不能摈,又不能媾,必为秦所伐,则誓斗而必死,不与秦俱生以残秦。"何建章曰:"此言只要活着,就要消灭秦国。犹言与秦国拼个你死我活。姚校:'而'一作'两'。则当读作'下不可,则明不与秦两生以残秦'。"

[48] 何建章曰:"百,犹言'多'。""怨",仇恨。

[49] 鲍彪曰:"已,止。曾,则也。言使秦见残,不择利害,唯务止魏之残以自安也。"

[50] 鲍彪曰:"所谓鸷王以秦为上交者。""令",使,假如。

[51] 何建章曰:"是,这样。"

[52] "何足",怎么能。"当",顺从。《战国策·赵策二》:"当世辅俗。"鲍彪注:"当,犹顺。"

[53] "论",考虑,选择。

[54] 鲍彪曰:"两国自宣闵、易昭,再世相雠。"

[55] 于鬯《战国策注》:"《尔雅·释亲》郭注:'古者皆谓婚姻为兄弟。'《燕策》苏秦曰:'今燕虽弱小,强秦之少婿也。'彼在易,此在昭王时,盖旧兄弟矣。"据《燕策一》"燕文公时"章,"秦惠王以其女为燕太子妇"。

[56] 何建章曰:"'合雠国',齐合燕。'伐婚姻',燕伐秦。"本句实指燕国联合齐国去攻打秦国,即"五国伐秦"之役。

[57] 鲍彪曰:"言伐秦之难而已为之。"

[58]"黄帝战于涿鹿之野",亦见《秦策一》"苏秦始将连横"章"黄帝伐涿鹿而禽蚩尤",讲的是中国远古时代一次著名的部族战争。"黄帝"是我国远古时代的部落首领,也是中华民族的血缘始祖。据《史记·五帝本纪》,黄帝姓公孙,名轩辕,族号有熊氏,居住在今河南新郑市一带。"涿鹿",古地名,在今河北涿鹿县西南。

[59]"西戎",我国远古时代西北地区部族的总称。据《史记·匈奴列传》,秦穆公时尚有"西戎八国"。

[60]"禹攻三苗",《秦策一》"苏秦始将连横"章作"舜伐三苗"。"禹"是我国原始社会末期夏部族的首领,禹都阳城在今河南登封市东南。"三苗",指我国远古时代居住在江淮地区的氏族部落。

[61]鲍彪曰:"言帝王用兵,犹有不从者。""东夷",我国远古时代居住在东部地区氏族部落的总称。

[62]"以",犹使也,见《古书虚字集释》卷一。

[63]"以",同已。"致",招致。"起",发也。《左传·昭公二十六年》:"王起师于滑。"杜预注:"起,发也。"

[64]何建章曰:"'偏',通'徧',即'遍'。'事',役,治,此犹言交往、打交道。'三晋',韩、赵、魏三国。'吏',官员。"

[65]缪文远曰:"孟尝君,即田文,时方相魏。韩呡,帛书作'韩冣',曾为齐相。韩余为,帛书作'韩徐为',赵大臣。"吴师道曰:"'周'、'韩'之间有脱字,不然衍'周'字。'为徒从而下之'句,谓徒党合从也。""下之",卑身服事他们。

[66]鲍彪曰:"与秦恶。"

[67]范祥雍曰:"'扮'疑是'忿'之借字,《广雅·释诂》:'忿,怒也。'""秦符"是秦国使者出入关时的通行凭证。《孙子兵法·九地》:"是故政举之日,夷关折符,无通其使。"《墨子·旗帜》:"门,二人守之,非有信符,勿行,不从令者斩。"

[68]鲍彪曰:"传之诸国。"

[69]鲍彪曰:"不通秦。"吴师道曰:"《燕策》苏代谓焚天下之秦符,上计破秦,其次长宾之,皆与此合。""约闭秦关",相约关闭通向秦国的关隘。

[70]何建章曰:"和,《说文》'相应也',即'应和'。既和矣,犹言已经同意伐

秦了。"

[71] 鲍彪曰："此皆三晋之吏也。""苏修"，楚国使者，详见本书第三二章注[16]。"既"，已经。"阴"，暗中。"邯郸"，赵国都城，在今河北邯郸市。

[72] 鲍彪曰："败宋郭合秦之约。"于鬯《战国策注》："败苏、朱之横。"当从于说。

[73] 何建章曰："天下共讲，诸侯共结伐秦盟约。"

[74] 何建章曰："秦国就派苏修说服诸侯勿接受联合攻秦的主张。""游"，游说。"语"，说词。

[75] 鲍彪曰："盖诈。""上交"，最好的盟友。

[76] 鲍彪曰："兵，齐兵。"

[77] 这句是我又拼死说服齐王，不要攻伐魏国。

[78] 鲍彪曰："修，在邯郸，齐之西也。报以齐不伐魏。"何建章曰："果，终。重，再。因齐不伐魏，因此苏修再报秦王。""西"，《太玄经·减》："利用登于西山。"司马光集注："西者，物之成也。""因"，由也，见《经传释词》卷一。这句是说：最终促成由苏修再次向秦王报告。

[79] "劝"，鲍本作"权"。吴师道曰："恐作'权'，上有。"

【考辨】

本章是在齐国灭宋前苏秦为坚定五国"摈秦"的决心，游说魏昭王不要与秦国构和，以便齐国乘机灭宋。据《史记·六国年表》，"齐灭宋"在周赧王二十九年（前286年），林春溥《战国纪年》、黄式三《周季编略》、顾观光《国策编年》均从之。缪文远曰"此章为周赧王二十九年（前286）齐灭宋时事"，当在公元前286年初。

本篇"谓魏王曰"的游说者没有署名。杨宽指出："这批苏氏游说资料，帛书在每一章上都没有署名。……用这部原始的苏秦资料作标准，可以分辨清楚《赵策四》'齐欲攻宋'章、'齐将攻宋'章、'五国伐秦无功'章和《魏策二》'五国伐秦无功而还'章，都是同样原始的资料。……以《魏策二》的一章为例，这位游说者主张'太上伐秦，其次宾（摈）秦，其次坚约而详讲'，和帛书内容是完全一致的。帛书第十二章同样说：'大（太）上破之，其【次】宾（摈）之，其下完交而□讲。'……从这部帛书来看,苏秦正是经常奔走于奉阳君、孟尝君、韩翟(即韩珉)、韩徐为之间的。"[1]因此,这位游说当是苏秦。

苏秦告诉魏王说:秦昭王告诉宋窍,宋王偃荒淫暴虐,"欺之不为逆者,杀之不为仇"。但是,只有大国才有资格"分宋之城,服宋之强"。楚、魏两国都想"乘宋之敝",与齐国争夺宋国土地。秦国希望齐国不要禁止楚国"伐魏",而使齐国"独举宋"。这说明齐国伐宋得到秦国的支持。当时,五国正在联合伐秦,假如魏国出卖盟国来联合秦国,齐国是不会答应的。因此,苏秦这次游说,就是要迫使魏王放弃与秦国讲和的念头。

苏秦迫使魏王不要与秦国讲和,就是要为齐国乘机灭宋,营建有利的外部环境。本篇自"燕、齐雠国也"至"欲使五国闭秦关者臣也",说明五国攻秦的实际工作都是苏秦做的。唐兰说赵国因此"封他为武安君。这就是后来所称'苏秦合纵'的真实情况"。

三〇、苏秦自赵献书燕王章

自赵献书燕王曰[1]:"始臣甚恶事[2],恐赵足□□□□□□□□□□□□□□□□□□□□□□□□[3],臣之所恶也。故冒赵而欲说丹与得[4],事非□□□□□臣也。今奉阳【君】之使与□□□□□□□□[5],封秦也,任秦也[6],比燕于赵[7]。令(命)秦与[芫](兑)□□□□□□[8]。宋不可信[9]。若□□□持我其从徐【为】□□□□制事[10],齐必不信赵矣[11]。王毋夏(忧)事[12],务自乐也。臣闻王之不安,臣甚愿□□□□□之中重齐,欲如□□□齐,秦毋恶燕、粱(梁)以自持也[13]。

"今与臣约[14],五和[15],入秦使[16],使齐、韩、粱(梁)、燕□□□□□约御(却)军之日[17],无伐齐、外齐焉[18]。事之上,齐、赵大恶;中,五和,不外燕;下,赵循合齐、秦以谋燕[19]。今臣欲以齐大

---

[1] 杨宽:《马王堆帛书〈战国纵横家书〉的史料价值》,《战国纵横家书》,第162、166—167页。

【恶】而去赵[20]。胃（谓）齐王[21]：'赵之禾（和）也[22]，阴外齐、谋齐'[23]。齐、赵必大恶矣。

"奉阳君、徐为不信臣[24]，甚不欲臣之之齐也[25]，有（又）不欲臣之之韩、粱（梁）也[26]。燕事小大之诤（争）[27]，必且美矣。臣甚患赵之不出臣也[28]。知（智）能免国[29]，未能免身。愿王之为臣故，此也。使田伐、若使使（史）孙疾召臣[30]，因辞于臣也[31]。为予赵甲因在粱（梁）者[32]。"

本篇辑自《战国纵横家书》第一章

【校注】

［1］"赵"，赵国，国都邯郸在今河北省邯郸市西南部。"燕"，燕国，国都蓟在今北京市西南。燕昭王开始设下都于武阳，在今河北省易县南。"燕王"，燕昭王。整理小组曰："这是苏秦被扣留在赵国时写给燕昭王的信。"

［2］整理小组曰："臣甚恶事是说苏秦很讨厌这类事。"这句是说：苏秦开始时并不愿做游说赵国这件事。

［3］整理小组曰："赵足，人名，赵臣。"郑良树曰："'赵足'当是人名，帛书本《战国策》第二章云'使赵足问之臣'，即其人。《齐策》二'秦攻赵'章，赵足之齐，谓齐王曰：'王欲秦、赵之解乎？不如从合于赵，赵必背秦；倍秦，则齐无患矣！'《燕策二》'奉阳君告朱欢与赵足'章，载奉阳君李兑与朱欢、赵足论齐、赵合之事；据此以观之，赵足盖奉阳君门下说客也。窃疑苏秦受困于赵，赵足恐参与其事，下章云：'奉阳君甚怒于齐，使赵足问臣……奉阳君尽以为臣罪，恐久而后不可□救池。'是其证。本文'恐赵足'下缺二十余字，盖亦与此事有关也。"

［4］整理小组曰："冒，冒犯。一说：冒是胃（谓）字之误。六行'胃齐王'的胃字，本作冒，改作胃，可证。丹，人名，即公玉丹，见第四章及《吕氏春秋》，齐闵王臣。得，人名，可能是强得，见第十四章。"郑良树曰："案'丹'、'得'，人名也。第三章云：'奉阳君□□□丹若得也。'若，犹与也；亦丹、得二人并举。第四章云：'公玉丹之赵致蒙。'彼文'丹'恐与此有关系。帛书本第十四章曰：'今爽也、强得也，皆言王之不信薛公，薛公甚惧。'爽、强得，皆是人名；未详此文'得'是否即本

文之'强得'。""丹"即公玉丹,是深得齐闵王信任的谄媚之臣,事见《吕氏春秋·审已》、《正名》、《过理》以及《新序·杂事五》。

[5] 整理小组曰:"奉阳君是李兑的封号。此时是赵相,执赵国之政。"

[6] 整理小组曰:"秦,苏秦自称。这是说封苏秦以邑,并让他任事。"

[7] 这句是说,比照苏秦在燕国的待遇,来给他封邑和官职。

[8] 整理小组曰:"兑即李兑。从'封秦也'以下当是转述奉阳君的使者与苏秦说的话。"郭永秉曰:"'苋'字,从图看明显从'竹'头。秦汉文字'艹'头、'竹'头虽易混,但仍基本可以区分,故此字应改释为'筊','筊'字字书未见。""筊"当是"棁"字的别体。《说文·木部》:"棁,木杖也。""棁"字别作'筊',俗作'苋'。因为在古文字的形符里,"木"、"竹"、"艹"意义相近,互为通用。其例甚多,兹不赘述。"棁",通作兑。《老子》第九章:"揣而棁之。"《经典释文》:"棁,河上作锐。"王筠《说文句读·金部》:"锐,亦省为兑。"是其证。

[9] "宋",宋国,国都彭城在今江苏省徐州市。《战国策·燕策三》说齐国"三覆宋,宋遂举"。齐闵王曾多次攻击宋国,公元前286年,齐国终于灭掉宋国。"信",《战国策·秦策二》:"则慈母不能信也。"高诱注:"信,犹保也。"《汉书·五行志上》:"莫信其性。"颜师古注:"信,犹保也。"这是说宋国已不能保全了。

[10] 郑良树曰:"'徐□'当是'徐为'之阙文;考诸帛书,徐为盖亦当时著名策士之一。""持",通作待。《荀子·礼论》:"持手而食者。"王先谦集解:"持手,《大戴礼记》作'待年'。""其",语助辞,见《经传释词》卷五。"从",通作怂,怂恿。"制事",专断事务。这是说如果等待我怂恿韩徐为专断赵国事务。

[11] "齐",齐国。

[12] "夏",当是"忧"字误写,形近易混。《荀子·荣辱篇》:"忧忘其身。"杨倞注:"或曰当为'下忘其身',误为'夏',又'夏'转误为'忧'字耳。"是其佐证。

[13] "秦",秦国。"梁",魏国。"恶",厌恶。"持",不变。这是说使秦国不会厌恶燕、魏两国,并保证燕、魏两国的安全。

[14] "与",谓也。《大戴礼记·曾子事父母》:"不与小之自也。"孔广森补注:"与,谓也。""约",约束,要求。这是说奉阳君向我提出要求。

[15] 整理小组曰:"五和,指齐、赵、韩、梁、燕五国联合。""和",联合。这是说奉阳君李兑与苏秦约定,要使齐、赵、韩、梁、燕五国联合行动。五国伐秦的联

军名义上由李兑统帅,实际上是由苏秦策划组织的。据《战国策·赵策四》,这时五国伐秦的联军仍滞留在成皋(在今河南省荥阳市西北)一带。

[16]"入秦使",派使者到秦国去。

[17]"却",《广雅·释言》谓"退也"。这是说约定五国退兵的日期。

[18]整理小组曰:"外,排斥。"

[19]整理小组曰:"循,顺。"郑良树曰:"循合,修合、修善之谓也。"

[20]"去",离开。

[21]"齐王",齐闵王。

[22]"禾",通作和。《尚书·微子之命》:"唐叔得禾。"孔颖达疏:"禾者,和也。"《晋书音义上·志卷四》:"和,本作禾。"是其佐证。"和",和好。这是说赵国与秦国的和好。

[23]"阴",暗中。

[24]整理小组曰:"徐为,人名,即韩徐为,又叫韩徐,韩为,此时是赵将。"

[25]前一"之"字,语助也,见《经传释词》卷九。后一"之"字,往也。《诗·魏风·硕鼠》:"谁之永号。"郑玄笺:"之,往也。"

[26]"韩",韩国,国都新郑在今河南新郑市西北。

[27]"诤",同争,争斗。

[28]整理小组曰:"不出臣,不放苏秦走。"

[29]"知",同智,智慧。"免",免除。

[30]整理小组曰:"田伐和使孙均人名,燕臣。田伐,第四章作田代。使孙又见第二章。若,或者。"郑良树曰:"此句当读为'使田伐、若使使孙疾召臣',田伐、使孙,皆是使者之名。田伐,见于《燕策》二'苏代自齐献书于燕王'章,……是田伐亦是燕人,与苏氏同时,帛书本'田伐',与《燕策》所云者当是同一人。""使",读如史。《礼记·杂记上》:"客使自下由路西。"郑玄注:"使,或为史。"《周易·巽》:"用史巫纷若。"焦循章句:"史同使。"可以佐证。"疾召臣",快来召见苏秦。

[31]裘锡圭按:"此句'辞'上一字的写法,跟同章5行'自持'的'自'截然不同,而跟同行'因在梁者的'因'字相似,疑也应释为'因'。"裘说当是,今据改。

[32]"予",我。"赵甲",赵国的军队。"因",仍旧。这是说为了我,赵国的军队仍旧停留在魏国。

【考辨】

本章是齐国攻灭宋国后,苏秦到赵国策划"攻齐"事宜时,被奉阳君拘留后写信给燕昭王,希望燕昭王派人来疏通,让他离开赵国。事在公元前286年的下半年。

杨宽先生指出:"苏秦为了使齐、赵关系恶化,曾到赵国游说奉阳君李兑和韩徐为,一度被赵国扣留(见第一、第二、第三和第四章)。"苏秦被奉阳君拘留的原因,这封信中没有讲明。据《战国纵横家书》第四章苏秦给燕昭王的信里说:公元前286年齐闵王攻灭宋国后,"薛公、韩徐为与王(燕)约攻齐。奉阳君鸷臣,归罪于燕,以定其封于齐。公玉丹之赵致蒙,奉阳君受之"。因此,苏秦到赵国暗中策划"攻齐"的事宜,受到奉阳君的怀疑。《战国策·燕策二》说:"苏秦为奉阳君说燕于赵以伐齐,奉阳君不听。"奉阳君为"定其封于齐",先是拉拢苏秦,"封秦也,任秦也,比燕于赵"。就是比照苏秦在燕国的待遇,在赵国给他封邑和官职。奉阳君在拉拢无效后就把苏秦拘留起来,禁止他到齐、韩、魏国去活动。并派周纳去向齐闵王告密说:苏秦"欲谋齐"(《战国纵横家书》第三章)。

苏秦为及时组织五国攻齐事宜,感慨地说:"智能免国,未能免身。"希望燕昭王尽快派田伐或史孙到赵国来,帮他摆脱困境。

三一、苏秦使韩山献书燕王章

使韩山献书燕王曰[1]:"臣使庆报之后[2],徐为之与臣言甚恶[3]。死亦大物已[4],不快于心而死,臣甚难之。故臣使辛谒大之[5]。王使庆谓臣:'不利于国[6],且我夏(忧)之[7]。'臣为此未敢去之[8]。王之赐使使(史)孙与弘来[9],甚善已。言臣之后[10],奉阳君、徐为之视臣益善,有遣臣之语矣[11]。

"今齐王使李终之勺(赵)[12],怒于勺(赵)之止臣也[13]。且告奉阳君[14],相桥于宋[15],与宋通关[16]。奉阳君甚怒于齐[17],使勺(赵)足问之臣[18],臣对以弗知也[19]。

"臣之所患,齐勺(赵)之恶日益[20],奉阳君尽以为臣罪,恐久而后不可【能】救也[21]。齐王之言臣，反不如已[22]。愿王之使人反复言臣[23]，必毋使臣久于勺(赵)也。"

本章辑自《战国纵横家书》第二章

【注释】

[1] 整理小组曰："韩山，人名，燕臣。苏秦被扣留在赵，派他把信送给燕昭王。"

[2] 整理小组曰："庆，人名，即盛庆，燕臣，又见第三、第四章。"郑良树曰："'庆'为人名，燕使也。第二章下文曰：'王使庆谓臣不利于国。'第四章曰：'今王使庆令臣曰：吾欲用所善。'盖尝为燕使以见于秦也。第三章曰：'使盛庆献书于燕王。'盛庆为苏秦献书燕王使者，然则本章此文所谓使庆上报燕王，此文之'庆'，与本文之'盛庆'，当是同一人无疑，其人名庆姓盛。"可见盛庆是燕国联络苏秦与赵国关系的使者。

[3] "徐为"，赵臣，即韩徐为。整理小组曰："徐为恫吓苏秦的话，见《赵策二》：'人告奉阳君曰："使齐不信赵者，苏子也；今(令)齐王召蜀子使不伐宋，苏子也；与齐王谋，道取秦以谋赵者，苏子也；今(令)齐守赵之质子以甲者，又苏子也。"请告子以请(情)。齐果以(已)守赵之质子以甲，吾必守子以甲。'"

[4] 整理小组曰："大物，大事。""亦"，实也。《后汉书·窦融传赞》："亦称才雄。"李贤注："亦，实也。"《吕氏春秋·贵生》："天下重物也。"高诱注："物，事也。""已"，语终词，见《经传释词》卷一。这是说死亡实在是人生的一件大事。

[5] 整理小组曰："辛，人名，应是苏秦所派使者。谒，请求。大字疑去字之误，所以下文说：'臣为此无敢去之。'"《秦策三》"魏谓魏冉"章："辛、张阳、毋泽说魏王、薛公、公叔也。"鲍彪注："辛，疑韩人。"这两个"辛"，不知是否同为一人。"大"，《文选·〈张衡·西京赋〉》："大宜宜然。"薛综注：："大，谓王者。""谒大"，请求大王。

[6] 指苏秦在赵国被扣留，对燕国不利。

[7] "且"，并且。"夏"、"忧"形近混用。

[8] 裘锡圭按："'敢'上一字实为'未'字，由于中竖下端残去，《释文》和单

行本都误释为'无'。"今据改。"去",《文选·无名氏〈古诗十九首〉》:"去者日以疏。"李周翰注:"去者,谓死也。"

［9］整理小组曰:"弘,人名,也是燕国使臣。"郑良树曰:"案'使孙'为燕国使者之名,说详上文。'弘'亦为人名,第七章载苏秦自梁献书燕王,曰:'愿王之使赵弘急守徐为,令田贤急守薛公。'赵弘、田贤皆燕臣。此文'弘',盖即彼赵弘也。""使孙",史孙,说见第一章。"赐",命令,派遣。《周礼·春官·小宗伯》:"赐卿大夫士爵。"郑玄注:"赐,犹命也。"

［10］整理小组曰:"言臣,帮苏秦说话。第四章说:'臣止于赵,王谓韩徐为:"止某不道,犹免寡人之冠也。"以振臣之死。'当即此事。"

［11］整理小组曰:"遣,放行。"

［12］整理小组曰:"李终:人名,齐国使者。本书经常用勺字代赵,勺赵音相近。""齐王",齐闵王。"使",派遣。《玉篇·人部》:"使,令也。""之",《经传释词》卷九谓"至也"。

［13］整理小组曰:"止:扣留。"《汉书·五行志下》:"夏帝卜杀之,去之,止之。"颜师古注:"止,谓拘留也。"

［14］"且",发语词也。见《经传释词》卷八。

［15］整理小组曰:"桥,当是人名,相桥于宋,使桥为宋相。"

［16］整理小组曰:"关,指两国边界的关卡。通关,即互通往来。"此时齐国已灭掉宋国,所说"相桥于宋,与宋通关",只是齐蒙蔽诸侯各国的说辞而已。

［17］奉阳君恼怒齐国攻灭宋国的事。

［18］"之",语助词,见《经传释词》卷九。

［19］郭永秉曰:"'对以弗知'的'对'字,从图版看实左下从'言',即《说文》训'膺无方也'的'對'字正篆,《说文》以'对'为'對'字或体。"《说文·丵部》说:"'對'或从士,汉文帝以为责对而为言,多非诚对,故去其口以从士也。"

［20］益,甚,严重。《战国策·中山策》:"中山虽益废王。"鲍彪注:"益,犹甚也。"

［21］本句"不可□救也",与《诗·郑风·溱洧序》"莫之能救焉"、《论语·八佾》"女弗能救与"句例相同,故"救"前残缺一字,疑是"能"字,今据补。

［22］整理小组曰:"反不如已,反而不如不说。"

［23］"反复言臣",反复为我说好话,为我求情。

【考辨】

本章是苏秦被赵国扣留后,派韩山再次送给燕昭王的信。时间当在公元前286年。苏秦在信里向燕昭王报告三件事情:

一是苏秦被赵国拘留后,韩徐为的态度很恶劣,苏秦感到有被杀的危险。因而发出"死亦大物已,不快于心而死,臣甚难之"的感叹!燕昭王派使者来到赵国说情后,他的处境已有改善,已经有放他离开赵国的意思。

二是说奉阳君对齐国攻灭宋国很恼怒。齐闵王派李冬来赵国,对赵国拘苏奉表示不满,并告诉奉阳君齐国已准备"相桥于宋,与宋通关"。

三是苏秦担心齐、赵关系恶化,影响他离开赵国。请燕昭王派人加紧活动,使其尽快离开赴国。

三二、苏秦使盛庆献书于燕王章

使盛庆献书于【燕王曰】[1]:"【勺(赵)之甲胄】虽未功(攻)齐[2],事必美者[3]。以齐之任臣[4],以不功(攻)宋[5],欲从韩、梁(梁)取秦以谨勺(赵)[6]。勺(赵)以(已)用薛公、徐为之谋谨齐[7],故齐、【赵】相倍(背)也[8]。

"今齐王使宋窃谓臣曰[9]:'奉阳君使周纳告寡人曰[10]:"燕王请毋任苏秦以事[11]。"信□□奉阳君使周纳言之,曰"欲谋齐"[12],寡人弗信也。周纳言:燕、勺(赵)循善矣,皆不任子以事。奉阳【君】□□丹若得也[13],曰:'笱〔苟〕毋任子[14],讲[15],请以齐为上交。天下有谋齐者请功(攻)之。'[16],

"苏修在齐[17],使□□□□□□□予齐、勺(赵)矣。今【齐】王使宋窃诏臣曰[18]:'鱼(吾)【将】与子□有谋也[19]。'臣之所【见于】□□□□□□不功(攻)齐[20],全于介(界)[21],所见于薛公、徐为,其功(攻)齐益疾[22]。王必勺(赵)之功(攻)齐[23],若以天下

□□□□□□□焉[24]。外齐于禾(和)[25],必不合齐、秦以谋燕,则臣请为免于齐而归矣[26]。为赵择□□□□□□□必勺(赵)之不合齐、秦以谋燕也。齐王虽归臣,臣将不归[27]。诸可以恶齐、勺(赵)【者】将【而归】之[28]。以恶可【也】[29],以蓐(辱)可也[30],以与勺(赵)为大仇可也。今王曰:'必善勺(赵),利于国。'臣与不知其故[31]。

"奉阳君之所欲,循【善】齐、秦以定其封[32],此其上计也。次循善齐以安其国。齐、勺(赵)循善,燕之大过(祸)[33]。【将】养勺(赵)而美之齐乎?害于燕,恶之齐乎?奉阳君怨臣,臣将何处焉[34]。

"臣以齐善勺(赵),必容焉,以为不利国故也[35]。勺(赵)非可与功(攻)齐也,无所用[36]。勺(赵)毋恶于齐为上[37]。齐、勺(赵)不恶,国不可得而安,功不可得而成也[38]。齐、勺(赵)之恶从已[39],愿王之定虑而羽镞臣也[40],勺(赵)止臣而它人取齐,必害于燕。臣止于赵而侍(待)其鱼肉[41],臣【甚】不利于身[42]。"

本章辑自《战国纵横家书》第三章

【校注】

[1] 整理小组曰:"盛庆,见第二章注二。苏秦被扣留在赵,派他把信送给燕昭王。"

[2] 郭永秉曰:"'虽未攻齐'的'虽'上一字,残存笔画较多,疑为'胄'字。"郭说近是。胄、胃构形相近易混,从全句文意看,"虽"上残字,以"胄"字为宜。古时甲胄常连用,《大戴礼记·四代》:"无废甲胄之戒。"《礼记·儒行》:"儒有忠信以为甲胄。"由此推测,"虽"上残缺四字,当为"勺之甲胄",今据补。"功",通作攻。"攻齐",进攻齐国。

[3] "必",一定。"美",成功,顺利。

[4] "以",犹"若"也,见《古书虚字集释》卷一。"事",职事,职务。

[5] "以",犹"则"也,见《古书虚字集释》卷一。

[6] 整理小组曰:"取,拉拢。谨,防范。"

[7] 整理小组曰:"薛公即孟尝君田文,齐王宗族,封于薛。此时因与齐闵

王不和,在魏国作相,常与韩徐为一起计划伐齐。""以",读为已,已经。

[8] "倍",通作背,背叛。

[9] 整理小组曰:"宋窍,人名。齐国使臣。"

[10] 整理小组曰:"周纳,人名,奉阳君使者。这里是齐闵王把奉阳君派周纳对他说的话转告苏秦。"

[11] 这是说燕昭王不让苏秦再担任"谋齐"的职事,意即要撤换苏秦。

[12] 这是说苏秦想图谋齐国。

[13] "丹",公玉丹。"若",和。"得,"强得。

[14] 帛书整理者认为"笱"当是"苟"字误写,今据改。"苟",假若。

[15] "讲",考虑。《史记·韩世家》:"将西购于秦。"《索隐》:"《战国策》作'讲'。'讲',亦谋议也。"

[16] 整理小组曰:"以上是宋窍转述齐闵王的话。"

[17] 整理小组曰:"苏修,人名,楚国使者。"郑良树曰:"苏修,人名,战国策士之一。帛书本《国策》第十二章亦云:'苏修在齐矣。'与此同。《战国策·魏策》二'五国伐齐'章,载或人说魏王曰:'苏修、朱婴既皆阴在邯郸。……天下共讲,因使苏修游天下之语,而以齐为上交,……而果西因苏修而重报。'苏修,盖齐、魏合谋之策划者,故或在齐,或阴在赵。"

[18] 整理小组曰:"诏,告。指身份高的人对身份低的人说话。"

[19] 整理小组曰:"鱼,代名词,和吾字音近通用。"裘锡圭按:"'鱼'下一字尚缺少量残画,《释文》释为'将'(《文物》1975年4期15页),似可信。"今据补。"谋",谋略,计策。

[20] 郭永秉据帛书残片,在"所"下补"见于"二字。当是,今据补。

[21] 整理小组曰:"全,通跧。《广雅·释诂三》:'跧,伏也。'这是说赵国虽然没有攻齐,伏于边界。""介",通作界,边界。

[22] "薛公、徐为其攻齐",事见《战国纵横家书》第四章。"疾",紧急。

[23] "必",一定。《助字辨略》卷五:"必,决定之辞。"

[24] "若以",这样。

[25] "禾",同和,联合。这是说把齐国排除在诸侯联合的行动之外。

[26] 整理小组曰:"免,离去。这是说燕昭王如果能确定赵国一定攻齐,即

使天下联合,也要排斥齐国在外;赵国一定不联合齐秦来谋燕国。那末,苏秦就要请求齐国允许他离开而回去。""归",回到燕国。

[27] 整理小组曰:"此处有缺文。大意是为赵国选择,一定要联合齐秦,燕王如果不能确定赵国不联合齐秦来谋燕,那末,即使齐王要他回,他也是不回的。"

[28] "诸",众多。依文意,"之"上二字疑为"而归",今据补。

[29] "恶",憎恨。

[30] "蓐",通作辱,侮辱,耻辱。《左传·昭公二十九年》:"金正曰蓐收。"《经典释文》曰:"蓐,本作辱。"

[31] "与",语助辞,见《经传释词》卷一。"不",语词。"不知",知道也。见《经传释词》卷十。

[32] "以定其封",《战国纵横家书》第四章说奉阳君"以定其封于齐。公玉丹之赵致蒙,奉阳君受之",讲的就是这件事。

[33] "过",通作祸,灭难。

[34] 整理小组曰:"此处以'害于燕'断句,'奉阳君怨臣'断句。意思是:纵容赵国,使齐赵交好,必害于燕,如使齐恶赵,奉阳君将怨苏秦。一说,'将养赵而美之齐乎'和'害于燕恶之齐乎'是对偶句。意思是将养赵而使齐美赵呢,还是将害燕而使齐恶燕呢?'奉阳君怨臣'应属下文,苏秦被止于赵就因为奉阳君怨他,这是事实,不用再设问。苏秦所问'臣将何处也'只指美赵于齐还是恶赵燕于齐。"

[35] 整理小组曰:"容,被容于赵。不利国,不利燕国。"

[36] "非可",不可能。"与",参加。这句意为赵国不可能参加攻伐齐国,因为没有益处。

[37] "毋",不,不要。

[38] 这是说如果齐、赵不交恶,燕国就不可能得到安全,大王的功业就不可能得到实现。

[39] 整理小组曰:"从已,成功了。""从",如愿。《仪礼·士丧礼》:"占之曰从。"郑玄注:"从,犹吉也。"《仪礼·少牢馈食礼》:"占曰从。"郑玄注:"从者,求吉得吉之言。""已",为语终之辞,见《经传释词》卷一。

［40］整理小组曰："羽镞,通翼赞(或作翼讃、翊赞),帮助的意思。"郭永秉按:"谓'羽'通'翼'似不妥当。古书有'羽翼'一词,表示辅佐之义。如《吕氏春秋·举难》:'三士羽翼之也。'高诱注:'羽翼,佐之。'可见'羽'、'翼'义近,都可由本义引申出辅佐、帮助一类的意思。羽镞,义与'羽赞'相近。"郭说当是。"定虑",安定思绪。

［41］整理小组曰:"待其鱼肉,意思是任人宰割。""侍",通作待,等候。

［42］郑良树案:"'臣'下盖缺'甚'字,谓甚不利于己身也。帛书第一章'臣甚患赵之不出臣也',句法与此略同,可为证。"郑说当是,今据补。

【考辨】

本章是苏秦被奉阳君拘留在赵国时,派盛庆给燕昭王的信。时在公元前286年下半年。

杨宽先生指出:《战国纵横家书》"从第一到第三章,是苏秦从赵国写给燕昭王的信,谈的主要是怎样使齐、赵两国关系恶化以及他被赵国扣留的事"。苏秦在这封信中对燕昭王说,齐王已经使宋窅把奉阳君密告他的话转告给苏秦。由此可见,齐闵王在接到奉阳君的密报后,仍对苏秦深信不疑。

从信中可知,苏秦为组织"攻齐"的联军,已把重点放在"恶齐、赵之交"上来。他对燕昭王说,若"齐、赵不恶,国不可得而安,功不可得而成也"。然而,当时奉阳君的打算是"循善齐、秦以定其封",赵国则是"毋恶于齐为上"。可见要想"恶齐、赵之交",也不是一件容易的事。

这封信中还说"赵已用薛公、徐为之谋谨齐,故齐、赵相背也",并说"所见于薛公、徐为其攻齐益疾","齐赵之恶从己"。这说明赵、魏联合伐齐的局面已初步形成了。

三三、奉阳君李兑甚不取于苏秦章

奉阳君李兑甚不取于苏秦[1]。苏秦在(载)燕[2],(李兑)〔使孙〕因为苏秦谓奉阳君曰[3]:"齐、燕离则赵重,齐、燕合则赵轻。今君【合燕】

之齐[4],非赵之利也。臣窃为君不取也。"

奉阳君曰:"何吾合燕于齐[5]?"

对曰:"夫制于燕者苏子也[6]。而燕弱国也,东不如齐,西不如赵。岂能东无齐、西无赵哉?而君甚不善苏秦,苏秦能抱弱燕而孤于天下哉?是驱燕而使合于齐也。且燕亡国之余也[7],其以权立[8],以重外,以事贵[9]。故为君计,善苏秦则取【之】[10],不善亦取之,以疑燕、齐[11]。燕、齐疑[12],则赵重矣。齐王疑苏秦,则君多资[13]。"

奉阳君曰:"善。"乃使使与苏秦结交[14]。

本篇辑自《战国策·燕策一》

【校注】

[1] 缪文远曰:"奉阳君李兑时相赵惠文王。苏秦欲离间齐赵之交,此已为奉阳君所察及,故恶之。"何建章曰:"取,《公羊·成三年传》注'得,曰取'。'甚不取',犹言甚不融洽。"依帛书《战国纵横家书》,此事当在苏秦被奉阳君扣留在赵国期间,时在公元前286年。

[2] 何建章曰:"据《苏秦事迹简表》,此年(前288年)'燕王急召(秦)归燕。'""在"、载音近义通。《尔雅·释诂下》:"在,终也。"俞樾《群经平议》按:"在,当读为载,载之言成也,成与终义相近。"是其证。《逸周书·谥法》:"载,事也。"郑玄《尚书·禹贡》注:"载之言事也。""载燕",事燕也。

[3] 吴师道曰:"此'李兑'二字误羡也。"吴曾祺案:"奉阳君即李兑,不应有此(李兑)二字。"横田惟孝、吴汝纶、缪文远、何建章、范祥雍诸家,均从吴说,今据删。依文例"因"字前当有游说者的姓名。据帛书《战国纵横家书》第二章:"王之赐使使孙与弘来,甚善已。言臣之后,奉阳君、徐为之视臣益善,有遣臣之语矣。""弘"即赵弘(见帛书《战国纵横家书》第七章)。这位游说奉阳君的人,当是燕国使者"使孙"或"赵弘",而以"使孙"的可能性更大。因此,此处"李兑"当是"使孙"的讹误。为便于阅读,今据补。

[4] 鲍彪曰:"谓以燕合齐。"金正炜按:"'今君'下脱'合燕'二字,下文'何吾合燕于齐',即与此文相应。之,犹于也。"钟凤年曰:"殆所脱为'驱燕'二字,句

作'今驱燕之齐'。如是则全章问答之辞悉相应矣。"于鬯、何建章从金氏说。当以金为是，今据补。"君"，奉阳君。

[5] 鲍彪曰："问何以言然。""何"，为什么。

[6] 鲍彪曰："言其制燕。"缪文远曰："'于'字为衍文。""制"，控制。"于"，语助词，不必"为衍文"。见《经传释词》卷一。"苏子"，苏秦。

[7] 鲍彪曰："惠公六年，大夫诛其姬，而惠公奔齐。齐、晋入之，至而卒。"吴师道曰："《史·年表》：'燕惠公欲杀公卿，立幸臣。公卿诛幸臣，公恐，出奔齐。'此事在周景王六年，至燕文公二十八年苏秦说燕之岁，为二百有五年，不应远举此事。此必齐破燕，昭王既立之时也。"以吴说为是。"燕亡国之余"，指公元前314年齐宣王乘燕国内乱，派兵侵伐燕国的事。

[8] 鲍彪曰："权，谓外与贵也。"金正炜曰："其，为苏子也。谓其资燕权以立进取之基，非终抱弱燕而孤于天下也。"缪文远曰："其，指燕公子职，赵使人送之归国即位，是为燕昭王。燕乱，太子平死，是昭王以权宜将立也。""权"，权谋。《鬼谷子·捭阖》："度权量能。"陶弘景注："权，权谋。"

[9] 鲍彪曰："并谓齐、赵。"金正炜曰："'以重外'，当作'以外重'，并将藉外势以自重，如周最在魏而有齐重之类。'以事贵'，言将约从以取贵，如四国之因犀首以事也。鲍注并非。"缪文远曰："外，指赵。贵，指赵之贵臣。"

[10] 鲍彪曰："取，言与之交。"鲍本、吴本"取"下有"之"字。依文意，当有"之"字，今据补。

[11] 鲍彪曰："齐不善苏子，苏子在燕，而赵人取之，则齐疑燕合赵而外已。齐疑燕，燕亦不能信齐矣。"

[12] 燕、齐互相猜疑。

[13] 鲍彪曰："疑其合于赵。"缪文远曰："齐王，闵王，此在其十七年。"何建章曰："苏秦将以燕助赵，故言'君多资'。""资"，助也。

[14] 就派使者与苏秦结交。

【考辨】

本《策》顾栋高《大事纪》系于周显王三十五年（前334年），林春溥《战国纪年》隶于周显王三十六年（前333年）。吴师道曰："此《策》非文公时。"《策》有

"'燕亡国之余',此言正之、哙之役,昭王未破齐之时也。"于鬯《战国策年表》、唐兰《苏秦事迹简表》均系于周赧王二十七年(前288年),缪文远《战国策考辨》系于周赧王二十九年(前286年),顾观光《国策编年》则隶于周赧王三十一年(前284年)。上述诸说,唯缪说为当。

缪文远案:"此章《策》文言'奉阳君李兑甚不取于苏秦',可知其时苏秦在赵,而与奉阳君之交甚恶。苏秦为燕反间,恶齐、赵之交,此点或已为奉阳君所察见,初则对苏秦颇加怀疑(见《战国纵横家书》第三章),继则加以拘留(同上书第二章)。苏秦处此危境,乃使人献书燕王,求燕王设法使之脱离虎口。燕王乃遣使孙及弘为之说项(同上),于是奉阳君与之关系遂有所改善。其时间,据马雍所考,在赧二十九年。此章所载或为苏秦向奉阳君进说,当亦在此时。"缪说精当可信。周赧王二十九年,即公元前286年。

三四、苏秦拘于魏章

苏秦拘于魏[1],欲走而之韩〔齐〕[2],魏氏闭关而不通[3]。

齐使苏厉为之谓魏王曰[4]:"齐请以宋地封泾阳君[5],而秦不受也。夫秦非不利有齐而得宋垄也[6],然其所以不受者,不信齐王与苏秦也[7]。今秦见齐、魏之不合也[8],如此其甚也,则齐必不欺秦,而秦信齐矣。齐、秦合而泾阳君有宋地,则非魏之利也。故王不如复东苏秦[9],秦必疑齐而不听也。夫齐、秦不合,天下无忧〔变〕[10],伐齐成,则垄广矣[11]。"

本篇辑自《战国策·魏策一》

【校注】

[1]缪文远曰:"据《史记·田齐世家》,齐既灭宋,东侵三晋,故魏拘苏秦也。""苏秦",鲍本及《燕策一》"苏代过魏"章、《苏秦列传》均作"苏代",当以"苏秦"为是。

[2]"韩",鲍本作"齐"。缪文远按:"《策》文多误'齐'为'韩',下文云'故王不如东复苏秦',则'韩'当从鲍改作'齐'。"缪说当是,今据改。

〔3〕"魏氏",魏国。"关",关塞。

〔4〕范祥雍曰:《燕策》一、《史记》'苏厉'并作'齐使人'。""苏厉",苏秦弟。"魏王",魏昭王。

〔5〕《史记正义》:"泾阳君,秦王弟,名悝也。泾阳,雍州县也。齐苏子告秦共伐宋以封泾阳君,然齐假设此策以救苏代。"缪文远曰:"泾阳君,秦昭王母弟公子市。"据《史记·秦本纪》,秦昭王六年(前290年)"泾阳君质于齐",二十一年(前286年)"泾阳君封宛(在今河南省南阳市)"。这是说齐国请求以灭宋时所得宋国旧地,分封给泾阳君公子市。

〔6〕"利",贪图。"埊",古"地"字。这是说秦国并非不贪图齐国的帮助,来得到宋国土地。

〔7〕"齐王",齐闵王。

〔8〕"合",和好。

〔9〕"苏秦",《燕策一》、《苏秦列传》均作"苏子"。鲍彪曰:"使得之齐。"

〔10〕"无忧",《燕策一》、《苏秦列传》作"无变"。金正炜曰:"'忧',作'变'是也。《东周策》'无变,王伐遂之',即与此文同义。《燕策》:'夫齐、秦不合,天下无变,伐齐成,则地广矣。'当即一事而传闻微异也。""无忧"当从《燕策一》、《苏秦列传》作"无变"。

〔11〕鲍彪曰:"时齐、魏相恶,故云。"这里已透露出"伐齐"的联盟,正在形成。

【考辨】

本章亦见《燕策一》"苏代过魏"章和《史记·苏秦列传》,《苏秦列传》相关内容本于《燕策一》,故均将"苏秦"误为"苏代"。《史记正义》和鲍彪注,都认为本章的年代"在齐伐宋之前"。顾观光《国策编年》则将本章系于周赧王二十九年,即公元前286年,徐中舒、唐兰、缪文远、何建章等均从之。

据《史记·田齐世家》,齐灭宋:"南割楚之淮北,西侵三晋,欲以并周室,为天子。泗上诸侯邹鲁之君皆称臣,诸侯恐惧。"唐兰认为,公元前286年"由于宋国内乱,齐国攻灭了宋,宋王偃逃到魏国,死于温。齐国这一大胜利,使各国都震动了。魏国首先把安邑和河内献给秦国以求和,并把苏秦拘了。齐国派苏厉去游缪文远也说:"此章言齐使苏厉说魏王曰:'齐请以宋地封泾阳君,而秦不受也。夫秦非不利有齐而得宋埊也,然其所以不受者,不信齐王与苏秦也。'又谓:'故王不如复东苏秦,秦必疑齐而不听也。夫齐、秦不合,天下无忧,伐齐成,则地广矣。'据此可知苏厉此次说魏王,当在齐灭宋后,五国合纵伐齐的联盟正在形成。顾氏附此章于赧王二十九年,要为得之。唐兰与此章系年,与顾氏同。"因此,本章的年代当在公元前286年末或前285年初。

【附录】

1.《战国策·燕策一》"苏代过魏"章

苏代过魏,魏为燕执代。齐使人谓魏王曰:"齐请以宋封泾阳君,秦不受。秦非不利有齐而得宋埊也,不信齐王与苏子也。今齐、魏不和,如此其甚,则齐不欺秦。秦信齐,齐、秦合,泾阳君有宋地,非魏之利也。故王不如东苏子,秦必疑而不信苏子矣。齐、秦不合,天下无变,伐齐之形成矣。"于是出苏代之宋,宋善待之。

2.《史记·苏秦列传》"苏代过魏"节

苏代过魏,魏为燕执代。齐使人谓魏王曰:"齐请以宋地封泾阳君,秦必不受。秦非不利有齐而得宋地也,不信齐王与苏子也。今齐、魏之不合如此其甚,则齐不欺秦。秦信齐,齐、秦合,泾阳君有宋地,非魏之利也。故王不如复东苏子,秦必疑齐而不信苏子矣。齐、秦不合,天下无变,伐齐之形成矣。"于是出苏代。代之宋,宋善待之。

三五、苏厉为周最谓苏秦章

苏厉为周最谓苏秦曰[1]:"君不如令王听最以地合于魏[2],赵故必怒[3],合于齐[4],是君以合〔全〕齐与强楚吏(使)产子[5]。君若欲因最之事[6],则合齐者,君也;割地者,最也。"

本篇辑自《战国策·东周策》

【注释】

[1] 鲍本："'秦'作'子'。""苏厉"，苏秦之弟。"为"，犹因也，见《助字辨略》卷四。"周最"，东周洛阳人，主张齐、魏两国联合抗秦。

[2] 鲍彪："君，谓苏子。王，周君也。此时与赧具王，其称公，后避秦也。"金正炜曰："此《策》当苏、周在齐时事。王，谓齐王也。最自魏复齐，其时或有楚衅，故说齐王以地合于魏。"诸祖耿曰："此策当是周最自魏返齐后事，当在王赧二十七年之后。""听"，判断。《战国策·秦策一》："王何不听乎？"高诱注："听，察也。""以地合于魏"，是用割让土地的办法来实现与魏国的联盟。

[3] 姚宏曰："'怒'，一作'恐'。"金正炜曰："'怒'当为'恐'字之讹也。齐、魏合则赵孤，故必恐而急合于齐矣。""故"，因此。

[4] 何建章曰："赵国一定害怕齐、魏两国联合攻赵，就会与齐国结盟。"

[5] 鲍彪曰："时齐与楚善，合齐则得与楚为与国，可至再世。产子，言易世也。与，党与也。""合"，《广雅·释诂四》："合，完也。""合齐"，指完整的齐国。"吏"，通作使。"子"，《淮南子·天文》："子者，兹也。"《史记·三代世表》："子者，兹。兹，益大也。"这是说这样您凭借完整的齐国与强楚结盟，可使两国子孙世代绵延。

[6] "若"，犹或也，见《古书虚字集释》卷七。"欲"，将也，见《助字辨略》卷五。

【考辨】

本章鲍彪以为是周最在周时事，谓"君不如令王听最以地合于魏"之"王"为周君。顾观光《国策编年》、金正炜《战国策补释》均为乃是周最在齐时事，"王"当为齐王。钟凤年《国策探研》云："首句之'王'字，乃指赵王，此章实应隶《赵策》，今误。"缪文远说："苏秦虽曾至赵，但受赵掌权者李兑排挤，未获信用，且曾遭受拘系，故钟氏以此章所言之'王'为赵王，殊与史实相背。周最、苏秦均颇受齐闵王信任，能左右之。金说盖是。顾系此章于赧王二十九年，在周最自魏归齐之归齐之后，合于情事，当从。"顾、缪说均未安。

公元前285年，秦、韩、赵、魏、燕五国联合伐齐的阵营已经初步形成。秦昭王和楚襄王在宛（今河南省南阳市）相会，又与赵惠文王在中阳（在今山西中阳县西）相会，意在商议攻伐齐国。接着，秦国指派蒙武率兵越过韩、魏两国，率先向齐国发起攻击,夺取九个城邑(《史记·秦本纪》)。

这时,苏秦已从魏国回到齐国。周最历来主张齐、魏联合共同抗秦国。为了瓦解五国联军进攻齐国,他希望割让土地来拉拢魏国,以便破坏五国联盟。苏秦虽然暗中已促成五国伐齐,但在表面还是要答应与齐国联合来对抗五国伐齐。因此,本章的年代,当是周赧王三十年(前285年)五国联合伐齐阵营初步形成以后的事,即公元前285年。

三六、苏秦自齐献书于燕王章

• 自齐献书于燕王曰[1]:"燕、齐之恶也久矣[2]。臣处于燕、齐之交[3],固知必将不信[4]。臣之计曰[5]:齐必为燕大患。臣循用于齐[6],大者可以使齐毋谋燕[7],次可以恶齐、勺(赵)之交,以便王之大事[8],是王之所与臣期也[9]。

"臣受教任齐交五年[10],齐兵数出,未尝谋燕。齐、勺(赵)之交,壹美壹恶[11],壹合壹离[12]。燕非与齐谋勺(赵)[13],则与赵谋齐[14]。齐之信燕也,虚北地而【行】其甲[15]。王信田代〔伐〕缲(参)去【疾】之言功(攻)齐[16],使齐大戒而不信燕[17]。臣秦拜辞事[18],王怒而不敢强(犟)[19]。勺(赵)疑燕而不功(攻)齐,王使襄安君东[20],以便事也,臣岂敢强王戈(哉)[21]。

"齐、勺(赵)遇于阿[22],王忧之。臣与于遇[23],约功(攻)秦去帝[24]。虽费,毋齐、赵之患,除群臣之媿(耻)[25]。齐杀张庫(魁)[26],臣请属事辞为臣于齐[27]。王使庆谓臣[28]:'不之齐危国[29]。'臣以死之围(圉)[30],治齐、燕之交。后,薛公、乾(韩)徐为与王约功(攻)齐[31],奉阳君鬻臣[32],归罪于燕,以定其封于齐[33]。公玉丹之勺(赵)致蒙[34],奉阳君受之。王忧之,故强臣之齐[35]。臣之齐,恶齐、勺(赵)之交,使毋予蒙而通宋使[36]。故王能材(裁)之[37],臣以死任事[38]。之后,秦受兵矣[39]。齐、勺(赵)皆尝谋。齐、勺(赵)未尝谋燕,而俱诤(争)王于天下[40]。臣虽无大功,自以为免于罪矣。

"今齐有过辞[41],王不谕(喻)齐王多不忠也[42],而以为臣罪,臣甚惧。厍(魁)之死也[43],王辱之。襄安君之不归哭也[44]。王苦之。齐改葬其后而召臣[45],臣欲毋往,使齐弃臣。王曰:'齐王之多不忠也,杀妻逐子[46],不以其罪,何可怨也。'故强臣之齐。二者大物也[47],而王以赦臣[48],臣受赐矣。

"臣之行也[49],固知必将有口【事】[50],故献御书而行[51]。曰:'臣贵于齐,燕大夫将不信臣。臣贱,将轻臣。臣用,将多望(望)于臣[52]。齐有不善,将归罪于臣[53]。天下不功(攻)齐,将曰:善为齐谋。天下功(攻)齐[54],将与齐兼弃臣[55]。臣之所处者重卵也[56]。'王谓臣曰:'鱼(吾)必不听众口与造言[57],鱼(吾)信若(汝)迺(犹)颛也[58]。大可以得用于齐,次可以得信,下笱(苟)毋死[59],若(汝)无不为也[60]。以奴(帑)自信[61],可;言去燕之齐[62],可;甚者与谋燕,可[63],期于成事而已[64]。'臣恃之诏[65],是故无不以口齐王而得用焉[66]。

"今王以众口与造言罪臣,臣甚惧。王之于臣也,贱而贵之,蓐(辱)而显之,臣未有以报王。以求卿与封,不中意,王为臣有之两[67],臣举天下使臣之封不擎(惭)[68]。臣止于勺(赵)[69],王谓乾(韩)徐为[70]:'止某不道,迺(犹)免寡人之冠也[71]。'以振臣之死[72]。臣之德王,突(深)于骨隋(髓)[73]。臣甘死、蓐(辱),可以报王,愿为之[74]。今王使庆令(命)臣曰[75]:'鱼(吾)欲用所善。'王苟有所善而欲用之,臣请为王事之。王若欲剚(专)舍臣而搏(专)任所善[76],臣请归择(释)事[77],句(苟)得时见,盈(赢)愿矣[78]。"

本篇辑自《战国纵横家书》第四章

【注释】

[1] 整理小组曰:"苏秦为燕间仕齐,这时齐王对燕有过辞,燕王又听信众口与造言,并派人表示要辙换苏秦,因此苏秦写信给燕王作解释。"

〔2〕"恶",憎恨,伤害。《吕氏春秋·大乐》:"天使人有恶。"高诱注:"恶,憎也。"《战国策·赵策一》:"安能以无功恶秦哉。"鲍彪注:"恶,犹害也。"

〔3〕整理小组曰:"交,关系。"

〔4〕整理小组曰:"不信,被人疑。""固",本来。

〔5〕"计",主意,策略。

〔6〕"循",因也。《汉书·杜周传》:"不循三尺法。"颜师古注:"循,因也。"

〔7〕"谋",图谋。《论语·卫灵公》:"君子谋道不谋食。"皇侃疏:"谋,犹图也。"

〔8〕"大事",指燕昭王"以弱燕并强齐"的宏大目标。

〔9〕整理小组曰:"期,约定。"

〔10〕整理小组曰:"从'臣受教'到'不信燕',《燕策二》作第二段。""任",担负。《礼记·王制》:"轻任并。"孔颖达疏:"任,谓有担负者。""臣受教任齐交五年"指苏秦第二次赴齐,担负齐、燕邦交的五年期间,即前300—前296年。

〔11〕郑良树按:"美,犹善也;《国语·晋语》一云:'被将恶始而美终。'韦解:'美,善也。'被文美、恶对举,犹此文美、恶之对举也。帛书第三章曰:'将养赵而美之齐乎,害于燕,恶之齐乎?'云'美之齐''恶之齐',亦美、恶对举也。""壹",同一。

〔12〕"壹合壹离",《燕策二》作"一合一离"。

〔13〕《燕策二》作"燕王不与齐谋赵"。黄丕烈曰:"'不',鲍本无。鲍本衍'王'字。"

〔14〕鲍彪曰:"燕与齐谋赵,实欲离齐于赵;代〔秦〕因与赵谋齐,以成燕之谋。"

〔15〕整理小组曰:"北地指齐国北部接近燕国的地区。因在当时的黄河北岸,所以又称河北。《燕策一》:'且异日也,济西不役所以备赵也,河北不师所以备燕也;今济西河北,尽以役矣。'当即指此。甲字《燕策》作兵,义同。"郭永秉曰:"'虚北地□【行】其甲',地下一字当是顺连词,当据残存笔画释为'而'。"今据补。

〔16〕整理小组曰:"缲去疾,人名,燕臣。《燕策二》缲字作参,古书从参的字常误从枭。""田代",燕国使者。《战国纵横家书》第一章、《燕策二》均作"田伐",代、伐形近混用。"攻齐",指公元前295年"权之难,燕再战而不胜",齐国"覆三

军,获二将"的故事,见《燕策一》。

［17］整理小组曰:"戒,戒备。"

［18］整理小组曰:"秦,苏秦自称。""臣秦拜辞事",指苏秦不愿再到齐国去了。

［19］"强",通作"勥",同"犟",勉强,固执己见。《尔雅·释诂上》:"鸶,强也。"郝懿行义疏:"强有二义,勉强之强,《说文》作'勥'。《说文·力部》:"勥,迫也。"朱骏声《通训定声》:"勥,勉勥字,经传皆以强为之。"可以为证。

［20］整理小组曰:"襄安君应是燕国王族,可能是燕昭王之弟,也见《赵策四》。东,指去齐国。""襄安君",燕国王族。见《战国策·赵策四》记载苏秦谓齐闵王的话说:"臣又愿足下有效地于襄安君,以资臣也。"鲍彪注:"襄安君,盖赵人。"杨宽《战国封君表》说:"襄安君,燕国王族。燕昭王时封君。昭王曾派他到齐国活动。"缪文远也说:"襄安君亦见帛书第四章,为燕国王族,或即燕昭王弟,时为质于齐,苏秦本随之至齐。"可见襄安君是燕昭王派到齐国的质子。苏秦就是以襄安君随从的名义,到齐国去从事反间活动的。传世有襄安君铜瓶和襄安文公铜鼎,是襄安君其人的实物佐证。参见本书第十五章注［27］。

［21］"强",迫使,强迫。"戈",通作哉,语助辞,见《经传释词》卷八。

［22］整理小组曰:"《礼记·曲礼》:'诸侯未及期相见曰遇。'遇是临时性的会晤。阿,地名。战国时有东阿、西阿。东阿属齐国,在今山东省阳谷县东北;西阿属赵国,在今河北省保定市东的安州镇。这里说的大概是齐国的东阿,与赵接近。"

［23］整理小组曰:"与于遇,参与了这次会晤。"

［24］整理小组曰:"去帝,取消帝号。齐秦称帝,齐为东帝,秦为西帝,事在公元前288年。这里指齐赵相约,齐取消帝号,与赵联合攻秦。"

［25］整理小组曰:"燕国在那时表面上服从齐国,齐国伐秦,要出兵相助,武器粮食,费用很大,所以苏秦要作解释,虽然费了人力物力,但有双重好处。首先,齐赵攻秦,不会威胁燕国,无齐赵之患。其次,去了帝号,燕国不用称臣,除群臣之耻。""聭",愧字别体,通作耻。"耳"、心义近,在古文字的形符里可以通用。《尔雅·释言》:"愧,惭也。"《经典释文》:"愧,本亦作媿。"颜师古《汉书·文帝纪》注:"媿,古愧字。"《说文·女部》:"媿,惭也。从女、鬼声。愧,媿或从耻省。"《史

记·平准书》:"先行义而后绌耻辱焉。""耻辱",《汉书·食货志》作"媿辱"。可以为证。

[26] 整理小组曰:"张廥,(音颓)人名,燕将。《吕氏春秋·行论》作张魁,发音上略有差异。《行论》说:齐攻宋,燕王使张魁将燕兵以从焉。齐王杀之。燕王闻之,泣数行而下。召有司告之曰:'余兴事而齐杀我使,请令举兵以攻齐也。'使受命矣。凡繇进见,争之曰:'贤王,故愿为臣。今王非贤主也,愿辞,不为臣。'昭王曰:'是何也?'对曰:'松下乱,先君以不安弃群臣也,王苦痛之而事齐者,力不足也。今魁死而王攻齐,是视魁而贤于先君。'王曰:'诺。'请王止兵。王曰:'然则若何?'凡繇对曰:'请王缟素,辟舍于郊,遣使于齐,客而谢焉,曰:此尽寡人之罪也。大王贤主也,岂尽杀诸侯之使者哉?然而燕之使者独死,此弊邑之择人不谨也。愿得变更请罪。'使者行至齐,齐王方大饮,左右官实御者甚众,因令使者进报。使者报言:'燕王之甚恐惧而请罪也。'毕,又复之,以矜左右官实。因乃发小使以反,令燕王复舍。此济上之所以败,齐国以虚也。""廥",从广、隼声,当是"隼"字别体。隼,同雔。《说文·鸟部》:"雔,祝鸠也。从鸟,佳声。隼,雔或从佳、一。"段玉裁《说文·水部》"準"字注:"隼即雔字。"雔、魁古音同在微部,可以通假。故"张廥"与张魁本是一人。

[27] 整理小组曰:"属事,疑即属吏。""属",依托,凭借。"属事",借着这件事。"为臣于齐"指苏秦因随从襄安君赴齐,"遂委质为齐臣"。事见《苏秦列传》。

[28] 整理小组曰:"庆,即盛庆,已见第二、第三章。"

[29] "之",往、至。

[30] 整理小组曰:"围,未详。可能是地名。"杨宽曰:"'围'当是'国'字之误。'国'指齐都临淄。'国'常用以指国都,如《魏世家》载无忌谓魏王曰:'秦七攻魏,五入国中,边城尽拔……而国继以围。''国'即指大梁"(杨宽《战国史料编年辑证》第733、734页)。郭永秉按:"'围'字原略有写误,在右侧重写了一次。仅从这一点看,杨先生以'围'为'国'字之误的说法即恐不可信。'围'字意义待考,原整理者阙疑可从。""围",通作圂。见本书第二四章注[32]。《尔雅·释言》:"圂,禁也。"《说文·幸部》:"圉,囹圄,所以拘罪人也。""圉"指监狱。这是说我冒着死在监牢里的危险。

[31] 这说明本书第三二章"所见于薛公、徐为其攻齐",是与燕昭王约定的

行动。

［32］整理小组曰："鬻，出卖。"

［33］整理小组曰："定其封，确定封地。战国时，各国贵族常接受别国封地。奉阳君是赵相，但企图得到齐国的封地。"

［34］整理小组曰："蒙，地名，在今河南省商丘市东北。致蒙，指通知奉阳君要把蒙邑封给他。""之"，至也。见《经传释词》卷九。"致"，奉送，送给。

［35］"强"，力劝。《淮南子·修务》："是故田者不强。"高诱注："强，力也。"《周礼·地官·司谏》："朋友正其行而强立。"郑玄注："强，犹劝也。"

［36］"通宋使"指保留宋国的国体和君统，与齐国正常通使往来。齐国灭掉宋国后，迫于诸侯各国的压力，曾派使者告诉赵相奉阳君说，准备"相桥于宋，与宋通关"（见《战国纵横家书》第二章）。这时，苏秦劝齐闵王不要把蒙邑封给奉阳君，并与宋国正常通使往来。这自然是齐闵王迫不得已而抛出的权宜之计。

［37］"材"，通作裁。《国语·晋语四》："官师之所材也。"韦昭注："材，古裁字。"《荀子·富国》："材万物。"杨倞注："材与裁同。"是其佐证。

［38］"任事"，担负处理齐、燕邦交的事务。

［39］"秦受兵"，指秦国同意出兵讨伐齐国。

［40］这是说齐、赵两国在诸侯间都争着拉拢燕国。

［41］整理小组曰："今，指写此信时。过辞，过于失礼的话。"

［42］整理小组曰："不忠，不正直。""谕"，通作喻。《大戴礼记·朝事》："喻言语。"王聘珍解诂："《周礼》'喻'作谕。"《集韵·遇韵》："谕，或作喻。"可以为证。喻，明白，晓得。"齐王"，齐闵王。

［43］整理小组曰："庳，即张庳。"

［44］整理小组曰："归哭，回国奔丧。襄安君不归哭事未详。以文义推测，襄安君可能被齐国扣留，未能归国奔丧，应与齐杀张庳事同时或稍后。"裘锡圭按："从上下文看，'襄安君之不归哭'似应是比不能奔丧更严重的一件事。疑'哭'乃'丧'之形近误字。……'襄安君之不归丧'，疑指襄安君死于齐而齐不归其丧。"郭永秉按："《吕氏春秋·知接》：'（齐桓）公又曰：卫公子启方事寡人十五年矣，其父死而不敢归哭，犹尚可疑也。'管仲对曰：'人之情，非不爱其父也，其父之忍，又将何有于君？'可见'归哭'是非常重要的丧仪，此'哭'字似不必解释成

'丧'之误字。其事待考。"哭、丧形近义通。《说文·哭部》:"哭,哀声也。"《周礼·春官·女巫》:"歌哭而请。"贾公彦疏:"哭者,哀也。"《白虎通义·崩薨》:"丧者,哀也。"是其证。"归哭"、"归丧"义同。故裘说可通。这是说襄安君死在齐国,当时不能回归燕国埋葬,燕昭王感到很难过。

[45]"改葬",重新安葬,指把襄安君的遗体运回燕国安葬。"召",召唤。从文意推测,当是苏秦护送襄安君灵柩回到燕国后,齐国召唤苏秦再回齐国。

[46] 齐闵王"杀妻逐子"事,未详。

[47]"大物",大事也。这里是指张"庳(魁)之死"和"襄安君之不归丧"这两件大事。

[48] 郭永秉曰:"'而王以赦臣'的'赦'字,当据图版改为'赦'。《说文·三下·攴部》'赦'为正篆,'赦'为或体。""赦",赦免。

[49] 整理小组曰:"从'臣之行也'到'期于成事而已',《燕策二》作第一段。"

[50]"将有口",《燕策二》作"将有口事",今据补。整理小组曰:"口,指闲言闲语。"金正炜曰:"案'口事'疑是'口实',一声之转。《国语·楚语》:'使无以寡君为口实。'注:'口实,毁弄也。'"郑良树案:"金氏之说固然有理,然《燕策》二作'口事',义自可通,不烦从《国语》而改也。《燕策》二'将'上无'必'字,'必将有口'与下文'吾必将不听众口',两'必'字前后乎应,今本《国策》盖夺'必'字。"

[51] 鲍彪曰:"献侍御者以书。"金正炜曰:"御,犹奏也。《左氏》哀三年《传》:'命周人出御书,俟于官。'注:'御书,进于君者也。'"何建章曰:"《后汉书·后纪上》:'女御序于王之燕寝。'注:'御,谓进于王也。'则'御书'谓卑对尊上之书,此乃尊敬之词。"

[52] 整理小组曰:"望,包括希望与怨望,希望是有所求,所求不遂就生怨望。"郭永秉曰:"'将多望于臣'的'望'字,当据图版改释为'朢',括读'望'。"桂馥《说文义证·壬部》:"朢,经典通作望。"郭说当是。鲍彪曰:"望,犹责。"《汉书·陈余传》:"不意君之望臣深也。"颜师古曰:"望,怨望也。"

[53] 鲍彪曰:"不善,谓恶燕。"

[54]"天下攻齐",与《燕策二》"天下伐齐"义同。

[55] 整理小组曰:"弃,《燕策》作'鄟'。一作'贸','贸'是换掉,与'弃'字义略同。""弃",抛弃,扔掉。

［56］整理小组曰："重卵，累卵，太危险的意思。"吴师道曰："重卵犹言累卵，谓已处危也。"金正炜曰："重卵犹累卵。《秦策》：'君危于累卵而不寿于朝生。'《汉书·邹阳传》：'臣恐长君危于絫卵。'注：'絫卵者，言其将隤而破碎也。'《中山靖王传》注：'絫，古累字，重也。'"

［57］整理小组曰："造言，《燕策》作谗言。《周礼·大司徒》：'七曰造言之刑。'注：'讹言惑众。'造言等于流言飞语与造谣。""鱼，《燕策二》作"吾"。鱼、吾音近可通。《国语·晋语二》："暇豫之吾吾。"韦昭注："吾，读如鱼。"《列子·黄帝》："姬，鱼语女。"张湛注："鱼，当作吾。"是其证。《墨子·非命中》："而无造言。"孙诒让间诂："《周礼·大司徒》有'造言之刑'，郑注云：'造言，讹言惑众。'"《诗·王风·兔爰》："尚无造。"毛传："造，伪也。""造言"，假话，谣言。

［58］整理小组曰："若，与'汝'通。龀，《说文》解为'齧也'，齧即'啮'字。凡咬断食物时，上下齿必相对，用以比两人情投意合，没有参差不齐。《燕策》作'犹划刈者也'，鲍本作'犹列眉也'，未详。""若"、汝音近义通。《国语·吴语》："其归若已。"韦昭注："若，汝也。"《尚书·甘誓》："汝不恭命。"《墨子·明鬼下》作"若不共命。"是其佐证。"若"下一字，整理者释为"遒"，通作犹。"遒"同遒。《说文·辵部》："遒，迫也。从辵，酉声。逎，遒，或从酋。"遒、犹均读酋声，故可通假。

［59］这三句，《燕策二》作"上可以得用于齐，次可以得信于下，苟无死"。郑良树案："本章上文云：'大者可以使齐毋谋燕，次可以恶齐赵之交，以便王之大事。'句法与此一律，两'大'字皆当作'上'字解。"郭永秉曰："'苟毋死'的'苟'字，当据图版改释为'笱'，读为'苟'。""苟"，暂且，姑且。《楚辞·离骚》："苟得列乎众芳。"蒋骥注："苟，苟且也。"本句与《国语·晋语一》"苟无死"的含义相同。

［60］本句《燕策二》作"女无不为也。"缪文远曰："言汝无不可为。""若"、女，均读如汝。这是说你怎么做都是可以的。

［61］本句《燕策二》作"以女自信可也"。整理小组曰："以孥自信，是带了家属去，用以取得信任。""奴"，通作孥。《尚书·甘誓》："予则孥戮汝。"《汉书·王莽传》引作"予则奴戮汝"。《孟子·梁惠王下》："罪人不孥。"焦循正义："孥，与奴同。"可以为证。《国语·郑语》："寄孥与贿焉。"韦昭注："妻子曰孥。"《太玄·众》："丈人摧孥。"范望注："孥，子弟也。""孥"，妻子，子弟。

［62］"去"，背离，弃离。《说文·去部》："去，人相违也。"

［63］整理小组曰："《燕策》缺'甚者与谋燕可'一句。"郑良树案："今本《国策》无此句,盖夺。'以女自信可,与言去燕之齐可,甚者与谋燕可',谓苏氏使于齐,或自保于齐,或与齐谋'去燕之齐',甚或与共谋伐燕,我燕皆完全信赖无疑也。下句燕王又曰:'期于事成而已。'盖谓苟能成其大事,一切手断皆可采用也。今本《国策》无此句,则燕王信苏氏之坚,无从表达矣。"

［64］本句与本章上文"以便王之大事"相呼应,都是指图谋齐国的大事。

［65］整理小组曰:"之,此。""诏",诏令,命令。

［66］整理小组曰:"口,与语义同。《公羊传·隐公四年》:'吾为子口隐矣。'注:'口犹言语相发动也。'"口"、言义同。《说文·口部》:'口,人之所言、食也。'《论衡·定声》:'口出以为言。'因口、言义同,在古文字的形旁里可以互相代用,如謷、謷、嘑、譁、唊、谈、咏、詠等。本章前后两处"众口与造言"相对,足见这里的"口"以释"言"义为宜。

［67］整理小组曰:"之两,此两,指卿与封。一说,'有之两'当作'两有之',此处误写倒。"杨宽曰:"《燕策二》谓昭王章'今贤之两之'句鲍彪注'两谓封与相',甚是。"并联系《战国纵横家书》第四章所谓"王为臣有之两","两"亦为"卿与封"(杨宽《战国史料编年辑证》第743页)。郭永秉按:"两,当指卿与封。但'有之两'并非'两有之'的误倒。"杨、郭说当是。"两",通作网。《说文·网部》:"网,再也。"段玉裁注:"凡物有二,其字作'网'不作两。两者,二十四铢之称也。今字两行而网废矣。"《广雅·释诂四》:"两,二也。""有之两"指有"卿与封"这两种封赏都有了。

［68］整理小组曰:"举,列举。苏秦列举各国使者中有卿与封的人,自己不觉惭愧。一说,举字通与,即他与这班使者在一起,不觉惭愧。""摰",通作惭,惭愧。

［69］"止",拦阻,停留。

［70］整理小组曰:"当是燕王派人去赵谓韩徐为。"

［71］整理小组曰:"某,苏秦自称。免冠是一种侮辱。"郑良树案:"燕王谓徐为曰:'止某,不道,犹免寡人之冠也。'道,犹谓行也。《史记·魏世家》:'道涉谷。'《索隐》曰:'道,犹行也。''止某,不道,犹免寡人之冠也',谓苟止苏某而不让其出行,犹如免除我燕王之冠也。时奉阳君、徐为用事于赵,不欲出苏氏之

齐……燕王乃使使谓徐为，使彼放行苏氏；故苏氏下文云：'以拯臣之死。臣之德王，深于骨髓。'"

［72］整理小组曰："振，救。"

［73］郭永秉曰："'突（深）入于骨随（髓）'的'突'字，当据图版改释为'窥'（即此字本从'水'旁）；'随'字当据图版改释为'隋'。"今据改。"隋"，通作髓，骨髓。

［74］郑良树案："'可以'上疑夺'苟'字，谓苟可以报恩于王，臣皆愿意为之也。此亦苏氏感恩燕王之语。夺'苟'字，则语意不完。"

［75］整理小组曰："'今王使庆'至'盈愿矣'，《燕策二》作第三段。"

［76］整理小组曰："帛书常以剸为专，以榑为转。苏秦的意思是：如果燕王只是任用一个所善的人，他可以跟这个人办事；如果燕王专为舍弃他而转为另一人，那就是撤换他了。一说，剸舍是割舍的意思，榑字通专。"郑良树案："剸、专同字；搏，古专字。《史记·秦始皇本纪》云：'搏心一志。'《索隐》曰：'搏，古专字。'《集韵》曰：'搏，或作剸，通作专。'窃疑'舍臣'上不必有'剸'字而衍也。今本《国策》云：'王欲醳臣，剸任所善。'是其证。任人可云'专任'，舍人无须'专舍'也。"其实，"剸舍臣"的"剸"不必是衍字。"剸"同专。《国语·周语上》："荣公好专利而不知大难。"韦昭注："专，擅也。"《广雅·释言》："专，擅也。"《列子·力命篇》："自专。"张湛注："谓自专擅不与众同也。""专"，专擅，独断专行。《战国策·秦策二》："秦楚之交善。"高诱注："善，亲也。"《庄子·徐无鬼》："人不以善言为贤。"成玄英疏："善，喜好也。""善"，亲近，喜好。

［77］"择"，《燕策二》作"醳"。鲍彪曰："'醳'、'释'同，见邹忌《说琴》。""择"，通作释。《墨子·节葬下》："操而不择哉。"孙诒让间诂引毕云："择同释。"郑玄《周礼·夏官·大司马》注："冬田言狩，言守取之无所择也。"孙诒让正义："释、择字通。""释"，解释，说明。这是说我请求返回燕国弄清这件事。

［78］《燕策二》作"臣苟得见，则盈愿。""句"，通作苟，假若，如果。《国语·楚语下》："夫盈而不偪。"韦昭注："盈，志满也。""赢愿"，满足心愿了。

【考辨】

本章是苏秦为燕间齐，经过长年努力在"天下攻齐"的局面已基本形成时，因齐闵王对燕国有"过辞",燕昭王听信"众口与造言",派人表示要撤换苏秦。苏秦感到很受委屈,写信给燕昭王作出解释。

《燕策二》"苏代自齐献书燕王"章,内容与帛书本章基本相同。帛书本章全文八百四十余字,《燕策二》尚保存其中的二百七三字,只是前后两段次序有异。足见帛书本篇属《战国策》脱落的部分。帛书本章开篇未署作者姓名,《燕策二》则署名苏代,而帛书文内有"臣秦拜辞事"语,说明本章的作者当为苏秦。帛书全篇的文字完整,内容清楚,详细追述了苏秦与燕昭王谋划"破齐"的具体经过,是研究苏秦事迹的纲领性文献资料。

苏秦写这封信的具体时间,唐兰在《苏秦事迹简表》中,把本章列在周赧王二十七年,即前288年。马雍则以"该章中提到'通宋使',可见此时尚未灭宋"为由,认为本章的"年代当在公元前286年"。缪文远从马雍说,亦将此篇系于公元前286年。须知本章的"通宋使"与《战国纵横家书》第二章中"相桥于宋,与宋通关"的话,都是齐国灭掉宋国后,迫于诸侯各国的压力,采取蒙骗诸侯的权宜之计。齐国使者"公玉丹之赵致蒙"的时间,是在苏秦被奉阳君拘留赵国期间,时在公元前286年。苏秦到齐国"恶齐赵之交,使毋予蒙而通宋使"的时间,则是在苏秦被奉阳君释放后发生的事。因此,苏秦给燕昭王写这封信的时间,当为公元前285年。

苏秦在书信开篇就指出,"燕齐之恶"由来已久。他处理"燕齐之交,固知必将"不受信任,当初曾"献御书而行"。燕昭王曾保证"吾必不听众口与造言",而现在却以"众口与造言"来怪罪他。纵然他对燕昭王的赏识和重用非常感激,"臣甘死辱,可以报王,愿为之"。但是,如果燕昭王让真能胜任的人来替换他,他请愿事奉新来的人。如果燕昭王擅自舍弃他而任用自己亲近的人,他则请求返回燕国说清这件事。

苏秦为燕间齐的过程,长达二十余年。其间,因燕昭王"破齐"心切,公元前296年曾因"信田伐、参去弃之言攻齐",致使齐国"覆三军,获二将"(《燕策一》)。这次,当苏秦组织"天下攻齐"的局面即将形成时,燕昭王却临阵换将,触犯了兵家的大忌。若不是苏秦在信末坚持要"请归释事",可能真的就会耽误了"破齐"的大事。

苏秦在这封信中系统表述了他"以死之围,治齐燕之交"的心路历程,既显示了他对燕昭王"以死任事"的忠诚本质,也体现了他为成就"大事"而坚持原则的刚直性格。正是苏秦的不懈坚持,才会有一年后"五国伐齐"的巨大胜利!

【附录】《战国策·燕策二》"苏代自齐献书于燕王"章

苏代自齐献书于燕王曰:"臣之行也,固知将有口事,故献御书而行,曰:'臣贵于齐,燕大夫将不信臣。臣贱,将轻臣。臣用,将多望于臣。齐有不善,将归罪于臣。天下不攻齐,将曰善为齐谋。天下攻齐,将与齐兼鄡臣。臣之所重处,重卵也。'王谓臣曰:'吾必不听众口与谗言,吾信汝也,犹划刻者也。上可以得用于齐,次可以得信于下,苟无死,女无不为也,以女自信可也。'与之言曰:'去燕之齐可也,期于成事而已。'臣受令以任齐,及五年。齐数出兵,未尝谋燕。齐、赵之交,一合一离,燕王不与齐谋赵,则与赵谋齐。齐之信燕也,至于虚北垒行其兵。今王信田伐与参去疾之言,且攻齐,使齐犬马騺而不言燕。今王又使庆令臣曰:'吾欲用所善。'王苟欲用之,则臣请为王事之。王欲醳臣剸任所善,则臣请归醳事。臣苟得见,则盈愿。"

三七、苏秦为奉阳君说燕于赵以伐齐章

苏(代)〔秦〕为奉阳君说燕于赵以伐齐[1],奉阳君不听。乃入齐恶赵[2],令齐绝于赵[3]。齐已绝于赵,因之燕[4],谓昭王曰[5]:"韩为谓臣曰[6]:'人告奉阳君曰:使齐不信赵者,苏子也[7];(今)〔令〕齐王召蜀子使不伐宋【者】[8],苏子也;与齐王谋道取秦以谋赵者[9],苏子也;令齐守赵之质子以甲者[10],又苏子也。请告子以请(情)[11],齐果以守赵之质子以甲[12],吾必守子以甲。'其言恶矣。虽然,王勿患也[13]。臣故知入齐之有赵累也[14]。出为之以成所欲[15],臣死而齐大恶于赵,臣犹生也。令〔今〕齐、赵绝[16],可大纷已[17]。持(特)臣非张孟谈也[18],使臣也如张孟谈也,齐、赵必有为智伯者矣[19]。

"奉阳君告朱讙与赵足曰[20]:'齐王使公王曰〔玉丹〕命说(兑)曰[21],必不反韩珉,今召之矣[22]。必不任苏子以事,今封而相之[23]。

（令）〔必〕不合燕，今以燕为上交[24]。吾所恃者顺也[25]，今其言变，有甚于其父[26]。顺始与苏子为雠，见之知无厉[27]，今贤之两之[28]。已矣[29]，吾无齐矣[30]！'

"奉阳君之怒甚矣。如齐王王之不信赵[31]，而小人奉阳君也[32]，因是而倍之[33]。不以今时大纷之[34]，解而复合，则后不可奈何也。故齐、赵之合，苟可循也[35]，死不足以为臣患[36]；逃不足以为臣耻；为诸侯不足以为臣荣；被发自漆为厉[37]，不足以为臣辱。然而臣有患也，臣死而齐、赵不循，恶交分（忿）于臣也[38]，而后相效[39]，是臣之患也。若臣死而必相攻也[40]，臣必勉之而求死焉。尧、舜之贤而死[41]，禹、汤之知而死[42]，孟贲之勇而死[43]，乌获之力而死[44]，生之物固有不死者乎？在必然之物以成所欲[45]，王何疑焉[46]？

"臣以为不若逃而去之[47]。臣以韩、魏循自齐[48]，而为之取秦[49]，深结赵以劲之[50]。如是，则近于相攻[51]，臣虽为之累燕[52]。奉阳君告朱讙曰：'苏子怒于燕王之不以吾故[53]，弗予相，又不予卿也[54]，殆无燕矣[55]。'其疑至于此[56]。故臣虽为之，不累燕，又不欲王[57]。伊尹再逃汤而之桀，再逃桀而之汤，果与鸣条之战，而以汤为天子[58]。伍子胥逃楚而之吴，果与伯举之战，而报其父之雠[59]。今臣逃而纷齐、赵，始可著于《春秋》[60]。且举大事者[61]，孰不逃？桓公之难，管仲逃于鲁[62]；阳虎之难，孔子逃于卫[63]；张仪逃于楚[64]；白珪逃于秦[65]；望诸相中山也，使赵，赵劫之求地，望诸攻关而出逃[66]；外孙（巡）之难[67]，薛公释戴（载）逃出于关[68]，三晋称以为士[69]。故举大事，逃不足以为辱矣。"

卒绝齐于赵，赵合于燕以攻齐，败之[70]。

本篇辑自《战国策·燕策二》

【注释】

［1］"为"，鲍本改作"谓"。金正炜曰："按此文疑有淆误，当作'苏代为燕说奉阳君于赵以伐齐'，鲍改'为'作'谓'，亦非。"于鬯《战国策注》："当云'苏代为燕

说奉阳君于赵以伐齐',此倒装法。"唐兰说:"苏代是苏秦之误。"缪文远按:"'苏代',当为'苏秦'之讹。"唐、缪说当是,今据改。

[2] 鲍彪曰:"代入。"何建章曰:"乃,于是。入,苏秦入。恶,说坏说。"当是苏秦自赵入齐以恶赵。

[3] 何建章曰:"绝,绝交。"

[4] 缪文远曰:"此苏秦使人之燕也。时苏秦当仍在齐。""之",往也。

[5] "昭王",燕昭王。

[6] 缪文远曰:"韩为,亦作'韩徐为',赵臣。"

[7] "苏子",对苏秦的尊称。

[8] 鲍彪曰:"齐王,闵王。蜀子,齐将。"黄丕烈曰:"'今',鲍本作'令'。'宋'下,鲍本补'者'字。"金正炜曰:"按'今'当从鲍本作'令'。《吕览·权勋篇》:'齐使触子将以迎天下之兵于济上。'《贵直篇》:'此触子之所以去之也。'触子即蜀子。"黄、金说当是,今据改补。

[9] 鲍本"道"作"遁"。鲍彪曰:"遁,逃去也,言避秦兵。取,言与之合。"吴师道曰:"即此策下文所云:'臣以为不若逃而去之,以韩、魏循自齐,而为之取秦,深结赵以勤之'。"缪文远曰:"《仪礼·丧服传》:'其夫属乎道者,母皆妻道也。'注:'道,犹行也。'道取秦,行收秦之策也。"《穀梁传·成公十二年》:"言其上下之道无以存也。"俞樾《群经平议》按:"道,犹通也。""道取秦",通过收取秦国的策略。

[10] "质子",赵国王族派到齐国的人质。

[11] 金正炜曰:"'以请',当读'以情'。《荀子·礼论篇》:'情文俱尽。'《史记·礼书》'情'作'请'。徐广曰:古'情'字或假借作'请'。《秦策》:'请谒事情。'高注:'谒,告也。情,实也。'请告事之情实。此即其义。""子"是对苏秦的尊称。这是说让我把实际情况告诉你。

[12] 金正炜曰:"'果以'之'以',读与'已'同。"

[13] 缪文远曰:"苏秦告燕昭王,无为己担忧。"

[14] "累",忧患。《庄子·胠箧》:"则天下不累矣。"成玄英疏:"累,忧患。

[15] 鲍彪曰:"出者,奋不顾身也,言知其有累而奋为之。欲,利燕。"何建章曰:"所欲,大王想要达到的目的。""出",逃离。《周礼·秋官·大司寇》:"其不能

内篇　161

改而出圜土者杀。"郑玄注:"出,谓逃亡。"

［16］"令",鲍本作"今",当据改。

［17］鲍彪曰:"纷,乱也。""已",语终辞。

［18］吴师道曰:"'持'字疑'特'。""持",通作特。《左传·昭公元年》:"子与子家持之。"《经典释文》:"持,本或作特。""特",《吕氏春秋·适音》:"非特以欢耳目,极口腹之欲也。"高诱注:"特,但也。""张孟谈",春秋末年晋卿赵襄子的贤相,才智过人,帮助襄子战败智伯。事见《战国策·赵策一》。

［19］"智伯",即智(或作知)襄子,名瑶。春秋末年晋国六卿之一。公元前458年,智氏与韩、赵、魏三卿联合灭范氏、中行氏,势力最为强大。而后胁迫韩氏、魏氏围攻赵襄子,终被赵、魏、韩三家所灭,事见《战国策·赵策一》。

［20］缪文远曰:"朱讙、赵足,皆赵臣。"

［21］吴师道曰:"'说'即'兑'之讹。"缪文远案:"'公王曰',当从帛书及《新序》作'公玉丹'。公玉丹,齐臣。帛书第四章云:'公玉丹之赵致蒙,奉阳君受之'。""说",通作兑。《周易·序卦传》:"兑,说也。"《尚书·说命序》:"高宗梦得说。"《经典释文》:"说,本又作兑。"是其证。"命",告诉。《尔雅·释诂上》:"命,告也。"

［22］齐闵王召"韩珉"任齐相,事见本书第一八章。

［23］何建章曰:"此言齐任命苏秦为相。"

［24］鲍本"令"作"必"。金正炜曰:"以上文推之,作'必'者当是。"金说是,今据改。"上交",最好的邦交。

［25］"顺",齐公子,齐国送到赵国的人质。事见《秦策二》"陉山之事"章。

［26］于鬯《战国策注》:"'父',闵王也。上文言'使公玉',而其事之反覆若彼。意奉阳必尝诘责于齐,因诘责其所持之顺子,而顺子言变,甚于王也。""父",君也。《庄子·天下》:"可以为众父。"成玄英疏:"父,君也。"这里的"父"指齐闵王。

［27］金正炜曰:"《方言》:'厉,合也。'《广雅·释诂》:'厉,合也。''知无厉',谓知其不合。"《诗·大雅·桑柔》:"谁生厉阶。"朱熹集传:"厉,怨。""无厉",没有怨恨。

［28］吴师道曰:"贤之,谓以代为贤。两之,谓与之并处。"《礼记·礼运》:

"以贤知勇。"孔颖达疏:"贤,犹崇重也。"《广雅·释诂四》:"两,二也。""贤之两之",顺子和苏秦两人相互尊重。

[29]"已矣",完啦。

[30] 鲍彪曰:"并述奉阳之言。"

[31] 鲍彪曰:"衍'王'字。"金正炜曰:"鲍注次'王'字衍,是也。"于鬯《战国策注》:"或云'王'当为'壬'之误;'壬','听'之省。'听',犹闻也。言如齐王闻是言,必不信赵,而贱奉阳也。"何建章案:"如,裴学海《古书虚字集释》卷七'犹'以'也。"缪文远曰:"此当从鲍本衍一'王'字。'如'当为'知'之讹。"这些解诂,均未安。"如",《尔雅·释诂上》谓"往也"。"王",《广雅·释诂一》谓"大也"。这是说以往齐闵王自大而不信任赵国。

[32] 鲍彪曰:"待之为小人。"这是说奉阳君也是个小人。

[33] 何建章曰:"倍,通作背,叛也。"

[34] 这是说如果不乘今天齐、赵两国大乱而不和,去讨伐齐国。

[35] 鲍彪曰:"循,言顺燕。"

[36] 鲍彪曰:"代本以二国之合,必不顺燕,今乃合而顺之,故有死、逃之罪。"吴师道曰:"言二国之合,必害于燕,苟顺而无害,国之利也。故已之死、逃、荣、辱,皆不足论。"本句上承齐、赵"解而复合",下连"臣死而齐、赵不循",假设"齐、赵之合苟可循",则死、逃、荣、辱皆不足论。然而"臣死而齐、赵不循",则"臣之患也"。"若臣死而必相攻也,臣必勉之而求死焉",由此可见苏秦对燕昭王的赤胆忠心。

[37] 吴师道曰:"厉,《史》音赖,见《秦策》。'死不足以为臣患'及'尧舜之贤而死'两节,与《秦策》范雎说同。"范雎晚于苏秦,其相同的说辞,应是因袭苏秦的结果。"被"同披。"被发",披头散发,装疯卖傻。"厉"同癞,"自漆为厉",用漆涂身,使生癞疮变形。何建章曰:"二者都是身遭大祸,不得已而改变形体,为了避人耳目。"

[38] 金正炜曰:"'分'即'纷'之省。"缪文远曰:"'分'当为'纷',讹脱其半也。句言齐、赵恶其交为臣所纷乱。"何建章曰:"交,《小尔雅·广言》'俱也'。""分",通作忿。《管子·君臣下》:"宫中乱曰妎纷。"范望校正:"朱本'纷'作'分'。"今本《周易·巽》:"纷若。"帛书《周易·筭(巽)》作"忿若"。是其证。

"忿",忿怒,忿恨。

[39]"效",鲍本作"劾"。鲍彪曰:"劾,后人见其不可因而劾也。"《玉篇·力部》:"劾,俗效字。""效",仿效。

[40]鲍彪曰:"齐、赵相攻。"

[41]何建章曰:"尧、舜是天下的贤人,但终究要死。下仿此。"

[42]"禹",姓姒,名文命,是夏代的开国君王。夏禹率领众人治理洪水成功,建立夏朝,国都阳城(在今河南省登封市鄐城镇)。"汤"姓子,名履,本是夏代末年商部族的首领,因夏桀无道,率众攻灭夏桀,建立商朝,国都西亳(在今河南省偃师市西)。"知",同智,智慧。

[43]"孟贲",《史记·秦本纪》作"孟说",秦武王时的大力士。

[44]"乌获",秦武王时的大力士,见《史记·秦本纪》。

[45]鲍彪曰:"死者,人之必然。"何建章曰:"人死是事物的必然。"

[46]金正炜曰:"案'臣以为不若逃而去之'句,乃代策之主旨,下乃反覆以申明之。篇末云'故举大事,逃不足以为辱',正与些文相应。"

[47]缪文远曰:"时苏秦为奉阳君所拘,使人上书燕王,欲逃而去赵。"本句是苏秦追述设法逃离赵国时的想法。

[48]鲍彪曰:"言逃燕,则自韩、魏顺行至齐。"缪文远曰:"'循'字当为'纷'字之讹。此假设之辞,言臣若以韩、魏扰乱齐国。""循自齐",顺从齐国。这是苏秦追述当初使韩、魏顺从齐国伐秦的事。

[49]鲍彪曰:"言劲齐以怒赵。""取秦",收取秦国。

[50]鲍彪曰:"此劲赵以怒齐也。结,亦以韩、魏、赵自燕结之。""劲",坚强,有力。本句是说尽量团结赵国,来加强进攻齐国的力量。

[51]缪文远曰:"近于构三晋与齐相攻也。"这是说当初齐、燕、韩、赵、魏五国伐秦的形势,接近"相攻"的地步。

[52]缪文远曰:"惧齐或察及燕离间齐、赵及攻齐之谋,故云'累燕'。""累燕",这是指说这些活动虽然连累了燕国。

[53]鲍彪曰:"以,用也。吾,指奉阳君。"缪文远曰:"'不'字当衍。言苏秦怒燕王以奉阳君之故而弗与卿相之位。""吾",指苏秦。"不以吾故",不重用自己的缘故。

[54]"相"、"卿"都是尊贵的职官。

[55]"殆",几乎,差不多。"殆无燕矣",是说苏秦的心目中几乎没有燕国了。

[56]"其",指奉阳君。本句指奉阳君对苏秦已怀疑到这种程度。

[57]金正炜曰:"'欲王'当作'辱王',音近而误。《广雅·释诂》:'辱,污也。'""欲",不应是误字。《说文·欠部》:"欲,贪欲也。""又不欲王",意为又没有贪求大王。本句是针对奉阳君所说"弗予相,又弗予卿"的闲话而言。

[58]"伊尹"是夏商之际著名的政治家。据《吕氏春秋·本味篇》:"有侁(莘)氏女子采桑,得婴儿于空桑之中,献之其君。"今河南嵩县城南伊水岸边有祭祀伊尹的"元圣祠"。《墨子·尚贤篇》载汤得伊尹"举以为己相",《孟子·告子下》载伊尹"五就汤,五就桀"。《史记·殷本纪》说:"桀奔于鸣条,夏师败绩。"《孙子·用间》也说:"昔殷之兴也,伊尹在夏。""鸣条"在今山西运城市安邑镇北。

[59]"伍子胥",楚平王听信谗言,杀伍子胥之父伍奢。伍子胥逃奔吴国,助吴王阖闾伐楚,战于柏举,攻入楚都,鞭楚平王尸,报了杀父之仇。"伯举",鲍本作"柏举",在今湖北麻城县东南。事见《左传·定公四年》和《史记·伍子胥列传》。

[60]缪文远曰:"'始'当为'殆'字之讹。"《助字辨略》卷三:"此'始'字,犹云乃也,然后也。"故缪说未确。金正炜曰:"《汉书·序传》'垂策书于《春秋》。'注:'《春秋》,史书记事之总称'。"

[61]"且",况且。诸祖耿案:"'者'字鲍本无。"

[62]"桓公",齐桓公,春秋五霸之一。"管仲"是辅佐齐桓公成就霸业的贤相。公元前685年,齐襄公被弑杀。管仲随襄公弟公子纠逃奔鲁国,管仲的好友鲍叔牙随从公子小白逃奔莒国。而后公子纠与公子小白兄弟都想回国继位。双方争战时,管仲射中小白带钩。结果,公子小白战胜即位,是为桓公。齐桓公发兵伐鲁,迫使公子纠自杀。鲁人因送管仲回齐,桓公听从鲍叔牙的建议,赦免管仲,并委任国政。

[63]鲍彪曰:"定八年,阳虎作难。十四年,孔子乃适卫,不如此说。"何建章曰:"此为两件事,并非谓'阳虎之难时孔子逃于卫',此皆就'逃'而言。"何说近是。"阳虎"即阳货,鲁国季孙氏的家臣,执掌国政。鲁定公八年(前502年),因

其谋杀季恒子失败,逃往齐国。"孔子"是春秋时期伟大的思想家和教育家,也是儒家学派的创始人。据《史记·孔子世家》,鲁定公十四年(前 496 年),孔子游历卫国,路过匡地。"匡人闻之,以为鲁之阳虎。阳虎尝暴匡人,匡人于是遂止孔子。孔子状类阳虎,拘焉五日"。本句是说,孔子被误认为阳虎而蒙难时,逃离卫国。

[64] 吴师道曰:"即仪至楚之事。"据《史记·楚世家》,秦使张仪以割让"商于之地方六百里"诓骗楚国。楚怀王愤而出兵袭秦,战败后又被秦国夺取汉中郡。楚怀王十八年(前 311 年),秦国愿分汉中之半与楚讲和。楚怀王"愿得张仪,不愿得地",张仪使楚,怀王"囚张仪,欲杀之"。张仪收买楚臣靳尚和夫人郑袖,说服怀王,得以逃脱。

[65] 金正炜曰:"按《史记·邹阳传》注引张宴曰:'白圭,中山将,亡六城,君欲杀之,亡入魏,厚遇之,还拔中山。'疑即其事。"吴师道曰:"《新序》:'孟尝君问白珪。'恐亦此时。"缪文远按:"《魏策四》:'白珪谓新城君曰'云云,新城君即芈戎,知白珪尝仕秦也。"何建章曰:"据梁玉绳《汉书人表考》,战国时有两白珪,一为周人,珪其名;一为魏人,丹名,珪字。此当是魏人白珪。其事迹散见《吕氏春秋·听言》、《先识》、《不屈》、《举难》、《知分》等篇及《韩非子·喻老》。"

[66] 鲍彪曰:"望诸,此与乐毅同号。"据《战国策·中山策》,齐国欲"赂燕、赵以攻中山。蓝诸君患之",鲍彪注:"中山相也。"吴师道案:"《燕策》'望诸相中山',恐即此人,与乐毅同号者。"蓝,通作监,监、望均有"视"义。故"望诸"当是指蓝诸君。"监"当是本字,"望"、"蓝"均是假借字。"中山",春秋战国时期的诸侯国,国都在今河北灵寿县境。公元前 296 年被赵国灭亡。

[67] "外孙之难",鲍彪曰:"未详。"《说文·夕部》:"外,远也。""孙"、"巡"音近义通。何休《公羊传·庄公元年》注:"孙,犹遁也。"遁同循。《白虎通·巡狩》:"巡者,循也。"是其证。"巡",巡察,巡行。据《史记·孟尝君列传》,公元前 298 年,薛公孟尝君入秦为相。次年,秦昭王"囚孟尝君,谋欲杀之"。孟尝君设法逃出函谷关,返回齐国。薛公"外巡之难",当指此事。

[68] 鲍彪曰:"释载,不乘车也。齐闵王二十五年(当为三年),田文入秦,秦因欲杀之,因秦幸姬得出,驰去,变姓名出关。"黄丕烈曰:"'戴',鲍本作'载'。""于",语助辞,见《经传释词》卷一。"关",函谷关。

[69]"士",贤士。《荀子·议兵》:"好士者强。"杨倞注:"士,贤士。"

[70]指公元前284年乐毅以赵相国名义,率赵、燕、秦、韩、魏五之兵,联合"破齐"之事。

【考辨】

本章姚本《苏代为奉阳君说燕于赵以伐齐》与《奉阳君告朱讙与赵足》分列两篇,鲍本合为一篇。据文义,兹从鲍本。这是苏秦在离间齐、赵两国关系获得成功后,写给燕昭王的信。缪文远曰:"《策》言其告燕王之语曰:'今齐、赵绝,可大纷已。'盖在乐毅伐齐之前一年,即周赧王三十年。"事在公元前285年。

金正炜指出:"本章'臣以为不若逃而去之'句,乃代〔秦〕策之主旨,下乃反覆以申明之。篇末云'故举大事,逃不足以为辱',正与些文相应。"据《战国纵横家书》第一、二、三、四章,苏秦被奉阳君拘留,希望燕昭王"使人反复言臣,必毋使臣久于赵也"。苏秦急于逃离赵国到齐国去,就是要尽力"恶齐、赵之交"。本章开篇讲"乃入齐恶赵,令齐绝于赵",经过苏秦的努力"齐已绝于赵"。这正是苏秦逃出赵国"以成所欲"的结果,也是苏秦不烦举例说明"举大事,逃不足以为辱"的缘由。

本章应是苏秦给燕王的最后一封信。在这封信里,苏秦用"死不足以为臣患,逃不足以为臣耻,为诸侯不足以臣荣,被发自漆为厉不足以为臣辱",来表达他对燕昭王的赤胆忠心。大约几个月后,苏秦便被齐闵王以"阴与燕谋齐"的罪名车裂处死,兑现了他"臣死辱,可以报王"的庄重诺言!

三八、陉山之事章

陉山之事[1],赵且与秦伐齐[2]。齐【王】惧[3],令田章以阳武合于赵[4],而以顺子为质[5]。赵王喜[6],乃案兵告于秦曰[7]:"齐以阳武赐敝邑[8],而纳顺子欲以解伐[9]。敢告下吏[10]。"

秦王使公子他之赵[11],谓赵王曰:"齐与大国救魏而倍约[12],不可信恃,大国不义[13],以告敝邑[14],而赐之二社之地[15],以奉祭祀。今又案兵[16],且欲合齐而受其地[17],非使臣之所知也。请益甲四万[18],大国裁之[19]。"

苏(代)〔秦〕为齐献书穰侯曰[20]:"臣闻往来之者言曰[21]:'秦且益赵甲四万人以伐齐[22]。'臣窃必之弊邑之王曰[23]:'秦王明而熟于计,穰侯智而习于事[24],必不益赵甲四万人以伐齐。'是何也?夫三晋相结,秦之深雠也[25]。三晋百背秦,百欺秦[26],不为不信,不为无行[27]。今破齐以肥赵;赵,秦之深雠[28],不利于秦。一也。秦之谋者必曰:'破齐敝晋、【楚】[29],而后制晋、楚之胜[30]。'夫齐,罢国也[31],以天下击之[32],譬犹以千钧之弩【决】溃痈也[33]。秦王安能制晋、楚哉[34]!二也。秦少出兵,则晋、楚不信[35];多出兵,则晋、楚为制于秦。齐恐,则必不走于秦且走晋、楚[36]。三也。齐割地以实晋、楚[37],则晋、楚安[38]。齐举兵而为之顿剑[39],则秦反受兵。四也。是晋、楚以秦破齐[40],以齐破秦[41],何晋、楚之智而齐、秦之愚[42]!五也。秦得安邑[43],善齐以安之,亦必无患矣。秦有安邑,则韩、魏必无上党哉[44]。夫取三晋之肠胃与出兵而惧其不反也[45],孰利?故臣窃必之弊邑之王曰[46]:'秦王明而熟于计,穰侯智而习于事,必不益赵甲四万人以伐齐矣[47]。'"

本篇辑自《战国策·秦策二》

【校注】

[1]高诱曰:"陉山,盖赵并陉塞也。事,役也。"鲍彪曰:"《穰侯传》,魏背秦与齐从亲,秦使穰侯攻赵、韩、魏于华阳下,且益赵甲以伐齐,则此役也。陉山在密。《后志》注云:《史记》秦破魏华阳,地亦在县。则此《策》书径山,《史》书华阳,一役也。事在(秦昭)三十四年。"吴师道曰:"《大事记》华阳之役,秦救韩而击赵、魏。《年表》、《列传》或云得三晋将,或云攻赵、韩、魏,皆记者之误。按《大事记》,赧王四十一年,魏背秦与齐从亲,秦魏冉伐魏,拔四城。明年,赵、魏伐韩,秦魏冉救韩,败赵、魏,且与赵观津,益赵以兵伐齐。"钟凤年曰:"此事依《史记》言之,即秦破赵、魏于华阳之役,与《魏策三》'秦败魏于华阳走芒卯'章及《韩策三》

'赵、魏攻华阳'章,俱相先后事。盖华阳近于径山,故此章举地遂异。"范祥雍曰:"径山之事即秦败三晋于华阳事。径山为韩地。""径山",当在今河南新郑市西南。

[2]"且",《穰侯列传》作"将"。

[3]"齐惧",《初学记》卷二十二、《太平御览》卷三五五均引作"齐王惧"。何建章曰:"(《秦策二》)第十章'宜阳之役,楚畔秦而合于韩,齐王惧',以彼例此,当依《初学记》、《太平御览》引补'王'字。"何说当是,今据补。"齐王",齐闵王。

[4]高诱曰:"阳武,齐邑也。和,合也。"鲍彪曰:"属河南,此时属齐。"程恩泽曰:"按《汉志》阳武属河南,今为开封府兰仪县。是时齐地据有曹、濮,距兰仪不远。既云以阳武合于赵,当必与赵接壤之处。"缪文远曰:"田章,即陈璋,齐之公族,齐闵王时将。"何建章曰:"《韩非子·外储说右下》'田鲔知臣情,故教田章'云云,当即此田章。""田章"即"陈璋",亦名章子。《吕氏春秋·处方篇》:"齐令章子将而与韩、魏攻荆,……果杀唐蔑。"事亦见《史记·秦本纪》。传世和考古发现的陈璋圆壶(本书图版二)、陈璋方壶(见本书附录《陈璋壶、燕王职壶的重要价值》)和章子铜戈(《集成》11295),都是田章的遗物。

[5]高诱曰:"顺子,齐公子。质,保也。"

[6]"赵王",鲍彪曰:"惠文。""惠文"即赵惠文王。

[7]"案",同按。《尔雅·释诂下》:"按,止也。"

[8]"敝邑",赵惠文王对本国的谦称。

[9]何建章曰:"解伐,放弃进攻齐国。"

[10]"敢",《仪礼·士虞礼》:"敢用洁牲。"郑玄注:"敢,昧冒之辞。"《左传·庄公二十二年》:"敢辱高位。"杜预注:"敢,不敢也。"凡言"敢"者,皆是以卑触尊,不敢冒昧之义。"下吏",郭人民曰:"下吏,指秦吏。不敢直指秦王,故云'告下吏'。"

[11]缪文远曰:"秦王,昭王,此当其二十二年。公子他,即公子池,秦惠文王子,昭王之兄。""他",通作池。公子池,见《秦策四》"三国攻秦入函谷"章。"之",至也。《战国策·魏策二》:"义渠君之魏。"高诱注:"之,至也。"

[12]鲍彪曰:"齐背二国。"

[13]姚宏曰:"'不',一作'弗'。钱、刘一作'不以为义'。"高诱曰:"大国,赵

也。弗义,不以为义也。"鲍彪曰:"赵以齐倍之为不义。"

[14] 高诱曰:"敝邑,秦自谓也。"鲍彪曰:"告以伐齐。"

[15] 鲍彪曰:"邑皆有社,二社,二邑也。"《说文·示部》:"《周礼》二十五家为社。""社",《白虎通义·社稷》:"社,土地之神也。"《释名·释州国》:"五邻为里,居方一里之中也。"《诗·郑风·将仲子》毛传:"二十五家为里。"《韩诗外传》卷四:"广三百步,宽三百步为一里。"周代长、宽各"三百步"为一里,居住二十五家,共祭一个社神,即所谓"二十五家为社"。

[16] 姚宏曰:"刘、钱'又'作'有'。"

[17] 高诱曰:"地,阳武也。"

[18] "甲",士兵。

[19] "裁",裁定,决断。

[20] 高诱曰:"苏代,苏秦弟。穰侯,秦相也。"唐兰曰:"苏代当是苏秦。"缪文远说:"献书穰侯之苏代,当是苏秦。"今据改。

[21] 诸祖耿曰:"《初学记》二十二、《御览》三五五引,俱作'臣闻往来者之言曰'。"这句意为:我听往来齐国的人说。

[22] 范祥雍曰:"《初学记》引'甲'下有'兵'字。"

[23] "窃",私也。《吕氏春秋·知士》:"孟尝君窃以谏静郭君。"高诱注:"窃,私也。""之",犹为也,见《经词衍释》卷九。"敝邑之王",齐闵王。

[24] 这两句是说:秦昭王精明而善于谋略,穰侯魏冉智慧而熟习军事。

[25] 高诱曰:"深,重也。""深仇",大敌。

[26] 何建章曰:"百,屡次,多次。"

[27] 金正炜曰:"为与谓,古通用。言三晋虽屡背秦、欺秦,不自谓为不信、无行也。"

[28] 鲍彪曰:"此二十七年败赵,取代光狼。"

[29] 《穰侯列传》作"破齐敝晋、楚"。鲍彪曰:"此晋,赵也。以赵破齐,齐破,赵亦敝。"何建章曰:"下文皆言'晋、楚',此当补'楚'字。"

[30] 张守节曰:"今晋、楚伐齐,晋、楚之国亦弊败。"鲍彪曰:"二国破敝,秦无后虑,可以南制楚。"中井积德曰:"前文无楚,而代书中连称晋、楚,是以是役为秦率晋、楚伐齐也,皆臆度之言,勿泥前文作疑。"缪文远曰:"乐毅约诸国伐齐之

事既成,楚遣淖齿将兵救齐,是伐齐之役,楚未与其事也。中井谓此连言'晋、楚'为臆度之辞,其说是也。""制",控制,约束。

［31］鲍彪曰:"罢、疲同。"

［32］"天下",诸侯各国。

［33］《穰侯列传》作"决溃痈"。姚宏曰:"钱、刘'弩'下有'射'字。""钧",古代重量单位,三十斤为一钧,一钧合7.5公斤。"弩"是古代利用机械力量射箭的弓,"千钧之弩"是指威力强大的弩。何建章曰:"溃,穿透;'痈',脓疮。"

［34］鲍彪曰:"夫能制人,必其威武足以屈人。今攻罢国,胜之,非武也,安能制人。"范祥雍曰:"此谓秦助晋、楚攻齐,本欲破齐助弊晋、楚以收利,今齐是罢国,不侍晋、楚之弊而已破,故云'安能制晋、楚哉',鲍注未允。"

［35］鲍彪曰:"不信其伐齐。"

［36］鲍彪曰:"兵多,则非独齐见制,惧晋、楚亦见制。齐畏秦,故不趋秦;而与晋、楚同患,故趋晋、楚。"何建章曰:"走,《说文》'趋也'。又《吕氏春秋·荡兵》高注'归'。趋、归即投向,投靠。"

［37］"实",《穰侯列传》作"啖"。实、啖义通。《庄子·山木》:"虽落其实。"成玄英疏:"实,食也。"《广雅·释诂二》:"啖,食也。"是其证。

［38］何建章曰:"安,《尔雅·释诂》:'止也。'此言止兵。"

［39］"顿剑","顿",通作敦。《庄子·说剑》:"今日试使士敦剑。"郭嵩焘注:"《鲁颂》:'敦商之旅。'笺:'敦,治也。'""剑",兵器。这是说齐国准备发兵而治理兵器。

［40］黄丕烈曰:"破,鲍本作伐。"

［41］诸祖耿曰:"两破字,《穰侯传》并作'谋'。"

［42］姚宏曰:"齐、秦为晋、楚所帅,故谓之愚也。"

［43］"安邑",魏国旧都,在今山西夏县西北。据《史记·秦本纪》,秦得安邑在秦昭王二十一年(前286年)。

［44］姚宏曰:"'哉',刘作'矣'。"高诱曰:"秦将取之,故曰'无上党哉'。""上党",古地名,韩、魏均据有上党,在今山西长治、晋城地区。

［45］高诱曰:"肠胃,喻腹心也。"鲍彪曰:"安邑、上党如之。"

［46］姚宏曰:"曾、集'之'上有'为'字。"

［47］鲍彪曰："《穰侯传》有。"吴师道曰："于是穰侯不行,引兵而归。"

【考辨】

本章是赵、秦诸国联合攻伐齐的前夕,齐国割让阳武给赵国求和,秦昭王派公子他前往赵国说,秦国愿增兵四万攻齐。这时,苏秦献书秦相穰侯请求秦国不要派兵攻齐。林春溥《战国纪年》、黄式三《周季编略》、顾观光《国策编年》等均依《史记·穰侯列传》,将此事系于秦昭王三十四年,即公元前 273 年。

唐兰说:"苏代为齐献书穰侯,信中说到'今破齐以肥赵'和'秦得安邑,善齐以安之'等话。《史记·穰侯传》把此事放在穰侯和白起等破芒卯于华阳之后。华阳在今河南省密县,在郑州西南,不知与陉山何涉。陉山属于太行山脉,当指前 285 年乐毅以赵相国名义伐齐取灵丘一事。田章即陈璋,顺子大概是齐闵王的子侄,……如果是破芒卯以后,那就在前 273 年,齐闵王已死了十一年,怎么能有这两个人物呢?破齐肥赵,正是五国攻齐时的话,齐灭宋之后,魏国就向齐国献安邑,那末献书穰侯当在前 285 年无疑。"缪文远说"此章当为周赧王三十年(前 285)乐毅以赵国名义约五国伐齐前夕"的事。唐、缪说甚是。

燕将乐毅是以赵相国名义率领五国联军攻伐齐国的,这就是齐国割让阳武给赵国以求和的缘由。缪文远曰:"此时燕国尚未公开露面,故《策》文言伐齐之国不数燕也。"值得注意的是,五国联军伐齐本是苏秦"以弱燕并强齐"所追求的结果。因为当时苏秦在齐国的真实身份尚未暴露,他写给秦相穰侯的这封书信,只能看作是为遮挡齐闵王耳目的表面文章。但苏秦的这种身份,秦相穰侯是心知肚明的。因此,穰侯也不会因为这封书信,而停止派兵攻伐齐国。

因本章属"经过后人加工整理和修饰的苏氏兄弟本人的书信和游说辞",书信前面的背景说明都是后人增添的,所说"径山之役"的年代与书信的时间有较大出入。特别是《穰侯列传》在书信后说"于是穰侯不行,引兵而归",更与当时的实际情况不相符合。

【附录】《史记·穰侯列传》"苏代为齐阴遗穰侯书"节

明年,穰侯与白起客卿胡阳复攻赵、韩、魏,破芒卯于华阳下,斩首十万,取魏之卷、蔡阳、长社,赵氏观津。且与赵观津,益赵以兵,伐齐。

齐襄王惧,使苏代为齐阴遗穰侯书曰:"臣闻往来者言曰:'秦将益赵甲四万以伐齐。'臣窃必之敝邑之王曰:'秦王明而熟于计,穰侯智而习于事,必不益赵甲四万人以伐齐。'是何也?夫三晋之相与也,秦之深雠也。百相背也,百相欺也,不为不信,不为无行。今破齐以肥赵。赵,秦之深雠,不利于秦。此一也。秦之谋者,必曰:'破齐弊晋、楚,而后制晋、楚之胜。'夫齐,罢国也,以天下攻之,如以千钧之弩决溃痈也。必死,安能弊晋、楚?此二也。秦少出兵,则晋、楚不信也;多出兵,则晋、楚为制于秦。齐恐,不走秦,必走晋、楚。此三也。齐割地以啖晋、楚,则晋、楚案之以兵,秦反受敌。此四也。是晋、楚以秦谋齐,以齐谋秦也,何晋、楚之智而齐、秦之愚?此五也。故得安邑以善事之,亦必无患矣。秦有安邑,韩氏必无上党矣。夫取天下之肠胃,与出兵而惧其不反也,孰利?臣故曰秦王明而熟于计,穰侯智而习于事,必不益赵甲四万人以伐齐矣。"于是穰侯不行,引兵而归。

三九、苏秦献书赵王章

【苏秦】献书赵王[1]:"臣闻【古之贤君[2],德行非施于海内也[3],教顺慈爱非布于万民也[4],祭祀时享非当于鬼神也[5]。甘】洛(露)降[6],时雨至,禾谷绛(丰)盈[7],众人喜之[8],贤君恶之[9]。

"今足下功力非数加于秦也[10],怨竺(毒)积怒[11],非深于齐[12],下吏皆以秦为夏(忧)〔爱〕赵而曾(憎)齐[13]。臣窃以事观之,秦几(岂)夏(忧)〔爱〕赵而曾(憎)齐弋(哉)[14]?欲以亡韩、呻(吞)两周[15],故以齐饵天下[16]。恐事之不之诚(成)[17],故出兵以割(劫)革(勒)赵、魏[18]。恐天下之疑己,故出挚(质)以为信[19]。声德与国[20],实伐郑韩[21]。【臣】以秦之计必出于此[22]。

"且说士之计皆曰:'韩亡参(三)川[23],魏亡晋国[24],市朝未罢过(祸)及于赵[25]。'且物固【有势】异而患同者[26]。昔者楚久伐,中山亡[27]。【今齐久伐而韩必亡[28]。破齐,王与六国分其利也[29]。亡韩,秦独擅之[30]。收二周,西取祭器,秦独私之[31]。赋田计功,王之获利孰

与秦多?】[32]

"今燕尽齐之河南[33],距莎(沙)丘、巨(钜)鹿之囿三百里[34]。距麋(楣)关[35],北至于【榆中】者千五百里[36]。秦尽韩、魏之上党[37],则地与王布(敷)属壤芥(界)者七百里[38]。秦以强弩坐羊肠之道[39],则地去邯郸百廿里[40]。秦以三军功(攻)王之上常(党)而包其北[41],则注之西[42],非王之有也。今增注、笍(迣)恒山而守三百里[43],过燕阳、曲逆[44],此代马、胡狗不东[45],纶(崑)山之玉不出[46],此三葆(宝)者[47],或非王之有也。今从强秦久伐齐,臣恐其过(祸)出于此也。

"且五国之主尝合衡(横)谋伐赵[48],疏(疏)分赵壤[49],箸之钣(盘)竽(盂)[50],属之祝諎(籍)[51]。【齐倍五国之约而殉王之患】[52],五国之兵出有日矣[53]。齐乃西师以唫(禁)强秦[54]。史(使)秦废令[55],疏(素)服而听[56],反(返)温、轵、高平于魏[57],反(返)王公、符逾于赵[58],此天下所明知也[59]。夫齐之事赵,宜正为上交[60],乃以柢(抵)罪取伐[61],臣恐后事王者不敢自必也[62]。

"今王收齐,天下必以王为义矣[63]。齐採(抱)社稷事王[64],天下必重王。然则齐义,王以天下就之[65];齐逆,王以天下【禁】之[66]。是一世之命制于王也[67]。臣愿王与下吏羊(详)计某(谋)言,而竺(笃)虑之也[68]。"

本篇辑自《战国纵横家书》第二一章

【注释】

[1]《战国纵横家书》本篇未署献书者姓名,《战国策·赵策一》作"苏秦",《史记·赵世家》作"苏厉"。唐兰说:"帛书二十一章苏秦献书赵王。"唐说当是。"赵王",赵惠文王。

[2]整理小组曰:"'臣闻'下帛书有脱落,《赵策》、《赵世家》并多三十余字。"今据《赵策一》补。

[3]何建章曰:"犹言政治措施未达于全国。"

〔4〕金正炜曰:"按《墨子·非命篇》:'下有以教顺其百姓。'"缪文远曰:"教顺,犹教训也。顺、训古韵俱属文部,故得相通。"

〔5〕《国语·周语上》:"日祭、月祀、时享、岁贡、终王,先王之训也。""时享"四时祭祀山川、方物和祖先神灵。

〔6〕《赵策一》、《赵世家》并作"甘露降。""洛",通作露。《穀梁传·闵公元年》:"盟于洛姑。"《经典释文》:"一本作路姑。"《管子·四时》:"国家乃路。"范望校正:"路与露同。"《孟子·滕文公上》:"是率天下而路焉。"焦循正义:"路与露古通用。"是其佐证。

〔7〕《赵策一》作"年谷丰盈",《赵世家》作"年谷丰孰"。郑良树按:"今本《国策》、《史记》'禾谷'作'年穀'(谷,借为穀)。窃疑帛书'禾'当作'年',古籍多言'年穀',……罕言'禾穀'。'年'与'禾',篆文相近,往往混淆耳。""缝",从糸,夆声,乃"縫"字省体,通作丰。《说文·夂部》:"縫,以针紩衣也。从糸,逢声。"《集韵·钟韵》:"縫,同缝。"故"缝"当是缝字省体。《礼记·玉藻》:"缝齐倍要。"郑玄注:"缝,或为逢,或为丰。"俞樾《群经平议》按:"丰本字,逢与缝均假字也。"可以为证。

〔8〕"喜",《赵世家》作"善"。"喜"、"善"义通。

〔9〕整理小组曰:"恶,《赵策》同,疑有误。《赵世家》作图。"本处与《赵策》均作"恶",当不误。鲍彪曰一:"恶,心不安也,以其无以致之故。"何建章:"而贤主恶之,而贤主(因无德而享福)却心情忧惧不安。""恶"释"心不安",与文意不符。《左传·桓公十六年》:"恶用子矣。"杜预注:"恶,安也。"《战国策·秦策一》:"恶有不战者乎?"高诱注:"恶,安也。""图",谋取,图谋。"安"、"图"义相近。"贤君恶之"是说贤明的君王心神安宁。

〔10〕"功",鲍彪曰:"谓战伐。"《说文·力部》谓"以劳定国也"。《释名·释言语》:"功,攻也,攻治之乃成也。""攻力"可引申为威力。"数",《汉书·贾山传》:"赋敛重数。"颜师古注:"数,屡也。"

〔11〕《赵策一》作"怨毒积恶",《赵世家》作"怨毒积怨"。"竺",通作"毒"。《尔雅·释诂下》:"竺,厚也。"郝懿行义疏:"竺,又通作毒。《海内经》云:'天竺,其人水居。'郭注:'天毒即天竺国,是矣'"。

〔12〕整理小组曰:"齐,《赵策》误作韩。《赵策》此篇中有十个韩字是齐字

之误。"

[13] 整理小组曰:"下吏,指赵国官吏。忧,《赵策》和《赵世家》均作爱,似以帛书作忧为是。"郑良树案:"今本《国策》、《史记》'忧'均作'爱';下文'秦岂优赵而憎齐哉',同。爱谓宠幸也,与'憎'相反为义,是也;帛书作'忧',盖'爱'之形讹字也。"今据改。

[14] "几",通作岂,见《经传释词》卷五。"曾",《赵策一》作"憎"。"弋",《赵策一》作"哉"。"弋",通作哉,语气词。

[15] "呻",《赵策一》、《赵世家》均作"吞"。《战国策·西周策》:"兼有吞周之意。"高诱注:"吞,灭也。""两周",指战国中晚期周王畿内的东周、西周国。

[16] "饵",《赵世家》作"馋"。饵、馋义通,都有诱吞之义。

[17] "诚",《赵策一》作"成",《赵世家》作"合"。《礼记·经解》:"规矩诚设。"郑玄注:"诚,或作成。"成、合义通。《国语·鲁语下》:"诗所以合也。"韦昭注:"合,成也。"

[18] "割革",《赵策一》作"佯示",《赵世家》作"劫"。整理小组曰:"割,宰割。革,通勒,强制。"缪文远按:"《策文》误,当作'割劫'。'革'本有'亟'音,故帛书借'革'作'劫'。"裘锡圭曰:"帛书的'割'应从《赵世家》读为'劫',也可以说'割'是'劫'的音近误读。""劫革",当读如劫勒,有劫持勒索之义。

[19] 整理小组曰:"《赵世家》和《赵策》此处都有征兵于韩事,疑帛书脱落。""挚",通作质。《赵策一》在这两句前有"恐天下之驚觉,故微韩以贰之"句,《赵世家》在这两句后有"恐天下之亟反也,故征兵于韩以威之"句。

[20] 整理小组曰:"这是说:秦国口头上帮助友国(指赵、魏)"。

[21] "郑韩",《赵策一》、《赵世家》均作"空韩"。整理小组曰:"这是说:秦国口头上说帮助友国(指韩、魏)。"郑良树案:"'郑韩'当从今本《国策》、《史记》作'空韩',吴师道《补注》云:'实欲伐空虚之韩。'所说极是。且本章与郑国无涉,未详帛书何由致误。"

[22] 郑良树案:"《史记》云:'臣以秦计。'帛书'以'上缺文,当是'臣'字矣。今本《国策》曰:'臣窃观其图之也。'文虽略异,句首前亦有'臣'字。"

[23] 整理小组曰:"三川,本指河水、伊水和洛水。韩国的三川,在今河南省宜阳县一带。""参川","参",通作三。公元前308年,秦武王命甘茂攻取韩国的

西部重镇"宜阳"(在今河南宜阳县西25公里),使秦国的领土扩展到中原地区。

[24]"亡",丧失,《赵策一》作"灭","亡"、"灭"义近互用。鲍彪曰:"晋国,谓安邑。"何建章曰:"晋国,晋都,指晋国的旧都安邑,今山西省夏县。《吕氏春秋·季夏纪·明理》高注:'国,都也'。""晋国"是指魏国的旧都安邑。《史记·秦本纪》载:秦昭王二十一年,秦将司马错"攻魏河内。魏献安邑,秦出其人"。"魏亡晋国"当是指公元前286年"魏献安邑"的事。

[25]"市朝未罢",《赵策一》作"恃韩未穷",《赵世家》作"市朝未变"。整理小组曰:"市朝,即早市。《史记·孟尝君列传》:'日暮之后,过市朝者掉臂而不顾。'是说市朝已散,只剩场地了。市朝未罢比喻时间很短。"缪文远曰:"按,市朝未罢,言时间极短。"裘锡圭曰:《战国策补释》"据《赵世家》定策文'持韩'为'市朝'之误,甚是。帛书作'市朝未罢',策文'穷'字似当是'罢'之形近误字。""市朝"指早晨的集贸市场。"过",通作祸。"祸",灭难。

[26]"物",事情。"势",样子。

[27]《赵策一》作"楚人久伐"。鲍彪曰:"此言楚受秦伐,赵无秦患,故破中山灭之。故秦昭八年,再败楚,遂言赵破中山。"整理小组曰:"楚久伐,指楚国被伐很久。楚怀王末年,秦、齐、韩、魏合攻楚,赵乘机伐中山,并于公元前二九五年灭掉中山(见《史记·六国年表》)。《赵世家》此下还有四十余字,帛书与《赵策》似均有脱落。"郑良树案:"上文云'物固有事异而患同者',言世间之事容有差异,而其患则屡屡有相同者;说者标此前提之后,当举数事以明之,方合游谈之层次。今此文云:'昔者楚久伐,中山亡。'但举亡中山一事,何以明其事异而患同乎?窃疑此下当有缺文。《史记》此下云:'今齐久伐而韩必亡。'说者预言齐久伐而韩当亡。与前文'楚久伐,中山亡'虽于事有所不同,而其患则无差异也。多此一句,上下文始可以比较,而说者之意旨方始完整。今本《国策》及帛书《国策》皆夺此一句,当据补。《史记》'今齐久伐而韩必亡'下,又有'破齐,王与六国分其利也;亡韩,秦独擅之;收二周,西取祭器,秦独私之。赋田计功,王之获利孰与秦多'三十九字,赵欲破齐,秦欲亡韩,然齐久被赵围伐,秦无赵患,必破韩而灭之也。如此,赵之获利,必不如秦之多也。此与前二例破相同,说者举以劝止赵王出兵伐齐也。今本《国策》及帛书本《国策》咸无此三十九字,说者意旨未能完整。"郑说甚是,今据补《赵世家》"中山亡"下四十七字。

[28]"齐久伐",指赵"相国乐毅将赵、秦、韩、魏、燕攻齐"的事。"韩必亡"指韩国必定灭亡。

[29]"王",赵惠文王。"与",《助字辨略》卷四:"与,犹共也,同也。""六国",指赵国与秦、韩、魏、燕、楚诸国。

[30]"擅",独断专行。

[31]"收二周",夺取周王畿内的东周、西周国。"祭器",周王室宗庙里祭祀的礼器。

[32]"赋",分也。徐锴《说文系传·贝部》:"赋者,分也,分取之分也。""赋田"指分割齐国的土地。

[33]《赵策一》作"今燕尽(韩)〔齐〕之河南",《赵世家》作"燕尽齐之北地"。鲍彪曰:"尽,言得其地。"整理小组曰:"河南,疑是河北之误。河北即北地与阳地。《赵世家》作'燕尽齐之北地'。第十七章说'且使燕尽阳地,以河为境',又说'北地归于燕',均可证。下面说距沙丘、钜鹿之囿三百里,可见不会在河南。"

[34]"莎",通作沙。"巨",通作钜。"囿",《赵策一》作"界",《赵世家》作"敛"。整理小组曰:"沙丘、钜鹿,均地名,在今河北省平乡县一带。《赵世家》此下尚有'韩之上党去邯郸百里'等语。"郑良树案:"《国语·楚语上》:'王在灵囿。'韦解云:'囿,域也。''巨鹿之域',谓钜鹿之域也;与今本《国策》'钜鹿之界'义近。《史记》'之囿'作'敛',与此异。""囿"、"敛"义通互换。《庄子·则阳》:"从师而不囿。"成玄英疏:"囿,聚也。"《尔雅·释诂下》:"敛,聚也。"是其证。"里",长度单位。战国时期的一里长三百步,每步六尺,每尺长约合今 0.231 米,则一里约合今 415.8 米。

[35]整理小组曰:"麇关,地名,未详。《赵策》作'距于扞关,至于榆中,千五百里。'《赵世家》说'秦之上郡近挺关,至于榆中者千五百里',则似应在今陕西东北部延安一带。""麇关"、"扞关"、"挺关",名虽不同,实指一地。《汉书·地理志·上郡》有"桢林县"注:"莽曰桢干。"这说明汉代的"桢林"当因扞关而得名,在今陕西神木县东北(详见附录《〈战国纵横家书〉"麇关"考辨》)。

[36]郑良树案:"今本《国策》及《史记》,'者'上缺文当是'榆中'二字。"据《史记·赵世家》,赵武灵王二十年(前 306 年)"西略胡地,至榆中",正义:"胜州北河北岸也。""榆中"在今内蒙古包头市东南的黄河北岸。

〔37〕"上党",在今山西省东南长治、晋城地区。

〔38〕整理小组曰:"布属壤芥,《赵策一》作邦属而壤挈。布与邦,介与挈,并音近。这是说:国境联接。""王",赵惠文王,这里指赵国。"布"、"邦"同属邦母,音近义通。"布",通作敷。《大戴礼记·主言》:"布手知尺。"王聘珍解诂:"布,敷也。"《诗·商颂·长发》:"敷政优优。"陈奂传疏:"敷与布通。"《尚书·伊训》:"敷求哲人。"蔡沈集传:"敷,广也。""邦"同封。《释名·释州国》:"邦,封也。"王先谦疏证补:"邦、封字通。"《白虎通·封禅》:"封,广也。"是以为证。芥、挈同属月部,音近义通。"芥",通作介。《孟子·万章上》:"一介不以与人。"朱熹集注:"介,与芥之芥同。"《战国策·齐策四》:"无纤介之祸者。"吴师道注:"介、芥通。"是其证。《说文·手部》:"挈,手持也。"朱骏声《说文通训定声·泰部》:"挈,叚借为介。"《史记·晋世家》:"号曰介山。"《后汉书·郡国志》作"界山"。《说文·田部》:"界,境也。从田,介声。"段玉裁注:"介、界古今字。"

〔39〕"羊肠",《赵世家》作"羊肠",《赵策一》作"羊唐"。整理小组曰:"坐,据守。羊肠,地名。《汉书·地理志》上党郡壶关县有羊肠阪,在今山西省壶关县东南。""唐",通作肠。"羊唐"即羊肠。

〔40〕"百廿里",《赵策一》作"二十里"。"邯郸"是赵国都城,在今河北省邯郸市西南。

〔41〕何建章曰:"三军,上军、中军、下军,此指全军。""上常"即上党。"包",《赵策一》作"危"。

〔42〕"注",《赵策一》作"句注"。鲍彪曰:"属雁门。"吴师道曰:"《括地志》云:'句注山在雁门县西北'。""注"即句注山,在今山西省代县西北。

〔43〕"今增注莅恒山",《赵策一》作"今鲁句注禁常山",《赵世家》作"踰句注,斩常山"。整理小组曰:"增,指加强防守。莅即笹字,疑与踰字通,当超踰讲。"郑良树案:"'今增注'不辞;今本《国策》作'今鲁句注',亦不辞。《史记》云:'踰句注。'疑是。"又说:"今本《国策》作'禁常山而守',《史记》作'斩常山而守之';帛书'莅',疑是'禁'字之讹。""增",通作曾。《广雅·释诂四》"增,重也。"王念孙疏证:"增、曾并用。"曾、鲁形近而混用。《史记·仲尼弟子列传》:"冉孺字子鲁。"集解:"鲁,一作'曾'。"《文选·谢灵运〈初发石首城〉》:"晨装搏鲁飔。"旧校:"'鲁',五臣作'曾'。"是其例证。因此,"鲁"当是"增"字之误。"增"、"踰"义近。

"苴",同笪,通作迡。迡、禁、斩义近。《广雅·释诂二》:"迡,遮也。"《玉篇·辵部》:"遮,断也。"《广雅·释诂三》:"禁,止也。"《周礼·地官·仓人》:"若谷不足则止余法用。"郑玄注:"止,犹杀也。"是"断"、"杀"与"斩"义近。"恒山"即常山,在今山西浑源县东南。"迡恒山",断绝恒山地区的通道。

[44] "过燕阳、曲逆",《赵策一》作"通于燕唐、曲吾"。整理小组曰:"阳、曲逆,并燕国地名。阳在今河北省唐县东北,曲逆在今河北省完县东南。《赵策》阳作唐,逆作吾,并音近通用。"

[45] "代",赵国地名,在今山西省东北及河北省蔚县一带。这里是古代草原丝绸之路的必经要道。"代马"指从草原丝绸之路输入中原地区的西域良马。《山海经·海内北经》:犬戎国"有文马,缟身朱鬣,目若黄金,名曰吉量,乘之寿千岁"。即属这类良马。"胡"是中国古代北方少数民族的统称。整理小组曰:"狗,《赵世家》作'犬'。正义引郭璞曰:'胡地野犬似狐而小。'《赵策》作驹,误。"

[46] 整理小组曰:"崑山,《赵策》与《赵世家》并作昆山。《尔雅·释地》:'西北之美者有昆崙虚之璆琳琅玕焉。'昆仑可以称为昆山,也可以称为崑山。""纶",通作崑。"崑山之玉"指昆仑山出产的美玉,其中以和田玉最为有名。

[47] "葆",通作宝,《赵策一》、《赵世家》并作"宝"。《史记·留侯世家》:"取而葆祠之。"集解引徐广曰:"《史记》珍宝字皆作'葆'。""三宝",指代马、胡狗和昆仑山的美玉。

[48] 整理小组曰:"五国指秦、齐、韩、魏、燕。"

[49] 整理小组曰:"疏有分的意思,疏分等于瓜分。《赵策》作参,《赵世家》作三,参与三同。"郑良树案:"今本《国策》作'参分赵国壤地'。""疎",本作疏。《楚辞·九歌·东皇太一》:"疏缓节兮安歌。"洪兴祖补注:"疏与疎同。"《释名·释采帛》:"疎者,言其经纬疎也。"毕沅疏证:"疎为疏之俗体。"是其佐证。《淮南子·道应》:"襄子疏队而击之。"高诱注:"疏,分也。"

[50] "箸之钣竽",《赵策一》作"著之盘盂"。"箸",通作著。"钣",通作盘。"竽",通作盂。鲍彪曰:"盘盂,取太公为武王作《盘盂之铭》。"吴师道曰:"言其日见而不忘。"整理小组曰:"古代的盟约,除了写在竹帛上外,也可以铸在青铜的盘或盂上。"

[51] 整理小组曰:"祝籍,祭祀的簿籍。《赵策》作雠柞,祝与雠,籍与柞,并

音近而误。"缪文远曰："祝籍为祭祀时之簿籍,此指五国誓约之言书之彝器与册籍也。"裘锡圭曰："帛书整理者读'祝譜'为'祝籍',但'祝籍'之称不见于古书。疑'祝譜'当读为'祝诅'。《汉书》屡见'祝禣'之文,有时也作'祝讇',颜师古注谓'禣'、'讇'皆古'诅'字。可见'祝诅'确为古语。""属",《左传·僖公二十三年》："右属橐鞬。"杜预注："属,著也。"祝、雠音近义通。《左传·隐公四年》:卫人"杀州吁于濮"。《穀梁传》作"杀祝吁于濮"。《尔雅·释木》："祝,州木。"郝懿行义疏："祝、州,古读音同字通。"《墨子·旗帜》："到水中周。"孙诒让间诂："周、州,声近通用。"《仪礼·乡饮酒礼》："主人实觯酬宾。"郑玄注："酬之言周,忠信为周。"《尚书·召诰》："敢以王之雠民百君子。"《经典释文》："雠,字或作酬。"是其佐证。

[52]《赵世家》"五国三分王地"下有"齐倍五国之约而殉王之患"句,《正义》曰："齐王以身从赵王之患也。"今据补。

[53]"五国之兵",是指苏秦约齐、赵、韩、魏、燕五国伐秦的联军。

[54]"唫",《赵策一》、《赵世家》并作"禁"。"唫",通作禁。《荀子·正论》："金舌币口。"俞樾《诸子评议》按："金,读为唫。"《白虎通义·五行》说："金之为言禁也。"是其证。鲍彪注："禁,闭拒止。""禁",阻止。

[55]《赵世家》作"秦废帝请服"。整理小组曰："废令,废去称帝的令,《赵策》废作发,同音借用。""史",通作使。《周易·巽》："用史巫纷若。"焦循章句："史同使。"《鹖冠子·度万》："相史于既而不尽其爱。"陆佃解："史,使也。"可以为证。废,通作发。《尔雅·释诂下》："废,舍也。"郝懿行义疏："废,与发通。"《墨子·非命中》："废以为刑政。"孙诒让间诂："发、废古字通。"是其证。

[56]整理小组曰："疎服,《赵策》作'素服',表示服罪的意思,疎与素音相近。""疎"同疏,通作素。《墨子·辞过》："素食而分处。"孙诒让间诂："素,疏之叚字。"缪文远曰："素服为凶服,此表示服罪。"

[57]整理小组曰："温、轵、高平均地名。温在今河南省温县西南,轵在今济源县南,高平在今济源县西南向城。《赵世家》作:'反高平、根柔于魏。'根柔未详。""反",通作返,归还。"轵",《赵策一》作"枳"。轵,与枳通,轵城遗址在今河南济源市南。《史记·赵世家·集解》引徐广曰："《纪年》云:'魏哀王四年改阳曰河雍,向曰高平。'"《正义》引《括地志》曰："高平故城在怀州河阳县西四十里。""高平"在今济源市西南。

[58] 整理小组曰:"王公、符逾均地名,未详。王公《赵世家》作坙分,集解引徐广曰'一作王公',与帛书同。《赵策》作三公。符逾,《赵策》作什清,《赵世家》作先俞。《集解》引徐广说以为即《尔雅》的西俞,是雁门。《史记正义》因此说,坙分是陉山之误。勾注山一名西陉山,但勾注、雁门不是秦赵经常争战的地区,恐不确。"

[59] "天下",《赵策》作"王"。

[60] 本句《赵策一》作"夫韩〔齐〕事赵宜正为上交",《赵世家》作"齐之事王宜为上佼"。何建章案:"《周礼·宰夫》:'岁终则令群吏正岁会。'注:'正犹定也。'《管子·小匡》王念孙《读书杂志》:'正与定古字通。'《吕氏春秋·仲冬季》:'以待阴阳之所定。'高注:'定犹成也。'上文'齐西师以禁秦国',使'秦反坙分、先俞于赵',即所谓'齐事赵',此'正'字作'定'、'成'解皆可通。""佼",通作"交"。"上交",最好的邦交。

[61] "柢",《赵策一》、《赵世家》并作"抵"。"柢"、"抵"音近义通。《方言》卷十二:"柢,刺也。"钱绎笺疏:"柢、抵,古字并通。"《广雅·释言》:"抵,触也。"何建章曰:"乃,竟。抵罪,触罪,归罪,获罪。取伐,受伐。"

[62] "必",信也。《管子·侈靡》:"唯交于上,能必于边之辞。"集校引何如璋云:"必者,诚信无贰之谓。"《汉书·韩信传》:"且汉王不可必。"颜师古注:"必,谓必信之。"

[63] 本句《赵策一》作"今王收【齐】,天下必以王为得"。《赵世家》作"今王毋与天下攻齐,天下必以王为义"。黄丕烈曰:"鲍本'收'下补'齐'字。"金正炜曰:"据《史》文,鲍于收下补'齐'字,是也。'收齐'与'毋攻齐'义同。'得'与德通,'以王为德'犹'以王为义'也。"《尚书·君奭》:"诞无我责收。"俞樾《群经平议》:"收,成也。"《战国策·燕策二》:"常独欲有复收之。"鲍彪注:"收犹合。""收",有成全、联合之义。

[64] "採",《赵世家》作"抱"。採,当是保字别体。保、抱音近义通。《周易·乾·彖传》:"保合太和。"焦循章句:"保之言孚也。"《诗·大雅·抑》:"亦既抱子。"马瑞辰传笺通释:"抱子,当即孚子之叚借,孚子犹言生子也。"《释名·释姿容》:"抱,保也,相亲保也。"是其佐证。《左传·襄公二十五年》:"陈侯免,拥社。"杜预注:"拥社,抱社主,示服。"何建章按:"抱社稷,抱社主、稷主之神,表示

完全服从。"

[65] 吴师道曰:"就者,屈就也。"《仪礼·既夕礼》:"若就器则坐奠于陈。"郑玄注:"就,犹善也。"

[66] 整理小组曰:"此处所缺,《赵世家》作禁,《赵策》作收。"郑良树案:"据《史记》,'天下'缺文当是'禁'字。"今据郑说补。"逆",抵触,背叛。

[67]《逸周书·本典》:"本生万物曰世。"《资治通鉴·魏纪一》:"世祖文皇帝上。"胡三省注引《谥法》曰:"景物四方曰世。"《吕氏春秋·用民》:"古昔多由布衣定一世者矣。"陶鸿庆注:"一世犹言天下"(陈奇猷:《吕氏春秋校释》卷十九)。"制",管束,掌握。"一世之命制于王",指天下的命运掌握在大王的手里。

[68] 本句《赵策一》作"臣愿大王深与左右群臣卒计而重谋,先事成虑而熟图之也"。整理小组曰:"某,献书者自称。详计某言,《赵策》作卒计而重谋,疑误。笃通熟。"缪文远曰:"'卒计而重谋',帛书作'羊(详)计某言'。《策》文误,当从帛书。""羊",通作详。"某",通作谋。《仪礼·士冠礼》:"某有子某。"郑玄注:"古文'某'为'谋'。"《战国策·西周策》:"必名曰某楚。"姚宏注:"钱、刘作'谋'。"是其佐证。因此,《赵策》作"卒计而重谋",与帛书"详计谋言"大意相同,并不错误。"竺"同笃,与熟音近义通。《尔雅·释诂下》:"竺、笃,厚也。"邵晋涵正义:"竺与笃通。"《战国策·秦策三》:"应侯遂称笃。"鲍彪注:"笃,犹甚。"熟同孰。《荀子·解蔽》:"察孰非以分是。"杨倞注:"孰,甚也。"可以为证。

【考辨】

本篇有帛书、《赵策一》和《赵世家》三种版本,文字颇有出入。帛书本未署说者姓名,全篇语言质朴简练,虽有两段脱落,但并无大的错讹。《赵策》本将说者署名苏秦,然全篇错讹较多,如多处将"齐"改为"韩",当是在帛书本基础上修饰和扩写的。《赵世家》本将说者改为"苏厉",篇中有的重要句子不见于帛书和《赵策》本,但有多段次序错乱,且在末尾处将"齐"误改为"秦",并说"于是赵乃辍,谢秦不击齐",与史实不合。因此,《赵世家》本当别有依据。这三种传本,若从全篇内容审视,可以看出帛书本较为原始可信。

这封书信是苏秦在赵"相国乐毅将赵、秦、韩、魏、燕"五国联军,已向齐国发动攻击时书写的。《史记》将其置于赵惠文王十六年(前283年)。吕祖谦《大事纪》说:"是时齐地皆入于燕,独有莒、即墨仅存耳,苏厉之书皆不及之,恐非此时耳。"唐兰将此篇置于公元前 285 年,缪文远从之。故本篇的书写时间,当在公元前 285 年末。此时苏秦为燕反间的身份尚未暴露,他劝说赵惠文王放弃攻齐的说辞,只是蒙蔽齐闵王的耳目而已。

值得注意的是,本篇说:"秦以三军攻王之上党而包其北,则注之西,非王之有也。今增注、迤恒山而守三百里,过燕唐、曲逆,此代马、胡驹不东,而崑山之玉不出。"商周时期的"玉石之路",从今新疆和田地区经鄂尔多斯草原,在今山西太同南下入雁门关、过长治而进入中原地区。这是目前所知最早明确记载商周"玉石之路"的珍贵文献。

本篇记录昔"五国之主尝合横谋伐赵,疏分赵壤,箸之盘盂,属之祝籍。五国之兵出有日矣。齐乃西师以禁强秦。使秦废令,素服而听,返温、轵、高平于魏,返王公、符逾于赵"的史实,弥足珍贵。

【附录】

1. 《战国策·赵策一》"赵收天下且以伐齐"章

赵收天下,且以伐齐。苏秦为齐上书说赵王曰:"臣闻古之贤君,德行非施于海内也,教顺慈爱非布于万民也,祭祀时享非当于鬼神也。甘露降,风雨时至,农夫登,年谷丰盈,众人喜之,而贤主恶之。

今足下功力,非数痛加于秦国,而怨毒积恶,非曾深凌于韩也。臣窃外闻大臣及下吏之议,皆言主前专据,以秦为爱赵而憎韩。臣窃以事观之,秦岂得爱赵而憎韩哉?欲亡韩吞两周之地,故以韩为饵,先出声于天下,欲邻国闻而观之也。恐其事不成,故出兵以佯示赵、魏。恐天下之警觉,故微韩以贰之。恐天下疑己,故出质以为信。声德于与国,而实伐空韩。臣窃观其图之也,议秦以谋计,必出于是。

且夫说士之计,皆曰:'韩亡三川,魏灭晋国,恃韩未穷而祸及于赵。'且物固有势异而患同者,又有势同而患异者。昔者,楚人久伐而中山亡。今燕尽韩之河南,距沙丘,而至钜鹿之界三百里;距于扞关,至于榆中千五百里。秦尽韩、魏之上党,则地与国都邦属而壤挈者七百里。秦以三军强弩坐羊唐之上,即地去邯郸二十里。且秦以三军攻王之上党而危其北,则句注之西,非王之有也。今鲁句注禁常山而守,三百里通于燕之唐、曲吾,此代马胡驹不东,而琨山之玉不出也。此三宝者,又非王之有也。今从于彊秦国之伐齐,臣恐其祸出于是矣。

昔者五国之王,尝合横而谋伐赵。参分赵国壤地,著之盘盂,属之雠柞。五国之兵有日矣,韩乃西师以禁秦国,使秦发令素服而听,反温、枳、高平于魏,反三公、什清于赵,此王之明知也。夫韩事赵宜正为上交;今乃以抵罪取伐,臣恐其后事王者之不敢自必也。今王收天下,必以王为得。韩危社稷以事王,天下必重王。然则韩义王以天下就之,下至韩慕王以天下收之,是一世之命制于王已。臣愿大王深与左右群臣卒计而重谋,先事成虑而熟图之也。"

2.《史记·赵世家》"秦复与赵数击齐"节

十六年,秦复与赵数击齐,齐人患之。苏厉为齐遗赵王书曰:"臣闻古之贤君,其德行非布于海内也,教顺非洽于民人也,祭祀时享非数常于鬼神也。甘露降,风雨至,年谷丰孰,民不疾疫,众人善之,然而贤主图之。

今足下之贤行功力,非数加于秦也;怨毒积恶,非素深于齐也。秦赵与国,以彊征兵于韩,秦诚爱赵乎?其实憎齐乎?物之甚者,贤主察之。秦非爱赵而憎齐也,欲亡韩而吞二周,故以齐餤天下。恐事之不合,故出兵以劫魏、赵。恐天下畏己也,故出质以为信。恐天下亟反也,故征兵于韩以威之。声以德与国,实而伐空韩,臣以秦计为必出于此。夫物固有势异而患同者,楚久伐而中山亡,今齐久伐而韩必亡。破齐,王与六国分其利也。亡韩,秦独擅之。收二周,西取祭器,秦独私之。赋田计功,王之获利孰与秦多?

说士之计曰:'韩亡三川,魏亡晋国,市朝未变而祸已及矣。'燕尽齐之北地,去沙丘、钜鹿敛三百里,韩之上党去邯郸百里,燕、秦谋王之河山,间三百里而通矣。秦之上郡近挺关,至于榆中者千五百里,秦以三郡攻王之上党,羊肠之西,句注之南,非王有已。踰句注,斩常山而守之,三百里而通于燕,代马胡犬不东下,昆山之玉不出,此三宝者亦非王有已。王久伐齐,从彊秦攻韩,其祸必至于此,愿王孰虑之。

且齐之所以伐者,以事王也。天下属行,以谋王也。燕秦之约成而兵出有日矣。五国三分王之地,齐倍五国之约而殉王之患,西兵以禁彊秦。秦废帝请服,反高平、根柔于魏,反巠分、先俞于赵。齐之事王,宜为上佼,而今乃抵罪,臣恐天下后事王者之不敢自必也。愿王孰计之也。

今王毋与天下攻齐,天下必以王为义。齐抱社稷而厚事王,天下必尽重王义。王以天下善秦,秦暴,王以天下禁之,是一世之名宠制于王也。"

于是赵乃辍,谢秦不击齐。

四〇、苏秦自齐使人谓燕昭王章

苏(代)〔秦〕自齐使人谓燕昭王曰[1]:"臣闻〔间〕离齐、赵[2],齐、赵已孤矣[3],王何不出兵以攻齐?臣请王弱之[4]。"燕乃伐齐攻晋[5]。

令人谓闵王曰[6]:"燕之攻齐也,欲以复振古垄也[7]。燕兵在晋而不进,则是兵弱而计疑也。王何不令苏子将而应燕乎[8]?夫以苏子之贤,将而应弱燕,燕破必矣。燕破则赵不敢不听,是王破燕而服赵也。"闵王曰:"善。"乃谓苏子曰:"燕兵在晋,今寡人发兵应之,愿子为寡人为之将。"对曰:"臣之于兵,何足以当之,王其改举[9]。王使臣也,是败王之兵,而以臣遗燕也。战不胜,不可振也[10]。"王曰:"行,寡人知子矣[11]。"

苏子遂将,而与燕人战于晋下[12],齐军败。燕得甲首二万人[13]。苏子收其余兵,以守阳城[14],而报于闵王曰:"王过举,令臣应燕。今军败亡二万人,臣有斧质之罪[15],请自归于吏以戮[16]!"闵王曰:"此寡人之过也,子无以为罪。"

明日又使燕攻阳城及狸[17]。又使人谓闵王曰:"日者齐不胜于晋下[18],此非兵之过[19],齐不幸而燕有天幸也[20]。今燕又攻阳城及狸,是以天幸自为功也。王复使苏子应之,苏子先败王之兵,其后必务以胜报王矣。"王曰:"善。"乃复使苏子,苏子固辞,王不听。遂将以与燕战于阳城。燕人大胜,得首三万。

齐君臣不亲[21],百姓离心。燕因使乐毅大起兵伐齐[22],破之。

本篇辑自《战国策·燕策二》

【注释】

[1]缪文远曰:"为燕昭王间齐者应为苏秦。"郭人民曰:"此章苏代,亦当为

苏秦。"缪、郭说当是,今据改。

　　[2]"闻",鲍本作"间"。吴师道曰:"'闻',当作'间'。间,隔也。"缪文远曰:"间离,即离间也。"吴说当是,今据改。

　　[3]关修龄曰:"恐衍'赵'字,齐离于赵故孤。"于鬯曰:"黄《略》亦删'赵'字。"何建章按:"下文言'攻齐',则此'赵'字当衍。"从文意看,此"赵"字不必是衍字。《国语·吴语》:"以心孤句践。"韦昭注:"孤,弃也。"《汉书·终军传》:"孤于外官。"颜师古注:"孤,远也。""齐、赵已孤"是说齐、赵两国已相弃远离之义。

　　[4]何建章曰:"弱,《左襄二十六传》注:'败也'。""请",奏请也。《汉书·王温舒传》:"舞文巧请下户之滑。"颜师古注:"请,奏请也。"《助字辨略》卷三说:"以卑承尊,有所启请,故云'请'也。"

　　[5]鲍彪曰:"疑兵也,实合魏而阳(佯)攻以疑齐。"吴师道曰:"晋,地名。下文云'晋下'可见。"缪文远曰:"此晋当为齐国地名。"齐国晋地,地望待考。

　　[6]缪文远曰:"此苏秦令人也。""闵王",齐闵王。

　　[7]鲍彪曰:"振,举也。盖欲復王哙所失。"黄丕烈曰:"'古',鲍本作'故'。"金正炜曰:"按《礼记·中庸》:'振河海而不洩。'注:'振,犹收也。'《文选·上林赋》:'振溪通谷。'注引张揖曰:'振,收也。''古'即'故'之省。《尔雅·释诂》:'古,故也。'《说文》:'古,故也。'《汉书·西域传》:'故服匈奴。'注:'故谓旧时也'。""埊",古文"地"字。"欲以复振古地",当指燕昭王欲收回燕王哙末年燕国发生内乱时,齐宣王派兵攻取燕国的土地。

　　[8]何建章曰:"苏子,苏秦。将,率兵。应,迎击。"

　　[9]鲍彪曰:"改用他将。"

　　[10]鲍彪曰:"振,救也。"

　　[11]"行",可以。

　　[12]鲍彪曰:"晋之下地也。"程恩泽曰:"晋下,犹稷下、历下之谓,非'晋之下地'也。"缪文远曰:"晋下,犹云晋城之下。"

　　[13]"甲首",士兵的头颅。我国古代作战时,有割取敌军士兵的头颅,用来显示战功的习俗。

　　[14]缪文远曰:"阳城,齐邑,在今河北完县东南二十里。"据《韩非子·饰邪篇》,赵国伐燕"至阳城"。《史记·赵世家》载赵掉王"九年(前393年),赵攻燕,

取貍、阳城"。"阳城"本为燕国故地,盖在齐宣王伐燕时入齐。

[15] 缪文远曰:"质,碪也。斧质,言伏于碪上而斧斩之也。"

[16] "戮",《说文·戈部》谓"杀也"。

[17] 缪文远曰:"貍,齐邑,在今河北省任丘县东北。"

[18] 何建章曰:"日者,《后汉书·窦融传》注'往日也'。"

[19] "兵",军队,这里指战术谋略。

[20] "幸",《说文·夭部》谓"吉而免凶也"。《论语·雍也》:"不幸短命矣。"邢昺疏:"凡事应失而得曰幸,应得而失曰不幸。"《论衡·幸偶》:"不幸者,不侥幸也。""不幸",不侥幸,不幸运。《战国策·齐策一》:"有天唐。"高诱注:"天,大也。""天幸",大幸,太幸运了。

[21] "齐君",齐闵王。

[22] 指燕国使乐毅率赵、秦、韩、魏、燕五国伐齐的联军,时在燕昭王二十八年,即公元前284年。

【考辨】

本章开篇言苏秦自齐使人谓燕昭王曰"臣间离齐、赵,齐、赵已孤矣,王何不出兵以攻齐?臣请王弱之"的事,据《史记·赵世家》,赵惠文王"十四年,相国乐毅将赵、秦、韩、魏、燕攻齐,取灵丘。与秦会中阳。十五年,燕昭王来见。赵与韩、魏、秦共击齐,齐王败走"。林春溥《战国纪年》、黄式三《周季编年》并将本篇系于周赧王三十年(赵惠文王十四年,前285年)。顾观光《周纪编年》、于鬯《战国策年表》则均将本系于周赧王三十一年(赵惠文王十五年),即公元前284年。

缪文远说:"此章为叙事体。文末言'燕因使乐毅大起兵伐齐',则应是周赧王三十一年事。此章可见齐闵王信苏秦之深,亦可见苏秦之竭尽权谋诞诈以为燕图齐,即所谓'苏秦以百诞成一诚'也。"缪说甚是。

四一、谓起贾章

• 胃(谓)起贾曰[1]:"私(廒)心以公为为天下伐齐[2],共约而不同虑[3]。齐秦相伐,利在晋国[4]。齐晋相伐,重在秦[5]。是以晋国之虑,奉秦[6],以重虞秦[7]。破齐,秦不妬得[8],晋之上也[9]。秦食晋以齐,齐毁,晋敝,余齐不足以为晋国主矣[10]。晋国不敢倍(背)秦伐齐[11],有(又)不敢倍(背)秦收齐[12],秦两县(悬)齐[13],晋以持大重[14],秦之上也。是以秦、晋皆倸(策)若计以相笴(伺)也[15]。

"古之为利者养人[16],【养人】立(位)重[17]。立(位)重者畜人,以利。重立(位)而为利者卑,利成而立(位)重者轻。故古之人患利重之【相】夺□□□[18],唯贤者能以重终[19]。察于见反[20],故能制天下[21]。愿御史之孰(熟)虑之也[22]。

"且使燕尽阳地[23],以河为竟(境)[24],燕齐毋【有】余难矣[25]。以燕王之贤[26],伐齐,足以佛(刷)先王之饵(耻)[27],利攒〈擅〉河山之间[28],执无齐患[29]。交以赵为死友[30],地不与秦攘(壤)介(界),燕毕□□之事[31],难听尊矣[32]。赵取济西,以方(防)河东[33],燕赵共相[34],二国为一,兵全以临齐,则秦不能与燕、赵争。□□□□亡宋得[35],南阳伤于鲁[36],北地归于燕[37],济西破于赵,余齐弱于晋国矣[38]。为齐计者,不踰强晋[39],□□□□秦。秦【齐】不合[40],莫尊秦矣。魏亡晋国,犹重秦也[41]。与之攻齐,攻齐已[42],魏为□国,重楚为□□□□,重不在梁西矣[43]。一死生于赵[44],毁齐,不敢怨魏[45]。魏,公之魏已[46]。楚割淮北,以为下蔡○启【两】[47],得虽近越,实必利郢[48]。

"天下且功(攻)齐[49],且属从(纵),为传祡(焚)之约[50]。终齐事,备患于秦,□是秦重攻齐也,国必虑[51]。意齐毁未当于秦心也[52],虑齐(剂)齐而生事于【秦】[53]。周与天下交(较)长[54],秦亦过矣。天下齐(剂)齐不侍(待)夏。近虑周,周必半岁;上党、宁阳,非一举之事也,然则韩□一年有余矣[55]。天下休[56],秦兵适敝,秦有虑矣。非是犹不信齐也[57],畏齐大(太)甚也。公孙鞅之欺魏卬也[58],公孙鞅之罪也[59]。身在于秦,请以其母质,襄疵弗受也[60]。魏至今然者,襄子之过也[61]。

今事来矣,此齐之以母质之时也,而武安君之弃祸存身之夬(诀)也[62]。"·五百六十三。

本篇辑自《战国纵横家书》第一七章

【校注】

［1］"胃",通作谓。整理小组曰:"起贾,人名,秦国大夫。《吕氏春秋·应言》说,秦王曾令起贾为孟卯求司徒于魏王。《赵策四》:'齐欲攻宋,秦令起贾禁之。'据本章,起贾此时又被派在魏国主持伐齐事。"

［2］整理小组曰:"公,起贾。这句话的意思是:我以为你是为帮天下伐齐。""私",通作廝,进说者的谦辞。《仪礼·士相见礼》:"夫子之贱私。"郑玄注:"家臣称私。"《战国策·齐策五》:"廝养士之所窃。"鲍彪注:"廝,析薪养马者。"《后汉书·郑玄传》:"去廝役之吏。"李贤注:"廝,贱也。"可以为证。前一"为"字后置,其读应在"公"字之前。"天下",指诸侯各国。

［3］"共约",指赵、秦、韩、魏、燕国,约定共同伐齐的事。"虑",谋思、担忧。

［4］"晋国",魏国。

［5］"重",《吕氏春秋·制乐》:"是重吾罪也。"高诱注:"重,犹益也。"这句大意是说,齐、魏两国相互攻伐,只能使秦国受益。

［6］"是以",因此,所以。"奉",尊也。

［7］整理小组曰:"虞,欺诈。一说,忧虑,防范。""重",《吕氏春秋·悔过》:"君其重图之。"高诱注:"重,深也。"

［8］"妒",忌讳。

［9］"上",尊贵,最好。

［9］"食",读如饲,给人畜食物。这句是说:秦国把齐国送给魏国。

［10］"主",主宰。整理小组曰:"这是说残存的齐国不能再操纵魏国了。"

［11］"倍",同背,违背,暗地。

［12］"收",取得,吞掉。

［13］"县",同悬,联系,牵制。

［14］"持",《左传·昭公元年》:"子与子家持之。"杜预注:"持之言无所取

与。""重",《史记·货殖列传》:"重为邪。"《索隐》:"重者,难也。"这句是说:魏国因难以取舍感到很畏难。

[15] 整理小组曰:"倈当读为策,策划。若计,此计。""笴",通作伺,观望。《玉篇·竹部》:"伺,候也,察也。"

[16] 整理小组曰:"养人的养是供养。畜人的畜是豢养,等于养禽兽。"战国时期的权势贵族,有供养宾客的风气。如孟尝君田文就供养"食客数千人"(《史记·孟尝君列传》),用来提高自己的社会地位。

[17] "立"上残失二字,依文意疑为"养人",今据补。"立",通位,地位。"重",尊也。

[18] 整理小组曰:"夺上一字疑是自字。"裘锡圭按:"'夺'上一字左半残损,右半为'目'字,据文意可定为'相'字。整理者疑为'自'字,非是。"裘说当是,今据补。

[19] 这是说只有贤惠的人才会有尊贵的结果。

[20] 整理小组曰:"这是说能明察事物的发展会转成反面的道理。"

[21] "制",控制,掌握。

[22] 整理小组曰:"御史,官名,指起贾,可能是他在秦国所任的官。"

[23] "尽",全部。整理小组曰:"阳地,见第十三章注五。"

[24] "河",黄河。

[25] 整理小组曰:"难上一字残缺,疑是敢字,一说余字。"未确。"毋",通作无。依《礼记·月令》"毋有不当"句例和上下文意,"难"上缺字,疑当是"有"字。"难",忧患。

[26] "燕王",燕昭王。

[27] 整理小组曰:"餌,通耻。本书或作佴、或作聭,均同。""先王之耻",指公元前314年齐宣王派兵攻打燕国,"毁其宗庙,迁其重器",燕王哙被齐军杀死的事件。

[28] "攒",当是擅字的讹误。"擅",专也。"河",黄河,在燕东南。"山",太行山,在燕国之西。这是说燕国的利害只是在黄河和太行山之间。

[29] "执",保持。《大戴礼记·四代》:"执国之节也。"王聘珍解诂:"执,持也。"

[30]"死友",共生死的盟友。

[31]"毕",尽力。

[32]整理小组曰:"尊,指起贾。"

[33]整理小组曰:"济西与赵国的黄河以东一带的地方相邻。《齐策四》苏秦自之齐章说:'有济西则赵之河东危。'"

[34]整理小组曰:"《史记·赵世家》惠文王十四年(公元前285年):'相国乐毅将赵、秦、韩、魏、燕攻齐,取灵丘。'当时,燕国名列在五国最后,乐毅是以赵相国名义作五国攻齐的统帅的。但实际上乐毅是燕相国,所以说:'燕赵共相。'"

[35]"得",贪得。

[36]整理小组曰:"南阳,地名,在齐国南部,与鲁国交界。《孟子·告子》说:'一战胜齐,遂有南阳。'赵岐注:'岱山之南谓之南阳'。""伤",损毁,败掉。

[37]"北地",齐国北部与燕国相邻的地区。

[38]"余齐",残余的齐国。

[39]"踰",超越。

[40]"合",和好。

[41]整理小组曰:"晋国,指安邑一带。这是说:晋国虽然失去安邑,还以秦国为重。这时魏国已经过安邑给秦国。""国",都城,城邑。《吕氏春秋·明理》:"有狼入于国。"高诱注:"国,都也。"《国语·周语中》:"国有班事。"韦昭注:"国,城邑也。""安邑"是晋国的旧都,公元前286年入秦,位于今山西夏省夏县西北。

[42]"已",终止。

[43]整理小组曰:"这是说:攻齐以后,魏国的形势,将以楚国为重,重不在大梁以西了,就是说不在秦国了。"

[44]整理小组曰:"一死生于赵,是说齐国的存与亡,决定于赵国。"

[45]整理小组曰:"毁齐,疑当作齐毁。这是说:齐国虽然被毁,不敢怨魏国。"

[46]整理小组曰:"公,指起贾。""已",语终之辞。这句是说:当下的魏国,乃是公的魏国。

[47]整理小组曰:"下蔡,地名,在今安徽省寿县。这是淮水旁的楚都邑,

所以分割了淮北,就可以为下蔡门户。"郑良树曰:"'启'下缺文,疑是'兩'字;兩,兩端之谓也。帛书第十五章曰:'又为陶言兩。'可为旁证。"

[48] 整理小组曰:"鄢,指楚国。""越",越国。约在公元前306年,楚国已灭掉越国。这里指越国旧地。

[49] "且",将要。"功",通攻。

[50] 整理小组曰:"属,联合。属从即合纵。传焚之约,传焚符之约以表示断交。《魏策二》:'请焚天下秦符者臣也,次传焚符之约者臣也。'是五国攻秦时事。现在转为五国攻齐,也有同样的事。"

[51] 整理小组曰:"这是说三晋攻完齐,就要备秦患。因此,秦国应以攻齐为重,需要仔细考虑。"

[52] "意",料想。"当",适合。

[53] 裘锡圭曰:"'齐齐'似可读为挤齐。参见本文第19条。'于''周'之间一字绝大部分残去,整理者补为'秦'字,据文意似应补为'韩'。"从上下文意看,仍以帛书整理者"齐"读"剂"、"于"后补"秦"为优。"虑",疑虑,思量。"齐",通作剂。《韩非子·喻老》:"火齐之所及也。"王先慎集解:"齐、剂古通。"是其佐证。《尔雅·释言》:"剂,齐也。"邢昺疏:"剂,为齐截也。"《太玄·永》:"其命剂也。"范望注:"剂,剪也。剪,绝也。""剂",翦灭,灭绝。"生",引起,造成。这是说你应思量翦灭齐国战事由秦国发起的后果。

[54] "周",周王室。这时周王室已分裂为东周、西周两个小公国,没有实力与诸侯大国较量高低。

[55] 整理小组曰:"这是说:五国破齐,不需要等到夏天。而秦国在近处想吞并东西周,得半年。上党和宁阳不是一下就能办到的,那么,灭韩的事就得一年多了。据《史记·六国年表》秦昭王二十一年,秦国败韩兵于夏山。本书第二十一章说:秦国'欲以亡韩吞两周',又说:'声德与国,实伐郑韩。'可见在五国攻齐开始时,秦国是在攻韩的。""上党",地名,在今山西省长治、晋城市一带,战国时期分属韩、赵、魏三国。"宁阳"地名,战国属鲁,在今山东省宁阳县南。

[56] "天下休",指诸侯各国停战休兵。

[57] "犹",仍然,还是。

[58] "魏印",魏公子印。

[59]整理小组曰:"公孙鞅,即卫鞅,又称商鞅。《史记·秦本纪》秦孝公二十年(公元前340年),'卫鞅击魏,虏魏公子卬,封鞅为列侯,号商君'。《魏世家》'秦将商君诈我将公子卬而袭夺其军破之'。详见《吕氏春秋·无义》和《史记·商君列传》。"传世和考古发现的大良造鞅方升(《集成》10372)、大良造鞅戟(《集成》11279)、十六年大良造庶长鞅镦(《集成》11911)等,都当是商鞅的遗物。

[60]整理小组曰:"襄疵,人名,魏大臣。《吕氏春秋·无义》:'公孙鞅以其私属与母归魏,襄疵不受,曰:以君之反公子卬也,吾无道知君。'"《韩非子·内储说下·六微》:邺令"襄疵言袭邺",襄疵即穰疵。古本《竹书纪年》"梁惠成王二十八年,穰疵帅师及郑孔夜战于梁赫(霍)"(《水经注·渠水》引)。

[61]整理小组曰:"襄子,襄疵。这是说:魏国现在这样,是襄疵不受商鞅之过。"

[62]整理小组曰:"事来矣,指齐国要投靠魏国,等于公孙鞅要以母质。这是武安君苏秦的弃祸存身之诀,要起贾不要像襄疵那样拒不接受。"

【考辨】

整理小组指出:"本章是五国已约定共同伐齐,秦派起贾在魏国主持伐齐事,有人为齐国和苏秦而游说起贾,希望他允许齐国求和。事在公元前284年春乐毅将五国兵攻破齐国之前。"这位游说者说:"天下剂齐不待夏。"可见当时"武安君"苏秦的身份尚未暴露,其时当在周赧王三十一年,即公元前284年的初春。

当年,乐毅便率五国联军已攻破齐国,足见起贾并未接受齐国使者的游说。五国伐齐本是苏秦暗中策划的活动。本章所说秦国"近虑周,周必半岁;上党、宁阳,非一举之事也,然则韩□一年有余矣"。与《战国纵横家书》第二十一章说秦国"声德与国,实伐郑韩",又说"秦以三军攻王之上党而包其北","欲以亡韩、吞两周,故以齐饵天下"。两者的说辞颇为相似。因此,这篇游说辞与苏秦策划五国伐齐的活动密相关,也是苏秦为掩护自己的身份而有意安排的活动,具有重要的史料价值。

由此推测,这位游说者当是苏秦的助手或亲信。况且,篇中直接提到这是"武安君之弃祸存身之诀也"。因此,我们兹将本篇列入苏秦及其助手的书信和游说辞里。

四二、华阳之战章

华(军)〔阳〕之战,魏不胜秦[1]。明年,将使段干崇割地而讲[2]。

(孙臣)〔苏代〕谓魏王曰[3]:"魏不以败之上割[4],可谓善用不胜矣。而秦不以胜之上割,可谓不能用胜矣[5]。今处期年乃欲割[6],是群臣之私而王不知也[7]。且夫欲玺者,段干子也[8],王因使之割地[9]。欲地者秦也,而王因使之受玺[10]。夫欲玺者制地[11],而欲地者制玺,其势必无魏矣。且夫奸臣固皆欲以地事秦[12]。以地事秦,譬犹抱薪而救火也。薪不尽,则火不止。今王之地有尽,而秦之求无穷,是薪火之说也[13]。"

魏王曰:"善。虽然,吾已许秦矣,不可以革也[14]。"对曰:"王独不见夫博者之用枭邪[15]?欲食则食,欲握则握[16]。今君劫于群臣而许秦[17],因曰不可革[18],何用智之不若枭也?"

魏王曰:"善。"乃案其行[19]。

本篇辑自《战国策·魏策三》

【校注】

[1]"华"下,姚宏注:"一本有'阳'字。"鲍本作"华阳之战"。缪文远按:"当从鲍本。"今据改。《史记·秦本纪》载:秦昭王三十三年(前274年):"(秦)击芒卯华阳,破之,斩首十五万。魏入南阳以和。"《集解》:"司马彪曰:'华阳,亭名,在密县。'"《正义》:"《括地志》云:'故华阳在郑州管县南三十里。'""华阳"在今河南省新郑市东南。

[2]何建章曰:"《史记·老子列传》:'老子之子名宗,宗为魏将,封于段干。'泷川资言考证引姚范说:'崇'疑即'宗'也,计'崇'之年,似不为老子之子'。""将",准备。"段干崇",魏将。"割地而讲"指"割南阳"以讲和。"南阳"在今河南修武县境。

[3]"孙臣",游说者姓名,《史记·魏世家》、《春秋后语》并作"苏代"(《太平御览》卷九二七引)。黄式三、缪文远均据以改为"苏代",今从之。"魏王",魏安

鳌王。

［4］鲍彪曰："上，谓当其时。"金正炜曰："按《淮南·览冥篇》：'引类于太极之上。'注：'上'犹初也。""上"，当时，初时。

［5］"能"，鲍本作"善"。《荀子·劝学》："非能水也。"杨倞注："能，善也。"

［6］何建章曰："期年，一周年。乃，才，却。欲，要求。"

［7］何建章曰："是，此。私，为自己打算，即下文'欲玺'。"

［8］鲍彪曰："得其封，受其玺。"何建章曰："《资治通鉴》胡注：'玺，印也。言段干子欲得秦相印，故请魏割地。'"

［9］何建章曰："使，派。之，指段干崇。"

［10］"受"，鲍本作"授"。《周礼·天官·司书》："受其币。"郑玄注："故书'受'为'授'。郑司农云：'授'当'受'。"是"受"、"授"古字通用。

［11］"制"，控制，掌握。

［12］"奸臣"，鲍本作"奸人"。

［13］"薪"，柴火。何建章曰："是薪火之说也，这和抱着柴火去救火一样。"

［14］鲍彪曰："革，更也。"

［15］何建章曰："古时棋戏有六博，有棋盘，共十二道。棋子十二，六白，六黑，分排在两端。六子中一子叫枭，五子叫散，以'枭'为贵，以'散'辅之。玩时，两人对弈，二人投骰行棋，双方进逼，如同今之象棋，帅为贵，卒为'散'，杀帅者取胜。'用枭'谓善于使用枭棋。""独"，难道。"博"，六博棋戏。

［16］张守节《史记正义》曰："博头有刻木为鸟形者，掷得枭者合食其子，若不便则为余行也。"鲍彪曰："握，不食也。食者行棋，握者不行也。故《史》曰：'便则行，不便则止。'"

［17］"劫"，胁迫。

［18］何建章曰："因，王引之《经传释词》卷一'犹也'。"

［19］鲍彪曰："按，犹止。"诸祖耿案："《御览》卷九百二十七引《后语》曰：苏代谓魏王曰：'王独不见夫博之所以贵枭乎？便则食，不便则止。今王曰事始已行，不可更。是何言欤？王之用智不若用枭乎？'王乃止其行。"吴师道曰："此《策》云：'按其行。'《通鉴纲目》云：'王不听，卒以南阳以和。'"同时，《史记·秦本纪》载：秦昭王三十三年（前 274 年）："（秦）击芒卯华阳，破之，斩首十五万。魏

入南阳以和。"《史记·六国年表》也说:"周赧王四十二年(前273年),白起击魏华阳军,芒卯走,与秦南阳以和。"这说明《魏策》、《春秋后语》与《史记》的记载有明显不同。据《史记·秦本纪》,秦昭王三十五年(前272年)"初置南阳郡"。杨宽先生说:"秦国接受了魏所献的南阳地便退兵。因而把秦取得的魏、韩的南阳连同过去取得的楚上鄘地合建为南阳郡。"(《战国史》第356页)由此推测,"魏入南阳以和"的记载,应是可信的。

【考辨】

本篇《策》文说:"华阳之战,魏不胜秦。明年,将使段干崇割地而讲。"说明"段干崇割地而讲"的事,发生在"华阳之战"的第二年。林春溥《战国纪年》、黄式三《周季编略》、于鬯《战国策年表》、郭人民《战国策校注系年》均系于周赧王四十二年(前273年),顾观光《编年》则隶于周赧王四十三年(前272年)。

华阳之战是秦国兼并六国战争中的重要战役。《战国策·魏策三》"秦败魏于华走芒卯而围大梁章",讲的就是这件事。但是,这次战争的具体年代,《史记》有三种不同说法。《魏世家》、《韩世家》、《白起列传》、《六国年表》均说是在周赧王四十二年(前273年)。《秦本纪》、《赵世家》都说是在周赧王四十一年(前274年)。《穰侯列传》则以为在周赧王四十年(前275年)。盖因此役前后历时三年,故各书记录有异。缪文远曰:"《史记·六国年表》周赧王四十二年(前273年):'白起击魏华阳。'此章言'明年,将使段干崇割地而讲',则周赧王四十三年(前272)事也。"事在公元前272年。

这说明华阳之战的第二年,苏代以"以地事秦,譬犹抱薪而救火也。薪不尽则火不止"的生动比喻,游说魏安釐王阻止"段干崇割地而讲"的屈辱行为。

【附录】《史记·魏世家》"安釐王四年"节

安釐王四年,秦破我及韩、赵,杀十五万人,走我将芒卯。魏将段干子请予秦南阳以和。

苏代谓魏王曰:"欲玺者段干子也。欲地者秦也。今王使欲地者制玺,使欲玺者制地,魏氏地不尽则不知已。且夫以地事秦,譬犹抱薪救火。薪不尽,火不灭。"王曰:"是则然也。虽然,事始已行,不可更矣。"对曰:"王独不见夫博之所以贵枭者,便则食,不便则止矣。今王曰'事始已行矣,不可更',是何王之用智不如用枭也?"

四三、苏代谓应侯章

【苏代】谓应侯曰[1]:"【武安】君禽马服乎[2]?"曰:"然。""又即围邯郸乎[3]?"曰:"然。""赵亡,秦王王矣[4],武安君为三公[5]。武安君所以为秦战胜攻取者七十余城[6],南亡鄢、郢、汉中[7],禽马服之军,不亡一甲[8],虽周、【召】、吕望之功[9],亦不过此矣。赵亡,秦王王,武安君为三公,君能为之下乎? 虽欲无为之下,固不得之矣[10]。秦尝攻韩邢(陉)[11],困于上党[12],上党之民皆返为赵[13]。天下之民,不乐为秦民之日固久矣。今攻赵[14],北地入燕,东地入齐,南地入楚、魏,则秦所得不一几何[15]? 故不如因而割之[16],因以为武安功[17]。"

本篇辑自《战国策·秦策三》

【校注】

[1]"谓应侯",《史记·白起列传》作"使苏代厚币说秦相谓应侯"。诸祖耿案:"此为苏代为韩、赵说秦相应侯之词。"故本章的进说者应是"苏代",今据补。"应侯",姓范,名雎,字叔,战国晚期魏国人。最初,范雎随须贾以副使身份赴齐,受到齐襄王的赏赐。出使归来,范雎遭须贾诬告,被鞭笞将死。他佯死得脱,变姓名张禄逃到秦国,受到秦昭王的重用,官拜相国,封为应侯(在今河南鲁山县东)。事见《史记·范雎列传》。

[2] 鲍彪曰:"'马服',赵括也,袭其父称。"吕祖谦《大事记》:"马服,犹言服马也。崔浩曰:'马服,官名,言服武事也。'"金正炜曰:"按'君'上当有'武安'二字而脱也。"金说当是,今据补。"武安君",秦将白起的封号。"禽",捉拿,制服。"马服",指赵将赵括。其父赵奢作战有功,封为"马服君"。赵括因善于空谈兵法,"长平之役"时取代廉颇将兵击秦,被秦军杀死,"卒四十余万皆坑之",事见《赵世家》。传世的上郡守起铜戈(《集成》11370),当是秦将武安君白起的遗物,

参见本书第四五章注[4]。

[3]《白起列传》作:"又曰:'即围邯郸乎。'"长平之战国后,秦军围攻赵都邯郸(在今河北邯郸市西南),时在赵孝成王七年(前259年),事见《赵世家》。

[4]《白起列传》"亡"下有"则"字。"秦王",秦昭王。"王",《荀子·正论》:"令行于诸夏之国谓之王。"这是说赵国若被灭亡,秦昭王就会号令诸侯各国。

[5]"三公"指辅佐君王治理国家的三位最高长官。《尚书·周官》:"立太师、太傅、太保,兹惟三公。"《韩诗外传》卷八说:"三公者,曰司马、司空、司徒也。"

[6]何建章曰:"据《史记·白起列传》,前293年(秦昭王十四年)至前260年(秦昭王四十七年)白起共攻取八十四城,《史记·秦本纪》、《六国年表》、《魏世家》所记各不同。"

[7]《史记正义》曰:"鄢在襄州率道县南九里。郢在荆州江陵县本六里。汉中,今梁州之地。""鄢"在今湖北宜城县西南。"郢"在今湖北江陵县西北纪南城。"汉中"在今陕西汉中市境。

[8]"甲",士卒。

[9]《白起列传》作"虽周、召、吕望之功"。姚宏曰:"钱、刘下有'召'字。"何建章曰:"《史记·李斯列传》:'不然,斯之功且与周、召列矣。'《礼记·乐记》:'武王皆坐,周、召之治也。'此皆'周、召'连文。《史记·淮阴侯列传》'太史公曰,于汉勋可比周、召、太公之徒',则此'周、召、吕望'即彼'周、召、太公'。古人固有此说法。据《史记·白起列传》及钱、刘本'周'下补'召'字。"何说当是,今据补。"周"指周公旦,周武王同母弟,因食采于周(在今陕西岐山县南),故称周公。他辅佐周武王伐纣灭商,建立周朝。武王死后,辅佐周成王东征平叛,分封诸侯,营建成周,制礼作乐,是我国古代著名政治家。"召"指召公奭,周武王异母弟。因食采于召(在今陕西岐山县西南),故称召公。周成王时召公与周公"分陕而治",主持西都酆镐事务,分封于燕(在今北京市西南)。"吕望",姓吕,名尚,字子牙,西周开国功臣。周文王遇吕尚于渭水之阳,说"吾太公望子久矣",故号太公望(亦称"吕望")。

[10]"之",《白起列传》作"已"。之、已义通。见《经传衍词》卷九。

[11]《白起列传》作"秦尝攻韩,围邢丘",《集解》徐广曰:"平皋有邢丘。"《正义》:"今怀州武德县东南二十里平皋县城是也。"金正炜曰:"'邢'当作'陉',上章

'秦攻韩围陉'可证。'邢'盖'陉'之借字。"然而,《左传·宣公六年》:"赤狄伐晋,围邢丘。"杜预注:"邢丘,今河内平皋县。"平皋故城在今河南温县东。《史记·秦本纪》秦昭王"四十一年夏,攻魏,取邢丘、怀"。同书《范雎列传》秦昭王"卒听范雎谋,使五大夫绾伐魏,拔怀,后二岁,拔邢丘"。《集解》引徐广曰:"拔怀,昭王三十九年。"是"邢丘",战国属魏。

〔12〕"上党",在今山西东南晋城、长治地区。

〔13〕"返",《白起列传》作"反",《长短经》作"归"。鲍彪曰:"冯亭事。"何建章曰:"古'反'同'返'。《广雅·释诂二》:'返,归也。'此言归顺,归服。"秦昭王四十五年(前262年),秦将白起围攻韩国上党,韩国"不能守上党","其民皆不欲秦,而愿为赵",韩国守将冯亭率众投赵,事并见《赵策一》、《赵世家》、《白起列传》。

〔14〕"攻",《白起列传》作"亡"。

〔15〕"不一几何",《白起列传》作"亡几何"。何建章曰:"'不一几何'即无几何;'无几',没有多少。'一'字语助。"

〔16〕《史记正义》:"因白起之攻,割取韩、赵之地。"鲍彪曰:"许赵割地来和。"

〔17〕"因",《白起列传》作"无"。鲍彪曰:"如是,则起无大功,雎不为下。"诸祖耿曰:"此句《史记》作:'无以为武安功也。于是应侯言于秦王曰:秦兵劳,请许韩、赵之割地以和,且休士卒。王听之,割韩垣雍、赵六城以和。正月,皆罢兵。'"

【考辨】

据《史记·韩世家》,桓惠王十四年(前259年),"秦拔赵上党,杀马服子卒四十余万于长平"。《白起列传》说韩国"使苏代厚币说秦相应侯",事在秦昭王"四十八(前259年)年十月"。缪文远曰:"《白起传》以为苏代说应侯之语,在秦昭四十八年,即赧王五十六年。各家均系此年。"本篇所讲故事,当发生在公元前259年。

秦昭王四十一年(前266年),范雎"言宣太后专制,穰侯擅权于诸侯,泾阳君、高陵君之属太侈,富于王室。于是秦昭王悟",乃"拜范雎为相。收穰侯之印,使归陶"(《范雎列传》)。次年"九月,穰侯出之陶"(《穰侯列传》),"十月,宣太后薨"(《秦本记》)。秦将白起本与穰侯亲善,且功高盖世。白起在长平之战取胜后,欲乘势围攻赵都邯郸,赵国面临亡国的危险。这时,苏代利用范雎防范白起的基本心理,以"赵亡",武安君将"为三公"的说辞提醒范雎,不如让韩、赵割地求和,"无以为武安功也"。范雎听从苏代的建议,终使"割韩垣雍、赵六城以和",因而引起白起"与应侯有隙"。三年后,在范雎的作用下,武安君白起被迫"自杀",事见《白起列传》。

苏代本是苏秦之弟,他游"说应侯"时,年高约七十余岁。这次游说的成功,当是苏秦兄弟合纵活动精彩的收官之作。

【附录】《史记·白起列传》"苏代厚币说秦相应侯"节

四十八年十月,秦复定上党郡。秦分军为二:王龁攻皮牢,拔之;司马梗定太原。韩、赵恐,使苏代厚币说秦相应侯曰:"武安君禽马服子乎?"曰:"然。"又曰:"即围邯郸乎?"曰:"然。""赵亡则秦王王矣,武安君为三公。武安君所为秦战胜攻取者七十余城,南定鄢、郢、汉中,北禽赵括之军,虽周、召、吕望之功不益于此矣。今赵亡,秦王王,则武安君必为三公,君能为之下乎?虽无欲为之下,固不得已矣。秦尝攻韩,围邢丘,困上党,上党之民皆反为赵。天下不乐为秦民之日久矣。今亡赵,北地入燕,东地入齐,南地入楚、魏,则君之所得民亡几何人。故不如因而割之,无以为武安功也。"

于是应侯言于秦王曰:"秦兵劳,请许韩、赵之割地以和,且休士卒。"王听之,割韩垣雍、赵六城以和。正月,皆罢兵。武安君闻之,由是与应侯有隙。

外　　篇

　　本篇是苏子后学依托苏秦之名的著作,共有三十五篇。每章进行辑校、注释和考辨,各篇均依在《战国策》中所属国别的早晚次第排序。

四四、东周欲为稻章

东周欲为稻[1],西周不下水[2],东周患之。

苏子谓东周君曰[3]:"臣请使西周下水可乎?"乃往见西周之君曰[4]:"君之谋过矣!今不下水,所以富东周也。今其民皆种麦[5],无他种矣。君若欲害之[6],不若一为下水,以病其所种[7]。下水,东周必复种稻;种稻而复夺之[8]。若是,则东周之民可令一仰西周[9],而受命于君矣。"

西周君曰:"善。"遂下水[10]。苏子亦得两国之金也[11]。

本篇辑自《战国策·东周策》

【校注】

[1] 鲍彪曰:"为,谓种之。"诸祖耿曰:"《水经·伊水注》引'稻'作'田'。""东周",东周国,都洛阳,在今洛阳市东北汉魏故城。"稻",水稻。

[2] 鲍彪曰:"稻宜湿,西周居河之上流。"吴师道曰:"未知专指河否?"张琦曰:"河、洛二水,西周皆居上流,然非可壅以专利者,当是陂堰之水蓄以灌溉者也。"范祥雍按:"《水经·伊水篇》云:'(伊水)又东北至洛阳县南,北入于洛。'注云:'伊水自关东北流,枝津右出焉,东北引溉,东会合水同注公路涧,入于洛。今无水。'引此《策》云云,'即是水之故渠也'。据此,水,谓伊水之支流,鲍注非。""西周",西周国,都河南,在今洛阳市王城公园南。西周国在洛、伊二水的上游,东周国在其下游。"下水",放水。

[3] 鲍彪曰:"苏子,非代则厉。"缪文远曰:"此苏子乃策士虚拟而嫁名者。""东周君",东周国君。

[4] "西周之君",西周国君。

[5] 鲍彪曰:"麦宜燥也。""麦",冬小麦。

[6] 诸祖耿曰:"《御览》四六〇引作:'君若欲东周之乏。'《水经·伊水注》引作'欲贫之'。今依《御览》改。"《水经·伊水注》、《御览》四六〇均为括引《策》

文,且其晚出,若无更多证据,不应据以擅改《策》文。"害",伤害。

　　[7] 缪文远曰:"《论语·卫灵公》:'从者病。'皇疏:'病,困也。'"

　　[8] 范祥雍按:"谓复不下水。"

　　[9] 鲍彪曰:"有望于上则仰。"缪文远曰:"《广雅·释诂》:'仰,恃也。'"

　　[10] 吴本无"遂下水"三字。范祥雍按:"鲍本有之,《御览》卷四百六十、八百三十九引及《大事记题解》并有此三字。吴本讹脱。"

　　[11] "金",钱币,酬金。

【考辨】

　　本《策》林春溥《战国纪年》隶于慎靓王六年(前315年),顾观光《国策编年》、于鬯《战国策年表》系于周赧王八年(前307年),均无据。

　　鲍彪曰:"彪谓此《策》不可行。东、西周壤地相接,岂不能候其所种?苏子,东人也,为东游说而岂得不疑?且今下水,安能保其不夺?虽一为下,何补哉!"吴师道曰:"据此《策》,则西人可以制周,必不疑于其说。苏子公为反覆以得金,岂顾其复夺哉!《大事记》云:其微如此,其所争又如此,可不哀哉!然则又何足深辨也。"田艺衡《留青日札》曰:"大河之水自下,人力岂能久遏,皆寓言也。"缪文远曰:"诸家之系年均无确据,实则此章可系于二周亡前之任何一年。若此之类,并疑出自依托。田氏以此章为寓言,盖是。"由此可见,本章当是苏秦后学的拟托之辞。

四五、苏厉谓周君章

　　苏厉谓周君曰[1]:"【秦】败韩、魏,杀犀武[2],攻赵,取蔺、离石、祁者[3],皆白起[4]。是攻用兵[5],又有天命也[6]。今攻梁[7],梁必破,破则周危,君不若止之[8]。"

　　谓白起曰:"楚有养由基者[9],善射。去柳叶者百步而射之,百发百中[10]。左右皆曰善。有一人过曰:'善射,可教射也矣[11]。'养由基曰:'人皆善,子乃曰可教射,子何不代我射之也。'客曰:'我不能教子支左屈右[12]。夫射柳叶者,百发百中,而不已善息[13],少焉气力倦,弓拨矢钩[14],一发不中,前功尽矣。'今〈公〉破韩、魏,杀犀武,而北攻赵,取蔺、离石、祁者,公也[15]。公之功甚多。今公又以秦兵出塞[16],过两周,践韩而以攻梁[17],一攻而不得,前功尽灭[18]。公不若称病不出也。"

本篇辑自《战国策·西周策》

【校注】

[1] "苏厉",苏秦之弟。"周君",西周君。

[2]《周本纪》作"秦破韩、魏,扑师武。"高诱曰:"犀武,魏将。""犀武",魏将。《战国策·西周策》载:"秦攻魏将犀武军于伊阙,进兵而攻周。"据《史记·秦本纪》,秦昭王:"十四年(前293年),左更白起攻韩、魏于伊阙,斩首二十四万,虏公孙喜,拔五城。"魏昭王"三年(前293年),佐韩攻秦,秦将白起败我军伊阙二十四万"(《魏世家》)。韩釐王"三年,使公孙喜率周、魏攻秦。败我二十四万,虏喜伊阙"(《韩世家》)。"犀",同犀,通作师。《公羊传·文公十六年》:"公子遂及齐侯盟犀丘。"《经典释文》:"《穀梁》作'师丘'。"是其证。"秦破韩、魏,杀犀武",事在公元前293年。据《周本纪》,《策》文"破韩、魏"前,当有"秦"字,今据补。

[3] 高诱曰:"蔺、石,本属河西。祁,本属太原也。"《史记集解》:"《地理志》曰:'西河郡有蔺、离石二县。'""蔺",在今山西离石县西。"离石",今山西离石县境。"祁",在今山西祁县境。

[4] 高诱曰:"白起,秦将也。杀犀武于伊阙。""白起",秦将,白乙丙的后代,封武安君,上郡地人。"伊阙",今名龙门,在洛阳市南12.5公里。

[5] "攻",《周本纪》作"善"。高诱曰:"是,实也。攻,巧玄也。"金正炜曰:"《尔雅·释诂》:'攻,善也。'与高注义合。"

[6] 鲍彪曰:"天命,得天之助。""天命",上天赐给的机遇。

[7] "梁",魏都大梁,在河南开封市境。

[8] "止",阻止,制止。

[9] 高诱曰:"养姓,由基名。楚善射人也。"鲍彪曰:"楚共王将。"

[10] 鲍彪曰:"发,发矢。"

［11］姚本："集、刘、钱无'也'字。"鲍彪曰："意欲其息。"

［12］高诱曰："支左屈右，善射法也。"《史记索隐》按："《列女传》云：'左手如拒，右手如附枝，右手发之，左手不知，此射之道也。'又《越绝书》曰：'左手如附泰山，右手如抱婴儿'。"鲍彪曰："支，去竹之支也。盖取其直左右臂。"

［13］"已"，《周本纪》作"以"。鲍彪曰："百中善也，此时宜息。"何建章曰："已，通'以'，因也。""不已善息"，不因射得好就趁机休息。

［14］鲍本作"拘"。吴师道曰："拘有钩音，古或通。"金正炜曰："《荀子·正论篇》：'羿、蠭门者，天下之善射者也，不能拨弓曲矢中。'注：'拨弓，不正之弓。'《说文·金部》：'鉤，曲也。'"何建章曰："弓拨矢鉤，弓身不正，箭杆弯曲。"

［15］《周本纪》作"今破韩、魏"。诸祖耿曰："今下原有'公'字，疑衍。"何建章曰："'今公'之'公'字衍，语不成义，当删。"诸、何说当是，今据删。

［16］"塞"，关隘。这里是指伊阙关。

［17］鲍彪曰："践，履也，犹过。""两周"，东周、西周国。

［18］高诱曰："灭，没也。"

【考辨】

本章《史记·周本纪》隶于周赧王三十四年（前281年），各家多从之。

然而，梁玉绳《史记志疑》卷三说："此语最为可疑，《策》与《史》皆不免有误。考伊阙之战，秦败韩、魏，虏韩将公孙喜，杀魏将犀武，其事固属白起，若秦取赵离石在显王四十一年，取蔺在赧王二年，皆非白起之功，盖其时起未出也。此何以称焉？又《策》作'取蔺、离石、祁'，祁属太原。"缪文远按："《史记·秦本纪》、《六国表》及《白起传》皆不言赧三十四年白起有攻梁事，则梁氏之说殊为有见，此章且当存疑。"由此可见，梁、缪二氏对本《策》年代的疑虑。

梁氏所谓"《策》与《史》皆不免有误"，实属以往学者没有认识到《苏子》是苏秦及其后学的集体著作，也就没能把苏秦后学的拟作与苏氏兄弟真实的书信和游说辞区分开来。因此，梁、缪二氏的怀疑，颇有见地。而本《策》则应是苏秦后学的依托之辞。

【附录】《史记·周本纪》"苏厉谓周君"节

三十四年,苏厉谓周君曰:"秦破韩、魏,扑师武,北取赵蔺、离石者,皆白起也。是善用兵,又有天命。今又将兵出塞攻梁,梁破则周危矣。君何不令人说白起乎?曰:'楚有养由基者,善射者也。去柳叶百步而射之,百发而百中之。左右观者数千人,皆曰善射。有一夫立其旁,曰:"善,可教射矣。"养由基怒,释弓搤剑,曰:"客安能教我射乎?"客曰:"非吾能教子支左诎右也。夫去柳叶百步而射之,百发而百中之,不以善息,少焉气衰力倦,弓拨矢钩,一发不中者,百发尽息。"今破韩、魏,扑师武,北取赵蔺、离石者,公之功多矣。今又将兵出塞,过两周,倍韩,攻梁,一举不得,前功尽弃。公不如称病而无出。"

四六、楚请道于二周之间章

楚请道于二周之间[1],以临韩、魏[2],周君患之。苏秦谓周君曰[3]:"除道属之于河[4],韩、魏必恶之[5]。齐、秦恐楚之取九鼎也[6],必救韩、魏而攻楚。楚不能守方城之外[7],安能道二周之间。若四国弗恶[8],君虽不欲与也[9],楚必将自取之矣。"

本篇辑自《战国策·西周策》

【校注】

[1] 鲍彪曰:"请道,以假道请。"黄丕烈曰:"'二',鲍本作'两'。"何建章曰:"请道,要求借道。请,《广雅·释诂三》'求也'。'二周',东周、西周。"

[2] 高诱曰:"临,犹伐也。"鲍彪注:"临,言以兵至其地。"金正炜曰:"《诗·皇矣》疏:'临者,在上临下之名。'《论语·为政篇》皇疏:'临,谓以高视下也。'《薛公以齐章》:'君临函谷而无攻。'《韩魏易地章》:'韩兼两上党以临赵,即赵羊肠以上危。''临'之义犹压案也,高注未安。"于鬯曰:"此疑与上《策》为一事。《竹书》言伐郑,此则兼言韩、魏耳。下文言'齐、秦恐楚取九鼎,必救韩、魏而攻楚',据《史·楚世家》齐、韩、魏共伐楚正明年事,可合也。《秦策》云:'韩、魏之困,乃南袭至邓。'则楚临韩、魏有自来矣。"《战国策·西周策》:"君临函谷而无攻。""以临

韩、魏",兵临黄河以北韩、魏两国的腹地。

〔3〕鲍本"秦"作"子"。鲍彪曰:"秦,字季子,洛阳人,其死时东、西周未分,此当为代若厉。诸如此处不一。"吴师道曰:"《史》不曰'苏秦,东周洛阳人'乎?"张琦曰:"苏秦之死,当慎靓王四年,上距周威烈王东周惠公之封,已近百年。即据《赵世家》,显王二年,韩、魏分周地为二,亦已五十年。鲍盖泥《周纪》'王赧时东、西周分治'之文。然详《史》文,乃谓王赧以前治尚由王,自此治由两周。'王赧徙都西周',寄焉而已,故曰'分治'。非谓分地自此始也。"据帛书《战国纵横家书》,苏秦死于周赧王三十一年,即公元前284年,此时东、西周早已"分治"矣。

〔4〕高诱曰:"属,犹至也,通也。"鲍彪曰:"除,去秽也。《夏纪》注:河出金城、积石,盖行两周之间,使楚所假连及之。"吴师道曰:"河,东过洛汭,在巩县东,洛邑北邙有河。""除道",打扫、修整道路。"属之于河",通向黄河岸边。黄河从洛阳市区北约三十公里的邙山北麓,自西向东流去。"二周之间"是中国古代由楚国北渡黄河,过雁门关通向西北的"玉石"和"丝绸之路"的必经道路。春秋战国时期古波斯国制造的蜻蜓眼玻璃珠,在费尔干纳盆地(在今乌兹别克斯坦、塔吉克斯坦境内)、新疆轮台、山西太原、长治、河南洛阳、固始以及湖北随县、江陵沿线出土,[①]可以证明。

〔5〕鲍彪曰:"恶楚。"何建章曰:"恶,《吕氏春秋·孟冬纪·安死》高注:'犹患也。'《史记·仲尼弟子列传》:'且王必恶越。'《索隐》:'恶,犹畏也。'则恶,忧惧。"

〔6〕鲍彪曰:"道广可以出鼎。""九鼎",夏、商、周三代的镇国重器。相传,夏代初年,大禹铸造九个大铜鼎,作为王权的象征。桀有昏德,鼎迁于商。商纣暴虐,鼎迁于周。西周初年,周武王迁九鼎于洛邑,陈放在周王朝的太庙里。春秋时期,曾有楚庄王陈兵周疆,"问鼎之大小轻重"的故事(《左传·宣公三年》)。"楚之取九鼎",意在取代周天子的统治地位。齐、秦两大国,惧怕楚国以借道"二周之间"攻伐韩、魏为名,行夺取传国重器"九鼎"之实。

〔7〕高诱曰:"方城,楚塞也。外,北也。""方城",楚国北部的大型防御设施。《左传·僖公四年》:"楚国方城以为城,汉水以为池。"在今河南鲁山县至泌

---

① 林梅村:《丝绸之路十五讲》,北京大学出版社,2006年,第67页。

阳县境内。①

［8］高诱曰："四国，韩、魏、齐、秦也。"

［9］鲍彪曰："与之道。"吴师道曰："谓鼎也。"

【考辨】

本《策》顾观光《国策编年》依此系于周赧王三十三年（前282年），于鬯《战国策年表》隶于周赧王三十五年（前280年），郭人民《战国策校注系年》隶于周赧王十一年（前304年），均无据。

钟凤年《国策勘研》曰："韩、魏南部之地介在周、楚之间，楚须先逾韩、魏，始能抵二周。故楚临韩、魏，实无待假道二周。若楚将临韩、魏河北之地，则二国亦断无任楚经其河南以侵河北之理。又苏秦令周君'除道属之于河'，河乃周之北边，楚自南来，周又奚为除道至其北边？韩、魏又何待至此而始恶之？"缪文远按："钟说据地理以分析当时形势，甚是。《策》文云云，乃不通地理者之瞽说。所谓'苏秦谓周君'之语，殆太史公所谓'异时事有类之者皆附之也'。"钟、缪分析当是。所谓"异时事有类之者皆附之"，当是苏秦后学的拟作而已！

然而，本《策》所说"楚请道于二周之间"、"除道属之于河"、"以临韩、魏"的南北古道，实为春秋战国时期由我国南方经洛阳、跨黄河、出雁门，通向西域的"玉石"和"丝绸之路"，具有重要的史料价值。

四七、苏秦始将连横说秦惠王章

苏秦始将连横说秦惠王曰[1]："大王之国，西有巴、蜀、汉中之利[2]，北有胡貉、代马之用[3]，南有巫山、黔中之限[4]，东有肴、函之固[5]。田肥美，民殷富[6]，战车万乘，奋击百万[7]，沃野千里[8]，蓄积饶多，地势形便[9]，此所谓天府[10]，天下之雄国也[11]。以大王之贤，士民之众，车骑之用[12]，兵法之教[13]，可以并诸侯，吞天下[14]，称帝而治。愿大王少留

---

① 谭其骧：《鄂君启节铭文释地》，载《中华文史论丛》第2辑，1962年。

意,臣请奏其效[15]。"

秦王曰:"寡人闻之,毛羽不丰满者不可以高飞,文章不成者不可以诛罚[16],道德不厚者不可以使民[17],政教不顺者不可以烦大臣[18]。今先生俨然不远千里而庭教之,愿以异日[19]。"

苏秦曰:"臣固疑大王之不能用也[20]。昔者,神农伐补遂[21],黄帝伐涿鹿而禽蚩尤[22],尧伐骦兜[23],舜伐三苗[24],禹伐共工[25],汤伐有夏[26],文王伐崇[27],武王伐纣[28],齐桓任战而伯天下[29]。由此观之,恶有不战者乎[30]?古者使车毂击驰[31],言语相结[32],天下为一[33];约从连横,兵革不藏[34];文士并餝(饬)[35],诸侯乱惑[36];万端俱起,不可胜理[37];科条既备[38],民多伪态[39];书策稠浊,百姓不足[40];上下相愁,民无所聊[41];明言章理,兵甲愈起[42];辩言伟服,战攻不息[43];繁称文辞[44],天下不治[45];舌弊耳聋[46],不见成功;行义约信,天下不亲[47]。于是,乃废文任武,厚养死士[48],缀甲厉兵,效胜于战场[49]。夫徒处而致利,安坐而广地[50],虽古五帝、三王、五伯[51],明主贤君,常欲坐而致之,其势不能,故以战续(庚)之[52]。宽则两军相攻,迫则杖戟相橦(撞)[53],然后可建大功[54]。是故兵胜于外,义强于内[55];威立于上,民服于下。今欲并天下,凌万乘,诎敌国[56],制海内,子元元[57],臣诸侯[58],非兵不可[59]!今之嗣主[60],忽于至道,皆惛于教[61],乱于治,迷于言,惑于语,沈于辩,溺于辞[62]。以此论之,王固不能行也[63]。"

说秦王书十上而说不行[64]。黑貂之裘弊[65],黄金百斤尽[66],资用乏绝[67],去秦而归[68]。嬴縢履蹻[69],负书担橐[70],形容枯槁[71],面目犁黑[72],状有归(愧)色[73]。归至家,妻不下纴[74],嫂不为炊[75],父母不与言。苏秦喟【然】叹曰[76]:"妻不以我为夫,嫂不以我为叔,父母不以我为子,是皆秦之罪也。"乃夜发书,陈箧数十[77],得太公《阴符》之谋[78],伏而诵之,简练以为揣摩[79]。读书欲睡,引锥自刺其股,血流至足〔踵〕[80]。曰:"安有说人主不能出其金玉锦绣[81],取卿相之尊者乎?"

期年揣摩成[82],曰:"此真可以说当世之君矣!"

于是乃摩(靡)燕乌集阙[83],见说赵王于华屋之下[84],抵掌而谈[85]。赵王大悦,封为武安君[86]。受相印,革车百乘[87],锦绣千纯[88],白壁(璧)百双[89],黄金万溢[90],以随其后,约从散横,以抑强秦[91]。

故苏秦相于赵而关不通[92]。当此之时,天下之大,万民之众,王侯之威,谋臣之权,皆欲决于苏秦之策[93]。不费斗粮[94],未烦一兵,未战一士,未绝一弦,未折一矢,诸侯相亲,贤于兄弟[95]。夫贤人在而天下服,一人用而天下从。故曰:式于政[96],不式于勇;式于廊庙之内[97],不式于四境之外。当秦之隆[98],黄金万溢为用,转毂连骑[99],炫熿(煌)于道[100],山东之国[101],从风而服[102],使赵大重[103]。且夫苏秦特穷巷掘门、桑户棬枢之士耳[104]。伏轼撙衔[105],横历天下[106],廷说诸侯之王[107],杜左右之口[108],天下莫之能伉[109]。

将说楚王[110],路过洛阳[111],父母闻之,清宫除道[112],张乐设饮,郊迎三十里[113]。妻侧目而视,倾耳而听[114]。嫂蛇行匍伏[115],四拜自跪而谢[116]。苏秦曰:"嫂,何前倨而后卑也[117]?"嫂曰:"以季子之位尊而多金[118]。"苏秦曰:"嗟乎!贫穷则父母不子[119],富贵则亲戚畏惧[120]。人生世上,势位富贵,盖可忽乎哉[121]!"

本篇辑自《战国策·秦策一》

【校注】

[1] 高诱注:"合关东从,通之于秦,故曰连横者也。"鲍彪注:"文颖曰:'关东为从,西为横。'孟康曰:'南北为从,东西为横。'"何建章曰:"说,劝说,说服。连横,与秦联合攻击它国为连横;因为秦国在西,六国在东,东西为横,故称连横。""秦惠王"即秦惠文王,名驷(前337—前311年在位),初称秦惠文君,公元前325年始称"王"。

[2] 高诱注:"利,饶也。"鲍彪曰:"三郡并属益州。"梁玉绳《史记志疑》卷二十九说:"此殆非也,而是时诸郡未属秦,不知苏子何以称焉。"缪文远按:"巴、蜀

二国名。巴占有今四川东部,蜀占有今四川西部。"汉中,今陕南及鄂西北汉水流域之地。巴国在今重庆市及鄂西地区。公元前316年,秦惠文王派张仪、司马错等人率兵攻灭巴、蜀两国,设置巴郡(郡治在今重庆市北)。公元前312年,秦惠文王派庶长章攻取楚国的汉中地区,置汉中郡(郡治在今陕西汉中市)。公元前285年,秦昭王设置蜀郡(郡治在今成都市)。

[3] 鲍彪曰:"胡,楼烦、林胡之类。《集韵》:貉似狐。代,幽州郡。"泷川资言曰:"胡,楼烦、林胡之类。貉,濊也,音亡格反。《匈奴传》'赵襄子逾句注而破并代,以临胡貉';《荀子·强国篇》'今秦北与胡貉为邻'者,此也。胡貉、代马皆地名,鲍解马、貉为兽名,误。《史记·高祖本纪》:'太尉周勃,道入太原,定代地,至马邑。'《史记·苏秦列传·索隐》:"'代马',谓代郡马邑也。《地理志》:代郡又有马邑县。""胡貉",北方兽名,毛棕灰色,小耳,尖嘴,昼伏夜出,捕食虫类,皮毛很珍贵。《匈奴传》、《荀子》中的"胡貉"是指我国北方盛产貉皮的地区,其意确可作地名解。"代马",泛指产于西域地区的良马。"马邑城"在今山西朔州市东北的桑干河北岸,地处在雁门关外,是古代西域良马进入中原地区的重要交易市场。《国语·周语中》:"以备百姓兆民之用。"韦昭注:"用,财用也。"但是,本篇中的"胡貉、代马之用",应是指胡貉、代马的有利资源而言,并非地名。见本书第三八章注[45]。

[4] 高诱曰:"皆有塞,险要也,故曰'之限'也。"鲍彪曰:"巫山,在南郡巫。黔,故楚地。秦地距此二郡耳,故言限。秦昭三十年,始定为黔中郡,后为武陵郡,见《后志》。"缪文远曰:"巫山,在今四川巫山县东。黔中,包括今湖南沅水、澧水流域、湖北清江流域、四川黔江流域及贵州东北一部分。"杨宽曰:"公元前280年秦攻取楚的黔中,但不久被楚收复。公元前277年秦又取巫郡、黔中郡及江南地,设置黔中郡,但在次年又被楚收复十五邑,到战国晚期才全部为秦所有。郡治临沅(今湖南常德市)。"

[5] "肴"同崤,崤山,在今河南洛宁县西北。"函",函谷关,在河南灵宝市东北。战国中晚期,崤山、函谷关成为秦国东部的天然屏障。

[6] 鲍彪曰:"殷,盛也。"

[7] "乘",车名。《左传·僖公三十三年》:"以乘韦先牛十二犒师。"孔颖达疏:"乘车必驾四马,因乘为四名。"《庄子·列御寇》:"益车百乘。"成玄英疏:"乘,

驷马也。"战国时期,秦国有四匹马驾驶的战车万乘,是军力强盛的象征。"奋击",奋勇击杀的战士。

[8] 高诱注:"关中沃野千里,故田美民富。"鲍彪曰:"沃,言其肥润。"

[9] 高诱注:"攻之不可得,守之不可坏,故曰形便也。"鲍彪曰:"地势与形便于攻守。"

[10] 高诱注:"府,聚也。"鲍彪曰:"言蓄聚之富,非人力也。"《周礼·春官·天府》:"天府掌祖庙之守藏与禁令。"《汉书·张良传》:"天府之国。"颜师古注:"财物所聚谓之府。言关中之地物产饶多,可备赡给,故称天府也。"

[11] 鲍彪曰:"物之雄者强。"何建章曰:"雄国,强国。"

[12] 鲍彪曰:"骑士之便马者。""车",战车。"骑",骑兵。

[13] 高诱注:"教,习也。""兵法",用兵作战的策略和方法。

[14] 高诱注:"吞,灭也。"

[15] 高诱注:"效,验也。"鲍彪曰:"奏,进。"《论衡·对作》:"夫上书谓之奏。"

[16] 鲍彪曰:"文章,法令也。"

[17] 高诱注:"厚,犹大也。"何建章曰:"道德,指仁义恩惠。厚,深,多。使,使用,派遣。"

[18] 高诱注:"烦,劳也。"

[19] 高诱注:"俨然,矜庄貌。不以千里之道为远而来在秦庭,寡人愿以他日敬承之也。"《孟子·告子下》:"先生将何之。"赵岐注:"学士年长者故谓之先生。"《庄子·天下》:"先生多能明之。"成玄英疏:"先生,学人之通称。""先生",是对苏秦的尊称。

[20] "固疑",本来就怀疑。

[21] 本章"神农伐补遂"至"武王伐纣"句,银雀山汉墓竹简《孙膑兵法》作"神戎(农)战斧(补)遂,黄帝战蜀(涿)禄(鹿),尧伐共工,舜伐□□□而并三苗,……管,汤放桀,武王伐纣"。高诱注:"神农,炎帝号也,少典之子也。补遂,国名也。"缪文远曰:"神农,古部落首领名,始兴农业,故号神农氏。补遂,古部落名。"炎帝族为姜姓,号神农氏,发祥于今山西高平县羊头山地区。

[22] 缪文远曰:"黄帝,古部落联盟首领名。涿鹿,地名,今河北涿鹿县西

南。蚩尤,古九黎族首领。禽,通擒,谓击溃之。"黄帝族为姬姓,号有熊氏,居住于今河南新郑地区。黄帝"与蚩尤战于涿鹿之野,遂禽杀蚩尤",事见《史记·五帝本纪》。

［23］"尧",古代帝王名,国号唐,都于平阳,在今山西襄汾县东北发现的尧都陶寺遗址。驩兜,尧臣,因作乱流放到崇山。事见《尚书·尧典》。

［24］《荀子·议兵篇》作"舜伐有苗"。"舜",古代帝王名,受尧禅让,国号虞。"三苗",远古部族名,居住在我国西南地区。

［25］"禹",尧舜时期大禹率领民众,治理洪水,获得成功。他继承舜位,建立夏朝,建都阳城(在今河南登封市南)。"共工",尧臣,因作乱被流放到幽州。事见《尚书·尧典》和《荀子·议兵篇》。

［26］"汤",名履(亦号成汤),本是商部族的首领。夏代末年,夏桀荒淫无道,商汤举兵灭夏,建立商朝,建都西亳,在今河南偃师市西发现有商都西亳故城。

［27］"文王",商代末年周部族的首领,姓姬,名昌。因推行仁义,被尊为"西伯"。商纣王"赐之弓矢斧钺,使西伯得征伐"(《史记·周本纪》)。"崇",商末诸侯国,在今河南嵩县北。"文王伐崇"事,见《荀子·议兵篇》。

［28］"武王",周文王长子,姓姬,名发。商代末年,纣王暴虐,诸侯叛离。公元前1046年,武王举兵伐纣,建立周朝,定都丰鄗(在今陕西西安市西南)和洛邑(在今河南洛阳市东北),事见《史记·周本纪》。

［29］"齐桓",齐桓公(前685—前643年在位),姓姜,名小白。他任用管仲,实行政治革改,国力日渐强盛,遂"九合诸侯,一匡天下",成为春秋最早的霸主,事见《史记·管晏列传》。"任",能也。《庄子·秋水》:"任士之所劳。"《经典释文》引李云:"任,能也。"

［30］高诱注:"恶,安也。""恶",哪里,怎么。

［31］鲍彪曰:"毂,辐所凑也。相击而驰,言其众。"吴师道曰:"毂击,车毂相击而驰,言其众也。""毂",车轮中央与车轴衔接的圆孔,以便车轮旋转的金属构件。

［32］鲍彪曰:"言约亲也。"

［33］高诱注:"驰传言语相约结,使天下知同为一。"

[34] 高诱注："藏,戢也。""藏",收敛,收藏。

[35] 姚本："饬,一作饰。"高诱注："饬,巧也。"鲍彪曰："饬,辨也。'饬'、'饰'同。""饬"同饰,通作饰。《大戴礼记·千乘》："饬五兵及木石曰贼。"王聘珍解诂："饬,读曰饰。"《玉篇·食部》："饬,同饰,俗。"《周易·杂卦》："蛊则饬也。"《经典释文》："饬,王肃作'饰'。"是其证。《淮南子·本经》："其事素而不饰。"高诱注："饰,巧也。""文士",文人。"并饰",竞相巧言花语。

[36] 高诱注："惑,疑也。"何建章曰："惑与'乱'义同,犹言混乱。"

[37] 高诱注："理,治也。"

[38] 缪文远曰："条科,犹言章程、条款。"何建章曰："条科,章程细则。"

[39] 《庄子·马蹄》："故马知之而态至盗者也。"成玄英疏："态,奸诈也。""伪态",虚伪奸诈。

[40] 高诱注："稠,多。浊,乱也。"鲍彪曰："策,简也,大事书之。稠,多也,言有司文书多,阅者昏乱。"《汉书·五行志下》："足,所以行也。""不足",无所适从。

[41] 高诱注："上下,君臣也。刑罚失中故相愁。愁(钱、刘作'愁怨')则无所聊赖者也。"鲍彪曰："《集韵》:'聊,赖也。'"

[42] 高诱注："愈,益也。"吴师道曰："章亦明也,谓明著之言,章显之理。"郭希汾曰："谓文治不能止武功,徒足以致乱。"何建章曰："兵甲,指战事。"

[43] 高诱注："息,休也。"鲍彪曰："伟,奇也。"缪文远按："《韩非子·说疑》:'怪言伟服瑰称以眩民耳目。'《六韬·文韬·上贤》:'奇其冠带,伟其衣服,博其辨辞,虚论高议以为容美。穷居静处而诽时俗,此奸人也,王者慎勿宠。'《管子·任法》:'无伟服,无奇行。'注:'皆过越法度者。'"

[44] 鲍彪曰："游说也。""繁称文辞",指国家的文章法令繁缛。

[45] 高诱注："去本事末,多攻文辞以相加诬,故曰天下不治也。"

[46] 缪文远曰："舌弊言谈说之多,耳聋言听之多。"

[47] 高诱注："不能使天下相亲也。"

[48] 高诱注："死士,勇战之士也。"鲍彪曰："敢死之士也。""厚养",多养。

[49] 高诱注："缀,连也。厉,利也。利其兵器,致其胜功于战斗之场也。"吴师道曰："厉,即砺。效其功也。"缪文远按："兵,即兵器。"

[50] 高诱注:"徒处,安坐,不修其兵事,欲以利国广地,不可得者也。"鲍彪曰:"徒,犹空也。言无所为。""广地",开疆拓土。

[51] "五帝",指远古时代的黄帝、颛顼、帝喾、尧、舜五位帝王。"三王",指夏、商、周三代的夏禹、商汤和周武王。"五伯",读如五霸,指春秋时期的齐桓公、宋襄公、晋文公、秦穆公和楚庄王。

[52] 高诱注:"势,力也。续,犹备其势也。"孙诒让案:"《说文·系部》云:续,古文作赓,从庚、贝。古与庚通。《月令》郑注云:'庚之言更也。'言以战更之也。高注未允。""庚",变更,改变。

[53] 高诱注:"攻,击。橦,刺。"鲍本"橦"作"撞"。缪文远曰:"杖、戟俱兵器。杖为积竹殳之类,戟为戈矛合体,可句可刺。橦,同撞,相击刺也。"何建章曰:"宽,距离远。迫,距离近。杖、戟,两种武器。"

[54] 高诱注:"建,立也。"

[55] 高诱注:"故仁义而行,故强于内也。"鲍彪曰:"论战故独言义。"

[56] 高诱注:"诎,服也。"缪文远曰:"凌,侵也。万乘,指兵车万乘之国。"

[57] 高诱注:"子,爱也。元元,善也。"何建章曰:"制海内,控制天下。"《逸周书·大明武》:"惠用元元。"朱右曾集校:"元元,民也。"《后汉书·光武纪上》:"下为元元所归。"李贤注:"元元,谓黎庶也。""元元",犹言百姓也。

[58] 郭希汾曰:"使诸侯皆臣服。"

[59] 高诱注:"兵之设久矣!圣人之兴,乱人以废,废兴存亡,皆兵之由也。故服诸侯,非兵不可。"

[60] 鲍彪曰:"时君,皆继世者也。"这是说当今继承国统的君主。

[61] 高诱注:"惛,不明也。"缪文远曰:"至道,指上文所言用兵之道。""惛"同昏,迷惑。

[62] 何建章曰:"沉溺于巧言善辩的辞令。"

[63] 高诱注:"固,必也,必不能行霸事。"

[64] 高诱注:"苏秦之说,不见用也。""行",采纳。《文选·任昉〈为范尚书让吏部封侯第一表〉》李善注引《战国策》作"纳"。诸祖耿《战国集注汇考》据以改"行"为"纳"。

[65] 高诱注:"弊,坏也。苏秦任赵,赵王资貂裘、黄金,使说秦王破关中之

横,使与赵同从,从则相亲也。秦王不肯从,故苏秦用金尽而貂裘坏弊也。"鲍彪曰:"貂,鼠属,大而黄黑,出于丁零国。""貂",皮毛黑黄色,属珍贵的衣料,是我国东北地区的重要特产。

[66] "黄金",中国古代的金属称量货币,以"镒"(同溢)、"斤"为单位。战国时期的一斤为十六两,约合今 250 克。

[67] 鲍彪曰:"资,货也。"

[68] 高诱注:"归洛阳也。"

[69] 鲍彪曰:"'赢'作'籯'。縢,缄也。蹻,屦也。"朱起凤曰:"赢縢即行縢,缠束足胫之巾也。"缪文远曰:"'赢',当从鲍本作'籯'。籯,裹也。縢,缠足之布。履,屦也。蹻,草履也。"《庄子·天下》:"以跂蹻为服。"成玄英疏:"木曰跂,草曰蹻。""蹻",草鞋。

[70] 高诱注:"橐,囊也。"

[71] 何建章曰:"神情憔悴。"

[72] "犁",鲍本作"黧"。吴师道曰:"古字黧、犁通借。黧,黑色。"《楚辞·九怀·蓄英》:"芬蕴兮徽黧。"洪兴祖补注:"黧,黑黄也。""黧",黑黄色。

[73] 高诱注:"归,当终愧。愧,惭也,音相近,故作归耳。""归",鲍本作"愧"。归、愧音近义通。《史记·周本纪》:"成王以归周公于兵所。"《集解》引徐广曰:"归,一作愧。"《庄子·桑庚楚》:"夫复謵不餽而忘人。"《经典释文》:"餽,元嘉本作愧。"是其佐证。"愧",惭愧。

[74] 鲍彪曰:"纴,机缕也。不下,自若也。"缪文远曰:"纴,织机也。妻不下机而织自若也。"《说文·糸部》:"纴,机缕也。""纴"本是织机上的丝线,可引申为织机。

[75] 高诱注:"不炊饭也。""炊",生火做饭。

[76] 鲍本"喟"下有"然"字。鲍彪曰:"喟,太息也。"黄丕烈曰:"今本'喟'下有'然'字。"何建章按:"《赵策一》第四章'襄子乃喟然叹息',《赵策三》第一章:'都平君喟然叹息',《中山策》第八章:'中山君喟然仰叹',皆作'喟然',此当依鲍本,今本补'然'字。"何说当是,今据补。

[77] "乃夜",当天夜晚。"箧",书箱。

[78] 鲍彪曰:"《汉志》有《阴符经》。"《史记索隐》云:"《阴符》是太公之兵法

也。""太公",姓姜,名尚,西周初年著名军事家,辅佐周武王伐纣灭商,建立周朝,号称"太公望"。《阴符》,传为太公吕尚著作的兵书。

[79] 高诱注:"简,汰也。练,濯,濯治。《阴符》中有奇异之谋,以为揣摩。揣,定也。摩,合也。定诸侯使雠其术,以成六国之从也。"鲍彪曰:"简,犹择;练,涑帛也。取其熟。揣,量;摩,研也。游说之术,或量其情,或研切之。"缪文远曰:"简,选也。练,熟习也。揣,量度也。摩,研讨也。句言反复捉摸人主心理,量度时势而求合也。"

[80] 鲍彪曰:"锥,锐针之类。""股",大腿。"足",《苏秦列传·集解》、《太平御览·人事部》、《器物部》引此并作"踵"。王念孙案:"作踵是也。传写脱其右畔耳。《曲礼》曰'行不举足','车轮曳踵'。是足为总名而踵为专称,踵着于地,故血流至踵而止。若泛言止足,则其义不明。"王说当是,今据改。

[81] "安",哪里。"金",黄金。"玉",美石。"绵",丝织品。"绣",绣成的织物。

[82] 《史记索隐》引王劭云:"《揣情》、《摩意》是《鬼谷子》之二章名,非为一篇也。"于鬯曰:"《揣摩》者,苏秦所自著书篇之名,故下文云'《揣摩》成','成'者,成此书也。《传》及《后语》并言'出《揣摩》','出'者,出此书也。"然而,高、鲍注解均不以"揣摩"为篇名。因为《鬼谷子》是鬼谷先生及其弟子的集体著作,该书的《揣情》、《摩意》二章,有可能是苏秦的著作。揣情摩意是纵横家的基本功力,苏秦经过"期年"苦读,已能把握列国形势和人主心态,"真可以说当世之君",大展宏图,即所谓"揣摩成"也。

[83] 本句解诂,众说纷纭。高诱注:"阙,塞名也。"鲍彪曰:"摩,言切近过之,阙名未详。"程恩泽说:"案燕有高阙塞,……《史记》赵武灵王筑长城,自代傍阴山下至高阙是也。乌集阙未知即此否?"金正炜、张尚瑗、郭人民、何建章等均主此说。宋翔凤《过庭录》说:"《汉书·邹阳传》:'秦信左右而亡,周用乌集而王。'《文选》注引《汉书音义》曰:'太公望塗遭卒遇,共成王功,若乌鸟之暴集也。'按《乌集》当是书篇名,出太公《阴符》。"横田惟孝《战国策正解》从其说。范祥雍按:"此文解释纷歧,症结在于'燕乌'二字,'燕'究竟是国名或'燕乌'用指鸟类。……窃疑'乌'即'於'字,本文实即'摩燕于集阙'('燕'下或脱'侯'字),与下文'见说赵王于华屋之下'相对举,谓合燕文侯于集阙也。"杨琳《小尔雅今注》

则说:"燕乌项为白色,故称燕乌。《说文》:'朜,项也。'《战国策·秦策一》:'于是乃摩燕乌集阙,见说赵王于华屋之下。'阙盖因燕乌集止而得名"。上述诸说,均显迂曲。"摩",通作靡。《礼记·学记》:"相观而善谓之摩。"《经典释文》:"摩,本又作靡。"《战国策·楚策四》:"六十而尽相靡也。"鲍彪注:"靡、摩同。"是其证。《广雅·释诂三》:"靡,为也。""燕",指燕国。"阙",《说文·门部》:"阙,门观也。"《释名·释宫室》:"阙,阙也,在门两旁,中央阙然为道也。"此"阙"当指燕国王宫的大门。"燕乌"指"慈乌",并非指"不详"的"白朜乌"。我国古代常用瑞乌降临,来喻示太平盛世和圣人贤达。据《吕氏春秋·应同篇》:"文王之时,赤乌衔丹书,集于周社。"这是用赤乌衔瑞来喻示周文王的仁爱政治。《史记·周本纪》说:武王伐纣"有火自上复于下,至于王屋,流为乌,其色赤,其声魄云",这是用瑞乌降临来喻示"武王卒父大业"的孝道。《史记·邹阳列传》也说:"周文王猎泾、渭,载吕尚而归,以王天下。秦信左右而杀,周用乌集而王。"这是用瑞乌"集于周社"来比喻吕尚适周,辅佐武王,成就伐纣灭商的大业。本句是说苏秦赴燕,辅佐昭王,攻破齐国,成就燕国振兴的大业,其功堪比吕尚,犹如瑞乌集于燕国的宫阙(详见附录《〈战国策〉"燕乌集阙"解诂》)。

[84] 高诱注:"华,夏。华屋,山名也。言赵王屋清高似山也。抵,据也。"鲍彪曰:"赵王,肃侯。见说,见而说也。"金正炜曰:"华屋,犹王屋。《史记·周本纪》:'至于王屋。'集解引马融曰:'王屋,王所居屋。'《平原君传》:'文不能取胜,则歃血于华屋之下。'《滑稽传》:'楚庄王之时,有所爱马,衣以文绣,置之华屋之下。'是诸侯皆有华屋,如其有露寝也。旧注并非。"

[85] 鲍彪曰:"《集韵》:'抵,侧击也。'"缪文远曰:"抵掌,侧击手掌。句极言其谈说融洽。"诸祖耿曰:"《史记·滑稽列传·集解》引本《策》此句作'抵掌而言',今据改。"谈、言义通,可以互换。《说文·言部》:"谈,语也。"《吕氏春秋·明理》:"马牛乃言。"高诱注:"言,语也。"《庄子·天运》:"三日不谈。"《经典释文》:"不谈,本亦作不言。"是其证。故此《策》本作"谈",实不必更改。

[86] 高诱曰:"武安,赵邑,今属广平。"顾观光曰:"据《秦本纪》,则武安、皮牢皆上党属县。苏秦封武安君,盖其食邑也。"崔适曰:"赵有两武安君,始苏秦,终李牧。而秦亦以是名封白起,但有名号耳,无封邑。"钱穆《先秦诸子系年》卷三说:"《策》言苏秦于赵亦封武安君。虽赵邑有武安,而其说自可疑。凡策士言苏

氏兄弟事,率类此。"据《战国纵横家书》"谓起贾"章有"此齐之母质之时也,而武安君之弃祸存身之诀也"句,赵国确有封苏秦为"武安君"的事。苏秦被封为"武安君",见《赵策二》"苏秦从燕之赵始合从"章只是应在赵惠文王时期。"武安"在今河北武安县西南。

[87] 高诱注:"革车,兵车。"

[88] 高诱注:"纯,束也。"《说文·束部》:"束,缚也。"《左传·襄公十九年》:"贿荀偃束锦。"杜预注:"五匹为束。""纯"是古代布帛的长度单位,一纯布帛长五匹,捆为一束,共 200 尺,约合今 46.2 米。

[89] 鲍本"璧"作"璧"。"璧",通作"璧"。吴师道曰:"璧,玉环也。肉倍好曰璧。"《说文·玉部》:"璧,瑞玉,圜也。"《周礼·春官·大宗伯》:"以苍璧礼天。"郑玄注:"璧,圜象天。"璧以美玉制成,为圜形方孔,是祭天的礼器。玉璧也是商周时期贵重的实物货币,以毂为单位。《左传·庄公十八年》载:"皆赐玉五毂。"杜预注:"双玉曰毂。"《国语·晋语》说:"白玉之珩六双。""白璧百双"就是白色的玉璧一百毂之义(参见蔡运章《中国古代玉币略论》)。

[90] 高诱注:"万溢,万金也。二十两为溢。"鲍彪曰:"一溢四十四两。"朱起凤曰:"黄金以溢为名。贾逵以二十四两为溢,孟康以二十两为溢,郑玄则以三十两为溢。从金者,字之俗也。""黄金",中国古代的金属称量货币,战国时期多以"镒"(同溢)为单位,汉代多以"斤"为单位。"镒"本是重量单位,常见于战国时期的铜器铭文。经实测一镒当为"二十两",约合今 312 克(参见蔡运章《论商周时期的金属称量货币》)。

[91] 高诱曰:"约合关东六国之纵,使相亲也。散关中之横,使秦宾服也。故曰以抑强秦也。"

[92] 鲍彪曰:"六国之关,不通秦也。"吴师道曰:"即所谓秦兵不敢窥函谷关者。"

[93] 鲍彪曰:"决,言用之不疑。策,谋也。"

[94] "斗",容量单位。战国时期一斗为十升,容量合今 2 000 毫升。"斗粮",一斗粮食。

[95] 缪文远曰:"贤于,胜过。"

[96] 高诱注:"式,皆用也。"

[97] 鲍彪曰:"廊,东西序。庙,以尊祖先。人君之居,谓之岩廊庙堂。"缪文远曰:"廊庙,指朝廷之上,尊严之称。"

[98] 高诱曰:"隆,盛。"鲍彪曰:"秦隆盛之时。"吴师道曰:"车骑之盛。"何建章曰:"当苏秦大权在握,红极一时的时候。"

[99] 何建章曰:"车马成队。"

[100] 鲍彪曰:"光耀也。"何建章曰:"光耀显赫。'熿'同'煌'。"

[101] 缪文远曰:"山东之国,指六国,以其在淆山之东也。"何建章曰:"山东,陕西省华山以东,指燕、赵、韩、魏、齐、楚六国。"苏秦在本章说:秦"东有肴、函之固"。贾谊《过秦论》云:"秦孝公据崤函之固。"《中国古今地名大辞典》说:"战国时称六国为山东,以其在崤函以东,故名。"因崤山、函谷关是秦国的东方屏障,故"山东"当指在"淆山之东"为是。

[102] 高诱注:"风,化也。"《诗·周南·关雎序》:"风之始也。"《经典释文》:"风是诸侯政教也。"《汉书·武帝纪》:"风之以乐。"颜师古注:"风,教也。""风",教也。

[103] 高诱注:"重,尊也。使天诸侯尊赵王也。"鲍彪曰:"为从主,诸侯尊之。"

[104] 高诱曰:"棬,楺桑条假,以为户枢耳。"鲍彪曰:"掘门,凿垣为门。枢,门牝也,楺木为之,如棬。棬,屈木盂也。"缪文远曰:"穷,僻也。桑户,以桑木为户。棬枢,楺木以为户枢。皆极言其贫贱。"何建章曰:"棬枢,用树枝卷成门枢。枢,门臼,即承门轴的地方。""且夫",况且。"桑"指柔软坚韧的木材。"户"、门义通。《周易·丰》:"不出户庭。"《节》卦九二爻辞:"不出门庭。"《经典释文》说:"门、户通语。"《周易·系辞传上》:"阖户谓之坤。"《众经音义》卷十九引作"阖门"。《玉篇·门部》:"门,在堂房曰户,在区域曰门。"可以为证。"桑户"指用桑木制作的门扇,外侧上下有门轴。《孟子·告子上》:"性犹杞柳也,义犹桮棬也。"孙奭疏:"棬,器之似屈转木作也,以其杞柳可以揉而作棬也。""棬枢"指楺木门墩上支撑门轴转动的门臼。门有闭藏防盗的功用,且门枢经常转动磨损,需要坚硬耐磨的木材制成。"桑户棬枢之士"比喻极其贫困低贱的读书人。

[105] 高诱注:"轼,车前横木。"缪文远曰:"搏,犹顿也。衔,勒也。搏衔,停辔之义。""伏轼",扶着马车前面的横木。

[106] 鲍彪曰:"历,过也,犹横行。"

［107］鲍彪曰："庭说,犹庭教。"《尔雅·释诂》："庭,直也。""庭说",当面劝导。

［108］鲍彪曰："杜,犹塞。"何建章曰："杜,堵塞。"

［109］高诱曰："伉,当。"姚宏曰："钱、刘作'抗',当也。一本'天下莫之能伉'。伉、抗,古字通。"缪文远曰："按:《左传·成公十一年》：'已不能庇其伉俪而亡之。'杜注曰：'抗,敌也。'"

［110］鲍彪曰："楚王,威王。"缪文远曰："苏秦足迹未尝至楚,且此《策》本为拟托,不必求其人以实之。"楚威王,名熊商(前339—前329年在位)。据《战国纵横家书》"苏秦谓陈轸"章,公元前312年苏秦曾到楚国游说陈轸,时在楚怀王十七年,与本章事无涉。

［111］"洛阳",《苏秦列传》作"雒阳",苏秦的家乡。

［112］《苏秦列传》作"周显王闻之恐惧,除道,使人劳郊"。鲍彪曰："清,泛扫也。"缪文远曰："清宫,洒扫房舍。《说文》：'宫,室也。'段玉裁曰：'宫言其外之围绕,室言其内,析言则殊,统言不别也。'除道,扫除道路。"

［113］高诱曰："张,施也。设,置也。施乐置酒,远迎上郊邑培也。"缪文远曰："张乐,张挂乐器。或谓张乐为奏乐。此时苏秦未至,岂即预为奏乐呼！设饮,陈设饮酒之具。"

［114］缪文远曰："侧目,倾耳,不敢正视听也。"

［115］高诱曰："虵行匍匐,勾曳地也。"鲍彪曰："蛇不直行。伏,音匐。匍匐,伏地也。"缪文远曰："手足并行也。"

［116］高诱曰："谢前不炊之过也。"鲍彪曰："《集韵》：'跪,小拜也。'既拜复膝地。"

［117］高诱曰："倨,不避也。"何建章曰："倨,傲慢。""卑",谦卑,低下。

［118］鲍彪曰："谯周曰：'秦字季子。'"吴师道曰："司马贞曰：'此嫂呼小叔为季子,未必字也。'"《尚书·尧典》："金作赎刑。"孔安国传："金,黄金。""金",指金属货币。

［119］高诱曰："不以为已子也。""嗟乎",哎呀,唉！"不子",不认为是自己的儿子。

［120］金正炜曰："亲戚,犹亲属,秦谓其父母妻嫂也。"

[121] 鲍彪曰:"忽,轻也。""盖"同盍,《广雅·释诂》谓"何也"。"盖",怎么。"乎哉",语气词连用,可译为"吗"或"呢"。

【考辨】

苏秦游说秦惠文王事,见于《苏秦列传》。然而,《秦本纪》和《六国年表》均未提及。吕祖谦《大事纪》、黄式三《周纪编略》、于鬯《战国策年表》、郭人民《战国策校注系年》均系此事为周显王三十一年(前338年),林春溥《战国纪年》系于周显三十五年(前334年)、顾观光《国策编年》系于周显三十六年(前333年)。

缪文远案:"据帛书《战国纵横家书》,苏秦活动时代在齐闵、燕昭时期,不得早于周显王时。此《策》依托,诸家系年俱非。《策》文云:秦'西有巴、蜀、汉中之利,北有胡貉、代马之用,南有巫山、黔中之限,东有肴、函之固'。此全与当时形势不合。梁氏《志疑》卷二十九曰'《国策》西有巴、蜀、汉中之利,南有巫山、黔中之限',此殆非也。而是时诸郡未属秦,不知苏子何以称焉。《苏秦传》云:'秦方诛商鞅,疾辨士弗用',则苏秦说秦惠王当在其初立时。然据《秦本纪》,秦灭蜀在惠文王后元九年,取汉中在后元十三年,远在此后。胡、代在赵之北,并非秦地。秦取巫、黔中在昭王三十年,去惠王之死已有三十四年。又张琦曰:'惠文六年,魏纳阴晋。九年,围焦。十三年,张仪取陕。后十一年,樗里疾攻魏焦,拔之。阴晋东至陕,正殽、函之道。自惠六年至后十一年,始克有之。'黄震《黄氏日钞》曰:'前辈谓苏秦约从,秦兵十五年不敢窥山东,乃游士夸谈,本无其事。'"缪文远综览诸贤考辨,指出本《策》乃苏秦后学"晚出拟托之作",信而有征。

然而,本篇虽属苏秦后学的拟作,但其对战国晚期秦国地理环境以及苏秦初次游说失败后"形容枯槁"的失意落败状态和他"引锥刺股"的发奋苦读精神,都进行了生动的描述,是研究战国晚期秦国历史以及苏秦事迹的重要资料。

特别是篇中指出"古五帝、三王、五伯,明主贤君","恶有不战者乎"? 皆以征战"然后可建大功"的。"今欲并天下,凌万乘,诎敌国,制海内,子元元,臣诸侯,非兵不可",充分体现了纵横家是以外交谋略和军事手段相结合的方法,来实现其政治目标的。这对研究战国纵横家思想的重要史料,因而具有特殊意义。

【附录】《史记·苏秦列传》"出游数岁,大困而归"节

出游数岁,大困而归。兄弟嫂妹妻妾窃皆笑之,曰:"周人之俗,治产业,力工商,逐什二以为务。今子释本而事口舌,困,不亦宜乎?"苏秦闻之而惭,自伤,乃闭室不出,出其书徧观之。曰:"夫士业已屈首受书,而不能以取尊荣,虽多亦奚以为!"于是得周书《阴符》,伏而读之。期年,以出揣摩,曰:"此可以说当世之君矣。"求说周显王。显王左右素习知苏秦,皆少之。弗信。

乃西至秦。秦孝公卒,说惠王曰:"秦四塞之国,被山带渭,东有关河,西有汉中,南有巴蜀,北有代马,此天府也。以秦士民之众,兵法之教,可以吞天下,称帝而治。"秦王曰:"毛羽未成,不可以高蜚;文章未明,不可以并兼。"方诛商鞅,疾辩士,弗用。

四八、甘茂亡秦且之齐章

甘茂亡秦[1],且之齐[2],出关遇苏子[3],曰:"君闻夫江上之处女乎[4]?"苏子曰:"不闻。"曰:"夫江上之处女,有家贫而无烛者[5],处女相与语,欲去之[6]。家贫无烛者将去矣,谓处女曰:'妾以无烛[7],故常先至,扫室布席[8],何爱余明之照四壁者[9]?幸以赐妾,何妨于处女?妾自以有益于处女,何为去我?'处女相语以为然而留之。今臣不肖,弃逐于秦而出关[10],愿为足下扫室布席,幸无我逐也[11]。"苏子曰:"善。请重公于齐[12]。"

乃西说秦王曰[13]:"甘茂,贤人,非恒士也[14]。其居秦累世重矣[15],自殽塞、谿谷,地形险易尽知之[16]。彼若以齐约韩、魏,反以谋秦,是非秦之利也[17]。"秦王曰:"然则奈何?"苏代曰:"不如重其贽[18],厚其禄以迎之。彼来则置之槐谷[19],终身勿出[20],天下何从图秦。"秦王曰:"善。"与之上卿,以相迎之齐[21]。

甘茂辞不往[22],苏秦伪谓【齐】王曰[23]:"甘茂,贤人也。今秦与之上卿,以相迎之[24],茂德王之赐,故不往,愿为王臣。今王何以礼之[25]?

王若不留,必不德王[26]。彼以甘茂之贤,得擅用强秦之众,则难图也!"齐王曰:"善。"赐之上卿,命而处之[27]。

本篇辑自《战国策·秦策二》

【校注】

[1] 鲍彪曰:"《茂传》,昭元年,击魏皮氏,未拔,去。""甘茂",楚国下蔡人(在今安徽寿县北)。秦惠王时任副将,秦武王时为左丞相。事见《史记·甘茂列传》。"亡秦",据《甘茂列传》,秦昭王初即位,听信向寿、公孙奭的谗言,甘茂恐惧而逃出秦国,事在公元前306年。

[2] 《甘茂列传》作"甘茂之亡秦奔齐"。高诱曰:"且,将也。""之",往。"齐",齐国。

[3] 高诱曰:"遇,见也。苏子,苏代也。"鲍彪曰:"代也。《代传》:侍燕太子质于齐,将适秦。"缪文远按:"待燕质子于齐者为苏秦,苏秦无适秦事。"何建章曰:"苏子,据高注是'苏代',据《甘茂传》作'苏代'。然本章同是一人,却言'苏子'、'苏代'、'苏秦'。据唐兰《苏秦事迹简表》,前306年苏秦'侍燕质子于齐,因委质为齐臣'。则《策》中'苏代'或是当时人改者,而《策》中'苏秦'字或是未及改尽者。""关",函谷关,在今河南灵宝市东北。

[4] 鲍彪曰:"处女,女在室者。""江",长江。

[5] "烛",燋灯。

[6] 高诱曰:"去,犹遣之也,遣无烛者。"鲍彪曰:"遣之使去。"

[7] "妾",古代女子的谦称。

[8] "布席",铺展坐席。

[9] 鲍本"爱"下有"于"字。

[10] 高诱曰:"甘茂言,我不肖,为秦所弃逐也。"缪文远曰:"不肖,不贤。"

[11] "无我逐",为宾语前置句,犹言不弃逐我。

[12] 高诱曰:"重,尊也。言将使齐尊重公。"孙诒让曰:"请,谓以言语告白于上。"

[13] "秦王",秦昭王。

[14]"恒",《甘茂列传》作"常"。鲍彪曰:"恒,常也。"缪文远曰:"恒士,常人。"

[15]鲍彪曰:"茂事惠、武、昭三王。"

[16]鲍彪曰:"言周、秦之地悉知之。""殽塞",指崤山(在今河南洛宁县东北)到函谷关之间险要的关塞。"谿谷"与下文"槐谷",《甘茂列传》作"鬼谷"。"鬼谷",地名,传有多处。以本文的地理形势度之,当在今河南汝阳县东南的云梦山(参见陈昌远《有关鬼谷子研究中的几个问题》)。

[17]高诱曰:"约,结也。以齐之强,合韩、魏,还以图秦,能顷之,故曰'非秦之利也'。"

[18]姚宏曰:"刘作'重贽'。"鲍彪曰:"《集韵》,'贽'与'挚'通,握持也。言多持物往遗之。"缪文远曰:"贽是古时见面时馈遗之礼物。《左传·庄公二十四年》:'男贽,大者玉帛,小者禽鸟。'"

[19]"槐谷"即鬼谷,河南汝阳县东南云梦山有鬼谷洞,传为鬼谷子隐居处。

[20]鲍彪曰:"代知茂必留齐,故言此尔,不为茂游说也。"吴师道曰:"代以此言激秦王,与之上卿,以相迎之,使齐亦重茂,岂非游说也。"

[21]姚宏曰:"钱一作'相印迎之'。"鲍彪曰:"迎之于齐。"

[22]"不往",不往秦国。

[23]姚宏曰:"一作'伪谓齐湣王曰'。"《甘茂列传》作:"苏秦谓齐湣王曰。"鲍本"王"上补"齐"字。吴师道曰:"'伪谓'二字疑是'为谓'。盖上卿之事诚有,何得言伪?"王念孙曰:"'伪谓'即'为谓'也。为谓齐王者,苏代为甘茂谓齐王也。"范祥雍曰:"王说是也。今从鲍本'王'上补'齐'字。齐王,据《古本竹书纪年》此时当齐宣王。"鲍、王说当是,今据补。

[24]姚宏曰:"钱作'以相印迎之齐'。"

[25]"何以礼之",用什么样的厚礼来款待他?

[26]高诱曰:"德,恩也。"缪文远按:"谓感王之德也。"

[27]高诱曰:"处,居也。"姚宏曰:"《后语》:'而厚处之。'"鲍彪曰:"命,犹人命之'命',《茂传》有。"缪文远按:"此文之末,《茂传》有'秦因复甘茂之家以市于齐'之语,作为此事的结束。""命",告也。

【考辨】

本章"甘茂亡秦"事,《史记·秦本纪》记为昭襄王元年"甘茂出之魏"。而《策》文及《甘茂列传》均言甘茂"奔齐",林春溥《战国纪年》以为"盖自魏奔齐"。事在周赧王九年,即公元前306年。

缪文远曰:"此章开端之苏子,在下文中前作苏代,后又作苏秦,同叙一事而秦、代两人前后混淆。《史记·甘茂传》则迳作苏代。盖本作苏秦,后因讳学其术而改者。据帛书《战国纵横家书》,苏秦至齐活动在齐闵王时。秦昭王元年当齐宣王十四年,下距闵王元年尚有六年。齐宣时,苏秦于齐无事迹可言。此章甘茂与苏子问答语,殆与《史通》所谓'游士假设之辞,遽以名字加之者'。《策》文茂奔齐为事实,其与苏子问答则拟托之辞。"因此,本章应是苏秦后学的拟托之辞。

然而,本《策》"自殽塞、谿谷,地形险易尽知之"中的"谿谷"及其下的"槐谷",《甘茂列传》作"鬼谷"。这是最早记载"鬼谷"地望的文献,具有重要的史料价值。

【附录】《史记·甘茂列传》"甘茂之亡秦奔齐"节

甘茂之亡秦奔齐,逢苏代。代为齐使于秦。甘茂曰:"臣得罪于秦,惧而遁逃,无所容迹。臣闻贫人女与富人女会绩,贫人女曰:'我无以买烛,而子之烛光幸有余,子可分我余光,无损子明而得一斯便焉。'今臣困而君方使秦而当路矣。茂之妻子在焉,愿君以余光振之。"苏代许诺。

遂致使于秦。已,因说秦王曰:"甘茂,非常士也。其居于秦,累世重矣。自殽塞及至鬼谷,其地形险易皆明知之。彼以齐约韩、魏反以图秦,非秦之利也。"秦王曰:"然则奈何?"苏代曰:"王不若重其贽,厚其禄以迎之。使彼来则置之鬼谷,终身勿出。"秦王曰:"善。"即赐之上卿,以相印迎之于齐。

甘茂不往。苏代谓齐湣王曰:"夫甘茂,贤人也。今秦赐之上卿,以相印迎之。甘茂德王之赐,好为王臣,故辞而不往。今王何以礼之?"齐王曰:"善。"即位之上卿而处之。秦因复甘茂之家以市于齐。

四九、苏秦为赵合从说齐宣王章

苏秦为赵合从说齐宣王曰[1]:"齐南有太山[2],东有琅邪[3],西有清河[4]，北有渤海[5]，此所谓四塞之国也[6]。齐地方二千里[7]，带甲数十万，粟如丘山。齐车〔三军〕之良[8]，五家之兵[9]，疾如锥矢[10]，战如雷电[11]，解如风雨[12]。即有军役[13]，未尝倍太山、绝清河、涉渤海也[14]。临淄之中七万户[15]，臣窃度之，下户三男子[16]，三七二十一万，不待发于远县[17]，而临淄之卒固以二十一万矣[18]。临淄甚富而实，其民无不吹竽、鼓瑟、击筑、弹琴、斗鸡、走犬、六博、蹹踘者[19]；临淄之途[20]，车毂击[21]，人肩摩[22]，连衽成帷，举袂成幕，挥汗成雨[23]；家敦而富，志高而扬[24]。夫以大王之贤与齐之强，天下不能当[25]。今乃西面事秦，窃为大王羞之。

"且夫韩、魏之所以畏秦者，以与秦接界也。兵出而相当[26]，不至十日，而战胜存亡之机决矣[27]。韩、魏战而胜秦，则兵半折[28]，四境不守；战而不胜，以亡随其后。是故韩、魏之所以重与秦战而轻为之臣也[29]。

"今秦攻齐则不然，倍韩、魏之地[30]，至闻（卫）阳晋之道[31]，径亢父之险[32]，车不得方轨[33]，马不得并行，百人守险，千人不能过也。秦虽欲深入，则狼顾[34]，恐韩、魏之议其后也。是故恫疑虚猲[35]，高跃而不敢进[36]，则秦不能害齐，亦已明矣。夫不深料秦之不奈我何也，而欲西面事秦，是群臣之计过也[37]。今无臣事秦之名[38]，而有强国之实，臣固愿大王之少留计[39]。"

齐王曰："寡人不敏[40]，今主君以赵王之教诏之[41]，敬奉社稷以从。"

本篇辑自《战国策·齐策一》

【校注】

［1］高诱注："合山东六国之亲也。"鲍彪曰："赵肃侯十七年，此当（宣王）十年。"齐宣王，公元前319—前301年在位。

［2］"太山"，《苏秦列传》作"泰山"。在今山东泰安市北。

〔3〕"琅邪",琅邪山,在今山东胶南市西北,东临黄海。

〔4〕"清河",顾观光曰:"苏秦说齐曰'西有清河',说赵曰'东有清河'。张仪说赵亦曰:'告齐使兴师渡清河,军于邯郸之东。'是赵东齐西,以清河为界也。"《中国古今地名大辞典》说:"清河,即济水也。"济水源出今河南济源市王屋山,为古代四渎之一,东南流经山东,与黄河平行在今东营市东南入海。

〔5〕鲍彪曰:"渤海,幽州郡。"程恩泽曰:"但下云'绝清河,涉渤海',则'渤海'以海言,当时未尝置郡也。"张琦曰:"海自登、莱以西,皆谓之渤海,齐北境也。"《汉书·地理志》幽州有"渤海"郡治"浮阳",在今河北沧州市东南。

〔6〕高诱注:"言牢固也。"鲍彪曰:"言四方皆有险固。"张琦曰:"四塞之国,泰山、琅邪、清河、渤海,皆以山川形势言。"

〔7〕《苏秦列传》作"二千余里"。

〔8〕《苏秦列传》作"三军之良"。泷川资言曰:"《国语·齐语》曰'三军'、曰'五家'皆管仲之制,虽吕氏灭,田氏代,遗法犹存。"缪文远、何建章均从《苏秦列传》改"齐车"为"三军",今据改。

〔9〕高诱注:"五家,五国。"鲍彪曰:"管仲军令,始于五家为轨。"金正炜曰:"按《管子·小匡篇》:'乃制五家以为轨。'惟与高注不合,疑本作'五都'。《燕策》'因令章子将五都之兵',正与此文同。"杨宽《战国史》说:"在战国时代,只有齐国始终没有设郡,而设有都。齐国共设有五都,除国都临淄外,四边的都具有边防重镇的性质。五都均驻有经过考选和训练的常备兵,即所谓'技击',也称'持戟之士',因而有所谓'五都之兵',也称为'五家之兵'。""家"、"都"义通。郑玄《周礼·春官·序官》注:"家,谓大夫所食采邑。"朱熹《诗·小雅·十月之交》集注:"都,大邑也。"《周礼·春官·司常》:"师都建旗。"孙诒让正义:"此都即大都小都之都,而家邑晐乎其中。"是其证。齐国的"五家之兵"实即"五都之兵"。

〔10〕《苏秦列传》作"进如锋矢"。高诱曰:"锥矢,小矢,喻劲疾也。"鲍彪曰:"锥,锐也。"《淮南子·兵略》:"疾如锥矢。"高诱注:"锥,金镞箭羽之矢也。"《史记索隐》引《吕氏春秋》曰:"所贵锥矢者,为应声而至。"《史记正义》:"齐军之进,若锋芒之刀,良弓之矢,用之有进而无退。"

〔11〕"雷电",《苏秦列传》作"雷霆"。高诱曰:"雷电,喻威大也。""电",通作"霆"。《周易·系辞传》:"鼓之以雷霆。"焦循章句:"霆,电也。"《左传·襄公十四

年》:"畏之如雷霆。"《经典释文》:"霆,本又作电。"是其证。

[12] 高诱曰:"风雨,喻解散速疾。""解",离散也。

[13] "即",即便。"军役",战事。

[14]《史记正义》:"言临淄自足也。绝、涉,皆渡也。齐有军役,不用渡河取二部。"

[15] "临淄",《苏秦列传》作"临菑",齐国的都城,在今山东淄博市临淄区。

[16] "下",平民。《管子·法禁》:"故下与官列法。"尹知章注:"下,谓庶人。"《苏秦列传》作"不下户"。"不",语词。

[17] "远县",齐都临淄周边四都的属县。《国语·晋语》:"掌其远官。"韦昭注:"远官,县官。"《国语·齐语》:"十县为属,属有大夫。五属,故立五大夫,各使治一属焉。""五属"即五都。《淮南子·览冥》高诱注:"远者,四夷也。"

[18] "以",《苏秦列传》作"已"。

[19] "竽",形状像笙的古乐器,有三十六簧。"瑟",形状像琴的古乐器,古多为五十根弦,后破为二十根弦,弦各有柱,可以上下移动,以定声音的清浊高下,长八尺二寸。"筑",形状像筝的古乐器,圆首颈细,多为十三根弦。演奏时左手扼弦,右手执竹尺击弦发音,随调应律。"琴",乐器名,古为五弦,后多为七弦,长三尺六寸。"斗鸡",用公鸡相斗的游戏。"走犬",以狗赛跑的游戏。"六博",古代棋局戏,二人对弈,各有六箸,六黑六白,分左右六道,故名"六博"。鲍宏《博经》曰:"琨蔽,玉箸也。各投六箸,行六棋,故曰六博。用十二棋,六棋白,六棋黑,所掷头谓之琼。琼有五彩,刻为一画者谓之塞,刻为两画者谓之白,刻为三画者谓之黑;一边不刻者五塞之间,谓之五塞。""六博"棋局的实物,不断有考古出土,但其弈法已经失传。"蹹踘",《苏秦列传》作"蹋鞠"。《史记集解》引刘向《别录》曰:"蹵鞠者,传为黄帝所作,或曰起战国之时。蹋鞠,兵势也,所以练武士,知有材也,皆因嬉戏而讲练之。"朱起凤曰:"'蹋'字,古通作'蹹'。""蹹踘",古代踢皮球的游戏。

[20] "途",《苏秦列传》作"塗"。高诱注:"塗,道。""途",通作塗,道路。

[21] "轚",《苏秦列传》作"毂"。吴师道曰:"'轚'者'擊'之讹。"黄丕烈曰:"'轚击'不误。'轚'者'擊'之别体字。"何建章按:"吴说固非,黄说亦未确。'轚者擊之别体',字书所无。'轚'篆作'轚','毂'篆作'轚',二形相似,故'毂'误作

'鞏'。"吴、黄、何诸说,均未确当。"鞏"、"縠"义通,可以互换。《释名·释车》:"縠,埆也,体坚埆也。"毕阮疏证:"埆,俗字,依《说文》作'塙',云:'坚不可拔也。'""埆"同确。段玉裁《毛诗故训传定本小笺》卷二说:"埆,《说文》作'确',坚刚相持之意。"《说文·石部》:"确,磐石也。"是"縠"有坚义。《说文·车部》:"鞏,坚也。"是其证。

[22] 高诱曰:"摩,相摩。""人肩摩",指人群拥挤,挨肩擦背。

[23] 高诱曰:"挥,振也。言人众多。"鲍彪曰:"帷,帐属,在旁者。袂,袖也。"

[24]《苏秦列传》作"家殷人足,志高气扬"。

[25] 高诱曰:"当,敌。"

[26]"当",《苏秦列传》亦作"当",姚宏曰:"刘本作'攻'。"以作"当"为是。

[27] 高诱曰:"机,要。"泷川资言曰:"'战胜'当作'战败'。"何建章按:"据下文'战而胜秦'、'战而不胜',泷川说或是。"《苏秦列传》亦作"战胜",故泷川、何说未安。因为《史记》是最早大量引用《战国策》的重要史籍,凡两者内容相同的《策》文,我们都不能轻易改变。况且何氏所引"下文",并不能证明作"战败"为是。

[28] 鲍彪曰:"折,犹败。以秦敌强,虽胜,犹为失半也。"

[29]"是故",所以,因此。"重",难也。《史记·货殖列传》:"重为邪。"《索隐》:"重者,难也。"

[30]"倍",同背,背后。

[31]"至闱",《苏秦列传》作"过卫"。《史记正义》:"阳晋故城在曹州乘氏县西北三十七里。"鲍彪曰:"魏襄十六年,秦拔魏蒲坂、阳晋。《张仪传》:'劫卫取阳晋。'注皆不地。盖卫地,时属魏也。""至"、"过"义通。《吕氏春秋·异宝》:"五员过于吴。"高诱注:"过,犹至也。""闱"、"卫"音近义通。《礼记·杂记》:"入自闱门。"郑玄注:"闱门,或为帷门。"《释名·释牀帐》:"帷,围也。所以自障围也。"《尔雅·释诂下》:"卫,垂也。"俞樾《群经平议》按:"卫者,围之假借。"是其证。"阳晋",在今山东菏泽市西北。

[32]《汉书·地理志》东平国有"亢父"县。《史记正义》:"故城在兖州任城县南五十一里。"故城在今山东济宁市南。

[33]《史记正义》:"言不得两车并行。""方轨",并行。

[34]《史记正义》:"狼性怯,走常还顾。"

[35] 高诱曰:"猲,喘息,惧貌。""恫疑",《史记正义》:"恐惧也。"

[36]《史记正义》:"言秦虽至亢父,犹恐惧狼顾,虚作喝骂,骄溢矜夸,不敢进伐齐明矣。"

[37] "过",失误。《论语·子路》:"赦小过。"朱熹集注:"过,失误也。"

[38] 这是说现在可以避免去服侍秦国的恶名。

[39] "固",《苏秦列传》作"是故"。鲍彪曰:"少留计,留意计之。"

[40]《苏秦列传》"不敏"下有"僻远守海,穷道东境之国也,未尝得闻余教"句。何建章曰:"不敏,不明事理。此谦辞。"

[41] "主君",指苏秦。《苏秦列传》作"足下"。"之教诏之",《苏秦列传》作"诏诏之"。

【考辨】

本《策》在《苏秦列传》里系于周显王三十六年(前333年),司马光《资治通鉴》、吕祖谦《大事记》、林春溥《战国纪年》、黄式三《周季编略》、顾观光《国策编年》以及于鬯《战国策年表》并从其说,事在公元前333年。

齐思和说:"宣王之时,齐势正强。故孟子见宣王,有'朝秦、楚,莅中国而抚四夷之志'(《孟子·梁惠王上》),而谓之:'西面事秦',此岂合于事情?齐势之衰,在乐毅伐齐之后。宣王之世,宁有事秦之事哉?"(见《战国策著作时代考》)。缪文远曰:"据《竹书纪年》,此当齐威王二十四年。按,上年齐威王方与魏惠王会徐州相王,正其霸业鼎盛之时,何来'西面事秦'之事?若依《策》文,以为说齐宣王,则尤为不合。《孟子·梁惠王下》载,孟子见齐宣王,宣王有'朝秦、楚,莅中国而抚四夷'之志,谓其西面事秦,显然悖于情事,此章之为拟托无疑。"齐、缪说甚是。

然而,本篇指出"齐南有太山,东有琅邪,西有清河,北有渤海,此所谓四塞之国也",则是对齐国地理环境的具体记录。而"临淄之中七万户,臣窃度之,下户三男子,三七二十一万,不待发于远县,而临淄之卒固以二十一万矣。临淄甚富而实,其民无不吹竽、鼓瑟、击筑、弹琴、斗鸡、走犬、六博、蹹踘者;临淄之途,车毂击,人肩摩,连衽成帷,举袂成幕,挥汗成雨;家敦而富,志高而扬",则是研究齐都临淄人口数量和社会习俗的珍贵资料。特别是说临淄居民无不"蹋踘者",乃是记录世界足球起源的最早文献。

【附录】《史记·苏秦列传》"因东说齐宣王"节

因东说齐宣王曰:"齐南有泰山,东有琅邪,西有清河,北有渤海,此所谓四塞之国也。齐地方二千余里,带甲数十万,粟如丘山。三军之良,五家之兵,进如锋矢,战如雷霆,解如风雨。即有军役,未尝倍泰山,绝清河,涉渤海也。临菑之中七万户,臣窃度之,不下户三男子,三七二十一万,不待发于远县,而临菑之卒固已二十一万矣。临菑甚富而实,其民无不吹竽、鼓瑟、弹琴、击筑、斗鸡、走犬、六博、蹋踘者。临菑之塗,车毂击,人肩摩,连衽成帷,举袂成幕,挥汗成雨,家殷人足,志高气扬。夫以大王之贤与齐之强,天下莫能当。今乃西面而事秦,臣窃为大王羞之。

且夫韩、魏之所以重畏秦者,为与秦接境壤界也。兵出而相当,不出十日而战胜存亡之机决矣。韩、魏战而胜秦,则兵半折,四境不守;战而不胜,则国已危亡随其后。是故韩、魏之所以重与秦战,而轻为之臣也。

今秦之攻齐则不然。倍韩、魏之地,过卫阳晋之道,径乎亢父之险,车不得方轨,骑不得比行,百人守险,千人不敢过也。秦虽欲深入,则狼顾,恐韩、魏之议其后也。是故恫疑虚猲,骄矜而不敢进,则秦之不能害齐亦明矣。

夫不深料秦之无奈齐何,而欲西面而事之,是群臣之计过也。今无臣事秦之名,而有强国之实,臣是故愿大王少留意计之。"

齐王曰:"寡人不敏,僻远守海,穷道东境之国也,未尝得闻余教。今足下以赵王诏诏之,敬以国从。"

五〇、秦攻赵长平齐楚救之章

秦攻赵长平[1],齐、楚〔燕〕救之[2]。秦计曰[3]:"齐、楚〔燕〕救赵[4],亲则将退兵[5];不亲则且遂攻之。"赵无以食,请粟于齐,而齐不听。

苏秦谓齐王曰[6]:"不如听之以却秦兵[7],不听则秦兵不却,是秦之计中[8],而齐、燕之计过矣[9]。且赵之于燕、齐[10],隐蔽也[11],齿之有唇也[12],唇亡则齿寒[13]。今日亡赵,则明日及齐、楚〔燕〕矣。且夫救赵之务[14],宜若奉漏瓮[15],沃焦釜[16]。夫救赵,高义也[17];却秦兵,显名也。义救亡赵,威却强秦【之】兵[18],不务为此[19],而务爱粟,则为国计者过矣[20]。"

本篇辑自《战国策·齐策二》

【校注】

[1] 姚宏曰:"一本无'长平'二字。"鲍彪曰:"此五年。"诸祖耿案:"此章见《史记·田敬仲完世家》,云'王建立六年,秦攻赵,齐楚救之'。"齐王建立"六年",即公元前259年。"长平",在今山西高平县西。

[2] "齐、楚救赵",《田敬仲完世家》同。《索隐》云:"《战国策》'楚'字皆作'燕'。"梁玉绳《史记志疑》卷二十四说:"《楚世家》无救赵事,《索隐》引《国策》'楚'字皆作'燕',亦无考。"于鬯《战国策注》曰:"'楚'当作'燕',下文云'赵之于燕、齐,隐蔽也,齿之有唇也'可证,若'楚',即语不合矣。此因《田世家》误作'楚',《策》依改之,而幸其犹有下文改不尽者。"诸祖耿、何建章均依于说改"楚"为"燕"。今据改。

[3] "计",谋划,推测。

[4] 姚宏注:"一本无'楚'字。"《田敬仲完世家》有"楚"字。

[5] 鲍彪曰:"其交亲。""亲",指与赵国亲密合作。

[6] "苏秦",《田敬仲完世家》作"周子"。《索隐》:"盖齐之谋臣,史失名也。《战国策》以'周子'为'苏秦',……然此时苏秦死已久矣。"缪文远曰:"苏秦死于周赧王三十一年(前二八四),燕军破齐,苏秦反间阴谋败露时,去长平之战已二十四年,《索隐》说是。"

[7] 高诱注:"中,得。"

[8] "却",《田敬仲完世家》作"退"。

[9] 高诱注:"过,失。""过",过失,落空。

[10] "燕、齐",《田敬仲完世家》作"齐、楚"。

[11]"隐蔽",《田敬仲完世家》作"扞蔽"。《正义》:"此时秦伐赵上党欲克,无意伐齐、楚,故言赵之于齐、楚为扞蔽也。"高诱注:"隐蔽,蕃蔽。"鲍彪曰:"赵居二国西北,秦攻二国,必先径赵。赵存则二国得以自隐,而有蔽障。""隐"、"扞"义通。《说文·自部》:"隐,蔽也。"《左传·成公十二年》:"此公侯之所以扞城其民也。"杜预注:"扞,蔽也。"是其证。

　　[12]《田敬仲完世家》、鲍本"齿"上有"犹"字。

　　[13]"唇亡则齿寒",春秋战国谚语。《左传·僖公五年》:"谚所谓:辅车相依,唇亡齿寒者,其虞、虢之谓也。'"《左传·哀公八年》:"夫鲁,齐、晋之唇,唇亡齿寒,君所知也。"

　　[14]鲍彪曰:"务,趣也,事也。""且夫",况且,再说。

　　[15]鲍彪曰:"喻救之急。""奉",同捧。"甕",《田敬仲完世家》作"罋"。"甕",通作"罋",陶缸,盛水器。这是说捧着破漏的陶缸。

　　[16]"沃",浇。"釜",锅。这是说用水去浇烧焦的锅。

　　[17]高诱曰:"高,大。"

　　[18]金正炜曰:"却秦兵显名也,威却强秦之兵,两'兵'字并因上文'听之以却秦兵'而衍。"诸祖耿案:"《御览》三二五引《春秋后语》作'却秦兵,显名也'。又曰:'威却强秦之兵。'是两'兵'字非衍,此脱'之'字也。《史记》有之字,'亡赵'作'亡国'。"诸说当是。今据补"之"字。

　　[19]"务",专力,见《助字辨略》卷四。

　　[20]高诱曰:"过,误失也。"诸祖耿案:"'过矣'句下,《史记》云'齐王弗听。秦破赵于长平四十余万,遂围邯郸'。"

【考辨】

　　本篇"秦攻赵长平"事,《史记·田敬仲完世家》隶于齐"王建立六年",即周赧王五十六年(前259年)。郭人民《战国策校注系年》从其说。《秦本纪》则系于秦昭王四十七年,即周赧王五十五年(前260年)。司马光《资治通鉴》、吕祖谦《大事记》、林春溥《战国纪年》、黄式三《周季编略》、顾观光《国策编年》、梁玉绳《史记志疑》及于鬯《战国策年表》均从其说。

　　据《韩世家》,桓惠王"十年(前263年),秦击我太行,我上党郡守以上党郡降赵。十四年(前259年),秦拔赵上党,杀马服子卒四十余万于长平"。《赵世家》的记载大体相同。可见秦攻"长平"之役,历时五年之久,各家记时各异,不足为奇。

"秦攻赵长平"虽属史实,然本篇所谓"赵无以食,请粟于齐",当是"秦攻赵长平"时,秦将白起断"绝赵救及粮食。至九月,赵卒不得食四十六日,皆内阴相杀食"事件的附会(《史记·白起列传》)。同时,苏秦是在周赧王三十一年(前284年),乐毅率五国联军燕军破齐时,因反间阴谋败露而被杀害的。诚如《史记索隐》所说:"此时苏秦死已久矣。"若将《田敬仲完世家》的"周子"改为"苏代"或"苏厉",其行年亦难及于长平之役。因此,本篇当属苏秦后学的拟托之辞。

【附录】《史记·田敬仲完世家》"王建立六年秦攻赵"节

王建立六年,秦攻赵,齐楚救之。秦计曰:"齐楚救赵,亲则退兵,不亲遂攻之。"赵无食,请粟于齐,齐不听。

周子曰:"不如听之退秦兵,不听则秦兵不却,是秦之计中而齐楚之计过也。且赵之于齐楚,扞蔽也,犹齿之有唇也,唇亡则齿寒。今日亡赵,明日患及齐楚。且救赵之务,宜若奉漏甕沃焦釜也。夫救赵,高义也;却秦兵,显名也。义救亡国,威却强秦之兵,不务为此而务爱粟,为国计者过矣。"

齐王弗听。秦破赵于长平四十余万,遂围邯郸。

五一、楚王死太子在齐质章

楚王死[1],太子在齐质[2]。苏秦谓薛公曰[3]:"君何不留楚太子,以市其下东国[4]。"薛公曰:"不可。我留太子,郢中立王[5],然则是我抱空质而行不义于于天下也[6]。"苏秦曰:"不然。郢中立王,君因谓其新王曰[7]:'与我下东国,吾为王杀太子。不然,吾将与三国共立之[8]。'然则下东国必可得也。苏秦之事[9],可以请行[10];可以令楚王亟入下东国[11];可以益割于楚[12];可以忠太子而使楚益入地;可以为楚王走太子;可以忠太子使之亟去[13];可以恶苏秦于薛公;可以为苏秦请封于楚[14];可以使人说薛公以善苏子[15];可以使苏子自解于薛公。"

苏秦谓薛公曰:"臣闻谋泄者事无功,计不决者名不成。今君留太子者[16],以市下东国也。非亟得下东国者,则楚之计变,变则是君抱空质而负名于天下也[17]。"薛公曰:"善。为之奈何?"对曰:"臣请为君之楚,使亟入下东国之地。楚得成则君无败矣[18]。"薛公曰:"善。"因遣之。【故曰可以请行也】[19]。

谓楚王曰[20]:"齐欲奉太子而立之。臣观薛公之留太子者,以市下东国也。今王不亟入下东国[21],则太子且倍王之割而使齐奉己[22]。"楚王曰:"谨受命。"因献下东国。故曰可以使楚亟入地也。

谓薛公曰:"楚之势可多割也。"薛公曰:"奈何?""请告太子其故[23],使太子谒之君[24],以忠太子[25],使楚王闻之,可以益入地。"故曰可以益割于楚。

谓太子曰:"齐奉太子而立之,楚王请割地以留太子,齐少其地[26]。太子何不倍楚之割地而资齐[27],齐必奉太子。"太子曰:"善。"倍楚之割而延齐[28]。楚王闻之恐,益割地而献之,尚恐事不成。故曰可以使楚益入地也。

谓楚王曰:"齐之所以敢多割地者[29],挟太子也。今已得地而求不止者,以太子权王也[30]。故臣能去太子[31]。太子去,齐无辞,必不倍于王也[32]。王因驰强齐而为交[33],齐〈辞〉必听王[34]。然则是王去雠而得齐交也[35]。"楚王大悦,曰:"请以国因[36]。"故曰可以为楚王使太子亟去也。

谓太子曰:"夫剬(制)楚者王也[37],以空名市者太子也,齐未必信太子之言也,而楚功见矣[38]。楚交成,太子必危矣。太子其图之。"太子曰:"谨受命。"乃约车而暮去[39]。故曰可以使太子急去也。

苏秦使人请薛公曰[40]:"夫劝留太子者苏秦也。苏秦非诚以为君也,且以便楚也[41]。苏秦恐君之知之,故多割楚以灭迹也[42]。今劝太子者又苏秦也[43]，而君弗知，臣窃为君疑之。"薛公大怒于苏秦。故曰可使人恶苏秦于薛公也[44]。

又使人谓楚王曰："夫使薛公留太子者苏秦也，奉王而代立楚太子者又苏秦也[45]，割地固约者又苏秦也[46]，忠王而走太子者又苏秦也。今人恶苏秦于薛公，以其为齐薄而为楚厚也[47]。愿王之知之。"楚王曰："谨受命。"因封苏秦为武贞君[48]。故曰可以为苏秦请封于楚也。

又使景鲤请薛公曰[49]："君之所以重于天下者，以能得天下之士而有齐权也[50]。今苏秦天下之辩士也，世与少有[51]。君因不善苏秦[52]，则是围塞天下士而不利说途也[53]。夫不善君者且奉苏秦，而于君之事殆矣[54]。今苏秦善于楚王，而君不蚤亲，则是身与楚为雠也[55]。故君不如因而亲之，贵而重之，是君有楚也。"薛公因善苏秦。故曰可以为苏秦说薛公以善苏秦[56]。

本篇辑自《战国策·齐策三》

【校注】

［1］高诱曰："楚王，怀王也。为张仪所欺，西与秦昭王会武关，秦胁与归，而死于秦也。"鲍彪曰："楚王，怀王也。"缪文远按："据《史记·楚世家》，顷襄王立三年而怀王乃客死于秦。此章言苏秦向薛公进说，劝其乘楚国内无君之际，留为质之楚太子以求割地。首句若作'楚王留秦'，则于情事较合，若仍原文，则与史实不合。"

［2］鲍彪曰："楚二十九年，使太子质于齐，名横，是为顷襄王。按《史》，楚三十年，怀王入秦，秦留之，明年顷襄王立，立三年怀王乃死。与此驳。"

［3］高诱曰："薛公，田婴也，田文之父。"鲍彪曰："薛公，田文。"徐中舒曰："田婴此时已死数年，齐相为田文。"此事《史记·楚世家》作"齐湣王谓其相曰"。依文意，"薛公"当指田文，时任齐闵王相国。

［4］高诱曰："市，求也。下东国，楚东邑，近齐也。"胡三省曰："市，谓相要以利，如市道也。楚灭陈、蔡，封畛于汝；灭越，取吴故地，并有古徐夷之地，皆在淮北，即楚所谓'下东国'。""下东国"，楚国东部淮河以北与齐国接壤的地区。

[5] 高诱曰："郢,楚都也。"在今湖北江陵市西北的纪南城。

　　[6] 高诱曰："楚自立王,质之无益,故曰'抱空质'也。"缪文远按："《管子·形势》'抱蜀不言而庙堂自修'注：'抱,持也。'"

　　[7] "新王",虚拟中新拥立的楚王。

　　[8] 鲍彪曰："齐尝与秦、韩、魏败楚,三国谓此,重立。"于鬯曰："'三国共立之'者,以齐、韩、魏三国共立太子也。"

　　[9] 鲍彪曰："此著书者叙说。""苏秦之事"指留楚国太子的事。

　　[10] "请行",请求到楚国去。

　　[11] 高诱曰："亟,速也。入,犹致也。"鲍彪曰："楚王,并新王。"

　　[12] 高诱曰："益,多割取。"

　　[13] 姚宏曰："一本无'之'字。"

　　[14] 这是说可以向楚国提出给苏秦赐予褒嘉封号。

　　[15] 姚宏曰："一本无'人说'二字。"

　　[16] 高诱曰："太子,怀王太子也。"

　　[17] 高诱曰："变,改也。负天下不义之名。"鲍彪曰："负,荷天下不义之名。"

　　[18] 鲍彪曰："得,犹与也。齐求地而楚与之,为得成。"

　　[19] 姚宏曰："'故曰可以请行也'七字,曾本不作注。"鲍彪曰："此七字原作注字。此类亦著书者叙说。"于鬯曰："作正文则与下每段结语同例。"缪文远、何建章、范祥雍均据曾本,将此七字改作正文,今据补。

　　[20] 鲍彪曰："以为怀王,则上言已死；以为顷襄,则顷襄即太子也；以为新立王,则顷襄外无他王。未详。"缪文远曰："鲍氏分析极是,其言'未详',盖不知此'楚王'本为'无是公'也。"范祥雍按："即谓楚新立之王,下文'楚王'同,乃假设之词,非实有其王。"

　　[21] "今",犹若也。见《经传释词》卷五。

　　[22] 高诱曰："已,太子也。使齐奉已,立以为王也。"郭希汾曰："较王所割地又倍之也。""倍",加倍。

　　[23] 鲍彪曰："谓告苏子辞也,告以楚献地之故。"

　　[24] 鲍彪曰："君,薛公也。使太子白以亦欲割地。"

［25］高诱曰:"齐得割则归太子,故曰'以忠太子'。"

［26］高诱曰:"割地与齐,使留太子,齐嫌其少也。"

［27］高诱曰:"资,与。"

［28］高诱曰:"延,犹饶也,及也。"鲍彪曰:"延,长行也,故有饶益意。"横田惟孝曰:"延,引也。谓引齐附己也。"安井衡曰:"延,进也,犹言纳。"金正炜曰:"延,缓也。倍割以缓齐之听楚。又或当读如'诞'。诞,诈也。太子无地而背楚之割,是诞齐也。"缪文远按:"金氏后说是。据文义,'倍'上疑脱'因'字。"何建章曰:"延,《尔雅·释诂》'进也',与前文'资齐'义同。"诸说以高氏"延,犹饶也"为优。

［29］鲍本无"敢"字。

［30］高诱曰:"权,重。"鲍彪曰:"权者,轻重所在。"缪文远按:"权,犹言胁也。"范祥雍曰:"犹言以太子制王。"

［31］鲍彪曰:"使人〔之〕去齐。"范祥雍按:"鲍注'人'字疑是'之'误。"缪文远亦主此说,今据改。

［32］高诱曰:"齐无立太子辞,必不倍求地于王也。"鲍彪曰:"倍,多割。"吴曾祺曰:"倍与背同,谓不敢背约也。"吴说当是。

［33］姚宏曰:"一作'而为交于齐'。"高诱曰:"驰,亟往。"

［34］横田惟孝曰:"'齐辞'之'辞',恐衍。"金正炜曰:"'辞'字涉上文'齐无辞'而衍。"横田、金说当是,今据删。

［35］高诱曰:"雠,为太子。"

［36］鲍彪曰:"因苏子交齐。"

［37］鲍彪曰:"劀,断齐也。犹制。"于鬯曰:"'劀'即古'制'字。张守节《史记论字例》云:'制'字作'劀'。是《史记》亦当依古体作'劀'。'制'者,'劀'之变体也。""劀"同制。《韩非子·诡使》:"所以善劀下也。"王先慎集解引顾广圻云:"劀、制字同。"《史记·五帝本纪》:"依鬼神以劀义。"《正义》:"劀,古制字。"是其证。

［38］高诱曰:"齐未必信太子言也,而楚便致地。故曰'楚功见'。"鲍彪曰:"功,谓入地。"

［39］横田惟孝曰:"暮去,谓不待朝而急去也。"《楚辞·九歌·离世》:"暮去

次而敢止。"王逸注："暮,夜也。""暮去",连夜急去也。

[40] 金正炜按："《尔雅·释诂》:'请,告也。'"缪文远曰："'请'当为'谓',形近而误。""请"、"谓"义通。《诗·小雅·宾之初筵》:"式勿从谓。"朱熹集传："谓,告也。"《列子·说符》:"因从请进趋之方。"殷顺敬《释文》:"请,一本作谓。"是其证。故以金说为优,"请"不必是误字。

[41] 鲍彪曰："太子去楚之便也。"缪文远曰："便,利也。"

[42] 鲍彪曰："没其便楚之迹。"

[43] 黄丕烈曰："鲍'者'上补'去'字。"

[44] 鲍本"可"下有"以"字。缪文远按："此节言苏秦使人恶苏秦于薛公,苏秦使薛公大怒于苏秦,岂非狂惑之甚乎？其言之诞妄如此。"

[45] 鲍彪曰："代太子立为王。"

[46] 鲍彪曰："因谓之约齐。"黄丕烈曰："'固',鲍本作'因'。"吴师道曰："一本'固约'。"

[47] 鲍本"以"上有"之"字。

[48] 高诱曰："武贞,楚邑。"鲍彪曰："封以美名,非邑。"缪文远曰："此虚构之言,非事实。"

[49] 高诱曰："景,姓;鲤,名也。楚怀王相也。"范祥雍按："景鲤见《秦策四》。《楚策二》'齐秦约攻楚章':'且因景鲤、苏厉而效地于楚。'此言景鲤,故或疑苏子是苏厉。"

[50] 高诱曰："言薛公所见重于天下者,能得天下士之心,故有齐国权势也。"

[51] 鲍彪曰："言如之少也。"吴曾祺曰："谓世所少有。"金正炜曰："'世与'当为'与世'。《楚辞》'初放举世而皆然兮'注:'举,与也。'"何建章从其说。金说未确。"与",语助词。《国语·周语上》:"其与能几何？"韦昭注："与,辞也。"《论语·公冶长》:"于予与何诛。"皇侃疏："与,语助也。"

[52] 姚宏曰："因,刘作固。"安井衡曰："作'固'是也。"何建章曰："因,裴学海《古书虚字集释》卷二'犹若也'。举比句为例。"何说为优。

[53] 高诱曰："途,道。"金正炜曰："囿,当为圉,形似而误。《尔雅·释言》:'圉,禁也。'""囿",通作圉。见本书第三六(《战国纵横家书》四)"苏秦自齐献书

于燕王章"注[27]。

[54] 高诱曰："于,治。"姚宏曰："曾本无此二字注。"鲍彪曰："于,犹与。"范祥雍按："'于'读如字。鲍注非。'于',无'治'训,高注疑误。《吕氏春秋·直谏篇》高注:'殆,危也。'"

[55] 鲍彪曰："此亦非薛公之恐。楚王立未能自定,安能雠齐哉！故彪于《楚策》谓苏子以此策干薛公,不见用,世犹载其语也。"吴师道曰："谓不亲楚,则与楚为雠,以事理言尔。干薛公不用,世犹载其语,亦臆度之辞。"

[56] 高诱曰："苏秦巧辞反覆,且在此以上也。"鲍彪按："此则怀王死,楚立新王,太子卒不得立。而顷襄王非太子也。《史》不谓然,故其书东国之事略。"吴师道曰："《史》称怀王入秦,而顷襄王立；《策》独以怀王死,而顷襄王立,前后屡见。窃以事势言之,楚人知怀王之必不归,而秦要之以割地,故立王以绝君。而丧君有君,所以靖国,顷襄之立,非怀王死后明矣。《史》谓,当时以诈赴之,《策》犹仍之尔,特所谓新王及太子不可晓。然以逐节考之,皆有事实,又非饰说也。或者太子未返之时,郢中立王邪！姑缺所疑。"

【考辨】

顾观光《国策编年》隶此章于周赧王十六年,即公元前299年。

钟凤年《国策勘研》云："此章所言多不切于事理,殆著者故假楚怀拘于秦事,伪托苏子,妄为此文,以见其技之层出不穷,变化莫测耳。鲍、吴俱以为确有其事,近误。"齐思和曰："此章胜意层出,奇变无穷,乃《国策》中之至文也,然案之于史事则皆虚,盖纯为习长短者揣摩之谈耳。"

缪文远曰："据《西周策·薛公以齐为韩魏攻楚章》,孟尝君率韩、魏攻秦,要秦出怀王以和。依《史记》,事在楚顷襄王元年。《策》、《史》互证,则楚怀王卒于太子即位之后,实无可疑。此章胜意叠出,奇变无穷,然按之于史事则皆虚,盖为治长短术者为其徒属揣摩示范之谈。"范祥雍说："此章自'苏秦之事'以下本为虚拟之词,姚姜坞所谓'纵横家设一端,以极其辩诈揣摩之术',得之。鲍、吴诸氏考史征实以求之,误矣。"由此可见,此篇实属纵横家"为其徒属揣摩示范之谈"耳。

【附录】《史记·楚世家》"齐湣王谓其相"节

齐湣王谓其相曰："不若留太子以求楚之淮北。"相曰："不可，郢中立王，是吾抱空质而行不义于于天下也。"或曰："不然。郢中立王，因与其新王市曰：'与我下东国，吾为王杀太子。不然，将与三国共立之。'然则东国必可得矣。"齐王卒用其相计，而归楚太子。太子横至，立为王，是为顷襄王。

五二、苏秦说齐闵王章

苏秦说齐闵王曰[1]："臣闻用兵而喜先天下者忧[2]，约结而喜主怨者孤[3]。夫后起者藉也[4]，而远怨者时也[5]。是以圣人从事，必藉于权而务兴于时[6]。夫权藉者，万物之率也[7]；而时势者，百事之长也[8]。故无权藉，倍时势[9]，而能事成者寡矣[10]。

"今虽干将、莫邪[11]，非得人力，则不能割刿矣[12]。坚箭利金[13]，不得弦机之利[14]，则不能远杀矣。矢非不铦[15]，而剑非不利也，何则？权藉不在焉。何以知其然也？昔者赵氏袭卫[16]，车【不】舍，人不休[17]，傅(逼)卫国，城割〔刚〕平[18]，卫八门土(杜)而二门堕矣[19]，此亡国之形也。卫君跣行[20]，告遡于魏[21]。魏王身被甲底剑[22]，挑赵索战。邯郸之中骛[23]，河、山之间乱[24]。卫得是藉也，亦收余甲而北面[25]，残刚平[26]，堕中牟之郭[27]。卫非强于赵也，譬之卫矢而魏弦机也，藉力魏而有河东之地[28]。赵氏惧，楚人救赵而伐魏[29]，战于州西[30]，出梁门[31]，军舍林中[32]，马饮于大河。赵得是藉也，亦袭魏之河北，烧棘沟〔蒲〕[33]，坠黄城[34]。故刚平之残也，中牟之堕也，黄城之坠也，棘沟〔蒲〕之烧也，此皆非赵、魏之欲也。然二国劝行之者[35]，何也？卫明于时权之藉也。今世之为国者不然矣。兵弱而好敌强，国罢而好众怨[36]，事败而好鞠之[37]，兵弱而憎下人也[38]，地狭而好敌大，事败而好长诈[39]。行此六者而求伯[40]，则远矣。

"臣闻善为国者，顺民之意，而料兵之能[41]，然后从于天下[42]。故约不为人主怨,伐不为人挫强[43]。如此,则兵不费,权不轻,地可广,欲可成也。昔者,齐之与韩、魏伐秦、楚也[44],战非甚疾也[45],分地又非多韩、魏也[46],然而天下独归咎于齐者,何也?以其为韩、魏主怨也。且天下徧(遍)用兵矣[47],齐、燕战,而赵氏兼中山[48],秦、楚战韩、魏不休[49],而宋、越专用其兵[50]。此十国者,皆以相敌为意,而独举心于齐者[51],何也?约而好主怨,伐而好挫强也。

"且夫强大之祸[52],常以王人为意也[53];夫弱小之殃,常以谋人为利也[54]。是以大国危,小国灭也。大国之计,莫若后起而重伐不义[55]。夫后起之籍与多而兵劲[56],则事(是)以众强适(敌)罢(疲)寡也[57],兵必立也[58]。事不塞天下之心[59],则利必附矣。大国行此,则名号不攘而至[60],伯王不为而立矣。小国之情,莫如仅(谨)静而寡信诸侯[61]。仅(谨)静,则四邻不反;寡信诸侯,则天下不卖。外不卖,内不反[62],则槟(摈)祸。【稽积】朽腐而不用[63],币帛矫(搞)蠹而不服矣[64]。小国道此,则不祠而福矣,不贷而见足矣[65]。故曰:祖仁者王,立义者伯,用兵穷者亡[66]。何以知其然也?昔吴王夫差以强大为天下先[67],强袭郢而栖越[68],身从诸侯之君[69],而卒身死国亡,为天下戮者[70],何也?此夫差平居而谋王,强大而喜先天下之祸也。昔者莱、莒好谋[71],陈、蔡好诈[72],莒恃越而灭,蔡恃晋而亡[73],此皆内长诈,外信诸侯之殃也。由此观之,则强弱大小之祸,可见于前事矣。

"语曰:'麒(骐)骥之衰也,驽马先之[74];孟贲之倦也,女子胜之[75]。'夫驽马、女子,筋骨力劲[76],非贤于麒(骐)骥、孟贲也。何则?后起之藉也。今天下之相与也不并灭[77],有而案兵而后起[78],寄怨而诛不直,微用兵而寄于义[79],则亡天下可跷足而须也[80]。明于诸侯之故,察于地形之理者,不约亲,不相质而固[81],不趋而疾,众事而不反,交割而不相憎[82],俱彊而加以亲。何则?形同忧而兵趋利也[83]。何以知其然也?昔者齐、燕战于桓之曲,燕不胜,十万之众尽[84]。胡人袭燕、楼烦数县,取其牛马[85]。夫胡之与齐非素亲也,而用兵又非约质而谋燕也,然而甚于相趋者,何也?〈何〉则形同忧而兵趋利也[86]。由此观之,约于同形则利长,后起则诸侯可趋役也[87]。

"故明主察相[88],诚欲以伯王也为志[89],则战攻非所先。战者,国之残也,而都县之费也[90]。残费已先,而能从诸侯者寡矣。彼战者之为残也,士闻战则输私财而富军市[91],输饮食而待死士,令折辕而炊之[92],杀牛而觞士[93],则是路(露)君(军)之道也[94]。中人祷祝[95],君翳酿[96],通都小县置社[97],有市之邑莫不止事而奉王[98],则此虚中之计也。夫战之明日,尸死扶伤[99],虽若有功也,军出费,中哭泣,则伤主心矣。死者破家而葬,夷伤者空财而共药[100],完者内酺而华乐[101],故其费与死伤者钧(均)[102]。故民之所费也,十年之田而不偿也[103]。军之所出,矛戟折,镮弦绝[104],伤弩、破车、罢马、亡矢之大半[105]。甲兵之具,官之所私出也[106],士大夫之所匮,厮养士之所窃[107],十年之田而不偿也。天下有此再费者,而能从诸侯寡矣。攻城之费,百姓理襜蔽[108],举冲橹[109],家杂总[110],身〔穿〕窟穴[111],中(终)罢于刀金[112]。而士困于土功[113],将不释甲[114],期数而能拔城者为亟耳[115]。上倦于教,士断于兵[116],故三下城而能胜敌者寡矣[117]。故曰:彼战攻者,非所先也。何以知其然也?昔智伯瑶攻范、中行氏,杀其君,灭其国,又西围晋阳,吞兼二国,而忧一主,此用兵之盛也。然而智伯卒身死国亡,为天下笑者[118],何谓也?兵先战攻,而灭二子患也。日者[119],中山悉起而迎燕、赵,南战于长子,败赵氏;北战于中山〔人〕,克燕军,杀其将[120]。夫中山千乘之国也,而敌万乘之国二,再战北〔比〕胜[121],此用兵之上节也。然而国遂亡,君臣于齐者[122],何也?不啬于战攻之患也[123]。由此观之,则战攻之败,可见于前事[124]。

"今世之所谓善用兵者,终战比胜,而守不可拔[125],天下称为善,一国得而保之[126],则非国之利也。臣闻战大胜者,其士多死而兵益弱；守而不可拔者，其百姓罢而城郭露[127]。夫士死于外，民残于内，而城郭露于境，则非王之乐也。今夫鹄的非咎罪于人也[128]，便弓引弩而射之[129]，中者则善[130]，不中则愧，少长贵贱，则同心于贯之者[131]，何也？恶其示人以难也[132]。今穷战比胜[133]，而守必不拔，则是非徒示人以难也，又且害人者也，然则天下仇之必矣。夫罢士露国，而多与天下为仇，则明君不居也；素用强兵而弱之[134]，则察相不事。彼明君察相者，则五兵不动而诸侯从[135]，辞让而重赂至矣。故明君之攻战也，甲兵不出于军而敌国胜[136]，冲橹不施而边城降，士民不知而王业至矣。彼明君之从事也，用财少，旷日远而为利长者[137]。故曰：兵后起则诸侯可趋役也。

"臣之所闻，攻战之道非师者[138]，虽有百万之军，比〔北〕之堂上[139]；虽有阖闾、吴起之将，禽之户内[140]；千丈之城，拔之尊俎之间[141]；百尺之冲，折之衽席之上[142]。故钟鼓竽瑟之音不绝，地可广而欲可成；和乐倡优侏儒之笑不之〔乏〕[143]，诸侯可同日而致也。故名配天地不为尊[144]，利制海内不为厚。故夫善为王业者，在劳天下而自佚，乱天下而自安，〈诸侯无成谋，则其国无宿忧也。何以知其然〉[145]？佚治在我[146]，劳乱在天下，则王之道也。锐兵来则拒之，患至则趋之，使诸侯无成谋，则其国无宿忧矣[147]。何以知其然矣？昔者魏王拥土千里，带甲三十六万，其强而拔邯郸，西围定阳[148]，又从十二诸侯朝天子，以西谋秦[149]。秦王恐之，寝不安席，食不甘味，令于境内，尽堞中为战具，竟为守备，为死士置将，以待魏氏[150]。卫鞅谋于秦王曰[151]：'夫魏氏其功大，而令行于天下，有十二诸侯而朝天子，其与必众。故以一秦而敌大魏，恐不如。王何不使臣见魏王，则臣请必北魏矣。'秦王许诺。卫鞅见魏王曰：'大王之功大矣，令行于天下矣。今大王之所从十二诸侯，非宋、卫也，则邹、鲁、陈、蔡[152]，此固大王之所以鞭箠使也[153]，不足以王天下。大王不若北取燕，东伐齐，则赵必从矣；西取秦,南伐楚,则韩必从矣。大王有伐齐、楚心,而从天下之志[154],则王业见矣。大王不如先行王服[155],然后图齐、楚。'魏王说于卫鞅之言也,故身广公宫,制丹衣柱,建九斿[156],从七星之旂[157]。此天子之位也,而魏王处之。于是齐、楚怒,诸侯奔齐,齐人伐魏,杀其太子,覆其十万之军[158]。魏王大恐,跣行按兵于国[159],而东次于齐[160],然后天下乃舍之。当是时,秦王垂拱受西河之外,而不以德魏王[161]。故曰:卫鞅之始与秦王计也,谋约不下席,言于尊俎之间,谋成于堂上,而魏将以禽于齐矣[162];冲橹未施,而西河之外入于秦矣。此臣之所谓比〔北〕之堂上[163],禽将户内,拔城于尊俎之间,折冲席上者也。"

本篇辑自《战国策·齐策五》

【校注】

[1] 姚宏曰:"一本无'苏秦'二字。"黄丕烈曰:"鲍彪改'秦'为'子'。"钱穆《先秦诸子系年考辨》卷三说:"按此策陈义甚正,殆齐闵王好用兵,而苏代能以此谏,其人虽倾诈,其言则可取,代诚智杰士矣。闵王既不用其言,又值吕礼之排轧,代虽去而至燕。苏秦则苏代字讹。"缪文远按:"苏秦于齐闵王时间齐,自马王堆三号汉墓帛书出土后,已明白无疑。鲍彪改'苏秦'为'苏子',吴师道以为'苏代',并非也。"何建章曰:"《长短经》引此有'苏秦'二字。"

[2] 鲍彪曰:"为天下先。"《老子》第六十七章:"我恒有三宝,恃而宝之:一曰慈,二曰俭,三曰不敢为天下先。"喜欢首先发动战争,必然招来灾祸,故曰"忧"。

[3] 鲍彪曰:"为约以结与国而伐人,人必怨之。又为之主,众所不与也,故孤。"金正炜按:"《国语·晋语》:'不若使齐秦主楚怨。'注'主楚怨',为怨主也。"何建章曰:"约结,与别国结盟。主怨,众怨所归。"

[4] 鲍彪曰:"藉,言有所资权是也。"何建章曰:"观其变而后行动,即'后发制人'之义。'藉',通借。"

[5] 鲍彪曰:"时,得其时也。人怨之,则虽欲乘时不能也。"何建章曰:"顺应时机,则可远避仇怨。"

［6］鲍彪曰："权者，事之宜，重之所在也。上言'后起者藉'，藉此而已。"何建章曰："权者变也，则'藉于权'即观其变。必定借助于权变，根据时机而动。'务'，必须。'兴'，行动。"

［7］鲍彪曰："率、帅同，犹长也。"横田惟孝曰："'权藉'即藉于权也。《韩子·八经》：'权藉不失，兄弟不侵。'""率"，遵循。《左传·宣公十二年》："今郑不率。"杜预注："率，遵也。"《尚书·君奭》："罔不率俾。"郑玄注："率，循也。"依据事情的变化来采取具体行动，是处理世间万物应遵循的基本原则。

［8］"时势"，掌握时机。"长"，首要。掌握时机，是应对事物变化的首要大事。

［9］鲍彪曰："倍、背同。""倍"，通作"背"，违背。

［10］缪文远曰："'事成'，当易为'成事'，成事为当时恒语。"

［11］"干将、莫邪"，春秋时期吴国宝剑名。《楚辞·九怀》："舒佩兮綝纚，竦余剑兮干将。"干将、莫邪夫妇为吴王阖闾铸剑的故事，见《吴越春秋》卷四。

［12］鲍彪曰："剡，利伤也。"

［13］金正炜曰："金谓矢镞也。《孟子·离娄下篇》：'抽矢叩轮，去其金。'赵注：'叩轮去镞。'"

［14］范祥雍按："'铉'谓弓铉，'机'谓弩机，皆所发矢。《墨子·备高临篇》：'强弩之技机藉之。'"

［15］鲍彪曰："《集韵》：'铦，利也。'"

［16］"赵氏"，赵国。"卫"，卫国。《史记·赵世家》赵敬侯四年"筑刚平以侵卫"，赵国侵袭卫国事在公元前383年。

［17］鲍彪曰："车舍人，主车者。"金正炜按："'车舍'，当为'车不舍'。此四句并以三言为对文也。《汉书·王吉传》注：'舍，止息。'"于鬯、诸祖耿、何建章均从金说，今据补。

［18］"傅"，鲍本作"传"。鲍彪曰："传，驿递也。不休传，言其警急。割平，言城中割地求成。平，成也。"王念孙《读书杂志》曰："鲍说甚谬。'传'当为傅，'割'当为刚，皆字之误也。'傅卫国'为句，'城刚平'为句。傅卫国者，傅，附也。言兵附于国都。"于鬯曰："林春溥《开卷偶得》云：'傅卫国'，如《左传》之云：'傅于许也。'"《左传·隐公十一年》："郑伯伐许。庚辰，傅于许。"杨伯峻注："傅，附着

也。傅于许,谓大军薄许城而攻之。《宣》十一年《传》'傅于萧',《襄》六年《传》'傅于堞',诸'傅'字皆同此义。""傅",通作逼。《穀梁传·襄公十年》:"遂灭傅阳。"《经典释文》:"《左氏》作偪阳。"《玉篇·人部》:"偪,迫也,与逼同。"是其证。《国语·郑语》:"不可偪也。"韦昭注:"偪,迫也。""逼卫国",迫使卫国。"城刚平",即指《战国策·秦策四》赵氏"筑刚平"的事。"刚平",卫邑,在今河南清丰县西南。

[19] 金正炜曰:"土与杜通,《小雅雅·广诂》:'杜,塞也。'"《国语·晋语一》:"狐突杜门不出。"董增龄正义:"土、杜古字通。""卫八门土"指卫国八个城门被堵塞。"堕",毁坏。《春秋·定公十二年》:"叔孙州仇帅师堕郈。"杜预注:"堕,毁也。"《吕氏春秋·顺说》:"堕人之城郭。"高诱注:"堕,坏。""二门堕"指卫国两个城门被毁坏。

[20] 郭希汾曰:"不着履,以足就地而行也。""跣行",脚触地急走。《淮南子·修务》:"于是乃赢粮跣走。"高诱注:"跣,走不及箸履也。"

[21] 鲍彪曰:"遡、愬同。""愬",告诉。

[22] 鲍彪曰:"底、砥同,砺也。"吴师道曰:"魏王,魏武侯也。时未称王,此辨士之词,犹下称孝公为秦王。"

[23] 鲍彪曰:"骛,乱驰也。"范祥雍按:"谓赵都震惊不安。"《史记·赵世家》:赵敬侯元年(前386年)"赵始都邯郸。""邯郸",赵国都城,在今河北邯郸市西南。

[24] 金正炜曰:"《史记·赵世家》:'燕、秦谋王之河山间三万里而通矣。'或为河关,声近而误。"范祥雍按:"河、山之间,谓黄河、太行之间,赵、卫接壤地。"

[25] 郭希汾曰:"谓伐赵。""北面",北向。

[26] "残",堕毁,此言夺取。《史记·赵世家》:"(赵敬侯)五年,齐、魏为卫攻赵,取我刚平。"事在公元前382年。

[27] 鲍彪曰:"中牟属河南,赵献侯自耿迁此。"《史记·赵世家》:"献侯少即位,治中牟。""中牟",赵国旧都,在今河南鹤壁市西。"郭",外城。

[28] "河东之地",黄河以东赵国的土地。

[29] 《史记·赵世家》:"(赵敬侯)六年,借兵于楚伐魏,取棘蒲。八年,拔魏黄城。九年,伐齐。"事在公元前381年。

[30] 鲍彪曰："州属河内。"据《左传·隐公十一年》："（周桓王）与郑人苏忿生之田，盟、州、陉、隤、怀。"张琦曰："州，今怀庆府东五十里故武德城，古州城也。""州"在今河南沁阳县东南。"州西"，州城之西。

[31] 姚宏曰："一本'出'下有'于'字。""出"，驱逐。《史记·宋微子世家》："出武、缪之族。"《集解》引贾逵曰："出，逐也。"《战国策·秦策四》："（秦）举甲而攻魏，杜大梁之门。""梁门"即魏都大梁的城门。"出梁门"，驱逐魏国的军队到大梁城门下。

[32] 鲍彪曰："《魏纪》注：'宛有林乡。'"张琦曰："今新郑县东二十五里有故林乡城。"据《左传·宣公元年》，诸侯"会于棐林，以伐郑也。楚蒍贾救郑，遇于北林"。杜预注："荥阳中牟县西南有林亭，在郑北。"《水经注·渠水》："华水东迳棐城北，即北林亭也。""林中"即林乡，在今河南新郑市东。

[33] "棘沟"，《史记·赵世家》作"棘蒲"。鲍彪据以改为"棘蒲"，战国魏邑。《左传·哀公元年》诸侯"伐晋，取棘蒲"，在今河北赵县境。

[34] 鲍彪曰："八年，拔魏黄城，陈留外黄是。"《史记·赵世家》："（赵敬侯）八年，拔魏黄城。"顾祖禹曰："《志》云：苏秦所言之黄城，当是内黄县，今属彰德府。"在今河南内黄县西。

[35] 《吕氏春秋·为欲》："则是三者不足以劝。"高诱注："劝，乐也。"同书《至忠》："人知之不为劝。"高诱注："劝，进也。""劝行"，乐于进行。

[36] 鲍彪曰："罢、疲同音，下同。乐与众为怨。""好众怨"，好招致众人的怨恨。

[37] 鲍彪曰："鞠，穷也，言遂事。"《尔雅·释言》："鞠，穷也。"郭璞注："穷尽也。"何建章曰：意为"事情失败了，却偏要干到底"。

[38] 何建章曰："憎，《方言》七'惮也'。憎下人，怕为下人。"

[39] "长"，多也。《吕氏春秋·观世》："乱世之所以长也。"高诱注："长，多也。"

[40] "伯"，通作霸。"求霸"，希望作发号施令的诸侯霸主。

[41] "料"，估计，判断。

[42] 鲍彪曰："从，谓后之。"范祥雍曰："按：'从'与下文'从诸侯'之'从'同，谓使之从，犹言率从。""从"，合从。

[43] 鲍彪曰:"不以兵为人挫强敌。"

[44] 据《史记·楚世家》:"(楚怀王)二十六年,齐、韩、魏为楚负其从亲而合于秦,三国共伐楚。"《史记·六国年表》载:周赧王十七年齐"与韩、魏共击秦"。事在公元前303—前298年。

[45] "疾",激烈。《吕氏春秋·爱士》:"疾斗于车下。"高诱注:"疾,急也。"《礼记·少仪》:"有亡而无疾。"郑玄注:"疾,恶也。"

[46] 鲍彪曰:"言得地等耳。"

[47] "徧",同遍,普遍。

[48] 杨宽曰:"齐、燕战当指权之战,事在公元前296年。《赵策二》说:'以赵二十万之众攻中山,五年乃归。'说明赵灭中山,历时五年,从公元前301年到前296年。"(《战国史》第337页注①)

[49] 指公元前303—前298年,齐、韩、魏三国"共伐"楚、秦的事。

[50] 宋国"专用其兵"事,据《史记·宋微子世家》,宋"君偃十一年,自立为王。东败齐,取五城;南败楚,取地三百里;西败魏军,乃与齐、魏为敌国"。《史记·越世家》载:越"王无彊时,越兴师北伐齐,西伐楚,与中国争彊"。杨宽曰:"《越世家》载齐国使者劝越王'释齐而伐楚',是楚怀王十六、七年间事。到公元前306年(楚怀王二十三年),楚国乘越国内乱,把越国灭亡了。"(《战国史》第330页)因此,越国"专用其兵"事,当与"秦、楚战韩、魏不休"不相牵涉。

[51] 何建章曰:"举,《吕氏春秋·行孝览》高注'用也'。举心,用心,注意。"

[52] "且夫",句首语气词。"强大之祸",国家强大后招来的灭祸。

[53] 鲍彪曰:"欲为人王。"金正炜曰:"'王'疑'亡'之讹。"横田惟孝曰:"'王'疑当作'上'。"缪文远曰:"按:此指下文吴王夫差'平居而谋王'。"何建章曰:"王人为意,犹言好为人上。"范祥雍曰:"'王'字不误,鲍说是也。'王人'犹言'王于人'。'王'作动词用。"

[54] 姚本:"一无'夫'字。"吴师道曰:"恃谋人以为利而致殃。"缪文远按:"指下文莱、莒、陈、蔡恃谋而好诈事。"

[55] 鲍彪曰:"不义虽可伐,亦不可轻。"吴师道曰:"主于后起藉权,不以伐不义为急也。"何建章曰:"重伐,犹'严惩'。"

[56] 鲍彪曰:"与多,人与之多。"金正炜按:"与多,谓与国多。鲍注未晰。

与多兵劲,正即下所云众强也。"

[57] 姚本:"'事',刘本作'是'字。"吴师道曰:"敌、适通。"金正炜曰:"是作'事',敌作'适',古书通借,不烦改字。"缪文远按:"罢,同疲。"

[58] 吴师道曰:"'立'下,疑有缺字。"金正炜曰:"'兵',疑当为'名'。《秦策》'功成,名立,利附,则天下莫能害',《燕策》'故功可伐而名可立也'。兵、名音近,又涉上文'兵劲'而误。"缪文远按:"兵必立,犹言兵威必立,不必如金说改字。"《吕氏春秋·荡兵》:"凡兵也者,威也。"故缪说甚是。

[59] 金正炜曰:"《说文》:'塞,窒也。'《史记·楚世家》'夫怨结于两周以塞邹鲁之心',文义正与此同。""塞",杜绝。《国语·晋语八》:"是自背其信而塞其忠心。"韦昭注:"塞,绝也。"《文选·曹植〈杂诗〉》:"国雠亮不塞。"李善注:"塞,谓杜绝也。"

[60] 鲍彪曰:"攘,犹取。"

[61] "仅",鲍本作"谨"。何建章曰:"仅静,谨慎。《墨子·尚贤上》:'上为凿一门。'孙诒让间诂:'谨,与仅通。'寡信,不轻信,指不轻信盟约。"

[62] 何建章曰:"诸侯不出卖,邻国不背叛。外,《说文》'远也',指诸侯。则内,指近,即'邻国'。"

[63] "槟祸",鲍本作"穑积"。金正炜曰:"鲍改非也。此以'外不卖,内不反,则槟祸'为句。内外正以远近言。'朽腐'上有脱文。《韩非·外储》管仲曰:'蓄积有腐弃之财。'鲍补于此句上,则得矣。"范祥雍曰:"金说较长,'朽'上有缺字。""槟",通作摈。今据金说在"则槟祸"下断句,并在"朽"上补"穑积"二字。若此,"【穑积】朽腐而不用"则与下文"币帛矫蠹而不服矣"相对称。"摈祸",弃祸,远离灾祸。

[64] 鲍彪曰:"蠹,犹蚀。""币帛"即布帛,我国古代的实物货币。"矫",通作槁。《庄子·列御寇》:"槁项黄馘者。"《经典释文》:"槁,本作矫。"可以为证。《荀子·劝学》:"虽有槁暴。"杨倞注:"槁,枯也。""蠹",生虫朽烂。"槁蠹",与《左传·襄公三十一年》"则恐燥湿之不时而朽蠹"、《晏子春秋·问上》第七"府藏朽蠹"之"朽蠹"义同。"服",《说文·舟部》谓"用也"。

[65] 鲍彪曰:"道,犹行。贷,音代,从人求物也。""祠",祭祀,祈祷。"贷",借贷。

[66] 金正炜曰:"《广雅·释诂》:'祖,法也。'《吕览·贵因篇》注:'立犹行也。'《说文》:'穷,极也。'"

[67] "吴王夫差"称霸诸侯的故事,见《史记·吴太伯世家》。

[68] 姚宏曰:"曾本无'强'字。"缪文远曰:"袭郢,指前506年吴伐楚入郢事,时为吴王阖庐,此误,事见《左传·定公四年》。栖越,指夫差败越,使越王勾践栖会稽,事在前四九四年。"范祥雍按:"《史记·吴世家》'(阖庐)十一年,吴王使太子夫差伐楚,取番。楚恐而去郢徙鄀。'此殆为此事。"据《左传·定公六年》,"吴太子终累败楚舟师,楚国大惕,惧亡","于是乎迁郢于鄀"。杜预注:"终累,夫差兄。"《史记·吴世家·索隐》曰:"此以为夫差,当为名异而一人耳。"事在公元前504年。

[69] 鲍彪曰:"诸侯从之。"金正炜按:"《史记·春申君列传》:'从而伐齐。'《索隐》云:'从,犹领也'。"郭希汾曰:"谓黄池之会。"《史记·吴世家》:吴王夫差"十四年春,吴王北会诸侯于黄池,欲霸中国以全周室",事在公元前482年。

[70] 缪文远曰:"夫差为越王勾践所败,自刎于干隧。见《秦策五》。"公元前476年。

[71] 鲍彪曰:"东莱,故莱子国。""莱",商周古国名,今山东黄县东南有莱国故城。《春秋左传·襄公六年》:"齐侯灭莱,莱恃谋也。"事在公元前567年。"莒",商周古国名,初都介根(在今山东胶县西南),春秋初年迁都莒(在今山东莒县境)。《史记·楚世家》:"简王元年,北伐灭莒。"事在公元前431年。

[72] "陈",周代国名。西周初年,周武王封舜后妫满于陈(在今河南淮阳县)。《史记·田敬仲完世家·正义》:"陈湣公,周敬王四十一年为楚惠王所灭。"事在公元前479年。"蔡",周代国名。西周初年,周武王封同母弟叔度于蔡,今河南上蔡县东南有蔡国故城。蔡平侯徙都新蔡(在今河南新蔡县境),蔡昭侯迁都州来(在今安徽凤台县境)。据《史记·楚世家》,楚惠王"四十二年,楚灭蔡",事在公元前447年。

[73] 鲍彪曰:"莒、蔡皆恃远忽近而亡。"金正炜按:"《左氏》宣十三年《传》:'齐师伐莒,莒恃晋而不事齐也。'《墨子·非攻篇》:'东方有莒之国者,其为国甚小,间于大国之间,不敬事于大,大国亦弗之从而爱利。是以东者越人夹削其壤地,西者齐人间而有之。'莒盖恃晋而非恃越明矣。《竹书纪年》,楚灭蔡当晋敬公

五年，于是吴已灭而越方强，晋久衰弱。则蔡亦越而非恃晋也。此文作'莒恃越而灭，蔡恃晋而亡'，传写误淆耳。"范祥雍按："莒灭于齐，其年虽不详，但已在春秋之后，安能据宣十三年《传》为证？且其时晋已衰弱，越方新兴，时'恃越'与当时情势相合。《稽古录》之文乃本《左氏》哀元年《传》，当晋定公十年（前四九四）。此云'恃晋而亡'，蔡侯先谋与晋伐楚（见定三年《左传》），继与吴共伐楚。故楚人怨之，至楚惠王四十二年（前四四七）遂灭蔡。推其原因，谓恃晋而亡，与史实不戾。金氏曲为附会，擅易《策》文，非。《西周策》'宫他谓周君章'亦云：'邾、莒亡于齐，蔡、陈亡于楚，此皆恃援国而轻近敌也。'余详彼《策》。"范说当是。

[74]"麒"，鲍本作"骐"。"骐骥"，传说中的千里马。《楚辞·离骚》："乘骐骥以驰骋兮。"王逸注："骐骥，骏马也。"《史记·屈原贾生列传》："使骐骥可得系羁兮。"《正义》："骐文如綦也。骥，千里马。""驽"，劣马也。

[75]"孟贲"，战国大力士。《孟子·公孙丑上》："则夫子过孟贲远矣。"杨伯峻注："《史记·秦本纪》有'孟说'，朱亦栋《孟子札记》以为即孟贲。"据《史记·秦本纪》，秦武"王与孟说举鼎，绝膑。八月，武王死，族孟说"。事在公元前307年。

[76]"骨力"，鲍本作"力骨"。

[77]鲍彪曰："与，犹恃也。言与之相恃，亦不皆亡，在所处耳。"缪文远按："相与，犹言相互约结为与国。"范祥雍曰："'不并灭'谓彼此不能灭之。"

[78]"而"，鲍本作"能"。吴师道曰："字或误衍。"黄丕烈按："鲍改、吴补皆非。'而'、'能'同字，《策》文多以'而'为'能'。如上文'子孰而与我赵诸侯乎'，下文'而解此环不'之属是也。"金正炜曰："而、能古通，不烦改字。"金说甚是。

[79]鲍彪曰："寄，言假手于人，不为主也。寄，犹假也。"吴师道曰："'寄怨而诛不直'者，使人诛之而不主怨，即所谓'重伐不义'也。'微用兵而寄于义'者，隐其用兵之真情，而寄寓于义以为名也。"

[80]鲍彪曰："踦，不伸也。"王念孙《读书杂志》曰："训'踦'为不伸，则与'而'、'须'二字义不相属。今按：踦与跂同，跂足，举足也。兵以义动，则无敌于天下，故亡天下可举足而待也。"

[81]鲍彪曰："质，质子。"

[82]鲍彪曰："众事，犹共事。交割，言彼此割地。"

[83]吴师道曰："众事宜多反覆，交割地者宜相憎，俱强者宜不相下。今皆

不然，以其同忧趋利故也。"

[84] 见本书第二二（《秦策一》）"苏秦北见燕王章"注[17]。

[85] 鲍彪曰："楼烦，属雁门，此盖之，哙败时。""胡人"，匈奴。《说苑》云："燕昭王问于郭隗曰：寡人地狭民寡，齐人取蓟八城，匈奴驱驰楼烦之下。"（《史记·乐毅列传·正义》引）事在公元前314年。"楼烦"在今山西宁武县境。

[86] 鲍本无下"何"字。金正炜曰："相趋之趋，读如趣。'何也'下当从鲍注衍'何'字。"横田惟孝曰："'何则'二字，因上文误衍。"缪文远按："据上文，则'何也'二字当衍，此'何则'二字不误。"范祥雍按："'何也'、'何则'连用，不词，必有衍文，今从鲍衍'何'字。"范说当是，删下"何"字。

[87] 鲍彪曰："可使趋我，而为我役。"金正炜按："《荀子·议兵篇》：'汤、武之诛桀、纣也，拱揖指麾，而强暴之国莫不趋使。'注：'诛其元恶，其余犷悍者，皆化而来臣役也。'据杨注，其文本亦作'趋役'，与此同。"缪文远按："趋役，言趋使而役属也。""役"、使义通。《淮南子·本经》："以服役人心也。"高诱注："役，使也。"《周礼·春官·瞽矇》："以役大师。"郑玄注："役，为之使。"是其证。

[88] 鲍彪曰："察相，相之明察也。""主"指国君，"相"指宰相。《吕氏春秋·举难》："相也者，百官之长也。""明主察相"指英明的国君、有远见的宰相。

[89] 姚宏曰："刘本作去'也'字。"鲍彪曰："衍'也'字。"缪文远、诸祖耿、何建章均从其说。此"也"字，属语气词，不必为"衍"字。它用在句中，表示语气稍作停顿之义。例如：《论语·公冶长》："女与回也孰愈?"《庄子·逍遥游》："且夫水之积也不厚。"见韩峥嵘《古汉语虚词手册》。

[90] 鲍彪曰："有害于国。《隐》元年注：'邑有宗庙之主曰都。'周制，二千五百家为县。又《礼》：'小曰邑，大曰都。'"吴师道曰："《周礼》，四甸为县，四县为都。"金正炜曰："《左氏》襄二十七年《传》：'兵，民之残也。'文义正同。""残"，残害，祸患。"费"，战争消耗的费用。

[91] 鲍彪曰："士众所聚，有市井焉。""士"，贤士。《诗·大雅·文王》："凡周之士。"孔颖达疏："以士者男子成名之大号，下至诸侯及王公卿大夫总称，亦可以兼士也。""军市"，军队专有的市场。《周礼·夏官·量人》："营军之垒舍，量其市朝、州涂、军社之所里。"孙诒让正义："市即谓军市。"《商君书·垦令》："令军市无有女子。"高亨注："军市，军队专有的市场。"

[92]姚宏曰:"集本作'折辕',曾本作'析骸'。"鲍彪曰:"辕,辀也。"范祥雍按:"此非围城,作'析骸'者误。"

[93]《说文·角部》:"觯实曰觞,盖以饮之。"《穆天子传》卷一:"觞天子于盘石之上。"郭璞注:"觞者,所以进酒。""觞士"设酒宴犒劳战士。

[94]鲍彪曰:"路,疑作露。言国中所有悉出于路。又疑作路窘,言财用窘于道路。"金正炜按:"《孟子·滕文公篇》:'是率天下而路也。'《音义》引张音、丁音,路与露同。'君',当为军。《淮南·道应篇》:'今日不去,楚君恐取吾头。'《太平御览》引作'楚军'。'军'、'君'音同,易以致误。'君'又或为群字之损。士输私财数语,皆民之所费,故为路群也。《吕览·召类篇》:'群者,众也。'"何建章曰:"路,与露、潞、羸通,即伤、残、疲、惫之义。君,通'群'。则此'路君'即'伤众'之义。""路",通作露。《方言》卷三说:"露,败也。"《荀子·富国篇》:"京邑露。"王念孙《读书杂志》:"露者,败也。"下文"城郭露"、"罢士露国"义同。"君",通作军。《荀子·议兵》:"凡在于军。"王先谦集解:"谢本从卢校,'军'作'君'。"亦是其证。"露军",败军也。

[95]鲍彪曰:"国中之人为行者祈。"金正炜按:"《管子·君臣篇》注:'中人,谓百吏之属也。'"于鬯:"中人,谓死者家中之人。"

[96]鲍彪曰:"翳,华盖也,故有隐义。言酿于中以待饮至。"孙诒让《札迻》:"'翳酿'当读为瘗禳,犹言禳瘗也。古者,国君军礼有禳四望、社稷、山川、地示,皆用禳瘗之礼。"吴曾祺曰:"扬子《方言》'翳,掩也。'谓取死者而掩之也。酿,宜作禳,祭也。""君",国君。"翳",掩埋。"酿",读如禳,祭奠也。

[97]鲍彪曰:"戮不用命者。"吴师道曰:"置社,亦言祷祀之事。"《周礼·春官·小宗伯》:"则帅有司而立军社。"郑玄注:"王出军必先有事于社,及迁庙而以其主行,社主曰军社。"蔡邕《独断》:"大夫以下成群立社曰置社。"《周礼·天官·司会》:"掌国之官府郊野县都之百物财用。"郑玄注:"县,四百里。"《吕氏春秋·季秋》:"制百县。"高诱注:"然则为县者,二千五百家也。""通都",大都邑。"小县",小城邑。"置社",设立社坛。

[98]鲍彪曰:"事,谓财赋警备之事。"关修龄曰:"谓止其职事,而惟奉王事。""市",从事商业贸易的市场。

[99]鲍彪曰:"尸未殓也。""尸",陈放的尸体。

[100] 鲍彪曰:"夷,亦伤。共、供同。""药",医药。

[101] 鲍彪曰:"酺,大饮也。华,犹奢。"金正炜曰:"《说文》:'完,全也。'谓得生全者也。'内酺'疑'大酺'之讹。大、内篆文相近,故'大'误为'内'。《说文》:'酺,王泽布大饮酒也。'《汉书·文帝纪》:'令天下大酺。'《周礼》:'若国有大故则令国人祭。'注:'所令祭者,社及禜酺。'赵武灵王灭中山,酺五日,此即其事。"何建章从金说。缪文远按:"内,谓国内。内酺,言国内相聚大饮。金氏谓'内'为'大'之误,非是。"范祥雍按:"《说文》'酺'字云:'王德布大饮酒也。'此谓以战胜而赐国内酺饮,相与哗乐。"金说非是,缪、范说与上文"死者破家而葬"、下文"民之所费也"的文义不合。"内酺"、"内羞"义同。《广雅·释诂四》:"酺,饮也。"《周礼·天官·大宰》郑玄注:"羞,饮食之物。""酺",通作脯。《汉书·文帝纪》:"酺五日。"颜师古注:"字或作脯。"《集韵·模韵》:"酺,或作脯。"是其证。《周礼·天官·世妇》:"凡内羞之物。"郑玄注:"内羞,谓房中之羞。"《楚辞·离骚》:"折琼枝以为羞兮。"王逸注:"羞,脯。"可以为证。《大戴礼记·曾子立事》:"内人怨之。"王聘珍解诂:"内,谓之家。"故"内酺",当指家中的饮宴。

[102] 鲍彪曰:"钧,与均同。"

[103] 范祥雍曰:"《汉书·高帝纪》注:'田,谓耕作也。'"

[104] 鲍彪曰:"矛,酋矛也,兵车所建。钚,刀钚。""钚弦",系在刀钚上的绳子。

[105] "矢",去也。《庄子·田子方》:"镝矢复沓。"郭象注:"矢,去也。""军之所出"至"亡矢之大半"句,与《孙子兵法·作战篇》"公家之费,破车罢马,甲胄矢弩,戟楯蔽橹,丘牛大车,十去其六"句大意相同。

[106] 金正炜曰:"私字当在官字之下。"金说当是。

[107] 鲍彪曰:"厮,析薪养马者。""厮",古代对服事杂役男子的称呼。

[108] 郭希汾曰:"理,治也。襜蔽,遮矢石之具。"金正炜曰:"《墨子·备城门篇》:'城上之备具襜。'《淮南子·氾论篇》:'渠幨以守。'高注:'幨幰所以御矢也。'襜、幨、襜,古书通借,其实一物也。《广雅·释诂》:'蔽,障也。'《六韬·军用篇》:'马牛车舆,其营垒蔽橹也。'《吕览·贵直篇》:'及战且远,又居于犀蔽屏橹之下,襜蔽、冲橹对文'。""理襜蔽",制作遮蔽矢石的器具。

[109] 鲍彪曰:"冲,陷阵车,正作'䡴'。"吴师道曰:"城上露屋为橹,战阵高

巢车亦为橹。与此衡并言，亦车也。""橹"有二种：一是指大盾牌。《说文·木部》："橹，大盾也。"《孙子兵法·作战篇》："戟楯蔽橹。"王晳注："蔽橹，大楯。"《墨子·备城门篇》："百步为橹，橹广四尺，高八尺，为衡术。"孙诒让间诂："毕云：《说文》云：'橹，大盾也。'"《释名·释兵》："彭排，彭，旁也，在旁排敌御攻者也。"橹同樐，《玉篇·木部》："樐，彭排也。"这种大质牌宽四尺、高八尺，可竖立横列成行，用来抵御敌人矢石的攻击。二是指"楼车"（亦名"巢车"、"望楼"）。《左传·宣公十五年》："登诸楼车，使呼宋人而告之。"杨伯峻注："楼车，盖即成十六年《传》之巢车，盖兵车之高者，所以望敌。"《左传·成公十六年》："楚子登巢车以望晋军。"杜颜注："巢车，车上为橹。"《孙子兵法·谋攻》："修橹轒辒。""修橹"即望楼。《文选·司马相如〈上林赋〉》："泰山为橹。"郭璞注："橹，望楼也。"《汉书·刘屈氂传》："以牛车为橹。"颜师古注："橹，望敌之楼也。"这是用牛来牵引可以移动的望楼。《资治通鉴·魏纪六》："楯橹鉤衡。"胡三省注："橹，楼车，登之以望城中。"这种楼车是用来登高观察城中敌情的攻城设备。本文"举冲橹"是指举起横排成行的大盾牌。

[110] 鲍彪曰："全家并作。"吴曾祺曰："犹言一家人编入士伍之中。"《广雅·释诂三》："杂，聚也。"《说文·糸部》："總，聚束也。"《汉书·地理志上》："百里赋纳總。"颜师古注："總，禾稿揔入也。""家杂總"是指全家编入从事服装粮草供应的队伍。

[111] 鲍彪曰："窟穴，谓地道。"王念孙《读书杂志》曰："'身'者穿之坏字也。"孙诒让《札迻》从王说。《墨子·备穴篇》："穴土而入，缚柱施火，以坏吾城。"孙诒让间诂："《通典·兵门》说距闉，谓：'凿地为道，行于城下，攻城建柱，积薪于其柱，圜而烧之，柱折城摧。'即古穴攻法也。"故"身"当为"穿"字之讹，今据改。"穿窟穴"指开凿攻城的地下通道。

[112] 鲍彪曰："刀金，兵器也。"郭希汾曰："中，犹国中之人。刀金，谓兵戈。"缪文远曰："罢，同疲。言国中之人罢于作兵器也。"何建章曰："《汉书·食货志上》：'货谓布帛可衣，及金、刀、龟、贝，所以分财布利，通有无者也。'颜注：'金谓五色之金，刀谓钱币。'""中"，通作终。《左传·昭公四年》"中南"，《新序·善谋》引作"终南"。《尚书·无逸》："文王受命惟中身。"刘逢禄今古文集解引朱云："中、终古通。"可以为证。"刀"，齐、燕地区铸行的刀币。"金"，黄金货币。

[113] 缪文远曰:"士,战士。土功,筑营垒等土木工程。"

[114] "释",脱下。"甲",铠也。

[115] 鲍彪曰:"数,数月。"吴曾祺曰:"亟,速也。言刻期而能拔城者,已为速矣。"

[116] 鲍彪曰:"断,音短,截也。"缪文远曰:"据《广雅·释诂》,断与割、制、斩、斩同义,则此'断于兵',当是为兵刃所伤残也。"

[117] 何建章曰:"三下城,攻下三个城。"《后汉书·黄琼传》:"无恨三泉。"李贤注:"三者,数之极。""三下城",指多次冲锋攻下一座城池。

[118] 鲍彪曰:"一主,赵襄子。""晋阳",赵氏都城,在今山西太原市。公元前458年,智伯瑶(荀瑶)帅赵、韩、魏攻灭范、中行氏。前453年,赵襄子约韩、魏反攻智伯。"智伯身死,国亡地分,为天下笑",事见《秦策五》、《赵策一》。参见本书第三七章注[19]。

[119] "日",姚宏曰:"一作'昔'",鲍彪本作"昔"。"日",往日,昔日。

[120] "北战于中山",杨宽曰:"中山,当是'中人'之误。"杨说当是,今据改。公元前315年,中山国乘燕国内乱,派兵攻燕。曾在长子(今山西长子县西南)打败赵军,在中人(今河北唐县西南)打败燕军,杀死燕国大将。据新出土的中山王铜鼎铭文,这时中山国相邦率军攻燕,"辟启封疆,方数百里,列城数十,克敌大邦"(《战国史》第328页)。

[121] 姚宏曰:"北,一作'比'。"鲍彪曰:"比,相次。"据文意,"北"当为"比",今据改。《经传释词》卷十曰:"比,皆也。""再战比胜",是再战皆胜之义。

[122] 自公元前305年起,赵国多次攻伐中山国(《吕氏春秋·先识览》)。前301年,"赵王伐中山,中山君奔齐"(《资治通鉴》卷三)。前299年,中山君"竟死齐"(《史记·秦本纪》)。前296年,赵"灭中山,迁其王于肤施"(《史记·赵世家》)。《墨子·所染》说"中山尚染于魏义、偃长"而"残亡"。据河北平山县中山王墓出土的青铜器铭文,逃到齐国的中山王名蛮,被迁"于肤施"的当是末代中山王尚(《文物》1979年第1期)。

[123] 鲍彪曰:"啬,吝也。"

[124] 鲍本"事"下补"矣"字。

[125] 鲍彪曰:"终,谓穷兵。守城,期于不拔。"何建章曰:"终,《广雅·释诂

四》：'穷也。'下文有'穷战比胜'。"

[126] 鲍彪曰："得所称为善者保持之。"《左传·僖公二十三年》："保君父之命。"杜预注："保，犹持也。"

[127] "露"，破败也。

[128] 姚本："咎，一作'柩'。"鲍彪曰："的，即鹄也，所谓侯中。"吴师道曰："《吕氏春秋》亦有'柩罪于先王'之语。"郭希汾曰："射侯命中之处，犹今箭靶之红心。古以皮为之，谓之鹄。""鹄"，靶心也。

[129] 鲍彪曰："便，谓巧。审弓得便巧乃发。"

[130] "善"，吴师道曰："一云：刘作'喜'。"金正炜曰："善，当为'喜'字之讹。""中"，射中靶的。"善"、"喜"义通。《荀子·解蔽》："其为人也愚而善畏。"杨倞注："善，犹喜也。"《大戴礼记·卫将军文子》："贵位不善。"王聘珍解诂："善，犹喜也。"是其证。

[131] 于鬯曰："《诗·猗嗟》篇云'射则贯兮'。毛传云'贯，中也'。"

[132] 鲍彪曰："的以难中，人争欲贯之，如恶之然。人如的者，人所恶也。"

[133] "穷"，《说文·穴部》谓"极也"。"比"，频也。《礼记·投壶》："比投不释。"《经典释文》："比，频也。"

[134] 鲍彪曰："素，犹常也。言兵常用，虽强必弱。"

[135] "五兵"，商周时期常用的五种兵器。其说不一。《周礼·夏官·司兵》："掌五兵五盾。"郑玄注引郑司农云："五兵者，戈、殳、戟、酋矛、夷矛。"这是战车上使用的五种兵器。《穀梁传·庄公二十五年》范宁集解："五兵，矛、戟、钺、楯、弓矢。""五兵"亦称"五刃"。《国语·齐语》韦昭注："五刃，刀、剑、矛、戟、矢也。"

[136] 金正炜曰："'于军'二字疑衍。"缪文远曰："兵甲不出于军，犹上文言'五兵不动'也。或疑此有衍文，非是。强敌国，谓胜敌国也。"

[137] 鲍彪曰："旷，阔也。日虽阔远，其利不穷。"黄丕烈曰："'为'，鲍本无。"

[138] 鲍彪曰："师，旅也。言不用师。"

[139] 鲍彪曰："言谋之于堂，彼自败也。"吴师道曰："'比'当作'北'。诸本皆作'比'，不知何故？此注亦作败释矣。"金说当是，今据改。"北"，败走。

［140］金正炜曰："《吕览·用民篇》：'阖闾之用兵也，不过三万。吴起之用兵也，不过五万。'《上德篇》：'阖闾之教，吴起用兵，不能当也。'阖闾亦能军，故与吴起并举。""吴起"，卫国人，初仕鲁，因受疑入魏，魏文侯任以为将。文侯卒，因受谗而至楚。楚悼王任为令尹（宰相），实行变法改革，使楚国日益强大。悼王死，吴起被楚国旧贵族杀害。事见《史记·吴起列传》。

［141］金正炜曰："《墨子·号令篇》：'千丈之城，必郭迎之。'《赵策》：'今千丈之城，万家之邑相望也。'一百八十丈为里，此与五里之城文同。"缪文远曰："尊俎，古代盛酒肉之器。尊以盛酒，俎以陈肉。此借为宴会之称。言于宴席之间，不用兵而胜敌也。下二句义同。"

［142］鲍彪曰："郑玄《记》注，袵，卧席也。"范祥雍曰："按鲍引郑注见《曲礼》。《周礼·天官·玉府》：'掌王之燕衣服袵席。'注引郑司农云：'袵席，单席也。'《长短经》作'折之于席上'。""冲"，兵车。《吕氏春秋·召类》："而折冲乎千里之外。"高诱注："冲，车，所以冲突敌之军，能陷破之也。"《淮南子·说山》："折冲万里。"高诱注："冲，兵车也，所以冲突敌城也。"

［143］鲍彪曰："倡优，倡乐也。侏儒，短小人。""之"，鲍本作"乏"。金正炜曰："鲍作'不乏'，是也。《汉书·徐乐传》：'徘优侏儒之笑不乏于前而天下无宿忧。'"金说是，今据改。

［144］鲍彪曰："言其功德之崇。虽名利若此，犹不足称也。"

［145］王念孙曰："自'诸侯'至此凡十七字，皆涉下文而衍。"王说当是，今据删。

［146］姚宏曰："一无'佚'字。"

［147］鲍彪曰："趋，言往应之。无成谋，图我之谋不成。宿忧，言无一宿之忧。"吴师道曰："宿，留也，犹宿诺。""成谋"，成功的计谋。《论语·述而》："好谋而成者也。""宿忧"，隔夜的忧患。《诗·周颂·有客》："有客宿宿。"毛传："一宿曰宿。"《资治通鉴·梁纪十一》："或宿被召当入。"胡三省注："隔夜曰宿。"

［148］鲍彪曰："魏王，惠王。拔邯郸，在十八年。定阳，属上党。"张琦曰："定阳，汉志属上郡。鲍注属上党，'党'应'郡'之讹也。定阳故城在今陕西鄜州洛川县北。"据《史记·魏世家》，惠王"十八年，拔邯郸"。事在公元前353年。"定阳"，在今陕西洛川县北。

[149] 据《秦策四》:"魏伐邯郸,因退为逢泽之遇,乘夏车,称夏王,朝为天子,天下皆从。"《秦策五》载:"梁君伐楚胜齐,制赵、韩之兵,驱十二诸侯以朝天子于盟津。"《史记·秦本纪》说:秦孝公二十年"秦使公子少官会诸侯逢泽,朝天子"。事在公元前342年。

[150] 鲍彪曰:"秦王,孝公也。此史,秦人故尊称之。堞,城上女墙。"吴师道曰:"竞,即上文'竞'字也。堞中为战具,境内为守备。"

[151] "卫鞅",本名公孙鞅,卫国贵族后裔。初仕魏相公叔痤,任中庶子。秦孝公元年(前361年)从魏入秦,辅佐秦孝公进行变法改革,实施奖励耕战、厚赏重刑的政策,使秦国走向富强。秦孝公封其于商(在今陕西商南县境),故名商鞅。事见《史记·商君列传》,参见本书第四一章注[54]。

[152] "邹",周代诸侯国,曹姓,本名邾(亦称邾娄),后改为"邹"。今山东邹城市东南有邾国故城。

[153] 鲍彪曰:"箠,马策。"金正炜曰:"《管子·枢言篇》'天下不可改也,而可以鞭箠使也',文正与此同。"

[154] 鲍彪曰:"从天下,使天下从也。"

[155] 鲍彪曰:"王服,王者服饰。"

[156] 鲍彪曰:"以丹帛为柱衣。"吴师道曰:"丹柱,犹衣之也。"王念孙曰:"'制丹衣柱',文不成义。'柱',当为'旌'字之误也。'旌'字当'建'字下。'制丹衣'为句,'建旌九斿'为句。若无'旌',则'建九斿'三字亦文不成义。《记》言'龙斿九斿',而此言'旌'者,旌斿对文则异,散文则通。《乐记》曰'龙斿九斿',皆言与宫室、衣服、车旗之拟于天子也。"

[157] 鲍彪曰:"鸟隼为旟,又绘星焉。"缪文远曰:"旗之画朱雀七星者。"

[158] 公元前342年,魏国攻伐韩国,韩国向齐国求救。次年,齐威王派田忌、田婴为将,孙膑为师,起兵伐魏救韩。魏惠王派太子申、庞涓为将,带领十万大军前来迎战。孙膑采用"减灶诱敌"计谋,迷惑敌人。魏军果然中计,在马陵(今河南范县西南)被齐军设伏包围。"齐虏魏太子申,杀将军涓,军遂大破",事见《史记·魏世家》、《孙子列传》。

[159] 鲍彪曰:"跣,足亲地也。"

[160] 鲍彪曰:"过信为次。次于齐,往服齐也。"据《秦策四》"梁王身抱质执

璧,请为陈侯臣,天下乃释梁",即指此事。

[161] 鲍彪曰:"垂拱,垂衣拱手,言无所事。'西丧地于秦',谓此欤?""西河之外",指黄河以西、北洛水东北的地区,在今陕西东北部。"德",感激。

[162] 姚宏曰:"'以',一作'已'。"鲍本:"'以'作'已'。"

[163] 缪文远曰:"'比',当为'北'字之讹。"今据改。

【考辨】

本《策》顾观光《国策编年》及于鬯《战国策年表》系此章于赧王二十七年(前288年),即齐、秦称帝之年。黄式三《周季编略》系此言于周赧王二十九年(前286年)。林春溥《战国纪年》系于赧王三十年,即乐毅伐齐之前一年(前285年)。缪文远曰:"此章似苏秦劝闵王去帝号时语,顾、于之系是也。"即公元前288年。均未确当。

这篇《策》文的主旨,是力言"用兵而喜先天下者忧",主张"大国之计,莫若后起而重伐不义"的"后法制人"策略。吴师道曰:"此策谈兵主于后起,藉权不为人主怨。其云'案兵而后起,寄怨而诛不直,微用兵而寄于义',最其术之深者。是岂仁义之师,正大文之论乎?"又曰:"苏秦佯为得罪燕而亡走赵,说闵王厚葬以明孝,高宫室、大苑囿以明得,意欲敝齐而为燕。苏代继之,实祖秦之故智。《大事记》云:齐之伐宋也,苏代实启之。秦之救宋也,苏代复止之。代为燕反间,骄其君,劳其民,而速其亡也。其说燕曰'齐王长主也,而自用也,南攻楚五年,蓄积散,西困秦三年,民憔悴,士罢弊,又以余兵举五千乘之劲宋,而包十二诸侯。此其君之欲得也,其民力竭也'云云。此《策》之谋既中,而劝燕伐齐也。……代之谋如彼,岂能劝齐王后战哉?"黄式三《周季编略》说:"此篇终于赞商鞅,未为至论。而论穷兵之害,实可为万世炯鉴。策本以为苏秦之言,鲍改为苏代。吴氏谓苏代敝齐为燕,岂能劝齐后战? 则非苏代之言明矣。"缪文远曰:"此章谓'战者,国之残也',极言攻战之害,与《秦策一·苏秦以连横说秦王章》之鼓吹用兵,昌言'恶有不战者乎'其说迥异,可知此两章必非一人之言也。"由此可见,本篇并非苏秦本人的游说辞。

综观苏子的书信和游说辞,多就当时急剧变化的列国局势建言献策,都有很强的针对性和时效性。本篇的内容却没有针对某个具体事件来陈述见解,而是从"用兵而喜先天下者忧"的论点出发,列举大量骄兵必败的实际事例,来阐述"大国"和"小国"在列国纷争中应实行"后起而重伐不义"的纵横策略。全篇气势恢宏,层次清晰,文笔流畅,应是战国末年在秦国兼并山东六国的军事形势已势不可挡的背景下,合纵家们开始思考如何采取像卫鞅怂恿魏惠王那样"欲擒故纵"的策略,达到"不战而屈人之兵"的战略目标。但是,这个"折冲席上"的敌国,始终都没有点明。而"此篇终于赞商鞅",却耐人寻味,颇有寓意。

从这篇《策》文里,我们似乎可以看到,战国末年的合纵家们想要借苏秦之口,给山东各国指出一条"后起而重伐不义"的合纵战略。希望有一天,秦国会像魏惠王那样被制服,会像智伯瑶那样"身死,国亡地分,为天下笑"。由此可见,本篇应是战国末年,苏秦后学依据当时战争形势急剧变化,而提出新的思想理论,因而具有重要意义。

同时,本篇列举的"昔者赵氏袭卫"、"齐燕战而赵氏兼中山"、"吴王夫差以强大为天下先"、"智伯瑶攻范、中行氏"、卫鞅谋"于堂上,而魏将以禽于齐"等多个春秋战国故事,都具有重要的史料价值。

五三、苏秦为赵合从说楚威王章

苏秦为赵合从说楚威王曰[1]:"楚,天下之强国也。大王,天下之贤王也。楚地西有黔中、巫郡[2],东有夏州、海阳[3],南有洞庭、苍梧[4],北有汾陉之塞、郇阳[5]。地方五千里,带甲百万,车千乘,骑万匹,粟支十年,此霸王之资也。夫以楚之强与大王之贤,天下莫能当也。今乃欲西面而事秦,则诸侯莫不南面而朝于章台之下矣[6]。

"秦之所害于天下莫如楚,楚强则秦弱,楚弱则秦强,此其势不两立。故为王至(致)计[7],莫如从亲以孤秦。大王不从亲,秦必起两军:一军出武关[8],一军下黔中。若此,则鄢、郢动矣[9]。臣闻'治之其未乱,为之其未有'也[10];患至而后忧之,则无及已[11]。故愿大王之早计之[12]。

"大王诚能听臣,臣请令山东之国,奉四时之献[13],以承大王之明制[14],委社稷宗庙[15],练士厉兵,在大王之所用之。大王诚能听臣之愚计,则韩、魏、齐、燕、赵、卫之妙音美人,必充后宫矣。赵、代良马橐他(驼)[16],必实于外厩。故从合则楚王,横成则秦帝。今释霸王之业,而有事人之名,臣窃为大王不取也。

"夫秦,虎狼之国也,有吞天下之心。秦,天下之仇雠也。横人皆欲割诸侯之地以事秦,此所谓养仇而奉雠者也。夫为人臣而割其主之地,以外交强虎狼之秦,以侵天下,卒有秦患[17],不顾其祸。夫外挟强秦之威,以内劫其主,以求割地,大逆不忠,无过此者。故从亲则诸侯割地以事楚,横合则楚割地以事秦。此两策者,相去远矣,有亿兆之数[18]。两者大王何居焉[19]?故弊邑赵王[20],使臣效愚计,奉明约,在大王命之。"

楚王曰:"寡人之国,西与秦接境,秦有举巴蜀、并汉中之心。秦,虎狼之国,不可亲也。而韩、魏迫于秦患,不可与深谋,恐反(叛)人以入于秦[21],故谋未发而国已危矣。寡人自料,以楚当秦,未见胜焉。内与群臣谋,不足恃也。寡人卧不安席,食不甘味,心摇摇如悬旌[22],而无所终薄(泊)[23]。今君欲一天下,安诸侯,存危国,寡人谨奉社稷以从[24]。"

本篇辑自《战国策·楚策一》

【校注】

[1]"楚威王",姓熊名商,公元前339—前329年在位。

[2]"黔中",在今湖南省西北、湖北省西南、重庆市东南和贵州省的东北部,见本书第四七章注。"巫郡",因巫山而得名,楚怀王时已设郡,辖境在今湖北清江中、上游和重庆市的东部。

[3]"夏州",程恩泽曰:"盖汉水自今江陵县至今汉阳县,通谓之夏,其中有可居者曰州。"在今湖北武汉市汉水入长江处,本是楚国的腹心地区,并非其东境。"海阳",缪文远曰:"即《汉志》临淮郡之海陵县也。"在今江苏泰州市境。

[4]"洞庭",洞庭湖,在今湖南岳阳市西南。《史记正义》:"苍梧山在道州南。"胡三省曰:"太史公谓舜南狩崩于苍梧之野,归葬于江南九疑山,在今道州零陵界。""苍梧"在今湖南宁远县南。

[5]"汾陉之塞",《苏秦列传》作"陉塞"。《史记索隐》:"陉山在楚北境,威王十一年,魏败楚陉山是也。"《史记正义》:"陉山在郑州新郑县西南三十里。"程思泽曰:"案《左传》:'子庚治兵于汾。'杜注:'襄城东北有汾邱城。'即此'汾陉'之'汾'也。《郡国志》襄城有'汾邱',俱属许州。陉山在东北,汾邱在西南,相距不过百里。当其间者,即所谓'汾陉之塞'也。"在今河南新郑市西南至襄城县东北一带。"郦阳"即顺阳。《史记集解》引徐广曰:"郦阳今之顺阳乎?"《史记正义》:"顺阳故城在邓州穰县西百四十里。"在今河南邓县西。

[6]"南面",《苏秦列传》作"西面"。"章台",宫名,秦、楚两国都有章台宫。鲍彪曰:"秦台,在咸阳,见《楚记》。"《史记·楚世家》:楚怀王三十年"西至咸阳,朝章台,如蕃臣"。《樗里子列传》:"葬于渭南章台之东。"《索隐》:"按《黄图》,在汉长安故城西。"故址在今陕西西安市西南。若依《史记》"西向而朝于章台",则应指秦国的章台宫而言。然而,楚国亦有"章台"宫。《国语·楚语上》:"灵王为章华之台,与伍举升焉。"韦昭注:"章华,地名。《吴语》:'乃筑台于章华之上。'""章华之台"即章台。《左传·昭公七年》载:楚子"为章台之宫,纳亡人以实之"。又说:"楚子成章华之台,愿于诸侯落之。"杨伯峻注:"依杜注及宋范致明《岳阳风土记》,章华宫当在今湖北监利县西北离湖上。《寰宇记》则谓在江陵县东三十里,未详孰是。"若依《策》文"南向而朝于章台",则应是指楚国的"章台"宫而言。程恩泽曰:《策》文"既云'西面'事秦,又云'南面'朝章台,殊参差不合。史迁知其难通,故于下句亦改作'西面'(见《苏秦列传》)。窃疑《策》文'不'字衍(或有误),言楚既西面事秦,则诸侯无南面事楚者,所谓秦强则楚弱也。"于鬯曰:"'不'字或语辞,'莫不'即'莫'也。"何建章按:"此不当改为'西'。此言如楚事秦,则诸侯不南面朝楚,楚必失去诸侯。苏秦乃以秦、楚相对立的地位而言,故下文言'势不两立',这样更能打动楚王。《诗·大雅·皇矣》:'监观四方,莫民之求。'传:'莫,定也。'《庄子·大宗师》:'莫然有间,而子桑户死。'《释文》引崔注:'莫,定也。'则'莫不南面'即'定不南面'。不必以为'误'、'衍'。"何说甚是。因此,《策》文本作"南面",毋庸置疑。而《策》文"章台",当是指楚国的章台宫而言。史迁改

为"西面",则不足取信。

[7]"为王至计",《苏秦列传》作"为大王计"。金正炜曰:"'至'即王字误衍。鲍本作'故为大王计',与《史》文同。"何建章曰:"《长短经》亦作'大王'。《庄子·逍遥游》'至人无己'注:'无已故顺物,顺物而王矣。'《释文》'而王',本亦作'至'。又'藐姑射之山'下注:'今言王德之人。'《释文》'王德',本亦作'至'。可见'王'、'至'易误。'至计'义难通,当据鲍本、《列传》改'王至'作'大王'。本文称楚威王皆称'大王'。"按何说未确。史迁是将"至"改为"大",并非是将"至"改为"王",本与"'王'、'至'易误"无关。"至",通作致,送诣,呈献。《礼记·礼器》:"礼也者,物之致也。"郑玄注:"致之言至也。"《尔雅·释诂上》:"迄,至也。"郝懿行义疏:"至,通作致。"是其证。《说文·夂部》:"致,送诣也。""至计"当读如"致计",即呈献计谋之义。《史记》引用《策》文时常有改写,无须指责。而鲍本依《苏秦列传》改"为王至计"为"为大王计",则有失《策》文本意,实不足取。

[8]"武关",秦国东南边的关隘,在今陕西商南县西北。

[9]《史记正义》:"鄢乡故城在襄州率道县南九里。安郢城在荆州江陵县东北六里。秦兵出武关,则临鄢矣;兵下黔中,则临郢矣。""鄢",古地名,在今湖北宜城县东南。"郢",楚国都城,在今湖北江陵县西北。张琦曰:"按黔中疑当作汉中,时秦未举巴、蜀,无缘至辰、沅也。"何建章曰:"秦完全占有黔中郡,已是战国末年(见杨宽《战国史·战国郡表》)。此或是沿汉水而下,两路皆可至楚都鄢郢。当改'黔中'为'汉中'。"按《策》文、《苏秦列传》并作"黔中",不宜妄改。

[10]"闻",听说。范祥雍曰:"按《老子》六十四章云:'为之于未有,治之于未乱。'即此语所本。贾谊《新书·审微篇》亦引老聃曰:'为之于未有,治之于未乱。'此语当时流行较广。"

[11]"已",矣。

[12]《苏秦列传》作"蚤孰计之"。"蚤",通作早。《仪礼·士相见礼》:"问日之早晏。"郑玄注:"古文'早'作'蚤'。"《墨子·经说上》:"剑尤早。"孙诒让间诂:"吴钞本作'蚤'。"是其证。

[13]《周礼·春官·大宗伯》:"以祠春享先王,以禴夏享先王,以尝秋享先王,以烝冬先王。"古时举行的"祠春"、"禴夏"、"尝秋"、"烝冬"四时祭典,向神灵奉献祭品,即所谓"奉四时之献"。

[14]"制",《苏秦列传》作"诏",帝王发布的命令。"制"、"诏"义通。《史记·秦始皇本纪》:"命为制。"《集解》引蔡邕曰:"制书,帝者制度之命也,其文曰制。"《广韵·笑韵》:"诏,上命。"《元包经传·少阳》:"内出其诏。"李江注:"诏,制。"是其证。

[15]鲍彪曰:"言诸侯轻去其国以从楚。"吴师道曰:"委置其宗庙社稷以托于楚。"

[16]《苏秦列传》作"燕、代橐驼良马"。鲍彪曰:"橐驼,匈奴奇畜。"金正炜按:"《说文》:'佗,负何也。'《汉书·赵充国传》:'以一马自佗负三十日食。'注:'凡以畜产载负物者皆为佗。'《史记·匈奴传》:'其奇畜则橐驼、驴赢。'《索隐》:'他,或作驼。'他、驼本通,不烦改字。"《集韵·戈韵》:"驼,橐驼,匈奴奇畜。""橐驼",骆驼。

[17]"卒",通作猝,忽然,突然。

[18]横田惟孝曰:"谓相去太远。"《礼记·王制》:"为田九十亿亩。"郑玄注:"亿,今十万。"《尚书·泰誓》:"受有臣亿万。"蔡沈集传:"百万曰亿。"《诗·魏风·伐檀》:"胡取禾百亿兮。"毛传:"万万曰亿。"《礼记·内则》:"降德于众兆民。"郑玄注:"万亿曰兆。"《左传·昭公二十年》:"岂能受亿兆人诅。"杜预注:"万亿曰兆。""亿兆",数量众多。这里指相去甚远。

[19]"居",辨别,处置。《礼记·乐记》:"乐著大始而礼居成物。"俞樾《群经平议》按:"居,犹辨也。"《周礼·考工记·弓人》:"居干之道。"孙诒让正义:"居,犹言处置也。"

[20]鲍彪曰:"赵肃侯。"

[21]"反人",叛人。《淮南子·诠言》:"则约定而反无日。"高诱注:"反,背叛也。"

[22]《苏秦列传》作"心摇摇然如悬旌"。鲍彪曰:"旌,析羽注竿首,以精进士卒。"范祥雍曰:"按今《说文》'竿首'作'旄首'。《尔雅·释天》:'注旄首曰旌。'郭注:'载旄于竿首,如今文幢,亦有旒。'《诗·王风·黍离篇》疏、《文选·思玄赋》注、张景岳《杂作诗》注、《太平御览》卷三百四十引'摇摇'下并有'然'字。《史记》亦有,此疑脱。"今据补。"旌",古代用羽毛装饰的旗子。

[23]鲍彪曰:"薄、泊同。""薄",通作泊。《别雅》卷五:"泊与薄同。"是其证。

《楚辞·九辩》:"泊莽莽与野草同死。"洪兴祖补注:"泊,止也。"《集韵·铎韵》:"泊,止也。""泊",停止。

[24] 鲍彪曰:"五国之听苏子也,革面而已,非能深究横从之利害也。唯威王雅有难秦之心,念之熟矣。异夫患诸国之不可合,徒称从命者也。"

【考辨】

本篇《史记·苏秦列传》和《六国年表》均系于周显王三十六年(前333年)。司马光《资治通鉴》、吕祖谦《大事记》、顾观光《国策编年》、吴师道《战国策校注补正》、于鬯《战国策年表》、郭人民《战国策校注系年》等并从其说,以为在楚威王七年,即在公元前333年。

缪文远指出:"据《史记·苏秦列传》和《六国年表》,苏秦说楚在周显王三十六年,然实与当时形势不合,试论之如次:一、周显王三十五年,魏、齐会徐州相王。显王三十六年,楚败齐于徐州,齐势力强而楚威王一战败之,可见楚势方炽,不得如此章所云'欲西面而事秦'之意。二、此章'从合则楚王,横成则秦帝'。秦称王在周显王四十四年(前325年),尚在此后八年。显王三十六年时,秦尚未称王,何来'横成则秦帝'之说?三、据帛书《战国纵横家书》所载,苏秦为齐闵、燕昭时人,约当楚顷襄王时,与楚威不相值。"故此章应为苏秦后学的"拟托之辞"。缪说当是。

然而,本《策》对战国时期楚国的地理环境,进行了具体记录。特别是篇中"赵、代良马橐驼",则是中国古代最早记载"骆驼"的文献。而"臣闻'治之其未乱,为之其未有'也",引用《老子》著作的年代也较早。这些记载都具有重要的史料价值。

【附录】《史记·苏秦列传》"乃西南说楚威王"节

【苏秦】乃西南说楚威王曰:"楚,天下之强国也。王,天下之贤王也。西有黔中、巫郡,东有夏州、海阳,南有洞庭、苍梧,北有陉塞、郇阳,地方五千余里,带甲百万,车千乘,骑万匹,粟支十年。此霸王之资也。夫以楚之强与王之贤,天下莫能当也。今乃欲西面而事秦,则诸侯莫不西面而朝于章台之下矣。

秦之所害莫如楚,楚强则秦弱,楚弱则秦强,其势不两立。故为大王计,莫如从亲以孤秦。大王不从【亲】,秦必起两军:一军出武关,一军下黔中,则鄢郢动矣。臣闻治之其未乱也,为之其未有也。患至而后忧之,则无及已。故愿大王孰计之。

大王诚能听臣,臣请令山东之国奉四时之献,以承大王之明诏,委社稷,奉宗庙,练士厉兵,在大王之所用之。大王诚能听臣之愚计,则韩、魏、齐、燕、赵、卫之妙音美人必充后宫,燕、代橐驼良马必实外厩。故从合则楚王,横成则秦帝。今释霸王之业,而有事人之名,臣窃为大王不取也。

夫秦,虎狼之国也,有吞天下之心。秦,天下之仇雠也。衡人皆欲割诸侯之地以事秦,此所谓养仇而奉雠者也。夫为人臣,割其主之地以外交强虎狼之秦,以侵天下,卒有秦患,不顾其祸。夫外挟强秦之威以内劫其主,以求割地,大逆不忠,无过此者。故从亲则诸侯割地以事楚;横合则楚割地以事秦。此两策者相去远矣,二者大王何居焉?故弊邑赵王使臣效愚计,奉明约,在大王诏之。"

楚王曰:"寡人之国,西与秦接境,秦有举巴蜀、并汉中之心。秦,虎狼之国,不可亲也。而韩、魏迫于秦患,不可与深谋,与深谋恐反人以入于秦,故谋未发而国已危矣。寡人自料以楚当秦,不见胜也;内与群臣谋,不足恃也。寡人卧不安席,食不甘味,心摇摇然如县旌,而无所终薄。今主君欲一天下,收诸侯,存危国,寡人谨奉社稷以从。"

于是六国从合而并力焉,苏秦为从约长,并相六国。

五四、术视伐楚章

术视伐楚[1],楚令昭鼠以十万军汉中[2],昭雎胜秦于重丘[3]。苏厉谓宛公昭鼠曰[4]:"王欲昭雎之乘秦也[5],必分公之兵以益之。秦知公兵之分也,必出汉中[6]。请为公令辛〔芈〕戎谓王曰[7]:'秦兵且出汉中。'则公之兵全矣[8]。"

本篇辑自《战国策·楚策二》

【校注】

[1]鲍彪曰:"术视,秦人。"缪文远曰:"术视,秦将或为'庶长章'之讹。"

〔2〕"昭鼠",即"宛公昭鼠",楚国贵族,任楚国宛郡(今河南南阳地区)的最高长官。据《史记·秦本纪》,秦惠文王更元"十三年(前312年),庶长章击楚于丹阳,虏其将屈匄,斩首八万。又攻楚汉中,取地六百里,置汉中郡"。《史记·楚世家》载:楚怀王"十七年(前312年),与秦战丹阳,秦大败我军,斩甲士八万,虏我大将军屈匄、裨将逢侯丑等七十余人,遂取汉中之郡"。"汉中",战国早期属楚,在今陕西汉中市地区。秦国攻取"汉中",时在公元前312年。

〔3〕鲍彪曰:"《楚记》,二十八年,秦、齐、韩、魏共攻楚。重丘,属平原。"张琦按:"怀王末年,屡败于秦,无胜秦之事。此《策》云'胜秦于重丘,未详'。""重丘"有三:《左传·襄公十七年》载:"卫石买、孙蒯伐曹,取重丘。"杜预注:"曹邑。"在今山东巨野县西南。《春秋·襄公二十五年》载:"诸侯同盟于重丘。"杜预注:"齐地。"在今山东聊城市东南。《荀子·议兵篇》:楚"兵殆于垂沙,唐蔑死"。据《史记·楚世家》,楚怀王"二十八年(前301年),秦乃与齐、韩、魏共攻楚,杀楚将唐眛(蔑),取我重丘而去"。是楚"重丘"与"垂沙"同地,在今河南唐河县东北(见本书第五六(《楚策三》)"苏子谓楚王章"注〔15〕)。"昭雎",楚怀王时谋臣,力主联齐抗秦。"昭雎胜秦于重丘",则于史无证。

〔4〕缪文远曰:"楚县尹皆称公。""苏厉",苏秦之弟。《说苑·指武篇》载:"吴起为苑(宛)守,行县,适息。"楚悼王时(前401—前381年)始设置宛郡,曾命吴起为郡守。昭鼠为"宛公",当在楚怀王时。宛郡以今河南南阳市为中心,辖区东南到今河南息县境内。

〔5〕鲍彪曰:"王,楚王。乘,犹凌。"

〔6〕鲍彪曰:"出兵伐此。"

〔7〕鲍本"辛"作"芈"。鲍彪曰:"戎,楚人,贵于秦。如以私告楚王者。"吴师道曰:"当作'芈'。"《楚策四》"长沙之难章"亦作"辛戎",当以"芈"为是。"芈戎",秦国宣太后之弟,初封华阳君,后改封新城君(见本书第六八(《韩策二》)"苏代谓新城君"章注〔1〕)。

〔8〕鲍彪曰:"欲其备秦,故不分其兵。"

【考辨】

本《策》林春溥《战国纪年》系于周赧王十四年(前301年),以为即秦、齐、韩、魏败楚于"重丘"事。顾观光《国策编年》、于鬯《战国策年表》、郭人民《战国策校注系年》均系于周赧王九年(前 306 年)。缪文远以为:"秦庶长章大败楚师于丹阳,取汉中,事在周赧王三年(前 312 年),此章疑即此时事。"

　　这些系年,均不可信。首先,从《策》文"术视伐楚,楚令昭鼠以十万军汉中"看,"术视"、"昭鼠"当为秦、楚两国的重要将领。然而,这两个人物均不见于其他史籍。所谓"术视"或"为'庶长章'之讹",也缺乏旁证。其次,据《秦本纪》、《楚世家》,公元前 312 年"击楚于丹阳,虏其将屈匄",又攻取"楚汉中"的秦国将领是"庶长章"而非"术视",而楚国率军抗秦的将领则是"屈匄"而非"昭鼠"。第三,本《策》"昭雎胜秦于重丘"及《楚策二》"四国伐楚,楚令昭雎将以距秦"的事,与《史记·楚世家》"秦乃与齐、韩、魏共攻楚,杀楚将唐昧,取我重丘而去"的史实不符。所说"昭雎胜秦于重丘",则于史无证。因此,本《策》当是苏秦后学的拟托之辞。

　　然而,本《策》记载"昭鼠"为"宛公",则不于其他史籍,具有参考价值。

五五、女阿谓苏子章

　　女阿谓苏子曰[1]:"秦栖楚王[2],危太子者[3],公也[4]。今楚王归[5],太子南[6],公必危。公不如令人谓太子曰:'苏子知太子之怨己也,必且务不利太子。太子不如善苏子,苏子必且为太子入矣[7]。'"苏子乃令人谓太子。太子复请善于苏子[8]。

本篇辑自《战国策·楚策二》

【校注】

　　[1] 鲍彪曰:"女阿,未详。"黄丕烈曰:"女阿者,太子之阿。"缪文远曰:"阿,即傅母也。"《后汉书·崔寔传》:"或因常侍、阿保自通达。"李贤注:"阿保,谓傅母也。""苏子",苏秦。

　　[2] 鲍彪曰:"怀王见劫,客秦如栖。"金正炜曰:"按《史记·吴世家》:'栖于会稽。'《大戴礼记》:'栖闵王于筥。'则凡失国而寓于外者皆曰栖。"指公元前 299 年,楚怀王蒙秦昭王的欺骗,被拘留在秦都"咸阳"(在今陕西咸阳市东北)。事见

《史记·楚世家》。

〔3〕"太子",指顷襄王。

〔4〕"公",苏秦。

〔5〕鲍彪曰:"以此书及《史》考之,王皆不归。今此盖其丧归。"缪文远曰:"怀王无归楚事,此臆说也。""今楚王归",实指楚怀王归葬事。据《史记·楚世家》:"顷襄王三年(前 296 年),怀王卒于秦,秦归其丧于楚。"

〔6〕鲍彪曰:"自齐归楚为南。"太子南面称王。据《史记·楚世家》,楚怀王二十九年(前 300 年),"太子为质于齐"。次年,齐国放归太子横,"立为王,是为顷襄王"。

〔7〕鲍彪曰:"入,言其归之深。"吴师道曰:"使太子得入也。"金正炜曰:"按上文言'太子南',是太子已归楚,不待苏子为之求入。疑'入'字或为'人'之讹。""入",接纳也。《战国策·秦策四》:"入其社稷之臣于秦。"高诱注:"入,纳也。"

〔8〕鲍彪曰:"详此,亦无走〔危〕太子之事。"

【考辨】

本篇顾观光《国策编年》隶于周赧王十六年,即公元前 299 年。

吴师道指出:"疑此乃《齐策》'苏子说薛公'章脱简,首'女阿'二字,又他章错脱。又'说薛公'《策》末,欠苏子自解于薛公一节,此为苏子自解于太子也。疑亦有差舛。"吴氏对本篇提出怀疑,而《齐策三》"楚王死太子在齐质"章,本属"拟托"之作。缪文远说:"此章记女阿对苏子言,'秦栖楚王、危太子者,公也'。据《史记》,楚怀王入秦被留乃秦之预谋,与苏子无涉,不合一也。又楚怀王被留,无复返事,此章言'今楚王归',不合二也。《策》言'太子南,公必危',而文末云'太子复请善于苏子',鲍注谓:'详此,亦无走(按:'走'为'危'之讹)太子之事。'数行之间,前后矛盾,有如梦呓,不合四也。战国时,两国交质,表示两国亲善,楚国无君,齐自当送太子返国,何得太子善苏子而始得入,惴惴如可保者?不合五也。《策》文通体皆误,乃拟托文字中拙劣之作也。"缪说当是。

因此,本篇当属苏秦后学的拟托之作。

五六、苏子谓楚王章

苏子谓楚王曰[1]:"仁人之于民也,爱之以心,事之以善言[2]。孝子之于亲也,爱之以心,事之以财[3]。忠臣之于君也,必进贤人以辅之[4]。

"今王之大臣父兄,好伤贤以为资[5],厚赋敛诸〈臣〉百姓[6],使王见疾于民[7],非忠臣也。大臣播王之过于百姓[8],多赂诸侯以王之地[9],是故退王之所爱[10],亦非忠臣也,是以国危。

"臣愿无听群臣之相恶也[11],慎大臣父兄[12];用民之所善,节身之嗜欲,以【与】百姓[13]。人臣莫难于无妒而进贤。为主死易[14],垂沙之事[15],死者以千数。为主辱易[16],自令尹以下[17],事王者以千数。至于无妒而进贤,未见一人也。故明主之察其臣也,必知其无妒而进贤也。贤【臣】之事其主也[18],亦必无妒而进贤。夫进贤之难者,贤者用且使己废,贵且使己贱,故人难之。"

本篇辑自《战国策·楚策三》

【校注】

[1] 鲍彪曰:"此《策》本次《苏秦之楚》之上,知'苏子',秦也。然不可先于'之楚',故次之此。"吴师道曰:"苏子未知果秦否?次序无据。"郭人民曰:"苏子,当为苏秦。楚王,楚怀王。"诸祖耿按:"顾观光附此于赧王十四年,曰:'《策》言垂沙之事,死者以千数。'按《荀子·议兵篇》:'兵殆于垂沙,唐蔑死。'杨注即以重邱之役释之,故附此。"何建章按:"或当在垂沙之事后。"

[2] 横田惟孝云:"'事'字疑当作'使'。以善言,谓喻以善言。"中井积德曰:"'事'疑当'作'。"何建章从横田说。范祥雍按:"事,治也。见《秦策》高注。与下'事之以财'之'事'不同,本文义自通,不烦改字。""事",奉事,服事。《大戴礼记·曾子制言下》:"则吾不事。"王聘珍解诂:"事,谓奉事,任其役使也。"

[3] "财",财物。

[4] "辅",辅佐。"仁"、"孝"、"忠"是儒家思想的重要体现。

〔5〕鲍彪曰:"为资,为己资借。"何建章曰:"父兄,宗室贵族。伤,毁损,诽谤。资,凭借资本。"

〔6〕钟凤年曰:"'臣'字不宜有,试观下文一言'使王见疾于民',再言'播王之过于百姓',而独不及'诸臣',即可见其必误。"缪文远曰:"诸,'之于'也。此'臣'字当衍。"钟、缪说当是,今据删。

〔7〕刘师培曰:"'见'字之用,与'为'、'被'字同(《助字辨略正误》)。"缪文远按:"疾,恨也。此言为百姓所憎恨。"何建章曰:"见疾,被怨恨。"

〔8〕关修龄曰:"播,如《盘庚》所谓'播告'之'播',扬也,布也。""播",宣扬,散布。

〔9〕"赂",贿赂。"以",用也。见《经传释词》卷一。

〔10〕鲍彪曰:"王之所爱,必不播割。与大臣异趣,故大臣退之。"缪文远按:"指播王之过及割地以赂诸侯。"

〔11〕"无听",不听,听不到。"相恶",相互诽谤、攻击。

〔12〕鲍彪曰:"言不轻用之。""慎",小心,谨慎。

〔13〕鲍本"以"下补"与"字。吴师道曰:"此下有缺文。"吴汝纶曰:"以、与同字,鲍补非也。吴谓缺文,亦非。"缪文远按:"上言大臣之行不当而使国危,则此处缺文当与'危'为对文,所缺殆是'安'字。"何建章按:"补'与'字是。'节嗜欲'所得以与百姓,正应'厚赋敛'句。当依鲍本'以'下补'与'字。"鲍、何说当是,今据补"与"字。

〔14〕"主",王也。《吕氏春秋·本生》:"今世之惑主。"高诱注:"主,谓王也。"

〔15〕因楚怀王围背纵约,与秦昭王结盟。齐相孟尝君联合韩、魏二国,向楚国发动攻势。公元前301年,齐将匡章、魏将公孙喜、韩将暴鸢带领三国联军进攻楚国的方城。结果在沘水旁的垂沙大败楚军,杀楚将唐蔑(唐昧)。这场战役的地点,《史记·秦本纪》说在"方城",《战国策·赵策四》说在"径山",《楚策二》说在"重丘",《吕氏春秋·处方篇》说在"沘水",《荀子·议兵篇》说在"垂沙",《楚策四》误作"长沙"。杨宽曰:"楚的方城原在沘水旁,垂沙该是沘水旁的地名,陉山也在其旁,所指仍为一地。"(《战国史》第333页)"垂沙"在今河南唐河县东北。

〔16〕何建章曰:"屈居国君之下也很容易。辱,屈辱。"

[17]"令尹",楚国的最高执政长官,相当于别国的宰相。

[18]鲍本"贤"下有"臣"字。缪文远、范祥雍均依鲍本补"臣"字,今据补。

【考辨】

本《策》顾观光《国策编年》因篇中有"垂沙之事,死者以千数",系此于周赧王十四年,即公元前301年。缪文远从之。

钟凤年《国策勘研》说:"此章直刺亲贵之误国,规楚王亲贤爱民,立言始终不立于正,为全《策》所罕见,迥非纵横者流所能道及,若范雎说秦昭纯意在取人而代之者比。建言者未必出自秦、代辈。"郭人民曰:"按此《策》年事无考。以唐昧垂沙之难推之,则当在楚怀王二十八年唐昧死之后,楚怀王入秦之前。"缪文远曰:"此章刺楚亲贵之误国,谏楚王节嗜欲、进贤才以安百姓,与纵横家言不类,盖儒者之言也。"这些怀疑,颇有见地。

据帛书《战国纵横家书》,苏秦主要活动在于燕、齐、秦和三晋之间,并无说楚王之事。因此,本《策》应是苏秦后学的依托之辞。

五七、苏秦之楚三月章

苏秦之楚[1],三日〔月〕乃得见乎王[2]。谈卒,辞而行[3]。楚王曰[4]:"寡人闻先生,若闻古人。今先生乃不远千里而临寡人[5],曾不肯留[6],愿闻其说。"对曰:"楚国之食贵于玉[7],薪贵于桂[8],谒者难得见如鬼[9],王难得见如天帝[10]。今令臣食玉炊桂[11],因鬼见帝,【其可得乎】[12]?"王曰:"先生就舍,寡人闻命矣。"[13]

本篇辑自《战国策·楚策三》

【注释】

[1]"之",《诗·鄘风·柏舟》毛传"至也"。

[2]吴师道曰:"一本标《后语》、《十二国史》皆作'三年'。"王念孙曰:"'三日'当作'三月'。《艺文类聚·火部》、《太平御览·饮食部》及《文选·张协〈杂

诗〉》注引此，并作'三月'。"缪文远、何建章、范祥雍均从王说，今据改。"王"，楚王。

〔3〕何建章曰："'卒'，终，完，毕。'辞而行'，谈完告辞就走了。"

〔4〕吴师道曰："一本标《类要》引《北堂书钞》作'宣王'。"诸祖耿曰："《御览》九五七引《后语》作'威王'。"

〔5〕缪文远曰："《易·系辞传》'如临父母'虞注：'临，见也。'"

〔6〕"曾"，乃也。见《经传释词》卷八。

〔7〕"玉"，美石。

〔8〕"桂"，江南香木，百药之长，见《说文·木部》。

〔9〕"谒者"，掌管传达的门人。

〔10〕"天帝"，即上帝，宇宙万物的最高主宰者。

〔11〕缪文远曰："'令'字衍文。""今"下有"令"字，语义自通，不必是衍文。

〔12〕王念孙曰："'因鬼见帝'语意未了，其下必有脱文。《类聚》、《御览》、《文选》注引此，并有'其可得乎'四字，当是也。"范祥雍按："王校是也，今从补。"王、范说当是，今据补。

〔13〕"闻命"，听从你的建议。

【考辨】

本《策》黄式三《周季编略》、顾观光《国策编年》、于鬯《战国策年表》，均隶于周显王三十六年，即公元前333年。

缪文远曰："据唐兰所考，苏秦始见于史在赧王三年（前312年）。据帛书所载，苏秦主要活动在于燕、齐，无说楚王事，则是此章为依托。而黄、顾、于所系均非。"因此，本《策》当是苏秦后学的拟托之辞。

五八、苏秦说李兑章

苏秦说李兑曰[1]："雒阳乘轩车〔里〕苏秦[2]，家贫亲老，无罢车驽马[3]，桑轮蓬箧羸縢[4]，负书担橐[5]，触尘埃，蒙霜露[6]，越漳、河[7]，足重茧[8],日百而舍[9],造外阙[10],愿见于前,口道天下之事"[11]。李兑曰:"先生以鬼之言见我则可,若以人之事,兑尽知之矣。"苏秦对曰:"臣固以鬼之言见君,非以人之言也。"李兑见之。

苏秦曰:"今臣之来也暮,后郭门[12],藉席无所得[13],寄宿人田中,傍有大丛[14],夜半,土梗与木梗斗曰[15]:'汝不如我[16],我者乃土也。使我逢疾风淋雨[17],坏沮[18],乃复归土。今汝非木之根,则木之枝耳。汝逢疾风淋雨,飘入漳、河,东流至海,泛滥无所止[19]。'臣窃以为土梗胜也[20]。今君杀主父而族之[21],君之立于天下,危于累卵。君听臣计则生,不听臣计则死。"李兑曰:"先生就舍[22],明日复来见兑也。"苏秦出。

李兑舍人谓李兑曰[23]:"臣窃观君与苏公谈也[24],其辩过君,其博过君,君能听苏公之计乎?"李兑曰:"不能。"舍人曰:"君即不能[25],愿君坚塞两耳,无听其谈也。"明日复见,终日谈而去。舍人出送苏君,苏秦谓舍人曰:"昨日我谈粗而君动,今日精而君不动,何也?"舍人曰:"先生之计大而规高[26],吾君不能用也。乃我请君塞两耳,无听谈者。虽然,先生明日复来,吾请资先生厚用[27]。"

明日来,抵掌而谈[28]。李兑送苏秦明月之珠,和氏之璧[29],黑貂之裘,黄金百镒。苏秦得以为用,西入于秦[30]。

本篇辑自《战国策·赵策一》

【校注】

［1］"李兑",赵相奉阳君。

［2］吴师道曰:"一本'乘轩里'。而下又云'无罢车驽马',则此作'里'字为是。"《史记·苏秦列传》说:"苏秦,雒阳乘轩里人也。"吴说当是,今据改。

［3］鲍彪曰:"罢、疲同,犹敝车也。车劳败敝。""驽马",下等劣马。《大戴礼记·劝学》:"驽马无极。"王聘珍解诂:"驽骀,最下马也。"

［4］何建章曰:"桑轮,桑树做的车轮。蓬箧,车箱。""赢縢",即赢縢,裹足

的布。见本书第四七章注[69]。

[5] 负着书籍,挑着包裹。见本书第四七章注[70]。

[6] 何建章曰:"白天着尘土上路,晚上忍着霜露睡觉。"

[7] "漳",漳水。"河",黄河。亦见《战国策·齐策一》"张仪为秦连横【说】齐王"章。"漳",漳河,有清、浊二源:清漳源于今山西昔阳县西南,浊漳源于山西长子县西南,在今河北涉县东南汇流后,成为河南、河北两省的界河,到今河北馆陶县南与卫河汇流,全长约412公里。

[8] 鲍彪曰:"茧,足胝也。""足重茧",指因长途跋涉,脚上磨起的厚茧。

[9] 鲍彪曰:"日行百里乃就舍。"朱起凤曰:"'百'下当有'里'字,《策》文讹夺。"何建章曰:"《庄子·天道》'百舍重研',《淮南子·修务训》'百舍重研',《宋策》第二章'百舍重研','百舍'皆连文。《韵府群玉·銑韵》引此作'日百舍,而造外阙'。此'而舍'乃'舍而'之误倒。'百舍',《宋策》高注'百里一舍也'。'舍',止宿,言日行百里而止宿。"

[10] 何建章曰:"造,访,来到。"阙,古代宫殿、词庙和陵墓前的高台建筑物,左右各一,两阙之间有空缺,故名为"阙"。一般多指帝王的宫殿,这里是指李兑的官府。

[11] "道",说,讲述。

[12] 鲍彪曰:"郭门后至,不及其开时。"金正炜曰:"按《吕览·长利篇》:'戎夷违齐入鲁,天大寒而后门。'高注:'后门,日夕,门已闭也。'与鲍注后至不及其开时义合。"范祥雍按:"《韩非子·外储说左下篇》:'梁车新为邺令,其姊往看之,暮而后,门闭。'与此义同。""郭门",外城门。

[13] 鲍彪曰:"藉,谓'借'。"金正炜曰:"《仪礼·士虞礼》:'藉用苇席'注:'藉,犹荐也。'""藉席",借用席子,坐卧其上。这里喻言借宿城内的客舍。

[14] "大丛",神丛,丛祠。《战国策·秦策三》"应候谓昭王"章:"亦闻恒思有神丛与?"鲍彪注:"神丛,灌木中有神灵托之。"《史记·陈涉世家》:"吴广之次所旁丛祠中。"《集解》:"张宴曰:'戍人所止处也。丛,鬼所凭焉。'"《索隐》:"《墨子》云:'建国必择木之修茂者,以为丛位。'高诱注《战国策》云:'丛祠,神祠也。丛,树也。'"《急就篇》卷四:"祠祀社稷丛腊奉。"颜师古注:"丛者,谓草木岑蔚之所,因立神祠也。""大丛"指在郊外草木丛林里合聚诸神的场所。

[15] 鲍彪曰:"土亦言梗,因木为类也。"金正炜曰:"土下得言梗,或两梗字

并为偶之讹。"何建章曰:"《齐策三》第三章有'土偶人'与'桃梗',此'土梗'及'木梗'即土偶与木偶。""斗",争吵。

[16]"汝",你。

[17]"淋雨",连阴雨。金正炜曰:"按淋与霖通。《左氏》隐公九年传:'凡雨自三日以往为霖。'《尔雅·释天》:'淫谓之霖。'《庄子·大宗师篇》:'霖雨十日。'《释文》:'本又作淋。'"

[18]"沮",鲍本作"阻"。金正炜曰:"《诗·小旻》:'何日斯沮。'传:'沮,坏也。'《国语·晋语》:'众孰沮之。'注:'沮,败也。'鲍本作'阻',误。""沮",败坏。

[19]何建章曰:"泛滥,沉浮。随着波浪起伏,跟着水流飘荡。氾,同'泛'。"范祥雍按:"泛滥,水盛貌。《孟子·滕文公上》:'洪水横流,泛滥于天下。'"

[20]鲍彪曰:"此喻不切于兑之事,盖以鬼事发其言。"范祥雍按:"此篇可疑,喻尤不切于事,非《齐策》之比。鲍谓发言,犹是曲辞。"

[21]鲍彪曰:"杀在四年。言族,则其宗多死者。""主父",赵武灵王,公元前325—前299年在位。《韩非子·外储说右下篇》载:"武灵王使惠文王莅政,李兑为相。武灵王不以身躬亲杀生之柄,故劫于李兑。"李兑与公子成杀公子章,饿死"主父"事,详见《史记·赵世家》。

[22]"舍",指客居的馆舍。"就舍"意为请到馆舍休息吧。

[23]"舍人",李兑府中的亲近吏员。《淮南子·氾论》:"舍人有折弓者。"高诱注:"舍人,家臣也。"《汉书·高帝纪上》:"其舍人陈恢。"颜师古注:"舍人,亲近左右之通称也。"《汉书·王莽传上》:"其令公奉、舍人,赏赐皆倍故。"颜师古注:"舍人,私府吏员也。"

[24]"苏公",对苏秦的尊称。

[25]金正炜曰:"即犹若也。见《汉书·西南夷传》注。"

[26]何建章曰:"先生所设的计谋宏大而高远。'计'、'规'义同。规,图,谋。"

[27]鲍彪曰:"言使兑厚而用之。"吴师道曰:"用,财费也。"

[28]"抵掌",侧手击掌。这是说两人谈得很融洽。见本书第四七章注[85]。

[29]鲍彪曰:"明月之珠,《览冥训》注:'随侯珠'云。和氏之璧,卞和所献楚

文王者。"吴师道曰:"赵得楚和氏璧,秦昭王欲以十五城易之,李兑所送非必。"

[30] 从赵国西行到秦国去游说。

【考辨】

本篇于鲍《战国策年表》系于周显王三十一年(前338年)。顾观光《战国策编年》因其"言杀主父事","附"于周赧王二十年(前295年)。郭人民《战国策校注系年》说:"苏秦奉齐湣王之命赵梁、赵说李兑,在联合五国攻秦之前,齐闵王十一年,赵惠文王九年,周赧王二十五年时",即公元前290年。凡此诸说,均不可据。

吴师道说:"苏秦之死,在慎靓王四年,去父见杀时远甚。此《策》言杀主父事,非秦明矣!其代、厉与?首尾亦与《秦策》'苏秦章'类,抑本言秦事而剿入后事欤?土梗、木梗之喻,与《齐策》止田文说同。彼亦秦死后事而指为秦,皆不合。太史公所谓异时事有类之者,皆附之苏秦,其此类邪?"钟凤年云:"此事恐虚,唯'黑貂之裘、黄金百镒'云云,颇与《秦策一》'苏秦始将连横章'季子困于秦之文相应。"缪文远曰:"此章为拟托之文,多袭《齐策三·苏秦谏孟尝启入秦章》,又此章'谈粗而君动,谈精而君不动'之语,与商鞅说秦孝公以帝王之道而孝公时时睡,说之以强国之术则孝公大悦之事(见《史记·商君传》)如出一辙,当亦是此章袭彼文也"。范祥雍也说:"此章首言'雒阳乘轩里苏秦家贫亲老',末言李兑送黑貂之裘、黄金百镒,资苏秦入秦,与《秦策一》苏秦事相应,则为秦事,决非代、厉之误。惟所记年代不合,而鬼事又与《齐策》雷同,喻亦不切,自出于纵横家流采异时事有类似者附之苏秦耳,不能信。"因此,本篇当是苏秦后学的拟托之作。

五九、苏秦为赵王使于秦章

苏秦为赵王使于秦[1],反[2],三日不得见。谓赵王曰:"秦乃者过柱山[3],有两木焉[4]。一盖呼侣[5],一盖哭。问其故[6],对曰:'吾已大矣,年已长矣,吾苦夫匠人,且以绳墨案规矩刻镂我[7]。'一盖曰:'此非吾所苦也,是故吾事也[8]。吾所苦夫铁钻然[9],自入而出夫人者[10]。'今臣使于秦,而三日不见,无有谓臣为铁钻者乎[11]?"

本篇辑自《战国策·赵策一》

【注释】

［1］鲍彪曰:"本传不书。"

［2］"反",返回。

［3］何建章曰:"乃,《广雅·释诂一》'往也'。乃者,往者,从前。""柱山",程恩泽《战国地名考》卷三说:"底柱山（俗名三门山）,今在河南陕县东四十里黄河中。此自秦返赵所经之路,然以砥柱为'柱山',未之前闻也。""柱山"当是砥柱山的省称,在今河南三门峡市东黄河中。

［4］"木",树。"两木",两棵树。

［5］鲍彪曰:"呼侣,招其徒。""盖",大概,大约。"侣",伴侣,伙伴。

［6］姚宏曰:"一本'秦问其故'。"

［7］何建章曰:"'绳墨','绳',木工用来打直线的墨斗。'规',画圆形的工具。'矩',画直角或方形的曲尺。'镂',雕刻。"

［8］鲍彪曰:"事,犹分。"何建章曰:"这是我的本分。"

［9］缪文远曰:"铁钻,铁楔也。""夫",语助辞也。"苦",痛苦。"钻",通作鑯。《说文·木部》:"櫼,楔也。"段玉裁注:"櫼,亦作鉆。"桂馥《说文义证·木部》:"櫼,或作鑯。"是其证。《说文·金部》:"鑯,鑱也。"《广雅·释器》:"鑱,锥也。""铁钻",铁锥也。

［10］缪文远曰:"此句义不详。"《国语·楚语下》:"夫人作享。"韦昭注:"夫人,人人也。"《淮南子·本经》:"夫人相乐无所发贶。"高诱注:"夫人,众人也。"这是说我所痛苦的是像铁锥那样,钻入钻出人人都可以操弄。

［11］姚宏注:"谓,集、钱、刘作'为'。"黄丕烈曰:"鲍改'谓'为'为'。"金正炜曰:"'谓'与为通,不烦改。"这是说难道没有人说我像铁钻那样任人摆弄的吗?

【考辨】

本篇林春溥《战国纪年》将此篇系于周显王三十七年,即公元前 332 年。顾观光《国策编年》、于鬯《战国策年表》则系于周显王三十六年，即公元前331年。这两种说法，均不可信。缪文远说："此章所谈皆泛说空论，了无事实，当系依托。"缪说当是。因此，本《策》当是苏秦后学的拟托之辞。

这里苏秦上书赵王时，采用两棵树木对话的寓言故事，喻示他出使秦国返回后"三日不得见"的困窘局面。当是沿用苏秦游说时善用寓言的艺术手法，具有一定的文学价值。

六〇、苏秦从燕之赵始合从章

苏秦从燕之赵始合从，说赵王曰[1]："天下之卿相人臣，乃至布衣之士，莫不高贤大王之行义[2]，皆愿奉教陈忠于前之日久矣。虽然，奉阳君妒[3]，大王不得任事，是以外宾客游谈之士[4]，无敢尽忠于前者[5]。今奉阳君捐馆舍[6]，大王乃今然后得与士民相亲，臣故敢献其愚，效愚忠[7]。

"为大王计，莫若安民无事，请无庸有为也[8]。安民之本，在于择交[9]。择交而得则民安，择交不得则民终身不得安。请言外患：齐、秦为两敌[10]，而民不得安；倚秦攻齐[11]，而民不得安；倚齐攻秦，而民不得安。故夫谋人之主，伐人之国，常苦出辞断绝人之交[12]，愿大王慎无出于口也[13]。

"请屏左右[14]，曰〔白〕言所以异[15]，阴阳而已矣[16]。大王诚能听臣，燕必致毡裘狗马之地[17]，齐必致海隅鱼盐之地[18]，楚必致橘柚云梦之地[19]，韩、魏皆可使致封地汤沐之邑[20]，贵戚父兄皆可以受封侯。夫割地效实[21]，五伯之所以覆军禽将而求也[22]；封侯贵戚，汤、武之所以放杀而争也[23]。今大王垂拱而两有之[24]，是臣之所以为大王愿也。大王与秦，则秦必弱韩、魏；与齐，则齐必弱楚、魏[25]。魏弱则割河外[26]，韩弱则效宜阳[27]。宜阳效则上郡绝[28]，河外割则道不通。楚弱则无援。此三策者，不可不熟计也。夫秦下轵道则南阳动[29]，劫韩包周则赵自销铄[30],据卫取淇则齐必入朝[31]。秦欲已得行于山东[32],则必举甲而向赵。秦甲涉河逾漳据番吾[33],则兵必战于邯郸之下矣。此臣之所以为大王患也。

"当今之时,山东之建国,莫如赵强。赵地方二千里[34],带甲数十万,车千乘,骑万匹,粟支十年;西有常山[35],南有河、漳,东有清河[36],北有燕国。燕固弱国,不足畏也。且秦之所畏害于天下者,莫如赵[37]。然而秦不敢举兵甲而伐赵者,何也?畏韩、魏之议其后也[38]。然则韩、魏,赵之南蔽也。秦之攻韩、魏也,则不然。无有名山大川之限,稍稍蚕食之,傅之国都而止矣[39]。韩、魏不能支秦[40],必入臣〈韩、魏臣〉于秦[41],秦无韩、魏之隔,祸中于赵矣[42]。此臣之所以为大王患也。

"臣闻,尧无三夫之分,舜无咫尺之地,以有天下。禹无百人之聚,以王诸侯[43]。汤、武之卒不过三千人,车不过三百乘,立为天子。诚得其道也。是故明主外料其敌国之强弱[44],内度其士卒之众寡、贤与不肖[45],不待两军相当,而胜败存亡之机[46],节(即)固已见于胸中矣[47],岂掩于众人之言[48],而以冥冥决事哉[49]!

"臣窃以天下地图案之[50]。诸侯之地五倍于秦,料诸侯之卒[51],十倍于秦。六国并力为一,西面而攻秦[52],秦破必矣。今见破于秦[53],西面而事之,见臣于秦。夫破人之与破于人也[54],臣人之与臣于人也[55],岂可同日而言之哉!夫横人者[56],皆欲割诸侯之地以与秦成[57]。与秦成,则高台【榭】,美宫室[58],听竽瑟之音[59],察五味之和,前有轩辕[60],后有长庭[61],美人巧笑,卒有秦患,而不与其忧。是故横人日夜务以秦权恐猲(愒)诸侯[62],以求割地,愿大王之熟计之也[63]。

"臣闻,明王'绝疑去谗,屏流言之迹[64],塞朋党之门'[65],故尊主广地强兵之计,臣得陈忠于前矣。故窃为大王计,莫如一韩、魏、齐、楚、燕、赵,六国从亲,以傧(摈)〈畔〉秦[66]。令天下之将相,相与会于洹水之上[67],通质刑白马以盟之[68]。约曰:'秦攻楚,齐、魏各出锐师以佐之,韩绝食道[69],赵涉河、漳[70],燕守常山之北[71]。秦攻韩、魏[72],则楚绝其后[73],齐出锐师以佐之,赵涉河、漳,燕守云中[74]。秦攻齐,则楚绝其后,韩守成皋[75],魏塞午道[76],赵涉河、漳、博关[77],燕出锐师以佐之。秦攻燕,则赵守常山,楚军武关[78],齐涉渤海[79],韩、魏出锐师以佐之。秦攻赵,则韩军宜阳,楚军武关,魏军河外[80],齐涉渤海〔清河〕[81],燕出锐师以佐之。诸侯有先背约者,五国共伐之。'六国从亲以摈秦[82],秦必不敢出兵于函谷关以害山东矣!如是则伯业成矣!"

赵王曰:"寡人年少,莅国之日浅[83],未尝得闻社稷之长计[84]。今上客有意存天下[85],安诸侯,寡人敬以国从。"乃封苏秦为武安君[86],饰车百乘,黄金千镒,白璧百双,锦绣千纯,以约诸侯[87]。

本篇辑自《战国策·赵策二》

【校注】

[1]《苏秦列传》说:燕文侯"赍苏秦车马金帛以至赵,而奉阳君已死,即因说赵肃侯"。鲍彪曰:"此(赵肃侯)十六年(334年)。""赵王",赵肃侯。

[2]"大王",《苏秦列传》作"君",是对赵肃侯的尊称。赵国在赵武灵王三年(前323年)始称"王"。《周礼·地官·师氏》:"二曰敏德以为行本。"郑玄注:"德、行,内外之称。在心为德,施之为行。"《论语·述而》:"文、行、忠、信。"邢昺疏:"行,谓德行。"《说文·我部》:"义,己之威仪也。""行义",德行威仪。

[3]鲍彪曰:"《秦传》言肃侯令其弟成为相,号奉阳君。妬,嫉贤也。""虽然",即使这样。

[4]本句《苏秦列传》作"是以宾客游士",姚宏注:"钱、刘去'宾'字。"鲍彪曰:"外,疏也。"王念孙《读书杂志》云:"'外宾客游谈之士',句法颇累。钱、刘去'宾'字是也。'外客'为外来之客,鲍云'疏'之,非也。《史记·苏秦列传》作'宾客游士',此作'外宾客游谈之士',文本不同。今本作'外宾客游谈之士'者,后人据《史记》旁记宾字,因误入正文耳。杨倞注《荀子·臣道篇》引此有'宾'字,则所见本已误。《文选·蜀都赋》注、《上吴王书》注引此,并无'宾'字。今据以订正。"缪文远据以删'宾'字。何建章曰:"'宾客'、'游谈之士',本系外来者,不必又加

一'外'字。""外",《说文·夕部》谓"远也"。《周礼·春官·大宗伯》:"亲四方之宾客。"郑玄注:"宾客,谓朝聘者。""宾客"是指往来各国的外交使者。"外宾客"与"亲四方之宾客"正相左。"游谈之士"指从事合纵连横活动的策士。"外宾客游谈之士",是指疏远"宾客游谈之士",故"外"、"宾"均属正文,不应删去。

[5] 本句《苏秦列传》作"莫敢自尽于前者"。诸祖耿案:"《文选·蜀都赋》注、《上吴王书》注引,并作'无敢自进于前',今从之。""尽"、"进"义通。《国语·周语上》:"近臣尽规。"俞樾《群经平议》按:"尽者,进也。"《吕氏春秋·务本》:"临财物资尽则为已。"王念孙《读书杂志》按:"'尽',《史记·高祖纪》作'进'。"均是其证。司马迁及后儒引用《策》文,常有括引和改编,若无确凿证据,不能轻易据以删改原著。

[6] 鲍彪曰:"《礼》,妇人死曰捐馆舍,盖亦通称。"缪文远曰:"捐馆舍,死亡之讳称。奉阳君至赵惠文王时尚健在,此言其肃侯时已死,非。"

[7] "献其愚,效愚忠",鲍本作"尽其愚忠"。《苏秦列传》作"进其愚虑"。黄丕烈曰:"此《策》文当是'献其愚'下脱'虑'字,'效愚忠'三字别为句。"金正炜曰:"此文当作'献其愚,效其忠',次'愚'字涉上而误。黄氏补'虑'字,则'其'字为衍,且上'献其愚'于义自足,其说亦未为安。"何建章按:"《赵策二》第四章'臣故敢竭其愚忠',与《苏秦列传》句式同,疑衍'效愚'二字。""愚",谦辞。

[8] 何建章曰:"无庸,不用,不要。庸,《说文》'用也'。""请",求也。"有为",《老子》第七十五章:"民之难始,以其上之有为。"第三十八章:"上德无为。""无庸有为",不用有所作为。

[9] 鲍彪注:"与诸侯交。""择交",选择与诸侯各国关系的外交战略。

[10] 鲍彪注:"为赵敌。""齐、秦为两敌",指赵国同时与齐、秦两国为敌。

[11] "倚",依靠,靠着。

[12] 何建章曰:"苦出辞,犹言口出恶言。苦,《淮南子·时则》高注:'恶也。'"

[13] 泷川资言曰:"言谏人之君,伐人之国,其事极大,说者常难出之于口,其故何也? 以其断绝人之言也。""无",语气词,无实际意义,见《经传释词》卷十。

[14] "屏",回避,排除。"左右",近臣。《韩非子·扬权》:"左右既立。"旧注:"谓左辅右弼也。"《淮南子·时则》:"飨左右。"高诱注:"左右,近臣也。""请屏

左右",指要排除身边近臣的短浅见识。

[15] 鲍本"曰"作"白"。黄丕烈案:"此'曰'即'白'之讹。"今据改。《楚辞·九章·惜诵》:"又蔽而莫白也。"朱熹集注:"白,明辨也。""白言",明辨各种言论和谋略。

[16] 鲍彪曰:"阴阳,言事只有两端,指谓从横。"《周易·系辞传上》说:"一阴一阳之谓道。""阴阳"本是《周易》哲学的基本范畴,喻指矛盾对立统一的两个方面。这里指当时列国的形势,要择交安民,只有合纵、连横两种选择。

[17] "毡",用兽毛砑成的片状物。"裘",皮衣。"狗马",指"代马、胡狗",见本书第三九章注[45]。"毡裘狗马之地"指古代北方草原游牧民族地区。

[18] "海隅鱼盐之地",指东部沿海产鱼、盐的地区。

[19] "橘",橘子。"柚",柚子。"云梦",云梦泽,在今湖北江汉平原及其附近地区,物产丰富,是楚王经常游猎的地方。

[20] 吴师道曰:"下文封侯之类。"缪文远曰:"汤沐邑指供封君收取赋税之私邑。汤沐,言取其入以供沐浴也。"

[21] 鲍彪曰:"实,如毡裘之类。"郭希汾曰:"效,致也。实,谓财货也。"

[22] "五伯",指春秋五霸。见本书第四七章注[51]。

[23] 缪文远曰:"放杀,指汤放桀,武王诛纣。"

[24] 缪文远曰:"垂拱,垂衣拱手,安然而坐。"《大戴礼记·保傅》:"桓公垂拱无事而朝诸侯。"卢辨注:"垂拱,言无所指麾者也。"《后汉书·清河孝王庆传》:"垂拱受成。"李贤注:"垂拱,言无为也。""垂拱",垂衣拱手,无为受成之义。

[25] 《孟子·告子下》:"我能为君约与国。"朱熹集注:"与国,和好相与之国也。"何建章曰:"与,联合。"

[26] 吴师道曰:"《正义》云:'河外,同、华等地,此即西河之外也。'"《史记·秦本纪》载:秦惠文君"八年(前330年),魏纳河西地。"《魏世家》说:魏襄王五年(前314年)"予秦河西之地。""河外",魏国在黄河以西的土地。

[27] 鲍彪曰:"效,皆以地与秦。""宜阳",韩国西部的大县,在今河南宜阳县西韩城镇。

[28] 《史记正义》:"上郡在同州西北。言韩弱,与秦宜阳城,则上郡路绝矣。"《史记·秦本纪》载:秦惠文王十年(前328年)"魏纳上郡十五县",《正义》

曰："今鄜、绥等州也。"《魏世家》说：魏襄王"七年（前 328 年），魏尽入上郡于秦。"《正义》："《括地志》云：'上郡故城在绥州上县东南五十里，秦魏之上郡地也。'按：丹、鄜、延、绥等州，北至固阳，并上郡地。"魏国上郡的辖境在今陕西省洛河以东、黄梁河以北，东北至子长、延安一带。张琦《战国策释地》说："上郡疑当作上党，宜阳与上党隔河相近。若上郡更在同州府北，去宜阳远矣。"张说当是。

[29] 鲍彪曰："轵道，《秦纪》注：亭名，在霸陵。南阳，修武。""轵道"当是从安邑越轵关、过积城的交通要道。"南阳"指今河南修武县，因位于太行山以南而得名。见本书第十七章注[44]。

[30] "销铄"，销熔金属，有削弱、损伤之义。见本书第十七章注[46]。

[31] 《苏秦列传》作"据卫取淇"。《正义》："卫地濮阳也。卷城在郑州武原县西北七里。言秦守卫得卷，则齐必来朝。"张琦曰："按《汉志》，淇水至黎阳入河。此云'取淇'，盖指黎阳也。黎阳故城在今濬县西二里。""淇水"源于今山西陵川县东北，经今河南林州、淇县入卫河。黎阳故城在今河南浚县东北。"入朝"，指齐国向秦入朝称臣。

[32] 《苏秦列传》作"秦欲已得乎山东"。姚宏注："钱、刘去'行'字。"《诗·小雅·车舝》："景行行止。"孔颖达疏："行者，已见施行之语。""行"，施行。

[33] "河"，黄河。"漳"，漳水。见本书第五九章注[7]。"番吾"，缪文远曰："番吾，赵邑，故城在今河北磁县境。""番吾"是秦国涉河踰漳，进攻赵都邯郸的必经要道。

[34] 黄丕烈曰："'二'，鲍本作'三'。《史记》作'二千余里'。"缪文远曰："赵自成侯时魏围邯郸之后，国势衰微，肃侯时未尝一次出兵与齐、梁争雄中原，此言山东之建国莫如赵强，悖于史实。"

[35] 张琦曰："此据赵国都言。若四封，则此时西至河也。"缪文远曰："常山，本名恒山，因避汉文帝讳改。在今河北曲阳西北。"

[36] 顾观光曰："苏秦说齐曰：'西有清河'，说赵曰：'东有清河。'张仪说赵亦曰：'告齐使兴师渡清河，军于邯郸之东。'是赵东齐西，以清河为界也。"《中国古今地名大辞典》说："清河，即济水也。"济水源出今河南济源市西王屋山，为古代四渎之一，东南流经山东，与黄河平行在今东营市东南入海。

[37] 鲍彪曰:"言秦于天下,独畏赵害已。"害,患也。《淮南子·修务篇》:"时多疾病毒伤之害。"高诱注:"害,患也。"

[38] "议",《广雅·释诂》谓"谋也"。

[39] 缪文远按:"傅为迫近之意。《小尔雅·广诂》:'傅,近也。'""国都",韩、魏两国的都城。韩都在今河南新都市,魏都在今河南开封市,都没有"名山大川"可以防守。

[40] "支秦",抗拒秦国。《战国策·西周策》:"魏不能支。"高诱注:"支,犹拒也。"

[41] 鲍本无"韩魏臣"三字。黄丕烈案:"《史记》无。"缪文远按:"当依《史记》及鲍本衍此三字。"今据删。

[42] 鲍彪曰:"中,犹射中的。"《淮南子·原道》:"好事者未尝不中。"高诱注:"中,伤也。"《后汉书·魏朗传》李贤注:"中,犹中伤。""中",伤,中伤也。

[43] 鲍彪曰:"一夫有田一百亩,此未为唐侯时。"吴师道曰:"此说士无据之词。且舜,颛顼后,有国于虞,其侧微,特在下耳。禹乃崇伯鲧子,亦有国土者。今曰云云,岂足信哉？牧乘书'舜无立锥之地,禹无十户之聚',李善注又引《韩子》云云,皆此类。"何建章曰:"《左·襄二十五传》注:'百亩为夫。'则三夫为三百亩。分,犹地位,此犹言'地盘'。咫,古代八寸。咫尺,言距离很小。聚,《史记·舜本纪》'一年而所居成聚'正义'谓村落也'。以王诸侯,而成为诸侯之王。"

[44] "料",料想,估计。

[45] 何建章曰:"度,推测,估计。不肖,不贤,无能。"

[46] "机",机关,关键。

[47] "节",通作即,则也。何建章按:"《墨子·号令》:'即有惊。'毕云:'即,旧作节,以意改。'于省吾《双剑誃新证》:宝历本'节'作'即',节、即古字通。下文'节不法',言'即不发'也。齐刀'即墨'作'节墨'。即,裴学海《古书虚字集释》卷八'犹则也'。"

[48] 姚宏注:"掩,钱、刘作闇。"鲍彪曰:"掩,犹蔽。""掩"、闇义通。

[49] 何建章曰:"冥冥,昏暗,糊里糊涂。"

[50] 金正炜曰:"按《淮南·时则篇》:'案程度。'注:'案,视也。'《后汉书·钟离意传》:'府下,计案考之。'注:'案,察也。'"《周礼·地官·土训》:"掌道地

图。"孙诒让正义:"地图即《司书》、《大司徒》土地之图。"《管子·七法》:"审于地图。"尹知章注:"地图,谓敌国险易之形,军之部位。""天下地图",说明诸侯各国山川形势、道路城邑和军事部署的图画。

[51]"料",《苏秦列传》作"料度"。金正炜曰:"《国语·周语》:'乃料民于太原。'注:'料,数也。'"缪文远按:"料亦度也,为度量估计之辞。"

[52]金正炜曰:"《尚书》郑注:'面,犹回向也。'《广雅·释诂》:'面,向也。'"

[53]姚宏注:"一本无此'见破于秦'四字。"黄丕烈曰:"《史记》有'今'字,无'见破于秦'四字。"金正炜曰:"此四字涉下文而衍,一本无者是也。"于鬯曰:"下文言'破于人',则'见破于秦'当有。"何建章按:"见破于秦,被秦国灭掉。破,灭。下文'破于人'与'破于秦'相应,'臣于人'与'臣于秦'相应。于说是。"今从于、何说。

[54]《史记正义》:"破人,谓破前敌也。破于人,谓被前敌所破。""破",破坏,伤害。"破人",伤害别人。"破于人",被别人伤害。

[55]《史记正义》:"臣人谓已得人为臣,臣于人谓已事他人。"

[56]缪文远曰:"横人,说客之连横者。""横人",从事连横活动,为秦国扩张战略服务的策士。

[57]缪文远曰:"成,借为平,构和也。"何建章曰:"成,平,讲和。"

[58]"高台",《苏秦列传》作"高台榭"。鲍本"台"下补"榭"字。鲍彪曰:"台有木曰榭。"何建章按:"当补'榭'字,'美宫室'对文。《书·泰誓上》:'惟宫室台榭。'榭,建在土台上的敞屋。"今据补。

[59]《说文·竹部》:"竽,管三十六簧也。""竽"是笙类吹奏管乐,用竹管制成,有三十六簧。《说文·珡部》:"瑟,庖牺所作弦乐也。""瑟"是琴类弹奏类管乐,多为二十五弦。

[60]鲍彪曰:"《天文志》:'权轩辕,象后宫。'此言美人之所处也。"顾炎武《日知录》卷二十七说:"《苏秦传》'轩辕',当作'轩县'。《周礼·小胥》'王宫县,诸侯轩县',注谓:'轩县者,阙其南面。'"何建章曰:"此'轩辕'当是'轩县'音误,是说前有舞乐,后有宫女,故下文言'美人巧笑'。"辕、县音近义通,并非"音误"。《淮南子·主术》:"其于以御兵刃,县矣。"高诱注:"县,远也。"《周易·复》:"不远复。"焦循章句:"远,缓也。"《逸周书·文酌》:"援拔渎谋。"朱右曾集训校释:"援,

读曰爰,缓也。"《释名·释车》:"辕,援也,车之大援也。"均是其证。

[61] 姚宏曰:"一本改'庭'作'姣'。"

[62] "猲",《苏秦列传》作"愒",鲍彪本作"喝"。吴师道曰:"喝、猲通,见《齐策》。此章《史》作'愒',相恐胁也。《前王子侯表》'坐恐猲',并许葛反。""恐猲"即恐赫、恐吓。

[63] "熟",鲍本作"热"。"熟"、热义通。《素问·大奇论》:"五藏菀熟。"王冰注:"熟,热也。""熟",周详,仔细。

[64] 郭希汾曰:"流言,浮浪不根之言。""流言",没有根据的谎话。

[65] "塞",堵塞,杜绝。"朋党",指为了私利相互勾结,并排斥、攻讦异己的政治集团。

[66] 黄丕烈曰:"此句'傧'字,当是因下句而衍。《史记》无。"何建章按:"《赵策二》第三章'大王收率天下以傧秦',且下文亦言'摈秦'。此'畔'字当是校书者据《史记》旁注而误入正文者。'傧'通'摈',对抗。"今从何说,删"畔"字。

[67] "天下"指山东六国诸侯。"洹水",古水名,今名安阳河。源出河南林州市隆虑山,流经安阳市到今内黄县北入卫河。

[68]《苏秦列传》作"通质刳白马而盟。"《索隐》:"通质,以言通其交质之情。"《史记·吕太后本纪》载:"高祖刑白马盟曰:'非刘氏而王者,天下共击之。'""刑"、"刳"均有屠杀之义。古代盟会时,杀牲饮血,制订盟约,表示诚意。因马有兵象,白为秋色、属金、主刑杀,故古代盟誓时常以白马为牺牲。

[69] "食",《苏秦列传》作"粮"。张琦曰:"按是时,秦未有巴、蜀、汉中,伐楚必出武关。韩自宜阳道卢氏而西,可绝其食道。""食道",运送粮草的通道。

[70]《史记索隐》:"谓亦涉河、漳而西,欲以韩作援,以阻秦军。"

[71] 张琦曰:"燕守常山,恐秦声言伐楚,忽指燕、赵。"程恩泽曰:"按常山之北,为今之易州、宣化之地,即燕上谷郡。此与秦之攻楚何与?曰:为赵守也。盖赵既悉师涉河、漳,则其国空虚,秦若潜师由上郡、朔方而来,必有意外之变,故使燕守此,以防其后,正见六国从亲之义。下文燕守云中,亦然。"

[72]《史记正义》:"谓道蒲津之东攻之。"

[73]《史记索隐》:"谓出兵武关,以绝秦兵之后。"

[74]《史记·赵世家》:赵武灵王二十六年(前300年)"攻中山,攘地北至

燕、代,西至云中、九原"。"云中"故城在今内蒙古自治区托克托旗东北。

[75] "成皋"故城在今河南荥阳市汜水镇西。

[76]《苏秦列传》作"魏塞其道"。《索隐》按:"其道即河内之道。"《史记·楚世家》:"夜加即墨,顾据午道。"《正义》云:"盖在博州西境。""博州"故城在今山东聊城县西北。《张仪列传》:"今秦发三将军,其一军塞午道。"《索隐》云:"此午道当在赵之东、齐之西也。午道,地名也。郑玄云:'一从一横为午,谓交道也。'""午道"的交汇处位于齐国西部,与"河内之道"无涉。因魏国处于"午道"东西大道的要冲,故"魏塞午道"当是指魏国出兵堵塞秦国通向齐国的东西大道而言。

[77]《史记·张仪列传·正义》:"博关在博州。""博关"在今山东聊城市博平镇西北。

[78] "武关"在今陕西商南县东南,是秦国东南部的重要关隘。

[79]《史记正义》:"齐从沧州渡河至瀛州。""渤海",在今河北沧县西北。

[80] "河外",《史记正义》谓"同、华等州"。张琦曰:"按攻燕而楚军武关,攻赵而韩军宜阳,楚军武关,魏军河外,皆攻其所必救也。"

[81] "渤海",《苏秦列传》作"清河"。王念孙《读书杂志》曰:"齐之救赵,无烦涉渤海。《史记》作'清河'是也。……今作'渤海'者,因上文有'齐涉渤海'而误。"诸祖耿、何建章均从王说,改"渤海"作"清河",今据改。

[82]《史记索隐》:"从亲,共为合从相亲。"

[83] 何建章曰:"莅国,执掌国政。"

[84] "未尝",未曾。这是说未曾听到为国家作长远打算的谋略。

[85] "上客",贵客。"存",保留,恤问。

[86] 苏秦被封为"武安君",应是他与奉阳君李兑约五国伐秦时事,当在赵惠文王时期。

[87] 用华车百乘来运载"黄金千镒,白璧百双,锦绣千纯",作为合纵诸侯进行游说活动时的资本。

【考辨】

本《策》鲍彪注隶于赵肃侯十六年,即周显王三十五年(前334年),于鬯《战国策年表》从其说。司马光《资治通鉴》、吕祖谦《大事记》、林春溥《战国纪年》、黄式三《周季编略》、顾观光《国策编年》等均系为周显王三十六年,即公元前333年。

吕祖谦《大事记》说:"苏秦说六国辞有与当时事不合者,皆辩士所增饰也。"缪文远曰:"此策首尾横决,伪证显著,故诸家俱有怀疑之言。今案,此策乃全不晓战国时事者所为也。赵于武灵时始称王,此《策》据《史记·苏秦传》以为说赵肃侯语,而乃称肃侯为'大王',不合者一。赵自成侯时魏围邯郸之后,国势衰微,肃侯时未尝一出兵与齐、梁争雄中原,而此章乃言'当今之时,山东之建国莫强于赵'岂非甚误?不合者二。据《史记·六国表》,上年(显王三十五年)乃魏、齐会徐州相王之岁,则此时决无尊赵为六国从长之理。……今此章乃言肃侯为山东诸侯之长,不合者三。其余小处不合者尤多,今定此策为依托。"缪说甚是。

然而,本《策》说者以"安民之本,在于择交"立说,在全面分析赵国地理环境和经济、军事形势的基础上,指出"横人者皆欲割诸侯之地以与秦成"。策文"窃以天下地图案之,诸侯之地五倍于秦,料诸侯之卒,十倍于秦。六国并力为一,西面而攻秦,秦必破矣"的事实,来说明"六国从亲以摈秦"的可行性。策文"令天下之将相,相与会于洹水之上,通质刑白马以盟之。约曰:'秦攻楚,齐、魏各出锐师以佐之,韩绝食道,赵涉河、漳,燕守常山以北'至'诸侯有先背约者,五国共伐之。六国从亲以摈秦,秦必不敢出兵函谷关以害山东矣!如是则伯业成矣!'"这应是一份完整的山东"六国从亲以摈秦"的盟约和具体的军事部署战略,是研究战国合纵思想的珍贵资料。

【附录】《史记·苏秦列传》"苏秦车马金帛以至赵"节

于是资苏秦车马金帛以至赵。而奉阳君已死,即因说赵肃侯曰:"天下卿相人臣及布衣之士,皆高贤君之行义,皆愿奉教陈忠于前之日久矣。虽然,奉阳君妒而君不得任事,是以宾客游士莫敢自尽于前者。今奉阳君捐馆舍,君乃今复与士民相亲也,臣故敢进其愚虑。

窃为君计者,莫若安民无事,且无庸有事于民也。安民之本,在于择交。择交而得则民安,择交而不得则民终身不安。请言外患:齐、秦为两敌而民不得安,倚秦攻齐而民不得安,倚齐攻秦而民不得安。故夫谋人之主,伐人之国,常苦出辞断绝人之交也。愿君慎勿出于口。

请别白黑所以异,阴阳而已矣。君诚能听臣,燕必致旃裘狗马之地,齐必致鱼盐之海,楚必致橘柚之园,韩、魏、中山皆可使致汤沐之奉,而贵戚父兄皆可以受封侯。夫割地包利,五伯之所以覆军禽将而求也;封侯贵戚,汤、武之所以放弑而争也。今君高拱而两有之,此臣之所以为君愿也。

今大王与秦,则秦必弱韩、魏;与齐,则齐必弱楚、魏。魏弱则割河外,韩弱则效宜阳。宜阳效则上郡绝,河外割则道不通。楚弱则无援。此三策者,不可不孰计也。

夫秦下轵道则南阳危,劫韩包周则赵氏自操兵,据卫取卷则齐必入朝。秦欲已得乎山东,则必举甲而向赵矣。秦甲渡河踰漳,据番吾则兵必战于邯郸之下矣。此臣之所为君患也。

当今之时,山东之建国莫强于赵。赵地方二千里,带甲数十万,车千乘,骑万匹,粟支数年。西有常山,南有河、漳,东有清河,北有燕国。燕固弱国,不足畏也。且秦之所害于于天下者莫如赵。然而秦不敢举兵甲而伐赵者,何也?畏韩、魏之议其后也。然则韩、魏,赵之南蔽也。秦之攻韩、魏也,无有名山大川之限,稍蚕食之,傅国都而止。韩、魏不能支秦,必入臣于秦。秦无韩、魏之规,则祸必中于赵矣。此臣之所以为君患也。

臣闻尧无三夫之分,舜无咫尺之地,以有天下;禹无百人之聚,以王诸侯;汤、武之士不过三千,车不过三百乘,卒不过三万,立为天子:诚得其道也。是故明主外料其敌之强弱,内度其士贤不肖,不待两军相当,而胜败存亡之机,固已形于胸中矣,岂揜于众人之言,而以冥冥决事哉!

臣窃以天下地图案之。诸侯之地五倍于秦,料度诸侯之卒十倍于秦。六国为一,并力西乡而攻秦,秦必破矣。今西面而事之,见臣于秦。夫破人之与破于人也,臣人之与臣于人也,岂可同日而论之哉!

夫横人者,皆欲割诸侯之地予秦。与秦成,则高台榭,美宫室,听竽瑟之音,前有楼阙轩辕,后有长姣美人,国被秦患而不与其忧。是故夫横人日夜务以秦权恐愒诸侯以求割地,愿大王之孰计之也。

臣闻明王绝疑去谗,屏流言之迹,塞朋党之门,故尊主广地强兵之计,臣得陈忠于前矣。故窃为大王计,莫如一韩、魏、齐、楚、燕、赵六国以从亲,以畔秦。令天下之将相会于洹水之上,通质,刳白马而盟。要约曰:'秦攻楚,齐、魏各出锐师以佐之,韩绝其粮道,赵涉河、漳,燕守常山之北。秦攻韩、魏,则楚绝其后,齐出锐师以佐之,赵涉河、漳,燕守云中。秦攻齐,则楚绝其后,韩守成皋,魏塞其道,赵涉河、漳、博关,燕出锐师以佐之。秦攻燕则赵守常山,楚军武关,齐涉勃海,韩、魏皆出锐师以佐之。秦攻赵,则韩军宜阳,楚军武关,魏军河外,齐涉清河,燕出锐师以佐之。诸侯有不如约者,以五国之兵共伐之。'六国从亲以宾秦,则秦甲必不敢出于兵函谷关以害山东矣! 如是,则霸王之业成矣!"

赵王曰:"寡人年少,立国日浅,未尝得闻社稷之长计也。今上客有意存天下,安诸侯,寡人敬以国从。"乃饰车百乘,黄金千镒,白璧百双,锦绣千纯,以约诸侯。

六一、秦攻赵苏子为谓秦王章

秦攻赵,苏子为谓秦王曰[1]:"臣闻明王之于其民也,博论而技艺之[2],是故官无乏事而力不困[3];于其言也,多听而时用之,是故事无败业而恶不章[4]。臣愿王察臣之所谒[5],而效之于一时之用也。臣闻'怀重宝者,不以夜行;任大功者,不以轻敌'[6]。是以贤者任重而行恭,知者功大而辞顺[7]。故民不恶其尊,而世不妒其业。臣闻之:'百倍之国者,民不乐后也[8];功业高世者,人主不再行也[9];力尽之民,仁者不用也;求得而反静,圣主之制也[10];功大而息民,用兵之道也'。今用兵终身不休,力尽不罢,赵怒必于其己邑,赵仅存哉[11]!然而四轮(输)之国也[12],今虽得邯郸,非国之长利也[13]。意者,地广而不耕,民羸而不休[14],又严之以刑罚[15],则虽从而不止矣[16]。语曰[17]:'战胜而国危者,物不断也[18]。功大而权轻者,地不入也[19]。'故过任之事,父不得于子[20];无已之求,君不得于臣[21]。故【见】微之为著者强[22],察乎息民之为用者伯[23],明乎轻之为重者王。"

秦王曰:"寡人案兵息民[24],则天下必为从,将以逆秦。"[25]

苏子曰:"臣有以知天下之不能为从以逆秦也[26]。臣以田单、如耳为大过也[27]。岂独田单、如耳为大过哉？天下之主亦尽过矣！夫虑收亡齐、罢楚、敝魏与不可知之赵[28]，欲以穷秦折韩，臣以为至愚也。夫齐威、宣【者】，世之贤主也[29]，德博而地广，国富而用民，将武而兵强。宣王用之，后富（逼）韩威魏[30]，以南伐楚，西攻秦[31]，【秦】为齐兵于困于殽塞之上[32]，十年攘地，秦人远迹不服[33]，而齐为虚戾[34]。夫齐兵之所以破，韩、魏之所以仅存者，何也[35]？是则伐楚攻秦，而后受其殃也。今富非有齐威、宣之余也[36]，精兵非有富（逼）韩劲魏之库也[37]，而将非有田单、司马之虑也[38]。收破齐、罢楚、敝魏、不可知之赵，欲以穷秦折韩，臣以为至误。臣以从一不可成也[39]。客有难者，今臣有患于世[40]。夫刑名之家[41]，皆曰'白马非马'也。已如白马实马[42]，乃使有白马之为也[43]。此臣之所患也[44]。

昔者，秦人下兵攻怀[45]，服其人，三国从之[46]。赵奢、鲍佞将[47]，楚有四人起而从之[48]。临怀而不救，秦人去而不从[49]。不识三国之憎秦而爱怀邪？忘其憎怀而爱秦邪[50]？夫攻而不救，去而不从，是以【知】三国之兵困[51]。而赵奢、鲍佞之能也[52]。故裂地以败于齐[53]。田单将齐之良[54]，以兵横行于中十四年[55]，终身不敢设兵以攻秦折韩也，而驰于封内[56]，不识从之一成恶存也[57]。"

于是秦王解兵不出于境，诸侯休，天下安，二十九年不相攻[58]。

本篇辑自《战国策·赵策二》

【校注】

［1］姚宏云："一本无'为'字。"鲍本无"为"字。于鬯曰："苏代先说范雎，因说秦王，故黄《略》云'于是范雎使苏代见秦王'，秦昭襄四十八年。"徐中舒曰："'苏子'当为苏秦。"缪文远曰："秦攻赵，事不详，或指周赧王五十六年至五十七年（前二五九至前二五八）秦攻邯郸而言。"何建章曰："考《秦策》谓应侯曰'君禽马服'云云，据《史·白起列传》'谓者'乃苏代也，彼《策》正在赧五十六年，即长平之役，此下言'苏子'可合。""为"，犹乃也，见《古书虚字集释》卷二。

〔2〕鲍彪曰:"试之以事。"《仪礼·士冠礼》:"纯博寸。"郑玄注:"博,广也。"《吕氏春秋·当染》:"劳于论人。"高诱注:"论,犹择也。"这是说广泛地选择不同技术和能力的人来任用。

〔3〕"乏事",一般琐事。"困",穷,尽。

〔4〕"败业",败坏的开端。《广雅·释诂》:"业,始也。""恶",《说文·心部》谓"过也"。"章",明显。

〔5〕"谒",拜见,忠告。

〔6〕"重宝",贵重宝物。"大功",大业。这四句是古人告诫处事要谨慎小心的名言。

〔7〕鲍彪曰:"皆不伐也。"

〔8〕鲍彪曰:"百倍之国,谓地广也。民不乐后,争先附之也。"吴师道曰:"地既广矣,民不乐其后之复有事也。"金正炜按:"《吕览·至忠篇》:'子培贤者也,又为王百倍之臣。'注:'子培之贤,百倍于人。'《汉书·晁错传》:'窃闻战胜之威,民气百倍。'注:'益奋厉也。'此即其义。"

〔9〕鲍彪曰:"一举成之,不待后。"吴师道曰:"大功不再。"缪文远曰:"《周礼·司爟》:'掌行火之政令。'注:'行,犹用也。'"

〔10〕鲍彪曰:"反静,复于无事。"黄丕烈曰:"主,鲍本作王。"

〔11〕鲍彪曰:"必于其己邑,必欲战服,使为已邑。仅存,言所存无几。"吴师道曰:"赵怒,当作'怒赵'。"

〔12〕鲍彪曰:"轮,犹通,言其民于适四方,无所不通。故下言'从而不止'。"吴师道曰:"姚本作'四输',是。言四面输写之国。"金正炜曰:"《燕策》:'赵,四达之国也。'输、达义同。鲍本作'四轮',误。""轮"、"输"义近互换,不必是"误"。

〔13〕鲍彪曰:"时攻邯郸不拔,故曰'今虽'。"

〔14〕鲍彪曰:"新民未服。""羸",疲困。

〔15〕用严刑峻法制服民众。

〔16〕鲍彪曰:"言且去之。""从",顺从。"止",安居。

〔17〕"语",谚语,古语。《孟子·万章上》:"语曰:'盛德之士,君不得而臣'。"赵岐注:"语者,谚语也。"《汉书·萧何传》:"语曰:天汉。"集注引孟康曰:"语,古语也。"

[18]鲍彪曰:"物,事也。断犹止,言战事不止。"

[19]吴师道曰:"战胜国宜安,而愈战则国危;功大权宜重,而愈求功则权轻。危,故物不止;轻,故地不入。不断、不入,因上文'用兵不休'与'虽从而不止'言之。"

[20]鲍彪曰:"虽父责之其子使必为,不可得也。"何建章曰:"过任,错误的任务。""任",能力。"过任",超过其能力。

[21]何建章曰:"无已,没有止境。"

[22]吴师道曰:"'故'下当有缺字,以下文推之可见。"于鬯曰:"或补'识乎'二字。"横田惟孝《战国策正解》从其说。何建章按:"补'识乎'二字,与下两句'察乎'、'明乎'始协,然未知确否。姑从于说。"缪文远曰:"疑当作'故见微而知著者强'。"以上两说,以缪说为优。《韩非子·说林上》:"圣人见微以知萌,见端已知末。"陈奇猷案:"《喻老篇》引《老子》'见小曰明',但此已变其言为'圣人见微以知萌',则韩非引《老子》文也。""见微之为著"与"见微而知著"义同,可见"微"前当补"见"字。"【见】微之为著者强"语,则是对《老子》"见小曰明,守柔者强"句的直接借鉴和升华。这句是说要认识到从弱小不断发展,可以使国家变得富强(见本书附录《〈战国策〉"微之为著者强"解诂》)。

[23]"伯",同霸。

[24]郭希汾曰:"案,止也。"停止征伐,使民休息。

[25]"天下必为从",诸侯必将搞合纵联盟。"逆",《国语·晋语八》:"未退而逆之。"韦昭注:"逆,反也。""逆秦",对抗秦国。

[26]"有",语助也。见《经传释词》卷三。"以"同已,已经。

[27]吴师道曰:"此时必二人欲为从,故云然。""田单",齐国贵族。齐襄王五年(前279年),田单率领齐国士卒,大破燕军,协助齐襄王复国,被封为安平君。事见《史记·田单列传》。中井积德曰:"田单,疑并作魏齐。""如耳",魏臣,后事韩、卫。《战国策·秦策三》"秦昭王谓左右"章:"今以无能之如耳、魏齐帅弱韩、魏以攻秦,其无奈寡人何。"

[28]姚宏注:"亡,曾改作'破'。"鲍彪曰:"虑,言世主志虑欲尔。不可知之赵,言未亡而有亡形。"吴师道曰:"亡齐,指其尝亡燕于言之。下作'破齐'。不可知,言其存亡不可知。"

[29] 黄丕烈曰:"'宣'下鲍本有'者'字。"今据补。

[30] 黄丕烈曰:"鲍改'富'为破。"吴师道曰:"字因下误,疑为'逼'。"金正炜曰:"按'后'当为'故',承上'德博地广'而言。《齐策》'是故韩、魏之所以重与秦战而轻为之臣也',鲍本作'是后',误与此同。富字古音读如偪,《小苑》诗与克为韵,故偪误为富。《史记·孙武传》:'北威齐、晋',谓以威力服之也。""富",通作逼。《礼记·郊特牲》:"富也者,福也。"《左传·襄公十八年》:"灭偪阳。"《汉书·古今人表》作"福阳"。逼同偪。《孟子·滕文公上》:"禽兽偪人。"焦循正义:"偪,古逼字。"《王篇·人部》:"偪,与逼同。"是其证。《小尔雅·广诂》:"逼,近也。"齐宣王"逼韩威魏"事,当指《史记·田敬仲完世家》齐宣王二年"使田忌、田婴将,孙子为师,救韩、赵以击魏,大败之马陵,杀其将庞涓,虏魏太子申。"事在公元前318年。

[31] 吴师道曰:"按秦惠后七年,五国击秦,齐师独后,不败。他战无考。"齐宣王"南伐楚",《史记·楚世家》楚怀王"二十六年,齐、韩、魏为楚负其从亲而合于秦,三国共伐楚"。事在公元前303年。齐宣王"西攻秦",《史记·秦本纪》秦惠文王更元七年"韩、赵、魏、燕、齐帅匈奴共攻秦"。事在公元前318年。

[32] 鲍本"为"前有"秦"字。吴师道曰:"宜复有'秦'字。"吴说当是,今据补。"毂塞",指秦函谷关。"【秦】为齐兵于困于毂塞之上",《史记·秦本纪》秦昭王"十一年,齐、韩、魏、赵、宋、中山五国共攻秦,至盐氏而还。秦与韩、魏河北及封陵以和"。时在齐闵王四年(前296年)。

[33] 鲍彪曰:"攘,推也,犹拓。远迹,畏而避之也,然终不服。"金正炜曰:"'不服',当作'下服'。"

[34] 鲍彪曰:"此乐毅入临淄之役也,秦与五国共败之。"吴师道曰:"《赵策》亦有'社稷为虚戾'之语。《庄子》:'国为虚厉。'《释文》:'虚,如字,又音墟。李云:居宅无人曰虚,死而无后曰厉。'恐此'戾'即'厉'也。""虚戾",荒凉恐怖的地方。

[35] 鲍彪曰"破韩、魏,宜能强,而适足自存者何?"吴师道曰:"齐宜强而反遭破,韩、魏宜亡而仍存,何也?故下文言齐之受殃。"

[36] 鲍彪曰:"今,谓世主。"

[37] "库",武库。

［38］鲍彪曰："司马穰苴,以齐言之,非威、宣将。"

［39］鲍彪曰："合从为一。"

［40］鲍彪曰："难者,如刑名之家,苏子所患也。"

［41］鲍彪曰："申、韩之徒。"金正炜曰："按'刑'与'形',古字通。"缪文远曰："此指公孙龙子言,公孙龙有《白马论》。""形名之家"指战国时期的名家,代表人物有惠施、公孙龙。

［42］鲍彪曰："如使白马实马,必有白马之为,而天之马不皆为白马,故曰非马。"金正炜曰："已当作亡,亡与无同。言刑名之家,虽执白马非马之说,无如白马之实马也。"

［43］金正炜曰："'为'犹谓也。"缪文远曰："句犹言合从本不可成,而主合从之说者皆言可成也。"

［44］鲍彪曰："言难者皆无端若此,故可患。而今非若此也。"

［45］"秦人",秦国。"怀",魏国城邑,故城在今河南武陟县西南。据《史记·魏世家》,安釐王"九年(前268年),秦拔我怀"。《史记·秦本纪》载秦昭王"四十一年(前266年)夏,攻魏,取邢丘、怀"。两处记载有误差,当指同一回事。

［46］鲍彪曰："赵,赵奢;齐,鲍佞;并楚为三。"金正炜按:"《周书·克殷篇》:'周车三百五十乘,陈于牧野,帝辛从。'注:'纣出朝歌二十里而迎战也。'或本为'救',涉下文'去而不从'而误。"然而,依下文"临怀而不救",可知"从"本不误。《论语·八佾》:"从之,纯如也。"朱熹集注:"从,放也。"《庄子·则阳》:"从师而不囿。"成玄英疏:"从,任也。""从",放任。

［47］鲍彪曰："'佞',一作'接'。""赵奢",赵国名将。初赵惠文王任其治田赋,民富而府库实。惠文王二十九年(前270年),秦围韩阏与(在今河北武安县西),赵使赵奢率军救韩,"大破秦军阏与下,赐号为马服君"。事见《史记·赵世家》、《廉颇蔺相如列传》。"鲍佞",齐将。

［48］钟凤年曰："疑'有'字衍,'四人'字倒,句作'楚四人起而从文',其故殆即缘字倒而或乃妄补'有'字也。""有",语助词,见《经传释词》卷三。

［49］鲍彪曰："赵、鲍、楚四人,本起救怀而不救,又听秦之自去,不随击也。""从",追逐。《诗·齐风·还》:"并驱从两肩兮。"毛传:"从,逐也。"《汉书·高帝纪》:"时章邯从陈。"颜师古注:"从,谓追讨也。"

[50] "忘其",转语词,可译为"或者",见《经传释词》卷十。

[51] "以"下鲍本有"知"字。吴师道曰:"此下或有缺文。"今据鲍本补。

[52] 鲍彪曰:"以不救不从为能,知秦之不可当也。""能",能耐,能力。

[53] 鲍彪曰:"此下申言上殽、函之败。"吴师道曰:"裂地败齐,当是指五国伐齐之事。三国之不救怀,卒裂地以败齐,皆言从之不能合。"

[54] 指田单率领齐国的精兵良将。

[55] 范祥雍曰:"此言十四年,为田单相齐之岁。单以赵孝成王元年(前265年)将赵师攻燕中阳,二年,为赵相,见《赵世家》。溯其破燕之岁为齐襄五年(前279年),至襄十九年(前256年)为赵将攻燕,综计为齐将正十四年也。""中",齐国。《尔雅·释地》:"岠齐州之南。"郭璞注:"齐,中也。"

[56] 鲍彪曰:"言不出战,所谓横行于中。"

[57] 横田惟孝曰:"结上两节,言从之不成也。""识",知道。"一成",一套办法。《吕氏春秋·论威》:"吴王壹成。"高诱注:"专诸一举而成阖庐为王,故曰吴王一成。"《礼记·乐记》:"再成而灭商。"郑玄注:"成犹奏也。每奏武曲一终为一成。"《诗·周颂·臣工》:"王釐尔成。"朱熹集传:"成,成法也。""恶",何,怎么。"存",在。这是说真不知道合纵联盟那套办法怎么能存在下去?

[58] 郭人民曰:"二十九年不相攻,乃说士夸大之辞。"

【考辨】

本篇林春溥《战国纪年》、顾观光《国策编年》系于周赧王五十八年"邯郸围后"事,即公元前257年。于鬯《战国策年表》则系于周赧王五十六年,即公元前259年。两说均不可信。

鲍彪注:"以此《策》为苏秦合从时,则所称赵奢、惠文、孝成将也,苏秦不当称之。自昭讫始皇定天下,无年不战,则天下不相攻之说,不可晓也。今定为孝成九年邯郸围后,说是。后秦独攻取两周,犹息兵五、六年。前此后此,皆无解兵之事。"吴师道说:"二十九年不相攻,必有误字。辩士增饰之辞固多,然不应如此之甚。"缪文远也说:"此章言'齐为虚戾',又言'田单将齐之良,以兵横行于中十四年',所指当在燕军破齐及田单复国之后,时苏秦已死。《策》复有'今虽得邯郸,非国之长利也',则所拟时间当在邯郸被围及秦兵解去之后,而所言多与史不合,知此《策》为虚拟之辞,非实事也。此章主旨在游说秦王罢兵息民。文末言'秦王解兵不出于境,诸侯休,天下安,二十九年不相攻',全属向壁虚造之辞。"因此,本篇当属苏秦后学的拟托之辞。

然而,本篇多处引述当时流行的思想学说,来"游说秦王罢兵息民",实现"诸侯休,天下安"、"不相攻"的政治意图。一是"力尽之民,仁者不用也;求得而反静,圣主之制也",具有儒家色彩。二是"【见】微之为著者强",是对《老子》"见小曰明,守柔者强"思想的借鉴和升华。三是"功大而息民,用兵之道也",属于兵家思想。四是"夫刑名之家,皆曰'白马非马'也。已如白马实马,乃使有白马之为也。此臣之所患也",属各家思想。五是"怀重宝者,不以夜行;任大功者,不以轻敌",则属古谚语的范畴。凡此都为我们研究苏秦的思想渊源和语言艺术,提供了珍贵资料。

六二、苏子为赵合从说魏王章

苏子为赵合从说魏王曰[1]:"大王之埊[2],南有鸿沟、陈、汝南[3],有许、鄢、昆阳、邵陵、舞阳、新郪[4];东有淮、颍、沂、黄、煮枣、海盐、无疎[5],西有长城之界[6],北有河外、卷、衍、燕、酸枣[7],埊方千里。埊名虽小,然而庐田庑舍[8],曾无所刍牧牛马之地[9]。人民之众,车马之多,日夜行不休,已无以异于三军之众[10]。臣窃料之[11],大王之国,不下于楚。然横人谋王[12],外交强虎狼之秦[13],以侵天下,卒有国患[14],不被其祸[15]。夫挟强秦之势[16],以内劫其主[17],罪无过此者。且魏,天下之强国也[18];大王,天下之贤主也[19]。今乃有意西面而事秦[20],称东藩,筑帝宫[21],受冠带[22],祠春秋[23],臣窃为大王愧之[24]。

"臣闻越王勾践以散卒三千[25],禽夫差于干遂[26];武王卒三千人,革车三百乘,斩纣于牧之野[27]。岂其士卒众哉?诚能振其威也[28]。今窃闻大王之卒,武力二十余万[29],苍头二千〔十〕万[30],奋击二十万[31],厮徒十万[32],车六百乘,骑五千疋[33]。此其过越王勾践、武王远矣!今乃劫于辟(嬖)臣之说[34],而欲臣事秦。夫事秦必割地效质[35],故兵未用而国已亏矣[36]。凡群臣之言事秦者,皆奸臣,非忠臣也。夫为人臣,割其主之坔以求外交,偷取一旦之功而不顾其后[37],破公家而成私门[38],外挟强秦之势,以内劫其主以求割坔,愿大王之熟察之也。

"《周书》曰[39]:'绵绵不绝,缦缦奈何?毫毛不拔,将成斧柯[40]。'前虑不定,后有大患,将奈之何[41]?大王诚能听臣[42],六国从亲,专心并力,则必无强秦之患。故敝邑赵王使使臣献愚计[43],奉明约[44],在(载)大王诏之[45]。"

魏王曰:"寡人不肖,未尝得闻明教[46]。今主君以赵王之诏诏之[47],敬以国从。"

本篇辑自《战国策·魏策一》

【校注】

[1] 吴师道曰:"苏子,秦也。""魏王",《苏秦列传》作"魏襄王"。

[2] "坔",古"地"字。

[3] "鸿沟",据古本《竹书纪年》:"梁惠王十年(前360年),入河水于甫田,又为大沟而引甫水者也。"《史记·项羽本纪》载:"项王乃与汉王约,中分天下,割鸿沟而西者为汉,鸿沟而东者为楚。"《索隐》:"应劭云:'在荥阳东南三十里,盖引河东南入淮泗也'。""圃田",古泽名,在今河南中牟县西。公元前360年,魏国开凿鸿沟引黄河水入圃田泽灌溉农田。这是大运河开凿最早的一段,在今河南荥阳市东北霸王城村西。《水经注·渠水》:梁惠王"三十一年(前339年),为大沟于北郭,以行圃田之水。"公元前339年,魏国又从大梁城的北郭,开凿大沟引黄河水入圃田。"大沟"即鸿沟,在今河南尉氏县西南。《史记·河渠书》载:"荥阳下引河东南为鸿沟,以通宋、郑、陈、蔡、曹、卫,与济、汝、淮、泗会。"《水经注·渠水》说:渠水"有阴沟、鸿沟之称焉。项羽与汉高分王,指是水为东西之别,故苏秦说魏襄王曰:'太王之地,南有鸿沟'是也。""项羽与汉高分王"的汉王城和楚王城遗址,就在今荥阳市东北的黄河南岸(张驭寰:《汉王城、楚王城初步调查》,《文物》1973年第1期)。"鸿沟"是指魏国开凿从荥阳东北连通黄河和"济、汝、

淮、泗"的南北大运河。这也是最早记载魏惠王开凿"鸿沟"的历史文献。"陈",故城在今河南淮阳县。张琦曰："地南不及陈,盖夸言之。""汝南"在今河南南部汝河中游南岸地区。

［4］《苏秦列传》无"有"字。"有",语助词,见《经传释词》卷三。"许",《汉书·地理志》颍川郡有"许"县,故城在今河南许昌市东。"鄢",《苏秦列传》作"傿"。"鄢",通作"傿",在今河南鄢城县。"昆阳",《汉书·地理志》颍川郡有"昆阳"县,故城在今河南叶县北。"邵陵"即召陵,《汉书·地理志》汝南郡有"召陵"县,在今河南漯河市东。"舞阳",《汉书·地理志》颍川郡有"舞阳"县,故城在今河南舞阳市西南。"新郪",《汉书·地理志》汝南郡有"新郪"县,故城在今安徽太和县北。

［5］《苏秦列传》作"淮、颍、煮枣、无胥"。"淮",淮河。缪文远曰："魏地不至淮,盖夸言之。"何建章曰："魏既有新郪,距淮水近。""颍",通作颖。颍水源出今河南登封市东阳乾山,东南流经今漯河市与汝水合,至安徽寿县入淮河。"沂",沂水。《水经注·泗水》载："泗水又东南迳下邳县故城西,东南流,沂水流纳注焉。"在今江苏邳州市西南。"黄",黄城。《史记·赵世家》："敬侯八年,拔魏黄城。"《集解》："杜预曰:陈留外黄县东有黄城。"故城在今山东冠县南。"煮枣",《史记·田齐世家》:齐闵王十二年攻魏,"煮枣将拔。"故城在今山东荷泽市西南。"海盐",缪文远曰："《史记》无,疑衍。"何建章曰："鲍本、《苏秦列传》无'海盐'。地未详。""海盐"当读如"无盐"。"海"、"無"音近义通。《诗·邶风·式微》毛传："微,无也。"《管子·地员》："其种大苇无细苇。"集校："古无与微通。"《释名·释水》："海,晦也。"《左传·成公十四年》："志而晦。"杜预注："晦,亦微也。"可以为证。《汉书·地理志》东平国有"无盐县",在今山东东平县东。"无疎",《苏秦列传》作"无胥"。《史记索隐》按："其地阙。"

［6］鲍彪曰："荥阳卷县有长城,经阳武到密。"张琦曰："故卷有长城,韩、魏之界也。自郑滨洛以北至固阳,秦、魏之界也。"古本《竹书纪年》:魏惠王"十二年(前358年),龙贾帅师筑长城于西边"(《水经注·济水》引)。《后汉书·郡国志》河南尹"卷,有长城,经阳武到密"。这条长城从黄河南岸的卷(今河南原阳县西北)开始,东向到阳武(今原阳县西南),折向西南行到达密(今河南新密市东北),是韩、魏两国的边界。《史记·秦本纪》载:秦孝公元年(前361年)"魏筑长

城,自郑滨洛以北,有上郡"。《正义》:"魏西界与秦相接,南自华州郑县,西北过渭水,滨洛水东岸,向北有上郡鄜州之地,皆筑长城以界秦境。"这条长城南端从郑(今陕西华县)开始,越渭水和洛水,沿洛水东岸经今陕西大荔、澄城、洛川、富县等县筑成,是秦、魏两国的边界。这是最早记录魏国修筑西界"长城"的文献。

[7] "河外",《史记正义》:"谓河南地。"《战国策·魏策一》"张仪为秦连横说魏王"章:"秦下兵攻河外,拔卷、衍、燕、酸枣。"是"卷、衍、燕、酸枣"均属"河外"地区,当在黄河古道东南侧,今河南新乡市东南和濮阳地区。"卷",在今河南原阳县西北。"衍",《史记·秦始皇本纪》载:九年"杨端和攻衍氏"。《正义》:"在郑州。"在今河南郑州市北。"燕"即南燕,在今河南封丘县北。"酸枣",在今河南延津县西。

[8] 《苏秦列传》作"田舍庐庑"。鲍彪曰:"庐,田间屋。庑,廊下周屋。"

[9] 鲍彪曰:"居人多故。"胡三省《资治通鉴·周纪二》注:"刍,刈草也。牧,放牧也。言魏民居蕃庶,无刈刍放牧之也。""曾",竟,竟然。这两句是说魏国人烟稠密,田间布满茅屋草舍,竟然连打草放牧牛马的地方都找不出来。

[10] 《苏秦列传》作"辒辒殷殷,若有三军之众"。鲍彪曰:"行人多故,如军阵。""已",这,这里。《尔雅·释诂》:"已,此也。""无以",没有。"三军",全部国家军队。

[11] "窃料",私下估计、揣度。

[12] "谋",《苏秦列传》作"怵",鲍本作"訹"。"谋"、"怵"义近。"谋",通作谟,欺诈。《尔雅·释诂上》:"谟,谋也"。郝懿行义疏:"谟,通作谋。"《尔雅·释诂下》:"谟,伪也。""訹",通作"怵",诱骗。《汉书·武帝纪》:"怵于邪说。"颜师古注:"怵,或体'訹'字耳。"吴师道《战国策·秦策二》注:"訹、怵字通。"可以为证。《汉书·食货志下》:"善人怵而为奸邪。"《集注》引李奇曰:"怵,诱也。"《说文·言部》:"訹,诱也。"

[13] "强",帮助。《小尔雅·广诂》:"强,益也。""强"同彊。范望《太玄·彊》注:"彊,助也。"

[14] "国",《苏秦列传》作"秦"。鲍彪曰:"国,魏国。"何建章曰:"卒,终。'有',《广雅·释诂一》'取也'。此犹言受、遭。"

[15] "不",语词,见《经传释词》卷十。"被",《苏秦列传》作"顾"。"被"、

"顾"义通。《玉篇·衣部》:"被,及也。"李贤《后汉书·冯衍传》注:"顾,犹及也。"是其证。"被",蒙受。"顾",顾忌。

[16] 何建章曰:"挟,持,此犹言凭借,依靠。"

[17] "劫",威逼,胁迫。

[18] 战国初年,魏国的国力强盛,号令诸侯。《战国策·齐策五》:"魏王拥土千里,带甲三十六万,其强而拔邯郸,西围定阳,又从十二诸侯朝天子,以西谋秦。"《秦策五》说:"梁君之驱十二诸侯以朝天子于孟津。"魏惠王"驱十二诸侯以朝天子",事在周显王二十五年(前344年)。

[19] "主",《苏秦列传》作"王",以《策》文作"主"为优。

[20] "乃",犹将也。见《经传衍词》卷六。

[21] 《史记索隐》:"谓为秦筑宫,备其巡狩而舍之,故谓之'帝宫'。"鲍彪曰:"为秦筑宫,备其巡幸。"

[22] 《史记索隐》:"谓冠带制度皆受秦法。"鲍彪曰:"受服于秦。"

[23] 《史记索隐》:"言春秋贡奉,以助秦祭祀。"鲍彪曰:"助秦祭。"

[24] "愧",《苏秦列传》作"耻"。"愧"、"耻"义通。《广雅·释诂四》:"愧,耻也。"

[25] "散",《苏秦列传》作"敝"。鲍彪曰:"散,则非枭勇。""越王勾践",春秋晚期越国君王,公元前497—前465年在位,见《史记·越王勾践世家》。何建章曰:"散卒,犹言残兵败将。""散"、"敝"义通。胡三省《资治通鉴·汉纪四十四》注:"散,逃溃而去也。"《荀子·富国》:"以糜敝之。"杨倞注:"敝,败也。"是其证。

[26] "夫差",春秋晚期吴国君王,公元前495—前473年在位,见《史记·吴太伯世家》。"干遂",《史记正义》:"在苏州吴县西北四十余里万安山西南。"在今江苏苏州市西北。

[27] 《史记正义》:"今卫州城是也。周武王伐纣于牧野,筑之。"周武王伐纣灭商,事在公元前1046年。"牧之野"即"牧野",在今河南淇县南。参见本书第四七章注[28]。

[28] "诚",实也。

[29] "武力",《苏秦列传》作"武士"。

[30] 《苏秦列传》作"苍头二十万"。《史记索隐》:"苍头,谓以青巾裹头,以

异于众。荀卿'魏有苍头二十万'是也。"黄丕烈曰:"'千',鲍本作'十'。'十'字是也。"黄说当是,今据改。

[31]"奋击",胡三省《资治通鉴·周纪二》注:"奋击,军中之勇士,敢奋力而击敌者异之。"

[32]"厮徒",《史记正义》:"厮,音斯,谓炊烹供养杂役。"

[33]"疋",《苏秦列传》作"匹"。《广韵·质韵》:"匹,俗作疋。"

[34]"辟臣",《苏秦列传》作"群臣"。黄丕烈曰:"《史记》作'群',盖不与《策》文同。"金正炜曰:"辟臣、群臣,义虽并通,证以下文'凡群臣之言事秦者,皆奸臣,非忠臣也',则宜作'辟'。"何建章曰:"下文'群臣之言事秦者',则此'辟'当是'群'字之形误。"金、何说未当。依《策》文"群臣"中有"奸臣"、"忠臣"之别。"辟",通作"嬖"。桂馥《说文义证·女部》:"嬖,通作辟。"是其证。《左传·隐公三年》:"嬖人之子也。"《经典释文》:"贱而得幸曰嬖。""嬖臣"即奸臣。《策文》"嬖臣"当指"群臣之言事秦者"而言,故当以"辟臣"为优。

[35]"质",《苏秦列传》作"实"。《史记索隐》:"谓割地献秦,以效己之诚实。""质"、"实"义通。《诗·小雅·天保》:"民之质矣。"朱熹集注:"质,实也。"《淮南子·泰族》高诱注:"实,质也。"是其证。

[36]"亏",损伤。

[37]鲍彪曰:"偷,苟且也。"

[38]何建章曰:"'破公家',指'割地'。'成私门',指'一旦成功'。""公家",指魏国。《吕氏春秋·贵卒》:"争先入公家。"高诱注:"公家,公之朝也。""公家"即公室。《公羊传·昭公二十五年》:"季氏无道,僭于公室久矣。"何休注:"诸侯称公室。"这里的"公家"是指魏国而言。《管子·任法》:"私者,下之所以侵法乱主也。""私门"指"奸臣"的门庭。

[39]"《周书》",指《逸周书》。《汉书·艺文志》有《周书》七十一篇"。

[40]鲍彪曰:"緜,薄弱也。蔓,延也。若何?言不可奈何。毫毛,喻树之萌。柯,斧柄。"这段《周书》文字,各家所引,略有不同。《逸周书·和寤篇》作:"绵绵不绝,蔓蔓若何?毫末不掇,将成斧柯。"据《说苑·敬慎篇》记载,孔子入周问礼时,在周太庙所见《金人铭》作:"绵绵不绝,将成网罗。青青不伐,将寻斧柯。"亦见《孔子家语·观周篇》。

[41]"奈之何",怎么办?

[42]"诚",犹若也。见裴学海《古书虚字集释》卷九。

[43]"赵王",鲍彪曰:"肃侯。""敝邑",是对本国的谦称。这里指赵国。

[44]"奉",呈上。"明约",指六国合纵的盟约。见本书第六〇章。

[45]"在",通作载,任也。《国语·周语上》:"阳失而在阴。"俞樾《群经评议》按:"'在'当为载。"是其证。《荀子·富国》:"以国载之。"杨倞注:"载,犹任也。"

[46]"明教",高明的教导。

[47]前一"诏"字,指诏令。后一"诏"字,指告诉。

【考辨】

据《史记·苏秦列传》,苏秦说魏襄王是在其说韩宣王之后同一年发生的事,司马光《资治通鉴》即将本章系于周显王三十六年(前333年)。吕祖谦《大事记》、林春溥《战国纪年》、黄式三《周季编略》、顾观光《国策编年》及于鬯《战国策年表》等从其说,即公元前333年。

缪文远曰:"然此章所言与当时情势绝不相符。一、显王三十六年,秦尚未称王,何以魏乃于此时'称东藩、筑帝宫'? 二、上年魏、齐方会徐州相王,二国平分霸业,此时安得'有意西面事秦'? 此《策》乃策士依托之拟作,非信史也。"缪说当是。

战国早期,魏国是列国中实力最为强盛的国家。本篇说魏国"庐田庑舍,曾无所刍牧牛马之地。人民之众,车马之多,日夜行不休,已无以异于三军之众"。就是当时魏国农业经空前繁荣的具体反映。而说魏国"南有鸿沟"、"西有长城之界",则是对魏惠王时期开凿贯通黄、淮两大流域的南北大运河以及修筑防卫魏国西界的"长城"伟大工程的最早记录。同时,本篇所引《周书·和寤篇》的文句,则是研究《逸周书》成书年代的珍贵资料。这些记载都具有重要的史料价值。

【附录】《史记·苏秦列传》"又说魏襄王"节

【苏秦】又说魏襄王曰:"大王之地,南有鸿沟、陈、汝南、许、郾、昆阳、召陵、舞阳、新都、新郪;东有淮、颍、煮枣、无胥,西有长城之界;北有河外、卷、衍、酸枣,地方千里。地名虽小,然而田舍庐庑之数,曾无所刍牧。人民之众,车马之多,日夜行不绝,辎辎殷殷,若有三军之众。臣窃量大王之国不下楚。然衡人怵王,交强虎狼之秦以侵天下,卒有秦患,不顾其祸。夫挟强秦之势,以内劫其主,罪无过此者。魏,天下之强国也;王,天下之贤主也。今乃有意西面而事秦,称东藩,筑帝宫,受冠带,祠春秋,臣窃为大王耻之。

臣闻越王勾践战敝卒三千人,禽夫差于干遂;武王卒三千人,革车三百乘,制纣于牧野,岂其士卒众哉? 诚能奋其威也。今窃闻大王之卒,武士二十万,苍头二十万,奋击二十万,厮徒十万,车六百乘,骑五千匹。此其过越王勾践、武王远矣!今乃听于群臣之说,而欲臣事秦。夫事秦必割地以效实,故兵未用而国已亏矣。凡群臣之言事秦者,皆奸人,非忠臣也。夫为人臣,割其主之地以求外交,偷取一时之功而不顾其后,破公家而成私门,外挟强秦之势以内劫其主,以求割地,愿大王孰察之。

《周书》曰:'绵绵不绝,蔓蔓奈何?豪氂不伐,将用斧柯。'前虑不定,后有大患,将奈之何?大王诚能听臣,六国从亲,专心并力壹意,则必无强秦之患。故敝邑赵王使臣效愚计,奉明约,在大王之诏诏之。"

魏王曰:"寡人不肖,未尝得闻明教。今主君以赵王之诏诏之,敬以国从。"

六三、苏代为田需说魏王章

苏代为田需说魏王曰[1]:"臣请问文之为魏[2],孰与其为齐也[3]?"王曰:"不如其为齐也。""衍之为魏[4],孰与其为韩也?"王曰:"不如其为韩也。"苏代曰[5]:"衍将右韩而左魏[6],文将右齐而左魏。二人者,将用王之国,举事于世[7],中道而不可[8],王且无所闻之矣[9]。王之国虽渗乐(销铄)而从之可也[10]。王不如舍需于侧[11],以稽二人者之所为[12]。二人者曰:'需非吾人也,吾举事而不利于魏,需必挫我于王[13]。'二人者必不敢有外心矣。二人者之所为之,利于魏与不利于魏,王厝需于侧以稽之[14],臣以为身(信)利而便于事[15]。"王曰:"善。"果厝需于侧。

本章辑自《战国策·魏策二》

【校注】

[1] 苏代,苏秦之弟。"田需",亦作"田缛"、"陈需",齐国人,曾任魏相,约楚国合纵伐秦,与公孙衍不合,魏襄王九年(前310年)死于魏国。"魏王",魏襄王。

[2] 高诱曰:"为,助也。""文",田文,即薛公,号孟尝君。

[3] 缪文远曰:"孰与,犹言如何。"这是说田文对于魏、齐两国,相较究竟重视哪个国家?

[4] 鲍彪曰:"衍,阴晋人,时属韩,故下苏代说昭鱼亦云。"吴师道曰:"阴晋,魏地,衍实魏人,其善韩非此。""衍",公孙衍,魏国阴晋(今陕西华阴县东)人,号犀首。初任秦国大良造,后归魏为将,主张六国合纵抗秦。魏惠王后元十二年(前323年)发起魏、韩、燕、赵、中山"五国相王",十六年(前319年)任魏相,次年便约齐、楚、燕、赵、韩"五国伐秦",是与张仪同时的纵横家人物。《孟子·滕文公下》说:"公孙衍、张仪岂不诚大丈夫哉!一怒而天下惧,安吾而天下熄。"可见其在纵横家中的重要地位。

[5] 鲍彪曰:"衍'而'字。"金正炜曰:"《礼记·檀弓》'而曰然'注:'而,犹乃也。'《释词》:'乃,犹于是也。'"

[6] 高诱注:"右近,左远。"鲍彪曰:"右,言助之力。"吴师道曰:"时尚右,说见《赵策》。"《管子·白心》:"左者,出者也。右者,入者也。"《左传·宣公十年》:"天子所右,寡君亦右之;所左亦左之。"孔颖达疏:"人有左右,右便而左不便,故以所助者为右,不助者为左。"

[7] 何建章曰:"举事,犹言谋事。"

[8] 鲍彪曰:"中道,犹中立也,言不能两全二国。"缪文远曰:"中道,行事至中途而不当。《论语·雍也》:'力不足者,中道而废。'符定一曰:'中道,犹言行至中途'。"《孟子·尽心下》:"孔子不得中道而与之。"赵岐注:"中道,正中之大道也。"本文"中道",当属"中立"、中庸之义。

[9] 鲍彪曰:"不闻所以救之。"吴师道曰:"彼有外心,王不得而闻之。"

[10] 鲍彪曰:"渗,言浸微浸弱,如漏器然。乐,言如漏器,尚足乐,虽从二子可也。然从二子必亟亡,不得如是也。"吴师道曰:"渗乐,未详。"黄丕烈曰:"案此当作'操药',形近之讹也。"金正炜曰:"按'渗乐'当是'消烁'之讹。渗、消篆文近

似;乐则烁之损也。'消烁'字《策》数见。"按"渗乐",通作"销铄"。渗、销音近义通。《集韵·侵部》:"渗,漉也。"《说文·水部》:"漉,浚也。"杜预《左传·襄公二十四年》注:"浚,取也。"《广雅·释诂一》:"摻,取也。""摻"实为操字别体。《战国策·赵策二》:"劫韩包二周而赵自销铄。""销",《苏秦列传》作"操"。"乐",通作铄。《尔雅·释诂下》:"暴,乐也。"《经典释文》:"乐,本又作烁。"李善《文选·马融〈长笛赋〉》注:"烁与铄同。"是其证。可见"销铄"是本字,"渗乐"则为假借字。"销铄",削弱,损伤。见本书第六〇章章注[30]。

[11] 鲍彪曰:"舍,犹厝。"金正炜曰:"《管子·四称篇》'良臣不使,谗贼是舍'注:'舍,止也。'谓止谗贼于其旁,与之近也。《汉书·贾谊传》注:'厝,置也。'止、置义同,故鲍注'舍犹厝'。""舍",客居,安置。

[12] "稽",考察,阻止。

[13] 鲍彪曰:"需非二人之党。"

[14] "厝",安置。

[15] 鲍彪曰:"身,王身。"金炳炜曰:"身,疑当为甚,一声之讹。"何建章曰:"身,《尔雅·释诂》'我也'。郭注:'今人亦自呼为身。'身利,有利于自己。""身",通作信。《尔雅·释诂上》:"联,身也。"郝懿行义疏:"身,通作信。""信",实也,极也。《庄子·天道》:"凡以为不信。"成玄英疏:"信,实也。"《诗·邶风·击鼓》:"不我信兮。"毛传:"信,极也。""信",实也,极也。

【考辨】

本《策》黄式三《周季编略》、于鬯《战国策年表》并系于周显王四十五年(前324年),顾观光《战国策编年》系于周慎靓王三年(前318年),林春溥《战国纪年》系于周慎靓王四年(前317年),何清谷《公孙衍事迹考》则系于周赧王元年(前314年),缪文远从何说。诸家系年,均未确当。

《战国策》刘敞本、鲍彪本均将本篇与《魏策二》"犀首见梁君"章连为一篇。"犀首见梁君"章云:"犀首许诺,于是东见田婴,与之结约,召文子而相之魏,身相于韩。"据《史记·秦本纪》,秦惠文王更元十一年(前314年),秦樗里疾"败韩岸门,斩首万,其将犀首走"。犀首从此在韩国失势,回到魏国。其时当在魏襄王五年(前314年)。何清谷认为,这时"田文、公孙衍都到了魏国,他们与田需不和,魏襄王对怎样使用这两个人,十分踌躇。后来魏襄王采纳了一种建议,利用田需监督这二人的所为,使他们懂得'吾举事而不利于魏,需必挫我于王'。魏襄王采取这样的措施也是很自然的"。这就是何清谷、缪文远将本篇系于周赧王元年的依据。

然而,据《史记·六国年表》,周赧王二十一年(前 294 年)齐国"田甲劫王,相薛文走"。足见薛文是在"田甲劫王"事件后,才出奔魏国,被魏昭王任"以为相"的(杨宽《战国史》332 页)。可见田文奔魏与犀首归魏的时间,相差整整二十年。况且,据《史记·魏世家》魏襄王九年(前 310 年)"魏相田需死"。可见田文奔魏时,田需已死去十多年。因此,这篇《策》文应是苏秦后学的拟托之作。

六四、田 需 死 章

田需死[1]。昭鱼谓苏代曰[2]:"田需死,吾恐张仪、薛公、犀首之有一人相魏者[3]。"代曰:"然则相者以谁而君便之也[4]?"昭鱼曰:"我欲太子之自相也[5]。"

代曰:"请为君北见梁王[6],必相之矣。"昭鱼曰:"奈何?"代曰:"君其为梁王[7],代请说君。"昭鱼曰:"奈何?"

对曰:"代也从楚来,昭鱼甚忧。代曰:'君何忧?'曰:'田需死,吾恐张仪、薛公、犀首有一人相魏者。'代曰:'勿忧也。梁王,长主也[8],必不相张仪。张仪相魏,必右秦而左魏[9]。薛公相魏,必右齐而左魏。犀首相魏,必右韩而左魏。梁王,长主也,必不使相也。'【王曰:'然则寡人孰相'】[10]?代曰:"莫如太子之自相。是三人皆以太子为非固相也[11],皆将务以其国事魏,而欲丞相之玺[12]。以魏之强,而持三万乘之国辅之[13],魏必安矣。故曰,不如太子之自相也。'"

遂北见梁王,以此语告之,太子果自相[14]。

本篇辑自《战国策·魏策二》

【校注】

[1] 缪文远曰:"田需死,在魏襄王九年(前三一〇)。""田需",魏相国。见

本书第六三章注[1]。

[2]《史记正义》曰:"昭鱼,昭奚恤也。""昭鱼"即昭黡,时任楚相国。见本书策九(《东周策》)"昭黡在阳翟章"注[1]。

[3]鲍彪曰:"薛公,婴。"吴师道曰:"《史·索隐》以为'田文'。"缪文远曰:"《韩非子·内储说下》:'犀首与张寿为怨,陈需新入,不善犀首,因使人微杀张寿。魏王以为犀首也,乃诛之。'据此,则田需死时,犀首已前卒矣。"范祥雍按:"敦煌本《春秋后语》云:'相田需死,而张仪、犀首、薛公并在于魏,楚相昭鱼不善三子。'""张仪",战国纵横家的代表人物。见本书第一"苏秦谓陈轸章"注[10]。"薛公"即孟尝君田文,见本书第六(《齐策三》)"孟尝君将入秦章"注[1]。"犀首"即公孙衍,见本书第六二章(《魏策二》)。

[4]姚宏曰:"一本无'者以'字。"《魏世家》"以"作"欲"。

[5]《史记索隐》曰:"太子即襄王也。"缪文远曰:"太子,名遫,即昭王。"

[6]"梁王",魏襄王。

[7]鲍本、卢本"君"作"若"。鲍彪曰:"若,汝也。"《魏世家》作"君",与传本同。

[8]横田惟孝曰:"长主,谓才德优长之主。"范祥雍按:"《广雅·释诂》:'长,善也。'长主,犹贤主。"

[9]姚宏曰:"右,亲也。左,疏外也。"

[10]"必不使相也",《魏世家》作"必不便也"。鲍本补入其下"王曰然则寡人孰相'"八字。吴师道曰:"《史》有此八字。按此乃苏代请昭鱼代为王,而设为说王之辞,无此句可也。"范祥雍按:"依文义有之为顺。"范说当是,今据补。

[11]"固相",《魏世家》作"常相"。鲍彪曰:"固,犹久。"金正炜曰:"固、常文异义同。"

[12]《魏世家》作"欲得丞相玺也。"鲍彪曰:"玺,印也。"吴师道曰:"秦武王初置承相,用樗里子、甘茂,在张仪死后。此云丞相玺,则魏已有此名。"

[13]姚宏曰:"一本无'持'字。"《魏世家》亦无。"三万乘之国",指秦、齐、韩三国。

[14]"果自相",《魏世家》作"果相魏"。鲍彪曰:"《魏记》九年有。"

【考辨】

本章《魏世家》隶于魏哀(襄)王九年(前310年),林春溥《战国纪年》、顾观光《国策编年》依此系于周赧王五年,即公元前310年。黄式三《周季编略》系周显王四十六年(前323年),谓"《魏世家》编此于哀王时,误,今正之"。两说均无据。

吴师道曰:"《大事记》,赧王八年书秦逐公孙衍,谓衍既去秦,事不复见。《韩非子》载'犀首与张寿为怨,陈需新入,不善犀首,因使人微杀张寿。魏王以为犀首也,乃诛之'。然则衍去秦后,终为魏所杀也。愚按,陈需即《策》中田需,而《策》以田需死后,魏欲相犀首,其说不同,当考。又赧王二十二年,伊阙之败,《策》云公孙衍割地和秦,《大事记》犹著其名,岂别一人耶?李兑约五国攻秦时亦有公孙衍,去此又九年。上距犀首为秦大良造时几五十年,尝疑其甚远。说见《赵策》。"

缪文远曰:"此章之不可通处极多。一、苏氏昆弟仕齐在闵王时,时齐、楚关系疏远,苏氏昆弟不当有使楚事,此言苏代说昭鱼,一不合。二、张仪与犀首为政敌,犀首相魏曾得楚国支持,又曾于慎靓三年合三晋与燕、楚五国伐秦,是犀首与楚关系密切,昭鱼何故恐其相魏?二不合。三、《策》载苏代谓昭鱼曰:'君其为梁王,代请说君。'显系策士练习游谈之辞,事同儿戏,难信为实,三不合。四、太子自相,与楚何利?四不合。此《策》当系依托。"吴、缪析说甚是。因此,本章当是苏秦后学的拟托之辞。

【附录】《史记·魏世家》"田需死"节

魏相田需死。楚害张仪、犀首、薛公。

楚相昭鱼谓苏代曰:"田需死,吾恐张仪、犀首、薛公有一人相魏者也。"代曰:"然相者欲谁而君便之?"昭鱼曰:"吾欲太子之自相也。"代曰:"请为君北,必相之。"昭鱼曰:"奈何?"对曰:"君其为梁王,代请说君。"昭鱼曰:"奈何?"

对曰:"代也从楚来,昭鱼甚忧,曰:'田需死,吾恐张仪、薛公、犀首有一人相魏者也。'代曰:'梁王,长主也,必不相张仪。张仪相,必右秦而左魏。犀首相,必右韩而左魏。薛公相魏,必右齐而左魏。梁王,长主也,必不便也。'王曰:'然则寡人孰相?'代曰:"莫如太子之自相。太子之自相,是三人者皆以太子为非常相也,皆将务以其国事魏,欲得丞相玺也。以魏之彊,而三万乘之国辅之,魏必安矣。故曰莫如太子之自相也。'"

遂北见梁王，以此告之，太子果相魏。

六五、秦召魏相信安君章

秦召魏相信安君[1]。信安君不欲往[2]。苏代为说秦王曰[3]："臣闻之，忠不必当（党），当（党）不必忠[4]。今臣愿【为】大王陈臣之愚意[5]，恐其不忠于下吏，自使有要领之罪[6]。愿大王察之。今大王令人执事于魏[7]，以完其交，臣恐魏交之益疑也[8]。将以塞赵也[9]，臣又恐赵之益劲也[10]。夫魏王之爱习魏信也[11]，甚矣；其智能而任用之也，厚矣；其畏恶严尊秦也[12]，明矣。今王之使人入魏而不用[13]，则王之使人入魏无益也。若用，魏必舍所爱习而用所畏恶[14]，此魏王之所以不安也。夫舍万乘之事而退[15]，此魏信之所难行也。夫令人之君处所不安，令人之相行所不能，以此为亲，则难久矣。臣故恐魏交之益疑也。且魏信舍事[16]，则赵之谋者必曰[17]：'舍〔合〕于秦[18]，秦必令其所爱信者用赵。'是赵存而我亡也[19]，赵安而我危也[20]。则上有野战之气[21]，下有坚守之心，臣故恐赵之益劲也[22]。

"大王欲完魏之交，而使赵小心乎[23]？不如用魏信而尊之以名。魏信事王，国安而名尊；离王，国危而权轻[24]。然则魏信之事主也[25]，上所以为其主者忠矣，下所以自为者厚矣，彼其事王必完矣。赵之用事者必曰：'魏氏之名族不高于我，土地之实不厚于我。魏信以〈韩〉魏事秦[26]，秦甚善之，国得安焉，身取尊焉。今我讲（构）难于秦[27]，兵为招质[28]，国处削危之形，非得计也。结怨于外，主〔生〕患于中[29]，身处死亡之垒（地），非完事也。'彼将伤其前事，而悔其过行[30]；冀其利，必多割垒（地）以深下王[31]。则是大王垂拱之割垒以为利重[32]，尧、舜之所求而不能得也[33]。臣愿大王察之。"

本篇辑自《战国策·魏策二》

【校注】

[1] 鲍彪曰:"《史》不书。"杨宽曰:"信安君,时间不详"(《战国史》第 544 页)。缪文远曰:"信安君于史无考。"郭人民曰:"信安君,魏相,当是魏之公族。"何建章曰:"鲍系此《策》于哀王世,实当是襄王世。""信安君",魏国公族,名魏信,封号信安君,曾任魏国相邦,约与魏襄王同时。《赵策四》有"相魏怀于魏"语。"魏信"即魏怀,"信"是其名,"怀"当是其字。见本书第十七章注[30]。从 1979 年陕西武功县出土"信安君铜鼎"、2008 年洛阳发现的"信安君"铜鼎和澳门珍秦斋藏传世的"信安长阴侯"铜鼎铭文可知,信安君曾被封为"长阴侯"。这些重要发现说明"信安君"不但确有其人,而且还深得魏襄王的器重,正与本章魏王"爱习魏信"的记载相合。①

[2] 横田惟孝曰:"按下文,秦欲召信安而别置相,故不欲往。"

[3] 鲍彪曰:"秦王,武或昭。"缪文远曰:"《国策》、《史记》所载苏代事迹,按之帛书《战国纵横家书》,皆为苏秦之事,则苏代其人本在若有若无间。此言苏代为魏信安君说秦王,尤为无据,秦王亦不知其为何王。"

[4] 姚宏曰:"当,一本作'党'。"鲍彪曰:"为信安说,疑与党之。"黄丕烈曰:"当,鲍本作'党'。"金正炜案:"扬子《方言》:'党、晓、哲,知也。楚谓之党。'《广雅·释诂》:'党,智也。'此言忠者不必皆智,智者不必皆忠,故愿得陈其愚意也。鲍本不误,而注则非。《庄子·天下篇》'公而不党',《释文》:'当,本作党。'与此同。"缪文远曰:"当,自可通,不必改字。"

[5] 黄丕烈曰:"鲍本'愿'下补'为'字。"吴师道曰:"'愿'下有缺字。"关修龄曰:"因下文误衍'大王'字。坊本补'为'非。"缪文远按:"'陈'当为'察',音近而讹。或'愿'下脱'见'字。"范祥雍按:"依文意当有,今从鲍补。"范说当是,今据补。"陈",述说。

[6] 鲍彪曰:"要领,斩刑也。"吴曾祺曰:"要即腰字。"郭人民曰:"要,即'腰'字。领,脖项。腰领,谓斩刑。"范祥雍按:"谓腰斩枭首之刑。"

[7] 鲍彪曰:"谓别置相,以代信安。"

---

① 罗昊:《武功县出土平安君鼎》,《考古与文物》1981 年第 2 期。李学勤:《论新发现的魏信安君鼎》,《中原文物》1981 年第 4 期。刘余力:《战国信安君鼎考略》,《文物》2009 年第 11 期。

［8］"益疑",更加怀疑。

［9］鲍彪曰:"信安必右赵者,秦召而伐之,欲魏不通赵。"

［10］鲍彪曰:"谓交魏益坚。"

［11］鲍彪曰:"魏信即信安,省言之。"何建章曰:"魏王,安釐王。爱习,宠爱亲近。""魏王",当是魏襄王。"魏信",信安君的姓名。

［12］鲍彪曰:"恶,犹惮。"何建章曰:"严尊,尊敬。严,《国语·楚语下》注'敬也'。"

［13］姚宏曰:"今,曾作'令'。"金正炜曰:"'今'犹'若'也,见《释词》,曾作'令',非。"

［14］鲍彪曰:"若用,谓用秦所使。"范祥雍按:"爱习,信安君。畏恶,秦之使人。"

［15］鲍彪曰:"退,谓去相位。"

［16］鲍彪曰:"亦去信也。"金正炜曰:"'舍事'之'舍',读为'捨'。《说文》:'舍,释也。'《左氏》文十八年《传》'舍爵而行',《释文》:'舍,置也。'《国语·楚语》'昔斗子文三舍令君'注:'舍,去也。'"

［17］黄丕烈曰:"鲍改'赵'为'魏'。"金正炜曰:"鲍改'赵之谋者'为'魏之谋者'于文不合。此承上文'将以塞赵'而言也。"

［18］鲍彪曰:"此'舍'犹弃,夺其爱习,是秦弃魏也。"金正炜曰:"舍于秦,犹言息肩于秦,《匡谬正俗》云:舍者训止、训息,或为合字之讹。"横田惟孝曰:"'舍'疑当作'合'。"何建章曰:"据上文,金、横说当是。"范祥雍亦从其说。"舍"、"合"形近易混,今据改。

［19］鲍彪曰:"我,魏也。秦本欲塞赵而云然,此魏自疑之辞,非必秦意。"横田惟孝曰:"我,谋者自我也。"

［20］黄丕烈曰:"'安',鲍本作'亡'。"

［21］鲍彪曰:"将与秦战。"

［22］鲍彪曰:"魏不能抗秦,必结赵。"吴师道曰:"赵之谋事者曰:魏信见舍于秦,秦亦将易置赵之臣,令其所爱信者用于赵,我之权去势夺,是赵存而我已亡,赵安而我独危,则必战必守,不听秦命,是赵益以强。"

［23］黄丕烈曰:"魏,鲍本无。鲍补'魏'字。"吴师道曰:"姚本有'魏'字。"

［24］鲍彪曰："离王，不事之也。"

［25］黄丕烈曰："主，鲍本作'王'。案'王'字是也。"缪文远曰："'主'，鲍本作'王'是，当据改。"何建章、范祥雍均从其说。"王"、"主"义通互换。《吕氏春秋·本生》："今世之惑主。"高诱注："主，谓王也。"《管子·轻重戊》："明王之所以赏有功。"戴望校正："宋本'王'作'主'。"《韩策三》："是何以为公之王使乎。"黄丕烈按："'王'，《史记》作'主'。"皆是其证。因此，不必改"主"为"王"。

［26］鲍本衍"韩"字。吴师道曰："疑衍"。黄丕烈案："此'韩'当作'辅'，形近之讹也。"缪文远按："此文与'韩'无涉，当从鲍衍。"何建章、范祥雍从其说，今据删。

［27］鲍本改"讲"作"构"。黄丕烈曰："今本'讲'作'构'，乃误涉鲍也。"吴师道曰："宜从'拘'读。"范祥雍按："讲、拘古字通，但此作'构'释。"范说当是。"构难"，交战也。

［28］鲍彪曰："言于用兵，为招为质。招言召兵，质犹本也，为之张本。"张琦曰："质，射的也。言拘难于秦，是招兵，如射者之的。"金正炜曰："招，埻的也。见《吕览·本生篇》'共射其一招'注。'质'，射侯，见《荀子·劝学篇》'是故质的张而弓矢至焉'注。"横田惟孝曰："招质，皆的也。房玄龄《管子注》云：'招者，的也，所招射者也。'""招"，通作昭。《楚辞·大招》："昭质既设，大候张只。"林家骊注："昭质，箭靶的中心。""招质"，箭靶。

［29］"主"，鲍本、闵本并作"生"。缪文远曰："'主'，鲍本作'生'是，当据改。"何建章按："前句'结怨'，此当作'生患'。《墨子·明鬼下》'主别兕虎'王念孙《读书杂志》：'主别'本作'生别'。考证不具引，孙诒让间诂'王说是，今据正'。可见'生'易误为'主'。"缪、何说当是，今据改。

［30］鲍本"其过"作"过其"。

［31］鲍彪曰："下，亦事也。"金正炜曰："'利'上当有'后'字，与上二句为文，盖脱误也。"于鬯曰："利，谓国安身尊。""下"，臣服，服事。

［32］姚宏曰："之，一作'多'，鲍本、吴本'之'并作'多'。"鲍彪曰："得地则益重。"金正炜按："《淮南·氾论篇》：'使鬼神能玄化，则不待户牖之行。'《太平御览》引作'而行'；《赵策》'之能美未之有也'，《外纪》作'而能美'。此文'之'字，亦当为'而'，音近而误。"缪文远按："此承上文'多割地'言，作'多'者是也。"何建章曰："之，裴学海《古书虚字集释》卷九'犹而也'。不必以为误。"范祥雍从何氏说。

"之",《尔雅·释诂上》谓"适也"。《庄子·人间世》:"庄子之楚。"成玄英疏:"之,适也。""之割地"犹言"适割地",有正好割地之义。"之"、"多"音近(同为章纽)义通。《论语·子张》:"多见其不知量也。"邢昺疏:"多,犹适也。"《经传释词》卷九:"多,读为祇,祇,适也。"是其佐证。这里的"之"为本字,"多"乃同义互换字。金、何、范诸氏将"之"读为"而",实有迂曲之嫌。

[33] 鲍彪曰:"彪谓尧、舜让天下,而何爱于地!此特辨士欲重其事而言之过,若此者不一也。"

【考辨】

本章顾观光《国策编年》隶于周赧王四年(前311年),于鬯《战国策年表》系于周赧王五十六年(前259年),均无据。

缪文远曰:"此策通篇俱为空论,略无事实可据,当系策士依托。"本篇"秦召魏相信安君"事,于史无证,当是苏秦后学的依托之辞。

然而,本章与《赵策四》乃是先秦两汉文献里,两处仅见记载"魏相信安君"的珍贵史料。若无信安君铜鼎诸器的考古发现,史家仍难确定"魏相信安君"其人的真实存在。由此可见,本章内容虽系策士依托,但仍有其重要的史料价值。

六六、苏秦为公子增谓秦王章

三十年[1],无忌归魏[2],率五国兵攻秦,败之河外,走蒙骜[3]。魏太子增质于秦,秦怒,欲囚魏太子增[4]。

【苏秦】〈或〉为增谓秦王曰[5]:"公孙喜固为魏相曰[6]:'请以魏疾击秦,秦王怒,必囚增。魏王又怒[7],击秦,秦必伤。'今王囚增,是喜之计中也。故不若贵增而合魏[8],以疑之于齐、韩。"秦乃止增[9]。

本篇辑自《史记·魏世家》

【校注】

[1] "三十年",《史记·魏世家》指魏安釐王"三十年",即公元前247年。

〔2〕"无忌",魏相信陵君。公元前257年,秦军围攻赵都邯郸时,魏相信陵君无忌为援救赵国,击杀魏将晋鄙,"窃符救赵"后,"留赵十年不归。"魏安釐王三十年(前247年),魏无忌回到魏国,遂率五国联军讨伐秦国。事见《史记·魏公子列传》。

〔3〕《史记·秦本纪》载:秦庄襄王三年(前247年),"魏将无忌率五国兵击秦,秦却于河外。蒙骜败,解而去。"

〔4〕"太子增",即魏景湣王。《史记·魏世家》载:魏安釐王"三十四年(前243年),安釐王卒,太子增立,是为景湣王。"《索隐》:"《系本》云:'安釐王生景湣王午。'"

〔5〕《史记索隐》案:"《战国策》作'苏秦为公子增谓秦王'。"可知这位游说者当是"苏秦",今据补。"或"字应是司马公在改编本章时增置上去的,当删去。"增",太子增。

〔6〕《史记索隐》:"《战国策》作'公孙衍'。""公孙喜",韩国将领。据《史记·秦本纪》,秦昭王"十四年,左更白起攻韩、魏于伊阙,斩首二十四万,虏公孙喜,拔五城。""公孙喜"在这次战役里被俘身亡。事在公元前294年。"固",本来。

〔7〕"魏王",魏安釐王。

〔8〕"贵",尊重。

〔9〕"止",礼遇。《诗·小雅·小旻》:"国虽靡止。"郑玄注:"止,礼也。"《广雅·释言》:"止,礼也。"

【考辨】

本篇不见今本《战国策》,司马公当是依据古本《战国策》来编定的。这从《史记索隐》依据《战国策》认定游说者为"苏秦",可以看得出来。

魏信陵君无忌"率五国兵攻秦,败之河外,走蒙骜",事在魏安釐王"三十年",即公元前247年。然而,据《战国纵横家书》,苏秦已于公元前284年死去。同时,早在公元前294年"伊阙之役"时,韩国将领"公孙喜"已被秦将白起杀害(《史记·韩世家》)。因此,本策当属苏秦后学的依托之辞。

六七、苏秦为楚合从说韩王章

苏秦为楚合从说韩王曰[1]:"韩北有巩、洛、成皋之固[2],西有宜阳、常(商)阪之塞[3],东有宛、穰、洧水[4],南有陉山[5],地方千里,带甲数十万。天下之强弓劲弩[6],皆自韩出。谿子、少府时力、距来〔黍〕[7],皆射六百步之外[8]。韩卒超足而射[9],百发不暇止,远者达胸,近者掩心[10]。韩卒之剑戟[11],皆出于冥山、棠溪、墨阳、合伯[12]。膊(搏)邓师、宛冯、龙渊、大阿[13],皆陆断马牛[14],水击鹄雁[15],当敌即斩[16]。坚甲盾、鞮鍪、铁幕、革抉、呋(瞂)芮(纳)[17],无不毕具。以韩卒之勇,被坚甲,蹠劲弩[18],带利剑,一人当百,不足言也。夫以韩之劲[19],与大王之贤,乃欲西面事秦,称东藩[20],筑帝宫,受冠带,祠春秋,交臂而服焉[21]。夫羞社稷而为天下笑[22],无过此者矣[23]。是故愿大王之熟计之也。

"大王事秦,秦必求宜阳、成皋。今兹效之[24],明年又益求割地。与之,即无地以给之;不与,则弃前功而后更受其祸。且夫大王之地有尽,而秦之求无已。夫以有尽之地,而逆无已之求,此所谓市怨而买祸者也[25],不战而地已削矣。臣闻鄙语曰[26]:'宁为鸡口,无为牛后[27]。'今大王西面交臂而臣事秦,何以异于牛后乎?夫以大王之贤,挟强韩之兵,而有牛后之名,臣窃为大王羞之。"

韩王忿然作色[28],攘臂按剑[29],仰天太息曰[30]:"寡人虽死,必不能事秦。今主君以楚王之教诏之[31],敬奉社稷以从[32]。"

本篇辑自《战国策·韩策一》

【校注】

[1]"楚",鲍本作"赵"。吴师道曰:"字误,恐当作赵。"金正炜曰:"按下章张仪说韩王亦云:'逆秦而顺楚',与《史》文同。则此《策》不必为'赵'之误。或,

苏子自楚至韩耳。""韩王",《苏秦列传》作"韩宣王"(前 332 年—前 312 年在位)。

[2]《苏秦列传》作"北有巩、成皋之固"。何建章曰:"《史记·苏秦列传》无'洛'字。又《秦本纪》'庄襄王元年,使蒙骜伐韩,韩献成皋、巩'。又《范雎列传》'王下兵攻荥阳,则巩、成皋之道不通'。皆巩、成皋连言,疑衍'洛'字。""巩",巩邑,在今河南巩义市西。"洛",洛水,在今河南偃师市西南与伊水汇合,在今巩义市西北流入黄河。"成皋",有虎牢关,在今河南荥阳市西北。

[3]"宜阳",在今河南宜阳县西,是韩国西部的军事重镇。"常阪",《苏秦列传》作"商阪"。《史记正义》曰:"商阪即商山也,在商洛县南一里,亦曰楚山,武关在焉。""商阪"在今陕西商洛县南。

[4]"宛",在今河南南阳市。"穰",在今河南邓州市东南。"宛、穰"皆在韩都新郑(今河南新郑市西)西南。"洧水",今名双自河,在今河南新郑市西南,流入颍河。

[5]"陉山",《史记正义》:"在新郑西南三十里。"在今河南新郑市西南。

[6]"弩",一种利用机械力量射箭的弓,威力强大,故称"劲弩"。

[7]鲍彪曰:"皆弩名。"《淮南子·俶真》:"谿子之弩。"高诱注:"为弩所出国名也。"《史记集解》引许慎云:"南方谿蛮夷柘弩,皆善材。"《索隐》:"韩又有少府所造时力、距来二种之弩。按:'时力'者,谓作之得时,力倍于常,故名'时力'也。'距来'者,谓弩执劲利,足以距于来敌也。"《荀子·性恶篇》:"繁弱、钜黍,古之良弓也。"《文选·潘安仁〈闲居赋〉》:"谿子、巨黍,异絭同机。"王念孙《读书杂志》:"'距来'当为'距黍','黍'、'来'隶书相近,故'黍'讹为'来'。《韩策》作'距来',亦后人依《史记》改之。"王说当是,今据改。"谿子"、"时力"、"距黍",皆弓名。"少府"是掌管王府手工业制造活动的职官。

[8]这种用脚力踩踏、以机械发射的弩,能远射"六百步"。《汉书·食货志上》载:"六尺为步。"战国时期一里长"三百步",洛阳金村战国墓出土的东周铜尺长 0.231 米,一里长合今 415.8 米。"六百步"为二里,合今 831.6 米。

[9]《史记索隐》按:"超足谓超腾用埶,盖起足踢之而射也,故下云'蹠劲弩'。"《正义》:"超足,齐足也。夫欲放弩,皆坐,举足踏弩,两手引揍机,然始发之。"鲍彪曰:"举蹠踏弩。"缪文远曰:"超足而射,谓坐而举足踏弩也。""超足而射",抬脚踏射。

[10] "胸"、"心"分别指箭靶的胸和心部。

[11] 于鬯曰:"《御览·剑览》引无'戟'字。"何建章按:"《初学记·剑记》、《太平御览》卷356《鍪兜览》引并无'戟'字,下文不及'戟',当衍'戟'字。"因为"剑戟"连词为古代习语。《国语·齐语》:"美金以铸剑戟。"《荀子·正论》:"窃其猪彘,则援剑戟而逐之。"是其证。特别是《苏秦列传》亦云"韩卒之剑戟"。因此依据唐宋时的《初学记》、《太平御览》等引文而删去"戟"字,是不可取的。

[12] "冥山",在今河南信阳市东南,接湖北应山县界。《史记索隐》:"《庄子》云:'南行至郢,北面而不见冥山。'"程恩泽曰:"《括地志》'楚之冥阨,亦曰冥山'。冥山即黾塞也。盖在楚之北境,韩之南境。"《左传·定公四年》:"还塞大隧,直辕冥阨。"杨伯峻注:"冥阨,楚北向隘道,即今豫、鄂交界处之平靖关。"

"棠溪",在今河南西平县西北。《左传·定公五年》:"(吴国夫槩)奔楚,为棠谿氏。"《潜夫论·志氏姓》:"阖闾之弟夫槩王奔楚堂谿,因以为氏。"《楚辞·九叹·怨思》:"执棠谿以刜蓬兮。"王逸注:"棠谿,利剑也。"剑以产地取名。

"墨阳",在河南淅川县北。《水经注·丹水》:"黄水北有墨山。""墨阳"因在墨山之阳而得名。《淮南子·修务》:"服剑者期于铦利,而不期于墨阳、莫邪。"高诱注:"墨阳,美剑名。"

"合伯膊",《苏秦列传》作"合赙"。《史记索隐》按:"《战国策》作'合伯',《春秋后语》作'合相'。"鲍本无"膊"字。黄丕烈曰:"'伯'、'膊'声之转也。'相'当作'柏','柏'、'伯'同字,字形之讹耳。此或用《史记》注'膊'于旁,乃误入正文。"缪文远、何建章、范祥雍并从黄说"删'膊'字"。黄说未当。"合伯"为地名,"膊"当与其下"邓师、宛冯、龙渊、大阿"连读断句,并非旁注而"误入正文",不应删掉。《汉书·地理志》汝南郡西平县"有铁官"。应劭曰:"故柏子国也,今柏亭是。"顾祖禹曰:"'合伯'即柏国也,故置铁官。"在今河南西平县西。

[13] "膊"、搏义通,击也。《周礼·天官·醢人》郑玄注:"膊,谓胁也。"《山海经·西山经》:"各在一膊。"郭璞注:"膊,犹胁也。"《广雅·释亲》:"胉,胁也。"王念孙疏证:"膊,义亦与膊同。"可以为证。《孟子·告子上》:"搏而跃之。"朱熹集注:"搏,击也。""邓师、宛冯、龙渊、大阿",均为剑名。《史记索隐》:"邓国有工师铸剑,而师名焉。宛人于冯池铸剑,故号宛冯。《太康地记》曰:'汝南西平有龙泉水,可以淬刀剑,特坚利,故有龙泉之剑。'""邓"在今河南邓县境。"邓师"指邓

国工匠铸造的名剑。"宛"在今河南南阳市。"冯"即冯池,在今河南荥阳市西北。"宛冯"指宛人在冯池铸造的名剑。《史记集解》:"《吴越春秋》:'楚王召风胡子……作剑,一曰龙渊,二曰太阿。'"

[14]《苏秦列传》作"陆断牛马"。

[15]"击",《苏秦列传》作"截"。《国语·楚语下》:"必自射牛刉羊击豕。"韦昭注:"击,杀也。"

[16]"即",《苏秦列传》作"则"。《助字辨略》卷五:"即,犹则也。"

[17]《苏秦列传》作"坚甲铁幕、革抉、吠芮"。《史记索隐》按:"铁幕,谓以铁为臂胫之衣。革抉,谓以革为射决。决,射韝也。吠与'瞂'同,音伐,谓楯也。芮音如字,谓系楯之绶也。"吴师道曰:"《韵书》:鞮鍪,首铠也。""坚",坚固,坚实。"甲",铠甲。"盾",盾牌。"鞮鍪",兜鍪,即头盔。"铁幕"指套在两臂和胫部的铁甲衣。"革抉"戴在右手大拇指上用来钩弦发箭的皮套。"吠"同吠、瞂,即盾牌。"芮",通作纳。《说文·系部》:"纳,丝湿纳纳也。""纳"是系盾的丝带。

[18]《史记正义》:"夫欲放弩,皆坐,举足踏弩,两手引揍机,然始发之。""蹠",踩踏。《淮南子·原道》:"兽蹠实而走。"叶德辉间诂:"蹠,踏也。""劲",强也。

[19]"韩之劲",指韩国的强大。

[20]"藩",藩篱,屏障。"藩"同蕃。《周礼·秋官·大行人》:"九州之外谓之蕃国。"《文选·曹植〈洛神赋〉》:"余从京师,言归东藩。"张铣注:"藩者,犹为国之藩篱。""东藩",东方的藩属国。

[21]何建章曰:"'筑帝宫',为秦王建筑宫室,作为他来视察或游玩的行宫。'受冠带',接受秦王赐给的服饰。此言接受秦国的政治制度。'祠春秋',春秋两季给秦国纳贡,以助秦国祭祀之用。"泷川资言曰:"交臂,与交手同,谓拱手也。"

[22]何建章曰:"'夫',裴学海《古书虚字集释》卷十'犹则也'。'羞社稷',使国受侮辱。"

[23]"过",《吕氏春秋·知士》高诱注:"犹甚也。"

[24]"兹",年也。《孟子·滕文公下》:"今兹未能。"焦循正义:"兹年也。"《吕氏春秋·任地》:"今兹美禾,来兹美麦。"高诱注:"兹,年也。"

[25]"市",商品贸易市场。胡三省《资治通鉴·周纪二》注:"市,买也。凡以物买卖贸易曰市。"

[26]"鄙语",俗语。《大戴礼记·保傅》:"鄙语曰。"卢辨注:"鄙语,犹今言俗语然也。"

[27]《史记正义》:"鸡口虽小,犹进食;牛后虽大,乃出粪也。"《史记索隐》:"《战国策》云:'宁为鸡尸,无为牛从。'"鲍彪曰:"沈括辨以为'鸡尸'、'牛从'。今按秦称'牛后',盖以恶语侵韩,故昭侯怒而从之。'鸡尸'、'牛从',谬误也。"此说未当。因今传本《韩策一》、《苏秦列传》及《资治通鉴》卷二、《太平御览》卷四百六、八百九十八引并作"鸡口"、"牛后"。李善《文选·阮瑀〈为曹公作书与孙权〉》注:"《战国策》苏秦为楚合从说韩王曰:臣闻鄙谚曰:'宁为鸡尸,无为牛从。'今西面交臂而臣事秦,何以异于牛从也。'延叔坚《战国策》注曰:'尸,鸡中之主也。从,牛子也。'"朱起凤曰:"口、后协韵,此本古人成语。""口"、"尸"义通。故"鸡口"、"牛后",当为本文。

[28]何建章曰:"'忿然'同'愤然',发怒。'作色',变色、变容,脸上现出怒容。"

[29]卷袖握剑,表示愤怒。

[30]"太息",长叹。

[31]"楚王",《苏秦列传》作"赵王"。"诏",告也。

[32]请允许我让全国都听从您的安排。这是当时诸侯各国的习语。

【考辨】

据《史记·苏秦列传》,苏秦说韩宣王是在秦"惠王使犀首攻魏,禽将龙贾,取魏之雕阴"之年,即周显王三十六年(前333年)。司马光《资治通鉴》、吕祖谦《大事记》、鲍彪《战国策注》、林春溥《战国纪年》、黄式三《周季编略》、顾观光《国策编年》、于鬯《战国策年表》等均从其说,即公元前333年。

齐思和《战国策著作时代考》说:本章《史记》以为说韩宣王之辞。韩国虽小,然是时当昭侯、申子之后,国势正强。《史记》所谓'国治兵强,无侵韩者',正此时也。恐无对秦'称东藩、筑帝宫'之事。《韩非子·存韩篇》称'韩事秦三十余年'。案韩非入秦,在始皇十四年,则韩之事秦,至早亦当在韩桓惠王之时,而非宣惠王时也。"缪文远从齐说,以为"此章乃晚出依托之作也"。这些论述,颇为可信。

　　战国时期,韩国的兵器铸造业空前发达。本章不但说明"天下之强弓劲弩,皆自韩出",而且记录"韩卒之剑戟","皆陆断马牛,水击鹄雁,当敌即斩"。"坚甲盾、鞮鍪、铁幕、革抉、呋(瞂)芮(纳)。"这些韩国士卒先进的防护装备,乃是研究战国兵器制造业的珍贵史料。

　　据《荀子·议兵篇》,"楚人鲛革,犀兕以为甲,坚如金石;宛钜铁釶(即铁矛),惨如蠭虿;轻利僄遫,卒如飘风。"这说明战国早中期,"宛"城(在今河南南阳市)已是楚国最著名的冶铸业基地。公元前301年,齐、韩、魏三国攻伐楚国,韩、魏两国夺取楚国宛(在今河南南阳市)、叶(在今河南叶县境)以北的地区(杨宽《战国史》第33、105页)。韩国得以从楚国的宛、邓地区,吸引铸造名师来提高自身的铸造工艺。这也说明本篇的成书年代当在战国晚期。

【附录】《史记·苏秦列传》苏秦"于是说韩宣王"节

　　【苏秦】于是说韩宣王曰:"韩北有巩、成皋之固,西有宜阳、商阪之塞,东有宛、穰、洧水,南有陉山,地方九百余里,带甲数十万。天下之强弓劲弩皆从韩出。谿子、少府时力、距来者,皆射六百步之外。韩卒超足而射,百发不暇止,远者括蔽洞胸,近者镝弇心。韩卒之剑戟皆出于冥山、棠谿、墨阳、合【伯】。䩡(搏)邓师、宛冯、龙渊、太阿,皆陆断牛马,水截鹄雁,当敌则斩。坚甲铁幕,革抉呋芮,无不毕具。以韩卒之勇,被坚甲,蹠劲弩,带利剑,一人当百,不足言也。夫以韩之劲,与大王之贤,乃欲西面事秦,交臂而服,羞社稷而为天下笑,无大于此者矣。是故愿大王孰计之。

　　"大王事秦,秦必求宜阳、成皋。今兹效之,明年又益求割地。与则无地以给之,不与则弃前功而受后祸。且夫大王之地有尽,而秦之求无已。以有尽之地,而逆无已之求,此所谓市怨结祸者也,不战而地已削矣。臣闻鄙谚曰:'宁为鸡口,无为牛后。'今西面交臂而臣事秦,何以异于牛后乎?夫以大王之贤,挟强韩之兵,而有牛后之名,臣窃为大王羞之。"

　　于是韩王忿然作色,攘臂瞋目,按剑仰天太息曰:"寡人虽不肖,必不能事秦。今主君诏以赵王之教,敬奉社稷以从。"

六八、公仲数不信于诸侯章

公仲数不信于诸侯[1],诸侯锢之[2]。南委国于楚[3],楚王弗听[4]。苏代为楚王曰[5]:"不若听而备于其反也[6]。明之反也[7],常仗赵而畔楚[8],仗齐而畔秦。今四国锢之[9],而无所入矣[10],亦甚患之[11]。此方其为尾生之时也[12]。"

本篇辑自《战国策·韩策一》

【注释】

[1]"公仲",即韩朋,韩相国。见本书第一章注[10]。

[2]鲍彪曰:"不行其说。""锢"同固,禁固。《左传·成公二年》:"子反请以重币锢之。"杜预注:"锢,禁锢勿令仕。"《方言》卷十二:"鈲、董,锢也。"钱绎笺疏:"锢,与固同。"《文选·曹植〈求通亲亲表〉》李善注:"锢,与固通。"是其证。《素问·至真要大论》:"诸厥固泄。"王冰注:"固,谓禁固也。"

[3]鲍彪曰:"以国事听之。"《玉篇·女部》:"委,委属也。"

[4]鲍彪曰:"楚王,怀。"

[5]姚宏曰:"刘添'谓'字。"鲍本"为"下有"谓"字。金正炜按:"为即谓也。《韩非子·内储说》'嗣公为关吏曰',文与此同。"

[6]鲍彪曰:"反,亦谓不信。"缪文远按:"反,指反复。"

[7]黄丕烈曰:"明,鲍本作'朋'。""明",指公仲明。

[8]吴师道曰:"仗,依也。字与'杖'通。"黄丕烈曰:"鲍改'仗'为'杖'。""畔"通叛,背叛。

[9]"四国",指楚、赵、齐、秦四国。

[10]金正炜曰:"而,犹则也。"

[11]鲍彪曰:"公仲甚患。"

[12]"尾生",微生高,古代传说讲信义的人。见本书第三章注[11]。

【考辨】

黄式三《周季编略》隶此篇于周赧王十五年,即公元前 300 年;顾观光《周季编年》隶此篇于周赧王九年,即公元前 306 年。均无据。

缪文远曰:"此章事无确年可考。或为公仲说楚王,劝其听公仲之委国,其解释之言,颇委婉有情致。"韩相公仲因诸侯禁固而"委国"于楚的事,于史无证。故本章苏代为公仲说"楚王"的故事,当是苏秦后学的拟托之辞。

六九、苏代谓新城君章

【苏代】谓新城君曰[1]:"公叔、伯婴恐秦、楚之内幾瑟也[2],公何不为韩求质子于楚[3]?楚王听而入质子于韩[4],则公叔、伯婴必知秦、楚之不以幾瑟为事也,必以韩合于秦、楚矣。秦、楚挟韩以窘魏,魏氏不敢东[5],是齐孤也。公又令秦求质子于楚[6],楚不听,则怨结于韩[7]。韩挟齐、魏以眄(围)楚[8],楚王必重公矣[9]。公挟秦、楚之重,以积德于韩,则公叔、伯婴必以国事公矣[10]。"

本篇辑自《战国策·韩策二》

【校注】

[1]"谓新城君曰",本《策》开首没有署说者姓名。《韩世家》"苏代又谓秦太后弟羋戎曰"节,内容与本篇相同。故知本《策》说者当是"苏代",今据补。"新城君",据《史记·秦本纪》,秦昭王"七年(前 300 年),拔新城"。《史记集解》引徐广曰:"羋戎,号新城君。"《索隐》:"羋,姓;戎,名。秦宣太后弟,号新城君。""新城"在今河南伊川县东南。"羋戎"本是秦宣太后之弟,乃秦昭王的舅父,在秦国攻取新城后,即被封为新城君。

[2]《史记索隐》:"按《战国策》,公叔伯婴与蚁虱及公子咎并是襄王子。然伯婴即太子婴,婴前死,故咎与蚁虱又争立。此取《战国策》说。伯婴未立之先亦与蚁虱争立,故事重而文倒也。"

[3]《史记索隐》:"令韩求楚,更以别人为质,以替蚁虱也。"鲍彪曰:"楚不

主幾瑟,则必入质,以此卜之。"

［4］《史记索隐》:"质子,虮虱也。"《史记正义》:"质子,虮虱。苏代令芈戎为韩求虮虱入于韩,楚不听。公叔伯婴知秦楚不以虱为事,必以韩合于秦。'楚王听入质子于韩'当云'楚王不听入质子于韩',承前说脱'不'字耳。次下云'知秦楚不以虱为事',说明脱'不'字。"鲍彪曰:"楚王,怀王。"

［5］鲍彪曰:"不合齐。"何建章曰:"魏氏,魏国。不敢东,不敢与齐合。"

［6］《史记索隐》:"令芈戎教秦,于楚索韩所送质子,令入之于秦也。"鲍彪曰:"卜其与秦同否也。"

［7］鲍彪曰:"此韩,皆主公叔、伯婴为言。"何建章曰:"怨结于韩,谓楚结怨于韩。"

［8］"盺",《韩世家》作"围"。鲍本"盺"作"盻"。鲍彪曰:"盻,睥睨也。"吴师道曰:"盻,恨视也。""围",通作"褘"。《说文·衣部》:"裹,褘也。"《玉篇·玉部》:"裹,围也。"是其证。"盺"、"褘"义通。《说文·目部》:"盺,裹视也。"裹,古邪字。《周礼·天官·内宰》:"禁其奇裹。"《经典释文》:"裹,本亦作邪。"《周礼·地官·比长》:"有罪奇裹。"郑玄注:"裹,犹恶也。""盺楚",犹言恶楚。

［9］鲍彪曰:"新贵于秦,楚欲秦援之,故重新城。"《史记正义》:"言韩合齐、魏以围楚,楚必尊重芈戎以求秦救矣。""公",芈戎。

［10］《史记正义》:"自此以前,苏代数计皆不成,故韩竟立咎为太子。"

【考辨】

本《策》被《韩世家》隶属于韩襄王十二年,即周赧王十五年(前300年)。鲍彪《战国策注》、林春溥《战国纪年》、顾观光《国策编年》均从之,即公元前300年,均未确。

这篇与《韩策二》"苏代谓韩咎"章等多篇,演绎韩公子咎与幾瑟"争为太子"的故事,均是纵横家后学的拟托之作(详见下章)。

【附录】《史记·韩世家》"苏代又谓秦太后弟芈戎"节

苏代又谓秦太后弟芈戎曰:"公叔伯婴恐秦楚之内虮虱也,公何不为韩求质子于楚？楚王听入质子于韩，则公叔伯婴知秦楚之不以幾瑟为事，必以韩合于秦楚。秦楚挟韩以窘魏，魏氏不敢合于齐，是齐孤也。公又为秦求质子于楚，楚不听，怨结于韩。韩挟齐魏以围楚，楚必重公。公挟秦楚之重以积德于韩，公叔伯婴必以国待公。"

于是虮虱竟不得归韩。韩立咎为太子，齐、魏王来。

七〇、苏代谓韩咎章

冷向〔苏代〕谓韩咎曰[1]："幾瑟亡在楚[2]，楚王欲复之甚[3]，令〔今〕楚兵十余万在方城之外[4]。臣请令楚筑万家之都于雍氏之旁[5]，韩必起兵以禁之[6]，公必将矣[7]。公因以楚、韩之兵奉幾瑟而内之郑[8]，幾瑟得入而德公[9]，必以韩、楚奉公矣[10]。"

本篇辑自《战国策·韩策二》

【校注】

[1] 鲍彪曰："《史》有公子咎，有韩咎。"吴师道曰："愚谓'咎'即太子咎，岂有内幾瑟之理？当是谓公仲之辞。此《大事记》所谓不可考者。"徐孚远《史记测议》曰："公子咎与韩咎当是二人。"范祥雍按："韩咎即公子咎，下章有'韩咎立为君而未定也'，可证。其时与幾瑟争国者伯婴，故冷向说咎奉幾瑟，并不相悖。诸家并承《韩世家》之误，遂以韩咎与公子咎为二人，其实不然。""冷向"，秦臣，事见《秦策一》、《赵策一》。《史记·韩世家》开篇作"十二年，太子婴死。公子咎、公子虮虱争为太子。时虮虱质于楚。苏代谓韩咎曰"。说韩咎者实为"苏代"，今据改。"韩咎"，太子咎，即韩釐王。

[2] 本句《韩世家》作"时虮虱质于楚"。黄式三曰："此言'亡在楚'，非质于楚也。""幾瑟"，韩公子。"亡"，逃亡。

[3] 鲍彪曰："楚王，怀。"缪文远曰："楚王，怀王，此在其二十九年。""复"，《韩世家》作"内"。"内"，同纳。"复"、纳义通。《尚书·舜典》："卒乃復。"郑玄注："复，归也"。"纳"，《国语·鲁语上》韦昭注"归也"，是其证。"复"，返回，

归还。

[4]"令",《韩世家》、鲍本作"今"。形近而讹,以"今"为优,今据改。"方城",楚国北方的防御设施。见本书第四六(《西周策》)"楚请道于二周之间章"注[7]。

[5] 横田惟孝曰:"雍氏,韩地,楚筑都于其旁,韩怨其迫,故起兵以禁之。"何建章曰:"万家之都,万户的都城。此为屯兵。""雍氏",韩邑,在今河南禹州市东北。"万家之都"以每户5人计,则是可居住五万人的都邑。若要营建这样一个巨大的城邑,既费钱财,又耗时间,谈何容易?

[6]"禁",《韩世家》作"救"。

[7]"将",领兵。

[8]"郑",韩国。《韩世家》无"郑"字。

[9]"德",《韩世家》作"听"。"德",尊敬,感恩。

[10] 此句《韩世家》作"其听公必矣,必以楚、韩封公也。韩咎从其计。楚围雍氏"。

【考辨】

本《策》在《韩世家》里隶于韩襄王十二年,当周赧王十五年(前300年)。林春溥《战国纪年》、顾观光《国策编年》、缪文远《战国策考辨》、郭人民《战国策校注系年》等,均从其说。

然而,吴师道曰:"愚谓'咎'即太子咎,岂有内幾瑟之理? 当是谓公仲之辞。此《大事记》所谓不可考者。"缪文远曰:"此章言(冷向)〔苏代〕劝韩咎纳幾瑟。咎方与幾瑟争国,断无纳幾瑟之理,或当如吴师道所云,乃冷向〔苏代〕谓公仲之辞欤?"

韩公子咎与幾瑟"争为太子"的事,可能属实。但是,这个故事除去前章和本《策》外,《韩策二》尚有"韩公叔与幾瑟争国"、"韩公叔与幾瑟争国中庶子强谓太子"、"齐明谓公叔"、"公叔将杀幾瑟"、"公叔且杀幾瑟"、"胡衍之出幾瑟于楚"、"幾瑟亡之楚"、"楚令景鲤入韩"、"韩咎立为君地位未定"等多章,内容或言"太子婴死",或言"韩且内伯婴于秦",或言"秦、楚挟幾瑟以塞伯婴",或言"齐、楚合而幾瑟走",或言"齐师果入,太子出走",或言韩咎"弟在周,周欲以车百乘重而送之"等，涉及秦、齐、楚、魏、周诸国间的彼此联动，相互演绎，既离奇且虚幻，几乎成为搅动当时诸侯各国的重大事件。特别是其中"令楚王筑万室之都雍氏之旁"，当是一个耗费钱财和时间漫长的巨大工程，谈何容易！

因此，这些篇章只能视为苏秦（及纵横家）后学借以杜撰的拟作资料。

【附录】《史记·韩世家》"苏代谓韩咎"节

十二年，太子婴死。公子咎、公子虮虱争为太子。时虮虱质于楚。苏代谓韩咎曰："虮虱亡在楚，楚王欲内之甚。今楚兵十余万在方城之外，公何不令楚王筑万室之都雍氏之旁，韩必起兵以救之，公必将矣。公因以韩楚之兵奉虮虱而内之，其听公必矣，必以楚韩封公也。"韩咎从其计。

七一、苏秦将为从北说燕文侯章

苏秦将为从[1]，北说燕文侯曰[2]："燕东有朝鲜、辽东[3]，北有林胡、楼烦[4]，西有云中、九原[5]，南有呼沱、易水[6]。地方二千余里，带甲数十万，车七百乘[7]，骑六千疋[8]，粟支十年[9]。南有碣石、雁门之饶[10]，北有枣粟（栗）之利[11]，民虽不由田作[12]，枣栗之实，足食于民矣[13]。此所谓天府也！

"夫安乐无事，不见覆军杀将之忧[14]，无过燕矣。大王知其所以然乎[15]？夫燕之所以不犯寇被兵者，以赵之为蔽于南也[16]。秦、赵五战，秦再胜而赵三胜[17]。秦、赵相弊[18]，而王以全燕制其后，此燕之所以不犯难也[19]。

"且夫秦之攻燕也，逾云中、九原，过代、上谷[20]，弥亘踵道数千里[21]，虽得燕城，秦计固不能守也。秦之不能害燕亦明矣。今赵之攻燕也，发兴号令[22]，不至十日，而数十万之众，军于东垣矣[23]。度（渡）呼沱[24]，涉易水，不至四五日，距国都矣[25]。故曰：秦之攻燕也，战于千里之外；赵之攻燕也，战于百里之内。夫不忧百里之患，而重千里之外,计无过于此者。是故愿大王与赵从亲,天下为一,则国必无患矣[26]。"

燕王曰:"寡人国小,西迫强秦〔赵〕,南近齐〈赵〉[27]。齐、赵,强国也,今主君幸教诏之[28],合从以安燕,敬以国从。"

于是齎苏秦车马金帛以至赵[29]。

本篇辑自《战国策·燕策一》

【校注】

［1］苏秦将组织山东六国,推动合纵抗秦的战略。

［2］"燕文侯",即燕文公(前361—前334年在位)。

［3］鲍彪曰:"朝鲜,属乐浪。辽东,并州郡。"吴师道曰:"朝鲜,箕子所封,今高丽国。"缪文远曰:"朝鲜,今朝鲜半岛,非燕地。辽东,今辽东半岛。"

［4］缪文远曰:"林胡、楼烦,二族名。林胡在今内蒙包头市以南一带,楼烦在今山西北部。此二族所在,俱非燕地。"

［5］张琦曰:"云中、九原,《汉志》属赵。武灵王攘地,北至燕、代,西至云中、九原。"缪文远曰:"云中,赵武灵王所置郡名,在今内蒙托古托东北。九原,赵邑。在今内蒙包头市西。云中、九原俱赵地,不属燕。"

［6］"呼沱",《苏秦列传》作"嘑沱",今名滹沱河,源出山西繁峙县东北,流经今河北献县与谌阳河相汇入海。"易水",源出今河北易县西北,南入拒马河。

［7］《苏秦列传》作"车六百乘"。"带甲",武士。"车",战车。

［8］"骑",骑兵。"疋",《苏秦列传》作"匹"。疋,通作匹。《集韵·质韵》:"匹,俗作疋。"

［9］《苏秦列传》作"粟支数年"。"粟",谷子,我国古代泛指谷类作物。

［10］南有碣石、雁门之饶:《史记索隐》:"《地理志》大碣石山右北平骊城县西南。"《史记正义》云:"雁门山在代,燕西南。"在今山西代县西北。何建章曰:"碣石在燕东,海中之货自此入;雁门在西北,沙漠之货自此入,皆达燕南,故曰'在碣石、燕门之饶'。""碣石"在今河南乐亭县西南北。"雁门山"在今山西代县

西北。

　　[11]"粟",《苏秦列传》作"栗"。黄丕烈案:"今本'粟'作'栗'。鲍本作'栗'。'栗'字是也。""粟"、"栗"形近混用。《素问·五常政大论》:"其果李栗。"王冰注:"栗,水果也。"

　　[12]《苏秦列传》作"佃作"。金正炜曰:"'由'即'田'之误衍。"缪文远曰:"'由'字,《史记》、鲍本无,当据删。"诸祖耿、何建章从其说。《礼记·学记》:"使人不由其诚。"郑玄注:"由,用也。"《荀子·议兵》:"不由其道则废。""不由",不用,是"由"不必为衍字也。"田作",耕作。"佃",同田。《周易·系辞传下》:"以佃以渔。"《经典释文》:"佃,本作田。"《墨子·所染》:"宋康染于唐鞅、佃不礼。"《荀子·解蔽》、《汉书·古今人表》均作"田不礼。"是其证。《汉书·韩安国传》:"即上言方佃作时。"颜师古注:"佃作,治田也。"《汉书·高帝纪》:"令民得田之。"颜师古注:"田,谓耕作也。"《集韵·先韵》:"佃,治田也。古者一夫一妇佃田百亩。"周代一亩约合今0.6亩,"百亩"约合今60亩(陈梦家:《亩制与里制》,《考古》1966年第1期)。

　　[13]何建章曰:"《后汉书·孝献伏皇后纪》:'既至安邑,御服穿敝,惟以枣栗为粮。'古代枣和栗可以代粮。"《韩非子·外储说右下》:"秦大饥,应侯请曰:'五苑之蓏疏枣栗足以活民,请发之。'""枣栗",均为果名,灾荒年景可以代替粮谷食用。"实",果实。

　　[14]何建章曰:"覆,《礼记·中庸》注'败也'。"

　　[15]"大王",是对燕文公的称呼。据《史记·燕召公世家》记载,燕易王十年(前323年)"燕君称王"。燕文公"二十八年(前334年),苏秦始来见,说文公",其时燕君尚未称王。

　　[16]"于",《苏秦列传》作"其"。

　　[17]吴师道曰:"设辞也。"

　　[18]"弊",《史记》作"獘"。鲍本作"敝"。"弊"、"獘"均读"敝"声,故可通假。《诗·郑风·缁衣》:"敝予又改为兮。"《经典释文》:"敝,本又作弊。"《左传·襄公二十九年》:"将以其力獘。"《汉书·五行志》引作"敝"。是其证。"弊",破坏,损伤。

　　[19]"难",《苏秦列传》作"寇"。"难"、"寇"义通。《战国策·秦策一》:"将

西南以与为难。"高诱注:"难,犹敌也。"《庄子·庚桑楚》"寇莫大于阴阳",成玄英疏:"寇,敌也。"是其证。

[20] 缪文远曰:"代,赵郡,秦代治所在今山西代县。上谷,燕郡,秦代治所在今河北怀来县东南。"

[21] 鲍彪曰:"弥,犹亘。"金正炜按:"《汉书·武帝纪》:'步兵踵军后数十万人。'注:'踵,接也。'犹言蹑其踵。"诸祖耿曰:"弥地,犹言緜地。《穀梁传》文公十四年:'緜地千里。'范注:'緜犹弥,漫也。'"

[22] 《苏秦列传》作"发号出令"。兴、出义通。《礼记·乐记》:"降兴上下之神。"郑玄注:"兴,犹出也。"

[23] 鲍彪曰:"垣,谓城。"《史记·赵世家》赵武灵王:"二十一年,攻中山,取东垣。"《正义》:"东垣,赵之东邑,在恒州真定县南八里,故常山城是也。""东垣",即赵国的东邑,在今河北正定县南。

[24] "度",通作渡。渡过,踰越。《尚书·盘庚》:"度乃口。"《经典释文》:"度,字亦作渡。"

[25] "距",至也。《尚书·益稷》:"距四海。"孔安国传:"距,至也。""国都",燕都蓟城,在今北京市西南。

[26] "国",《苏秦列传》作"燕国"。缪文远曰:"'秦之攻燕也'四句。《通鉴·周纪二》胡三省注:燕南与赵接境,战于百里之内,言其近也。秦欲攻燕,自蒲、潼下兵,则为赵所隔,故必迳上郡之西,出云中、九原然后至燕,故云战于千里之外也。"

[27] "西迫强秦,南近齐、赵"句,《苏秦列传》作"西迫强赵,南近齐"。《正义》曰:"真、冀、深、赵四州,七国时属赵,即燕西界。河北博、沧、德三州,齐地北境,与燕相接,隔黄河。"黄丕烈案:"《史记》云,迫强赵,南近齐。此《策》文当有误。"缪文远、何建章从其说,今据改。

[28] "主君",是对苏秦的尊称。

[29] "齎",赠送。

【考辨】

据《史记·燕召公世家》、《六国年表》,燕文公"二十八年,苏秦始来见,说文公。文公予车马金帛以至赵,赵肃侯用之。因约六国,为纵长",此年即周显王三十五年(前334年),吕祖谦《大事纪》、黄式三《周纪编略》、顾观光《国策编年》、于鬯《战国策年表》、郭人民《战国策校注系年》均从之。司马光《资治通鉴》、林春溥《战国纪年》则将此事系于周显三十六年(前333年)。

缪文远按:"此《策》依托,昔人论之已多。一、显王三十五年,正魏、齐会徐州相王之岁,魏、齐方平分霸权,他国莫能与之抗衡,无诸侯合从摈秦之必要。二、秦与燕埌地不接,中隔三晋,燕无事摈秦,亦不得越三晋而事秦。三、三晋及燕、中山'五国相王',在显四十六年,在《史记》所称苏秦说燕后十一年,苏秦何得称燕文侯为'大王'?此《策》所言不可信为实。"齐思和《战国策著作时代考》说:"此章称'燕东有朝鲜、辽东,北有林胡、楼烦,西有云中、九原'。案云中、九原皆为赵地,武灵王攘地,西至云中、九原,非燕所有也。"

因此,本章为苏秦后学依托之作,已是当今学界的共识。

【附录】《史记·苏秦列传》苏秦乃去燕"说燕文侯"节

去游燕,岁余而后得见。说燕文侯曰:"燕东有朝鲜、辽东,北有林胡、楼烦,西有云中、九原,南有嘑沱、易水。地方二千余里,带甲数十万,车六百乘,骑六千匹,粟支数年。南有碣石、雁门之饶,北有枣栗之利,民虽不佃作,而足于枣栗矣。此所谓天府者也!

夫安乐无事,不见覆军杀将,无过燕者。大王知其所以然乎?夫燕之所以不犯寇被甲兵者,以赵之为蔽其南也。秦赵五战,秦再胜而赵三胜。秦赵相毙,而王以全燕制其后,此燕之所以不犯难也。且夫秦之攻燕也,踰云中、九原,过代、上谷,弥地数千里,虽得燕城,秦计固不能守也。秦之不能害燕亦明矣。今赵之攻燕也,发号出令,不至十日,而数十万之军军于东垣矣。度嘑沱,涉易水,不至四五日而距国都矣。故曰:秦之攻燕也,战于千里之外;赵之攻燕也,战于百里之内。夫不忧百里之患,而重千里之外,计无过于此者。是故愿大王与赵从亲,天下为一,则燕国必无患矣。

文侯曰:"子言则可,然吾国小,西迫强秦,南近齐,齐、赵强国也。子必欲合从以安燕,寡人请以国从。"于是资苏秦车马金帛以至赵。

七二、燕王哙既立章

燕王哙既立[1]，苏秦死于齐[2]。苏秦之在燕也，与其相子之为婚[3]，而苏代与子之交[4]。及苏秦死，而齐宣王复用苏代[5]。

燕哙三年，与楚、三晋攻秦，不胜而还[6]。子之相燕，贵重主断。苏代为齐使于燕[7]，燕王问之曰："齐宣王何如[8]？"对曰："必不霸。"燕王曰："何也？"对曰："不信其臣。"苏代欲以激燕王以厚任子之也[9]。于是燕王大信子之。子之因遗苏代百金[10]，听其所使。

鹿毛寿谓燕王曰[11]："不如以国让子之。人谓尧贤者[12]，以其让天下于许由[13]，由必不受，有让天下之名，实不失天下。今王以国让相子之，子之必不敢受，是王与尧同行也。"燕王因举国属子之，子之大重。

或曰："禹授益而以启【人】为吏[14]，及老，而以启为不足任天下，传之益也。启与支党攻益而夺之天下[15]，是禹名传天下于益，其实令启自取之。今王言属国子之，而吏无非太子人者，是名属子之，而太子用事。"王因收印自三百石吏而效之子之[16]。子之南面行王事，而哙老不听政[17]，顾为臣[18]，国事皆决子之。

子之三年[19]，燕国大乱，百姓恫怨[20]。将军市被、太子平谋[21]，将攻子之。储子谓齐宣王[22]："因而仆之[23]，破燕必矣。"王因令人谓太子平曰："寡人闻太子之义，将废私而立公，饬君臣之义[24]，正父子之位[25]。寡人之国小，不足先后[26]。虽然，则唯太子所以令之[27]。"

太子因数党聚众[28]，将军市被围公宫[29]，攻子之，不克。将军市被及百姓乃反攻[30]，太子平、将军市被死，已（以）殉国[31]。构难数月[32]，死者数万众，燕人恫怨，百姓离意。

孟轲谓齐宣王曰[33]："今伐燕，此文、武之时，不可失也[34]。"王因令章子将五都之兵[35]，以因北地之众以伐燕[36]。士卒不战，城门不闭，燕王哙死。齐大胜燕,子之亡二年[37],燕人立公子平〔职〕[38],是为燕昭王。

本篇辑自《战国策·燕策一》

【校注】

[1]据《史记·燕世家》,"易王立十二年卒,子燕哙立",时在公元前320年。"燕王哙",燕昭王之父。"立",继承王位。

[2]《燕世家》作"齐人杀苏秦"。据帛书《战国纵横家书》,苏秦为燕间齐,死于公元前284年。此《策》记苏秦死年有误。

[3]《燕策一》作"燕相子之与苏代婚"。"子之",燕王哙时的相国。杨宽曰:"子之为相时,办事果断,善于监督考核臣属,得到燕王哙的赏识和重用。"(见杨宽《战国史》,第151页)这是说苏秦在燕国时,与燕相子之结为婚姻亲家。因燕王哙时苏秦并未到过燕国,故此事当属苏秦后学拟托。

[4]"交",结交,友善。

[5]"齐宣王"(前319—前301年在位)时,苏秦尚未死。

[6]据《秦本纪》,秦惠文王更元七年(前318年),"韩、赵、魏、燕、齐师匈奴共攻秦。秦使庶长疾与战修鱼,虏其将申差,败赵公子渴、韩太子奂,斩首八万二千"。《楚世家》载:楚怀王"十一年(前318年),苏秦约从山东六国共攻秦,楚怀王为从长。至函谷关,秦出兵击六国,六国兵皆引而归"。《魏世家》说:"哀(襄)王元年(前318年),五国共攻秦,不胜而去。"这次"五国伐秦"之举,并非"苏秦约从山东六国共攻秦"。楚怀王名誉上"为从长",实为魏相公孙衍组织的合纵伐秦活动(见杨宽《战国史》第323页),事在公元前318年。

[7]《史记索隐》按:"《战国策》曰:'子之使苏代持质子于齐,齐使代报燕'是也。"见《燕策一》"初苏秦弟厉因燕质子而求见齐王"章。

[8]《韩非子·外储说右下》作"齐王亦何如主也",《燕世家》作"齐王奚如"。"何如",怎么样?

[9]"厚",《燕世家》作"尊"。

[10]"百金",《韩非子·外储说右下》作"百镒"。《史记正义》:"瓒云:'秦以

一溢为一金。'孟康云：'二十四兩为溢'。"溢"同镒。一镒当为二十两,约合今312克。"金",黄金。"百金"即百镒,约今31.2公斤。

[11] "鹿毛寿",战国策士。《韩非子·外储说右下》作"潘寿"。《史记集解》："徐广曰：'一作厝毛。'又曰：'甘陵县本名厝。'"《史记索隐》："《春秋后语》亦作'厝毛寿',又《韩子》作'潘寿'。"何建章曰："鹿毛寿,为苏代所使者。"

[12] "尧",帝尧,都平阳,在今山西襄汾县东北,见本书第四七章注[23]。

[13] "许由",相传是尧舜时期的贤者。尧欲让天下,许由不受而逃于颍水之阳,死后葬在箕山(在今河南登封市东南)。

[14] "启",《韩非子·外储说右下》、《燕世家》均作"启人"。《史记索隐》："人,犹臣也。谓以启臣为益吏。"鲍彪曰："以启臣为益吏。"黄丕烈曰："'启'下鲍本有'人'字,有者当是。《韩子》、《史记》正有'人'字。《索隐》曰：'人,犹臣也。'下文'而吏无非太子人者'可证。"黄说当是,今据补。"禹",见本书第四七章注[25]。"益"即伯益,东方部族首领,尧舜时期曾辅佐大禹治水。事见《史记·夏本纪》。

[15] "支",《韩非子·外储说右下》作"友",《燕世家》作"交"。

[16] 《史记索隐》："郑玄云：'效,呈也。以印呈与子之。'""石",重量单位。《吕氏春秋·仲春》："钧衡石。"高诱注。"三百石吏",是一年俸禄为三百石粟的官吏。"石,百二十斤。"一石重120斤,合今30公斤。

[17] 鲍彪曰："以老自休。"

[18] 《史记索隐》："顾,犹反也。言哙反为子之臣也。有本作'愿'者,非。"缪文远曰："《中山王方壶铭文》云：'燕君子哙,不顾大谊,不谋诸侯,而臣易位。'"

[19] 指子之执政第三年,当周慎靓王六年,即公元前315年。

[20] "怨",《燕世家》均作"恐"。《史记索隐》："恫音通,痛也。恐,惧也。"

[21] "市被",燕国将军的姓名。"太子平",燕王哙的太子,名平。

[22] 《燕世家》作"诸将谓齐湣王"。鲍彪曰："储子,见《离娄下》。""储子",齐相。《孟子·告子下》载孟子："处于平陆,储子为相。……之齐,不见储子,为其为相与？"

[23] "仆",《燕世家》作"赴"。金正炜曰："《汉书·邹阳传》：'卒仆济。'师古曰：'仆,音赴。'此亦当读为'赴'。"范祥雍曰："金说是。谓以兵赴之。""仆"、

"赴",通作扑。《庄子·则阳》:"是圣人仆也。"《经典释文》:"司马本'仆'作'朴'。"《庄子·人间世》:"适有蚊虻仆缘。"《太平御览》卷九四五引作"扑缘"。是其证。《淮南子·说林》:"为雷电所扑。"高诱注:"扑,击也。"

[24] 鲍彪曰:"饬,戒也,犹正。"指整饬君臣上下的大义。

[25] 指匡正子继父位的伦理。

[26] 金正炜曰:"《周礼》'士师以五戒先后刑罚'注:'先后,左右也。'"《尚书·梓材》:"和怿先后迷民。"周秉钧注:"先后,教导也。""不足先后",谦词,犹言不能够来教导你。

[27] "令",命也。犹言完全听从太子的裁决。这是企图给齐国出兵伐燕,被上正义、合法的外衣。

[28] "数",《尔雅·释诂下》谓"疾也"。《韩非子·说林上》:"何变之数也。"王先谦集解:"数,急也。"太子平因为齐宣王的鼓动,急速招聚党羽众徒。

[29] 何建章曰:"子之在王哙宫内,故'围公宫'。"

[30] 本句以往多以"将军市被及百姓乃反攻太子平。将军市被死,已殉"为句,有误。今从范祥雍断句。"反攻",反复攻击。《诗·卫风·氓》:"不思其反。"郑玄注:"反,复也。"《荀子·荣辱》:"反鈆察之而俞可好也。"王先谦集解:"反,反复。"

[31] 《史记集解》:"徐广曰:'《年表》云:君哙及太子、相子之皆死'。骃案:《汲冢纪年》曰:'齐人禽子之而醢其身'。""已",鲍本、《燕世家》均作"以"。"已"、"以"通用,见《经传释词》卷一。

[32] 何建章曰:"《尔雅·释诂》:'遘,遇也。'构,古通'遘'。构难,遭难。"

[33] "孟轲"(约前372—前289年),字子舆,战国邹人。为鲁国贵族孟孙氏的后裔,受业子思(孔子之孙)的门人,主张"王道",推行"仁政",反对武力兼并战争,倡导"富贵不能淫,贫贱不能移,威武不能屈"的人文精神,是儒家学派的重要继承人,被尊为"亚圣"。曾游历齐、魏、宋、滕诸国,做过齐宣王的卿客。终生不得志,晚年"与万章之徒序《诗》、《书》,述仲尼之意,作《孟子》七篇"。事见《史记·孟子列传》。

[34] 《史记·燕昭公世家》作"孟轲谓齐王曰:'今伐燕,此文、武之时,不可失也。'王因令章子将五都之兵,以因北地之众以伐燕"。《索隐》:"谓如武王成文

王之业伐纣之时,然此语与《孟子》不同也。"吴师道曰:"此当时所谓孟子劝齐伐燕者也。使无《孟子》之书,则人将此言之信乎?要之圣贤决无此事也。"伦文叙曰:"孟轲劝齐伐燕事,《孟子》及《史》俱不见,独见沈同之问,而此。《策》谓伐燕,文、武之时不可失,似为劝之。《孟子》一书为门人所成,或抹杀之,未可必。"本句与《孟子·梁惠王下》孟子回答齐宣王"齐人伐燕"问话以及《孟子·公孙丑下》"沈同以私问曰:'燕可伐与?'孟子曰:'可。子哙不得与人燕,子之不得受燕于子哙。'"的意思完全一致。所说"未"曾"劝齐伐燕",只是狡辩而已。由此推测,孟子曾"劝齐伐燕",应属事实。

[35]《史记索隐》:"五都,即齐也。"鲍彪曰:"都,大邑。""章子",齐将田章。见本书第三七章注[4]。"五都之兵",见本书第四九章注[9]。

[36]《史记索隐》:"北地即齐之北边也。"鲍彪曰:"齐之北,近燕。""北地之众",齐国北部靠近燕国地区的民众。

[37]《史记集解》:"徐广曰:'哙立七年而死,其九年燕人共立太子平。'"《史记·六国年表》:前314年"君哙及相子之皆死。"《中山王方壶铭文》:"燕故君子哙,新君子之,不用礼义,不顾逆顺,故邦亡身死,曾无一夫之救。"(《集成》09735)"子之亡二年"即公元前314年。

[38] "公",《燕世家》作"太"。缪文远曰:"太子平已死于燕国内乱,昭王乃公子职,赵使乐池送之入燕,见《史记·六国年表》。公子职之名,铜器多见。一九六七年,辽宁北票县犹有燕王职戈出土。"燕王职,铜器铭文作"郾王职"。传世和考古发现有燕王职戈23件、燕王职矛12件、燕王职剑3件,见吴镇烽《金文人名汇编》。"公子平"当是"公子职"之误,今据改。

【考辨】

本《策》所载因燕王哙让位相国之子而酿成燕国内乱以及齐宣王伐燕的事件,《孟子·梁惠王下》《公孙丑下》、《韩非子·外储说右下》、古本《竹书纪年》、中山王铜器铭文、《史记·燕世家》和《苏秦列传》都有记录。《史记·六国年表》将"君哙及太子、相子之死"系于周赧王元年(前314年),司马光《资治通鉴》、顾栋高《大事记》、林春溥《战国纪年》、黄式三《周季编略》、顾观光《国策编年》诸家均从之,即公元前314年。

缪文远指出：本《策》"所言苏氏兄弟事，俱不可信。"缪说当是。首先，燕王哙"禅让"君位的事件，发生在公元前318年。据帛书《战国纵横家书》，公元前312年苏秦才初出茅庐，游说陈轸。苏秦死于公元前284年，而本《策》所谓"燕王哙既立，苏秦死于齐。苏秦之在燕也，与其相子之为婚，而苏代与子之交。及苏秦死，而齐宣王复用苏代"云云，完全与史实不合。其次，燕王哙因为年老把君位"禅让"给相国子之，所以触犯了以太子平为首的燕国贵族的利益。公元前314年，太子平和将军市被便结党聚众，"围公宫，攻子之"，连攻几个月都没有成功。子之反攻，取得大胜，杀太子平和将军市被。只是由于齐宣王派重兵干涉，燕王哙和子之的"政治改革"才归于失败（见杨宽《战国史》第151页）。这说明燕王哙的"禅让"事件，当与苏代无涉。第三，苏秦后学利用这个真实事件来加工演绎，使其成为苏秦学派练习游说技艺的基本资料，致使后来学者难以看清其本来面目。因此，本《策》应是苏秦后学的拟托之辞。

然而，因本《策》是依据燕王哙"禅让"的真实事件，来演绎的《策》论故事，其中涉及孟轲"劝齐伐燕"的言论等内容，因而具有重要的史料价值。

【附录】

1.《战国策·燕策一》"初苏秦弟厉因燕质子而求见齐王"节

初，苏秦弟厉因燕质子而求见齐王。齐王怨苏秦，欲囚厉，燕质子为谢乃已，遂委质为臣。

燕相子之与苏代婚，而欲得燕权，乃使苏代持质子于齐。齐使代报燕，燕王哙问曰："齐王其伯也乎？"曰："不能。"曰："何也？"曰："不信其臣。"于是燕王专任子之，已而让位，燕大乱。齐伐燕，杀王哙、子之。燕立昭王。而苏代、厉遂不敢入燕，皆终归齐，齐善待之。

2.《韩非子·外储说右下》"子之相燕"节

子之相燕，贵而主断。苏代为齐使燕，王问之曰："齐王亦何如主也？"对曰："必不霸矣。"燕王曰："何也？"对曰："昔桓公之霸也，内事属鲍叔，外事属管仲，桓公被发而御夫人，日游于市。今齐王不信其大臣。"于是燕王因益大信子之。子之闻之，使人遗苏代金百镒，而听其所使之。

一曰：苏代为秦使燕，见无益子之，则必不得事而还，贡赐又不出，于是见燕王乃誉齐王。燕王曰:"齐王何若是之贤也!则将必王乎?"苏代曰:"救亡不暇,安得王哉?"燕王曰:"何也?"曰:"其任所爱不均。"燕王曰:"其亡何也?"曰:"昔齐桓公爱管仲,置以为仲父,内事理焉,外事断焉,举国而归之,故一匡天下,九合诸侯。今齐任所爱不均,是以知其亡也。"燕王曰:"今吾任子之,天下未之闻也。"于是明日张朝而听子之。

潘寿谓燕王曰:"王不如以国让子之。人所以谓尧贤者,以其让天下于许由,许由必不受也,则是尧有让天许由下之名,而实不失天下也。今王以国让相子之,子之必不敢受也,则是王有让相子之名,而与尧同行也。"于是燕王因举国而属之,子之大重。

一曰:潘寿,阙者。燕使人聘之。潘寿见燕王曰:"臣恐子之之如益也。"王曰:"何益哉?"对曰:"古者禹死,将传天下于益,启之人因相与攻益而立启。今王信爱子之,将传国之子,太子之人尽怀印为,子之之人无一人在朝迁者,王不幸弃群臣,则子之亦益也。"王因收吏玺自三百石以上皆效之子之,子之大重。

一曰:燕王欲传国于子之也,问之潘寿,对曰:"禹授益,而任天下于益,已而以启人为吏。及老,而以启为不足任天下,故传天下于益,而势重尽在启也。已而启与友党攻益而夺之天下,是禹名传天下于益,而实令启自取之也。此禹之不及尧、舜明矣。今王欲传之子之,而吏无非太子之人者也。是名传之,而实令太子自取之也。"燕王乃收玺自三百石以上皆效之子之,子之遂重。

3.《史记·燕召公世家》"燕哙既立"节

燕哙既立,齐人杀苏秦。苏秦之在燕,与其相子之为婚,而苏代与子之交。及苏秦死,而齐宣王复用苏代。

燕哙三年,与楚、三晋攻秦,不胜而还。子之相燕,贵重,主断。苏代为齐使于燕,燕王问曰:"齐王奚如?"对曰:"必不霸。"燕王曰:"何也?"对曰:"不信其臣。"苏代欲以激燕王以尊任子之也。于是燕王大信子之。子之因遗苏代百金,而听其所使。

鹿毛寿谓燕王:"不如以国让相子之。人之谓尧贤者,以其让天下于许由,由必不受,有让天下之名而实不失天下。今王以国让于子之,子之必不敢受,是王与尧同行也。"燕王因属国于子之,子之大重。

或曰:"禹荐益,已而以启人为吏。及老,而以启人为不足任乎天下,传之于益。已而启与交党攻益,夺之。天下谓禹名传天下于益,已而实令启自取之。今王言属国于子之,而吏无非太子人者,是名属子之而太子用事也。"王因收印自三百石吏已上而效之子之。子之南面行王事,而哙老不听政,顾为臣,国事皆决于子之。

三年,国大乱,百姓恫怨。将军市被与太子平谋,将攻子之。诸将谓齐湣王曰:"因而赴之,破燕必矣。"齐王因令人谓太子平曰:"寡人闻太子之义,将废私而立公,饬君臣之义,明父子之位。寡人之国小,不足以为先后。虽然,则唯太子所以令之。"

太子因要党聚众,将军市被围公宫,攻子之,不克。将军市被及百姓反攻太子平,将军市被死,以殉。国构难数月,死者数万,众人恫怨,百姓离志。

孟轲谓齐王曰:"今伐燕,此文、武之时,不可失也。"王因令章子将五都之兵,以因北地之众以伐燕。士卒不战,城门不闭,燕君哙死。齐大胜。燕子之亡。二年,而燕人共立太子平,是为燕昭王。

4.《史记·苏秦列传》"燕相子之与苏代婚"节

燕相子之与苏代婚,而欲得燕权。乃使苏代侍质子于齐。齐使代报燕,燕王哙问曰:"齐王其霸乎?"曰:"不能。"曰:"何也?"曰:"不信其臣。"于是燕王专任子之,已而让位,燕大乱。

齐伐燕,杀王哙、子之。燕立昭王,而苏代、苏厉遂不敢入燕,皆终归齐,齐善待之。

七三、燕王谓苏代章

燕王谓苏代曰:"寡人甚不喜訑者言也[1]。"苏代对曰:"周坒贱媒[2],为其两誉也[3]。之男家曰'女美'[4],之女家曰'男富'。然而周之俗,不自为取妻。且夫处女无媒[5],老且不嫁;舍媒而自衒[6],弊而不售[7]。顺而无败,售而不弊者,唯媒而已矣。且事非权不立,非势不成[8]。夫使人坐受成事者[9],唯訑者耳[10]。"王曰:"善矣。"

本篇辑自《战国策·燕策一》

【校注】

　　[1] 鲍彪曰："兖州谓欺曰訑。"吴师道曰："訑，徒案反，或作诞。"金正炜按："'訑'字《说文》作'詑'，詑即訑也。《广雅·释言》：'诞，訑也。'《玉篇》：'诞，诡言也。'字异义同。"《说文·言部》："沇州谓欺曰詑。"《大戴礼记·卫将军文子》："多闻而难诞也。"王聘珍解诂："诞，欺诈也。"《荀子·哀公》："口啍，诞也。"杨倞注："诞，多妄诞。""訑"同詑，通作诞，荒诞，欺诈。

　　[2] "周垄"，春秋战国时期周王畿内的地区。"贱媒"，从事说亲的媒人。因其社会地位较低，故称"贱媒"。

　　[3] "两誉"，两边说好话。

　　[4] "之"，《诗·鄘风·柏舟》毛传："至也。"

　　[5] "且夫"，况且，再说。

　　[6] "自衒"，自卖也。《后汉书·蔡邕传》："故伊挚有负鼎之衒。"李贤注："衒，自媒衒也。"《广雅·释诂三》："衒，卖也。"

　　[7] "弊"，鲍本作"敝"。鲍彪曰："敝，犹败，无成事也。""弊"同敝，困顿，破败。《战国策·秦策五》："南阳之弊幽。"鲍彪注："弊，困。"《吕氏春秋·本味》："故久不弊。"高诱注："弊，败也。"

　　[8] 何建章曰："立，《广雅·释诂三》谓'成也'。《后汉书·崔骃传》李贤注：'势，谋略也。'""权"，权谋。《淮南子·主术》："任轻者易权。"高诱注："权，谋也。"

　　[9] 于鬯曰："人为我訑，则已受其成。"

　　[10] 鲍彪曰："訑，亦君所恶，而实不可废。"

【考辨】

　　本章顾观光《国策编年》隶于周赧王二十九年（前286年）。缪文远曰："此章所言，羌无故实，乃晚出拟托之作。当自苏秦语'信如尾生，乃不诞不足以益国'，引申推演而成。"缪说当是。因此，本章乃苏秦后学的依托之辞。

七四、苏代谓燕王章

　　• 胃（谓）燕王曰[1]："列在万乘，奇（寄）质于齐[2]，名卑而权轻。奉万乘助齐伐宋[3],民劳而实费[4]。夫【破宋[5],残楚淮北[6],肥大齐[7],雠强而国弱也。此三者,皆国之大败也[8]。而足下行之,将欲以除害取信于齐也[9]。而齐未加不信于足下,而忌燕也愈甚矣。然则足下之事齐也,失所为矣。夫民劳而实费,又无尺寸之功[10],破宋肥雠,而世负其祸矣[11]。足下】以宋加之淮北,强万乘之国也[12],而齐兼之,是益【一】齐也[13]。九夷方一〈七〉百里[14],加以鲁、卫,强万乘之国也,而齐兼之,是益二齐也。夫一齐之强,燕犹弗能支[15],今以三齐临燕[16],其过(祸)必大。

"唯(虽)然,夫知(智)者之【举】事[17],因过(祸)【而为】福[18],转败而为功。齐紫,败素也,贾(价)十倍[19]。句浅栖会稽,其后残吴,霸天下[20]。此皆因过(祸)为福,转败而为功。

"今王若欲因过(祸)而为福,转败而为功,则莫若招霸齐而尊之[21],使明(盟)周室而焚(焚)秦符[22],曰:'大(太)上破秦[23],其次必长怹(摈)之[24]。'秦【挟】怹(摈)以侍(待)破[25],秦王必患之。秦五世伐诸侯[26],今为齐下,秦王之心苟得穷齐[27],不难以国壹揲(捷)[28]。然则王何不使辩士以若说说秦王曰[29]:'燕、赵破宋肥齐,尊之,为之下者,燕、赵非利之也。燕、赵弗利而执(势)为者[30],以不信秦王也。然则王何不使可信者栖(接)收燕、赵?如经(泾)阳君,如高陵君[31],先于燕、赵[32],曰:秦有变,因以为质[33]。则燕、赵信秦。秦为西帝,燕为北帝,赵为中帝,立三帝以令于天下[34]。韩、魏不听则秦伐,齐不听则燕、赵伐,天下孰敢不听?天下服听,因迥(驱)韩、魏以伐齐[35],曰:必反(返)宋【地】,归楚淮北。反(返)宋【地】[36],归楚淮北,燕、赵之所利也。并立三王[37],燕、赵之所愿也。夫实得所利,尊得所愿[38],燕、赵之弃齐,说(脱)沙(躧)也[39]。今不收燕、赵,齐伯必成。诸侯赞齐而王弗从,是国伐也。诸侯伐齐而王从之,是名卑也。今收燕、赵,国安名尊,不收燕、赵国危而名卑。夫去尊、安,取卑、危,知(智)者弗为。'

"秦王闻若说[40]，必如諫（刺）心[41]。然则【王】何不使辩士以如【言】说秦[42]，秦必取，齐必伐矣。夫取秦，上交也；伐齐，正利也。尊上交[43]，务正利，圣王之事也[44]。"

本篇辑自《战国纵横家书》第二〇章

【校注】

［1］整理小组曰："此篇见《史记·苏秦列传》和《燕策一》，均作苏代遗燕昭王书。"开篇说者未署名，《燕策一》和《苏秦列传》开篇均作"齐伐宋，宋急。苏代乃遗燕昭王书曰"。是本篇说者当为苏代。

［2］整理小组曰："燕国在齐国派有质子。""奇"，通作寄。《文选·〈长笛赋〉》："惟鐘笼之奇生兮。"王念孙《读书杂志》按："奇，读如寄。"是其证。鲍彪曰："寄，犹委也。""寄"，委托。

［3］《燕策一》作"秦齐助之伐宋"。《苏秦列传》与帛书《战国纵横家书》同。金正炜曰："奉，犹持也。见《广雅·释诂》。""齐伐宋"，据《燕策三》，齐国"三覆宋，宋遂举"，事在公元前286年。

［4］何建章曰："实，《左·文十八年传》注'财也'。"

［5］整理小组曰："'夫以宋'上《燕策一》多八十余字，《苏秦列传》多五十余字，此有脱落。"今据《燕策一》在"夫"下补"破宋，残楚淮北，肥大齐，雠强而国弱也。此三者，皆国之大败也。而足下行之，将欲以除害取信于齐也。而齐未加信于足下，而忌燕也愈甚矣，然则足下之事齐也，失所为矣。夫民劳而实费，又无尺寸之功，破宋肥雠，而世负其祸矣。足下"九十一字。

［6］鲍彪曰："楚之淮北，宋邻也。宋破则此地残。"吴师道曰："此已取淮北明矣！下文又曰：'必反宋地而归楚淮北。'"唐兰曰："淮北在当时是宋地，帛书第一组十四章是当时的真实史料。第八章'欲以残宋取淮北'，第十四章'宋以淮北与齐讲'，均可证。此文以淮北为楚地，显然是错的。"

［7］鲍彪曰："肥，亦大也。"

［8］金正炜曰："大败，犹言大祸。《书·微子》：'商今有其灾，我兴受其败。'《正义》云：'逆言灾虽未至，至则已必受其祸。'《礼记·孔子闲居》'四方有

败'注:'败,谓祸灾也。'"

[9] 金正炜曰:"'也',读为耶。害,犹忌也。下云'齐未加信,忌燕愈甚',正承'除害'、'取信'两义而言。《史记·太史公自序》:'孔子为鲁司寇,诸侯害之。'《汉书·翟方进传》:'必害其能。''害'之义并同于忌。"

[10] 喻言功劳甚小。周代每尺长十寸。

[11] 世代背负其祸患。

[12] 鲍彪曰:"宋,五千乘国也,又加之淮北,则万乘而强。"金正炜曰:"《尔雅·释诂》:强,当也。言以五千乘国加之以淮北,足与万乘之国相当也。"

[13] 《苏秦列传》作"是益一齐也"。郑良树案:"'益'下当有'一'字。此云'益一齐也',下文云'益二齐也',前后相应,即其证。今本《国策》、《史记》咸作'是益一齐也',亦其证。帛书夺,当据补也。"郑说当是,今据补。

[14] 《燕策一》、《苏秦列传》并作"北夷方七百里"。整理小组曰:"九夷,未详。一百,一字残缺,可能是七百。一说,九夷,地区名,在淮泗之间。""九夷",商周时期东方少数部族的统名。《论语·子罕》载:"子欲居九夷。"《集解》引马融曰:"东方之夷有九种。"《尔雅·释地》:"九夷、八狄、七戎、六蛮,谓之四海。"郭璞注:"九夷在东,八狄在北,七戎在西,六蛮在南,四荒者也。"《后汉书·东夷传》说:"夷有九种:曰畎夷、于夷、方夷、黄夷、白夷、赤夷、玄夷、风夷、阳夷,故孔子欲居九夷也。""北夷"即北狄,商周时期北方少数部族的统名。《史记索隐》:"谓山戎、北狄附齐者。"《正义》:"齐桓公伐山戎、令支,斩孤竹而南归海滨,诸侯莫不来服。"鲍彪曰:"北夷,齐之北国。加之以鲁、卫,言齐因举宋,且并此数国。"金正炜曰:"王念孙云,'北夷'当作'九夷',足证《索隐》、《正义》之误。《淮南·齐俗篇》:越王句践霸天下,泗上十二诸侯,皆率九夷以朝。是九夷地接泗上,而鲁为十二诸侯之一,故此言齐并九夷与鲁、卫也。《秦策》:楚苞九夷,又方千里。尤为明证。隶书'九'与'北'字相近,'九'字上画中断,即为'北'矣!"郑良树按:"'一'字当从今本《国策》、《史记》作'七'字,此误。"帛书本篇足证王、金说甚是,今据改。

[15] 《燕策一》作"而燕犹不能支也",《苏秦列传》作"燕犹狼顾而不能支","弗"、"不"义通。《经传释词》卷十说:"不,弗也,常语。"本句帛书本语言质朴简约,而《燕策一》和《苏秦列传》显然是经过加工润色的结果。

[16] "今",《经传释词》卷五"犹'若'也"。"三齐",指"九夷"、"鲁、卫"和齐国本身,故并称为"三齐"。

[17] "唯"同虽。《管子·君臣下》:"虽有明君能决之。"范望注:"虽与唯同。"《经传释词》卷八说:"'唯',即'虽'字也。""知"同智,《燕策一》作"知",《苏秦列传》作"智"。"之"下《燕策一》和《苏秦列传》并有"举"字,整理小组据以补入,当是。

[18] 《燕策一》作"转祸而为福",《苏秦列传》作"因祸为福"。整理小组据以补入"而为"二字,可从。

[19] 整理小组曰:"据传说,由于齐桓公穿紫色衣服,紫色的绢涨了价,把不好的素绢染了紫色可以得高价。这是比喻善于利用机会,可以'因祸为福,转败为功'。"《韩非子·外储说左上》:"齐桓公好服紫,一国尽服紫,当是时也,五素不得一紫。"缪文远曰:"此言齐人染败素为紫,可得十倍之价。《礼记·杂记》:"纯以素"。郑玄注:"素,生帛也。""败素",劣质的生绢。

[20] "句浅",《燕策一》、《苏秦列传》并作"越王勾(句)践。"整理小组曰:"句浅即越王勾浅。近年发现的越王剑即作浅,与帛书同。《国语·越语》:"越王句践栖于会稽之上,乃号令三军……遂灭吴。"越王"句浅",公元前 497—前 465 年在位。事见《史记·越王句践世家》。

[21] 整理小组曰:"招,《苏秦列传》作挑,当从《燕策》作遥。招、挑与遥,并音近通用。""招",举也。《国语·周语下》:"以招人过。"韦昭注:"招,举也。"

[22] 鲍彪曰:"背秦而受,使齐主盟。""明",《燕策一》、《苏秦列传》并作"盟"。"明",通作"盟"。《诗·小雅·黄鸟》:"不可与明。"郑玄笺:"明,当为盟。盟,信也。"马瑞辰传笺通释:"明、盟古通用。""盟周室",使诸侯各国到周天子那里,由齐国主持举行盟会。"梦",《燕策一》、《苏秦列传》并作"焚"。"梦"同焚。《左传·文公十一年》:"获侨如之弟焚如。"洪亮吉诂:"《史记》'焚如'作'梦如'。"《尔雅·释天》:"焚轮谓之穨。"俞樾《群经平议》按:"焚、梦古通用。"是其证。"符",符节。"焚秦符"指焚烧诸侯各国与秦国建立外交关系的信物。

[23] 本句与本书第二十四章(《战国纵横家书》第十二章):"遂盟攻秦。大上破之,其次摈之,其下完交而详讲"的内容和句例基本相同。裘锡圭曰:"按:此句《苏秦列传》作'其大上计破秦',《燕策一·齐伐宋宋急章》作'夫上计破秦',

'秦'上一字皆作'破'字。但是从帛书图版看,'秦'上一字却显然是'服'字,不能释作'破'。《战国策新校注》指出策文'夫上计'的'夫'为'大'字之伪。'计'字为'衍'文。《苏秦列传》'其大上计'的'其''计'二字,也有可能是衍文。"裘说"'秦'上一字却显然是'服'字",当是,今据改。但本篇有帛书、《燕策一》和《苏秦列传》三种版本,帛书本应是原始文献,《燕策一》和《苏秦列传》本都是在其基础上改编而来的,增、减、改换文字,都是常见的事。故"夫"、"其"、"计",都不必看作是"伪"、"衍"文字。

[24] 郑良树曰:"案:今本《国策》、《史记》'怸'皆作'宾',与此不同。《广雅·释诂》一曰:'怸,远也。'宾秦、远秦,义近。"

[25] 整理小组曰:"秦□怸以待破,秦下一字原作狂,未详。《燕策》收《苏秦列传》均作挟。一说,狂疑是挟字之误。"郑良树曰:"案:据今本《国策》、《史记》,'秦'下缺文当是'挟'字。"郑说当是,今据补。

[26] 整理小组曰:"秦自献公、孝公、惠王、武王至此时昭王,共五世,常出伐各国。"

[27]《燕策一》、《苏秦列传》并作"志"。"心"、"志"义通。朱熹《论语·里仁》集注:"志者,心之所知也。"《列子·汤问》:"汝志强而气弱。"张湛注:"志,谓心智。"是其证。"苟",急切也。《玉篇·苟部》:"苟,急也。"这是说秦王必定急切地使齐国处于困境。

[28] 本句《燕策一》作"不惮以一国都为功",《苏秦列传》作"不惮以国为功"。整理小组曰:"接与下文'接收燕赵'的接同,结合。"裘锡圭按:"帛书整理者认为'捷'当作'接',是否确实可信,也还需要研究。'接'字古与'捷'通,高亨先生纂著、董治安先生整理的《古字通假会典》的'接与捷'条,举了大量例证。此书中接排在'接与捷'条之后的是'接与栖'条。条中指出《燕策一》'接收燕、赵'句之'接'帛书本作'栖',并说:'按捷当作捷。'这是很有道理的。""难"、"惮"义通。《释名·释言语》:"难,惮也,人所忌惮也。"《说文·心部》:"惮,忌难也。"段玉裁注:"凡畏难曰惮。""难",畏难,惧怕。"壹",为义通。"壹"同一,《诗·邶风·北门》:"政事一埤益我。"陈奂疏:"一,犹乃也。"《经传释词》卷二:"为,乃也。"是其证。"捷",通作捷。"捷"、功义通。《尔雅·释诂上》:"功,胜也。"《释名·释语言》:"功,攻也,攻治之乃成也。"《诗·小雅·采薇》:"一月三捷。"毛传:"捷,胜

也。"《左传·宣公十二年》:"事之不捷。"杜预注:"捷,成也。"是其证。这是说不惧怕倾注全国的力量去夺取胜利。

[29] "说若",《燕策一》作"穷齐之说",《苏秦列传》作"此说"。整理小组曰:"若说,此说。下文作如说,同。"

[30] 整理小组曰:"势为,形势所迫。""埶"同势。《墨子·鲁问》:"越人因此若埶,亟败楚人。"孙诒让间诂:"旧本'埶亟'作'执函'。'执'当为'埶',埶即今势字。"《逸周书·周祝》:"凡势道者,不可以不大。"黄怀信注:"'势'读为'执',持也。"是其证。

[31]《史记集解》:"徐广曰:冯翊高陵县。"《索隐》:"二人,秦王母弟也。高陵君名显,泾阳君名悝。"鲍彪曰:"二君秦所重,天下信之。"整理小组曰:"两人并秦昭王弟。""经",泾音近义通。《广雅·释水》:"泾,径也。"《庄子·秋水》:"泾流之大。"《经典释文》:"'泾',通也。崔本作径。"《释名·释典艺》:"经,径也,常典也。"是其证。《诗·小雅·六月》:"至于泾阳。""泾阳"故城在今甘肃平凉县西。"高陵"故城在陕西高陵县西南。

[32] "先",先至,速来。《国语·周语上》:"鲁之班长而又先。"韦昭注:"先,先至也。"《吕氏春秋·辩士》:"植者其生也必先。"高诱注:"先,犹速也。""先于燕、赵",是要求秦国派泾阳君、高陵君那样的人质先来燕、赵两国。

[33] 鲍彪曰:"谓背二国。"整理小组曰:"这是说秦国的策略变了。"郑良树曰:"两句为使泾阳君、高陵君赴燕、赵之语。谓苟秦有变,则为质于燕、赵也,故下句云'燕、赵信秦'。帛书整理小组谓使泾阳君、高陵君语仅'秦有变'一句,恐未必然。"

[34]《燕策一》作"诸侯",《苏秦列传》作"天下"。唐兰曰:"秦昭王称帝才两个月,因齐国西师而被迫取消了。此文作者却异想天开,要搞三帝。况且燕在当时是弱国,如何可以称帝?"

[35] "迿",《燕策一》、《苏秦列传》并作"驱"。"迿"字从辵、句声,当是"跔"字别体。因为辵、足义近,在古文字的意符里可以通用。例如,逾同踰、跡同迹、逵同跊、遵同蹲等,均是其例。"跔"、"驱"音近义通。郭象《庄子·逍遥游》注:"其药能令手不拘坼。"《经典释文》:"'拘',依字宜作'跔'。"《荀子·哀公》:"有务而拘领者矣。"杨倞注:"拘,与句同。"《集韵·侯韵》:"句,或作区。"《鹖冠子·度

万》："相区于成。"陆佃解："区,驱也。"是其证。

[36] 两个"宋"字下,《燕策一》、《苏秦列传》均有"地"字。今据补。

[37] "王",《燕策一》、《苏秦列传》并作"帝"。"王"、"帝"义通。《尔雅·释诂上》："帝、王,君也。"蔡邕《独断》卷上："皇、王、后、帝,皆君也。"是其证。

[38] "尊",帛书本篇与《苏秦列传》同,《燕策一》作"名"。缪文远曰："'名',帛书及《史记》并作'尊',指尊为帝言。"

[39] 整理小组曰："沙字与躧字音同通用。躧,拖鞋。《苏秦列传》作'如脱躧矣'。《燕策一》作'犹释弊躧'。姚本注：'一云脱屣也。'躧就是屣。""说",通作脱。《周易·蒙》："用说桎梏。"焦循章句："说,读如脱去之脱。"《史记·齐太公世家》："成公脱。"《十二诸侯年表》作"成公说",是其证。

[40] 金正炜曰："按'若说'犹是说。《吕览·振乱篇》：'若说为深。'注：'说若是者。'文义正同。"

[41] "諫",《燕策一》、《苏秦列传》并作"刺"。鲍彪曰："言其切已。"吴师道曰："心痛如刺。"裘锡圭按："'心'上一字当从'言'从'束',《释文》不误,单行本已误。""諫",通作"刺"。《广雅·释诂四》："諫,书也。"王念疏证："諫,通作刺。"《集韵·寘韵》："諫,通作刺。"是其证。

[42] 整理小组曰：依《燕策一》、《苏秦列传》在"则"字下补"王"字,当是。"辩士",帛书与《苏秦列传》并作"辩士",《燕策一》作"知士"。"以如说秦",《燕策一》作"以若此言说秦",《苏秦列传》作"以此若言说秦"。整理小组在"说"字下补"说"字,未尽确当。依文意当在"如"下补"言"字。《广雅·释言》："如,若也。""如言",犹若言,与"若此言"、"此若言"义同。"以如【言】说秦",意为用这些话去说服秦国。

[43] 两"上交"字,帛书与《燕策一》同,《苏秦列传》并作"厚交"。

[44] 《燕策一》、《苏秦列传》在"圣王之事也"下,均有"燕昭王善其书,曰：'先人尝有德苏氏,子之之乱,而苏氏去燕。燕欲报仇于齐,非苏氏莫可。'乃召苏氏,复善待之。与谋伐齐,竟破齐,闵王出走"一段文字,当是后来整理者增添的内容。

【考辨】

本篇鲍彪《战国策注》系于燕昭王"二十七年",即周赧王三十年(前285年)。

林春溥《战国纪年》、黄式三《周季编略》、顾观光《国策编年》并系于周赧王二十九年(前286年)。郭人民《战国策校注系年》系于周赧王二十八年(前287年)。于鬯《战国策年表》、马雍《帛书〈战国纵横家书〉各篇的年代和历史背景》系于周赧王二十七年(前288年),上述诸说,均未确当。

唐兰说:"此篇似摹拟苏秦的口气所作,《燕策》和《史记》均作苏代是错的。此与有名的苏秦合纵八篇、张仪连横诸篇,以及其他,当都是战国末纵横家的拟作,气势都很盛,跟真正的苏秦文笔,宛转而有条理,风格截然不同。拟作时对当时的历史已不很清楚。例如:1. 当时各国都相互有质子,秦国就曾派泾阳君到齐国为质,燕国寄质于齐,不能以此说'名卑而权轻'。2. 燕助齐伐宋,齐杀张魁是燕国的奇耻大辱,根本没有提到。3. 淮北在当时是宋地,帛书第一组十四章是当时的真实史料,第八章'欲以残宋取淮北',第十四章'宋以淮北以齐讲',均可证。此文说'以宋加之淮北',下文更明说'反宋,归楚淮北',以淮北为楚地,显然是错的。4. 五国攻秦是齐国发动,由赵国李兑出面去约的,此文的作者却要让燕昭王发动此事,说什么'莫若遥霸齐而尊之,使盟周室而焚秦符'。5. 攻秦是由齐秦称帝引起的,秦昭王称帝才两个月,因齐国西师而被迫取消了,此文作者却异想天开,要搞三帝。况且燕在当时是弱国,如何可以称北帝?根据这些事实上的错误,此文必是后人拟作无疑。"缪文远也说:"夫助齐伐宋,乃苏秦为燕敝齐之谋略,此章乃劝燕昭王毋助齐伐宋,显见其对历史无知。淮北宋地,此乃以为楚地。燕本弱国,此乃欲以燕与秦、赵并尊为三帝,均与当时情势不合。"他认为"唐说据当时史实及地理,论证此《策》为拟作,当从。"今从唐、缪说,定本篇为苏秦后学的拟作。

这篇《策》文有帛书、《燕策一》和《苏秦列传》三种版本,帛书本未署作者姓名,语言较为质朴,当属拟作的原始文本。但其在传抄过程中,存在少量遗漏。《燕策一》本在帛书本的基础上,不但增添了作者姓名和时代背景,而且对许多词句都进行了加工修饰,特别是增加了大量"夫"、"而"、"矣"、"也"等虚词,使文章显酣畅可读。《苏秦列传》本则是在同时参考帛书和《燕策一》本的基础上改编而成的。这从其中保留了许多与帛书本相同的词句,可以得到证明。由此可见,司马迁在撰写《苏秦列传》时,曾看到本篇的原始文本。这为我们研究《苏子》各篇的撰著过程和版本流传,提供了重要参考资料。

【附录】

1.《战国策·燕策一》"齐伐宋宋急"章

齐伐宋,宋急。苏代乃遗燕昭王书曰:"夫列在万乘,而寄质于齐,名卑而权轻。秦齐助之伐宋,民劳而实费。破宋,残楚淮北,肥大齐,雠强而国弱也。此三者,皆国之大败也,而足下行之,将欲以除害取信于齐也。而齐未加信于足下,而忌燕也愈甚矣。然则足下之事齐也,失所为矣。夫民劳而实费,又无尺寸之功,破宋肥雠,而世负其祸矣。足下以宋加淮北,强万乘之国也,而齐并之,是益一齐也。北夷方七百里,加之以鲁、卫,此所谓强万乘之国也,而齐并之,是益二齐也。夫一齐之强,而燕犹不能支也,今乃以三齐临燕,其祸必大矣。

"虽然,臣闻知者之举事也,转祸而为福,因败而成功者也。齐人紫败素也,而贾十倍。越王勾践栖于会稽,而后残吴霸天下。此皆转祸而为福,因败而为功者也。今王若欲转祸而为福,因败而为功乎?则莫如遥伯齐而厚尊之,使使盟于周室,尽焚天下之秦符,约曰:'夫上计破秦;其次长宾之秦。'秦挟宾客以待破,秦王必患之。秦五世以结诸侯,今为齐下,秦王之志,苟得穷齐,不惮以一国都为功。然而王何不使布衣之人,以穷齐之说说秦?谓秦王曰:'燕、赵破宋肥齐,尊齐而为之下者,燕、赵非利之也。弗利而势为之者,何也?以不信秦王也。今王何不使可以信者接收燕、赵。今泾阳君,若高陵君先于燕、赵,秦有变,因以为质,则燕、赵信秦矣。秦为西帝,赵为中帝,燕为北帝,立为三帝而以令诸侯。韩、魏不听则秦伐之,齐不听则燕、赵伐之。天下孰敢不听?天下服听,因驱韩、魏以攻齐,曰:必反宋地,而归楚之淮北。夫反宋地,归楚之淮北,燕、赵之所同利也。并立三帝,燕、赵之所同愿也。夫实得所利,名得所愿,则燕、赵之弃齐也,犹释弊躧。今王之不收燕、赵,则齐伯必成矣。诸侯戴齐,而王独弗从也,是国伐也。诸侯戴齐而王从之,是名卑也。王不收燕、赵,名卑而国危;王收燕、赵,名尊而国宁。夫去尊宁而就卑危,知者不为也。'秦王闻若说也,必如刺心。然则王何不务使知士以若此言说秦?秦伐齐必矣。夫取秦,上交也;伐齐,正利也。尊上交,务正利,圣王之事也。"

燕昭王善其书,曰:"先人尝有德苏氏,子之之乱,而苏氏去燕。燕欲报仇于齐,非苏氏莫可。"乃召苏氏,复善待之。与谋伐齐,竟破齐,闵王出走。

2.《史记·苏秦列传》"齐伐宋宋急"节

齐伐宋,宋急,苏代乃遗燕昭王书曰:"夫列在万乘而寄质于齐,名卑而权轻;

奉万乘助齐伐宋,民劳而实费;夫玻宋,残楚淮北,肥大齐,雠彊而国害:此三者皆国之大败也。然且王行之者,将以取信于齐也。齐加不信于王,而忌燕愈甚,是王之计过矣。夫以宋加之淮北,强万乘之国也,而齐并之,是益一齐也。北夷方七百里,加之以鲁、卫,彊万乘之国也,而齐并之,是益二齐也。夫一齐之彊,燕犹狼顾而不能支,今以三齐临燕,其祸必大矣。

"虽然,智者举事,因祸为福,转败为功。齐紫,败素也,而贾十倍;越王句践栖于会稽,复残彊吴而霸天下:此皆因祸为福,转败为功者也。

"今王若欲因祸为福,转败为功,则莫若挑霸齐而尊之,使使盟于周室,焚秦符,曰'其大上计,破秦;其次,以长宾之'。秦挟宾以待破,秦王必患之。秦五世伐诸侯,今为齐下,秦王之志苟得穷齐,不惮以国为功。

"然则王何不使辩士以此言说秦王曰:'燕、赵破宋肥齐,尊之为之下者,燕、赵非利之也。燕、赵不利而势为之者,以不信秦王也。然则王何不使可信者接收燕、赵,令泾阳君、高陵君先于燕、赵?秦有变,因以为质,则燕、赵信秦。秦为西帝,燕为北帝,赵为中帝,立三帝以令于天下。韩、魏不听则秦伐之,齐不听则燕、赵伐之,天下敦敢不听?天下服听,因驱韩、魏以伐齐,曰:必反宋地,归楚淮北。反宋地,归楚淮北,燕、赵之所利也;并立三帝,燕、赵之所愿也。夫实得所利,尊得所愿,燕、赵弃齐如脱躧矣。今不收燕、赵,齐霸必成。诸侯赞齐而王不从,是国伐也;诸侯赞齐而王从之,是名卑也。今收燕、赵,国安而名尊;不收燕、赵,国危而名卑。夫去尊安而取危卑,智者不为也。'秦王闻若说,必若刺心。然则王何不使辩士以此若言说秦?秦必取,齐必伐矣。夫取秦,厚交也;伐齐,正利也。尊厚交,务正利,圣王之事也。"

燕昭王善其书,曰:"先人尝有德苏氏,子之之乱而苏氏去燕。燕欲报仇于齐,非苏氏莫可。"乃召苏氏,复善待之。与谋伐齐,竟破齐,闵王出走。

七五、秦召燕王章

秦召燕王,燕王欲往[1]。苏代约燕王曰[2]:"楚得枳而国亡[3],齐得宋而国亡[4],齐、楚不得以有枳、宋事秦者,何也?是则有功者,秦之深雠也[5]。秦取天下,非行义也,暴也。

秦之行暴于天下[6],正告楚曰[7]:'蜀地之甲,轻舟浮于汶[8],乘夏水而下江[9],五日而至郢[10]。汉中之甲,乘舟出于巴[11],乘夏水而下汉[12],四日而至五渚[13]。寡人积甲宛,东下随[14],知者不及谋,勇者不及怒,寡人如射隼矣[15]。王乃待天下之攻函谷,不亦远乎?'楚王为是之故,十七年事秦。

秦正告韩曰:'我起乎少曲,一日而断太行[16]。我起乎宜阳而触平阳,二日而莫不尽繇[17]。我离两周而触郑,五日而国举[18]。'韩氏以为然,故事秦。

秦正告魏曰:'我举安邑,塞女戟,韩氏、太原〔行〕、卷(衮)[19]。我下枳道、南阳、封、冀,包两周[20],乘夏水,浮轻舟,强弩在前,铦戈在后[21]。决荥(荧)口,魏无大梁[22];决白马之口,魏无济阳[23];决宿胥之口,魏无虚、顿丘[24]。陆攻则击河内,水攻则灭大梁。'魏氏以为然,故事秦。

秦欲攻安邑,恐齐救之,则以宋委于齐[25],曰:'宋王无道,为木人以写寡人,射其面[26]。寡人地绝兵远,不能攻也。王苟能破宋有之,寡人如自得之。'已得安邑,塞女戟,因以破宋为齐罪[27]。

秦欲攻齐,恐天下救之,则以齐委于天下[28]。曰:'齐王四与寡人约,四欺寡人[29],必率天下以攻寡人者三[30]。有齐无秦,无齐有秦,必伐之,必亡之[31]!'已得宜阳、少曲,致蔺、【离】石[32],因以破齐为天下罪。

秦欲攻魏、重楚[33],则以南阳委于楚[34]。曰:'寡人固与韩且绝矣!残均陵,塞鄳隘[35],苟利于楚,寡人如自有之。'魏弃与国而合于秦,因以塞鄳隘为楚罪。

兵困于林中[36],重燕、赵,以胶东委于燕[37],以济西委于赵。赵得讲于魏[38],至(质)公子延[39],因犀首属行而攻赵[40]。兵伤于离石,遇败于马陵[41],而重魏,则以叶、蔡委于魏[42]。已得讲于赵,则劫魏,〈魏〉不为割[43]。困则使太后、穰侯为和[44],嬴(赢)则兼欺舅与母[45]。

适燕者曰[46]:'以胶东。'适赵者曰:'以济西。'适魏者曰:'以叶、蔡。'适楚者曰:'以塞郿隘[47]。'适齐者曰:'以宋。'此必令其言如循环[48]。用兵如刺蜚(斐)绣[49],母不能制,舅不能约[50]。

龙贾之战[51],岸门之战[52],封陆(陵)之战[53],高商之战[54],赵庄之战[55],秦之所杀三晋之民数百万。今其生者,皆死秦之孤也[56]。西河之外、上雒之垄(地),三川晋国之祸,三晋之半[57]。秦祸如此其大,而燕、赵之秦者[58],皆以争事秦说其主[59],此臣之所大患。"

燕昭王不行[60],苏代复重于燕。燕反约诸侯从亲[61],如苏秦时,或从或不[62],而天下由此宗苏氏之从约。代、厉皆以寿死,名显诸侯[63]。

本篇辑自《战国策·燕策二》

【校注】

[1] 缪文远曰:"据后文,此燕王指昭王。"

[2] 鲍彪曰:"约,犹止。"缪文远按:"此依托之文嫁名苏代者。"

[3] 《史记集解》:"徐广曰:'巴郡有枳县。'"鲍彪曰:"皆谓失地。秦昭廿七、八、九年,连拔楚郡。"泷川资言曰:"枳,今四川涪陵。周赧王三十六年,秦军拔楚鄢、西陵。'国亡',言失国都。"据《史记·秦本纪》,秦昭王"二十九年(前278年),大良造白起攻楚,取郢为南郡,楚王走"。《楚世家》载:楚襄王"二十一年,秦将白起遂拔我郢,烧先王墓夷陵"。"国",都也。《吕氏春秋·明理》:"有狼入于国。"高诱注:"国,都也。"楚"国亡",当指楚国失去郢都,事在公元前278年。

[4] 《史记集解》:"《年表》云:'齐湣三十八年,灭宋。四十年,五国共击湣王,王走莒。'"鲍彪曰:"即此(燕昭王)二十八年入临淄,三十二年下七十城。"据《燕策二》,齐闵王"三覆宋,宋遂举"。事在公元前286年。燕昭王二十八年(前284年),在苏秦的策划下,燕将乐毅率赵、燕、韩、魏、秦五国之兵伐齐,攻陷齐都临淄,齐闵王出走莒地,后被杀害。事见《史记·田齐世家》、《燕世家》。

[5] 鲍彪曰:"言此已见克齐者,秦之所恶也。"

[6]《苏秦列传》作"秦之行暴,正告天下"。"天下",诸侯各国。

[7]《史记索隐》曰:"正告谓显然而告之天下。"金正炜按:"《鬼谷子·摩篇》:'正者,直也。'正告谓直告之,不委曲也。""正告",公开直言宣告。

[8]《史记索隐》曰:"汶,即江所出之岷山也。"鲍彪曰:"汶江水出岷山。""蜀地",在今四川省、重庆市境内。"甲",兵甲。"汶江"即岷江,源于四川省西北的岷山南麓,全长735公里,实为长江的源头。

[9]《史记索隐》曰:"夏水,谓夏潦之水盛长(涨)时也。""夏水",夏季雨后盛涨的大水。"江",长江。

[10]"郢",楚都,在今湖北江陵市纪南城东南。

[11]《史记索隐》曰:"巴,水名,与汉水近。""汉中",今陕西汉中市地区。巴水源于陕西西乡县西南。

[12]鲍彪曰:"沔水自江别至南郡华容为夏水。""汉"即沔水,源于陕西宁江县北嶓冢山,经汉中流入湖北入长江,其上游称为"沔水",下游称为"夏水"。

[13]《史记集解》:"五渚在洞庭。"据《战国策·秦策一》,"秦与荆人战,大破荆,袭郢,取洞庭、五渚。"《水经注·湘水》载:湘、资、沅、澧"四水,同注洞庭,北会大江,名之五渚"。

[14]鲍彪曰:"属南阳。"何建章曰:"寡人,秦王自称。积甲宛,积兵于宛。"据《史记·秦本纪》,秦"昭王十五年(前292年),大良造攻楚、取宛"。《韩世家》载:韩釐王"五年(前291年),秦拔我宛"。"宛",在今河南南阳市。"随",在今湖北随州市。

[15]《史记索隐》按:"《易》曰:'射隼于高墉之上,获之,无不利。'秦王言我今伐楚,必当捷获也。"《史记正义》曰:"隼,若今之鹘。"鲍彪曰:"隼,祝鸠,喻易也。"于鬯曰:"言如射隼者,益即据《易》义也。""隼",猛禽,亦名鹘,可以驯养狩猎。

[16]"少曲",在今河南济源市东北的太行山南麓。《左传·襄公二十三年》,齐侯遂伐晋"封少水"。杨伯峻注:"少水即今沁水。"《史记正义》曰:"在怀州河阳县西北,解在《范雎传》。太行山羊肠阪道,北过韩上党。"鲍彪曰:"少曲,韩地。"据《史记·范雎传》:"秦昭王之四十二年(前265年),东伐韩少曲、高平,拔之。""高平"在今河南济源市西南。《秦策三》"范雎至秦章":"北斩太行之道,则

上党之兵不下。"张琦曰："太行起河南怀庆府北二里，接山西泽州府南界，北过恒山，至于燕蓟，绵亘数千里，为天下之脊。在怀泽间尤为南北之险隘，其道即羊肠道也。""太行之道"，《史记·白起列传》作"太行道"，是从山西泽州南下太行经丹水的南北通道，"少曲"城正位于大道的出入口处，故曰"一日而断太行"。

[17]《史记正义》："宜阳、平阳皆韩大都也，隔河也。"鲍彪曰："'繇'、'由'同。"吴师道曰："繇，音摇。摇，动也。平阳即近武遂，韩坟墓所在者。"吴曾祺案："繇，戍也，言自平阳以东，无不戍守矣。"范祥雍按："《史记·楚世家》昭雎曰：'秦破韩宜阳，而韩复事秦者，以先王墓在平阳，而秦之武遂去之七十里，以故尤畏秦。'吴注本之。""宜阳"，韩国故都，在今河南宜阳县西韩城镇东北。"平阳"，韩国故都，在今山西临汾市南。

[18]《史记索隐》："离，如字。谓屯兵以罹二周也，而乃触击于郑，故五日国举。举，犹拔也。"《史记正义》："离，历也。历二周而东触新郑〈州〉，韩国都拔矣。""郑"，韩都新郑，故城在今河南新郑市区。

[19]"安邑"，见本书第十七（《赵策四》）"五国伐秦无功"章注[36]，"女戟"，《史记索隐》："女戟，地名，盖在太行山之西。"《史记正义》："刘伯庄云：''太原'当为'太行'。卷，犹断绝。'""太原"当为"太行"。刘说当是，今据改。然而，"卷"训"断绝"未安，亦非本书第六二（《魏策一》）"苏子为赵合从说魏王章"的"卷"地（在今河南原武县西北）。"卷"，通作兖。《诗·小雅·采菽》："玄衮及黼。"毛传："玄衮，卷龙也。"《经典释文》："衮，字或作卷。"《礼记·礼器》："天子龙卷。"《经典释文》："卷，本又作衮。"《说文·衣部》："衮，天子享先王，卷龙绣于下常。"段玉裁注："《曲礼记》'衮衣'字皆作'卷'。盖'衮'与'卷'古音同，故《记》假'卷'为'衮'也。"是其证。衮，通作沇。《尚书·禹贡》："济、河惟兖州。"《史记·夏本纪》作"沇州"。《别雅》卷三："沇州，兖州也。"《释名·释州国》："兖州，取沇水以为名也。"衮水即沇水。《禹贡》："导沇水东流为济，入于河。"《说文·水部》："沇水，出河东垣东王屋山。"衮水源出今河南济源市西北的王屋山，是济水的源头，正位于太行道的出入口处。

[20] 本句本书第十七（《赵策四》）"五国伐秦无功"章作"下枳道、南阳高伐魏，绝韩包二周"。《史记集解》："徐广曰：'霸陵有轵道亭，河东皮氏有冀亭'。"《史记索隐》按："魏之南阳即河内也。封，封陵也。冀，冀邑，皆在魏境。""枳道"，

在今河南济源市南。"南阳"指今河南济源至获嘉一带的太行山南麓,故名。"封",《庄子·应帝王》:"纷而封哉。"成玄英疏:"封,守也"。"冀",在今山西稷山县东。

[21]"銛",《苏秦列传》作"铩"。"銛"、"铩"义通。《史记正义》:"刘伯云:'铩,利也。'"《广雅·释诂二》:"銛,利也。"是其证。"戈",兵器。

[22]《史记索隐》:"荥泽之口与今汴河口通,其水深,可以灌大梁,故云'无大梁'也。""荥泽",在今河南荥阳市东北。

[23]《苏秦列传》作"魏无外黄、济阳"《史记索隐》:"白马河津在东郡,决其流以灌外黄及济阳。"《史记正义》:"济阳故城在曹州冤朐县西南三十五里。"张琦曰:"白马津在今滑县西。决河而南,即灌外黄、济阳。""白马津"在今河南滑县西北。"济阳"在今河南兰考县东北。

[24]《史记集解》:"徐广曰:'《纪年》云:魏救山塞集胥口。'"张琦曰:"宿胥口,今在濬县西南三十五里遮害亭东。决河使北,以灌虚、顿丘也。""宿胥口",在今河南浚县西南。"虚"在今河南延津县东南。"顿丘"在今河南清丰县西。

[25]缪文远曰:"《赵策四》屡言'齐欲伐宋,秦令起贾禁之';'齐将攻宋,而秦阴禁之'。《韩策三》谓'韩(当作齐)人攻宋,秦王大怒曰:吾爱宋与阳城、新晋同也。'可知以宋委齐之说乃策士之妄言也。""委",委托,托付。

[26]鲍本"写"作"象"。黄丕烈曰:"《史记》作'写',写'字是。""宋王",宋王偃,荒淫无道,"射天笞地",诸侯皆曰"桀宋"。见《战国策·宋卫策》、《史记·宋微子世家》。

[27]《史记索隐》:"秦令齐灭宋,仍以破宋为齐之罪名。"齐国伐宋,秦昭王因此发怒。但经苏秦游说后,便采取默认的态度(《韩策三》"韩珉伐宋章")。齐国灭宋后,国力骤然强盛,秦国感到不安,便以此为"罪名",积极参与五国伐齐的活动。

[28]"攻齐",《苏秦列传》、鲍本均作"攻韩"。于鬯曰:"卢刻姚本正作'韩',下文言'宜阳、少曲',则作'韩'为是。"何建章曰:"如是'攻齐',不应'以齐委于天下',当改'齐'为'韩'。"横田惟孝、缪文远、范祥雍诸家,均据以改"齐"为"韩"。通观全段文意,当以"策"本"攻齐"为是,不烦改"齐"为"韩"。在公元前284年五国合从伐齐前,由苏秦组织五国伐秦的活动尚未结束。"以齐委于天下"是要组

织诸侯攻伐齐国的活动。

[29]"寡人",秦昭王自称。"齐王",齐闵王。秦、齐"四约"、"四欺"事,一是指秦与齐约"立为两帝",而"齐释帝"号(见《齐策四》);二是指秦与齐约"伐赵,参分赵壤地"(见《赵策一》);三是指齐、赵"约攻秦"(见《战国纵横家书》四);四是指齐国"灭宋"。

[30]鲍彪曰:"必,言攻之决。""以攻寡人者三",一是本来楚、齐两国"从亲",对抗秦国。因秦昭王与楚怀王结盟,楚国背叛盟约。公元前301年,孟尝君组织齐、韩、魏三国联军伐楚大获全胜,楚国向齐屈服,派太子横为质。秦国也感到恐惧,派泾阳君为质,向齐国修好(见《秦本纪》、《楚世家》)。二是公元前298年,孟尝君率齐、韩、魏、赵、中山五国联军攻秦,兵至函谷关,迫使秦国求和,归还先前侵夺魏国的河外、封陵以及韩国的河外、武遂(见《秦本纪》、《韩世家》)。三是公元前287年,苏秦组织五国伐秦,秦国被迫废除帝号,把以前夺取的温、枳、高平归还魏国,把王公、符逾归还赵国(见《战国纵横家书》二一、《赵策一》)。

[31]《苏秦列传》作"有秦无齐"。当时秦、齐两国旗鼓相当,都有兼并诸侯的企图,因而势不两立。

[32]《苏秦列传》作"蔺、石"。鲍本"石"上补"离"字。吴师道曰:"据文恐有'离'字。"吴说当是,今据补。当时秦国已夺取韩、魏、赵三国的"宜阳、少曲,致蔺、离石"地区,具备进攻齐国的有利条件。

[33]《史记索隐》:"重犹附也,尊也。"《史记正义》:"畏楚救魏。"鲍彪曰:"恐楚击其后。"金正炜曰:"《史记·司马相如传》:'重烦百姓。'《索隐》云:'重犹难也。'《释名·释语言》:'难,惮也,人所忌惮也。'此文亦当训难。""重",难也,忌惮也。

[34]《史记正义》:"南阳邓州地,本韩地也。韩先事秦,今楚取南阳,故言'与韩且绝矣'。""南阳",在今河南西南以及湖北北部的地区。

[35]《史记正义》:"均州故城在随州西南五十里,盖均陵也。又申州罗山县本汉鄳县。中州有平清关,盖古鄳县之陉塞。"张琦曰:"南阳本韩地,秦旧属矣。均陵、黾隘亦原楚属,未闻韩曾有之,不可晓也。均陵即今均州。"缪文远按:"此张氏未敢斥其言为伪耳。其实,此亦策士之妄谈也。均陵,今湖北均县。鄳隘,今河南信阳县西南平靖关。"

[36]"林中",在今河南新郑市东北。见本书第五二章注[32]。

[37]鲍彪曰:"胶东国。故齐国。《项纪》注:即墨也。""胶东",今山东胶莱河以东,包括烟台、威海和青岛市的北部地区。

[38]《史记索隐》:"讲,和也,解也。秦与魏和也。"

[39]"至",鲍本作"质"。《史记索隐》:"至,当为'质',谓以公子延为质也。"鲍彪曰:"公子延,秦子。"缪文远曰:"'至',鲍本作'质'是,当据改。""至",通作"质"。《庄子·刻意篇》:"道德之质。"《天道篇》作"道德之至"。俞樾《诸子平议》按:"至、质古通用。"是其证。不烦改字。

[40]《史记索隐》:"犀首,公孙衍本魏将,因之以属军行。谓连兵相续也。"横田惟孝曰:"属行,谓相属而起兵也,言秦使公子延因犀首相属起兵而攻赵也。"

[41]《苏秦列传》作"兵伤于谯石,而遇败于阳马。"《史记索隐》按:"谯石、阳马并赵地名,非县邑也。"姚宏注:"曾改'马陵'作'阳马'。"范祥雍曰:"张文虎《史记札记》谓:'北宋本谯'作离石,与《策》合。此不能辄改。""离石",战国赵地,在今山西离石县境。"马陵",其地有五:一是春秋齐地。《史记·齐太公世家》:齐顷公十年"晋军追齐至马陵"(亦见《左传·成公二年》),在今山东益都县西南。二是春秋卫地。《左传·成公七年》:诸侯"同盟于马陵。"在今河北大名县东南。三是战国齐地。《史记·魏世家》:魏惠王三十年"太子与齐人战,败于马陵。"在今河南范县西南。四是战国韩地。《史记·韩世家》:韩"懿侯二年,魏败我马陵"。在今河南长葛县北。五是马岭关。顾祖禹《读史方舆纪要》卷四十说:"在马岭上(俗作马陵关),谓庞涓死处,误矣。"在今山西太谷县东南。前四地均不属赵,后者晚出,不足为据。

[42]"叶",在今河南叶县。"蔡",在今河南上蔡县。

[43]《苏秦列传》作"则劫魏,不为割"。关修龄曰:"《史》下无一'魏'字,此恐误衍。"金正炜按:"'劫魏'下,《史》不重'魏'字,此盖误复。文以六字为句。谓前以叶、蔡委于魏,今劫魏而为之割也。"缪文远、何建章、范祥雍从其说,今据删。"劫",劫持。

[44]《苏秦列传》作"太后弟穰侯"。横田惟孝曰:"《史》作'太后弟',此当添'弟'字。"范祥雍按:"下句'嬴则兼欺舅与母',正承此而言,明为太后及穰侯二人。《史记》有'第'字误。""太后",秦宣太后,秦昭王母。"穰侯",秦相魏冉,宣太

后同母弟。

［45］"嬴"，《苏秦列传》作"羸"，鲍本作"赢"。《史记索隐》按："赢，犹胜也。舅，穰侯魏冉也。母，太后也。"缪文远曰："鲍本作'赢'是，当据改。"范祥雍按："'赢'字为是。'赢'与'困'为反义词，'赢'乃'嬴'之借字。今从鲍本正。"

［46］鲍彪曰："'适'、'谪'同。"吴师道曰："适，即上所谓因以为罪者。"何建章曰："'适'古通'谪'，作'责'解，既可作'求'义，又可作'责备'义，此两义并用。"

［47］"隘"，《苏秦列传》作"阸"，鲍本、吴本作"阨"。"隘"、"阸"、"阨"古通用。《左传·昭公元年》："所遇又阨。"《经典释文》："本又作隘。"《楚辞·远游》："悲时俗之迫阨兮。"洪兴祖补注："阨，或读作隘。"《周礼·地官·乡师》："而赒万民之囏阨。"孙诒让正义："阨即阸之隶变。"《广韵·卦韵》："阨，或与隘同。"均是其证。

［48］鲍本无"此"字。吴师道曰："（循环）言其无穷，不可致解也。"

［49］"蜚绣"，《苏秦列传》、鲍本作"蜚"。姚宏曰："钱本添入'蜚'字。"鲍彪曰："蜚，《集韵》，虫名。喻易也。"黄丕烈曰："《史记》作'刺蜚'。此必《策》文作'绣'，《史记》作'蜚'，遂两存也。""蜚"、"斐"均读"非"声，古可通用。《春秋·僖公十六年》："六鹢退飞过宋都。"《史记·宋微子世家》作"退蜚"。郑玄《周礼·考工记》注："飞，读为匪。"颜师古《汉书·食货志上》注："棐，读与匪同。"《左传·宣公元年》："会晋师于棐林。"《公羊传》作"斐林"。均是其证。《诗·小雅·巷伯》："萋兮斐兮。"毛传："萋斐，文章相错貌。""斐绣"，花纹交错的五采绢绣。本句是说用兵如刺绣般变化无穷。

［50］据《秦策三》"范雎曰臣居山东"章："闻秦之有太后、穰侯、泾阳、华阳，不闻其有王。"又说："今太后擅行不顾，穰侯出使不报，泾阳、华阳击断无讳。"这句是说就连擅权的母亲、专横的舅父，都不能制约。

［51］《史记集解》："魏襄王五年，秦败我龙贾军。"指魏襄王五年（前330年），秦军在雕阴（在今陕西富县北）虏魏"将龙贾，斩首八万"的战事。见《史记·秦本纪》、《魏世家》。

［52］《史记集解》："韩宣王十九年，秦大破我岸门。""岸门"，在今河南长葛县西北。公元前314年，秦大破韩军于"岸门，太子仓质于秦以和。"事见《史记·韩世家》。

[53]"封陆",《苏秦列传》作"封陵"。《史记集解》:"魏哀王十六年,秦败我封陵。"缪文远曰:"'陆',《史记》、鲍本作'陵',是,当据改。""陆"、"陵"形义相近,常混用。见本书第二四章注[36]。据《史记·魏世家》,魏襄王十六年(前303年):"秦拔我蒲阪、阳晋、封陵。"《睡虎地秦墓竹简·编年记》载:秦"昭王四年(前303年),攻封陵"。"封陵",在今山西芮城县西南风陵渡。

[54]姚宏曰:"钱本无此以上八字。"《史记集解》:"此战事不见。"

[55]《史记集解》:"赵肃侯二十二年,赵庄与秦战败,秦杀赵庄河西。"据《史记·赵世家》,赵肃侯二十二年(前328年),"赵疵与秦战,败,秦杀赵疵河西"。赵武灵王"十三年,秦拔我蔺,虏将军赵庄"。《秦本纪》也说:秦惠文王更元十二年,"庶长疾攻赵,虏赵将庄。"事在公元前313年。因此,赵疵、赵庄当是二人。

[56]吴师道曰:"死于秦者之孤。"

[57]《史记索隐》:"以言西河之外、上雒之地及三川晋国,皆是秦与魏战之处,察兵祸败我三晋之半,是秦祸如此其大者乎!"鲍彪曰:"言上三地被祸,居晋国之半。"吴师道曰:"西河、上雒,魏地。三川,韩地。言秦已得三晋之半也。"

[58]《史记索隐》:"燕、赵之人往秦者,谓游说之士也。"金正炜曰:"《韩策》:'楚之齐者,知西不合于秦,必且务以楚合于齐。'鲍注:'之齐者,与齐善者。'此文亦谓善秦者耳。"

[59]"说",姚宏曰:"旧本作'议'。"何建章曰:"事,侍,讨好。说其主,游说燕、赵之主。"

[60]何建章曰:"不行,不去秦国。"

[61]"反",《苏秦列传》作"使"。金正炜曰:"'反'当为'乃'字之讹也。"缪文远从其说,改"反"为"乃"字。"反",反倒,反而。《荀子·王制》:"是强者之所反弱也。"韩峥嵘注:"反,反倒。"《史记·淮阴侯列传》:"兵法:'右倍山陵,前左水泽。'今者将军令臣等反背水陈。"韩峥嵘注:"反,反而。"(见韩峥嵘《古汉语虚词手册》)此"反"义可通,不烦改其为"乃"字。

[62]范祥雍曰:"鲍本、吴本、卢本'不'作'否'。通用。"

[63]鲍彪曰:"《代传》有,在伐齐事后。彪谓:秦之所以正告诸侯及其用

诈,皆愚弄之也,而诸侯莫省;独一燕昭明之,然亦不久死矣!彪故曰:秦横之成,天幸也。"

【考辨】

本章林春溥《战国纪年》隶于周赧王三十二年(前283年),黄式三《周季编略》、于鬯《战国策年表》隶于周赧王三十六年(前279年),顾观光《国策编年》隶于周赧王三十一年,即公元前284年。

吴汝纶曰:"此子长之文,所以收拾苏秦全传,《国策》取《史记》增益,其迹显然。"范祥雍按:"'苏代复重于燕'以下乃后人袭《史记》之文而增益之,《策》不当有。然吴氏因此以疑今《国策》之书,则非。"缪文远案:"此《策》依托,诸家系年皆非。一、《策》言'楚得枳而国亡',而楚亡在秦王政二十四(前223)年,已在燕王喜晚年。即以白起攻取楚都鄢郢当之,亦在赧王三十七(前278)年,当燕惠王元年,燕昭亦已前卒。二、《策》言秦'以宋委于齐,曰:王苟能破宋有之,寡人如自得之'。而验之史实,秦从无以宋委齐文事。《赵策四》屡言'齐欲代宋,秦令起贾楚之','齐将攻宋而秦阴禁之'。《韩策三》:'韩(吴汝纶云:'当作齐')人攻宋,秦王大怒曰:吾爱宋,与新成、阳晋同也。'凡此皆足以证秦以宋委齐之说乃子虚乌有之谈,此章断为依托无疑。"诸家的怀疑颇有道理,故本《策》当为苏秦后学的拟托之辞。

战国末年,在秦国以强大的军事实力,推行兼并山东六国的战争形势下,苏秦合纵抗秦的战略重新得到六国诸侯的重视。这篇《策》文的宗旨,就是要告诉六国诸侯,秦国是如何用军事恐吓的手段,对诸侯各国采取"又拉又打"、"各个击破"的策略,来达到其兼并各国的政治目的。因此,本篇应是战国末年苏秦后学针对时局而作的一篇重要《策》论,因而具有重要价值。

这篇《策》文还告诉我们,战国末年六国"诸侯从亲,如苏秦时,或从或不,而天下由此宗苏氏之从约"。因而"代、厉皆以寿死,名显诸侯"。

【附录】《史记·苏秦列传》"秦召燕王"节

秦召燕王,燕王欲往。苏代约燕王曰:"楚得枳而国亡,齐得宋而国亡,齐、楚不得以有枳、宋而事秦者,何也?是则有功者,秦之深雠也。秦取天下,非行义也,暴也。秦之行暴,正告天下。

"告楚曰：'蜀地之甲，乘船浮于汶，乘夏水而下江，五日而至郢。汉中之甲，乘船出于巴，乘夏水而下汉，四日而至五渚。寡人积甲宛，东下随，知者不及谋，勇者不及怒，寡人如射隼矣。王乃欲待天下之攻函谷，不亦远乎？'楚王为是故，十七年事秦。

秦正告韩曰：'我起乎少曲，一日而断太行。我起乎宜阳而触平阳，二日而莫不尽繇。我离两周而触郑，五日而国举。'韩氏以为然，故事秦。

秦正告魏曰：'我举安邑，塞女戟，韩氏太原卷。我下枳，道南阳、封冀，包两周。乘夏水，浮轻舟，强弩在前，铩戈在后。决荥口，魏无大梁；决白马之口，魏无外黄、济阳；决宿胥之口，魏无虚、顿丘。陆攻则击河内，水攻则灭大梁。'魏氏以为然，故事秦。

秦欲攻安邑，恐齐救之，则以宋委于齐。曰：'宋王无道，为木人以写〔象〕寡人，射其面。寡人地绝兵远，不能攻也。王苟能破宋有之，寡人如自得之。'已得安邑，塞女戟，因以破宋为齐罪。

秦欲攻韩〔齐〕，恐天下救之，则以齐委于天下。曰：'齐王四与寡人约，四欺寡人，必率天下以攻寡人者三。有齐无秦，有秦无齐，必伐之，必亡之！'已得宜阳、少曲，致蔺、【离】石，因此破齐为天下罪。

秦欲攻魏重楚，则以南阳委于楚。曰：'寡人固与韩且绝矣！残均陵，塞鄳阨，苟利于楚，寡人如自有之。'魏弃与国而合于秦，因以塞鄳阨为楚罪。

兵困于林中，重燕、赵，以胶东委于燕，以济西委于赵。赵得讲于魏，至公子延，因犀首属行而攻赵。

兵伤于谯石，而遇败于阳马，而重魏，则以叶、蔡委于魏。已得讲于赵，则劫魏，〈魏〉不为割。困则使太后弟穰侯为和，嬴则兼欺舅与母。

适燕者曰'以胶东'，适赵者曰'以济西'，适魏者曰'以叶、蔡'，适楚者曰'以塞鄳阨'，适齐者曰'以宋'。此必令言如循环。用兵如刺蜚，母不能制，舅不能约。

龙贾之战，岸门之战，封陆之战，高商之战，赵庄之战，秦之所杀三晋之民数百万。今其生者，皆死秦之孤也。西河之外，上雒之埊，三川晋国之祸，三晋之半。秦祸如此其大也，而燕、赵之秦者，皆以争事秦说其主，此臣之所大患也。"

燕昭王不行，苏代复重于燕。燕使约诸侯从亲如苏秦时，或从或不，而天下由此宗苏氏之从约。代、厉皆以寿死,名显诸侯。

七六、苏代为燕说齐章

　　苏代为燕说齐[1],未见齐王[2],先说淳于髡曰[3]:"人有卖骏马者,比三旦立市[4],人莫知之[5]。往见伯乐曰[6]:'臣有骏马,欲卖之,比三旦立于市,人莫与言[7],愿子还而视之[8],去而顾之[9],臣请献一朝之贾[10]。'伯乐乃还而视之,去而顾之,一旦而马价十倍[11]。今臣欲以骏马见于王[12],莫为臣先后者[13],足下有意为臣伯乐乎?臣请献白璧一双,黄金千镒[14],以为马食[15]。"

　　淳于髡曰:"谨闻命矣。"入言之王而见之[16],齐王大说苏子[17]。

本篇辑自《战国策·燕策二》

【校注】

　　[1]缪文远曰:"为燕说齐闵王者,乃苏秦,非苏代。"本篇属拟作,说者"苏代"只是依托之名。

　　[2]鲍彪曰:"齐王,闵王。"何建章曰:"齐王,宣王。"

　　[3]诸祖耿曰:"《御览》八百九十六引《春秋后语》作'苏代欲见齐王,齐王怨苏秦,欲困苏代,不肯见代。代乃说淳于髡曰'。""淳于髡",齐臣,姓淳于名髡,仕齐威王、齐宣王和梁惠王。事见《孟子·离娄上》、《史记·孟子荀卿列传》、《滑稽列传》等史籍。

　　[4]鲍彪曰:"比,犹连。"黄式三曰:"比,并连也。""旦",早晨。《公羊传·哀公三年》:"见于旦也。"何休注:"旦者,日方出。""立",置也。《吕氏春秋·荡丘》高诱注:"立,置也。""市",交易市场。"比三旦立市",连续三个早晨置于交易市场。

　　[5]诸祖耿曰:"《后汉书·魏嚣传》李贤注引'市'下复有'市'字。"

　　[6]"伯乐",春秋时人,姓孙名阳,善相马。《庄子·马蹄》载:伯乐"善治马"。《韩诗外传》卷七说:"使骥不得伯乐,安有千里之足?"详见梁玉绳《汉书人

表考》。

　　[7] 关修龄曰:"无与言马,且问价者。"

　　[8] 吴师道曰:"还,当读旋,义同。""子",对伯乐的尊称。"还",环绕。

　　[9] 鲍彪曰:"顾,反视。""顾",回顾。

　　[10] 鲍本"贾"作"费"。吴师道曰:"疑'费'字。"诸祖耿曰:"《文选·广绝交论》李注引'贾'作'费'。《御览》八百九十六引《春秋后语》、《后汉书·魏嚣传》李贤注引,并作'价'。""贾"、"费"形义相近,容易混淆。"贾"是本字,"费"乃误写。"贾"同价,身价,费用。"一朝之贾"一个早晨的工钱。

　　[11] "马价十倍",马的价钱暴涨了十倍之高。

　　[12] 鲍彪曰:"马,自喻也。"何建章曰:"骏马,苏代自比。此犹言我想去拜见齐王。"

　　[13] 鲍彪曰:"为之助也。"金正炜曰:"《周礼·士师》'以五戒先后刑罚'注:'先后犹左右也。'"

　　[14] "白璧一双,黄金千镒",见本书第四七(《秦策一》)"苏秦始将连横说秦惠王章"注[89]。

　　[15] 鲍彪曰:"自喻为马,则此所献马之食也。"吴师道曰:"献此以为马之食。"金正炜按:"《韩非·内储说》:'公子甚贫,马甚瘦,王何不益之马食?'此即其义。"横田惟孝曰:"为马食者,为马食之资也。《礼·少仪》:'君将适他,臣如致金玉货贝于君,则曰致马资于有司。'"范祥雍按:"横田说是。此敬辞,谓供髡之马食。""马食",谦辞,犹言车马费用也。

　　[16] 诸祖耿案:"'入'上鲍本有'乃'字。"

　　[17] "苏子",苏秦。

【考辨】

　　本章林春溥《战国纪年》隶于周慎靓王四年(前317年),黄式三《周季编略》系于周慎靓王五年(前316年),顾观光《国策编年》隶于周慎靓王二年(前319年),均不确。

　　缪文远曰:"淳于髡在齐威王初年即尝以隐语说威王,而苏秦为燕间齐在齐闵王晚年,其间相去六十余年。若威王初年,髡年二十余,此时则过八十,即令尚在,亦当无力为人游说矣。此《策》当系拟托。"缪说甚是。

本篇沿习苏秦善用"寓言"来彰显其说的语言风格,苏代自比"骏马",而尊淳于髡为"伯乐"。所说"人有卖骏马者,比三旦立市,人莫知之"。"伯乐乃还而视之,去而顾之,一旦而马价十倍"。这里将"伯乐相马"的故事,演绎得生动有趣,形象精彩。

七七、赵且伐燕章

赵且伐燕,苏代为燕谓【赵】惠王曰[1]:"今者臣来,过易水[2],蚌方出曝[3],而鹬啄其肉[4],蚌合而拑其喙[5]。鹬曰:'今日不雨,明日不雨,即有死蚌'[6]。蚌亦谓鹬曰:'今日不出,明日不出,即有死鹬。'两者不肯相舍,渔者得而并禽之[7]。今赵且伐燕,燕、赵久相支〔支〕[8],以弊大众,臣恐强秦之为渔父也[9]。故愿王之熟计之也。"惠王曰:"善。"乃止。

本篇辑自《战国策·燕策二》

【校注】

[1] 鲍彪曰:"赵惠文。"缪文远按:"此'苏代'盖策士虚拟,嫁名附之者。"诸祖耿按:"《御览》卷四百五十六、四百六十,《类聚》九十七引'惠'上并有'赵'字。"今据补。

[2]"易水",源出今河北易县西,东南汇大清河入海。

[3]"蚌",贝类软体动物名,壳呈长圆形,黑褐色。

[4] 鲍彪曰:"鹬,知天将雨鸟。"颜师古《匡谬正俗》卷四云:"鹬,水鸟,天将雨即鸣。即《战国策》所称鹬蚌相谓者也。""鹬",水鸟名,喙长而尖,捕食小鱼和贝类。

[5] 鲍本"拑"作"箝"。吴师道曰:"一本'箝'作'拑',字通。"黄丕烈曰:"'喙',今本误'啄'。"范祥雍曰:"卢本'喙'作'啄'。"按:《御览》卷三百二、卷四百五十六、卷四百六十'拑'作'掩',《长短经》注作"挟。""拑",胁持。"喙"、啄形近易混。"喙",指鸟兽的嘴。

〔6〕姚宏曰："《续》云：谣语、谚语皆叶。《后语》'必见死蚌脯'，即多一字。《艺文类聚》引云：'蚌将为脯'，如此则叶韵。然不闻蚌、鹬得雨则解也。陆农师乃云：'今日不雨，明日不雨，必有死蚌'。'两'谓阙□。一今作'雨'，非是。恐别有所据。"王念孙《读书杂志》曰："此当作'蚌将为脯'，谓不雨蚌将枯死，非谓'蚌、鹬得雨则解也'。今案作'蚌将为脯'者，《战国策》原文也。今据以订正。"

〔7〕"禽"同擒，捕捉。

〔8〕诸祖耿案："'支'，鲍本作'攻'。'弊'，鲍本作'敝'。《御览》四百六十引作'燕、赵久相持'。""支"，支形近易混。《说文·支部》："支，小击也。"《广韵·屋韵》："支，击也。""久相支"，长期相互攻击、摩擦。

〔9〕金正炜按："'而'犹'以'也。说详《释词》。"这个寓言故事，即"鹬蚌相争，渔翁得利"成语典故的由来。

【考辨】

本章鲍彪次于燕昭王下。吴师道曰："燕惠、武、成，皆与赵相及，此《策》时不可考。"顾观光《国策编年》隶属于周赧王三十二年（前 283 年）。范祥雍曰："以苏代之事迹考之，鲍次近是。"缪文远案："吴说是，顾氏《编年》附此章于赧王三十二年，无据。"吴、缪说当是。因此，本章应是苏秦学派的拟托之辞。

苏秦游说，善讲寓言。本章"蚌方出曝，而鹬啄其肉"云云，就是"鹬蚌相争，渔翁得利"成语典故的由来。

七八、齐魏争燕章

齐、魏争燕[1]。齐谓燕王曰[2]："吾得赵矣[3]。"魏亦谓燕王曰："吾得赵矣。"燕无以决之[4]，而未有适予也[5]。

苏子谓燕相曰[6]："臣闻辞卑而币重者，失天下者也；辞倨而币薄者[7]，得天下者也。今魏之辞倨而币薄。"燕因合于魏，得赵[8]，齐遂北矣[9]。

本篇辑自《战国策·燕策二》

【校注】

〔1〕"齐、魏",齐、魏两国。"争燕",何建章曰:"皆欲联合燕国,故言'争'。"

〔2〕"燕王",燕昭王。

〔3〕何建章曰:"言已与赵国联合。'得',《左·哀二十四年传》注:'相亲说也'。""得",得到,取得。

〔4〕"决",判断。

〔5〕"适予",适当地回答。《汉书·贾谊传》:"以为是适然耳。"颜师古注:"适,当也。"《管子·宙合》:"而自予雄也。"尹知章注:"予,许也。"

〔6〕"苏子",多指苏秦。姚本"一作苏代",鲍本作"苏代"。缪文远曰:"此当是苏秦使人告燕相。"

〔7〕"倨",傲慢。《说文·人部》:"倨,不逊也。"《左传·襄公二十九年》:"直而不倨。"杜预注:"倨,傲也。"

〔8〕吴师道曰:"魏曰得赵,燕因合于魏得赵也。"

〔9〕何建章曰:"《国语·吴语》韦昭注:'军败奔走曰北。'"

【考辨】

本篇鲍彪谓:"魏昭十二年,与秦、赵、韩、燕伐齐,败之,燕独入临淄。此(燕昭)二十八年(前 284 年)。"顾观光《战国策编年》、于鬯《战国策年表》并从鲍说。林春溥《战国纪年》则系于赧王三十年(前 285 年)。缪文远说:"此章事在乐毅伐齐之役前。当周赧王三十年(前 285 年)。苏秦之策,敝齐与收赵并重,故此云燕因合于魏而得赵者,实为其予谋也。"均未确当。

据《燕策二》"苏代〔秦〕为奉阳君说燕于赵以伐齐"章,燕国"得赵"是在苏秦自赵入齐"令齐绝于赵"之后的事,事在周赧王三十年(前 285 年)。这个事态的发展,完全是苏秦谋划的结果,燕昭王也是知情的。而在乐毅伐齐之役前,齐国是"绝于赵",而不是"得赵";魏国"得赵"也是在"齐绝于赵"之后的事。本章虽然有乐毅伐齐前笼统的时代背景,但故事情节与史实却不相符合。

因此,本篇当是苏秦学派的拟托之辞。

附 录

附录一 《史记·苏秦列传》
附录二 苏秦传略
附录三 陈璋壶和燕王职壶的重要价值
附录四 《苏子》新诂四则
附录五 苏秦资料汇编

附录一 《史记·苏秦列传》

苏秦者,东周雒阳人也[1]。东事师于齐,而习之于鬼谷先生[2]。

[1]【索隐】苏秦字季子,盖苏忿生之后,己姓也。谯周云:"秦兄弟五人,秦最少。兄代,代弟厉及辟、鹄,并为游说之士。"此下云"秦弟代,代弟厉"也。【正义】《战国策》云:"苏秦,雒阳乘轩里人也。"《艺文志》云:"《苏子》三十一篇",在纵横流。敬王以子朝之乱从王城东迁雒阳故城,乃号东周,以王城为西周。

[2]【集解】徐广曰:"颍川阳城有鬼谷,盖是其人所居,因为号。"骃案:《风俗通义》曰:"鬼谷先生,六国时从横家。"【索隐】按:鬼谷,地名也。扶风池阳、颍川阳城并有鬼谷墟,盖是其人所居,因为号。又乐壹注《鬼谷子》书云"苏秦欲神祕其道,故假名鬼谷"。

出游数岁,大困而归[1]。兄弟嫂妹妻妾窃皆笑之,曰:"周人之俗,治产业,力工商,逐什二以为务。今子释本而事口舌,困,不亦宜乎!"苏秦闻之而惭,自伤,乃闭室不出,出其书遍观[2]之。曰:"夫士业已屈首受书[3],而不能以取尊荣,虽多亦奚以为!"于是得周书《阴符》,伏而读之。期年,以出揣摩[4],曰:"此可以说当世之君矣。"求说周显王。显王左右素习知苏秦,皆少之[5]。弗信。

[1]【索隐】按:《战国策》此语在说秦王之后。

[2]【索隐】音遍官二音。按:谓尽观览其书也。

[3]【索隐】按:谓士之立操。业者,素也,本也。言本已屈首低头,受书于师也。

[4]【集解】《战国策》曰:"乃发书,陈箧数十,得太公《阴符》之谋,伏而诵之,

简练以为揣摩。读书欲睡,引锥自刺其股,血流至踵。曰:'安有说人主不能出其金玉锦绣,取卿相之尊者乎?'期年,揣摩成。"《鬼谷子》有《揣摩篇》也。【索隐】《战国策》云"得太公《阴符》之谋",则《阴符》是太公之兵符也。揣音初委反,摩音姥何反。邹诞本作"揣靡",靡读亦为摩。王劭云"《揣情》、《摩意》是《鬼谷》之二章名,非为一篇也"。高诱曰"揣,定也。摩,合也。定诸侯使雠其术,以成六国之从也"。江邃曰"揣人主之情,摩而近之",其意当矣。

[5]【索隐】谓王之左右素惯习知秦浮说,多不中当世,而以为苏秦智识浅,故云"少之"。刘氏云:"少谓轻之也。"

乃西至秦。秦孝公卒。说惠王曰:"秦四塞之国,被山带渭,东有关河[1],西有汉中,南有巴蜀,北有代马[2],此天府也[3]。以秦士民之众,兵法之教,可以吞天下,称帝而治。"秦王曰:"毛羽未成,不可以高蜚;文理未明,不可以并兼。"方诛商鞅,疾辩士,弗用。

[1]【正义】东有黄河,有函谷、蒲津、龙门、合河等关;南山及武关、峣关;西有大陇山及陇山关、大震、乌兰等关;北有黄河南塞:是四塞之国,被山带渭为界。(又)〔以〕为界。地里。江渭(谓)岷江,〔西从〕渭州陇山之西南流入蜀,东至荆阳入海也。河谓黄河,从同州小积石山东北流,至胜州即南流,至华州又东北流,经魏、沧等州入海。各是万里已下。

[2]【索隐】按:谓代郡马邑也。《地理志》代郡又有马城县。一云代马,谓代郡兼有胡马之利。

[3]【索隐】按:《周礼·春官》有天府。郑玄曰:"府,物所藏。言天,尊此所藏若天府然。"

乃东之赵。赵肃侯令其弟成为相,号奉阳君。奉阳君弗说之。

去游燕,岁余而后得见。说燕文侯曰[1]:"燕东有朝鲜[2]、辽东,北有林胡、楼烦[3],西有云中、九原[4],南有嘑沱、易水[5],地方二千余里,带甲数十万,车六百乘,骑六千匹,粟支数年[6]。南有碣石[7]、雁门之饶[8],北有枣栗之利,民虽不佃作而足于枣栗矣。此所谓天府者也。

[1]【索隐】说音税,下并同。燕文侯,史失名。

[2]【索隐】潮仙二音,水名。

[3]【索隐】《地理志》楼烦属雁门郡。【正义】二胡国名,朔、岚已北。

[4]【索隐】按:《地理志》云中、九原二郡名。秦曰九原,汉武帝改曰五原郡。【正义】二郡并在胜州也。云中郡城在榆林县东北四十里。九原郡城在榆林县西界。

[5]【集解】《周礼》曰:"正北曰并州,其川嘑沱。"郑玄曰:"嘑沱出卤城。"【索隐】按:滹沲,水名,并州之川也,音呼沱。又《地理志》卤城,县名,属代郡。滹沲河自县东至参合,又东至文安入海也。【正义】嘑沱出代州繁畤县,东南流经五台山北,东南流过定州,流入海。易水出易州易县,东流过幽州归义县,东与呼沱河合也。

[6]【索隐】按:《战国策》"车七百乘,粟支十年"。

[7]【索隐】(《战国策》)碣石山在常山九门县。《地理志》大碣石山在右北平骊城县西南。

[8]【正义】雁门山在代,燕西门。

"夫安乐无事,不见覆军杀将,无过燕者。大王知其所以然乎?夫燕之所以不犯寇被甲兵者,以赵之为蔽其南也。秦赵五战,秦再胜而赵三胜。秦赵相毙,而王以全燕制其后,此燕之所以不犯寇也。且夫秦之攻燕也,逾云中、九原,过代、上谷,弥地数千里,虽得燕城,秦计固不能守也。秦之不能害燕亦明矣。今赵之攻燕也,发号出令,不至十日而数十万之军军于东垣矣[1]。渡嘑沱,涉易水,不至四五日而距国都矣。故曰秦之攻燕也,战于千里之外;赵之攻燕也,战于百里之内。夫不忧百里之患而重千里之外,计无过于此者。是故愿大王与赵从亲,天下为一,则燕国必无患矣。"

[1]【索隐】《地理志》高帝改曰真定也。【正义】赵之东邑,在恒州真定县南八里,故常山城是也。

文侯曰："子言则可,然吾国小,西迫彊赵[1],南近齐[2],齐、赵彊国也。子必欲合从以安燕,寡人请以国从。"

[1]【正义】贝、冀、深、赵四州,七国时属赵,即燕西界。
[2]【正义】河北博、沧、德三州,齐地北境,与燕相接,隔黄河。

于是资苏秦车马金帛以至赵。而奉阳君已死,即因说赵肃侯曰[1]："天下卿相人臣及布衣之士,皆高贤君之行义,皆愿奉教陈忠于前之日久矣[2]。虽然,奉阳君妒而君不任事,是以宾客游士莫敢自尽于前者。今奉阳君捐馆舍,君乃今复与士民相亲也,臣故敢进其愚虑。

[1]【索隐】按:《世本》云肃侯名言。
[2]【正义】奉,符用反。

"窃为君计者,莫若安民无事,且无庸有事于民也。安民之本,在于择交,择交而得则民安,择交而不得则民终身不安。请言外患:齐秦为两敌而民不得安,倚秦攻齐而民不得安,倚齐攻秦而民不得安。故夫谋人之主,伐人之国,常苦出辞断绝人之交也。愿君慎勿出于口。请别白黑,所以异阴阳而已矣[1]。君诚能听臣,燕必致旃裘狗马之地,齐必致鱼盐之海,楚必致橘柚之园,韩、魏、中山皆可使致汤沐之奉,而贵戚父兄皆可以受封侯。夫割地包利,五伯之所以覆军禽将而求也;封侯贵戚,汤武之所以放弑而争也。今君高拱而两有之,此臣之所以为君愿也。

[1]【索隐】按:《战国策》云"请屏左右,白言所以异阴阳",其说异此。然言别白黑者,苏秦言己今论赵国之利,必使分明,有如白黑分别,阴阳殊异也。

"今大王与秦,则秦必弱韩、魏;与齐,则齐必弱楚、魏[1]。魏弱则割河外,韩弱则效宜阳,宜阳效则上郡绝[2],河外割则道不通[3],楚弱则无援。此三策者，不可不孰计也。

[1]【正义】楚东淮泗之上，与齐接境。

[2]【正义】宜阳即韩城也，在洛州西，韩大郡也。上郡在同州西北。言韩弱，与秦宜阳城，则上郡路绝矣。

[3]【正义】河外，同、华等地也。言魏弱，与秦河外地，则道路不通上郡矣。《华山记》云："此山分秦晋之境，晋之西鄙则曰阴晋，秦之东邑则曰宁秦。"

"夫秦下轵道[1]，则南阳危[2]；劫韩包周[3]，则赵氏自操兵[4]；据卫取卷[5]，则齐必入朝秦。秦欲已得乎山东，则壁举兵而向赵矣。秦甲渡河逾漳，据番吾[6]，则兵必战于邯郸之下矣。此臣之所为君患也。

[1]【正义】轵音止。故亭在雍州万年县东北十六里苑中。

[2]【正义】南阳，怀州河南也，七国时属韩。言秦兵下轵道，从东渭桥历北道过蒲津攻韩，即南阳危矣。

[3]【正义】周都洛阳，秦若劫取韩南阳，是包裹周都也。赵邯郸危，故须起兵自守。

[4]【索隐】《战国策》作"自销铄"。

[5]【集解】丘权反。【索隐】《地理志》卷县属河南。按：《战国策》云"取淇"。【正义】卫地濮阳也。卷城在郑州武原县西北七里。言秦守卫得卷，则齐必来朝秦。

[6]【集解】徐广曰："常山有蒲吾县。"【索隐】按：徐氏所引，据《地理志》云然也。【正义】番音婆，又音蒲，又音盘。疑古番吾公邑也。《括地志》云："蒲吾故城在镇州常山县东二十里。"漳水在潞州。言秦兵渡河，历南阳，入羊肠，经泽、潞，渡漳水，守蒲吾城，则与赵战于都城下矣。

"当今之时，山东之建国莫彊于赵。赵地方二千余里，带甲数十万，车千乘，骑万匹，粟支数年。西有常山[1]，南有河漳[2]，东有清河[3]，北有燕国[4]。燕固弱国，不足畏也。秦之所害于天下者莫如赵，然而秦不敢举兵伐赵者,何也? 畏韩、魏之议其后也。然则韩、魏,赵之南蔽也。秦之攻韩、魏也,无有名山大川之限,稍蚕食之,傅[5]国都而止。韩、魏不能支秦,必入臣于秦。秦无韩、魏之规,则祸必中于赵矣。此臣之所为君患也。

　　[1]【正义】在镇州西。

　　[2]【正义】"河"字一作"清",即漳河也,在潞州。《地理志》浊漳出长子鹿谷山,东至邺,入清漳。

　　[3]【正义】清河,今贝州也。

　　[4]【正义】然三家分晋,赵得晋阳,襄子又伐戎取代。既云"西有常山者",赵都邯郸近北燕也。

　　[5]【集解】音附。

　　"臣闻尧无三夫之分,舜无咫尺之地,以有天下;禹无百人之聚,以王诸侯;汤武之士不过三千,车不过三百乘,卒不过三万,立为天子:诚得其道也。是故明主外料其敌之强弱,内度其士卒贤不肖,不待两军相当而胜败存亡之机固已形于胸中矣,岂掩于众人之言而以冥冥决事哉!

　　"臣窃以天下之地图案之,诸侯之地五倍于秦,料度诸侯之卒十倍于秦,六国为一,并力西乡而攻秦,秦必破矣。今西面而事之,见臣于秦。夫破人之与破于人也[1],臣人之与臣于人也[2],岂可同日而论哉!

　　[1]【正义】破人谓破前敌也。破于人,为被前敌破。

　　[2]【索隐】按:臣人谓己为彼臣也。臣于人者,谓我为主,使彼臣己也。【正义】:臣人谓己得人为臣。臣于人谓己事他人。

　　"夫衡人者[1],皆欲割诸侯之地以予秦。秦成,则高台榭,美宫室,听竽瑟之音,前有楼阙轩辕[2],后有长姣[3]美人,国被秦患而不与其忧。是故夫衡人日夜务以秦权恐愒诸侯[4]以求割地,故原大王孰计之也。

[1]【索隐】按：衡人即游说从横之士也。东西为横，南北为从。秦地形东西横长，故张仪相秦，为秦连横。【正义】衡音横。谓为秦人。

[2]【索隐】《战国策》云"前有轩辕"。又《史记》俗本亦有作"轩冕"者，非本文也。

[3]【索隐】音交。《说文》云："姣，美也。"

[4]【集解】惕音呼曷反。【索隐】恐，起拱反。惕，许曷反。谓相恐胁也。邹氏惕音憩，其意疏。

"臣闻明主绝疑去谗，屏流言之迹，塞朋党之门，故尊主广地彊兵之计，臣得陈忠于前矣。故窃为大王计，莫如一韩、魏、齐、楚、燕、赵以从亲，以畔秦。令天下之将相会于洹水之上[1]，通质[2]，刳白马而盟。要约曰：'秦攻楚，齐、魏各出锐师以佐之，韩绝其粮道[3]，赵涉河漳[4]，燕守常山之北。秦攻韩魏[5]，则楚绝其后[6]，齐出锐师而佐之，赵涉河漳，燕守云中。秦攻齐，则楚绝其后，韩守城皋[7]，魏塞其道[8]，赵涉河漳、博关[9]，燕出锐师以佐之。秦攻燕，则赵守常山，楚军武关，齐涉勃海[10]，韩、魏皆出锐师以佐之。秦攻赵，则韩军宜阳，楚军武关，魏军河外[11]，齐涉清河[12]，燕出锐师以佐之。诸侯有不如约者，以五国之兵共伐之。'六国从亲以宾秦[13]，则秦甲必不敢出于函谷以害山东矣。如此，则霸王之业成矣。"

[1]【集解】徐广曰："洹水出汲郡林虑县。"

[2]【索隐】音如字，又音踬。以言通其交质之情。

[3]【索隐】谓拥兵于崤关之外，又守宜阳也。

[4]【索隐】谓赵亦涉河漳而西，欲与韩作援，以阻秦军。

[5]【正义】谓道蒲津之东攻之。

[6]【索隐】谓出兵武关，以绝秦兵之后。

[7]【正义】在洛州汜水县。

[8]【索隐】按：其道即河内之道。《战国策》"其"作"午"。

[9]【集解】徐广曰:"齐威王六年,晋伐齐到博陵。东郡有博平县。"

[10]【正义】齐从沧州渡河至瀛州。

[11]【索隐】河外谓陕及曲沃等处也。【正义】谓同、华州。

[12]【正义】齐从贝州过河而西。

[13]【索隐】谓六国之军共为合从相亲,独以秦为宾而共伐之。

赵王曰:"寡人年少,立国日浅,未尝得闻社稷之长计也。今上客有意存天下,安诸侯,寡人敬以国从。"乃饰车百乘,黄金千溢[1],白璧百双,锦绣千纯[2],以约诸侯。

[1]【索隐】《战国策》作"万溢"。一溢为一金,则二十两曰一溢,为米二升。郑玄以一溢为二十四分之一,其说异也。

[2]【集解】纯,匹端名。《周礼》曰:"纯帛不过五两。"【索隐】音淳。裴氏云"纯,端疋名"。高诱注《战国策》音屯。屯,束也。又《礼·乡射》云"某贤于某若干纯"。纯,数也,音旋。

是时周天子致文武之胙于秦惠王。惠王使犀首攻魏,禽将龙贾,取魏之雕阴[1],且欲东兵。苏秦恐秦兵之至赵也,乃激怒张仪,入之于秦。

[1]【索隐】魏地也。刘氏曰"在龙门河之西北"。按:《地理志》雕阴属上郡。【正义】在鄜州洛交县北三十四里。

于是说韩宣王曰[1]:"韩北有巩、成皋[2]之固,西有宜阳、商阪之塞[3],东有宛[4]、穰[5]、洧水[6],南有陉山[7],地方九百余里,带甲数十万,天下之彊弓劲弩皆从韩出。谿子[7]、少府时力、距来者[8],皆射六百步之外。韩卒超足而射[9],百发不暇止,远者括蔽洞胸,近者镝弇心。韩卒之剑戟皆出于冥山[10]、棠谿[11]、墨阳[12]、合赙[13]、邓师[14]、宛冯[15]、龙渊、太阿[16],皆陆断牛马,水截鹄雁,当敌则斩坚甲铁幕[17],革抉[18]

吷芮[19]，无不毕具。以韩卒之勇，被坚甲，蹠劲弩，带利剑，一人当百，不足言也。夫以韩之劲与大王之贤，乃西面事秦，交臂而服，羞社稷而为天下笑，无大于此者矣。是故原大王孰计之。

[1]【索隐】按：《世本》："韩宣王，昭侯之子也。"

[2]【索隐】二邑本属东周，后为韩邑。《地理志》二县并属河南。

[3]【集解】徐广曰："商，一作'常'。"【索隐】刘氏云"盖在商洛之间，適秦楚之险塞"是也。【正义】宜阳在洛州福昌县东十四里。商阪即商山也，在商洛县南一里，亦曰楚山，武关在焉。

[4]【集解】宛，于袁反。【索隐】《地理志》宛、穰二县名，并属南阳。

[5]【集解】洧，于鬼反。【索隐】音于轨反，水名，出南方。【正义】在新郑东南，流入颍。

[6]【集解】徐广曰："召陵有陉亭。密县有陉山。"【正义】在新郑西南三十里。

[7]【集解】许慎云："南方谿子蛮夷柘弩，皆善材。"【索隐】按：许慎注《淮南子》，以为南方谿子蛮出柘弩及竹弩。

[8]【集解】韩有谿子弩，又有少府所造二种之弩。案：时力者，谓作之得时，力倍于常，故名时力也。距来者，谓弩埶劲利，足以距来敌也。【索隐】韩又有少府所造时力、距来二种之弩。按：时力者，谓作之得时则力倍于常，故有时力也。距来者，谓以弩埶劲利，足以距于来敌也。其名并见《淮南子》。

[9]【索隐】按：超足谓超腾用埶，盖起足蹋之而射也，故下云"蹠劲弩"是也。【正义】超足，齐足也。夫欲放弩，皆坐，举足踏弩，两手引揍机，然始发之。

[10]【集解】徐广曰："《庄子》云'南行至郢，北面而不见冥山'。"骃案：司马彪曰"冥山在朔州北"。【索隐】《庄子》云"南行至郢，北面而不见冥山"。司马彪云"冥山在朔州北"。郭象云"冥山在乎太极"。李轨云"在韩国"。

[11]【集解】徐广曰："汝南吴房有棠谿亭。"【索隐】《地理志》棠谿亭在汝南吴房县。【正义】故城在豫州偃城县西八十里。《盐铁论》云"有棠谿之剑"是。

[12]【集解】《淮南子》曰："墨阳之莫邪也。"【索隐】《淮南子》云"服剑者贵于剡利，而不期于墨阳莫邪"，则墨阳匠名也。

[13]【集解】音附。徐广曰:"一作'伯'。"【索隐】按:《战国策》作"合伯",《春秋后语》作"合相"。

[14]【索隐】邓国有工铸剑,而师名焉。

[15]【集解】徐广曰:"荥阳有冯池。"【索隐】徐广云"荥阳有冯池",谓宛人于冯池铸剑,故号宛冯。

[16]【集解】《吴越春秋》曰:"楚王召风胡子而告之曰:'寡人闻吴有干将,越有欧冶,寡人欲因子请此二人作剑,可乎?'风胡子曰:'可。'乃往见二人,作剑,一曰龙渊,二曰太阿。"【索隐】按:《吴越春秋》楚王令风胡子请吴干将、越欧冶作剑二,其一曰龙泉,二曰太阿。又《太康地记》曰"汝南西平有龙泉水,可以淬刀剑,特坚利,故有龙泉之剑,楚之宝剑也。以特坚利,故有《坚白》之论云:'黄,所以为坚也;白,所以为利也。'齐辨之曰:'白,所以为不坚;黄,所以为不利也。'故天下之宝剑韩为众,一曰棠谿,二曰墨阳,三曰合伯,四曰邓师,五曰宛冯,六曰龙泉,七曰太阿,八曰莫邪,九曰干将也"。然干将、莫邪匠名也,其剑皆出西平县,今有铁官令一,别领户,是古铸剑之地也。

[17]【集解】徐广曰:"阳城出铁。"【索隐】按:《战国策》云"当敌则斩甲盾鞮鍪铁幕"也。邹诞幕一作"陌"。刘云:"谓以铁为臂胫之衣。言其剑利,能斩之也。"

[18]【集解】徐广曰:"一作'决'。"【索隐】音决。谓以革为射决。决,射韝也。

[19]【集解】吱音伐。【索隐】吱与"瞂"同,音伐,谓楯也。芮音如字,谓系楯之绶也。【正义】《方言》云:"盾,自关东谓之瞂,关西谓之盾。"

"大王事秦,秦必求宜阳、成皋。今兹效之[1],明年又复求割地。与则无地以给之,不与则弃前功而受后祸。且大王之地有尽而秦之求无已,以有尽之地而逆无已之求,此所谓市怨结祸者也,不战而地已削矣。臣闻鄙谚曰:'宁为鸡口,无为牛后。'[2]今西面交臂而臣事秦,何异于牛后乎?夫以大王之贤,挟彊韩之兵,而有牛后之名,臣窃为大王羞之。"

[1]【索隐】按：郑玄注《礼》云"效犹呈也，见也"。

[2]【索隐】按：《战国策》云"宁为鸡尸，不为牛从"。延笃注云"尸，鸡中主也。从谓牛子也。言宁为鸡中之主，不为牛之从后也"。【正义】鸡口虽小，犹进食；牛后虽大，乃出粪也。

于是韩王勃然作色，攘臂瞋目，按剑仰天太息[1]曰："寡人虽不肖，必不能事秦。今主君[2]诏以赵王之教，敬奉社稷以从。"

[1]【索隐】太息谓久蓄气而大吁也。

[2]【索隐】指苏秦也。礼，卿大夫称主。今嘉苏子合从诸侯，褒而美之，故称曰主。

又说魏襄王[1]曰："大王之地，南有鸿沟[2]、陈、汝南、许、鄢[3]、昆阳、召陵、舞阳、新都、新郪[4]，东有淮、颍[5]、煮枣[6]、无胥[7]，西有长城之界，北有河外[8]、卷、衍、酸枣[9]，地方千里。地名虽小，然而田舍庐庑之数，曾无所刍牧。人民之众，车马之多，日夜行不绝，辚辚殷殷[10]，若有三军之众。臣窃量大王之国不下楚。然衡人怵王[11]交强虎狼之秦以侵天下，卒有秦患[12]，不顾其祸。夫挟彊秦之势以内劫其主，罪无过此者。魏，天下之彊国也；王，天下之贤王也。今乃有意西面而事秦，称东籓，筑帝宫[13]，受冠带[14]，祠春秋[15]，臣窃为大王耻之。

[1]【索隐】《世本》："惠王子名嗣。"

[2]【集解】徐广曰："在荥阳。"

[3]【集解】徐广曰："在颍川。于巘切。"【索隐】音偃，又于建反。《战国策》作"鄢"。按：《地理志》颍川有许、鄢二县，又有傿陵县，故所称惑也。傿音焉。【正义】陈、汝南，今汝州、豫州县也。

[4]【集解】《地理志》颍川有昆阳、舞阳县，汝南有新郪县，南阳有新都县。【索隐】《地理志》昆阳、舞阳属颍川，召陵、新郪属汝南。按：新郪即郪丘，章帝以封殷后于宋。新都属南阳。按：《战国策》直云新郪，无"新都"二字。【正义】召

陵在豫州，舞阳在许州。

　　［5］【正义】淮阳、颖川二郡。

　　［6］【集解】徐广曰："在宛句。"【正义】在宛朐。按：宛朐，曹州县也。

　　［7］【索隐】按：其地阙。

　　［8］【正义】谓河南地。

　　［9］【集解】徐广曰："荥阳卷县有长城，经阳武到密。衍，地名。"【索隐】徐广云"荥阳卷县有长城"，盖据地险为说也。【正义】卷在郑州原武县北七里。酸枣在滑州。衍，徐云地名。

　　［10］【正义】辎，麀宏反。殷音隐。

　　［11］【正义】衡音横。怵音恤。

　　［12］【正义】卒音悤忽反。

　　［13］【索隐】谓为秦筑宫，备其巡狩而舍之，故谓之"帝宫"。

　　［14］【索隐】谓冠带制度皆受秦法。

　　［15］【索隐】言春秋贡奉，以助秦祭祀。

　　"臣闻越王句践战敝卒三千人，禽夫差于干遂[1]；武王卒三千人，革车三百乘，制纣于牧野[2]：岂其士卒众哉，诚能奋其威也。今窃闻大王之卒，武士二十万[3]，苍头二十万[4]，奋击二十万，厮徒十万[5]，车六百乘，骑五千匹。此其过越王句践、武王远矣，今乃听于群臣之说而欲臣事秦。夫事秦必割地以效实[6]，故兵未用而国已亏矣。凡群臣之言事秦者，皆奸人，非忠臣也。夫为人臣，割其主之地以求外交，偷取一时之功而不顾其后，破公家而成私门，外挟彊秦之势以内劫其主，以求割地，原大王孰察之。

　　［1］【索隐】按：干遂，地名，不知所在。然按干是水旁之高地，故有"江干""河干"是也。又左思《吴都赋》云"长干延属"，是干为江旁之地。遂者，道也。于干有道，因以为地名。【正义】在苏州吴县西北四十余里万安山西南一里太湖。夫差败于姑苏，禽于干遂，相去四十余里。

　　［2］【正义】今卫州城是也。周武王伐纣于牧野，筑之。

[3]【集解】《汉书·刑法志》曰："魏氏武卒衣三属之甲,操十二石之弩,负矢五十,置戈其上,冠胄带剑,赢三日之粮,日中而趋百里,中试则复其户,利其田宅。"【索隐】衣音意。属音烛。按:三属谓甲衣也。覆膊,一也;甲裳,二也;胫衣,三也。甲之有裳,见《左传》也。赢音盈。谓赍糇粮。中音竹仲反。谓其筋力能负重,所以得中试也。复音福。谓中试之人,国家当优复,赐之上田宅,故云"利其田宅"也。

[4]【索隐】谓以青巾裹头,以异于众。荀卿"魏有苍头二十万"是也。

[5]【索隐】厮音斯。谓厮养之卒。斯,养马之贱者,今起为之卒。【正义】厮音斯。谓炊烹供养杂役。

[6]【索隐】谓割地献秦,以效己之诚实。

"《周书》曰:'绵绵不绝,蔓蔓奈何?豪氂不伐,将用斧柯。'前虑不定,后有大患,将奈之何?大王诚能听臣,六国从亲,专心并力壹意,则必无彊秦之患。故敝邑赵王使臣效愚计[1],奉明约,在大王之诏诏之。"

[1]【索隐】此"效"犹呈也,见也。

魏王曰:"寡人不肖,未尝得闻明教。今主君以赵王之诏诏之,敬以国从。"

因东说齐宣王曰[1]:"齐南有泰山,东有琅邪,西有清河[2],北有勃海,此所谓四塞之国也。齐地方二千余里,带甲数十万,粟如丘山。三军之良,五家之兵[3],进如锋矢[4],战如雷霆,解如风雨。即有军役,未尝倍泰山,绝清河,涉勃海也[5]。临菑之中七万户,臣窃度之,不下户三男子,三七二十一万,不待发于远县,而临菑之卒固已二十一万矣。临菑甚富而实,其民无不吹竽鼓瑟,弹琴击筑[6],斗鸡走狗,六博[7]蹋鞠[8]者。临菑之涂,车毂击,人肩摩,连衽成帷,举袂成幕,挥汗成雨,家殷人足,志高气扬。夫以大王之贤与齐之彊,天下莫能当。今乃西面而事秦,臣窃为大王羞之。

[1]【索隐】《世本》:"名辟彊,威王之子也。"

[2]【正义】即贝州。

[3]【索隐】按:高诱注《战国策》云"五家即五国也"。

[4]【索隐】按:《战国策》作"疾如锥矢",高诱曰:"锥矢,小矢,喻径疾也。"《吕氏春秋》曰"所贵锥矢者,为应声而至"。【正义】齐军之进,若锋芒之刀,良弓之矢,用之有进而无退。

[5]【正义】言临淄自足也。绝,涉,皆度也。勃海,沧州也。齐有军役,不用度河取二部。

[6]【正义】筑似琴而大,头圆,五弦,击之不鼓。

[7]【索隐】按:王逸注《楚词》云:"博,著也。行六棋,故曰六博。"

[8]【集解】刘向《别录》曰:"蹵鞠者,传言黄帝所作,或曰起战国之时。蹵鞠,兵势也,所以练武士,知有材也,皆因嬉戏而讲练之。"蹵,徒猎反。鞠,求六反。【索隐】上徒腊反,下居六反。《别录》注云:"蹴踘,促六反。蹴亦蹵也。"崔豹云:"起黄帝时,习兵之埶。"

"且夫韩、魏之所以重畏秦者,为与秦接境壤界也。兵出而相当,不出十日而战胜存亡之机决矣。韩、魏战而胜秦,则兵半折,四境不守;战而不胜,则国已危亡随其后。是故韩、魏之所以重与秦战,而轻为之臣也。今秦之攻齐则不然。倍韩、魏之地,过卫阳晋之道[1],径乎亢父之险[2],车不得方轨[3],骑不得比行,百人守险,千人不敢过也。秦虽欲深入,则狼顾[4],恐韩魏之议其后也。是故恫疑[5]虚猲[6],骄矜而不敢进[7],则秦之不能害齐亦明矣。

[1]【集解】徐广曰:"魏哀王十六年,秦拔魏蒲坂、阳晋、封陵。"【索隐】按:阳晋,魏邑也。《魏系家》"哀王十六年,秦拔魏蒲阪、阳晋、封陵"是也。刘氏云"阳晋,地名,盖适齐之道,卫国之西南也"。【正义】言秦伐齐,背韩、魏地而与齐战。徐说阳晋非也,乃是晋阳耳。卫地曹、濮等州也。杜预云"曹,卫下邑也"。阳晋故城在曹州乘氏县西北三十七里。

[2]【索隐】亢音刚,又苦浪反。《地理志》县名,属梁国也。【正义】故县在兖

州任城县南五十一里。

［3］【正义】言不得两车并行。

［4］【正义】狼性怯，走常还顾。恐韩、魏之议其后也。

［5］【索隐】上音通，一音洞。恐惧也。

［6］【集解】呼葛反。【索隐】猲，本一作"喝"，并呼葛反。高诱曰："虚猲，喘息惧貌也。"刘氏云："秦自疑惧，不敢进兵，虚作恐怯之词，以胁韩、魏也。"

［7］【正义】言秦虽至亢父，犹恐惧狼顾，虚作喝骂，骄溢矜夸，不敢进伐齐明矣。

"夫不深料秦之无奈齐何，而欲西面而事之，是群臣之计过也。今无臣事秦之名而有彊国之实，臣是故愿大王少留意计之。"

齐王曰："寡人不敏，僻远守海，穷道东境之国也，未尝得闻余教。今足下以赵王诏诏之，敬以国从。"

乃西南说楚威王曰[1]："楚，天下之彊国也；王，天下之贤王也。西有黔中[2]、巫郡[3]，东有夏州[4]、海阳[5]，南有洞庭[6]、苍梧[7]，北有陉塞、郇阳[8]，地方五千余里，带甲百万，车千乘，骑万匹，粟支十年。此霸王之资也。夫以楚之彊与王之贤，天下莫能当也。今乃欲西面而事秦，则诸侯莫不西面而朝于章台之下矣。

［1］【索隐】威王名商，宣王之子。

［2］【集解】徐广曰："今之武陵也。"【正义】今朗州，楚黔中郡，其故城在辰州西二十里，皆盘瓠后也。

［3］【集解】徐广曰："巫郡者，南郡之西界。"【正义】巫郡，夔州巫山县是。

［4］【集解】徐广曰："楚考烈王元年，秦取夏州。"骃案：《左传》"楚庄王伐陈，乡取一人焉以归，谓之夏州"。而注者不说夏州所在。车胤撰《桓温集》云："夏口城上数里有洲，名夏州。""东有夏州"谓此也。【索隐】裴骃据《左氏》及车胤说夏州，其文甚明，而刘伯庄以为夏州侯之本国，亦未为得也。【正义】大江中州也。夏水口在荆州江陵县东南二十五里。

［5］【索隐】按：《地理志》无海阳。刘氏云"楚之东境"。

[6]【索隐】今之青草湖是也,在岳州界也。

[7]【索隐】地名。《地理志》有苍梧郡。【正义】苍梧山在道州南。

[8]【集解】徐广曰:"《春秋》曰'遂伐楚,次于陉'。楚威王十一年,魏败楚陉山。析邑有钩水,或者郇阳今之顺阳乎?一本'北有汾、陉之塞'也。"【索隐】陉山在楚北境,威王十一年,魏败楚陉山是也。郇音荀。北有郇阳,其地当在汝南、颍川之界。检《地理志》及《太康地记》,北境并无郇邑。郇邑在河东,晋地。计郇阳当是新阳,声相近字变耳。汝南有新阳县,应劭云"在新水之阳",犹豳邑变为栒,亦当然也。徐氏云"郇阳当是慎阳",盖其疏也。【正义】陉山在郑州新郑县西南三十里。顺阳故城在邓州穰县西百四十里。

"秦之所害莫如楚,楚彊则秦弱,秦彊则楚弱,其势不两立。故为大王计,莫如从亲以孤秦。大王不从亲,秦必起两军,一军出武关,一军下黔中,则鄢郢动矣[1]。"

[1]【集解】徐广曰:"今南郡宜城。"【正义】鄢乡故城在襄州率道县南九里。安郢城在荆州江陵县东北六里。秦兵出武关,则临鄢矣;兵下黔中,则临郢矣。

"臣闻治之其未乱也,为之其未有也。患至而后忧之,则无及已。故愿大王蚤孰计之。

"大王诚能听臣,臣请令山东之国奉四时之献,以承大王之明诏,委社稷,奉宗庙,练士厉兵,在大王之所用之。大王诚能用臣之愚计,则韩、魏、齐、燕、赵、卫之妙音美人必充后宫,燕、代橐驼良马必实外厩。故从合则楚王,衡成则秦帝。今释霸王之业,而有事人之名,臣窃为大王不取也。

"夫秦,虎狼之国也,有吞天下之心。秦,天下之仇雠也。衡人皆欲割诸侯之地以事秦,此所谓养仇而奉雠者也。夫为人臣,割其主之地以外交彊虎狼之秦,以侵天下,卒有秦患,不顾其祸。夫外挟彊秦之威以内劫其主,以求割地,大逆不忠,无过此者。故从亲则诸侯割地以事楚,衡合则楚割地以事秦,此两策者相去远矣,二者大王何居焉？故敝邑赵王使臣效愚计,奉明约,在大王诏之。"

楚王曰:"寡人之国西与秦接境,秦有举巴蜀并汉中之心。秦,虎狼之国,不可亲也。而韩、魏迫于秦患,不可与深谋,与深谋恐反人以入于秦,故谋未发而国已危矣。寡人自料以楚当秦,不见胜也;内与群臣谋,不足恃也。寡人卧不安席,食不甘味,心摇摇然如县旌而无所终薄[1]。今主君欲一天下,收诸侯,存危国,寡人谨奉社稷以从。"

[1]【集解】白洛反。

于是六国从合而并力焉。苏秦为从约长,并相六国。

北报赵王,乃行过雒阳,车骑辎重,诸侯各发使送之甚众,疑于王者[1]。周显王闻之恐惧,除道,使人郊劳[2]。苏秦之昆弟妻嫂侧目不敢仰视,俯伏侍取食。苏秦笑谓其嫂曰:"何前倨而后恭也？"嫂委蛇蒲服[3],以面掩地而谢曰:"见季子位高金多也。"[4]苏秦喟然叹曰:"此一人之身,富贵则亲戚畏惧之,贫贱则轻易之,况众人乎！且使我有雒阳负郭田二顷[5],吾岂能佩六国相印乎！"于是散千金以赐宗族朋友。初,苏秦之燕,贷人百钱为资,乃得富贵,以百金偿之。遍报诸所尝见德者。其从者有一人独未得报,乃前自言。苏秦曰:"我非忘子。子之与我至燕,再三欲去我易水之上,方是时,我困,故望子深,是以后子。子今亦得矣。"

[1]【索隐】疑作"拟"读。

[2]【集解】《仪礼》曰:"宾至近郊,君使卿朝服用束帛劳。"

[3]【索隐】委蛇谓以面掩地而进,若蛇行也。蒲服即匍匐,并音蒲仆。

[4]【集解】谯周曰:"苏秦字季子。"【索隐】按:其嫂呼小叔为季子耳,未必即其字。允南即以为字,未之得也。

[5]【索隐】负者,背也,枕也。近城之地,沃润流泽,最为膏腴,故曰"负郭"也。

苏秦既约六国从亲,归赵,赵肃侯封为武安君,乃投从约书于秦[1]。秦兵不敢闚函谷关十五年。

[1]【索隐】乃设从约书。案:诸本作"投"。言设者,谓宣布其从约六国之事以告于秦。若作"投",亦为易解。

其后秦使犀首欺齐、魏,与共伐赵,欲败从约。齐、魏伐赵,赵王让苏秦。苏秦恐,请使燕,必报齐。苏秦去赵而从约皆解[1]。

[1]【集解】徐广曰:"自初说燕至此三年。"

秦惠王以其女为燕太子妇。是岁,文侯卒,太子立,是为燕易王。易王初立,齐宣王因燕丧伐燕,取十城。易王谓苏秦曰:"往日先生至燕,而先王资先生见赵,遂约六国从。今齐先伐赵,次至燕,以先生之故为天下笑,先生能为燕得侵地乎?"苏秦大惭,曰:"请为王取之。"

苏秦见齐王,再拜,俯而庆,仰而吊[1]。齐王曰:"是何庆吊相随之速也?"苏秦曰:"臣闻饥人所以饥而不食乌喙者[2],为其愈充腹而与饿死同患也[3]。今燕虽弱小,即秦王之少婿也。大王利其十城而长与彊秦为仇。今使弱燕为雁行而彊秦敝其后,以招天下之精兵,是食乌喙之类也。"齐王愀然变色[4]曰:"然则奈何?"苏秦曰:"臣闻古之善制事者,转祸为福,因败为功。大王诚能听臣计,即归燕之十城。燕无故而得十城,必喜;秦王知以己之故而归燕之十城,亦必喜。此所谓弃仇雠而得石交者也。夫燕、秦俱事齐,则大王号令天下,莫敢不听。是王以虚辞附秦,以十城取天下。此霸王之业也。"王曰:"善。"于是乃归燕之十城。

[1]【索隐】刘氏云:"当时庆吊应有其词,但史家不录耳。"

[2]【集解】《本草经》曰:"乌头,一名乌喙。"【索隐】乌喙,音卓,又音许秽反。今之毒药乌头是。【正义】《广雅》云:"蒛奚,毒附子也。一岁为乌喙,三岁为附

子,四岁为乌头,五岁为天雄。"

[3]【索隐】刘氏以愈犹暂,非也。谓食乌头为其暂愈饥而充腹,少时毒发而死,亦与饥死同患也。

[4]【索隐】愀音自酉反,又七小反。

人有毁苏秦者曰:"左右卖国反覆之臣也,将作乱。"苏秦恐得罪归,而燕王不复官也。苏秦见燕王曰:"臣,东周之鄙人也,无有分寸之功,而王亲拜之于庙而礼之于廷。今臣为王却齐之兵而〈攻〉得十城,宜以益亲。今来而王不官臣者,人必有以不信伤臣于王者。臣之不信,王之福也。臣闻忠信者,所以自为也;进取者,所以为人也。且臣之说齐王,曾非欺之也。臣弃老母于东周,固去自为而行进取也。今有孝如曾参,廉如伯夷,信如尾生。得此三人者以事大王,何若?"王曰:"足矣。"苏秦曰:"孝如曾参,义不离其亲一宿于外,王又安能使之步行千里而事弱燕之危王哉?廉如伯夷,义不为孤竹君之嗣,不肯为武王臣,不受封侯而饿死首阳山下。有廉如此,王又安能使之步行千里而行进取于齐哉?信如尾生,与女子期于梁下,女子不来,水至不去,抱柱而死。有信如此,王又安能使之步行千里却齐之彊兵哉?臣所谓以忠信得罪于上者也。"燕王曰:"若不忠信耳,岂有以忠信而得罪者乎?"苏秦曰:"不然。臣闻客有远为吏而其妻私于人者,其夫将来,其私者忧之,妻曰'勿忧,吾已作药酒待之矣'。居三日,其夫果至,妻使妾举药酒进之。妾欲言酒之有药,则恐其逐主母也,欲勿言乎,则恐其杀主父也。于是乎详僵而弃酒[1]。主父大怒,笞之五十。故妾一僵而覆酒,上存主父,下存主母,然而不免于笞,恶在乎忠信之无罪也?夫臣之过,不幸而类是乎!"燕王曰:"先生复就故官。"益厚遇之。

[1]【索隐】详音羊。详,诈也。僵,仆也,音姜。

易王母,文侯夫人也,与苏秦私通。燕王知之,而事之加厚。苏秦恐诛,乃说燕王曰:"臣居燕不能使燕重,而在齐则燕必重。"燕王曰:"唯先生之所为。"于是苏秦详为得罪于燕而亡走齐,齐宣王以为客卿[1]。

　　[1]【集解】徐广曰:"燕易王之十年时。"

　　齐宣王卒,湣王即位,说湣王厚葬以明孝,高宫室大苑囿以明得意,欲破敝齐而为燕。燕易王卒[1],燕哙立为王。其后齐大夫多与苏秦争宠者,而使人刺苏秦,不死,殊而走[2]。齐王使人求贼,不得。苏秦且死,乃谓齐王曰:"臣即死,车裂臣以徇于市,曰'苏秦为燕作乱于齐',如此则臣之贼必得矣。"于是如其言,而杀苏秦者果自出,齐王因而诛之。燕闻之曰:"甚矣,齐之为苏生[3]报仇也!"

　　[1]【集解】徐广曰:"易王十二年卒。"
　　[2]【集解】《风俗通义》称汉令"蛮夷戎狄有罪当殊"。殊者,死也,与诛同指。而此云"不死,殊而走"者,苏秦时虽不即死,然是死创,故云"殊"。
　　[3]【集解】徐广曰:"一作'先'。"

　　苏秦既死,其事大泄。齐后闻之,乃恨怒燕。燕甚恐。苏秦之弟曰代,代弟苏厉,见兄遂,亦皆学。及苏秦死,代乃求见燕王,欲袭故事。曰:"臣,东周之鄙人也。窃闻大王义甚高,鄙人不敏,释鉏耨而干大王。至于邯郸,所见者绌于所闻于东周,臣窃负其志。及至燕廷,观王之群臣下吏,王,天下之明王也。"燕王曰:"子所谓明王者何如也?"对曰:"臣闻明王务闻其过,不欲闻其善,臣请谒王之过。夫齐、赵者,燕之仇雠也;楚、魏者,燕之援国也。今王奉仇雠以伐援国,非所以利燕也。王自虑之,此则计过,无以闻者,非忠臣也。"王曰:"夫齐者固寡人之雠,所欲伐也,直患国敝力不足也。子能以燕伐齐,则寡人举国委子。"对曰:"凡天下战国七,燕处弱焉。独战则不能,有所附则无不重。

南附楚,楚重;西附秦,秦重;中附韩、魏,韩、魏重。且苟所附之国重,此必使王重矣[1]。今夫齐,长主[2]而自用也。南攻楚五年,畜聚竭;西困秦三年,士卒罢敝;北与燕人战,覆三军,得二将[3]。然而以其余兵南面举五千乘之大宋[4],而包十二诸侯。此其君欲得,其民力竭,恶足取乎!且臣闻之,数战则民劳,久师则兵敝矣。"燕王曰:"吾闻齐有清济、浊河[5]可以为固,长城、钜防[6]足以为塞,诚有之乎?"对曰:"天时不与,虽有清济、浊河,恶足以为固!民力罢敝,虽有长城、钜防,恶足以为塞!且异日济西不师[7],所以备赵也;河北不师[8],所以备燕也。今济西河北尽已役矣,封内敝矣。夫骄君必好利,而亡国之臣必贪于财。王诚能无羞从子母弟[9]以为质[10],宝珠玉帛以事左右,彼将有德燕而轻亡宋,则齐可亡已。"燕王曰:"吾终以子受命于天矣。"燕乃使一子质于齐。而苏厉因燕质子而求见齐王。齐王怨苏秦,欲囚苏厉。燕质子为谢,已遂委质为齐臣[11]。

[1]【正义】言附诸国,诸国重燕而燕尊重。

[2]【索隐】按:谓齐王年长也。或作"齐疆,故言长主"。

[3]【集解】徐广曰:"齐覆三军而燕失二将。"【索隐】按:徐广云"齐覆三军而燕失二将"。又《战国策》云"获二将",亦谓燕之二将,是燕之失也。

[4]【正义】《齐表》云"齐湣王三十八年灭宋",乃当赧王二十九年。此说乃燕哙之时,当周慎王之时,齐〔灭〕宋在前三十余年,恐文误矣。

[5]【正义】济、漯二水上承黄河,并淄、青之北流入海。黄河又一源从洺、魏二州界北流入海,亦齐西北界。

[6]【集解】徐广曰:"济北卢县有防门,又有长城东至海。【正义】长城西头在济州平阴县界。《竹书纪年》云:"梁惠王二十年,齐闵王筑防以为长城。"《太山记》云:"太山西有长城,缘河经太山,余一千里,至琅邪台入海。"

[7]【正义】济州已西也。

[8]【正义】谓沧、博等州,在漯河之北。

[9]【索隐】《战国策》"从"作"宠"。

[10]【正义】音致。

[11]【正义】质,真栗反。

燕相子之与苏代婚,而欲得燕权,乃使苏代侍质子于齐。齐使代报燕,燕王哙问曰:"齐王其霸乎?"曰:"不能。"曰:"何也?"曰:"不信其臣。"于是燕王专任子之,已而让位,燕大乱。齐伐燕,杀王哙、子之[1]。燕立昭王,而苏代、苏厉遂不敢入燕,皆终归齐,齐善待之。

[1]【集解】徐广曰:"是周赧王之元年时也。"

苏代过魏,魏为燕执代。齐使人谓魏王曰:"齐请以宋地封泾阳君[1],秦必不受。秦非不利有齐而得宋地也[2],不信齐王与苏子也。今齐魏不和如此其甚,则齐不欺秦。秦信齐,齐秦合,泾阳君有宋地,非魏之利也。故王不如东苏子,秦必疑齐而不信苏子矣。齐秦不合,天下无变,伐齐之形成矣。"于是出苏代。代之宋,宋善待之。

[1]【正义】泾阳君,秦王弟,名悝也。泾阳,雍州县也。齐苏子告秦共伐宋以封泾阳君,然齐假设此策以救苏代。

[2]【正义】齐言秦相亲共伐宋,秦得宋地,又得齐事秦,不信齐及苏代,恐为不成也。

齐伐宋,宋急,苏代乃遗燕昭王书曰[1]:

[1]【正义】此书为宋说燕,令莫助齐、梁。

夫列在万乘而寄质于齐[1],名卑而权轻;奉万乘助齐伐宋,民劳而实费;夫破宋,残楚淮北,肥大齐,雠彊而国害:此三者皆国之大败也。然且王行之者,将以取信于齐也。齐加不信于王,而忌燕愈甚,是王之计过矣。夫以宋加之淮北,强万乘之国也,而齐并之,是益一齐也[2]。北夷方七百里[3],加之以鲁、卫,彊万乘之国也,而齐并之,是益二齐也。

夫一齐之彊,燕犹狼顾而不能支,今以三齐临燕,其祸必大矣。

[1]【正义】燕前有一子质于齐。

[2]【正义】更以淮北之地加于齐都,是强万乘之国而齐总并之,是益一齐。

[3]【索隐】谓山戎、北狄附齐者。【正义】齐桓公伐山戎、令支,斩孤竹而南归海滨,诸侯莫不来服。

虽然,智者举事,因祸为福,转败为功。齐紫,败素也[1],而贾十倍[2];越王句践栖于会稽,复残强吴而霸天下:此皆因祸为福,转败为功者也。

[1]【集解】徐广曰:"取败素染以为紫。"【正义】齐君好紫,故齐俗尚之。取恶素帛染为紫,其价十倍贵于余。喻齐虽有大名,而国中以困弊也。《韩子》云:"齐桓公好服紫,一国尽服紫,当时十素不得一紫,公患之。管仲曰:'君欲止之,何不试勿衣也?'公谓左右曰:'恶紫臭。'公语三日,境内莫有衣紫者。"

[2]【索隐】按:谓紫色价贵于帛十倍,而本是败素。以喻齐虽有大名,而其国中困毙也。

今王若欲因祸为福,转败为功,则莫若挑霸齐而尊之[1],使使盟于周室,焚秦符,曰[2]"其大上计,破秦;其次,必长宾之"[3]。秦挟宾以待破,秦王必患之。秦五世伐诸侯,今为齐下,秦王之志苟得穷齐,不惮以国为功。然则王何不使辩士以此言说秦王曰:"燕、赵破宋肥齐,尊之为之下者,燕、赵非利之也。燕、赵不利而势为之者,以不信秦王也。然则王何不使可信者接收燕、赵,令泾阳君、高陵君[4]先于燕、赵?秦有变,因以为质,则燕、赵信秦。秦为西帝,燕为北帝,赵为中帝,立三帝以令于天下。韩、魏不听则秦伐之,齐不听则燕、赵伐之,天下孰敢不听?天下服听,因驱韩、魏以伐齐,曰'必反宋地,归楚淮北'。反宋地,归楚淮北,燕、赵之所利也;并立三帝,燕、赵之所愿也。夫实得所利,尊得所愿,燕、赵弃齐如脱躧矣。今不收燕、赵,齐霸必成。诸侯赞齐而王不从,是国伐也;诸侯赞齐而王从之,是名卑也。今收燕、赵,国安而名尊;不收燕、赵,国危而名卑。夫去尊安而取危卑,智者不为也。"秦王闻若说,必若刺心然。则王何不使辩士以此若言说秦?秦必取,齐必伐矣。

[1]【正义】挑,田鸟反,执持也。

[2]【正义】符,征兆也。

[3]【索隐】长音如字。宾为"摈"。【正义】大好上计策,破秦;次计,长摈弃关西。

[4]【集解】徐广曰冯翊高陵县。【索隐】二人,秦王母弟也。高陵君名显。泾阳君名悝。

夫取秦,厚交也;伐齐,正利也。尊厚交,务正利,圣王之事也。

燕昭王善其书,曰:"先人尝有德苏氏,子之之乱而苏氏去燕。燕欲报仇于齐,非苏氏莫可。"乃召苏代,复善待之,与谋伐齐。竟破齐,湣王出走。

久之,秦召燕王,燕王欲往。苏代约燕王曰:"楚得枳[1]而国亡[2],齐得宋而国亡[3],齐、楚不得以有枳、宋而事秦者,何也?则有功者,秦之深雠也。秦取天下,非行义也,暴也。秦之行暴,正告天下[4]。

[1]【集解】徐广曰:"巴郡有枳县。"【正义】枳,支是反,今涪州城。在秦,枳县在江南。

[2]【集解】徐广曰:"燕昭王三十三年,秦拔楚鄢、西陵。"【正义】按:西陵在黄州。

[3]【正义】《年表》云齐湣王三十八年,灭宋。四十年,五国共击湣王,王走莒。

[4]【索隐】正告谓显然而告天下也。

"告楚曰:'蜀地之甲,乘船浮于汶[1],乘夏水[2]而下江,五日而至郢。汉中之甲,乘船出于巴[3],乘夏水而下汉,四日而至五渚[4]。寡人积甲宛东下随[5],智者不及谋,勇士不及怒,寡人如射隼矣[6]。王乃欲待天下之攻函谷,不亦远乎!'楚王为是故,十七年事秦。

[1]【集解】眉贫反。【索隐】音旻。即江所出之岷山也。

[2]【索隐】夏音暇。谓夏潦之水盛长时也。

[3]【索隐】巴,水名,与汉水近。【正义】巴岭山在梁州南一百九十里。《周地志》云:"南渡老子水,登巴岭山。南回(记)大江。此南是古巴国,因以名山。"

[4]【集解】《战国策》曰"秦与荆人战,大破荆,袭郢,取洞庭、五渚"。然则五渚在洞庭。【索隐】按:五渚,五处洲渚也,刘氏以为宛邓之间,临汉水,不得在洞庭。或说五渚即五湖,益与刘说不同也。

[5]【索隐】宛县之东而下随邑。

[6]【索隐】按:《易》曰"射隼于高墉之上,获之,无不利"。秦王言我今伐楚,必当捷获也。【正义】隼若今之鹘。

"秦正告韩曰:'我起乎少曲[1],一日而断大行[2]。我起乎宜阳而触平阳[3],二日而莫不尽繇[4]。我离两周而触郑,五日而国举[5]。'韩氏以为然,故事秦。

[1]【索隐】地名,近宜阳也。【正义】在怀州河阳县西北,解在《范雎传》。

[2]【正义】太行山羊肠阪道,北过韩上党也。

[3]【正义】宜阳、平阳皆韩大都也,隔河也。

[4]【索隐】音摇。摇,动也。

[5]【索隐】离,如字。谓屯兵以罹二周也,而乃触击于郑,故五日国举。举,犹拔也。【正义】离,历也。历二周而东触新郑州,韩国都拔矣。

"秦正告魏曰:'我举安邑,塞女戟[1],韩氏太原卷[2]。我下轵,道南阳,封冀[3],包两周[4]。乘夏水,浮轻舟,彊弩在前,錟[5]戈在后,决荥口,魏无大梁[6];决白马之口,魏无外黄、济阳[7];决宿胥之口[8],魏无虚、顿丘[9]。陆攻则击河内，水攻则灭大梁。'魏氏以为然，故事秦。

[1]【索隐】女戟，地名，盖在太行山之西。

[2]【索隐】刘氏卷音轨免反也。按：举安邑，塞女戟，及至韩氏之韩国宜阳也。太原者，魏地不至太原，亦无别名太原者，盖"太"衍字也。原当为"京"。京及卷皆属荥阳，是魏境。又下轵道是河内轵县，言"道"者，亦衍字。徐广云"霸陵有轵道亭"，非魏之境，其疏谬如此。【正义】卷，轨免反。刘伯庄云："太原当为太行。卷犹断绝。"

[3]【集解】徐广曰："霸陵有轵道亭，河东皮氏有冀亭也。"【索隐】按：魏之南阳即河内也。封，封陵也。冀，冀邑。皆在魏境，故徐广云"河东皮氏县有冀亭"。

[4]【集解】徐广曰："张仪曰'下河东，取成皋'也。"【正义】两周，王城及巩。

[5]【集解】徐广曰："由冉反。"【正义】刘伯庄云："音四廉反，利也。"

[6]【索隐】荥泽之口与今汴河口通，其水深，可以灌大梁，故云"无大梁"也。

[7]【索隐】白马河津在东郡，决其流以灌外黄及济阳。【正义】故黄城在曹州考城县东二十四里。济阳故城在曹州冤朐县西南三十五里。

[8]【集解】徐广曰："《纪年》云魏救山塞集胥口。"【索隐】按：《纪年》作"胥"，盖亦津之名，今其地不知所在也。【正义】淇水出卫州淇县界之淇口，东至黎阳入河。《魏志》云："武帝于清淇口东因宿胥故渎开白沟，道清淇二水入焉。"

[9]【集解】徐广曰："秦始皇五年，取魏酸枣，燕虚、长平。"【索隐】虚，邑名，地与酸枣相近。【正义】虚谓殷墟，今相州所理是。顿丘故城在魏州顿丘县东北二十里。《括地志》云："二国地时属魏。"

"秦欲攻安邑，恐齐救之，则以宋委于齐。曰：'宋王无道，为木人以写〔象〕寡人，射其面。寡人地绝兵远，不能攻也。王苟能破宋有之，寡人如自得之。'已得安邑，塞女戟，因以破宋为齐罪[1]。

[1]【索隐】秦令齐灭宋，仍以破宋为齐之罪名。

"秦欲攻韩，恐天下救之，则以齐委于天下。曰：'齐王四与寡人约,四欺寡人,必率天下以攻寡人者三。有齐无秦,有秦无齐,必伐之,必亡之。'已得宜阳、少曲,致蔺、石,因以破齐为天下罪。

"秦欲攻魏重楚[1],则以南阳委于楚[2]。曰:'寡人固与韩且绝矣。残均陵,塞鄳阨[3],苟利于楚,寡人如自有之。'魏弃与国而合于秦,因以塞鄳阨为楚罪。

[1]【索隐】重犹附也,尊也。【正义】畏楚救魏。

[2]【正义】南阳邓州地,本韩地也。韩先事秦,今楚取南阳,故言"与韩且绝矣"。

[3]【集解】鄳音盲。徐广曰:"鄳,江夏鄳县。均,一作'灼'。"【索隐】均陵在南阳,盖今之均州。黾音盲,县名,在江夏。【正义】均州故城在随州西南五十里,盖均陵也。又申州罗山县本汉鄳县。申州有平清关,盖古鄳县之阨塞。

"兵困于林中[1],重燕、赵,以胶东委于燕,以济西委于赵。已得讲于魏[2],至公子延[3],因犀首属行[4]而攻赵。

[1]【集解】徐广曰:"河南苑陵有林乡。"

[2]【索隐】讲,和也,解也。秦与魏和也。

[3]【索隐】至当为"质",谓以公子延为质也。

[4]【索隐】犀首、公孙衍本魏将,因之以属军行。行音胡郎反,谓连兵相续也。

"兵伤于谯石,而遇败于阳马[1],而重魏,则以叶、蔡委于魏。已得讲于赵,则劫魏,〈魏〉不为割。困则使太后弟穰侯为和,嬴则兼欺舅与母[2]。

[1]【索隐】按:谯石、阳马并赵地名,非县邑也。

[2]【索隐】按:嬴犹胜也。舅,穰侯魏冉也。母,太后也。

"适燕者[1]曰'以胶东',适赵者曰'以济西',适魏者曰'以叶、蔡',适楚者曰'以塞鄳阨',适齐者曰'以宋',此必令言如循环,用兵如刺蛋，母不能制，舅不能约。

[1]【索隐】適音宅。適者，责也。下同。

"龙贾之战[1]，岸门之战[2]，封陵之战[3]，高商之战[4]，赵庄之战[5]，秦之所杀三晋之民数百万，今其生者皆死秦之孤也。西河之外，上雒之地，三川晋国之祸，三晋之半，秦祸如此其大也[6]。而燕、赵之秦者[7]，皆以争事秦说其主，此臣之所大患也。"

[1]【集解】魏襄王五年，秦败我龙贾军。
[2]【集解】韩宣惠王十九年，秦大破我岸门。
[3]【集解】魏哀王十六年，秦败我封陵。
[4]【集解】此战事不见。
[5]【集解】赵肃侯二十二年，赵庄与秦战败，秦杀赵庄河西。
[6]【索隐】以言西河之外，上雒之地及三川晋国，皆是秦与魏战之处，秦兵祸败我三晋之半，是秦祸如此其大者乎。
[7]【索隐】燕、赵之人往秦者，谓游说之士也。

燕昭王不行。苏代复重于燕。

燕使约诸侯从亲如苏秦时，或从或不，而天下由此宗苏氏之从约。代、厉皆以寿死，名显诸侯。

太史公曰：苏秦兄弟三人[1]，皆游说诸侯以显名，其术长于权变。而苏秦被反间以死，天下共笑之，讳学其术。然世言苏秦多异，异时事有类之者皆附之苏秦。夫苏秦起闾阎，连六国从亲，此其智有过人者。吾故列其行事，次其时序，毋令独蒙恶声焉。

[1]【索隐】按：谯允南以为苏氏兄弟五人，更有苏辟、苏鹄，《典略》亦同其说。按：《苏氏谱》云然。

【索隐述赞】季子周人，师事鬼谷。揣摩既就，阴符伏读。合从离衡，佩印者六。天王除道，家人扶服。贤哉代、厉，继荣党族。

附录二 苏秦传略

苏秦(约 340—前 284 年)是战国纵横家的代表人物,也是一位在中国历史上影响深远的传奇式人物。据《史记·苏秦列传》"苏秦为纵约长,并相六国",使"秦兵不敢窥函谷关十五年"。苏秦一生的主要功绩是策划齐国"举宋"、合纵"五国伐秦"和组织五国"破齐",为燕昭王实现"以弱燕并强齐"的战略目标,鞠躬尽瘁,以身殉燕。

然而,司马迁依据纵横家后学拟作的长篇游说辞,认为苏秦是与张仪同时搞合纵连横的敌对人物,致使后世人们对他活动的具体年代及其真实面目认识不清。值得庆幸的是,帛书《战国纵横家书》里,有十六章苏秦的书信和游说辞。[①]其中,有十四章是连司马迁也没有见过的珍贵史料,为我们研究苏秦的真实事迹及战国晚期的历史,提供了宝贵的新资料(图版一)。我们以这些真实文献为标尺,在甄别传世苏秦资料和对《苏子辑校注释》的基础上,谨将苏秦的真实事迹,略作考述。

(一)世居东周 师事鬼谷

苏秦是战国中期东周洛阳人,出身于农民家庭,青年时师事鬼谷子,学习纵横术。

1. 籍贯族属

苏秦为东周雒阳乘轩里人。《战国策·燕策一》"苏秦死"章记录苏秦的话说:"臣东周之鄙人也,窃闻王义甚高甚顺,鄙人不敏,窃释鉏耨而干大王。"《史记·苏秦列传》也说:"苏秦者,东周雒阳人也。"并说:"且使我有雒阳负郭田二顷,吾岂能佩六国相印乎!"《正义》引《战国策》云:"苏秦,雒阳乘轩里人也。""乘

[①] 马王堆汉墓帛书整理小组:《战国纵横家书》,文物出版社,1976 年。裘锡圭主编:《长沙马王堆汉墓简帛集成》(叁),中华书局,2014 年。

轩里"位于东周雒阳城外的西南郊,直到北魏时期,这里仍有"乘轩里"的名称。①《战国策·秦策一》载:"且夫苏秦特穷巷掘门、桑户棬枢之士耳。"《淮南子·氾论》说:"苏秦,匹夫徒步之人也。"可见苏秦出身于东周雒阳郊外一个普通的农民家庭。相传,苏秦故里就在今洛阳市洛龙区李楼镇太平庄村。

苏秦,字季子,有兄弟五人。《史记·苏秦列传》说"苏秦之弟曰代,代弟苏厉","兄弟三人,皆游说诸侯以显名,其术长于权变"。这是说苏代、苏厉均为苏秦之弟。然而,《史记索隐》引谯周云:"秦兄弟五人,秦最少。兄代,代弟厉及辟、鹄,并为游说之士。"这是说苏秦兄弟五人皆为游说之士,因他年纪最少,故字"季子"。

苏秦本是西周初年司寇苏忿生的后裔。《史记·苏秦列传·索隐》说:"苏秦字季子,盖苏忿生之后,己姓也。"有苏氏是商周时期的著名国族。据《国语·晋语一》:"殷辛伐有苏,有苏氏以妲己女焉,妲己有宠,于是乎与胶鬲比而殷亡。"这说明商纣王的宠妃"妲己",就是有苏氏之女。《左传·成公十一年》载:"昔周克商,使诸侯抚封,苏忿生以温为司寇,与檀伯达封于河。苏氏即狄,又不能于狄而奔卫。"《左传·僖公十年》说:"狄灭温,温子奔卫。"武王克商后,封有苏氏首领苏忿生为主管刑狱诉讼的最高长官。"温"是有苏氏的故居,在今河南温县西南。公元前650年,狄人灭有苏。因有苏氏都于"温",故"温子"即有苏氏之君。

据《左传·文公十年》"及苏子盟于女栗",杜预注:"苏子,周卿士。"公元前617年,苏国之君曾担任周王室的最高执政长官,代表周王与鲁文公举行盟会。可见有苏国被狄人灭亡后,其君先是逃往卫国(在今河南辉县境),后又迁居周王室,并担任"卿士"的重要职务。《潜夫论·志氏姓》载:"周武王时,有苏忿生为司寇而封温。其后洛邑有苏秦。"由此可见,苏秦本是周初司寇苏忿生的后裔。

2. 列国形势

战国之世,诸侯称雄,列国纷争,社会动荡,民不聊生。然而,这个时期也是中国历史上学派林立,百家争鸣,思想文化空前活跃的黄金时代。

大约公元前340年,苏秦出生在东周雒阳乘轩里。战国初年,魏国是列国中

---

① 北魏元怀墓志:广平王元怀"河南洛阳乘轩里人"。《洛阳出土北魏墓志选编》,科学出版社,2001年。

最为强盛的国家。就在苏秦出生的前一年,齐威王命田忌为大将、孙膑为军师,率军大败魏军于马陵(在今河南范县西南),虏魏太子申,魏将庞涓自杀。同年,秦、齐、赵三国联合攻魏。秦国大良造卫鞅用计擒魏公子卬,大破魏军。秦封卫鞅为列侯,号"商君"。从此秦国开启东略诸侯的兼并战争,诸侯各国间的合纵连横运动,也正式拉开了序幕。

战国初年,"田常杀简公而相齐国,诸侯晏然弗讨,海内争于战功矣。三国终之卒分晋,田和亦灭齐而有之,六国之盛自此始"。当时各国"务在强兵并敌,谋诈用而从横短长之说起"(《史记·六国年表序》)。当时"上无天子,下无方伯;力功争强,胜者为右;兵革不休,诈伪并起。当此之时,虽有道德,不得施谋;有设之强,负阻而恃固;连与交质,重约结誓,以守其国。故孟子、孙卿儒术之士,弃捐于世,而游说权谋之徒,见贵于俗。是以苏秦、张仪、公孙衍、陈珍、代、厉之属,生从横短长之说,左右倾侧。苏秦为从,张仪为横;横则秦帝,从则楚王;所在国重,所去国轻"(刘向《战国策书录》)。所谓"合纵"就是"合众弱以攻一强",所谓"连横"就是"事一强以攻众弱"(《韩非子·五蠹》)。因而"世人多不言国法而言从横,诸侯言从者曰:'从成必霸',而言衡者曰'横成必王',山东之言从横者未尝一日而止也"(《韩非子·忠孝》)。在这种形势下应运而生的纵横家,就是企图通过合纵连横活动,以求达到匡济乱世、救倾扶危、择交安民的军事思想学派。

战国中期,秦孝公任用商鞅变法,奖励耕战,秦国走向富国强兵,迅速形成蚕食山东六国的战略形势。据赵蕤《长短经·臣行》,"商鞅起徒步,干孝公,挟三术之略,吞六国之纵,使秦业帝,可为霸者之佐乎?"同书《七雄略》说:"秦据势胜之地,骋狙诈之兵,蚕食山东,山东患之。苏秦,洛阳人也,合诸侯之以纵宾秦。张仪,魏人也,破诸侯之纵以连横。此纵横之所起也。"山东六国为了抗击强秦的侵略,图谋合纵而抗击强秦。

当时,纵横家已是个庞大的社会群体。他们多被称为"游士"、"说士"、"辩士"、"智士"或"权变之士"等。只是这些"游士"都亲身参与合纵连横的伟大斗争,后人才将他们统称为"纵横家"。纵横家们的合纵连横谋略,当时多被称为"从横长短之说"或"长短术"。而苏秦、苏代、苏厉兄弟从事合纵连横活动,也被称为"两周辩知之士"(《东周策》)。

3. 师事鬼谷

鬼谷子是战国中期的著名隐士，也是纵横家的鼻祖。《风俗通义》说："鬼谷先生，六国时纵横家。"(《史记集解》引)《仙传拾遗》云："鬼谷先生晋平公时人，隐居鬼谷，因为其号。先生姓王名栩，亦居青溪山中。"(李昉《太平广记》卷四引)鬼谷子的真实姓名不详。现存有《鬼谷子》一书，是其理论思想的总结。

据《史记·苏秦列传》，苏秦"东事师于齐，而习之于鬼谷先生"。扬雄《法言·渊骞》载："仪、秦学乎鬼谷术，而习乎纵横言，安中国者各十余年。"王充《论衡·答佞》载："人自有知以诈人，及其说人主，须术以动上，犹上人自有勇威之人。及其战斗，须兵法以进众。术则从横，师则鬼谷也。"这说明苏秦青年时，曾师事鬼谷子，学习纵横之术。

据《史记·张仪列传》："张仪者，魏人也。始尝与苏秦俱事鬼谷先生学术，苏秦自以为不及张仪。"张仪开始游说诸侯时，曾随从楚相参加宴饮。不久，因楚相的玉璧丢失，张仪遭人陷害，被鞭笞"数百"。这时，苏秦已说服赵肃侯与山东六国相约，进行合纵抗秦活动。然而恐怕秦国攻赵败约，便暗中设计激怒张仪，使其西赴秦国，得到秦惠文王的重用。张仪为感激苏秦，说："吾不及苏君明矣！吾又新用，安能谋赵乎？为吾谢苏君，苏君之时，仪何敢言。"《论衡·明雩》说："苏秦、张仪悲说坑中，鬼谷先生泣下沾襟。或者傥可为雍门之声，出苏张之说，以感天下乎。"同书《答佞篇》也说："苏秦、张仪从横习之鬼谷先生，掘地为坑，曰：'下说令我泣，出则耐分人君之地。'苏秦下说，鬼谷先生泣下沾襟。张仪不若。"这些记载都说明，苏秦、张仪是同时师从鬼谷子学习纵横术的师兄弟，张仪在苏秦的激励资助下，才得到秦惠文王重用的。

然而，据帛书《战国纵横家书》"苏秦谓陈珍章"，公元前312年苏秦到陈畛门下游说时，还是个刚涉世事的年轻人。这时的张仪早已名冠诸侯，进入老年。据《史记·秦本纪》，秦惠文王"十年（前328年），张仪相秦"。秦武王二年（前309年）"张仪死于魏"。《史记·魏世家》也说：魏襄王"十年（前309年），张仪死"。因此，苏秦、张义并非同时师事鬼谷子，更不是同时进行合纵连横的对手人物。苏秦大体应比张仪晚一代人。但不能排除的是，张仪有可能是鬼谷子早期的学生，而苏秦则是鬼谷子晚年的弟子。

苏秦师从鬼谷子学习的具体课程。刘勰《文心雕龙·论说》载："战国争雄，辩士云涌,从横参谋,长短角势,《转丸》骋其辞巧,《飞箝》伏其精术。"刘知幾《史通·言语》说:"战国虎争,驰说云涌,人持《弄丸》之辩,家挟《飞钳》之术。"《弄丸》即《转丸》。《转丸》、《飞箝》是培训游说技巧的典籍,都是《鬼谷子》的重要篇章。南宋王应麟《玉海》卷五十三引《中兴书目》云:鬼谷子"周时高士,无乡里族姓名字,以其所隐自号鬼谷先生,苏秦、张仪事之,授以《捭阖》下至《符言》等十有二篇,及《转丸》、《本经》、《持枢》、《中经》等篇,亦以告仪、秦者也"。可见《鬼谷子》的全部篇章,就是鬼谷先生教授苏秦、张仪的基本课程。

当然,苏秦、张仪除学习纵横家的基本理论外,还要兼习诸子百家的学问。《太平御览》卷四百六十三说:"苏秦初与张仪俱事鬼谷先生,十一年,皆通六艺,经营百家之言"。"六艺"有两种说法,一说是指儒家所说的《诗》、《书》、《礼》、《乐》、《易》、《春秋》六经,一说是指礼、乐、射、御、书、数六种学问。"经营百家之言"就是学习儒、道、墨、法、名、阴阳等诸子百家的思想。这些学问,当是纵横家必须具备的基本知识。

4. 鬼谷地望

鬼谷子隐居的地方,相传有多处,迄无定说。唐长孙无忌《鬼谷子序》说:"鬼谷子,楚人也,周世隐于鬼谷。"相传,今河南汝阳、登封、淇县、陕西扶风、韩城、石泉、山东蒙阴、湖南大庸、湖北远安、当阳、四川广汉、浙江宁波等地,均有"鬼谷"的遗迹。①

据《史记·甘茂列传》,苏代谓秦武王的话说:"甘茂,非常士也。其居于秦,累世重矣。自殽塞及至鬼谷,其地形险易皆明之。彼以齐约韩魏,反以图秦,非秦之利也。……王不若重其贽、厚其录以迎之,使彼来则置之鬼谷,终身勿出。"《史记集解》引徐广曰:"颍川阳城有鬼谷,盖是其人所居,因为号。""殽塞"在今洛阳市洛宁县西北,今洛阳市汝阳县南七里有鬼谷洞,地近京师洛阳,也在秦国统辖之内。这是最早记录"鬼谷"地名的文献。

据汝阳金至宁元年(1213年)《创修丹阳观碑记》记载:"水帘洞为鬼谷子成道之处"。明《汝州全志》引《广舆志》说:"鬼谷子尝隐此,俗传苏秦、张仪授书处。"明正德年间《汝州志》也说:"云梦山在伊阳县南七里,相传鬼谷子修道处。"

---

① 房立中:《新编鬼谷子全书》上编,学苑出版社,1995年。

因此,陈昌远先生认为,"鬼谷"当在今河南洛阳汝阳县南的云梦山。①

(二) 初游受挫　发奋读书

公元前312年,苏秦约二十八岁。他师从鬼谷子学习纵横术,数年期满下山,满怀热情地开始游说生涯。但是,世事难预料,人生多坎坷。这位初出茅庐的年轻人,开局并不顺利。他先后求说陈轸、秦惠文王和周赧王,均遭受挫折。

1. 初说陈轸

苏秦离开鬼谷,南下楚国,企图投奔早已声名显赫的纵横家陈珍,以求得到提携。当时,陈珍在楚国从事合纵,张仪在秦国主持连横,两人针锋相对地开展斗争。据《战国纵横家书》"苏秦谓陈珍"章记载,苏秦曾为陈珍谋划,提出如何既有利于楚国,又有利于陈珍,且能动摇张仪在秦国地位建议。这篇说辞在《史记·田敬仲完世家》里,被误作"苏代谓田珍"(田珍即陈珍)。这是公元前312年"齐宋攻魏,楚围雍氏,秦败屈匄"时发生的故事。

当时苏秦在陈珍门下,还是一位地位低微的年轻人。因此,他的游说并未受到重视。但是,这次游说可以看作苏秦初出茅庐,开始纵横生涯的时间坐际。

2. 游说秦惠

苏秦在楚国很不顺心,便北上来到秦国。他以连横术游说秦惠王,曰:秦"天下之雄国也。以大王之贤,士民之众,车骑之用,兵法之教,可以并诸侯,吞天下,称帝而治"。苏秦"书十上而说不行",说明秦惠王没有采他的连横主张(《战国策·秦策一》)。左思《咏史诗》说:

苏秦北游说,李斯西上书。俯仰生荣华,咄嗟复彫枯。

李善注:"《史记》曰:'苏秦乃西至秦,说惠王。王方诛商鞅,疾辨士弗用。乃东至赵,遂说六国"(《文选》卷二一)。

3. 发奋苦读

苏秦出游数年,大困而归。这时,苏秦穿的黑貂皮袄破了,带的一百两黄金

---

① 陈昌远:《有关鬼谷子研究中的几个问题》,载《鬼谷子学术研讨会论文集》,书目文献出版社,2001年。李佩今:《鬼谷其地和鬼谷其人考辨》,《鬼谷子文化研究文集》,陕西旅游出版社,2004年。

也用完了,只好离开秦国返回洛阳。他打着裹腿,穿着草鞋,背着书包,挑着行李,神情憔悴,面容黄黑,显现出失意落魄的样子。

当时,洛阳位居"天下之中",工商业繁荣发达。苏秦回到家里时,兄弟嫂妹妻妾皆笑之曰:"周人之俗,治产业,力工商,逐什二以为务。今子释本而事口舌,困,不亦宜乎"!因此,妻子不下织机,嫂子不给他做饭,就连父母也不答理他。苏秦自我叹息说:"妻不以我为夫,嫂不以我为叔,父母不以我为子,是皆秦之罪也!"(《史记·苏秦列传》)

面对家人的冷遇,苏秦并未回心丧气。当夜,他就打开自己的数十个书籍,找出一部姜太公著的《阴符》来,乃闭门不出,伏案苦读。他认真感悟书中的要领,仔细揣摩列国形势和时局变化,每当读书困乏欲睡时,就"引锥自刺其股,血流至踵"。他坚信只要刻苦用功,"安有说人主不能出其金玉锦绣,取卿相之尊者乎?"一年多后,当他完成对诸侯各国形势的揣摩分析时,便自信地说:"此可以说当世之君矣。"(《战国策·秦策一》)

4. 游说赧王

洛阳是春秋战国时期的京师。然而,这时的周天子,早已失去号令天下的权威,沦为一般的小国诸侯。苏秦发奋苦后,试图在家门口就近求说周赧王。《史记·苏秦列传》载:"求说周显王。显王左右素习知苏秦,皆少之,弗信。"《潜夫论·实贡》说:"周显拘时,故【疏】苏秦。"因周显王(前368—321年在位)早在公元前321年就已死去,故这里所说的周"显王",当为周赧王(前314—前256年在位)之误。因为年轻的周赧王刚刚登上王位,听到苏秦的说辞多不切合王室的实际情况。再加上赧王周围的臣僚们,素闻苏秦出身低微,知识浅薄。因此,没有人会相信他的游说。

周王室本是苏秦的故国。他屡次游说失败,引起后世诗人的哀叹。阮籍《咏怀诗十七首》说:

李公悲东门,苏子狭三河。求仁自得仁,岂复叹咨嗟。

沈约注:"河南、河东、河北,秦之三川郡,古人乎水皆为河耳。苏子以两周之狭小,不足逞其志力,故去佩六国相印也。"(《文选》卷二三)。这位"苏子",就是苏秦。

俗话说:"天无绝人之路。"正在这时,苏秦听到燕昭王广求贤才的消息,便决心到燕国去施展才华。

(三) 北投燕昭　功存危燕

燕本是西周初年召公奭建立的姬姓封国,疆域有今辽宁西南部、河北北部和山西的东北部,全境东接胡貊,西有中山、赵国,南有齐国。燕昭王即位后,把国都从蓟(今北京市西南)迁到武阳(今河北易县南)。当时,燕国"东不如齐,西不如赵"(《战国策·燕策一》)是战国七雄里实力较弱的国家。诚如《史记·燕召公世家》所说:"燕迫蛮貊,内措齐、晋,崎岖强国之间,最为弱小,几灭者数矣。"可见燕国周边的劲敌,就是近邻齐、赵两国。

1. 北投燕昭

据《战国策·燕策一》,公元前 317 年,燕王哙效法尧舜时期的禅让制度,毅然将王位禅让给相国之子,自己退居臣位。这种不合时宜的迂阔行动,"百姓不戴,诸侯弗与"。自然引起太子平和将军市被的不满,便"要党聚众,将军市被围公宫,攻子之"(《战国策·齐策二》)。面对"构难数月,死者数万,众人恫恐,百姓离志"的突发事件,之子被迫率众反攻,杀死市被和太子平(《燕召公世家》)。

公元前 314 年,齐宣王听从孟轲的劝说,认为这是灭掉燕国的大好机会。他派大将军匡章"率五都之兵"攻打燕国,短短五十天内,就攻占燕国首都,"毁其宗庙,迁其重器"(《孟子·梁惠王下》)。燕王哙和子之都被齐军杀死。这时,就连弱小的中山国,也乘机攻入燕国境内,攻城略地。考古发现的中山王壶铭文说:"燕故君子哙,新君子之,不用礼仪,不顾逆顺,故邦亡身死。"还说:"逢燕无道烪上,子之大闢不义,反臣其主。唯司马贮䜣谙佣怒,不能宁处。率师征燕,大启邦宇,方数百里",①可以得到证明。齐军攻入燕国都城,"杀其父兄,系累其子弟",激起燕国民众的强烈反抗(《孟子·公子丑下》)。因此,诸侯各国"将谋救燕"的呼声日益高涨。齐宣王无奈,只得被迫撤兵(《孟子·梁惠王下》)。

当时,燕公子职正在韩国充当人质。赵国经赵武灵王实行"胡服骑射"的军事改革,国力空前强盛,在诸侯各国间,有着举足轻重的影响。公元前 311 年,赵武灵

---

① 中国社会科学院考古研究所编:《殷周金文集成》(修订增补本)第六册,09734、09735 号,中华书局,2007 年。

王"召公子职于韩",派兵护送回国"立以为燕王",是为燕昭王(《史记·赵世家》)。

燕昭王(前311—前279年在位)即位后,把齐国"破燕"看作奇耻大辱,立志要报仇雪恨。他"卑身厚币,以招贤者,欲将以报雠"。于是向谋士郭隗求教招纳贤士的良策。郭隗向燕昭王讲述古代君王"求千里马"的故事,说:"今王诚欲致士,先从隗始。隗且见事,况贤于隗者,岂远千里哉!"(《战国策·燕策一》)于是,燕昭王为郭隗筑宫而师之,广揽四方贤士。

燕昭王招贤纳士的真诚决心,得到社会的强烈反响。《说苑·君道》说:

> 燕王常置郭隗上坐,南面。居三年,苏子闻之,从周归燕;邹衍闻之,从齐归燕;乐毅闻之,从赵归燕;屈景闻之,从楚归燕。四子毕至,果以弱燕并强齐。夫燕、齐非均权敌战之国也,所以然者,四子之力也。

这里所说的"苏子",就是苏秦。燕昭王对苏秦的到来非常重视,亲自到郊外去迎接,并设盛宴款待,给予他很高的礼遇,时间当在公元前308年。就在这年,苏代受其兄苏秦的影响,也到东周国从事纵横活动。

2. 初赴齐国

苏秦一生的主要事迹,是作为燕昭王的心腹大臣,出使齐国,"以死之围(圈),治齐燕之交"(《战国纵横家书》第四章)。《孙子兵法》说:"知彼知己,百战不殆。"苏秦深知,为了帮助燕昭王制定"以弱燕并强齐"的战略措施,必须深入齐国了解其虚实情况。于是,苏秦在燕昭王的支持下,就在赴燕的第二年(前307年),便以讨还齐宣王"破燕"时,夺取的燕国"十城"为名,出使齐国。

苏秦来到齐国,以"燕虽弱小,强秦之少婿也。王利其十城而深与强秦为仇"的利害关系,劝说齐宣王不要与强秦为敌,而归还"燕城"。齐宣王考虑到齐国"破燕"的军事活动,已激起诸侯各国的不满,便顺水推舟,立刻答应苏秦"归燕之十城"的要求(《燕策一·燕文公时章》)。这是齐国"破燕"后,燕、齐关系的重大转折,也是苏秦游说生涯的初次收获,因而具有重要意义。

3. 燕王不馆

谁知苏秦离开燕国后,燕昭王听信谗言,认为他是个不讲"忠信"的小人。当苏秦从齐国满载外交成果归来时,燕昭王竟不再准备馆舍来招待他。苏秦面对这个意外的打击，显得非常冷静。他为了表示对燕昭王的"忠信"，决心耐着性子，来说服这位年轻的君王。

武安君从齐国归来，而"燕王不馆"。苏秦晋见燕昭王，说："臣东周之鄙人也！见足下身无咫尺之功，而足下迎臣于郊，显臣于廷。今臣为足下使，利得十城，功存危燕"，却不以馆舍相款待，必定有人在大王面前讲坏话。苏秦接着说，我有老母在东周家里，之所以离开老母在来侍奉君王，正是对君王的忠信。我是个"进取之臣，不事无为之君"。由于我对君王的"忠信"，才引起别人的猜忌。苏秦的据理辩说，使燕昭王解除了怀疑，请他"复就故馆"（《燕策一·有人恶苏秦于燕王章》）。

4. 拜为上卿

苏秦自来到燕国后，看到燕昭王"磨戟砥剑，登丘东向而叹"，知其有"东向伐齐之心"。当燕昭王请他"复就故馆"时，便借机指出："凡天下之战国七，而燕处弱焉。独战则不能，有所附则无不重。南附楚则楚重，西附秦则秦重，中附韩、魏则韩、魏重。且苟所附之国重，此必使王重矣。"从单个国力看，燕国在七国间国力最弱，不能单独与强敌对抗。但从列国合纵的形势看，若燕国"有所附则无不重"。这就是燕国在列国间游刃的最大政治资本，这个判断和定位，充分体现苏秦如何把燕国"处弱"的不利局面，转变为有利形势的政治谋略（《战国策·燕策一》"苏秦北见燕王"章）。燕昭王听到苏秦的建议，非常高兴，说："好！"便任命苏秦为"上卿"。

苏秦分析当时的列国形势，齐宣王与赵国结盟，企图抗衡秦国，欺凌燕国。他对便对燕昭王说，齐国虽然强大，若能"恶齐、赵之交"，使其"西劳于宋，南罢于楚，则齐军可败"，以"便王之大事"。这个策略的核心就是破坏齐、赵关系，引诱齐国向西攻宋，向南攻楚，使齐国放松对燕国的军事压力和警惕，给燕国的振兴和复仇创造有利环境（《燕策一》）。就是这次谈话，苏秦为燕昭王制定了"以弱燕并强齐"的复仇战略。

但是，苏秦知道，齐宣王是一位礼贤下士、颇知进退的贤明君王。在他的治理下，齐国局势稳定，燕国并无机会可乘。因此，苏秦劝燕昭王休养生息，隐忍观察，等待时机，以便图谋大略。

（四）合纵伐秦　三覆宋国

公元前300年，苏厉为周相国游说周君（《东周策》）。这年，齐宣王谢世，其子闵王即位。齐闵王任用孟尝君田文为相,齐国的政治形势发生了重要变化。苏秦认为,这是赴齐反间的好机会。

1. 游说孟尝

当时,诸侯各国为了表示亲善,常派子弟到对方作"质子"。燕昭王就派其弟襄安君到齐国作质子,苏秦以侍从的名义陪同前往。苏秦对燕昭王说:"齐国必定会成为燕国的大祸患。我到齐国如能得到重用,大者可以使齐国不再图谋燕国,次者可以离间齐、赵的关系,以利君王的大业。"苏秦来到齐国后,向齐闵王表明愿意为齐国奔走效劳,于是"委质"作了齐臣。他冒着死亡的威胁,来处理齐、燕间的邦交,因此要尽力与孟尝君搞好关系(《战国纵横家书》第四章)。

公元前301年,齐将匡章率楚、韩、魏联军在"垂沙之役"中战胜楚军,杀楚将唐蔑。楚国向齐屈服,派太子横为质,表示求和。前299年,秦昭王为了拉拢齐国,也派其弟泾阳君公子市到齐国作质子,并邀请孟尝君到秦国担任丞相。

面对秦国的盛情,孟尝君准备前往秦国,有成千的人来劝阻,他都听不进去。苏秦用"泥偶与木偶"对话的寓言,提醒孟尝君若落入秦国的"虎口",则不知从何处逃生。孟尝君暂时打消了去秦国的想法(《战国策·齐策三》)。因此,苏秦受到孟尝君的赏识。

同年,楚怀王受秦昭王的诓骗,被囚禁在秦国。楚国急需楚太子横回继位。苏秦建议阻止楚太子横回国即位,意在破坏齐、楚关系(《战国策·齐策三》)。这时,齐国大权掌握在孟尝君手里。苏秦支持孟尝君南面"攻楚"的方针(《战国策·燕策一》),并取得齐闵王的信任,两人也结下了深厚的友情。

公元前296年,因燕昭王急于报仇雪恨,听信田伐、参、去疾的话,盲目出兵攻击齐国。结果"燕不胜,十万之众尽"(《战国策·齐策五》),使齐国"覆三军,获二将"(《战国策·燕策一》)。这次战役使燕、齐关系急剧恶化,严重破坏了苏秦的外交战略。因此,苏秦只得返回燕国。

苏秦这次赴齐前后五年时间,虽然达到使齐国"南罢于楚"的愿望。但是,由于孟尝君的外交方针是联络赵国,攻击楚、秦。因此,苏秦这次赴齐,未能实现"恶齐、赵之交"的初衷。

在这期间,齐、赵两国的邦交,时好时坏。燕国不是与齐国合谋赵国,就是与赵国合谋齐国。由于苏秦的努力,齐国对燕国很是信任,"齐兵数出,未尝谋燕",

并撤销在燕国边界的守兵。应该说,苏秦取得了理想的外交成果。

2. 合纵伐秦

公元前294年,在孟尝君的支持下,发生"田甲劫王"的事件。孟尝君由于叛乱失败,被迫出走,担任魏国的丞相,从此怨恨齐闵王。公元前289年末,齐国的政局发生重大变化。因孟尝君在齐国专权,"南攻楚五年,稸积散;西困秦三年,民憔悴,士罢弊",引起齐闵王的怀疑。齐闵王赶走孟尝君后,亲自主持国政。在外交上,他转而与秦国友善,任命秦昭王的好友韩珉为相,因而使齐国与韩、赵、魏的关系产生了裂痕。

当时的诸侯各国都已称王,齐、秦两国分居东、西,称雄诸侯。公元前288年初,秦昭王为了实施"远交近攻"的连横战略,派他的舅父穰侯魏冉到齐国,约秦、齐两国同时称帝,秦为"西帝",齐作"东帝"。也就是说,要使秦、齐两国凌驾于诸侯各国之上,类似于当今世界的超级大国。这时,苏秦认为有机可乘,在燕昭王的支持下,第三次赶赴齐国。

苏秦这次赴齐,燕昭王为他准备的礼物,整整装了一百五十辆马车,随行的队伍浩浩荡荡。这些丰厚的物资,为苏秦游说齐国,广结人脉,奠定了物质基础。这时,齐闵王正在准备称帝的兴头上,听说苏秦携带大量物资来到齐国,自然非常高兴,赶忙派齐相韩珉到国都高闾门外迎接。韩珉亲自为苏秦驾车,迎接苏秦入城。

公元前296年,赵国乘齐国伐楚及齐、燕两国战争的机会,经过五年的进攻,灭掉中山国(《齐策五》),国力空前强盛。当时,赵惠文王年幼,奉阳君李兑已围杀赵武灵王,执掌赵国大权。韩、魏两国在秦国的进攻下,失去大片土地,不得已而投靠赵国。魏昭王亲自入赵朝见赵惠文王,把葛蘖(在今河北肥乡县西南)、阴城(即陶邑,在今山东定陶)两地献给赵惠文王作为"养邑",并把河阳(即河雍,在今河南孟县西)、姑密(在河阳附近)两把献给奉阳君,作为奉阳君儿子的封地(《战国策·魏策三》)。

赵国的悄然崛起,使秦国如鲠在喉,必欲除之而后快。秦国拉拢齐国"称帝"的用心,就是要约齐、韩、魏、燕"五国之王,尝合横而谋伐赵,三分赵国壤地"。当时五国订立的盟约已"著之盘盂",并约定共同出兵的日期(《战国策·赵策一》)。这为后来苏秦利用赵国来牵制秦国,创造了有利条件。

韩珉见到苏秦,说:"能够伤害齐国的,必定是赵国。秦国虽强,终不敢出塞溯河,隔着韩、魏来攻击齐国。楚、越偏远,宋、鲁国弱,燕国恭顺,韩、魏有秦患。因此,能够威胁齐国的,必定是赵国。而赵国始终不肯顺从,你看怎么办?"苏秦说:"那就用武力强迫它顺从。你若能让齐国重用我,我可以使燕国服事齐国。若齐、燕联合为一,韩、魏一定顺从齐国。赵国若不顺服就用兵讨伐,若顺服就拉着它去进攻宋国。"这是苏秦赴齐后与韩珉商定互相支持的密约,为苏秦立足齐国奠定了基础。因此,苏秦再三向齐闵王许诺,要"以燕重事齐"(《战国纵横家书》第八、第十章)。这是苏秦得到齐闵王重用的最大政治资本。

秦国派魏冉到齐国"致帝",目的是要约"五国"而"谋伐赵"。这时,齐闵王拿不定主意,向苏秦征求意见,说:"嘻!子之来也。秦使魏冉致帝,子以为如何?"苏秦借机劝齐闵王取消帝号"以收天下",认为"伐赵不如伐宋之利",使"天下爱齐而憎秦",以便"以其间举宋"。这样,就会"国重而名尊,燕、楚以形服,天下不敢不听,此汤、武之举也"(《战国策·齐策四》)。齐闵王听从苏秦的建议,决定取消帝号,攻取宋国,遂任命苏秦为齐相。

其实,齐闵王早就想吞并宋国。苏秦曾说:"薛公相齐也,伐楚九岁(当作五岁),攻秦三年,欲以残宋,取淮北。"(《战国纵横家书》第八章)孟尝君联合韩、魏两国,不断地向楚国和秦国发动进攻,目的在于迫使强国不要干涉它兼并宋国的军事活动。但是,结果没有取得成功。这时,苏秦保证"以燕事齐",有了燕国的支持,使齐闵王信心倍增。面对苏秦"以其间举宋"的建议,齐闵王自然乐于接受。

齐国将要攻打宋国,很快引起秦国的不满。秦昭王派起贾到齐国来阻止。苏秦知道攻宋必定得罪秦国,便建仪齐闵王联合赵国,来共同对抗秦国。苏秦对齐闵王说:"臣之所以坚三晋以攻秦也,非以为齐得利秦之毁也,欲以使攻宋也。"(《战国策·赵策四》)还说:"三晋与燕为王攻秦,以便王攻宋也,王何不利焉。"(《战国纵横家书》第十二章)齐闵王听从苏秦的建议,与赵国联合发动合纵攻秦,目的是"企图防止秦、赵等国对它的扩张领土进行干涉,造成攻灭宋国的有利形势"。[①] 诚如唐兰先生所说:"苏秦原来为燕反间,是要使齐赵大恶,由于齐秦称

[①] 杨宽:《战国史》,上海人民出版社,1991年,第344、350、351页。

帝,却一转而为'齐赵遇于阿',为李兑来约五国攻秦了。当然,从齐闵王说来,攻秦是假的,目的在灭宋。而苏秦助齐灭宋,目的又是使'弱燕敌强齐'。这一切计谋,本都很隐祕,如果不是看到这些苏秦自己写的书信和谈话,也还是难于想象的。"①

苏秦利用齐闵王好大喜功的心态,怂恿齐国出兵灭掉宋国,并合从五国"伐秦",深层的用意仍在于削弱齐国,是其"以弱燕并强齐"战略的重要举措。因此,苏秦与燕昭王原来制定的使齐国"西劳于宋,南罢于楚,则齐军可败"的战略,便调整为齐国"西劳于秦,南罢于宋,则齐军可败"的具体实施方案。

3. 联合赵魏

赵、魏两国是齐国合纵伐秦的关键盟友。因为此前秦国拉拢齐国"称帝"的用心,就是要约齐、韩、魏、燕五国"伐赵",而"三分赵国"。赵国最担心的是,若"齐、秦复合,必为两帝以攻赵"(《战国纵横家书》第十一章)。因此,赵国为摆脱秦、齐国攻赵的被动局面,自然会接受齐国合纵伐秦的主张。魏国长期遭受秦国向东扩张的祸害,这时在魏国当政的孟尝君,早就组织过合纵攻秦的活动。因此,这两个国家支持合纵抗秦,自然不成问题。

奉阳君为政贪婪专横。当时,宋国的陶邑是各国间进行商业贸易的大都市,奉阳君和秦相魏冉都想得到这个繁华都市。苏秦为了坚定奉阳君伐秦的决心,便对奉阳君说:"君之身老矣,封不可不早定也。为君虑封莫若于宋,他国莫可。夫秦人贪,韩、魏危,燕、楚辟,中山之地薄,莫如于陶。失今之时,不可复得已!宋之罪重,齐之怒深,残乱宋,得大齐,定身封,此百代之一时也。"(《战国策·赵策四》)奉阳君想得到宋国陶邑,自然会更加积极地参加"五国攻伐秦"的活动。于是,公元前288年,齐闵王与赵惠文王在赵国阿地(在今河北保定市东)相会,"约攻秦去帝"(《战国纵横家书》第四章)。而苏秦劝说齐闵王"攻秦"、"举宋"的真正意图,就是要形成"以弱燕并强齐"的有利形势。

公元前287年,五国伐秦的联军集结在荥阳(在今河南荥阳市东北)、成皋(在今河南荥阳市西北)地区,声势浩大。秦国感到惊恐,被迫取消"帝号",并把

---

① 唐兰:《司马迁所没有见过的珍贵史料——长沙马王堆帛书》,《战国纵横家书》,文物出版社,1976年,第138页。

先前夺取的温(今河南温县西南)、轵(今河南济源市南)、高平(今河南济源市西南)归还魏国,把王公、符逾归还于赵(《战国纵横家书》第二一章)。苏秦率领五国合纵伐秦的行动,是秦国连横战略的重大挫折,也使苏秦的声名显赫诸侯。

这次五国合纵伐秦的活动,名义上是赵国奉阳君"李兑约五国以伐秦"(《赵策四》),实际上则是由苏秦具体组织的。苏秦对魏昭王说:"臣又遍事三晋之吏,奉阳君、孟尝君、韩珉、周最、韩余为徒从而下之,恐其伐秦之疑也。又身自醜于秦。忿之请焚天下之秦符者,臣也;次传焚符之约者,臣也;欲使五国约闭秦关者,臣也。"(《战国策·魏策二》)就是很好的说明。因此,赵国封苏秦为"武安君"。后来所说苏秦"并相六国"合纵攻秦,指的就是这回事。

当时,齐国一面参加五国合纵攻秦国,一面率领燕军攻取宋国。然而,赵、魏两国得到秦国的好处后,伐秦的决心便产生动摇。两国都想单独与秦国议和,致使五国伐秦的联军徘徊不前。这时齐国尚未攻下宋国,绝不能接受赵、魏两国与秦国议和的举动。苏秦前往晋见奉阳君说:"天下散而事秦,秦必据宋。魏冉必妒君之有陶。秦王贪,魏冉妒,则陶不可得已矣。君无讲,齐必攻宋。齐攻宋,则楚必攻宋,魏必攻宋,燕、赵助之。五国据宋,不至一二月,陶必得矣。得陶而讲,秦虽有变,则君无患矣。"也就是说,只要奉阳君坚定伐秦的盟约,"则陶必得矣"。于是奉阳君"乃绝和于秦"(《战国策·赵策四》)。

同时,当时孟尝君正任魏相。他是支持五国伐秦的重要人物。因为不久前,齐国使臣曾在五国联军中散布齐闵王"不信薛公"言论,使薛公感到恐惧。这严重影响到孟尝君攻秦的决心。苏秦写信劝说齐闵王要尽快改善与孟尝君的信任关系。因为孟尝君曾组织齐、韩、魏三国攻秦,在诸侯各国间颇有威望。苏秦在信中说:"非薛公之信,莫能合三晋以攻秦,愿王之甘也。"他劝齐闵王将宋国的"平陵"许给薛公作封邑,以便成就"霸王之业"。然而,给奉阳君、孟尝君的封邑,并不是"先事与之",而是"悬陶、平陵于薛公、奉阳君之上以勉之",等待"举宋"事成"然后予之"。这对齐闵王来说,"陶、平陵"就是悬挂在奉阳君和薛公的头上的两个画饼,当然乐于接受(《战国纵横家书》第十四章)。

苏秦在齐闵王面前,并不掩饰他替燕谋划的用心。苏秦在信中强调,燕国派"二万甲自食以攻宋,二万甲自食以攻秦,韩、梁岂能得此于燕哉!"(《战国纵横家书》第十一章)并说"臣保燕而循事王,三晋必无变",希望齐闵王"毋听伤事者之言"。他坦诚地说,我"出死以要事也,非独以为王也,亦自为也。王以不谋燕为臣赐,臣有以德燕王矣。王举霸王之业而以臣为三公,臣有以矜于世矣。是故事苟成,臣虽死不丑"(《战国纵横家书》第十四章)。"臣虽死不丑",是说我死了也不感到后悔。苏秦以这种恳切有力的言词,来劝说齐闵王改善与薛公的信任关系,坚定其"举宋"、"攻秦"信心。此番用意,就是要解除齐闵王对他的猜忌,由此可见其用心之良苦!

由于苏秦的努力协调,重新坚定了五国伐秦的决心。以便五国伐秦的联军,长期驻扎在荥阳、成皋前线,保持对秦国的军事压力。

4. 三覆宋国

宋国本是西周初年分封的子姓封国,春秋战国时期属中等强国,国都彭城(在今江苏徐州市南)。约在公元前353年,戴氏司城子罕夺取了宋国的政权。① 齐国攻伐的宋国,当是戴氏宋国政权。

公元前331年,宋王偃自立为王,为政暴虐,征讨诸侯,急于称霸天下。

当时,有只雀生鹯(鹞属)于城隅。史占之曰:"小而生巨,必霸天下。"宋康王大喜,起兵灭薛、伐滕,东败齐,取五城;南败楚,取他三百里;西败魏军,乃与齐、魏为敌国。他从此更加自信,欲使霸业亟成,"故射天笞地,斩社稷而焚灭之,曰:'威天鬼神。'骂国老谏臣,为无颜之冠,以示勇。剖伛之背,锲朝步之胫,而国人大骇"(《战国策·宋卫策》)。他还用牛皮囊盛满鲜血,"县而射之,命曰'射天'。淫于酒、妇人。群臣谏者辄射之。于是诸侯皆曰'桀宋'。'宋其复为纣所为,不可不诛'"(《史记·宋微子世家》)。宋康王偃的狂妄残暴的行为,可谓天怒人怨,史称"桀宋"。这为齐闵王灭宋提供了重要借口和机会。

苏秦对齐闵王说:"臣闻当世之兴王,必诛暴正乱,举无道,攻不义。今宋王射天笞地,铸诸侯之象,使侍屏匽,展其臂,弹其鼻,此天下之无道不义,而王不伐,王名终不成。且夫宋,中国膏腴之地,邻民之所处也。与其得百里于燕,不如得十里于宋。伐之,名则义,实则利,王何为弗为?"齐闵王听从苏秦的建议,遂兴兵伐宋。齐闵王兴兵伐宋,共经历三次战役:

---

① 《韩非子·说疑篇》载:"司城子罕取宋。"同书《忠孝》说:"戴氏夺子氏于宋。"戴氏夺取宋国政权,与田氏代齐一样,都是战国时期的重要事件。

第一次伐宋,夺取宋国的淮北地区。帛书《战国纵横家书》第八章说:齐国"欲以残宋取淮北。"第十四章说:"宋以淮北与齐讲。"这是齐国第一次伐宋取得的战果。这次攻宋,燕昭王"使张魁将燕兵以从焉,齐王杀之"(《吕氏春秋·行论》)。时间当在公元前288年。

第二次伐宋,虽然得到燕、赵两国的支持,但因燕昭王与群臣议论,想在齐国攻宋时出兵伐齐。齐闵王得到想乘机伐齐情报后,派人对苏秦说:"寡人与子谋攻宋,寡人恃燕、赵也。今燕王与群臣谋破齐于宋而攻齐,甚急,兵率有子循而不知。寡人将地于宋,以八月归兵,不得地,亦以八月归兵。"(《战国纵横家书》第六章)这个突发事件,迫使齐闵王与宋国媾和撤军。其时当在公元前287年。

公元前286年,齐闵王启起用韩珉为相,发动第三次伐宋战役。秦昭王因此发怒,说:"吾爱宋,与新城、阳晋同也。韩珉与我交,而攻我甚所爱,何也?"经过苏秦的游说,秦昭王被说服了(《战国策·韩策三》)。当齐国大军进攻宋国都城时,"民散,城不守。王乃逃倪侯之馆,遂得而死"(《战国策·宋卫策》)。宋康王逃到魏国,死于温(在今河南温县西南)地(《吕氏春秋·禁塞》)。

齐国经过三次攻伐,终于灭掉宋国。即所谓"三覆宋,宋遂举"(《燕策二》)的历史情况。

5. 荣归故里

苏秦率领五国伐秦的联军滞留在氾水一带,离东周洛阳不远,顺便返回家乡省亲。当苏秦乘车行至洛阳时,诸侯各国护送的车队,就像以往周天子时出行那样排场,很快就惊动了洛阳城的父老乡亲。

周赧王听到苏秦返乡,想到当年曾怠慢他的往事,甚是恐惧。他忙派人洒扫道路,让使者带着礼物,"郊迎三十里"。父母听说后,陈列乐器,备置酒筵。妻子站在家门口,"侧目而视,倾耳而听"。嫂子更是吓得伏地掩面,一再叩头谢罪。苏秦看到嫂子那狼狈的样子,问道:"嫂子为何以前那样傲慢,现在又这样谦恭?"嫂子说:"因为你现在位尊而钱多的缘故。"苏秦听罢,不觉叹息,说:"唉!一个人若穷困落魄,连父都不把他当儿子看待,然而一旦富贵,所有亲戚都感到畏惧。可见人生在世,权势富贵,岂能忽视啊!"(《战国策·秦策一》)

于是,苏秦"散千金以赐宗族朋友"。当初,苏秦为了筹措到燕国去的路费,向邻居借贷一百个铜钱,这时就以百两黄金偿还。对那些曾经帮助过他的有"德者",也都给予丰厚地报答。

（五）分化齐赵　五国伐齐

苏秦统帅攻伐秦国的五国联军,由于貌合神离,因大雨停留在荥阳（今河南荥阳市东北）、成皋（今荥阳市西北）地区,不能继续前进。齐闵王攻取宋国,引起诸侯各国的恐惧。这为苏秦策划五国代齐创造了条件。

1. 谋划伐齐

早在公元前287年初,在齐闵王第二次举兵攻宋时,魏相孟尝君和赵将韩徐为就在谋划伐齐（《战国纵横家书》三）。秦相魏冉也想将宋国的商业城市陶邑,作为自己的封地。他们都在暗中活动,谋划合纵伐齐。燕昭王也"与群臣谋破齐于宋而攻齐"（《战国纵横家书》六）。齐闵王得知这些消息,感到吃惊,急忙派人通报苏秦,让他回燕国了解虚实,稳定燕昭王。同时派亲信大臣公王丹到赵国去,把齐国的蒙邑（今河南商丘市东北）献给奉阳君作封邑。

公元前286年,齐国乘五国伐秦之机,经过三次进攻,终于灭掉宋国。齐闵王"举五千乘之劲宋"（《战国策·燕策一》）,"南割楚之淮北,西侵三晋,欲以并周室,为天子。泗上诸侯邹鲁之君皆称臣,诸侯恐惧"（《史记·田齐世家》）。齐国广地千余里,实力倍增,引起诸侯列国的不安。"诸侯害齐湣王之骄暴,皆争合从与燕伐齐"（《史记·乐毅列传》）。因此,在苏秦的暗地推动下,诸侯间谋划讨伐齐国的联合行动,便在紧锣密鼓的谋划之中。

2. 被拘赵魏

这时,苏秦到赵国暗中联络诸侯伐齐的事宜,被奉阳君察觉而遭到拘留。苏秦不甘"止于赵而待其鱼肉",急忙写信给燕昭王说:"奉阳君、徐为不信臣,甚不欲臣之之齐也,又不欲臣之之韩、梁也。燕事大小之争,必且美矣。臣甚患赵之不出臣也。智能免国,未能免身。"（《战国纵横家书》第一章）希望燕昭王派人前来疏通。

赵将韩徐为本是主张伐齐的,因对苏秦的真实身份和意图认识不清,而对他的态度非常严厉。韩徐为对苏秦说:"人告奉阳君曰:'使齐不信赵者,苏子也;今齐王召蜀子使不伐宋者,苏子也;与秦谋道取秦以谋赵者,苏子也;今齐守赵之质子以甲者,又苏子也。请告子以请齐,果以守赵之质子以甲,吾必守子以甲。'"（《战国策·燕策二》）因此,苏秦希望燕昭王"使人反复言臣,必不使臣久留于赵也"(《战国纵横家书》第一章)。

奉阳君还将苏秦在赵国的活动告诉齐闵王,苏秦的处境十分危险。因齐闵王与苏秦的多年交往,对其深信不疑,根本不相信他会图谋齐国。因此忙派人送信告诉苏秦说:"奉阳君使周纳言之,曰'欲谋齐',寡人弗信也。"并对赵国拘留苏秦的行动表示不满。这使奉阳君非常恼怒。

燕昭王得知苏秦被赵国拘留的消息,赶忙派使者到赵国调解。燕昭王派使者对韩徐为说:若指责苏秦不讲道德,"犹免寡人之冠也"(《战国纵横家书》第三、四章)。齐闵王和燕昭王都对赵国拘留苏秦深表不满,才使奉阳君和韩徐为的态度发生了变化。

正所谓"祸不单行"。当苏秦离开赵国路过魏国时,魏昭王因恼怒齐国灭宋而将苏秦拘留。齐国忙派苏厉到魏国说合,苏厉告诉魏昭王说:"夫齐、秦不合,天下无变,伐齐成,则地广矣。"(《战国策·魏策一》)魏昭王得知苏秦正暗中联络诸侯合纵伐齐,才使苏秦脱身。这是苏厉从事纵横活动的最后记录。

3. 分化齐赵

齐、赵是燕国周边两个强大的邻国。苏秦写信对燕昭王说:"齐、赵循善,燕之大祸。""齐、赵不恶,国不可得而安,功不可得而成也。齐、赵之恶从已,愿王之定虑而羽赞臣也"(《战国纵横家书》第三章)。因此,"恶齐、赵之交"就成为实现合纵伐齐的关键环节。

齐国灭掉宋国,齐闵王就派使者到赵国将宋国的蒙邑献给奉阳君。《战国纵横家书》第四章说:"公玉丹之赵致蒙,奉阳君受之",讲的就是这件事。奉阳君为"以定其封于齐",自然会死心塌地为齐国效力。这使燕昭王感到非常担忧。"王忧之,故强臣之齐。臣之齐,恶齐、赵之交,使毋予蒙而通宋使,故王能裁之"(《战国纵横家书》第四章)。苏秦回到齐国,立即阻止齐闵王把蒙邑赏给奉阳君的行动。这使奉阳君极为恼怒,有被齐闵王愚弄的感觉。因此,苏秦巧妙地使齐、赵两国反目成仇。

公元前285年,当苏秦已"令齐绝于赵"时,便写信向燕昭王报告说:

> 故齐、赵之合苟可循也,死不足以为臣患,逃不足以为臣耻,为诸侯不足以为臣荣,被发自漆为厉不足以为臣辱。然而臣有患也,臣死而齐、赵不循,

恶交分于臣也,而后相攻是臣之患也。若臣死必相攻也,臣必勉之而求死焉。尧、舜之贤而死,禹、汤之知而死,孟贲之勇而死,乌获之力而死,生之物固有不死者乎?在必然之物以成所欲,王何疑焉!

苏秦向燕昭王表明,如果齐、赵的结合能够顺应燕国,他即使死也不足以成为遗憾。如果他死而齐、赵就能相互攻伐,那他必然努力要求去死。有生命的东西哪有不死的,用必死的生命来完成自己的志向,难道大王还会怀疑他的忠诚吗?他在这封信里特别强调:"臣死而齐大恶于赵,臣犹生也。"(《战国策·燕策二》)由此可见苏秦"以死任事"的忠贞情怀!

4. 五国破齐

自齐国灭掉宋国后,诸侯各国图谋合纵伐的活动频繁开展起来。当时苏秦的真实身份尚未暴露,不便公开行事。魏相孟尝君素与苏秦友善,因"田甲劫王"事件被齐闵王赶出齐国,早就想与燕国联合出兵攻齐。他"轻忘其薛,不顾先君之丘墓"(《战国策·东周策》),便积极进说秦相魏冉曰:"齐免于天下之兵,其雠君必深。君不如劝秦王令弊邑卒攻齐之事,齐破,文请以所得封君。"(《战国策·秦策三》)同时,赵国的亲秦大臣金投也积极奔走,努力促成秦、赵联合伐齐。亲齐的周最当面劝说金投说,公不必"负全秦与强齐战",也无济于事(《战国策·东周策》)。秦相魏冉为了取得陶邑为自己的封地,自然乐于参加伐齐的军事行动。因此,从公元前385年到次年初,秦昭王先后与赵惠王、魏昭王、韩厘王和楚襄王相会,燕昭王也与赵惠王相会"(《史记·秦本纪》、《赵世家》)。于是,五国合纵伐齐的准备已经就绪。

燕国本是战国七雄中较弱的国家。燕昭王即位后,为了报仇雪恨,发奋图强,"卑身厚币以待贤者","吊死问生,与百姓同其甘苦"。经过二十八年的休养生息,使得"燕国殷富,士卒乐佚轻战"(《战国策·燕策一》)。他为战败齐国,招揽贤才,"诸天下之士其欲破齐者","知齐之险阻要塞、君臣之际者","善用兵者",悉"尽养之"(《吕氏春秋·应言篇》)。

乐毅本是魏将乐羊的后裔,有贤才,好用兵。他到燕国后被封为"亚卿",帮助燕昭王进行政治改革,主张"察能而授官","循法令,顺庶孽者,施及萌隶",颇受燕昭王的信任。公元前285年,燕昭王派乐毅使赵,约赵惠王共伐齐。赵王以相印授乐毅。燕昭王悉起兵,使乐毅为上将军,将赵、秦、魏、韩、燕"五国之兵"以伐齐(《史记·赵世家》)。这样,原本是苏秦组织的齐、赵、韩、魏、燕五国伐秦联军,就悄然间变成了赵、秦、魏、韩、燕五国合纵伐齐的联军。

燕国因长期跟随齐国攻宋、伐秦,"齐之信燕也,至于虚北地行其甲"(《战国纵横家书》第四章)。使燕将乐毅统率的五国联军,迅速攻破齐国的济西防线(图版二)。乐毅便率师长驱直入,攻入齐都临淄(今山东淄博市西),"尽取齐宝财物祭器输之燕。"燕昭王大悦,亲自到济上慰劳军队,行赏飨士,"封乐毅于昌国"(今山东淄博市东南),号为"昌国君"。齐闵王仓皇逃出临淄,到莒地(今山东莒县)避难,遂被楚军杀死(《史记·乐毅列传》)。

齐闵王执政以来,连年对外战争,"民憔悴,士罢弊",怨声载道。乐毅攻破临淄后乘胜追击,齐军望风奔溃。他历时半连续攻"下七十余城,尽郡县之以属燕。唯独莒、即墨(在今山东平度县东南)未服",遂"整修燕军,禁止侵掠,求齐之逸民,显而礼之,宽其赋敛,除其暴令,修其旧政,齐民喜悦"。他还封赏齐国贤者,"食邑于燕者二十余君,有爵位于蓟者百有余人"。燕昭王感激乐毅的功劳,欲"立乐毅为齐王,乐毅惶恐不受,拜书,以死自誓。由是齐人服其义,诸侯畏其信,莫敢复有谋者"(《资治通鉴》卷四《周纪四》)。这样,乐毅很快便稳定了齐国的局势。

五国合纵破齐后,秦国攻占齐国所得宋国的陶邑,不久便成为魏冉的封邑。魏国夺取大部分原来宋国的土地(《荀子·议兵篇》),赵国攻取许多齐国济西的土地,楚国收复了以前被宋国夺取的淮北地区。甚至连弱小的鲁国,也攻取了齐国的徐州(即薛邑。《吕氏春秋·首时》)。[①] 原来强大的齐国,几乎到了亡国的境地。

田单本属齐国的远系宗族,曾担任临淄市掾的低级官吏。燕军破齐后,他辗转逃到即墨。即墨大夫战死,田单被推选为将军。公元前279年,燕昭王死,子惠王即位。因惠王为太子时,与乐毅有隙。田单施用反间计,燕惠王猜忌乐毅,遂使骑劫代乐毅为齐军统帅。燕国将士因此愤惋不和。乐毅恐遭大祸,逃奔赵国,被赵国封为望诸君。

[①] 杨宽:《战国史》,上海人民出版社,1991年,第344、350、351页。

骑劫改变乐毅的作战方针,对齐国的降兵滥用酷刑,并使燕军大肆盗掘齐国先祖的陵墓,激起齐国人民的强烈反抗。田单为了迷惑燕军,派老弱妇女登城守望,并暗中派人用黄金千镒去贿赂燕军将领。燕军因此麻痹大意。接着,田单命士卒把城墙凿开几十个大洞,用一千多头壮牛,披上画有五彩龙文的缯衣,角上绑着兵刃,尾上捆着灌有油脂的芦苇,在夜间点燃牛尾上的芦苇,使火牛狂奔冲的燕军。在"火牛阵"的猛攻下,骑劫被杀,燕军大败溃逃。田单率军乘胜追击,很快收复齐国丧失的七十余城。田单因此被封为安平君(《史记·田单列传》)。齐国虽然收复了失地,但从此国力大损,再也不是秦国的对手了。①

5. 以身殉燕

苏秦辅佐燕昭王实现"以弱燕并强齐"的战略目标,太过艰巨。它所经历的路程,也太过漫长。从公元前308年赴燕,到乐毅率领五国联军攻破齐都临淄,时间长达二十六年。这使燕昭王时常耐不住性子,曾对苏秦产生怀疑,甚至对苏秦失去信任。遇到这种局面,苏秦只得忍辱负重,从容化解。

公元前285年,苏秦从魏国脱身回到齐国,正在说服齐闵王断绝与奉阳君的联系。燕昭王急于出兵伐齐,听信流言,认为苏秦工作不力,派人到齐国表示要辙换他。正当苏秦组织"天下攻齐"的局面即将形成时,燕昭王却要临阵换将,使苏秦非常生气。

苏秦在书信里指出,"燕齐之恶"由来已久。他"治齐燕之交",本来就知道"必将有口,故献御书而行。曰:'臣贵于齐,燕大夫将不信臣。臣贱,将轻臣。臣用,将多望于臣。齐有不善,将归罪于臣。天下不攻齐,将曰:善为齐谋。天下攻齐,将与齐兼弃臣。臣所处者重卵也。'"当时燕昭王曾保证"吾必不听众口与造言",现"今王以众口与造言罪臣,臣甚惧"。纵然他对燕昭王的知遇之恩,深入骨髓。甘愿以"死、辱"来报答。然而,如果燕昭王派真能胜任的人来替换他,他请愿事奉新来的人;如果燕昭王擅自舍弃他而任用自己亲近的人,他则请求返回燕国说清这件事,"苟得时见,盈愿矣"。从这封信里,可以看出苏秦"以死之围,治齐燕之交"的苦衷。正是苏秦在坚持要"以死任事",才成就了一年后"五国伐齐"的巨大胜利(《战国纵横家书》第四章)

---

① 杨宽:《战国史》,上海人民出版社,1991年,第344、350、351页。

公元前284年春末,燕将乐毅正率"五国之兵"准备攻齐,秦国派起贾正在魏国协调五国伐齐之事。苏秦派人游说起贾,希望允许齐国求和,这自然是为遮挡齐闵王耳目的表面文章。游说者认为"天下剂齐不待夏",是说五国攻齐不需要等到夏天。还说,他来游说是"武安君之弃祸存身之诀也"。可见当时武安君苏秦的身份尚未暴露。

这年夏初,当燕将乐毅率"五国之兵"攻破齐国北部防线时,苏秦派人对燕昭王说:五国"攻齐,臣请为王弱之。'"他利用齐闵王的信任,请求率兵抵御燕军。结果使齐军连吃败仗,遭受重大损失,为燕将"乐毅大起兵伐齐,破之"创造了有利条件(《燕策二》)。

当乐毅率"五国之兵"攻破齐都临淄时,齐闵王才如梦初醒,知道上了苏秦的大当。他恼怒万分,遂以"阴与燕谋齐"的"反间"罪名,将苏秦车裂处死(《史记·苏秦列传》)。苏秦惨死在燕军取得胜利的前夕,实现了他"以弱燕并强齐"的庄重诺言。那年,他约56岁。

苏秦死后埋葬的冢墓,有不同的传说。① 今河南洛阳市洛龙区李楼镇太平庄村和山东淄博市淄川区苏相桥村的苏秦冢,分别为河南省和山东省的重点文物保护单位。这两个地点,一是苏秦故里,一是苏秦殉难的地方,都可能是苏秦的冢墓。特别是一九九九年九月,洛阳太平庄村民在苏秦冢南修水渠时,发现的"大唐武德八年(625年)中书令宋国公尚书右仆射萧瑀奉旨省亲洛邑"时,刻立的"武安君六国丞相苏公墓"碑(现已树立在苏秦冢前),是苏秦墓冢的重要佐证。唐代诗人贾岛在路过"苏秦墓"时,赋有《经苏秦墓》诗一首:

  沙埋古篆折碑文,
  六国兴亡事系君。
  今日凄凉无处说,
  乱山秋尽有寒云。(《全唐诗》卷五七四)

---

① 相传,在今河南偃师市张苏寨、巩义市苏家庄、新安县铁门镇、洛阳市太平庄和山东淄博市淄川区苏相桥村,均有苏秦冢。

苏秦弟苏代、苏厉均为"名显诸侯"的纵横家。公元前307年,秦攻伐韩国,苏代为韩相公仲游说秦将向寿。他直言韩"公仲躬率其私徒以斗于秦",摆出公仲要与向寿鱼死网破的决斗架势,并以"今秦、楚争强,而公党于楚,是与公孙郝、甘茂同道也",直逼向寿的致命弱点,迫使向寿退让。公元前259年,白起在长平战胜赵国后,欲乘势围攻赵都邯郸,灭掉赵国。苏代利用秦相范雎防范白起的心理,以"赵亡"武安君将"为三公",不如让韩、赵割地求和"无以为武安功也"。范雎听从苏代的建议,终使"割韩垣雍、赵六城以和"(《战国策·秦策三》)。因而引起白起与范雎"有隙",致使三年后白起被迫"自杀"(《史记·白起列传》)。苏代游"说应侯"时,年已七十余岁。这次游说当是苏秦兄弟合纵活动的收官之作。苏厉常跟随苏秦,为实现"以弱燕并强齐"的战略奔走。因此,"代、厉皆以寿死,名显诸侯"(《战国策·燕策二》)。

(六)丰功伟业　彪炳史册

苏秦为促使燕国的振兴,赴齐国从事反间活动。他鼓动齐闵王三覆"举宋",组织五国合纵"伐秦",谋划乐毅率领五国联军"破齐",实现"以弱燕并强齐"的历史壮举,最终以身殉燕。苏秦的丰功伟业,银雀山汉简《孙子兵法·用间篇》用"燕之兴也,苏秦在齐",进行了高度总结。

1. 丰功的业

约纵散横,以抑强秦。据《战国策·秦策一》:"当此之时,天下之大,万民之众,王侯之威,谋臣之权,皆欲决苏秦之策。不费斗粮,未烦一兵,未战一士,未绝一弦,未折一矢,诸侯相亲,贤于兄弟。夫贤人在而天下服,一人用而天下从。"苏秦从事合纵抗秦的伟大业绩,倍受后世敬仰。

智足强国,勇足威敌。陆贾《新语·怀虑》说:"苏秦、张仪,身尊于位,名显于世,相六国,事六君,威振山东。"《盐铁论·褒贤》也说:"苏秦、张仪,智足以强国,勇足以威敌,一怒而天下惧,安居而天下息。万乘之主莫不屈礼卑辞,重币请交,此所谓天下名士也。"在这里苏秦、张仪被誉为"智足以强国,勇足以威敌"的天下名士。

扶急持倾,运亡为存。刘向《战国策书录》说:"战国之时,君德浅薄,为之谋策者,不得不因势而为资,据时而为。故其谋,扶急持倾,为一切之权,虽不可以临国教化,兵革救急之势也。皆高才秀士,度时君之所能行,出奇策异智,转危为安,运亡为存,亦可喜,皆可观。"纵横家虽然没有"临国教化"的政治方略和思想理论,但其"扶急持倾"、"兵革救急"的"权谋"之计,则成为当时"扶急持倾","运亡为存"的济世良药。

苏秦行说,六国以安。《文心雕龙·论说》:苏秦"三寸之舌,强于百万之师。"纵横家的游说,使许多迫在眉睫的战争顷刻化解。《说苑·善说》所说"苏秦行其说,而六国以安",讲的也是这个意思。《论衡·答佞篇》说:

> 苏秦约六国为纵,强秦不敢窥兵于关外。张仪为横,六国不敢同攻于关内。六国约纵,则秦畏而六国强,三秦称横,则秦强而天下弱。功著效明,载纪竹帛,虽贤何以加之。太史公叙言众贤,仪、秦有篇,无疾恶之文,功钧名敌,不异于贤。夫功之不可以效贤,犹名之不可实也。仪、秦排难之人也,处扰攘之世,行揣摩之术,当此之时,稷、契不能与之争计,禹、皋陶不能与之比效。……太史公记功,故高来祀,记录成则著效明验,揽载高卓,以仪、秦功美,故列其状。

这是说太史公在《史记》里"叙言众贤"时,专门为苏秦、张仪撰写长篇《列传》,丝毫没有"嫉恶"的文句。苏秦、张仪的功绩和显赫声名,与众贤一样受到称赞。他们是处于"扰攘之世"里,行施"揣摩之术",来为百姓排忧解难。处在那个纷乱年代,就是连后稷、商契都不能与他们争献计谋,连大禹、皋陶也不能与他们比试功效。苏秦的合纵活动,在一定程度上阻止了诸侯间频繁的兼并战争,减轻了百姓的苦难,为广大百姓创造了和平安定的生活环境。因此,苏秦被称为"排难之人"。

2. 燕之尾生

长期以来,纵横家受到儒、法诸家的排挤和贬斥,而令其"独蒙恶声"。《孟子·离娄》说:"善战者服上刑,连诸侯者次之。"朱熹注:"结连诸侯,如苏秦、张仪之类。"《荀子·王霸》则视纵横家为"上诈其下,下诈其上","不务张其义,齐其信,唯利之求"的"功利"之徒。《韩非子·五蠹》贬纵横家为"从横之党"。

《淮南子·泰族训》说:"张仪、苏秦家无常居,身无定君,约纵横之事,为倾覆之谋,浊乱天下,挠滑诸侯,使百姓不遑启居,或纵或横,或和众弱,或辅富强,此异行而归于丑也。"又说:"今商鞅之言塞,申子之三符,韩非之孤愤,张仪、苏秦之纵横,皆掇取之,一切之术也,非治之大本,事之恒常,可博闻而传世也。"明儒宋濂《诸子辨》也说纵横家:"是皆小夫蛇鼠之智。家用之则家亡,国用之则国偾,天下用之则失天下。"① 儒、法诸家对纵横家的贬斥态度,对后世产生了深刻影响。

《荀子·臣道篇》把"苏秦"列为善于媚上取宠的"态臣",并说:"用态臣者亡。"《吕氏春秋·知度篇》载:"齐用苏秦而天下知其亡。"《淮南子·诠言篇》说:"苏秦善说而亡国。"《说苑·尊贤篇》也说:"宋用唐鞅,齐用苏秦,秦用赵高,而天下知其亡。"这里所说的"亡国",是指齐闵王任用苏秦而国破身死的事。这些都是站在齐国立场上来审视苏秦的结果。

然而,若是站在燕国的立场,对苏秦的看法就截然不同。《淮南子·说林》载:"苏秦以百诞而成一诚。"《史记·邹阳列传》说:"苏秦不信于天下,而为燕之尾生。"《新序·杂事》也说:"是以苏秦不信于天下,为燕尾生。"又说:"苏秦相燕,燕人恶之于燕王。燕王按剑而怒,食之以駃騠。"苏秦虽然没有对诸侯各国讲出真话,但他冒着死亡的威胁,来治理"齐、燕之交",故被誉"为燕之尾生"。

必须指出的是,"用间"乃是古今兵家的基本手段。《孙子兵法·用间》说:"微哉!微哉!无所不用间也。"并说:"昔殷之兴也,伊挚在夏;周之兴也,吕牙在殷。故惟明君贤将,能以上智为间者,必成大功。此兵之要,三军之所恃而动也。"银雀山汉简《孙子兵法·用间篇》说:"燕之兴也,苏秦在齐。"由此可见,苏秦到齐国进行反间活动的重要意义。

3.《苏子》垂典

苏秦是纵横家的代表人物。纵横家是诸子百家中的重要学派。据《汉书·主父偃传》,主父偃"学长短从横术"。《集注》引服虔曰:"苏秦法百家书说也。"这里用"苏秦法百家书说"来概括纵横家的思想学说。《汉书·艺文志》列"纵横十二家",《苏子》排在首位。其所载"《苏子》三十一篇"、"《张子》十篇",说明两书的篇数,差别巨大。《苏子》一书的篇章众多,丰富内容,当是研究纵横家思想学说最珍贵的资料。《战国策》共计四六〇余篇,是战国时期二百多位策士书信和游

---

① 宋濂:《宋学士全集》,《文渊阁四库全书》本。

说辞的总集。目前,我们已辑得《苏子》佚文七八章,约占《战国策》全文的六分之一。可见《苏子》在纵横家著作里所占的首要地位。

苏秦、张仪所代表的纵横家,大都是当时叱咤风云的重要人物。《苏子》里记录的那些鲜活、生动的人生画卷,正是研究战国历史的珍贵资料。

4. 千古谋圣

纵横家本属军事外交学派,军事谋略是其思想的根本体现。西汉末年,任宏校定的《兵书略》中,列有"《苏子》、《蒯通》"两书(《汉书·艺文志》)。可见纵横家具有浓厚的兵家性质。

军事谋略本是兵家的灵魂。《孙子兵法》说:"兵者,诡道也","故兵以诈立"。[①] 足以说明"兵不厌诈",乃中国兵法之精髓。《汉书·艺文志》说:"权谋者,以正守国,以奇用兵,先计而后战。"所谓"兵权谋"就是以外交谋略和军事手段相结合的政治斗争。只有奇谋异策和强大的军事实力,才能实现《孙子兵法》所说"不战而屈人之兵"的效果。

纵横家既是列国兼并战争的产物,也是为列国兼并战争服务的。这就决定着合纵连横活动的本身,就具有浓厚兵家性质。也就是说,合纵连横活动必然要施展"兵不厌诈"的基本诀窍。因此,苏秦、张仪在合纵连横活动时,屡屡施展"谋诈"权术,那是很正常的事情。

苏秦"以死之围(圉),治齐燕之交"。他在给燕昭王的信中说:"智能免国,未能免身。"(《战国纵横家书》第一章)战国纵横家蔡泽说:"苏秦、智伯之智,非不足以辟辱远死也,而所以死者,惑于贪利不止也。"(《史记·范雎蔡泽列传》)其实,苏秦"未能免身",并非"惑于贪利",而是为了实现他向燕昭王"以弱燕并强齐"的庄重诺言,定要"以死任事"的必然结果。唐武德八年(625年)宰相萧瑀在苏秦家前刻立的"武安君六国丞相苏公墓"碑文说:"夫勒石以铭谋圣苏子,千载可称也。"就是对苏秦谋略智慧的最高褒扬。

5. 彪炳史册

战国中期后段,秦、齐两国势均力敌,都有统一全国的欲望和资格。秦昭王使魏冉致齐闵王,使"齐、秦立"为东西"两帝"(《战国策·齐策四》)。苏秦对燕昭

---

① 《孙子兵法·计篇》、《军争篇》。

王说:"齐南破楚,西屈秦,用韩、魏之兵,燕、赵之众,犹鞭策也。"(《战国策·燕策二》)这些足以显示当时齐国的雄厚实力。《荀子·王霸》也说,齐国"故强,南足以破楚,西足以诎秦,北足以败燕,中足以举宋,及以燕、赵起而攻之若振槁然,而身死国亡为天下大戮"。到了战国末年,由秦国来统一全国的趋势已经形成,六国时常图谋"约诸侯从亲如苏秦时",来抵抗秦国。因此,"天下由此宗苏氏之从约"(《战国策·燕策二》)。这就是苏秦在纵横家中具有崇高地位的原因。

唐兰先生指出:"苏秦在公元前3世纪初的重要历史事件中所处的地位极其重要。当时,齐秦作为东西两帝,几乎是势均力敌的。由于燕昭王使苏秦治齐燕之交,最后乐毅伐齐,取得胜利,齐国由此削弱,这在客观上为秦国能够控制六国,统一全中国,造成有利条件。"[①]正是战国之世剧烈的合纵连横活动,才催生了大秦王朝,为中华民族的统一、稳定和发展奠定了坚实的基础。因此,我们应该正确评价苏秦与纵横家的历史贡献。特别是苏秦困难时"引锥自刺其骨,血流至足"发奋苦读的进取精神,被写在《三字经》里,成为后世青年励志奋进的楷模。

苏秦的伟大功绩,将永彪史册,受人景仰!

[①] 唐兰:《司马迁所没有见过的珍贵史料——长沙马王堆帛书》,《战国纵横家书》,文物出版社,1976年,第138页。

附录三　陈璋壶和燕王职壶的重要价值

公元前 314 年齐宣王"伐燕"和公元前 284 年燕昭王"以弱燕并强齐"的战争,都是战国时期的重大事件。陈璋壶和燕王职壶诸器,正是这两次战争的历史见证。本文谨就这些铜壶铭文的释读及其重要价值,略作补充说明。

(一) 陈璋壶铭文及其相关问题

1982 年,在江苏盱眙县南窑庄发现的铜器窖藏里,出土一件制作精美的有铭铜圆壶。[①] 该壶和传世的陈璋方壶铭文,都是记载齐宣王"伐燕"的珍遗物。

1. 考古发现和传世的陈璋壶

考古发现的陈璋圆壶为侈口、束颈、宽肩、鼓腹、平底、圆形圈足。器身饰有错金几何纹饰,器腹置有由众多蟠龙和梅花织成的络套。络套外的圆环上,附有四组兽首衔环和兽形耳。造型典雅,精美华贵。壶高 24、口径 12.8 厘米(图一:1)。壶口内侧铸有铭文 1 行,其铭曰:"廿二,重金络裹(镶),受一桼(觳)五觭(掬)",共 11 字(图一:2)。圈足上刻有铭文 1 行,共 29 字:

隹(唯)王五年,奠(定)昜(阳)陈得再立(涖)事岁,孟冬戊辰,大将钱孔。陈璋内(入)伐匽(燕)亳邦之隻(获)。[②]

该壶口沿的铭文"廿二",是此器在燕国王宫里的收藏编号,"重金络裹(镶)"是

[①] 姚迁:《江苏盱眙南窑庄楚汉文物窖藏》,《文物》1982 年第 11 期。
[②] 吴蒙:《盱眙南窑铜壶小议》,《文物》1982 年第 11 期。周晓陆:《盱眙所出重金络𨡘·陈璋圆壶考》,《考古》1988 年第 3 期。中国社会科学院考古研究所:《殷周金文集成》(修订增补本)09975,中华书局,2007 年(以下简称《集成》)。

说这件壶腹镶嵌有多重金丝织成的络套装饰。① "受一亭(觳)五掬(掬)"是说这件铜壶可容纳一觳五掬酒水。"觳"、"掬"都是燕国特有的容量单位。该壶经实测可容水3 000毫升,是知一觳的容量当为2 000毫升,一掬的容量当为200毫升。因此,燕国一觳的容量与秦国一斗的容量相当,一掬与秦国一升的容量相当。②

值得注意的是,这件铜壶圈足上凿刻的铭文与传世的陈璋方壶(现藏美国宾夕法尼亚大学博物馆)足部刻凿的铭文相同。③ 传世的陈璋方壶,早已引起学者的注意,丁山、郭沫若、杨宽等前辈相继著文讨论,④都提出了有益的见解。

2. 陈璋壶铭文综合考述

我们谨在诸家研究的基础上,兹对这两件壶座铭文略作补充考述:

隹(唯)王五年

本铭主旨是记载"陈璋内伐燕亳邦之获"的重大事件。郭沫若以为"此齐襄王五年齐军败燕师时所获之燕器"。⑤ 唐兰先生则以为"应是齐湣王五年(前286年)"事。⑥ 李学勤先生认为,齐破燕年代当在"齐宣王五年"。⑦ 上述三说,当以李说为是。

据《战国策·燕策一》"燕王哙既立"章:"子之三年,燕国大乱,百姓恫怨。……(齐宣)王因令章子将五都之兵,以因北地之众以伐燕。"《史记·六国年表》周赧王元年"燕国"栏记载:"君哙及太子、相子之皆死。"陈梦家《六国年表》说,周赧王元年当齐宣王五年。⑧ 于鬯《战国策年表》以为,周赧王元年当燕子之"三年,将军市被、太子平谋攻子之,不克,构难数月。齐章子伐燕,杀哙,子之亡。三十日而举燕"。因此,缪文远指出:陈璋壶铭的发现,使"齐宣王五年伐燕事可

---

① 何琳仪:《战国文字通论》(订补)第101页,江苏教育出版社,2003年。
② 李家浩:《盱眙铜壶刍议》,《古文字研究》第十二期,中华书局,1985年。刘余力、蔡运章:《王太后左私室鼎铭考略》,《文物》2006年第11期。
③ 《三代吉金文存》卷一二·二四,《集成》09703。
④ 丁山:《陈璋壶铭跋》,《责善半月刊》卷二第6期。郭沫若:《两周金文辞大系图录考释》第223页,科学出版社,1957年。杨宽:《陈璋壶考释》,《中央日报·文物周刊》(上海)第34期,1947年。
⑤ 郭沫若:《两周金文辞大系图录考释》,科学出版社,1957年,第220页。
⑥ 马王堆汉墓帛书整理小组:《战国纵横家书》,第141页。
⑦ 李学勤、祝敏申:《盱眙壶铭与破燕年代》,《文物春秋》创刊号,1989年。
⑧ 陈梦家:《西周年代考·六国纪年》,中华书局,2005年。

作定论"。① 事在周赧王元年,即公元前 314 年。

奠(定)易(阳)陈得再立(涖)事岁

"奠易"是地名,"陈得"是人名,其地、其人屡见于战国时期的器物铭文。例如:

  奠易陈得三 《古陶文汇编》3.19、20

  奠易陈得四 《季木藏陶》111.4

  平陵陈得立事岁 《古陶文汇编》3.21

  平陵陈得不怨王釜 《古陶文汇编》3.22

"某某立事岁"是春秋战国时期常见的记年方式。铭中的"三"、"四"是"三立事岁"、"四立事岁"的省称,当指"立事的届数而言"。② 值得注意的是,这里的"陈得"有"立"、"再立事"、"三立事岁"、"四立事岁"的不同担当,而且其名号之前还冠以"奠易"、"平陵"的不同地名,遂使学者产生当时"名陈得者不止一人"的想法。③ 要想澄清这里的"陈得"是否为同一个人?必须了解"立事"的内涵及其与"奠易"、"平陵"间的内在联系。

"立事"可读为"涖事",或解为"督造"器物,或解为"治事也",或解为"主持国家祭事"等。《左传·襄公二十八年》:"十一月乙亥,尝于太公之庙,庆舍涖事。"杜预注:"临祭事。"《左传·昭公十五年》:"二月癸酉,禘。叔弓涖事。"因此,本铭的"涖事"语,曹锦炎先生解为"即主持国家祭祀"之义,④较为妥当。"陈得再涖事岁"即陈得再次主持国家祭祀那一年。

"陈得"名前的"奠易"、"平陵",应指"陈得当时所任职之地,非其籍贯或里居"。⑤ "奠",读为定。《周礼·天官·职币》:"皆辨其物而奠定录。"郑玄注:"奠,定也。"同书《地官·司市》:"展成奠贾。"郑玄注:"奠,读为定。"是其证。

---

① 缪文远:《战国史系年辑证》第 133 页,巴蜀书社,1997 年。《战国纵横家书》第十七章。
② 曹锦炎:《盱眙南窑新出铜壶铭文考释》,《东南文化》1990 年第 1 期。
③ 李学勤、祝敏申:《盱眙壶铭与破燕年代》,《文物春秋》创刊号,1989 年。
④ 曹锦炎:《盱眙南窑新出铜壶铭文考释》,《东南文化》1990 年第 1 期。
⑤ 曹锦炎:《盱眙南窑新出铜壶铭文考释》,《东南文化》1990 年第 1 期。

《诗·小雅·六月》:"以定王国。"郑玄注:"定,安也。"《尔雅·释诂下》:"安,定也。"柳宗元《终南山祠堂碑》:"其有能奠方域。"蒋之翘注:"奠,安也。"是"奠阳"即安阳的别称。

"安阳"即安陵。据《史记·六国年表》,齐宣公四十四年(前412年),齐"伐鲁、莒及安阳",《田齐世家》作"伐鲁、葛及安陵"。《后汉书·赵彦传》:"莒有五阳之地。"李贤注:"谓城阳、南武阳、开阳、阳都、安阳,并近莒。"清咸丰七年(1857年)山东胶州市灵山卫故城旁出的陈纯釜铭有"安陵亭",①"易"、"陵"义通。《礼记·中庸》:"故君子居易以俟命。"郑玄注:"易,犹平安也。"《太玄·夷》:"易其内也。"范望注:"易者,平夷也。"《诗·小雅·正月》:"为冈为陵。"朱熹集注:"广平曰陵。"《逸周书·文酌》:"陵塞胜备。"朱右曾集训校释:"陵,夷。"是其证。齐国铸有"安阳之法化"大型刀币。郭沫若先生指出"余意安陵即灵山卫之古名",②是"安陵似即安阳别称",③当在今山东胶州市境。

"平陵"本春秋战国齐邑。《说苑·贵德》:齐"桓公之平陵,见家人有年老而自养者,公问其故"。汉置平陵县,属济南郡治,在今山东济南市历城区东。

壶铭"陈得"其人,陈梦家、丁山诸先生都认为即《史记·田敬仲完世家》所记的齐相"田忌"。张政烺先生以为即《左传·哀公六年》的"田惠子得"。④ 董珊以为就是"孟尝君田文"。⑤ 因《左传》所说"田惠子得"为齐景公时人,失之过早;而"孟尝君田文"主要活动在齐闵王时,则失之偏晚。"得"、"忌"义相通。"得"同德。《释名·释言语》说:"德,得也,得事宜也。"《尚书·太甲下》:"德惟治。"蔡沈集传:"德者,合敬、仁、诚之称也。"《礼记·内则》:"降德于众兆民。"郑玄注:"德,犹教也。"同书《月令》:"命相布德和令。"郑玄注:"德,谓善教也。"《左传·昭公元年》:"非鬻何忌?"杜预注:"忌,敬也。"《小尔雅·广言》:"忌,教也。"是"得"、"忌"义相联绵。因此,"陈得"即齐相"田忌"说,信而有征。

孟冬戊辰

"孟冬",《吕氏春秋·孟冬》:"孟冬之月。"高诱注:"孟冬,夏之十月。"这是说

---

① 《集成》10371。
② 郭沫若:《两周金文辞大系图录考释》,第223页。
③ 山东省钱币学会:《齐币图释》,齐鲁书社,1996年,第14页。
④ 张政烺:《平陵陈得立事岁陶考证》,《张政烺文史论集》,中华书局,2004年。
⑤ 董珊、陈剑:《燕王职壶铭文研究》,《北京大学中国古文献中心集刊》,北京大学出版社,2002年。

出兵"伐燕"的具体时间,在齐宣王五年的十月"戊辰"日。

大臧(将)鈛孔

孙贯文先生说"臧字,假为将",当是。"大将"见《管子·轻重乙》、《商君书·境内》、《吕氏春秋·不屈》、《史记·赵世家》诸篇,①当指齐将陈璋而言,也可泛指齐国的军队。"鈛",读如戈,泛指兵器。《说文·戈部》:"戈,平头戟也。"郑玄《周礼·考工记·冶氏》注:"戈,句兵也。""孔",《说文·乙部》谓"嘉美之也。"这句是说齐国的军队威武雄壮之义。

陈璋

"陈璋"即"田章",亦称"章子",是率军伐燕的主将。②《吕氏春秋·处方篇》:"齐令章子将而与韩、魏攻荆,荆令唐蔑将而拒之。……果杀唐蔑。"《史记·楚世家》说:"怀王二十八年,秦与齐、韩、魏共攻楚,杀楚将唐昧。"事在公元前301年。《战国策·秦策二》"陉山之事"章:齐"令田章以阳武合于赵"。缪文远注:"田章,即陈璋,齐之公族,齐闵王时将。"何建章曰:"《韩非子·外储说右下》:'田鲔知臣情,故教田章'云云,当即此田章。"事在公元前285年。

必须指出的是,有学者把陈璋(田章)与匡章混为一人。清儒焦竑《焦氏笔乘》卷一、梁玉绳《汉书人表考》卷五,都以为《孟子》和《吕氏春秋·不屈》、《爱类》诸篇中的"匡章"与《战国策·齐策》、《吕氏春秋·处方》中的"田章"、"章子"当为一人。其实,"匡章"本是魏国人,也是孟子的好友;"田章"(章子)是齐宣王、齐闵王时期齐国的公族,也是战国著名将领。清儒俞樾《群经平议》卷三三"始分匡章、陈璋为二人",③陈奇猷《吕氏春秋校释·不屈》注、唐兰《司马迁没有见过的珍贵史料》都辨之甚详,可资参考。④

内伐

本词见敔簋铭文"南淮夷迁殳内伐沔昂、参泉、裕敏、阴阳洛"语。⑤ "内",

---

① 孙贯文:《陈璋壶补释》,《考古学研究》第一辑,文物出版社,1992年。
② 陈梦家:《陈𨟣壶考释》,《责善半月刊》卷二第23期。
③ 杨宽:《战国史》,上海人民出版社,1991年,第327页。杨伯峻:《孟子译注》,中华书局,1984年,第428页。缪文远《战国史系年辑证》,巴蜀书社,1997年,第133页。
④ 陈奇猷:《吕氏春秋校释》,学林出版社,1984年,第1201页。马王堆汉墓帛书整理小组:《战国纵横家书》附录,文物出版社,1976年。
⑤ 《集成》04166。

《说文·入部》谓"入也"。"伐",《说文·人部》谓"击也"。《急就篇》卷四:"斩伐材木斫株根。"颜师古注:"伐,攻取也。"

燕亳邦之获

"燕亳邦"的寓意,诸家说解不一。① "燕亳"一词,见于《左传·昭公九年》周使詹桓伯说:"肃慎、燕亳,吾北土也国。""亳",通如宅。《尚书·盘庚序》:"将治亳殷。"孔颖达疏:"束晳云:《尚书序》:'将治亳殷。'孔子壁中《尚书》云'将治宅殷'。"可以为证。因此,《左传》的"燕亳"当指燕国居住的地方。

"亳",通作京。《左传·襄公十一年》:"盟于亳城北。"《公羊传》、《穀梁传》并作"盟于京城北"。是其佐证。《诗·文王·大雅》:"裸将于京。"朱熹集传:"京,周之京师也。"《公羊传·桓公九年》:"京师者何？天子所居也。"《后汉书·班固传》:"京迁殷亳。"李贤注:"京,京都也。"本铭的"燕亳"当指燕国的都城而言。"邦",《说文·邑部》谓"国也"。《尚书·周官》:"保邦于未危。"孔颖达疏:"邦,国家。"《周礼·天官·大宰》:"以佐王治邦国。"《经典释文》引干宝云:"邦,疆国之境。""邦"可泛指国家和国土。

公元前 317 年,燕王哙(前 320—前 314 年)效法尧舜的禅让制度,将王位禅让给相国之子,引起国内动乱。公元前 314 年,齐宣王在孟轲的鼓动下,派大将田章"率五都之兵",攻打燕国。在五十天内便攻占燕国首都,并"毁其宗庙,迁其重器"(《孟子·梁惠王下》)。这时,就连弱小的中山国也乘机侵伐燕国,攻城略地。考古发现的中山王壶铭文说:"燕故君子哙,新君子之,不用礼仪,不顾逆顺,故邦亡身死。"还说:燕将"率师征燕,大启邦宇,方数百里",故"择郾(燕)吉金,铸为彝壶"。②

李家浩说:"廿二壶出土于楚国疆域之内的盱眙,而且还有楚国金币伴出,因此很容易使人认为它是楚器,但从壶铭的字体"和燕国特有计量单位来看,这件铜"壶是燕国之物而非楚器"。③ 因此,壶铭的"燕亳邦之获",当指攻打燕国京都和国土时获得这件铜壶。

---

① 陈平:《燕国"燕"名之由来与"燕亳"、"燕亳邦"再议》,《古文字研究》第二十七辑,中华书局,2008 年。
② 《集成》09734、09735。
③ 李家浩:《盱眙铜壶刍议》,《古文字研究》第十二期,中华书局,1985 年。

这则壶铭的大意是说：齐宣王五年（前314年），定阳陈得再次主持祭祀天神那年的初冬戊辰日，大将统率的军队威风凛凛。陈璋率军攻取燕国的京城和国土，获得这件铜器。

3. 陈璋圆壶在楚地出土的原因

战国时期，江苏盱眙属于楚国的疆域。陈璋圆壶本是齐宣王五年"伐燕"时的战利品，怎么会在楚疆盱眙出土呢？

据《战国策·燕策二》，公元前284年，"乐毅为燕昭王合五国之兵而攻齐"，齐国的"珠玉财宝，车甲珍器，尽收入燕。大吕陈于元英，故鼎反于历室，齐器设于宁台"。这里的"五国"当指赵、秦、魏、韩、燕而言。《战国策·燕策二》则说：乐毅"与秦、楚、三晋合谋以伐齐"。攻入"临淄，尽取齐宝，烧其宫室宗庙。"《史记·田敬仲完世家》也说："燕、秦、楚、三晋合谋，各出锐师以伐，败我济西。王解而却。燕将乐毅遂入临淄，尽取齐之宝藏器。湣王出亡，……遂走莒。楚使淖齿将兵救齐，因相齐闵王。淖齿遂杀闵王而与燕共分齐之侵地及卤器。"《正义》："卤掠齐宝器也。"这是说淖齿杀掉闵王后，与燕国共同分享原来齐国侵占的土地和掳掠来的"宝器"。

其实，楚国当初并未参加乐毅率领的代齐联军。而是在"五国之兵"攻入临淄后，楚国看到齐国大势已去，忙派大将淖齿率军以"救齐"的名义赶到莒地，"因相齐湣王"。不久淖齿便杀死齐湣王，与燕国共同瓜分齐国侵占原来宋国的土地和齐闵王逃到莒地时，随行带来的精美"珍器"。也就是说，楚国派淖齿以"救齐"为名，实际是来抢夺胜利果实的。这件齐宣王五年（前314年）"伐燕"时缴获的陈璋圆壶在今江苏盱眙出土，就是楚国曾抢得齐国"卤器"的有力佐证。

这件陈璋圆壶被带到楚国后，因战国秦汉之际的战乱而被埋入地下，二千二百多年后重见天日。它和传世的陈璋方壶铭文，都是齐宣王五年（前314年）派大将田章"伐燕"的真实记录。

（二）燕王职壶铭文及其相关问题

20世纪90年代末，上海博物馆从香港古玩市场征集到一件战国有铭铜壶。[①] 该壶铭文为研究燕昭王"破齐"复仇的重大事件，提供了有力佐证。

---

① 周亚：《燕王职壶铭文初释》，《上海博物馆馆刊》第八期，上海书画出版社，2000年12月。

1. 铜壶形制与铭文内容

这件铜壶为直口微撇,圆唇略卷,圆肩鼓腹,高圈足。颈、肩、腹部装饰有镶嵌绿松石及红铜丝的几何形图案,造型典雅,纹饰精美,通体布满深绿色锈,是战国铜器的精美制品。通高20.4、口径12、腹径19.8厘米,重2公斤(图二:1)。特别是在圈足上凿刻一周篆书铭文,共28字(图二:2、3)。该壶的形制、纹饰及铭文书法,都具有战国中晚期的典型特征。

该壶铭文经周亚、黄锡全和董珊诸君的认真研究,全篇内容大体得以通读。[①] 兹综合诸家的有益释读,将全篇铭文录引如下:

> 隹(唯)郾(燕)王职,䌛(践)阼承祀,庀(择)几(机)卅(三十),东会盟国,命日任(壬)午,克邦毁城,灭水䣄(齐)之戋(获)。

这件壶铭记载燕王职从继承王位,到获得这件铜壶的具体过程,具有重要的史料价值。

2. 铜壶铭文相关史实补释

以往诸贤对燕王职壶铭文的释读,大都重在识读文字。这篇铭文的具体内容及其所反映的历史事件,仍有待深入研究。兹略作补释:

隹(唯)郾(燕)王职

"郾(燕)王职",即燕昭王(前311—前379年),是燕王哙之子。传世和考古发现有郾侯职戈2件、[②]郾王职戈23件、[③]郾王职矛12件、[④]郾王职剑3件。[⑤] 这些有"燕王职"刻款的兵器,近年来多在燕下都遗址及山东益都、临朐等地出土,都应是燕昭王的珍贵遗物。

---

① 黄锡全:《燕破齐史料的重要发现——燕王职壶铭文的再研究》,《古文字研究》第二十四辑,中华书局,2002年。董珊、陈剑:《燕王职壶铭文研究》,《北京大学中国古文献中心集刊》,北京大学出版社,2002年。
② 《集成》11221—11223。
③ 《集成》11221—11223,11224—11236,11003,11110,11187—11191,11304,《中国青铜器全集》卷九137,《故宫文物月刊》1996年总第154期。
④ 《集成》11480、11483、11514—11521、11525—11527。
⑤ 《集成》11634、11643,《考古》1998年第6期。

嶧(践)阼承祀

"嶧",黄锡全先生读作"践",当是。据《礼记·文王世子》:"成王幼,不能涖阼,周公相,践阼而治。"郑玄注:"践,履也。""阼",《说文·阜部》谓:"主阶也。"《史记·燕召公世家》载:"成王幼,不能涖阼,周公摄政,当国践阼。""践阼承祀"是站在宗庙主阶的位置上,继承父君祭祀祖先神灵之义。这是国家君主权力、地位的象征。

据史书记载,燕王哙因效法尧舜的禅让制度,将王位禅让给相国之子,引起国内动乱。公元前314年,齐宣王派田章"将五都之兵"攻占燕国首都,"毁其宗庙,迁其重器"(《孟子·梁惠王下》)。燕王哙和子之都被齐军杀死。当时,燕"公子职"正在韩国充当"质子"。公元前311年,赵武灵王派兵护送"公子职"返回燕国,"立以为燕王",是为燕昭王(《史记·赵世家》)。

庀(择)几(机)卅(三十)

"庀几"读如"择机",即"指选择时机"。[①] 燕昭王即位后,把齐国"破燕"看作奇耻大辱,立志要"扱怨雪耻"。他"卑身厚币,以招贤者"。据《说苑·君道》说:"居三年,苏子闻之,从周归燕;邹衍闻之,从齐归燕;乐毅闻之,从赵归燕;屈景闻之,从楚归燕。四子毕至,果以弱燕并强齐。"这里所说的"苏子",就是苏秦。其时当在公元前308年。燕昭王在苏秦、乐毅的辅佐下,经过"二十八年"的艰苦努力,使得"燕国殷富,士卒乐佚轻战"(《战国策·燕策一》),为攻伐齐国奠是了坚实基础。

这里的"二十八年",若取其整数,则可称为"三十"年。若从齐宣王五年(前314年)"破燕"算起,到燕昭王二十八年(前284年)乐毅率"五国之兵而攻齐",正好历时"三十"年。这句是说经过三十年的漫长准备和认真选择。

东会盟国

"东",《说文·东部》谓"动也。"《素问·玉机真藏论》说:"东方,木也,万物之所以始生也。"《白虎通义·五行》也说:"东方者,动方也,万物始动生也。"《淮南子·说林训》:"任动者车鸣也。"高诱注:"动,发也。"是"东"有开始、发动之义。

[①] 黄锡全:《燕破齐史料的重要发现——燕王职壶铭文的再研究》,《古文字研究》第二十四辑,中华书局,2002年。

"会",合也。"盟国"指共同出兵"伐齐"的赵、秦、魏、韩诸国。本句为开始发动联合赵、秦、魏、韩诸国之义。

命日任(壬)午

黄锡全先生指出:"乐毅伐齐选择某月壬午日进攻齐国,为史书所不载,殊为可贵。据张培育《中国先秦史年表》推算,乐毅伐齐的公元前284年,3、5、7、9、11月,及闰12月中有壬午日,不知究竟是哪一个月。"[①]

"命日",指决定进攻齐国的日期。

"壬午",指发兵的具体时日。"壬",《说文·壬部》谓"善也。"《玉篇·壬部》:"壬,成也。""午",《论衡·物势》说:"午,火也,其禽马也。""午"同伍。《周礼·秋官·壶涿氏》:"则以牡橭午慣象齿而沈之。"郑玄注:"故书午为五。"孙诒让《正义》:"五、午一字,古音义皆同。"《战国策·燕策二》:"昔者五子胥说听乎阖闾。"黄丕烈《札记》:"五、伍同字。"是其佐证。《逸周书·武顺》:"五五二十五曰元卒。"孔晁注:"伍,兵名。"是"壬午"为发兵的黄道吉日。

据帛书《战国纵横家书》第十七章,公元前284年,燕将乐毅率领"五国之兵"准备攻齐时,秦国派起贾在魏国协调五国伐齐的事宜。当时,苏秦"为燕间齐"的真实身份尚未暴露,为掩人耳目便派人游说起贾,希望允许齐国求和。值得注意的是,游说者指出"天下剂齐不待夏",[②]是说"五国"攻齐不需要等到夏天。可见五国伐齐的时间应在当年的春末。也就是说,乐毅伐齐发动总攻的具体时间,应在当年的三月"壬午"日为宜。

克邦毁城

据《史记·燕世家》,燕昭王二十八年(前284年)。乐毅统率的"五国"联军,突破齐国的济西防线,"齐兵败,湣王出亡于外。燕兵独追北,入临淄,尽取齐宝,烧其宫室宗庙。齐城不下者,独唯聊、莒、即墨,其余皆属燕,六岁。"《穀梁传·隐公五年》说:"斩树木,坏宫室曰伐。"这句是说攻下齐国疆土,焚毁其都城宫室之义。

[①] 黄锡全:《燕破齐史料的重要发现——燕王职壶铭文的再研究》,《古文字研究》第二十四辑,中华书局,2002年。

[②] 马王堆汉墓帛书整理小组:《战国纵横家书》第十七章,文物出版社,1976年。

灭水朲(齐)之秝(获)

"水",董珊、陈剑在释文末加按语说:"据裘锡圭先生意见要去掉'水'字"。[①] 因此,黄锡全先生便将本句隶定为"灭齐之获"。[②] 我们仔细审视铜壶铭文的照片和摹本,从"水"字所占空间推测,它不应该属于"灭"字的偏旁,而应是独立存在的字,如若"去掉",似有不妥。《素问·评热病论》载:"水者,阴也。"《论衡·顺鼓》说:"水,阴也。"《周易·益》卦:"利涉大川。"《集解》引郑玄注:"阴称为臣。"《白虎通义·五行》也说:"水阴,臣之义也。"这说明"水"有属臣义。

据《战国策·燕策二》,燕昭王使乐毅"合五国之兵而攻齐,下七十余城,尽郡县之属燕。"齐国的"珠玉财宝,车甲珍器,尽收入燕。大吕陈于元英,故鼎反于历室,齐器设于宁台。"《史记·田敬仲完世家》也说,"燕将乐毅遂入临淄(今山东淄博市西),尽取齐之宝藏器。"由此可见,乐毅攻占齐都临淄后,不仅"尽取齐之宝藏器",而且还把齐国的大片领土划为"郡县",归属燕国管辖。也就是说,这时齐国已失去独立君统的资格,"臣"属于燕国统治了。壶铭中的"灭水齐之获"之语,既是乐毅"伐齐"后燕、齐关系的真实反映,也带有燕昭王有意羞辱齐国的宣泄情感。

这件铜壶铭文的大意是说,燕王职继承燕国的君统,经过三十年的认真准备和选择机会,开始联合赵、秦、魏、韩诸国,决定三月壬午日发动攻击,很快便攻下齐国疆土,并焚毁其都城宫室,在消灭属臣齐国时获得这件铜壶。

(三) 铜壶铭文的重要价值

公元前314年,齐宣王乘燕国内乱,派大将田章"将五都之兵"攻占燕国,"毁其宗庙,迁其重器"(《孟子·梁惠王下》)。燕昭王即位后,在苏秦和乐毅诸贤的辅佐下,经过"三十"年的不懈努力,在公元前284年命乐毅率"五国"联军,攻"入临淄,尽取齐宝,烧其宫室宗庙"(《史记·燕世家》),终于实现其"报怨雪耻"的心愿。

陈璋壶铭文对陈璋其人、齐国"伐燕"的出兵时间以及齐军攻取燕国京城和国土后获得这件铜壶的经过,都作了具体记录。燕王职壶铭文既是燕昭王"报怨

[①] 董珊、陈剑:《燕王职壶铭文研究》,《北京大学中国古文献中心集刊》,北京大学出版社,2002年。
[②] 黄锡全:《燕破齐史料的重要发现——燕王职壶铭文的再研究》,《古文字研究》第二十四辑,中华书局,2002年。

雪耻"的实物见证,也是对苏秦辅佐燕昭王实现"以弱燕并强齐"战略历程的高度概括。① 如果说陈璋壶记载的"陈璋内伐燕亳邦之获",是苏秦投奔燕昭王的机缘发端;那么燕王职壶所说的"灭氒齐之获",就是苏秦辅佐燕昭王实现"以弱燕并强齐"的最终结果。历史就是这样有趣,在偶然中孕育着必然。陈璋壶和燕王职壶诸器的铭刻,正是这两次重大事件的真实记录和历史见证。

由此可见,这三件铜壶的发现,对研究苏秦的真实事迹和战国中晚期的历史,都具有极为重要的学术价值。

图一:1 陈璋圆壶　　　　　　图一:2 陈璋圆壶口沿铭文

---

① 蔡运章:《苏秦事迹述略》,《湖南科技学院学报》2016年第7期。

附录三 陈璋壶和燕王职壶的重要价值　443

图二:1　燕王职壶

图二:2　燕王职壶铭文照片

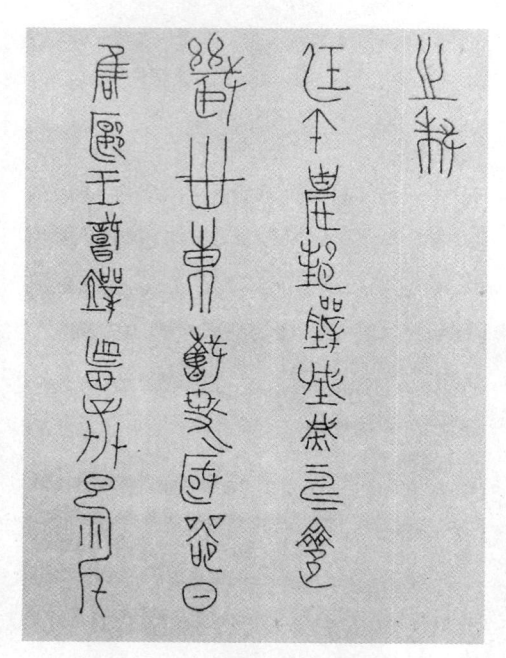

图二：3　燕王职壶铭文摹本

附录四　《苏子》新诂四则

一、《战国策》"燕乌集阙"解诂

苏秦是战国纵横家的代表人物。他的丰功伟业，备受世人景仰。但是，《战国策》里有句苏秦"乃摩燕乌集阙"的赞语，却引起后世史家的许多歧异解释，应当加以澄清。

（一）"燕乌集阙"的不同解读

据《战国策·秦策一》"苏秦始将连横说秦惠王章"，苏秦游说秦惠文王时"书十上而说不行"，只得返回老家洛阳。他打开书箱，"得太公《阴符》之谋，伏而诵之，简练以为揣摩。读书欲睡，引锥自刺其股，血流至足。曰：'安有说人主不能出其金玉锦绣，取卿相之尊者乎？'期年揣摩成，曰：'此真可以说当世之君矣！'于是乃摩燕乌集阙，见说赵王于华屋之下，抵掌而谈。赵王大悦，封为武安君，受相印。"这里的"乃摩燕乌集阙"是什么意思？自东汉以降，注解纷纭，莫衷一是，至今仍不得其解。

历代史家对苏秦"乃摩燕乌集阙"的解读，大体有四种不同的说法：

一是"阙塞"说。东汉大儒高诱《战国策》注："阙，塞名也。"宋儒鲍彪《战国策注》说："摩，言切近过之，阙名未详。"清儒程恩泽《国策地名考》案："燕有高阙塞。刘昫曰：'高阙北距大碛口三百里，今在大同府城西北四百二十里，古丰州之西。'《史记》赵武灵王筑长城，自代傍阴山下至高阙是也。乌集阙未知即此否？"金正炜、张尚瑗[①]、郭人民、何建章等均主此说[②]。

二是"书名"说。清儒宋翔凤《过庭录》说："《汉书·邹阳传》：'秦信左右而

[①]　诸祖耿：《战国策集注彙考》，江苏古籍出版社，1985年，第134页注引。
[②]　郭人民：《战国策校注系年》，中州古籍出版社，1988年，第57页。何建章：《战国策注释》，中华书局，1990年，第82页。

亡,周用乌集而王。'《文选》注引《汉书音义》曰:'太公望塗覯卒遇,共成王功,若乌鸟之暴集也。'按《乌集》当是书篇名,出太公《阴符》。"①日本横田惟孝《战国策正解》从其说②。

三是"燕于集阙"说。范祥雍按:"此文解释纷歧,症结在于'燕乌'二字,'燕'究竟是国名或'燕乌'用指鸟类。……窃疑'乌'即'于'字。本文实即'摩燕于集阙'('燕'下或脱'侯'字),与下文'见说赵王于华屋之下'相对举,谓合燕文侯于集阙也。"③。

四是"燕乌集止"说。杨琳认为:"燕乌项为白色,故称燕乌。《说文》:'胭,项也。'《战国策·秦策一》:'于是乃摩燕乌集阙,见说赵王于华屋之下。'阙盖因燕乌集止而得名。"④

上述诸说,均属望文生义而不着边际的推测之辞。值得注意的是,清儒宋翔凤已经注意到"周用乌集而王"的著名典故。可惜他没能顺藤摸瓜,对"燕乌集阙"句作出合理的诠释。

(二)"燕乌集阙"与瑞乌崇拜

苏秦"乃摩燕乌集阙"的正确解读,应当从中国古代盛行瑞乌崇拜的社会习俗里,去寻找答案。

苏秦"乃摩燕乌集阙"句,其中的"乃",就也。"摩",通作靡。《礼记·学记》:"相观而善谓之摩。"《经典释文》:"摩,本又作靡。"《战国策·楚策四》:"六十而尽相靡也。"鲍彪注:"靡、摩同。"是其佐证。《广雅·释诂三》:"靡,为也。""燕",指燕国。"乌"当指乌鸟而言。"集"有"止"义。"阙",《说文·门部》:"门观也。"《释名·释宫室》:"阙,阙也,在门两旁,中央阙然为道也。"这里的"阙"当指燕国王宫的大门。因此,苏秦"乃摩燕乌集阙",意为苏秦就来到燕国,犹如瑞乌集于燕国的宫阙。这句赞语具有深刻的褒扬意义。

我国古代文献里,常见的乌鸟有两种:

一是慈乌。《说文·乌部》:"乌,孝鸟也。"《小尔雅·广鸟》:"纯黑而反哺者

---

① 宋翔凤:《过庭录》卷十五,光绪七年(1881年)会稽章寿康刻本。
② 横田惟孝:《战国策正解》,台湾新文丰出版公司,1978年。
③ 范祥雍:《战国策笺证》,上海古籍出版社,2006年,第159页。
④ 杨琳:《小尔雅今注》,汉语大词典出版社,2002年,第241页。

谓之慈乌。"这种"乌"鸟有反哺报德的良习,故被称为"慈乌"和"孝乌"。因此,中华先民常把慈乌视为能给人们带来吉祥的瑞鸟。其中最著名的,莫过于"金乌负日"的故事。

据《山海经·海外东经》记载:"汤谷上有扶桑,十月所浴,在黑齿北,居水中。有大木,九日居下枝,一日居上枝。"《大荒东经》说:"汤谷上有扶木,一日方至,一日方出,皆载于乌。"郭璞注:"中有三足乌。"《淮南子·精神》载:"日中有踆乌。"《论衡·说日》云:"日中有三足乌。"因此,这些都是把乌鸟视为"日精",为人类带来光明的神话传说。

据《山海经·海内北经》:"西王母梯几而戴胜杖,其南有三青鸟,为西王母取食。在昆仑虚北。"郭璞注:"梯,谓冯也。又有三足乌,主给使。"司马相如《大人赋》说:"吾乃今日睹西王母。暠然白首戴胜而穴处兮,亦幸有三足乌为之使。"①

考古发现浙江余姚河姆渡文化骨器上的"双鸟太阳"纹,陕西华阴仰韶文化彩陶上的"金乌负日"图,内蒙古敖汉旗赵宝沟文化陶片上的"金鸡报晓"图,浙江余杭良渚文化玉璧上刻绘太阳纹祭坛上的"立鸟图",以及汉代墓室壁画和画像石里常见"三足乌"作为西王母使者的图像②。足以说明我国古代以"金乌负日"为核心的瑞鸟崇拜习俗,影响深刻,源远流长。

二是燕乌。《尔雅·释鸟》:"燕,白脰乌。"邢昺疏:"燕乌,白脰鸟是也。"《小尔雅·广乌》说:"白项而群飞者谓之燕乌,白脰乌也。"这说明白脰乌亦名"燕乌"。值得注意的是,古人认为"燕乌"属于"不详"的鸟类。郝懿行《尔雅·释鸟》义疏:"《禽经》云:'慈乌反哺,白脰不祥。'《汉书·五行志》云:'景帝三年十一月,有白颈乌与黑乌群斗,楚国吕县白颈不胜坠泗水中,死者数千。'《世说·轻诋篇》云:'人问:见诸王何如?答曰:见一群白颈乌,但闻唤哑哑声。'皆谓此也。"因此,《秦策一》的"燕乌",绝不可能是指"白脰乌"讲的。

我国古代常用瑞鸟的降临,来喻示太平盛世的出现和圣人贤达的到来。据《墨子·非攻下》,"赤乌衔珪,降周之岐社。""珪"是一种瑞玉。《吕氏春秋·应同篇》载:"文王之时,赤乌衔丹书,集于周社。""丹书"指河图洛书,是祥瑞的象征。

---

① 《汉书·司马相如传》。
② 蔡运章:《三星堆文化的太阳神崇拜》,《中华文化论坛》2007年第2期。

"岐社"、"周社"都是指周族祭祀神灵的社坛。这些都是用"赤乌衔瑞"来喻示太平盛世的到来。

据《史记·周本纪》,武王伐纣"有火自上复于下,至于王屋,流为乌,其色赤,其声魄云"。《集解》:"马融曰:'王屋,王所居屋。'郑玄曰:'《书说》云:乌有孝名,武王卒父大业,故乌瑞臻。赤者,周之正色也。'"这是用瑞乌降临,来喻示周"武王卒父大业"的孝道。《史记·邹阳列传》载:"周文王猎泾、渭,载吕尚而归,以王天下。秦信左右而杀,周用乌集而王。"《集解》:"《汉书音义》曰:'太公望塗觏卒遇,共成王功,若乌鸟之暴集也。'"《索隐》:"韦昭云:'吕尚适周,如乌之集。'"颜师古《汉书·邹阳传》注:"言文王之得太公,非因旧故,若乌鸟之暴集。"这是用"乌鸟暴集"来比喻吕尚适周,辅佐武王,成就伐纣灭商的丰功伟绩。

(三)"燕乌集阙"与苏秦伟业

公元前314年,齐宣王乘燕国内乱,兴兵伐燕,"毁其宗庙,迁其重器"(《孟子·梁惠王下》)。燕王哙和子之都被齐军杀死。燕昭王即位后,立志要报仇雪恨。据《说苑·君道》,"燕王常置郭隗上坐,南面。居三年,苏子闻之,从周归燕;邹衍闻之,从齐归燕;乐毅闻之,从赵归燕;屈景闻之,从楚归燕。四子毕至,果以弱燕并强齐。夫燕、齐非均权敌战之国也,所以然者,四子之力也。"这里的"苏子"就是苏秦。燕昭王对苏秦的到来非常重视,亲自到郊外去迎接,并设盛宴款待,给予他很高的礼遇,事在公元前308年。

苏秦赴燕,辅佐昭王,共同制定"以弱燕并强齐"的战略。他三次深入齐国,冒着死亡的威胁,先是谋划齐、赵、韩、魏、燕五国伐秦,以便削弱齐国。接着,又组织秦、赵、韩、魏、燕五国伐齐,最终实现"以弱燕并强齐"的伟大业绩。苏秦为燕国的振兴,贡献出自己宝贵的生命。他对燕国的忠诚和奉献精神,可歌可泣。

《战国策·秦策一》说:苏秦"约纵散横,以抑强秦","当此之时,天下之大,万民之众,王侯之威,谋臣之权,皆欲决苏秦之策。不费斗粮,未烦一兵,未战一士,未绝一弦,未折一矢,诸侯相亲,贤于兄弟。夫贤人在而天下服,一人用而天下从"。在这里苏秦被誉为"天下服"的贤人。《盐铁论·褒贤》载:"苏秦、张仪,智足以强国,勇足以威敌,一怒而天下惧,安居而天下息。万乘之主莫不屈礼卑辞,重币请交,此所谓天下名士也。"刘向《说苑·善说》说:"苏秦行其说,而六国以安。"《史记·邹阳列传》也说:"苏秦不信于天下,而为燕之尾生。"因此,苏秦被称为"天下名士"和"燕之尾生"[①]。

苏秦的丰功伟绩,堪比"吕尚"辅佐周武王完成伐纣灭商的大业。这就是《秦策一》用"燕乌集阙"句,来赞誉苏秦丰功伟业的根本原因。由此可见,《战国策》苏秦"乃摩燕乌集阙"句的正确解读,对于正确认识苏秦的伟大业绩,具有重要意义。

二、《战国策》"微之为著者强"解诂

"见微知著"是我国著名的成语典故。这个典故的原始面貌如何?它是怎形成的?这些都是以往学者很少关注的问题。《战国策》"微之为著者强"句,为我们探讨这个问题提供了重要线索。

据《战国策·赵策二》"秦攻赵苏子为谓秦王"章,苏秦游说秦王时说:

> 臣闻明王之于其民也,博论而技艺之,是故官无乏事而力不困;于其言也,多听而时用之,是故事无败业而恶不章。……语曰:"战胜而国危者,物不断也。功大而权轻者,地不入也。"故过任之事,父不得于子;无已之求,君不得于臣。故微之为著者强,察乎息民之为用者伯,明乎轻之为重者王。

其中的"故微之为著者强"句,元代大儒吴师道《战国策校注补正》说:"此(故)下当有缺字,以下文推之可见。"吴氏的重要提示,引起学者们的关注和推测。

"故"下所缺何字?当代注家有两种说法:一是于鬯《战国策注》说:"或补'识乎'二字。"何建章按:"补'识乎'二字,与下两句'察乎'、'明乎'始协,然未知确否。姑从于说"[②]。范祥雍说:"《策纂》本、横田本故下并有'识乎'二字,不明所据。但依下文句例推之,'故'下当脱二字"[③]。二是缪文远说:"疑当作'故见微而知著者强'。"[④]上述两种说法,惟缪文远氏独有见地。但他并未说明问题的

[①] 蔡运章:《苏秦事迹述略——为纪念苏秦逝世 2300 周年而作》,《湖南科技学院学报》2016 年第 7 期。
[②] 何建章:《战国策注释》,中华书局,1990 年,第 669 页。
[③] 范祥雍:《战国策笺证》,上海古籍出版社,2006 年,第 1033 页。
[④] 缪文远:《战国策新校注》,巴蜀书社,1987 年,第 647 页。

来龙去脉,因此仍需要作些疏理补证。

沿着缪文远氏的说法,可以下联想到《韩非子·说林上》"圣人见微以知萌,见端已知末"语。顾广圻注:"萌,当作明。"陈奇猷案:"《喻老篇》引《老子》'见小曰明',但此已变其言为'圣人见微以知萌',则韩非引《老子》文也。谓圣人见微已知事之萌生","于文甚通"①。这里将《韩非子》"圣人见微以知萌"语,追溯到《老子》"见小曰明"句,无疑是正确的。但是从语意来看,其中还缺少一个重要环节,就是苏秦"【见】微之为著者强"的哲言。

因为"见微以知萌"与"【见】微之为著"的含义相同。"之",通作"以"。《楚辞·离骚》:"夫维圣哲之茂行兮。"朱熹集注:"'之',本作'以'。"《经传衍词》卷九:"之,犹以也。"是其证。"为"、知义通。《吕氏春秋·长见》:"三年而知郑国之政也。"高诱注:"知,犹为也。"《论语·宪问》:"今之学者为人。"朱熹集注:"为人,欲见知于人。"是其证。"著"、"萌"义同。《汉书·礼乐志》:"故先王著其教焉。"颜师古注:"著,明也。"《周礼·春官·占梦》:"乃舍萌于四方。"郑玄注:"杜子春读萌为明,或云其字当为明。"是其证。可见"故"下当缺失"见"字,今据补。《韩非子》成书在战国末年,《赵策二》本篇当成书于战国晚期。这说明《韩非子》"见微以知萌"句,当是从苏秦"【见】微之为著"语,直接演变而来的。

苏秦"【见】微之为著者强"语,本意是说要认识到从弱小不断发展,可以使国家变得富强。这句话的渊源,可以上溯到《老子》第五十二章"见小曰明,守柔曰强"句。微、小义通。《孟子·公孙丑上》:"则具体而微。"赵岐注:"微,小也。"《说文·小部》:"小,物之微也。""著"有明义。这两句是说,能看到微小事物的叫做"明",能保持柔弱之道的叫做强。

然而,苏秦所说"【见】微之为著者强",含有见到事情的萌芽就能推测其实质和发展而变得强大之义。这要比《老子》"见小曰明"的含义,更加广泛和深刻。这说明《赵策二》苏秦"【见】微之为著者强"语,则是对《老子》"见小曰明,守柔者强"句借鉴、吸收和升华的结果。

东汉袁康《越绝书·越绝德序外传》有"见微知著,睹始知终"语。其中的"见微知著"句,应是对"见微以知萌"与"【见】微之为著"两句的综合继承和高度概

---

① 陈奇猷:《韩非子集释》,上海人民出版社,1974年,第439页。

括。从此,"见微知著"就成为流传至今的成语典故。

综上所述,"见微知著"典故从《老子》的原型,到《越绝书》的成熟,其历史渊源和演变脉络,都清晰可见。而《赵策二》苏秦"【见】微之为著者强"语,则是直接脱胎于《老子》的经典语言。因而成为"见微知著"典故形成的关键环节。这个问题的澄清,为我们研究苏秦的思想渊源和语言艺术,具有重要价值。

三、苏氏陶罐与苏秦故里

1984年10月,洛阳市文物工作队张湘同志在偃师县佃庄乡碑楼庄村搞文物普查时,征集到西汉时期的有铭陶罐一件。据收藏者讲,这件陶罐是从村南发现的一座西汉空心砖墓葬中出土的。这件罐腹的两处铭刻,为研究苏氏家族历史以及苏秦故里的地望,提供了重要参考资料。

该罐的形制为小口、卷唇、细短颈、圆肩、鼓腹、平底。肩和腹部饰三组(每组二道)细弦纹。罐呈纯灰色,陶质坚硬,轮制而成。通高38、口径14、腹径33.1、底径19厘米(图一)。陶罐的肩部两侧,刻有篆文八字:一侧竖刻"苏氏"二字(图二),另一侧竖刻"苏说卅升半升"二行六字(图三),其中的"说"字颇有隶书笔意。

图一 苏氏陶罐　　　　图二 "苏氏"陶罐腹部刻文拓本

"苏氏"当为苏忿生之后。据《国语·郑语》,祝融之后八姓有"己姓,昆吾、苏、顾、温、董"。《世本·姓氏篇》:"苏氏,颛顼祝融之后,陆终生昆吾,封苏,邺西苏城是也。苏忿生后。"《汉书·地理志·河南郡》有温县,班固自注云:"故国,己姓,苏忿生所封。"《括地志》云:"故温城在怀州温县西三十里。汉晋为县,本周司寇苏忿生之邑。"由此可见,"苏"本祝融昆吾之后苏忿生建立的国族,地在今河南温县西三十里,其后以国为氏,故称"苏氏"。

春秋时期,"苏氏"亡国后迁居洛邑。《左传·僖公十年》(公元前650年):"春,狄灭温,苏子无信也。苏子叛王即狄,又不能于狄,狄人伐之,王不救,故灭。"这说明此时苏国已被狄人灭亡。《左传·文公十年》(前617年):"秋,七月,及苏子盟于女栗,顷王立故也。"杜预注:"僖十年狄灭温,苏子奔卫。今复见,盖王复之。"可见在苏国被灭三十余年后,苏子仍能代表周王室参加重要盟会。《史记·苏秦列传》云:"苏秦者,东周雒阳人也。"《索隐》曰:"苏秦,字季子,盖苏忿生之后,己姓也。"《潜夫论·志氏姓》:"初,纣有苏氏以妲己女而亡殷国。周武王时,

图三 苏氏陶罐腹部刻文拓本

有苏忿生为司冠而封温。其后洛邑有苏秦。"可见春秋中期苏氏亡国后,已迁居至京师王城(在今洛阳市西工区王城公园一带)附近居住。

但是,苏氏迁洛后居于何地?苏秦故里在哪是?据《史记正义》引《战国策》云:"苏秦,雒阳乘轩里人也。"《太平寰宇记》卷三《河南道·洛阳县》条:"苏秦宅,后造为寺。"明代廖用贤《尚友录》说:"苏秦,洛阳古太平庄人也。"清贺兴思《三字经注解备要》卷下"头悬梁,锥刺股"条注说:"此言苦读之勤也。晋时有一孙敬,读书夜深常恐盹倦,乃绳系发悬于梁上,若昏沉眼闭,头欲坠去,索必扯醒。又战国时苏秦,字季子,洛阳太平庄人也。因求仕秦,遇商鞅忌才,回家为骨肉所贱。乃将太公《六韬》、《阴符》兵法之书,昼夜勤读,至更深夜静,昏迷眼闭,引锥自刺其股使醒。又读彼二人者,后来都到卿相地位,名扬四海,禄享千钟,莫非从自己发奋勤苦中所得也。"这说明苏秦故里就在今洛阳市

洛龙区李楼镇太平庄村。

今洛阳市东南郊李楼镇太平庄村南有苏秦古冢,现为河南省重点文物保护单位。二十世纪六十年代,冢前出土明洪武五年(1372年)"苏秦遗址"碑,现藏太平庄村委会院内。1999年,太平庄村民在冢在修渠时,在距地表约0.6米深出土唐武德八年(625年)宰相萧瑀刻立"武安君六国丞相苏公墓"碑,现已树立在苏秦墓冢前。这些考古发现,都说明苏秦故里当在今洛阳东南的太平庄村一带。

苏氏陶罐的形制与《洛阳烧沟汉墓》第一型第一式 M410:32、M163:1 号陶罐的形制相近[①],为西汉中期前后的遗物。它的年代距苏秦死(公元前284年)约二百余年,而其出土地点则位于太平庄村东约六公里,两处地望相近。由此可见,苏氏陶罐的出土,不但说明苏氏亡国后确有一支已迁居今洛阳东南的太平庄、碑楼庄一带,而且证明文献所载战国纵横家代表人物苏秦的故里在今太平庄村,是较为可信的。

"苏说卅升半升":"苏说"是说这个陶罐的主人姓苏名说,"卅升半升"是说此罐的容量为30.5升。我们用水对它的容量进行较量,得知它能容水16.95公斤(即16 950克)。也就是说,这件陶罐的容量为16 950毫升。由此推算当时一升的容量为

$$16\,950 \div 30.5 = 555.74(毫升)$$

这里测得一升的容量,与以往所出汉代量器一升的容量出入颇大。这是需要讨论的问题。

汉代承袭了秦代的度量衡制度。著名的商鞅方升的容积为201立方厘米。也就是说,秦代每升的容量约为200毫升。西汉上林共府铜升铭"容一升",实测容200毫升。西汉杨氏铜椭量为一斗量,实测每升合196毫升。据新莽铜嘉量实测,一升容200.634 29毫升。1915年,河南睢州出土的东汉光和大司农铜斛容20 400毫升,一升合204毫升。这说明终有汉一代,一升的容量都在200毫升左右。直到南北朝时期,我国量制才发生了巨大的变化。自铭"容一升"的北朝

[①] 《洛阳烧沟汉墓》,科学出版社,1959年。

铜缶容水395毫升[1]，可见这时一升的容量已扩大到400毫升左右，相当于秦汉时期一升容量的两倍。但是，从苏氏陶罐测得一升的容量，却相当于一般汉升容量的2.78倍，比南北朝时一升的容量也大得多。这该怎么解释呢？

苏氏陶罐应是当时的实用器，罐上的字体刻划整齐，而且记载罐的容量为"卅升半升"，有整有零，它不像是陪葬时随意刻划上去的。因此，这里所反映的量制，在当时有可能是实际存在的。它很可能是当时苏氏的家量，或者是当时洛阳附近的一种地方量制。

据《左传·昭公三年》，齐相晏婴有一段话说："公弃其民而归于陈氏。齐旧四量：豆、区、釜、钟，四升为豆，各自其四，以登于釜，釜十则钟。陈氏三量，皆登一焉，钟乃大矣，以家量贷，而以公量收之。……爱之如父母，而归之如流水，欲无获民，将焉辞之。"这是说春秋时期，齐国（姜齐）的公量系四升为豆，四豆为区，四区为釜，即六斗四升为釜，十釜为钟，钟即六石四斗。而齐国贵族陈氏的家量，是以四升为豆，五豆为区，五区为釜，十釜为钟，钟即十石。陈氏用他的家量放债，用公量收回，以此收买人心，故民归之如流水，视之如父母。后来陈氏终于夺取了姜姓齐国的政权。由此推测，西汉时期，洛阳的"苏氏"拥有自己的家量，或者当时洛阳民间流行一种有别于公量的地方量制。这些都是十分可能的。这种推测是否正确，有待新的考古资料来证明。

由上所述，苏氏陶罐的出土为研究西汉时期苏氏在洛阳的居住地区。也为苏秦故里位置以及汉代的量制研究，都提供了颇为重要的新资料。

本文原载蔡运章《甲骨金文与古史研究》，中州古籍出版社，1993年。2016年9月提交"全国苏秦与战国纵横家学术研讨会"时，略作修订。

四、苏公懿德之碑

苏秦（约前340—前284年），字季子，雒阳乘轩里人也。他是战国纵横家的代表人物，也是伟大的战略家和军事家。其丰功伟绩，彪炳史册，受人景仰。而其"引锥刺股"，发奋苦读的进取精神，至今仍被广为传颂。今年是苏公逝世

---

[1] 《中国古代度量衡图集》，文物出版社，1981年，第115—147页。

二千三百周年,全国学界及苏氏宗亲,感念先贤,爰立此碑,以示纪念。是为之颂曰:

赫赫苏氏,祝融苗裔。商周古国,载于典籍。
殷朝末年,天生妲己。武王克商,司寇忿生,
周室辅弼,册封温地。降及春秋,迁居洛邑。

战国纷争,纵横对立。雒阳苏秦,居乘轩里。
师乎鬼谷,揣摩抵巇。初游诸侯,黑貂裘弊。
返回老家,妻不下机。刺股苦读,血流蹱席。
齐宣伐燕,攻城略地。燕昭求贤,卑身厚币。
立志复仇,磨砥剑戟。苏秦闻讯,投奔燕邑。
昭王郊迎,彰显庭宇。初次赴齐,利得十城。
说服燕王,商定大计:振兴弱燕,谋并强齐。
命为上卿,治理燕齐。随从襄安,委质齐域。
取信闵王,分化赵齐。吞灭宋国,使其劳疲。
约纵散横,攻伐秦帝。功封武安,肩佩六玺,
诸侯膜拜,天下安息。衣锦还乡,亲戚畏惧。
合纵五国,策应乐毅。攻陷临淄,取其宗器。
闵王惊恐,车裂苏相,仓惶出逃,身死莒地。

惜哉苏子,以身殉职。燕之尾生,舍身忘己。
智足强国,勇足威敌。排难解忧,稷契难计。
伟哉苏子,一介布衣。身处扰攘,发奋进取。
书记鬼谷,撰著苏子。纵横学术,得以传习。
大哉苏子,身起里间。合纵诸侯,促进统一。
谋圣美名,彪炳史籍。洛都各界,永世典祭。

中国先秦史学会顾问　洛阳苏秦研究会会长　蔡运章撰文

中国社会科学院学部委员　中国先秦史学会会长　宋镇豪篆额
洛阳苏秦研究会　洛阳太平庄村民委员会　敬立
公元二零一六年九月吉日

附录五 苏秦资料汇编

苏秦的丰功伟业,在中国历史上有着深刻的影响。自战国至唐宋时期的史籍和诗赋里,屡见有关苏秦的历史资料。其中,除引录《战国策》和《史记》里的《苏子》佚文外,摘其要者辑录如下:

《战国策·秦策一》"秦惠王谓寒泉子"章:"秦惠王谓寒泉子曰:'苏秦欺寡人,欲以一人之智,反覆山东之君,从以欺秦。赵固负其众,故先使苏秦以币帛约乎诸侯。诸侯不可一,犹连鸡之不能俱止于栖之明矣。寡人忿然,含怒日久,吾欲使武安子起往喻意焉。'寒泉子曰:'不可。夫攻城堕邑,请使武安子。害我国家使诸侯,诸使容卿张仪。'秦惠王曰:'受命。'"

《战国策·楚策一》"张仪为秦破从连横"章:"凡天下所信约从亲坚者苏秦,封为武安君而相燕,即阴与燕王谋破齐共分其地。乃佯有罪,出走入齐,齐王国受而相之。居二年而觉,齐王大怒,车裂苏秦于市。夫以一诈伪反覆之苏秦,而欲经营天下,混一诸侯,其不可成也亦明之。"

《战国策·赵策二》"张仪为秦连横说赵王"章:"凡大王之所信以为从者,恃苏秦之计。苏秦荧惑诸侯,以非为是,欲反覆齐国而不能,自令车裂于齐之市。"

《战国策》曰:"苏秦为聚合纵,元戎以铁为矢,长八寸,一弩十矢俱发。"(《艺文类聚》卷六十引)

《荀子·臣道篇》:"人臣之论:有态臣者,有篡臣者,有功臣者,有圣臣者。内不足使一民,外不足使距难,百姓不亲,诸侯不信,然而巧敏佞说,善取宠乎上,是态臣者也。……故用圣臣者王,用功臣者强,用篡臣者危,用态臣者亡。态臣用则必死,篡臣用则必危,功臣用则必荣,圣臣用则必尊。故齐之苏秦,楚之州侯,秦之张仪,可谓态臣也。"

《韩非子·外储说右下》:"明主者鉴于外也,而外事不得不成。故苏代非齐王。"

《吕氏春秋》曰:"苏秦,周人也。张仪、公孙衍,魏人也。故言权变、辨智之士,必曰三晋两周。"(王应麟《玉海》卷五十三《诸子》)

银雀山汉简《孙子兵法·用间篇》说:"燕之兴也,苏秦在齐。"

陆贾《新语·辅政》:"天道以大制小,以重颠轻。以小制大,乱度干贞。谗夫似贤,美言似信,听之者惑,观之者冥。故苏秦尊于诸侯,商鞅显于西秦。"

陆贾《新语·怀虑》:"苏秦、张仪,身尊于位,名显于世,相六国,事六君,威振山东,横说诸侯,国异辞,人异意,欲合弱而制强,持横而御纵,内无坚计,身无定名,功业不平,中道而废,身死于凡人之手,为天下所笑者,乃由辞语不一,而情欲放佚故也。"

贾谊《过秦论》:"孝公既没,惠文、武、昭襄王,蒙故业,因遗册,南取汉中,西举巴、蜀,东割膏腴之地,北收要害之郡。诸侯恐惧,同盟而谋秦,不爱珍器重宝、肥饶之地,以致天下之士,合纵缔交,相与为一。当此之时,齐有孟尝,赵有平原,楚有春申,魏有信陵。此四君者,皆明智而忠信,宽厚而爱人,尊贤重士,约纵离横,兼韩、魏、燕、赵、宋、卫、中山之众。于是六国之士,有宁越、徐尚、苏秦、杜赫之属为之谋,齐明、周最、陈轸、召滑、楼缓、翟景、苏厉、乐毅之徒通其意,吴起、孙膑、带佗、倪良、王廖、田忌、廉颇、赵奢之朋制其兵。尝以十倍之地,百万之众,仰关而攻秦。秦人开关延敌,九国之师逡巡而敢进。秦无亡矢遗镞之费,而天下诸侯已困矣。于是从散约解,争割地以赂秦"(《文选》卷五一)。

《淮南子·氾论》:“苏秦匹夫徒步之人也,馊蹻嬴盖,经营万乘之主,服诺诸侯,然不自免于车裂之患。……苏秦知权谋而不知祸福。”

《淮南子·诠言》:“王子庆忌死于剑,羿死于桃棓,子路菹于卫,苏秦死于口,人莫不贵其所修,而贱其所短。”高诱注:“苏秦好说,为齐所杀。”又说:“邓析巧辩而乱法,苏秦善说而亡身。”

《淮南子·说林》:“苏秦步,曰:‘何故?’趍,曰:‘何趍驰?’有为则议,多事固苛。”

《淮南子·说林》:“管子以小辱成大荣,苏秦以百诞成一诚。”

《淮南子·泰族》:“张仪、苏秦,家无常居,身无定君;约从横之事,为倾覆之谋;浊乱天下,挠滑诸侯,使百姓不遑启居;或从或横,或合为弱,或辅富强。此异行而归于丑也。”

《淮南子·泰族》:“五帝三王之道,天下之纲纪,治之仪表也。今商鞅之《启塞》,申子之《三符》,韩非之《孤愤》,张仪、苏秦之从横,皆掇取之权、一切之术也,非治之大本、事之恒常、可博闻而传世者也。”

《史记·六国年表序》:“及田常杀简公而相齐国,诸侯晏然弗讨,海内争于战功矣。三国终之卒分晋,田和亦灭齐而有之,六国之盛自此始,务在强兵并敌,谋诈用而从横短长之说起。”

《史记·张仪列传》:“苏秦已说赵王而得相约从亲,然恐秦之攻诸侯,败约后负,念莫可使用于秦者,乃使人微感张仪曰:‘子始与苏秦善,今秦已当路,子何不往游,以求通子之愿。’张仪于是之赵,上谒求见苏秦。苏秦乃诫门下人不为通,又使不得去者数日。已而见之,坐之堂下,赐仆妾之食。因而数让之曰:‘以子之材能,乃自令困辱至此。吾宁不能言而富贵子,子不是收也。’谢去之。张仪之来也,自以为故人,求益,反见辱,怒,念诸侯莫可事,独秦能苦赵,乃遂入秦。苏秦已而告其舍人曰:'张仪,天下贤士,吾殆弗如也。今吾幸先用,而能用秦柄者,独张仪可耳。然贫,无因以进。吾恐其乐小利而不遂,故召辱之,以激其意。子为我阴奉之。'乃言赵王,发金币车马,使人微随张仪,与同舍宿,稍稍近就之,奉以车马金钱,所欲用,为取给,而弗告。张仪遂得以见秦惠王。惠王以为卿客,与谋伐诸侯。苏秦之舍人乃辞去。张仪曰:'赖子得显,方且报德,何故去也?'舍人曰:'臣非知君,知君乃苏君。苏君忧秦伐赵败从约,以为非君莫能得秦柄,故感怒君,使臣阴奉给君资,尽苏君之计谋。今君已用,请归报。'张仪曰:'嗟呼,此在吾术中而不悟,吾不及苏君明矣!吾又新用,安能谋赵乎?为吾谢苏君,苏君之时,仪何敢言。且苏君在,仪宁渠能乎!'"

《史记·张仪列传》:"且夫诸侯之为从者,将以安社稷尊主强兵显名也。今从者一天下,约为昆弟,刑白马以盟洹水之上,以相坚也。而亲昆弟同父母,尚有争钱财,而欲持诈伪反覆苏秦之余谋,其不可成亦明矣。"

《史记·张仪列传》:"凡大王之所信为从者恃苏秦。苏秦荧惑诸侯,以是为非,以非为是,欲反齐国,而自令车裂于市。夫天下之不可一明矣。"

《史记·张仪列传》:"太史公曰:三晋多权变之士,夫言从衡强秦者,大抵皆三晋之人也。夫张仪之行事甚于苏秦,然世恶苏秦者,以其先死,而张仪振暴其短以扶其说,成其衡道。要之,此两人真倾危之士哉!"《索隐》:"张仪说六国,使连衡而事秦,故云'成其衡道'。然山东地形从长,苏秦相六国,令从亲而宾秦也。关西地形衡长,张仪相六国,令破其从而连秦之衡,故谓张仪为连横矣。"

《史记·范雎蔡泽列传》:"苏秦、智伯之智,非不足以辟辱远死也,而所以死者,惑于贪利不止也。"

《史记·邹阳列传》:"是以苏秦不信于天下,而为燕尾生。白圭战亡六城,为魏取中山。何则?诚有以相知也。苏秦相燕,燕人恶之于王,王按剑而怒,食以驮骒。"《索隐》:"服虔云:'苏秦于齐不出其信,于燕则出尾生之信。'"案:"言苏秦于燕独守信如尾生,故云'为燕之尾生也'。"

《史记·滑稽列传》:"苏秦、张仪一当万乘之主,而都卿相之位,泽及后世。……东方朔曰:'是固非子所能备也。彼一时也,此一时也,岂可同哉!夫张仪、苏秦之时,周室大坏,诸侯不朝,力政争权,相禽以兵,并为十二国,未有雌雄,得士者强,失士者亡,故说听行通,身处尊位,泽及后世,子孙长荣。今非然也。圣帝在上,德流天下,诸侯宾服,威振四夷,连四海之外以为席,安于覆盂,天下平均,合为一家,动发举事,犹如运之掌中。贤与不肖,何以异哉?'"(亦见《文选·东方朔〈答客难〉》)

刘向《战国策书录》:"(战国之世)上无天子,下无方伯;力功争强,胜者为右;兵革不休,诈伪并起。当此之时,虽有道德,不得施谋;有设之强,负阻而恃固;连与交质,重约结誓,以守其国。故孟子、孙卿儒术之士,弃捐于世,而游说权谋之徒,见贵于俗。是以苏秦、张仪、公孙衍、陈珍、代、厉之属,生从横短长之说,左右倾侧。苏秦为从,张仪为横;横则秦帝,从则楚王;所在国重,所去国轻。然当此之时,秦国最雄,诸侯方弱,苏秦结之,时六国为一,以傧背秦。秦人恐惧,不敢阙兵于关中,天下不交兵者,二十有九年。然秦国势便形利,权谋之士,咸先驰之。苏秦初欲横,秦弗用,故东合从。及苏秦死后,张仪连横,诸侯听之,西向事秦。"

《新序·杂事三》:"是以苏秦不信于天下,为燕尾生;白圭战亡六城,为魏取中山。何哉?诚有以相知也。苏秦相燕,燕人恶之于燕王。燕王按剑而怒,食之以驮骒。"

《说苑·君道》:"于是燕王常置郭隗上坐,南面。居三年,苏子闻之,从周归燕;邹衍闻之,从齐归燕;乐毅闻之,从赵归燕;屈景闻之,从楚归燕。四子毕至,果以弱燕并强齐。夫燕、齐非均权敌战之国也,所以然者,四子之力也。"

《说苑·尊贤》:"宋用唐鞅,齐用苏秦,秦用赵高,而天下知其亡也。"

《说苑·尊贤》:"燕昭王得郭隗而邹衍、乐毅以齐、赵至,苏子、屈景以周、楚至,于是举兵而攻齐,栖闵王于莒。燕较地计众,非与齐均也,然所以能信意于此者,由得士也。"

《盐铁论·非鞅篇》:"苏秦合纵连横,统理六国,业非不大也。"

扬子《法言·渊骞》:"或问:仪、秦学乎鬼谷术,而习乎纵横言。安中国者各十余年,是夫?曰:诈人也,圣人恶诸。曰:孔子读而仪、秦行,何如也?曰:甚矣!凤鸣而鸷翰也。曰:然则子贡不为欤!曰:乱而不解,子贡耻诸;说而不富贵,仪、秦耻诸。或曰:仪、秦其才矣乎?迹不蹈已。曰:昔在任人,帝曰:难之。亦才矣,才乎才,非吾徒之才也。"

《汉书·武帝纪》:建元元年冬十月"丞相绾奏:'所举贤良,或治申、商、韩非、苏秦、张仪之言,乱国政,请皆罢。'奏可。"应劭曰:"苏秦为关东从长,张仪为秦昭王相,为横说以抑诸侯。"

《汉书·张汤传》:"边通学短长,刚暴人也。"张晏注:"苏秦、张仪之谋趣彼为短,归此为长。《战国策》名长短术也。"

《汉书·主父偃传》:"主父偃,齐国临菑人也,学长短纵横术。"服虔注:"苏秦法百家书说也。"

《汉书·杜周传》:"业因势而抵陒。"服虔注:"抵音纸。陒音羛。谓罪败而复抨弹文,苏秦书有此法。"

《汉书·王莽传》:"虽有鬼谷,不及造次。"颜师古注:"鬼谷先生,苏秦之师,善谈说。"

班固《弈旨》:"作伏设诈,突围横行。田单之奇,要厄相劫。割地取赏,苏、张

之姿。"(《艺文类聚》卷七十四)

《论衡·答佞篇》:"问曰:言行无功效,可谓佞乎?苏秦约六国为纵,强秦不敢窥兵于关外。张仪为横,六国不敢同攻于关内。六国约纵,则秦畏而六国强,三秦称横,则秦强而天下弱。功著效明,载纪竹帛,虽贤何以加之。太史公叙言众贤,仪、秦有篇,无疾恶之文,功钧名敌,不异于贤。夫功之不可以效贤,犹名之不可实也。仪、秦排难之人也,处扰攘之世,行揣摩之术,当此之时,稷、契不能与之争计,禹、皋陶不能与之比效。……太史公记功,故高来禩,记录成则著效明验,揽载高卓,以仪、秦功美,故列其状。由此言之,佞人亦能以权说立功为效,无效,未可为佞也。"

《论衡·答佞篇》:"人自有知以诈人。及其说人主,须术以动上,犹上人自有勇威人。及其战斗,须兵法以进众。术则从横,师则鬼谷也。传曰:苏秦、张仪从横,习之鬼谷先生,掘地为坑,曰:'下说令我泣,出则耐分人君之地。'苏秦下说,鬼谷先生泣下沾襟。张仪不若。苏秦相赵,并相六国。张仪贫贱,往归苏秦。坐之堂下,食以仆妾之食,数让激怒,欲令相秦。仪忿恨,遂西入秦。苏秦使人厚送。其后觉知,曰:'此在其术中,吾不知也。此吾所不及苏君者。'"

《潜夫论·志氏姓》:"初,纣有苏氏以妲己女而亡殷国。周武王时,有苏忿生为司冠而封温。其后洛邑有苏秦。"

《潜夫论·实贡》:"周显拘时,故【疏】苏秦;燕哙利虚誉,故让子之,皆舍实听声,呕哇之过也。"汪继培笺:"'故'下脱一字,疑是'疏','疏'与'苏'声相涉而失之。"今据补。

《后汉书·冯衍传》:"流苏秦于洹水兮,幽张仪于鬼谷。"李贤注:"苏秦,洛阳人也。师事鬼谷先生,为从说。说关东六国为从亲以畔秦,会于洹水之上,刭白马而盟。张仪,魏人也。与苏秦同师,为关西横说。说关东六国令事秦。皆尚诬诈,不遵道德。洹水出汲郡林虑县。鬼谷,谷名,即鬼谷先生所居地,在今洛州洛阳城北。"

《后汉书·张衡传》:"夫战国交争,戎车竞区,君若缀旒,人无所丽。烛武县縋而秦伯退师,鲁连系箭而聊城弤柝。从往则合,横来则离,安危无常,要在说夫。咸以得人为枭,失士为尤。"李贤注:"张仪说诸侯连和事秦为衡,苏秦说诸侯连兵拒秦为从。苏秦往则从合,张仪来则从离。枭犹胜也,犹六博得枭则胜。"

《后汉书·蔡邕传》:"连衡者六印磊落,合从者骈组流离。"李贤注:"连横谓张仪,合从谓苏秦,并佩六国之印。"

《风俗通义·皇霸》:"谨按《战国策》、太史公《记》,秦孝公据殽函之固,拥雍州之地,君臣戮力,以窥周室,有席卷天下,囊括八荒之意。当是之时,商君佐之,……。诸侯恐惧,会盟而谋,不爱尊爵重宝,以致天下之士。当此之时,齐有孟尝,赵有平原,楚有春申,魏有信陵。夫四豪者,皆明智而忠信,宽厚爱人,兼韩、魏、燕、赵、宋、卫、中山之众。其后复有宁越、苏秦、杜赫之属为之谋,陈轸、召滑、乐毅之徒通其意,吴起、孙膑、廉颇之属制其兵。尝以十倍之地,百万之军攻秦。秦人开关延敌,六国之师遁逃而不敢进。秦无一矢遗镞之费,而关东已困。于是从散约败,争割地而赂秦。秦有余力而制其弊。"

《风俗通义·穷通》:"是时,七国交争,尚于权诈。而孙卿守礼义,贵术籍,虽见穷摈而犹不黜其志,作书数十篇,疾浊世之政。国乱君危相属,不遵大道而营乎巫祝,信机祥。苏秦、张仪以邪道说诸侯,以大贵显。随而笑之曰:夫不以其道进者,必不以其道士。"

《风俗通义·祀典》:"《战国策·齐语》,孟尝君将西入秦,谏者千数,而弗听。苏秦欲止之,曰:'臣之来也,过于淄上,有土偶人焉,与桃梗相与语。谓土偶人曰:子西岸之土也,挺子以为人。至岁八月,天霖雨,淄水至,则子残矣。曰:不然。吾西岸之土也,残则复西岸耳。今子东国桃木也,削子以为人。隆雨下,淄水至,洗子而汜汜将何如矣!夫秦,四塞之国,譬若虎口,而入之则不知其可。'孟

尝君乃止。"(亦见《艺文类聚》卷八十六)

《三国志·魏书·武帝纪》:"令曰:'夫有行之士未必能进取,进取之士未必能有行也。陈平岂笃行,苏秦岂守信耶?而陈平定汉业,苏秦济弱燕。由此观之,士有偏短,庸可废乎!'"

诸葛亮《论诸子》:"老子长于养性,不可以临危难。商鞅长于理法,不以从教化。苏、张长于驰辞,不可以结盟誓。白起长于攻取,不可以广众。子胥长于图敌,不可以谋身。尾生长于守信,不可以应变。王嘉长于遇明君,不可以事暗主。许子将长于明臧否,不可以养人物。此任长之术者也。"(《诸葛亮集》卷二)

《三国志·蜀书·秦宓传》:"先是,李权从宓借《战国策》,宓曰:'战国从横,用之何为?'权曰:'仲尼、严平,会聚众书,以成《春秋》、《指归》之文,故海以合流为大,君子以博识为弘。'宓曰:'书非史记周图,仲尼不采,道非虚无自然,严平不演。海以受淤,岁一荡清;君子博识,非礼不视。今战国反覆仪、秦之术,杀人自生,亡人自存,经之所疾。故孔子发愤作《春秋》,大乎居正,复制《孝经》,广陈德行。……《洪范》记灾,发于言貌,何战国之谲权乎哉!'"

鱼豢《典略》曰:"邯郸之北,有苏大侯者,苏秦往说之,大侯送以黄金百镒,其家丞谏曰:'君侯之与客无故旧,而送之百金,其说可闻邪?'苏大侯曰:'客,天下辩士也,立谈之间,再夺吾地,而复归之;吾地虽小,岂直百金邪?'"

《典略》曰:"苏秦如赵,逢其邻子于易水之上,从贷一定布,约偿千金,邻子不与。"(《艺文类聚》卷八十五)

潘岳《西征赋》说:"连鸡互而不栖,小国合而成大。"李善注:"言小国异乎连鸡也。《战国策》秦惠王谓寒泉子曰:'苏秦约于诸侯,诸侯之不可一,犹连鸡之不能俱止栖,亦明矣。'"(《文选》卷十)

潘岳《西征赋》说:"苏、张喜而诈骋,虞芮愧而讼息。"李善注:"苏秦、张仪。"(《文选》卷十)

左思《咏史八首》诗说:
  苏秦北游说,李斯西上书。俛仰生荣华,咄嗟复彫枯。
李善注:"《史记》曰:'苏秦乃西至秦,说惠王。王方诛商鞅,疾辨士弗用。乃东至赵,遂说六国。苏秦为从约长,并相六国。后去赵至燕,阳为得罪于燕争宠者,而使人刺苏秦。"(《文选》卷二一)

阮籍《咏怀诗十七首》诗说:
  李公悲东门,苏子狭三河。求仁自得仁,岂复叹咨嗟。
沈约注:"河南、河东、河北,秦之三川郡。古人乎水皆为河耳。苏子以两周之狭小,不足逞其志力,故去,佩六国相印也。云二子岂不知进趋之近祸败哉!"李善注:"李公,李斯。苏子,苏秦。"(《文选》卷二三)

阮瑀《为曹公作书与孙权》曰:"昔苏秦说韩,'羞以牛后。韩王按剑作色而怒,虽兵折地割,犹不为悔',人之情也。"李善注:"《战国策》苏秦为楚合从说韩王曰:臣闻鄙谚曰:'宁为鸡尸,不为牛从。'今西面交臂而臣事秦,何以异于牛从也。'夫以大王之贤也,挟强韩之名,臣切为大王羞之。韩王忿然作色,攘臂按剑,仰天曰:'寡人虽死,其不事秦。'"(《文选》卷四二)

陈琳《为袁绍檄豫州》李善注:"《战国策》苏秦曰:上下相怨,民无所聊。'"(《文选》卷四四)

刘勰《文心雕龙·论说》:"说之善者,伊尹以论味隆殷,太公以辨钓兴周;及烛武行而纾郑,端木出而存鲁,亦其美也。暨战国争雄,辨士云涌,从横参谋,长短角势,《转丸》骋其巧辞,《飞箝》伏其精术;一人之辨,重于九鼎之宝,三寸之舌,强于百万之师;六印磊落以佩,五都隐赈而封。"周振甫注:"《苏秦传》,苏秦说六国合纵,'佩六国相印'。磊落,状众多错杂。又《张仪传》,'秦惠王封仪五邑。'隐账,即殷账,指富有。"

王嘉《拾遗记》卷四:"张仪、苏秦二人,同志好学,迭剪发而鬻之,以相养,或佣力写书,非圣人之言不读。遇见《坟》《典》,行途无所题记,以墨书掌及股里,夜还而写之,折竹为简。二人每假食于路,剥树皮编以为书帙,以盛天下良书。尝息大树之下,假息而寐。有一先生问:'二子何勤苦也?'仪、秦又问之:'子何国人?'答曰:'吾生于归谷,亦云鬼谷。'鬼者,归也。又云归者,谷名也。乃谓其术,教以干世出俗之辩。乃探胸内,得二卷说书,言辅时之事。《考史考》云:'鬼谷子也,鬼归相近也。'"(王子年《拾遗记》卷四)

刘昼《新论·九流》:"纵横者,阚子、庞煖、苏秦、张仪之类也。其术本于行仁,译二国之情,弭战争之患,受命不受辞,因事而制权,安危扶倾,转祸就福。然而薄者,则苟尚华而弃忠信也。"

《春秋战国异辞》卷二:"苏秦上秦惠王书后诗云:'言语相结,天下为一。合从连横,兵革不藏,文士并饬。诸侯乱惑,万端俱起,不可胜理。科条既备,民多伪态,书策稠浊,百姓不足。上下相愁,民无所聊。明言章理,甲兵愈起。辩言伟服,战攻不息。繁称文辞,天下不治。舌弊耳聋,不见成功。行义约信,天下不亲'"(《春秋后语辑考》第321页,齐鲁书社,1993年)。

《洛阳伽蓝记》卷三《大统寺》:"大统寺在景明寺西,即所谓利民里。寺南有三公令史高显略(洛)宅。夜见赤光行于堂前,如此者非一。向光明所掘地丈余得黄金百斤,铭云:'苏秦家金,得者为吾造功德。'显略遂造招福寺。人谓此地是苏秦宅。当时元义秉政,闻其得金,就洛索之,以二十斤与之。衔之按:苏秦时未有佛法,功德者不必是寺。应是碑铭之类,颂其声迹也。"

袁淑《真隐传》:"鬼谷先生,不知何许人也,隐居韬智,居鬼谷山,因以为称。苏秦、张仪师之,遂立功名。先生遗书责之曰:'若二君岂不见河边之树乎?仆御折其枝,波浪荡其根,上无径尺之阴,下被数十之痕,此木岂与天地有仇怨?所居然也。子不见嵩、岱之松柏，华、霍之檀桐乎？上枝干于青云，下根通于三泉，千秋万岁，不受斧斤之患，此木岂与天地有骨肉哉？盖所居然也'。"（《太平御览》第五百一十卷）

尹知章序《鬼谷子》曰："苏秦、张仪往事之，受捭阖之术十有二章，复受《转丸》、《胠箧》三章。然秦、仪用之，裁得温言、酒食、货财之赐。秦也，仪也，知道未足行，复往见，具言：'所受于师，行之，少有口吻之验耳。未有倾河填海移山之力，岂可更闻至要，使弟子深见其阃奥乎？'先生曰：'为子陈言至道。'斋戒择日而往见，先生乃正席而坐，严颜而言，告二子以全身之道。"《文心雕龙》云：'《转丸》骋其巧辞，《飞钳》伏其精术。'"（王应麟《困学纪闻》卷十《诸子》）

杜光庭《录异记》曰："鬼谷先生者，古之真仙也，云姓王氏，自轩辕之代，历于商、周，随老君西化流沙，洎周末，复还中国，居汉滨鬼谷山。受道弟子百余人，惟张仪、苏秦，不慕神仙，好纵横之术。时王纲颓弛，诸侯相征，凌弱暴寡，干戈云扰，二子得志，肆唇吻于战国之中，或遇或否，或屯或泰，以辩谲相高，争名贪禄，无复云林之志。先生遗仪、秦书曰：'二君足下功名赫赫，但春到秋，日既相尽，时既将老，君不见河边之树乎？仆驭折其枝，波浪激其根，此木非与天下人有仇怨，所居者然也。子不见嵩、岱松柏，华、霍之树？上叶凌青云，下根通三泉，上有玄狐黑猿，下有豹隐龙潜，千秋万岁，不逢斧斤之患，此木非与天下人有骨肉，盖所居然也'。今二子好云路之荣，慕长久之功，轻乔、松之永延，贵一夕之浮爵，疼焉悲夫二君！'仪、秦答书曰：'先生秉德含弘，饥必噉芝英，渴必饮玉浆，德与神灵齐，明与三光同，不忘赐书，戒之贪味。仪以不敏，名闻不昭，入秦匡霸，欲翼时君，刺以河边，喻以深山，虽素空阔，诚衔斯旨。'仪等曰：'伟哉先生，玄览遐鉴，兴亡皎然。'二子不能抑志退身，甘蓼虫之乐，栖竹苇之巢，自掇泯灭，悲夫痛哉！"（《续修四库全书》景印明崇祯毛氏刻《津逮秘书》第十一集本）

杜光庭《仙传拾遗》："鬼谷，晋平公时人。隐居嵩阳鬼谷，因以为号。先生姓王名诩。苏秦、张仪从之学纵横术，智谋相倾夺，不可化以至道。临别去，先生与一只履,化为犬,以引二子即日到秦矣。先生在人间数百岁,后不知所之。"(陈葆光《三洞群仙录》卷四十引,《道藏要籍选刊》第六册,上海古籍出版社,1989年)

李筌《太白阴经》:"非大奥知微,不能御敌;不劳心苦思,不能原事;不息见情伪,不能战名;才知不明,不能用兵;忠实不明,不能知人。是以鬼谷先生迷捭阖、揣摩、飞钳、抵巇之篇,以教苏秦、张仪游说于六国,而操诸侯之心。于是术行焉。"(四库全书本)

李藗《长短经·任长》:"胡人便于马,越人便于舟,异形殊类,易事则悖矣。魏武侯曰:'进取之士,未必能有行,有行之士,未必能进取。陈平岂笃行,苏秦岂守信耶?而陈平定汉业,苏秦济弱燕者,任其长也。'"

李藗《长短经·七雄略》:"自幽、平之后,日益陵夷,爵禄多出于陪臣,征伐不由于天子。吴并于越,晋分为三,郑兼于韩,鲁灭于楚。海内无主,四十余年而为'战国'矣。秦据势胜之地,骋狙诈之兵,蚕食山东,山东患之。苏秦,洛阳人也,合诸候之纵以宾秦;张仪,魏人也,破诸侯之纵以连衡。此纵横之所起也。"

《苏子》曰:"人生一世,若朝露之托于桐叶耳,其与几何!"(《后汉书·王符传》李贤注引)

《苏子》曰:"车渠马㺨,出于荒外,今冀州之土,曾未得其奇也。"(《艺文类聚》卷六十引)

《史记》曰:"初苏秦之燕,贷百钱为资,及贵,以百金偿之。遍报诸所尝见德者,其从者一人,独未见报,乃前自言。苏秦曰:'我非忘子,子之与我至燕,再三欲去我易水之上。方是时我困,故望子深,是以后子。子今亦得矣。'"(《艺文类聚》卷六十六引)

刘知幾《史通·言语》:"战国虎争,驰说云涌,人持《弄丸》之辩,家挟《飞钳》

之术,剧谈者以谲诳为宗,利口者以寓言为主;若《史记》载苏秦合从、张仪连横、范雎反间以相秦、鲁连解纷以全赵是也。"

刘知幾《史通·内篇·叙事》:"然则人之所述,虽同自一手,其间则有善恶不均,精细非类。若《史记》之《苏》、《张》、《蔡泽》等传,是其美者。至于三、五《本纪》,《日者》、《太仓公》、《龟策传》,固无所取焉。"

刘知幾《史通·外篇·杂说下》:"案苏秦答燕易王,称有妇人将杀夫,令妾进其药酒,妾佯僵而覆之。又甘茂谓苏代云:贫人女与富人女会绩,曰:'无以买烛,而子之光有余,子可分我余光,无损子明。'此并战国之时,游说之士,寓言设理,以相比兴。及向之著书也,乃用苏氏之说,为二妇人立传,定其邦国,加其姓氏,以被乌有,持为指实,何其妄哉!"

李白《魏郡别苏明府因北游》诗:
洛阳苏季子,剑戟森此锋。六印虽未佩,轩车若飞龙。
黄金数百镒,白璧有几双。霰尽空掉臂,高歌赋还邛。
落魄乃如此,何人不相从。远别隔两河,云山杳千重。
何时更怀酒,再得论心胸。(《李白全集》第十五卷)

李白《别内赴征三首》诗:
出门妻子强牵衣,问我西行几日归。
归时倘佩黄金印,莫见苏秦不下机。(《李白全集》卷二十五)

宋之问《过函谷关》诗:
二百四十载,海向何纷纷?
六国兵同合,七雄势未分。
成从拒秦帝,策决问苏君。
鸡鸣将狗盗,论功不论勋。(《初学记》卷七)

贾岛《经苏秦墓》诗：

沙埋古篆折碑文，六国兴亡事系君。

今日凄凉无处说，乱山秋尽有寒云。（《全唐诗》卷五七四）

唐彦谦《客中感怀》：

客路三千里，西风两鬓尘。

贪名笑吴起，说国叹苏秦。

托兴非耽酒，思家岂为莼。

可怜令夜月，独照异乡人。（《全唐诗》卷六七一）

王韫秀《寄姨妹》诗：

相国已随麟阁贵，家风第一右丞诗。

笄年解笑鸣机妇，耻见苏秦富贵时。（《唐诗别裁集》卷二十）

《太平御览》卷四〇六《人事部·交友一》："古歌辞曰：'结交在相知，骨肉何必亲，甘言无忠实，世薄多苏秦。'"

《太平御览》卷四六〇《人事部·游说上》："《战国策》曰：齐宣王因燕丧攻取十城，苏秦为燕说齐王，再拜而贺，因仰而吊。齐王案戈曰：'何庆吊相随之速也？'对曰：'人之饥所以不食乌喙者，以为虽愈饥充腹，而与死同患。'齐乃归燕城。"

《太平御览》卷四六〇《人事部·游说上》："《战国策》曰：苏秦说六国从合，秦为从长，并相六国。喟然叹曰：'使我有雒阳负郭田二顷，岂能佩六国相印乎？'于是散千金以赐宗族。"

《太平御览》卷四六三《人事部·辩说上》："《史记》曰：苏秦初与张仪俱事鬼谷先生，十一年，皆通六艺，经营百家之言。鬼谷先生弟子五百余人，为之土窟窖，深二丈。先生曰：'有能独下说窖中，使我泣出者，则能分人主之地。'久苏秦下说窖中，鬼谷先生泣下沾衿。次张仪说窖中，亦泣。先生曰：'苏秦词说，与张仪一体也。'"

《太平御览》卷五一〇《逸民部》："鬼谷先生，不知何许人也。隐居鬼谷山，因以为称。苏秦、张仪师之，遂立功名。先生遗书勉之曰：'二君岂不见河边之树乎？仆御折其枝，风浪荡其根。此木岂与天地有仇怨，所居然也。子见嵩岱之松拓乎？上枝干于青云，下根通于三泉，千秋万岁，不逢斧斤之患，此木岂与天地有骨肉，所居然也。'"

《太平御览》卷四七〇《人事部·贵盛》："苏秦师于鬼谷先生，后得周书《阴符》，读之以揣摩。因说六国以拒秦。为从约并六国，各佩其印。行过洛阳，车骑辎重，诸侯各使送之，甚众，拟于王者。周王闻，恐惧。除道使人郊劳，于是散千金以赐宗祖。"

《太平御览》卷五一〇《逸民部》："鬼谷先生，不知何许人也。隐居鬼谷山，因以为称。苏秦、张仪师之，遂立功名。先生遗书勉之曰：'二君岂不见河边之树乎？仆御折其枝，风浪荡其根。此木岂与天地有仇怨，所居然也。子见嵩岱之松拓乎？上枝干于青云，下根通于三泉，千秋万岁，不逢斧斤之患，此木岂与天地有骨肉，所居然也'。"

《太平御览》卷五三〇《礼仪部》："《鬼谷子》曰：'周有豪士，居鬼谷，号为鬼谷先生。苏秦、张仪往见之。'先生曰：'吾将为二子陈言至道，子其斋戒，择日而学。'后秦、仪斋戒而往。"

《太平御览》卷七二六《方术部》："《春秋后语》曰：'苏秦事鬼谷子，学终辞归，道乏困行，以燕人蠡卜传说自给，各解臧获之裘。'"

《太平御览》卷八〇三《珍宝部》："苏秦说李兑不能听，送秦以明月之珠，和氏之璧，黑貂之裘。"

《太平御览》卷八一四《布帛部》:"《史记》苏代遗燕王书云:'齐紫败素,而贾十倍。'"

《太平御览》卷九八三《香部》:"《苏子》曰:'象以牙丧身不能去其白,薰以芳自烧不能去其香。'"

《太平广记》卷四《神仙》:"鬼谷先生,晋平公时人。隐居鬼谷,因为其号。先生姓王名利,亦居青溪山中。苏秦、张仪从之学纵横之术。二子欲驰骛诸侯之国,以智诈相倾夺,不可化以至道。夫至道玄微,非下才得造次而传。先生痛其道废绝,数对苏、张涕泣。然终不能悟。苏、张学成别去,先生与一只履,化为犬,北引二子即日到秦矣。先些凝神守一,朴而不露,在人间数百岁,后而不知所之。秦皇时,大苑中多柱死者横道,有鸟衔草以覆死人面,遂活。有司上闻,始皇遣使赍草以问先生。先生曰:'巨海之中有十洲,曰祖洲、瀛州、玄洲、炎洲、长洲、元洲、流洲、光生洲、凤麟洲、聚窟洲。此草是祖洲不死草也。生在琼田中,亦名养神芝。其叶以菰,不丛生,一株可活千人耳。'"

曾巩《战国策序》:"战国之游士则不然,不知道之可信,而乐于说之易合。其设心注意,偷为一切之计而已。故论诈之便而讳其败,言战之善而蔽其患。其相率而为之者,莫不有利焉而不胜其害也,有得焉而不胜其失也。卒至苏秦、商鞅、孙膑、吴起、李斯之徒以亡其身,而诸侯及秦用之,亦灭其国。其为世之大祸明矣,而俗犹莫之悟也。"

鲍彪《战国策序》:"《国策》,史家流也。其文辩博,有焕而明,有婉而微,有约而深,太史公之所考本也。自汉称为《战国策》,杂以短长之号,而有苏、张纵横之说。学者讳之置不论,非也。"

洪迈《苏张说六国》:"苏秦、张仪同学于鬼谷,而纵横之辩,如冰炭水火之不同,盖所以设心者异耳!苏欲六国合纵以摈秦,故言其强。谓燕地方二千余里,带甲数十万,车六百乘,骑六千匹,;谓赵地方二千余里,带甲数十万,车千乘,骑万匹；谓韩地方九百里，带甲数十万，天下之强弓劲弩，皆从韩出，韩卒之勇，一人当百；谓魏地方千余里，卒七十万；谓齐地方二千余里，临菑之卒固已二十一万；楚地方五千里，带甲万，车千乘，骑万匹。至于张仪则欲六国为横以事秦，故言其弱。谓梁地方不过千里，卒不过三十万；韩地险恶，卒不过二十万；临菑、即墨非齐之有；断赵右肩。黔、巫非楚有，易水长城非燕有。然而六王皆耸听敬从，举国而付之，未尝有一语相折难者，彼皆长君，持国之日久，逮其临事，乃顾如吉榾，随人俯仰，得不危亡幸矣哉！且一国之势，犹一家也。今夫主一家之政者，较量生理，名田若干顷，岁收粟谷若干；艺园若干亩，岁收桑麻若干；邸舍若干区，为钱若干；下至牛羊鸡犬，莫不有数。自非童駯孱愚之人，未有不能件析而枚数者，何待于疏远游客为吾借箸而筹哉？苟一以为多，一以为寡，将遂挈挈然，举而信之乎？晁错说景帝曰：'高帝大封同姓，齐七十余城，楚四十余城，吴五十余城，分天下半。'以汉之广，三国渠能分其半？以错欲削诸侯，故盛言其大尔。胶西王将与吴反，群臣谏曰：'诸侯地不能当汉十二，为叛逆之计也。'是时反者即吴、楚、诸齐，此胶西臣欲止王之谋，故盛言其小尔。二者视苏张之言，疑若相似，而用心则否，听之者唯能知彼知己，则善矣。'"（洪迈《容斋随笔·容斋续笔》第二卷）。

洪迈《鬼谷子书》："鬼谷子与苏秦、张仪书曰：'二足下功名赫赫，但春华至秋，不得久茂。今二子好朝露之荣，忽长久之功。轻松、乔之永延，贵一旦之浮爵。夫女爱不极席，男欢不毕轮，痛哉夫君。'"（《容斋随笔·容斋四笔》第二卷）

洪迈《土木偶人》："赵德甫作《金石录》，其跋汉居摄坟坛二刻石云：'其一上谷府卿坟坛，其一祝其卿坟坛。曰坟坛者，古未有土木像，故为坛以祀之。两汉时皆如此。'予案《战国策》所载，苏秦谓孟尝君曰：'有土偶人与桃梗相语。桃梗曰：子西岸之土也，埏之以为人，雨下水至，则汝残矣。土偶人曰：子东国之桃梗也，刻削子以为人，雨降水至，流子而去矣。所谓土木为偶人，非像而何？'汉至寓龙、寓车马，皆谓以木为之，像其真形。谓之两汉未有，则不可也。"（《容斋随笔·容斋四笔》第五卷）

邵雍《战国吟》诗：

七国之时尚战争，威强智诈一起行。

廉颇吴起善用兵，苏秦张仪善纵横。(《伊川击壤集》卷十三)

邵雍《七国》诗：

七国纵横事何明，苏张得路事非平。

当初天下如何尔，市井之人为正卿。(《伊川击壤集》卷十三)

邵雍《扫地吟》诗：

管晏治时犹有体，苏张用处更无名。

三皇不帝从何出，扫地中原俟太平。(《伊川击壤集》卷十三)

《河南程氏遗书》卷十八："伊川先生说：'苏秦、张仪则更是取道远。初秦、仪学于鬼谷，其术先揣摩其如何，然后捭阖，捭阖既动，然后用钩钳，钩其端然后钳制之。其学既成，辞鬼谷去，鬼谷试之，为张仪说所动。然其学甚不近道，人不甚惑之，孟子时已有置而不足论也。'"(《二程集》第235页，中华书局，2004年)

叶适曰："《战国策》国别必列苏、张从横，具载代、厉始末，意其宗苏氏学者所次辑也。"(《习学记言》卷十八)

《资治通鉴》卷二《周纪二》："初，洛阳人苏秦说秦王以兼天下之术，秦王不用其言。"胡三省注："《姓谱》：'苏，己姓，颛顼裔孙吴回生陆终，陆终生昆吾，封于苏，至周，苏公。'"

《太平寰宇记》卷三《西京一》："苏秦，洛阳人，读《阴符经》，欲睡，引锥刺股。后游赵，说六国，受相印。"又说："苏秦宅。《郡国志》云：'在利仁里。后为后魏尚书高显业宅。每夜显业见赤光，于光处掘得金百斤，铭曰：苏秦金。显业当之造寺。'"

《太平寰宇记》五十九《邢州》:"苏秦亭。苏秦西说秦人,请货黄金百镒,黑貂之裘,即此地也。今有亭存。"

王应麟《困学纪闻》卷十《诸子》:"《太平御览》引《苏子》曰:'兰以芳自烧,膏以明自炳。翠以羽殃身,蚌以珠致破。'苏秦能为此言,而不能保其身。《汉书》楚老父之言,本于此。"

王应麟《玉海》卷五十三《鬼谷子》:"《七录》有《苏秦书》,乐壹注云:'秦欲神秘其道,故假名鬼谷也。'《鬼谷子》三卷,乐壹注,字正,鲁郡人。有《阴符》七术,有《揣》及《摩》二篇。《战国策》云:'得太公《阴符》之谋,伏而诵之,简练以为揣摩。朞年,揣摩成。按《鬼谷子》乃《苏秦书》明矣。'"

《三字经》卷下:"头悬梁,锥刺股,彼不教,自勤苦。"贺兴思注:"此言苦读之勤也。晋时有一孙敬,读书夜深常恐盹倦,乃绳系发悬于梁上,若昏沉眼闭,头欲坠去,索必扯醒。又读战国时苏秦,字季子,洛阳太平庄人也。因求仕秦,遇商鞅忌才,回家为骨肉所贱。乃将太公《六韬》、《阴符》兵法之书,昼夜勤读,至更深夜静,昏迷眼闭,引锥自刺其股使醒。又读彼二人者,后来都到卿相地位,名扬四海,禄享千钟,莫非从自己发奋勤苦中所得也。"(《三字经注解备要》卷下)

主要参考文献

1. 马王堆汉墓帛书整理小组：《战国纵横家书》，文物出版社，1976年。
2. 裘锡圭主编：《长沙马王堆汉墓简帛集成》（叁），中华书局，2014年。
3. 姚宏本《战国策》，清嘉庆八年黄丕烈刊刻姚宏本（即《士礼居丛书》本），上海古籍出版社，1978年。
4. 高诱：《战国策注》，上海书店影印出版，1987年。
5. 鲍彪：《战国策注》，《四部丛刊》影印元刻吴师道校本。
6. 吴师道：《战国策校注补正》。
7. 金正炜：《战国策补释》，《续修四库全书》本，上海古籍出版社，2002年。
8. ［日］关修龄：《战国策高注补证》，东京书肆，1798年。
9. 黄丕烈：《战国策札记》。
10. 顾观光：《国策编年》。
11. 林春溥：《战国纪年》，竹柏山房刊刻本。
12. 黄式三：《周季编略》。
13. 吴曾祺：《战国策补注》。
14. 钟凤年：《国策探研》。
15. 郭希汾：《战国策详注》。
16. ［日］横田惟孝：《战国策正解》，台湾新文丰出版公司，1978年。
17. 张尚瑗：《读战国策随笔》，光绪七年会稽章寿康刻本。
18. 吴汝纶：《战国策》，吴闿生点勘本。
19. 张琦：《战国策释地》，清道光十年张氏宛邻书屋刻本。
20. 于鬯：《战国策注》，上海图书馆藏稿本。
21. 于鬯：《战国策年表》，《战国策》附录，上海古籍出版社，1978年。
22. 缪文远：《战国策校注》，巴蜀书社，1987年。

23. 郭人民：《战国策校注系年》，中州古籍出版社，1988年。
24. 诸祖耿：《战国策集注汇考》，江苏古籍出版社，1985年。
25. 何建章：《战国策注译》（全三册），中华书局，1990年。
26. 张清常、王延栋：《战国策笺注》，南开大学出版社，1993年。
27. 范祥雍：《战国策笺证》，上海古籍出版社，2006年。
28. 缪文远：《战国策考辨》，中华书局，1984年。
29. 缪文远：《战国策系年辑证》，巴蜀书社，1997年。
30. 王守谦等：《战国策全译》，贵州人民出版社，1992年。
31. 司马迁：《史记》，中华书局，1959年。
32. 梁玉绳：《史记志疑》，中华书局，1981年。
33. 泷川资言：《史记会注考证》（附校补），上海古籍出版社，1986年。
34. 陈直：《史记新证》，中华书局，2006年。
35. 司马光：《资治通鉴》，中华书局，1995年。
36. 王念孙：《读书杂志》，上海古籍出版社，2014年。
37. 孙诒让：《札迻》，中华书局，2006年。
38. 程恩泽：《国策地名考》，清道光二十年刻本。
39. 顾祖禹：《读史方舆纪要》，上海书店出版社，1998年。
40. 杨宽：《战国史》，上海人民出版社，1991年。
41. 王恒杰：《春秋后语辑考》，齐鲁书社，1993年。
42. 朱星元：《战国纵横家学研究》，东方学术社，1935年。
43. 钱穆：《先秦诸子系年》，中华书局，1985年。
44. 方诗铭、王修龄：《古本竹书纪年辑证》（修订本），上海古籍出版社，2005年。
45. 房立中：《纵横家全书》，学苑出版社，1995年。
46. 房立中：《鬼谷子全书》，学苑出版社，1995年。
47. 许富宏：《鬼谷子集校集注》，中华书局，2008年。
48. 王引之：《经传释词》，中华书局，1958年。
49. 裴学海：《古书虚字集释》，中华书局，1982年。
50. 韩峥嵘：《古汉语虚词手册》，吉林人民出版社，1984年。

后　　记

　　幼年时家父(讳长贵,字世润)教我读《三字经》,始知"锥刺股"发奋苦读的这位先贤,名叫苏秦,曾"肩佩六国相印",是洛阳太平庄人。当我从事文物考古工作后,读《战国策》和《史记·苏秦列传》,开始深入了解苏秦的事迹,遂对这位先贤的事迹表示由衷地敬仰。

　　1965年春,我骑着自行车到太平庄村找"苏秦故里"和"苏秦冢"。听村里老人讲,"苏秦故里"已无踪迹可寻,"苏秦冢"前的石碑、石人等石刻,已被毁坏,埋入地下。当时,太平庄村已经没有苏姓人家,村里只有范、萧两大姓。据说,范姓人家原来是给苏家看坟的,现在每年还去苏秦冢前上坟。当我到村南"苏秦冢"考察时,看到有个长满杂草的"大土堆",与邙山岭上高大的帝王陵墓相差甚远,心里倍感失望。这使我想到唐代诗人贾岛《经苏秦墓》的诗,大有"今日凄凉无处说"的感觉。这样,苏秦的事迹以及苏秦墓冢的保护事宜,就一直在我心中萦绕!

　　1975年初,当我看到《文物》杂志发表《帛书〈战国策〉释文》及杨宽等前辈学者的相关研究文章后,开始产生整理《苏子》佚文的初步想法。次年末,帛书《战国纵横家书》正式出版,我便很快买来,认真研读,得益良多。于是,搜集、整理《苏子》佚文及开展相关问题研究的决心,便确定下来。

　　从1977年初起,我开始认真查阅、收集战国秦汉文献中苏秦及其学派的相关资料。1982年4月和次年10月,恰逢杨宽先生赴洛考察邙山陵墓和参加在洛阳举行的"西周史学术研讨会",我有幸向先生汇报了准备辑校注释《苏子》佚文的打算,得到先生的肯定和鼓励。1995年,我已基本完成本书的初稿,并请顾廷龙先生题写《苏子考辨》书签。后因忙于其他工作,这项研究便搁置起来。

　　2014年12月,在山东烟台参加学术会议期间,曾向李学勤先生征求本书的命名,最后定名为《苏子辑校注释》。2015年初,洛阳苏秦研究会开始筹备苏秦逝世2300周年纪念活动,我便集中精力投入本书的撰写工作。2016年9月,在中国先秦史学会宋镇豪会长、宫长为秘书长，中共洛阳市委常委、宣传部部长杨炳旭，洛阳市副市长魏险峰，洛阳市文物局局长余杰，洛阳市社会科学界联合会刘红旗主席，洛阳市洛龙区副区长李永强，洛阳市文物考古研究院院长史家珍等先生的大力支持下，成功举办"全国苏秦与战国纵横家学术研讨会暨苏秦逝世2300周年祭拜大典"活动。本书的稿本及相关研究成果，亦提交大会讨论，得到与会学者的肯定和赞扬。

我的多年好友宋镇豪先生为本书题写书签，他还与好友沈长云先生共同向出版部门撰写推荐意见。我的好友王月瑞（寒川子）、周加申、杨善群、贾建民、吴春才、马正标、苏长山、范会刚，以及妻子赵琪、小弟蔡振芳、女儿蔡娟、儿子梦珂等，都为本书的撰写给予大力支持。上海古籍出版社吴长青副编审和责任编辑顾莉丹女士，为本书的编辑出版提出许多宝贵意见，付出了艰辛的劳动。在本书即将付梓之际，谨对诸贤的支持，一并表示感谢！

因本人水平所限，本书仍存在不少疏误，敬请方家指正。

蔡运章

2017年11月18日